48,-

Heidelberger Dritte Welt Studien
Band 24

Herausgegeben von
Prof. Dr. Dieter Nohlen · Prof. Dr. Bruno Knall
Prof. Dr. Volker Lenhart · Prof. Dr. Werner Mikus

Redaktion
Priv.-Doz. Dr. Roland Sturm

Achim Wachendorfer

Gewerkschaften und Militärregierung in Peru

Heidelberger Verlagsanstalt

CIP-Titelaufnahme der Deutschen Bibliothek
Wachendorfer, Achim:
Gewerkschaften und Militärregierung in Peru/
Achim Wachendorfer. – Heidelberg: Heidelberger Verl.-Anst., 1989
(Heidelberger Dritte Welt-Studien; Bd. 24)
ISBN 3-920431-84-7
NE: GT

Druck und buchbinderische Verarbeitung:
Friedrich Schröter & Söhne GmbH, Pforzheim

Über den Autor

Achim Wachendorfer, Dr. phil., geboren 1949; Studium der Geschichte, der Politikwissenschaft und der Germanistik an den Universitäten Tübingen, Berlin und Heidelberg; mehrjährige Studien- und Forschungsaufenthalte in Peru und Zentralamerika; langjährige Tätigkeit als Gewerkschaftsberater der Friedrich-Ebert-Stiftung in der Dominikanischen Republik, in Argentinien, Uruguay und Paraguay.

Vorbemerkung

Das Material für dieses Buch wurde in der Zeit von 1976 bis 1978 gesammelt. Im Zentrum steht die politische Rolle der peruanischen Gewerkschaften in der Zeit der Militärregierung der Jahre 1968 - 1980. Diese Themenwahl war Folge der Überzeugung, daß die gesellschaftliche und ökonomische Struktur des peripheren Kapitalismus Lateinamerikas den Gewerkschaftern einen anders gelagerten Handlungsspielraum im politischen Machtgefüge eröffnet als etwa in den industrialisierten westlichen Ländern. Spätere Arbeitserfahrungen in Ländern wie Argentinien und Uruguay haben diesen Eindruck bestätigt und den Blick dafür geschärft, wie die Gewerkschaften ihre Möglichkeiten für Politikgestaltung und -beeinflussung wahrnehmen.

Die hier vorgelegte Studie haben viele Personen unterstützt: in erster Linie peruanische Gewerkschafter, Arbeitsanwälte, Wirtschafts- und Sozialwissenschaftler und Journalisten. Lehrer und Freunde sind mir mit Rat und Tat zur Seite gestanden und haben mir immer wieder Mut gemacht, diese Arbeit fertigzustellen. Vor allem zu nennen sind Prof. Dr. Dieter Nohlen, Dieter Dirmoser, Michael Rediske, Ute Wachendorfer, Christine Gebhardt und Albrecht Koschützke.
Die Friedrich-Ebert-Stiftung hat mit einem mehrjährigen Forschungsstipendium die materielle Basis für dieses Buch geschaffen und und mir zu einem späteren Zeitpunkt die Möglichkeit eingeräumt, das Manuskript in seiner jetzigen Form fertigzustellen.
Allen genannten Personen und Institutionen gehört mein Dank.

Buenos Aires, November 1988

INHALT

KAPITEL I

EINLEITUNG

1. Gewerkschaften in Lateinamerika - Historischer Überblick und politische Fragen

Das Thema Gewerkschaften in Lateinamerika hat in den letzten Jahren zunehmende Aufmerksamkeit bei europäischen Gewerkschaftern und anderen an Lateinamerika interessierten Kreisen gefunden. Dieses Interesse richtet sich in erster Linie auf ihre Bedeutung in der politischen Auseinandersetzung. Ausschlaggebend dafür war, daß die Arbeiterorganisationen in verschiedenen Ländern Lateinamerikas beim Kampf gegen Militärregimes und autoritäre Zivilregierungen sowie für eine gesellschaftliche Demokratisierung eine führende Rolle gespielt haben.

Dies mag die spektakulärste gewerkschaftliche Erfahrung sein, sie läßt sich aber nicht verallgemeinern. Andere Entwicklungen in Lateinamerika haben, wie in Argentinien, eine Gewerkschaftsbürokratie hervorgebracht, innerhalb derer Teile mit einem repressiven Militärregime kollaborierten oder die, wie in Mexiko als politische Stütze für eine Staatspartei dient.

Diese unterschiedlichen Rollen von lateinamerikanischen Gewerkschaften geben Hinweise auf ihre Politikfähigkeit, ihre Möglichkeiten und Grenzen, politische Prozesse zu beeinflussen. Wie weit können Gewerkschaften Träger revolutionärer Veränderungen sein, soziale Basis für reformerische Strategien, Vorreiter einer gesellschaftlichen Demokratisierung,

Vetomacht gegen repressiv-reaktionäre Herrschaft oder integraler Bestandteil breiter Volksbewegungen? Oder können sie nur partikulare, tarifliche Interessen vertreten, sich politisch an den Meistbietenden veräußern und Hilfstruppen für politische Parteien darstellen?

In der Bundesrepublik Deutschland liegen bisher nur wenige Studien zur Gewerkschaftsentwicklung Lateinamerikas vor - und wenn, dann zu einzelnen Ländern. Fallstudien behandeln vorzugsweise den europäisierten Cono Sur (Argentinien, Chile, Uruguay) und Mexiko[1]. Es ist daher kaum verwunderlich, wenn Klischeevorstellungen und Vereinfachungen hierzulande - auch bei deutschen Gewerkschaftern -das Bild lateinamerikanischer Arbeiterorganisationen bestimmen.

Im vorliegenden Buch wird die peruanische Gewerschaftsbewegung im städtischen Sektor und in den Exportenklaven[2] unter der Militärherrschaft von 1968 bis 1978 untersucht. Dieser Zeitraum umfaßt einerseits den Aufstieg eines von Militärs initiierten Reformprojekts, das als "Revolución Peruana" bekannt geworden ist, andererseits dessen Zerfall und Einmündung in eine Militärdiktatur, die sich mit dem internationalen Finanzkapital arrangierte.

Die Entwicklung der Gewerkschaftsbewegung in Peru[3] war eng verknüpft mit dem Aufstieg und Verfall des Reformprojekts. In seiner Untersuchung über die peruanischen Gewerkschaften Mitte der sechziger Jahre charakterisierte David Chaplin diese als antirevolutionär und unfähig, Avantgarde des sozialen Fortschritts zu sein. Gegen Ende der Militärherrschaft dagegen zählte die peruanische Gewerkschaftsbewegung zu den konfliktivsten und radikalsten in Lateinamerika. Gleichzeitig hatte sich in enger Verbindung mit ihr eine zuvor kaum wahrgenommene politische Linke etabliert, die in den folgenden Wahlen rund 25 Prozent des Wählerpotentials an sich binden konnte.

In den Gewerkschaften Perus haben zwischen 1968 und 1978 also entscheidende Umbrüche stattgefunden. Ein neues Politikverständnis und eine andere Politikfähigkeit konnten sich entwickeln. Handelt es sich hierbei um dauerhafte Veränderungen oder nur ein vorübergehendes Phänomen?

Die Frage nach der politischen Funktion der Gewerkschaften, nach ihren Möglichkeiten und Grenzen, politische Prozesse zu beeinflussen, ist nicht nur für Peru, sondern für ganz Lateinamerika von Bedeutung. Haben die Erfahrungen der peruanischen Arbeiterbewegung Berührungspunkte mit denen anderer lateinamerikanischer Länder? Kann man überhaupt von einer lateinamerikanischen Gewerkschaftsbewegung sprechen, oder handelt es sich dabei nur um einen politisch-ideologischen Kampfbegriff?

In Untersuchungen europäischer Gewerkschaften werden die bedeutenden Unterschiede der nationalen Arbeiterbewegung hervorgehoben und der Begriff der europäischen Gewerkschaftsbewegung problematisiert (von Beyme 1983: 58; Kendall 1977). Für Lateinamerika scheint es noch gewagter, von einer gemeinsamen kontinentalen Gewerkschaftsbewegung zu sprechen. Ein Land wie Argentinien mit riesigen räumlichen Ausmaßen, einer europäisierten Bevölkerung, hohem Bildungsstand, relativ fortgeschrittener Industrialisierung und einer traditionsreichen, zahlenmäßig bedeutenden Gewerkschaftsbewegung läßt sich kaum vergleichen mit einem zentralamerikanischen oder karibischen Kleinstaat, in dem ein geringer Industrialisierungsgrad herrscht, gewerkschaftliche Traditionen weitgehend fehlen und Gewerkschaften in der Regel schwach und zersplittert sind.

Nicht nur die gravierenden Unterschiede in Größe, Einwohnerzahl, ethnischer Zusammensetzung, politischen System oder sozio-kulturellen Ausprägungen machen es schwer, einen gemeinsamen Nenner zu finden, auch gewerkschaftliche Ideologie, Programmatik und Praxis differieren von Land zu Land.

Doch gibt es auch Argumente dafür, die Länder des Subkontinents als Einheit zu betrachten: Die Erfahrung der europäischen Eroberung, der Kolonisierung und Ausbeutung im Rahmen einer erzwungenen Ausrichtung an den Bedürfnissen der Kolonialmächte, und nach der Errichtung der Unabhängigkeit die Eingliederung in den Weltmarkt, unter Bedingungen, die für die lateinamerikanische Seite von Nachteil waren. Kolonialismus und Weltmarktintegration haben wirtschaftlich-soziale und politische Konsequenzen gehabt, die eine selbsttragende Entwicklung verhinderten.

Diese historische Erblast prägt auch alle Arbeiterorganisationen Lateinamerikas. Die lateinamerikanische Gewerkschaftsbewegung verfügt historisch über enge Beziehungen zu Europa. Europäische Emigranten brachten zu Beginn des Jahrhunderts ihre gewerkschaftlichen Erfahrungen und ihre politischen Anschauungen in die lateinamerikanische Arbeiterschaft ein. In der Mehrzahl der lateinamerikanischen Staaten dominieren noch heute in der Gewerkschaftsbewegung Ideologien, die in den entwickelten kapitalistischen Ländern ihren Ursprung hatten. Die von den Industrieländern kontrollierten internationalen Gewerkschaftszusammenschlüsse üben einen nicht unerheblichen Einfluß auf lateinamerikanische Mitgliedsorganisationen aus.

Aber: Bis zu welchem Grad können lateinamerikanische Gewerkschaften überhaupt europäische oder US-amerikanische Erfahrungen nachvollziehen?

Fällt lateinamerikanischen Gewerkschaften die gleiche Funktion zu, wie denen der industrialisierten Länder? Sind sie auf dem Weg, ähnliche gesellschaftliche Positionen wie in Westeuropa oder Nordamerika einzunehmen? Oder hat die lateinamerikanische Realität in ihren verschiedenen Varianten einen Gewerkschaftstypus hervorgebracht, der politisch ganz andere Rollen und ein anderes Selbstverständnis aufweist?

Zahlreiche europäische und nordamerikanische Gewerkschaftsfunktionäre, die Repräsentanten von ökonomisch potenten, gut organisierten und politisch einflußreichen Verbänden sind, sehen in den lateinamerikanischen Gewerkschaften letztlich die armen und zurückgebliebenen Vettern westeuropäischer und US-amerikanischer Gewerkschaften.

Anzeichen, die diese Interpretation stützen, gibt es in der Tat zu Genüge. So ist der gewerkschaftliche Organisationsgrad in Lateinamerika niedriger als in Westeuropa, da in vielen lateinamerikanischen Ländern nur eine Minderheit der Erwerbstätigen abhängig beschäftigt ist. In Ländern wie in Venezuela und Argentinien dagegen ist der Grad gewerkschaftlicher Organisierung durchaus dem westeuropäischer Länder vergleichbar und liegt weit höher als etwa in den USA oder in Frankreich.

Brauchbare Zahlen auf ganz Lateinamerika bezogen gibt es nicht, sieht man von einer Statistik der Organisation Amerikanischer Staaten (OAS) ab, nach welcher 1964 die Zahl der gewerkschaftlich Organisierten (von allen Erwerbstätigen) bei 17 Prozent lag (OAS 1965). Die seitdem zu beobachtende drastische Verschlechterung der ökonomischen und sozialen Rahmenbedingungen in Lateinamerika legt nahe, daß heute der gewerkschaftliche Organisationsgrad unter 15 Prozent liegen dürfte.

Verglichen mit den Gewerkschaften der Industrieländer ist die Finanzlage der meisten lateinamerikanischen Gewerkschaften infolge niedriger und instabiler Einkommen der Mitglieder äußerst prekär. Ein Großteil der Gewerkschaften - insbesondere in kleinen Ländern - ist von finanziellen Zuwendungen staatlicher Institutionen, politischer Parteien und internationaler Organisationen abhängig, was politisch mit einem Verlust an Autonomie verbunden ist.

Ökonomisch starke Organisationen sind, wie im Falle der CTM Mexikos, an den Staatsapparat gekoppelt oder profitieren, wie die CTV Venezuelas, vom Erdölboom. Sie sind zudem mit der größten Volkspartei des Landes verbunden oder hielten, wie die argentinische CGT, die Kontrolle über die Krankenversicherung.

Die Figur des korrupten "Gewerkschaftsfürsten" auf der einen Seite oder des radikalen kompromißlosen Gewerkschaftsführers auf der anderen Seite sind weitere Details des komplexen Bildes lateinamerikanischer Gewerkschaftsrealität.

Europäische und nordamerikanische Gewerkschaftsfunktionäre ziehen aus diesen Indizien meist Schlüsse, die zwar in das eigene Schema bruchlos passen, denen es jedoch an einem Verständnis der historischen Bedingungen und des heutigen Aktionsrahmens der lateinamerikanischen Gewerkschaften fehlt. Den Bezugsrahmen für die Gewerkschaften bildet die strukturelle Heterogenität der lateinamerikanischen Wirtschaft und Gesellschaft. (Nohlen/Sturm 1982: 102)

Wie die spezifische Ausprägung der strukturellen Heterogenität in den einzelnen lateinamerikanischen Ländern auch für Aufbau und Funktionsweise der jeweiligen Arbeiterbewegung und ihre Organisationen bestimmend ist, soll hier in Form eines kurzen historischen Abrisses gezeigt werden.

Während in Europa sich die moderne Gewerkschaftsbewegung auf der Basis eines dynamischen Industriekapitalismus in der zweiten Hälfte des 19. Jahrhunderts entwickelte, nahm die Herausbildung von Arbeiterklasse und Gewerkschaftsbewegung in Lateinamerika einen anderen Gang. Sie verlief hauptsächlich über zwei Stränge. In einigen urbanen Zentren entstand Ende des 19. Jahrhunderts auf der Basis einer kleinen Konsumgüterindustrie und expandierender Infrastruktur (Eisenbahn, Häfen) eine zahlenmäßig kleine Arbeiterklasse, die gewerkschaftlich aktiv wurde. Ideologie und Aktionsformen dieser städtischen Gewerkschaften waren in ihrer "Formierungsphase" (Spalding 1977) von dem Anarchosyndikalismus geprägt, dessen Bedeutung jedoch zwischen 1910 und 1930 schwand. Durch den Bedarf an Rohstoffen in Europa und den USA entstanden zum anderen auf Initiative von ausländischen Konzernen in Lateinamerika in Schüben sogenannte Exportenklaven. Hier entwickelte sich seit Beginn des 19. Jahrhunderts eine Arbeiterschaft, die ihren Ursprung zumeist in der ländlichen Bevölkerung der Region hatte. Die Gewerkschaften, die sich hier unter schwierigen Bedingungen bildeten, verfügten oft infolge der ökonomischen Bedeutung der Exportprodukte (Mineralien, Zucker, Erdöl) über eine bedeutende Verhandlungsmacht, die jedoch den Schwankungen des internationalen Rohstoffmarktes unterworfen war. Während sich die städtische Arbeiterschaft in Ländern wie Argentinien und Brasilien anfangs zu einem großen Teil aus europäischen Immigranten zusammensetzte, waren die Arbeitskräfte beispielsweise in den Exportenklaven Boliviens und Perus überwiegend Indio-Kleinbauern, die weiterhin eine enge Beziehung zu ihrer agrarischen Umwelt aufrechterhielten. Ethnische Faktoren spielen bis heute noch in den Andenländern, in Teilen Zentralamerikas und in der Karibik, eine wesentliche Rolle in den Sozialkonflikten.

In den dreißiger Jahren wuchs die städtische Arbeiterklasse in einigen lateinamerikanischen Ländern (Argentinien, Chile, Mexiko) in Verbindung mit der importsubstituierenden Industrialisierung beträchtlich. Die neuen Arbeitskräfte rekrutierten sich jetzt meist aus Zuwanderern des Hinterlandes.

In anderen lateinamerikanischen Ländern hielt die Dominanz der Enklavenwirtschaft an (so in Bolivien, Peru, Zentralamerika und der Karibik) und bestimmte die ökonomische und gesellschaftliche Entwicklung. Obwohl die Verknüpfung der Exportenklaven mit der einheimischen Wirtschaft gering blieb, stimulierte sie die Erweiterung und den Ausbau des Transportsystems und der Hafenanlagen sowie von Zulieferbetrieben und modernen Dienstleistungen. Auch hier kam es zur Bildung von Gewerkschaftsorganisationen, die oft mit denen der Exportenklaven im engen Zusammenhang standen.

Nach dem Ende des Zweiten Weltkrieges und der Kriegswirtschaft in den industrialisierten Ländern floß ein neuer Strom von Auslandskapital nach Lateinamerika und löste einen weiteren Industrialisierungsschub aus. In Ländern wie Argentinien, Chile, Brasilien und Mexiko, erweiterte sich die industrielle Produktion beträchtlich. In Venezuela, Peru, Ecuador, Bolivien usw., wo bislang keine nennenswerte Industrie existiert hatte, entwickelte sich in den fünfziger und sechziger Jahren eine bescheidene Industrialisierung, wobei weiterhin dem Rohstoffexport eine zentrale Rolle zufiel.

Die Gewerkschaftsbewegung, in die auch zunehmend Agrarorganisationen integriert wurden, verstärkte sich durch diese Entwicklungen in den fünfziger und sechziger Jahren. Seitdem jedoch stagniert der relative Anteil der Industriearbeiter. In Ländern wie Argentinien und Chile, wo sich eine vergleichsweise gut organisierte, zahlenmäßig bedeutende Arbeiterklasse formiert hatte, setzte in den letzten Jahren sogar ein bemerkenswerter Schrumpfungsprozeß ein.

Entstehung, Wachstum und Struktur der lateinamerikanischen Arbeiterklasse sind direkt oder indirekt an die verschiedenen historischen Funktionen gebunden, die Lateinamerika im Rahmen des kapitalistischen Weltmarktes zugewiesen wurden. In diesem Prozeß wurden eine selbsttragende Entwicklung, wie sie in den Industrieländern zustande kam, und die Herausbildung einer zahlenmäßig bedeutenden, relativ homogenen Arbeiterklasse blockiert. Stattdessen schob die heterogene Wirtschaftsstruktur große Teile der Bevölkerung in die Marginalität ab und verfestigte die Existenz eines partiell unproduktiven Agrarsektors (Feder 1973). Die spezifische Entwicklung des peripheren Kapitalismus hat auf der Ebene der Sozialstruktur nicht nur die quantitative Expansion der lateinamerikanischen Arbeiterklasse begrenzt. Gegenüber Europa, wo das Industrieproletariat in dem Bewußtsein kämpfte, die zahlenmäßig stärkste und am meisten ausgebeutete Klasse zu sein, fällt der lateinamerikanischen Arbeiterklasse auch in der gesellschaftlichen Hierarchie eine andere Stellung zu. Insgesamt gesehen liegt ihr Lebens- und Reproduktionsniveau höher als das derjenigen, die beispielsweise als Kleinbauern zu überleben versuchen oder in den informellen Sektor abgedrängt wurden. Allerdings fehlt eine "scharfe Grenze nach unten": Der Übergang zwischen unqualifizierten Arbeitern und der Marginalität ist fließend. (vgl. Cordova 1973: 54)

Die heterogene Produktionsstruktur der lateinamerikanischen Volkswirtschaften spiegelt sich in der Zusammensetzung der Arbeiterklasse wieder, deren beide Pole durch den handwerklich organisierten Kleinbetrieb und den hochproduktiven, meist vom Auslandskapital dominierten Betrieb bestimmt werden. Quantitative Zuordnungen und Aussagen über die Arbeiterklasse oder auch einzelne ihrer Segmente sind daher problematisch und können nur als Tendenzen verstanden werden.

Von der Industriearbeiterschaft Lateinamerikas sind etwa 10 Prozent in größeren Betrieben (ab 100 Beschäftigte) tätig, die überwiegend mit kapitalintensiver Technologie produzieren und an den Weltmarkt gekoppelt sind. Die Arbeiter dieser Betriebe zeichnen sich im allgemeinen durch hohe technische Qualifikation und soziale Mobilität sowie durch höhere Bereitschaft zur gewerkschaftlichen Aktion aus. Ihr Arbeitsplatz ist aufgrund dieser technischen Qualifizierung relativ stabil. Ein weitaus größerer Teil der in der Industrie Beschäftigten arbeitet in der mittleren Industrie (32 Prozent in Betrieben mit 50 - 99 Arbeitnehmern) und in der Kleinindustrie (52 Prozent in Betrieben mit 5 - 49 Arbeitnehmern), die meist nur für den nationalen Markt produzieren (OIT 1977:1).

Die Masse von minder qualifizierten und ungelernten Arbeitern schwebt dauernd in der Gefahr, entlassen zu werden, da sie jederzeit ersetz- und austauschbar sind. Instabilität des Arbeitsplatzes, patriarchalische Unternehmensführung in Kleinbetrieben, oft auch verwandtschaftliche Beziehungen zwischen Arbeitern und Unternehmern sowie gesetzliche Restriktionen behindern die gewerkschaftliche Organisierung der Belegschaften. Die Heterogenität der Industriearbeiterschaft spiegelt sich natürlich in Entlohnung, Sozialleistungen, Sicherheit am Arbeitsplatz und Arbeitszeit wieder.

Wie in der verarbeitenden Industrie sind die Strukturen auch in den anderen Wirtschaftszweigen hochgradig heterogen - die Folgen sind denen in der Industriearbeiterschaft ähnlich. Im Agrarsektor konzentriert sich in den Plantagen und Großunternehmen eine Arbeiterschaft, deren Lebens- und Produktionsbedingungen sich grundlegend von denen der anderen landwirtschaftlich Beschäftigten und Kleinbauern unterscheiden. Im Bergbau bestehen nebeneinander ein hochtechnologisierter Sektor, mittelgroße Bergwerke sowie der Kleinbergbau, dessen Produktionsmethoden sich in den letzten hundert Jahren kaum verändert haben.
Im Tertiärsektor zeigt sich eine ähnliche Heterogenität. Sowohl bei Dienstleistungen und im Handel als auch im Transportwesen existiert ein moderner Sektor, in dem bei der lohnabhängigen Mittelklasse oft ein hoher gewerkschaftlicher Organisationsgrad zu beobachten ist (Bankangestellte, Lehrer), während die große Mehrheit der Beschäftigten in Kleinbetrieben oder als Gelegenheitsarbeiter, Heimarbeiter oder Hausangestellte ihr Auskommen finden muß.

Gewerkschaften in Lateinamerika sind also in erster Linie Organisationen der Arbeiter und Angestellten der großen und mittleren Industriebetriebe, des Bergbaus, der Erdölförderung, der Exportplantagen und größeren Agrarunternehmen, der Banken, des modernen Dienstleistungssektors und Handels sowie der Staatsbediensteten. Doch selbst innerhalb dieses Ausschnitts der Arbeiterklasse und lohnabhängigen Mittelklasse, den die Gewerkschaften organisieren können, ist ihre Mitgliedschaft durch starke Differenzierung geprägt. Diese sich auch in den Gewerkschaften widerspiegelnde Unterschiedlichkeit der Arbeitnehmer führt zu ausgeprägten Unterschieden in Bewußtsein und Politikverständnis - Faktoren, die sich hemmend auf gewerkschaftliche Politikfähigkeit auswirken.

Die Tatsache, daß sich in den Gewerkschaften primär die Arbeiter und Angestellten organisieren, die sich durch ein vergleichsweise höheres Lohn-, Qualifikations- und Bildungsniveau auszeichnen, wirft die Frage auf, ob in Lateinamerika die Gewerkschaftspolitik in hohem Maße von den Interessen einer "Arbeiteraristokratie" bestimmt wird, die sich gegen weniger privilegierte Teile der Lohnabhängigen abschottet, und die gegenüber Staat und Unternehmern zu enger Kooperation neigt.[4]

Verschiedene historische, ökonomische und soziokulturelle Faktoren sprechen gegen die These einer Arbeiteraristokratie. Die Geschichte der Arbeiterbewegung hat genügend Beispiele dafür, daß es gerade überdurchschnittlich qualifizierte Arbeiter, wie z.B. Metallarbeiter, waren, die sich sowohl programmatisch als auch in ihren Aktionen auf die Interessen der gesamten Arbeiterbewegung bezogen.

In Lateinamerika haben die neueren Entwicklungen und zyklischen Schwankungen auf dem Weltmarkt und damit verbundene technologische und arbeitsorganisatorische Anpassungen laufend Umschichtungen und Nivellierungstendenzen nach unten innerhalb der Arbeiterschaft bewirkt. Vor allem in den letzten Jahren äußern sie sich in einer Verschlechterung der Arbeits- und Reproduktionsbedingungen für die gesamte Arbeiterklasse. Daneben stehen auch außerökonomische Faktoren der Herausbildung einer Arbeiteraristokratie entgegen. Durch Wohn- und Reproduktionsbedingungen, familiäre Beziehungen und ethnische Gemeinsamkeiten werden die Arbeiter meist in einen klassenübergreifenden Zusammenhang eingebunden. Verschiedene Untersuchungen der letzten Jahre haben zudem gezeigt, daß relative ökonomische Privilegien von Arbeitern nicht zu einer stärkeren sozialen Integration in die Mittelklasse und damit einer Schwächung der Solidarität unter den Arbeitern geführt hatten (Jelin 1982: 20).

Die politische Stellung und Funktion der Gewerkschaften in Lateinamerika werden in hohem Maße von der Politik des Staatsapparates und der Parteien geprägt. Zur Politik des Staatsapparates in Lateinamerika gegenüber herrschenden und beherrschten Klassen - und damit auch gegenüber den Gewerkschaften - lassen sich einige historische Tendenzen festmachen, die auch heute noch gelten. Die autoritär-hierarchische Struktur des Staatsapparates ebenso wie korporatistische Tendenzen sind sicherlich ein weiterwirkendes Erbe der über dreihundertjährigen Kolonialgeschichte Lateinamerikas (Stein/Stein, 1970). Diese autoritäre Tradition drückt sich auch in der Beziehung des Staates in Lateinamerika gegenüber der jeweiligen Gewerkschaftsbewegung aus. Ungeachtet der spezifischen Interessen, die der jeweilige Staatsapparat repräsentiert, ist es eine Konstante in Lateinamerika, daß dieser die Herausbildung einer autonomen Gewerkschaftsbewegung zu verhindern sucht. Ansätze einer "autonomen Inkorporierung" der Gewerkschaften, ähnlich wie in Westeuropa oder Nordamerika, verstanden als ein "Prozeß, durch welchen die Arbeiterklasse eine kollektive politische Identität erreicht und autonom ihren eigenen Raum definiert, innerhalb einer Ordnung, die durch allgemeingültige soziale und politische Bürgerrechte, jedoch auch durch ein spezielles soziales Schichtungsprofil definiert wird" (Abranches 1982), gibt es in Lateinamerika auch nicht unter bürgerlich-demokratischen Regierungen.

Die jeweiligen Mittel zur Verhinderung einer autonomen Gewerkschaftsbewegung bestimmen sich aus Zusammensetzung und Kräfteverhältnis der Klassen und Klassenfraktionen, die den Staatsapparat kontrollieren bzw. in der Lage sind, seine Politik zu beeinflussen. Autoritäre Militärregimes setzen vor allem Repression als Mittel ihrer Gewerkschaftspolitik ein. Die Maßnahmen reichen vom direkten Verbot gewerkschaftlicher Aktivitäten bis zur Verfolgung, Inhaftierung und Ermordung aktiver Gewerkschafter. Der Weg zur Erlangung grundlegender Gewerkschaftsrechte als Voraussetzung für freie gewerkschaftliche Betätigung führt in solchen Fällen über den Sturz der Diktatur: Der Kampf um Gewerkschaftsrechte verknüpft sich dabei mit dem Kampf um politische Demokratie.

Bürgerlich-demokratische Regierungen behindern gewerkschaftliche Autonomiebestrebungen meist mit subtileren Mitteln; Unliebsame gewerkschaftliche Aktivitäten werden als subversiv gebrandmarkt[5], der Regierung nahestehende Gewerkschaften werden bevorzugt und gefördert oder gesetzliche Restriktionen, die besonders oppositionelle Gewerkschaften treffen, eingeführt. Eine spezielle Variante bildet die abhängige Integration von Gewerkschaften in den Staatsapparat bzw. die Staatspartei. Klassisches Beispiel dafür ist Mexiko, wo die Autonomie gegen eine Beteiligung an der politischen Macht durch Inkorporation in die Staatspartei eingetauscht wurde (Domitra, 1975). (Ähnliche Ansätze gab es unter der Regierung Perón in Argentinien und Getulio Vargas in Brasilien.)

Ein entscheidendes Mittel zur Kontrolle der Gewerkschaften ist oft die Monopolisierung der Arbeitsbeziehungen durch das Arbeitsministerium. Wenn die Regierung in den entwickelten kapitalistischen Ländern trotz der zumeist gesetzlich abgesicherten Tarifautonomie auf verschiedene Weise mittelbar in Arbeitskonflikte interveniert, so hat dies in Lateinamerika viel direktere Formen angenommen. Tarifabschlüsse, Lohnstopps und Entlassungen werden in vielen Ländern Lateinamerikas direkt von den staatlichen Behörden per Dekret verfügt. Das Vorenthalten gewerkschaftlicher Rechte, permanente Eingriffe des Staates in gewerkschaftliche Angelegenheiten und Tarifsysteme, die den Konflikt zwischen Unternehmen und Gewerkschaften auf die Ebene Staat - Gewerkschaften verlagern, haben eine starke Politisierung der Gewerkschaften in Lateinamerika bewirkt.

Diese Politisierung der Gewerkschaften hat nicht zuletzt Auswirkungen auf ihr Verhältnis zu den politischen Parteien. In der Phase der Herausbildung der Lateinamerikanischen Gewerkschaften hatten politische Parteien nur eine geringe Rolle gespielt. Die anarchosyndikalistische Richtung, die zunächst in den Gewerkschaften dominierte, hatte jede Zusammenarbeit mit Parteien zurückgewiesen. Nach dem Niedergang des Anarchosyndikalismus in der Gewerkschaftsbewegung, zwischen 1910 und 1930, begann sich eine enge Beziehung zwischen denjenigen Parteien, deren Politik auf eine Veränderung des gesellschaftlichen Status quo gerichtet war, und Gewerkschaften zu entwickeln. Anders als in den entwickelten kapitalistischen Ländern, wo sich weitgehend eine gesellschaftlich akzeptierte Funktionsteilung zwischen Parteien und Gewerkschaften durchsetzte, vermischten sich die Formen gewerkschaftlicher Aktion und die Aktivitäten politischer Parteien. Die auf Gesellschaftsveränderung orientierten Parteien durchliefen ähnliche Erfahrungen mit Verboten, Verfolgung, Inhaftierung ihrer Führer wie die Gewerkschaften.

Historisch sind zwei Richtungen von Parteien in eine enge Beziehung zu den Gewerkschaften getreten: die populistischen und die kommunistischen Parteien. Beide waren auch in Peru seit Ende der zwanziger Jahre aktiv. Die populistischen Parteien vertraten eine Allianz verschiedener Klassen und gesellschaftlicher Gruppierungen, die von der Mittelklasse dominiert wurden und deren Politik gegen die oligarchische Herrschaft gerichtet war. Typisch populistische Parteien, die teils eine beeindruckende Überlebensfähigkeit bewiesen, jedoch im Laufe der Jahrzehnte in ihrer Politik großen Schwankungen unterworfen waren, sind die APRA in Peru, der

Partido Revolucionario Institucional (PRI) in Mexiko, die Acción Democratica (AD) in Venezuela, der Partido Justicialista in Argentinien, der Movimiento Nacional Revolucionario (MNR) in Bolivien und der Partido Revolucionario Dominicano (PRD) in der Dominikanischen Republik. Den kommunistischen Parteien, die sich an den Vorgaben der Kommunistischen Internationale und an den außenpolitischen Interessen der Sowjetunion ausrichten, gelang es mit Ausnahme von Chile nirgendwo, eine ähnliche Massenbasis zu erreichen wie populistischen Parteien. Allerdings konnten sie in einigen Ländern wichtige Positionen in den Gewerkschaften besetzen.

Nach dem Zweiten Weltkrieg erweiterte sich das Parteienspektrum. Christdemokratische Parteien gewannen in einigen Ländern Lateinamerikas Einfluß auf Gewerkschaften (Chile, Honduras, El Salvador). Gruppen der Neuen Linken, die sich auf den Marxismus berufen, jedoch der KP ablehnend gegenüberstehen, konnten ebenfalls ihre Präsenz in den Gewerkschaften verstärken (Bolivien, Peru, Brasilien). Dennoch blieben die wichtigsten politischen Kräfte in den lateinamerikanischen Gewerkschaften die populistischen Parteien, von denen sich einige sozialdemokratischen Positionen annäherten, oder kommunistischen Parteien.

Die Politik der politischen Parteien hat in der Geschichte Lateinamerikas sowohl zur Schwächung als auch zur Stärkung der Gewerkschaften beigetragen. In ihrer Kooperation mit populistischen Parteien haben Gewerkschaften sich bedeutende Positionen und Privilegien erkämpfen können, haben sich jedoch vielfach auch bürokratisiert oder ihre Autonomie eingebüßt (Mexiko, Argentinien). In der Verbindung mit den kommunistischen Parteien konnten die Gewerkschaften zwar ihre Autonomie gegenüber Staat und Unternehmen halten, blieben jedoch gesellschaftlich weitgehend isoliert und erfolglos.

Andererseits hat Parteipolitik in den Gewerkschaften wesentlich zur Zersplitterung der organisierten Arbeiterbewegung beigetragen und die Existenz von konkurrierenden Dachverbänden in verschiedenen lateinamerikanischen Ländern begünstigt. Umgekehrt wurden auch gewerkschaftliche Positionen in die Parteien hineingetragen und sind heute zuweilen ein bestimmendes Element für die Formulierung von Parteipolitik.

Eine andere Linie politischer Beeinflussung verlief über die internationalen Gewerkschaftsorganisationen, die sich nach dem Zweiten Weltkrieg nach ideologischen Kriterien gebildet oder konsolidiert hatten. Eine Mehrheit der lateinamerikanischen Dachverbände wurde Mitglied in einem der drei internationalen Verbände:

1. Im Weltgewerkschaftsbund (WGB, gegründet 1945) verblieben nach 1949 die Gewerkschaften der kommunistischen Länder und die westeuropäischen pro-kommunistischen Dachverbände. Nach den Spaltungen des internationalen Kommunismus kündigten sowohl die chinesischen und jugoslawischen Gewerkschaften als auch die italienische CGIL ihre Mitgliedschaften auf.

2. Der Internationale Bund Freier Gewerkschaften (IBFG, gegründet 1949) vereinigte in erster Linie die sozialdemokratisch beeinflußten Gewerkschaftsverbände Westeuropas und die US-amerikanischen Verbände AFL und CIO, die sich später zum AFL-CIO zusammenschlossen. AFL-CIO verließen 1969 den IBFG, traten aber 1982 wieder ein. 1973 machte sich eine europäische Regionalorganisation des IBFG formell selbständig und erweiterte ihre Mitgliedschaft um christliche Gewerkschaften und die italienische CGIL.

3. Der **Weltverband der Arbeitnehmer** (WVA, gegründet 1968) ist die Fortführung des Internationalen Bundes Christlicher Gewerkschaften (IBCG). Die Namensänderung dokumentiert die allmähliche Entkonfessionalisierung, konnte aber das Ausscheiden wichtiger Mitgliederverbände nicht verhindern.

Jede der drei Gewerkschaftsinternationalen baute in Lateinamerika ihre Regionalorganisation auf. Regionalorganisation des IBFG wurde 1951 die **Organización Interamericana de Trabajo** (ORIT). Die ORIT wurde von Anfang an von der AFL (bzw. später AFL-CIO) als Instrument ihrer Politik gegenüber Lateinamerika vereinnahmt. Die Außenpolitik der AFL-CIO definierte H. Spalding folgendermaßen: "Was im Ausland gut ist für die nordamerikanische Regierung - und deshalb für den Kapitalismus der USA - ist nahezu immer gut für die amerikanische Gewerkschaftsbewegung und von daher für die Gewerkschaftsbewegung in aller Welt" (Spalding 1984: 50). Rigoros setzte AFL-CIO mit Hilfe des American Institute of Free Labor Development (AIFLD), das primär von US-Regierungsgeldern finanziert wird und in dessen Führungsgremien neben Staatsvertretern und Gewerkschaftsfunktionären auch Repräsentanten der transnationalen Unternehmen sitzen, in der ORIT seine Gewerkschaftspolitik unter Einsatz bedeutender Finanzmittel durch (vgl. Spalding 1984; Morris 1967). Konservative bürgerliche Regierungen wurden unterstützt, Diktaturen zuweilen verurteilt. Doch alle gewerkschaftlichen Tendenzen und Regierungen, die die freie Marktwirtschaft und die Rolle des US-amerikanischen Kapitals in Frage stellten, wurden zu Kommunisten erklärt und kompromißlos bekämpft. So begrüßte die ORIT zum Beispiel die US-amerikanischen Interventionen in Guatemala 1954 und in der Dominikanischen Republik 1965. Seit Mitte der siebziger Jahre stieß die Lateinamerikapolitik des AFL-CIO sowohl im IBFG als auch innerhlab der ORIT auf wachsende Kritik. Einige der wichtigsten Mitgliedsorganisationen der ORIT, die auch heute noch die mitgliedsstärkste Regionalorganisation Lateinamerikas ist, begannen, unterstützt von westeuropäischen Gewerkschaften, die gewerkschaftliche Praxis von AFL-CIO in Frage zu stellen und eine Revision der bisherigen Gewerkschaftslinie durchzusetzen.

Die dem WGB verbundene Regionalorganisation wurde 1964 in Rio de Janeiro unter dem Namen Congreso Permanente de Unidad Sindical de los Trabajadores en America Latina (CPUSTAL) ins Leben gerufen. Vorher war der WGB über bilaterale Beziehungen in Lateinamerika aktiv gewesen. Der CPUSTAL wurde zum Träger eines marxistisch-leninistischen Gewerkschaftsverständnisses. Die politischen Vorlagen der CPUSTAL-Mitgliedsorganisationen, die vor allem in Kuba, Peru, Costa Rica, Panama und Kolumbien stark sind, werden also weitgehend von den kommunistischen Parteien definiert, die ihre Politik wiederum an der Sowjetunion ausrichten. Die sowjetische Außenpolitik wurde somit ein bestimmender Faktor für die Aktivitäten des CPUSTAL.

Gegenüber den Positionen von ORIT und CPUSTAL versuchte die mit dem WVA verbundene Regionalorganisation, ein drittes Konzept zu entwickeln. Die 1954 gegründete Confederación Latinoamericana Sindical Cristiana (CLASC) versuchte erfolgreicher als die Mutterorganisation ihren konfessionellen Charakter abzustreifen und nannte sich 1971 in Central Latinoamericana de Trabajadores (CLAT) um. Mit antikapitalistischen und Dritte Welt-orientierten Positionen gelang es der CLAT in den siebziger Jahren, ihren Einfluß zu verstärken und in einigen Ländern zu einer Konkurrenz für ORIT und CPUSTAL zu werden. Aber die zunehmende Unterordnung der CLAT seit Ende der siebziger Jahre gegenüber der politischen Linie der christdemokratischen Parteien verminderten die Bedeutung der CLAT, so daß sich ihr Einfluß heute im wesentlichen auf verschiedene zentralamerikanische Länder beschränkt.

Eine Reihe bedeutender Gewerkschaftsverbände in Lateinamerika hat sich keiner der drei Gewerkschaftsinternationalen angeschlossen, darunter die COB in Bolivien, CNT in Uruguay und die CUT in Brasilien.

Ohne die positiven Auswirkungen internationaler Gewerkschaftssolidarität (Unterstützung für verfolgte Gewerkschafter, Druck auf gewerkschaftsfeindliche Regierungen, unkonditionierte finanzielle Unterstützung ärmerer Organisationen) leugnen zu wollen, so ist doch festzustellen, daß die Aktivitäten der Gewerkschaftsinternationalen falsche Polarisierungen gefördert haben, und daß durch die Einbindung zahlreicher Gewerkschaftsverbände Lateinamerikas in den Ost-West-Konflikt die organisierte Arbeiterbewegung geschwächt wurde.

Insgesamt haben die Politik des Staatsapparates, der bedeutende Einfluß politischer Parteien und die Aktivitäten der Gewerkschaftsinternationalen wesentlich zur Ausformung des Politikverständnisses und der politischen Rolle der Gewerkschaften in Lateinamerika beigetragen. Auch die peruanische Gewerkschaftsbewegung war und ist diesen Faktoren ausgesetzt. In welcher Form sie diese während der Militärherrschaft erlebte und verarbeitete, soll im vorliegenden Buch untersucht werden.

Zunächst geht es um die spezifischen Rahmenbedingungen, unter denen gewerkschaftliche Aktion und Organisation sich zurechtzufinden hatten:

- einerseits die Vorgaben, die durch die strukturelle Heterogenität der peruanischen Wirtschaft bestanden,
- zum zweiten die eigene Geschichte einer zumeist unterdrückten

Gewerkschaftsbewegung,
- und schließlich die besonderen Bedingungen unter dem Militärregime.

Die Jahre 1968 bis 1978 sind für eine solche Analyse besonders geeignet: Vorher wie nachher stand die Gewerkschaftsbewegung gewählten konservativen Regierungen unter dem Staatspräsidenten Belaúnde gegenüber. Ein Militärregime, das nach seinem Putsch eine parteifeindliche, teils von einem korporatistischen Gewerkschaftsverständnis geprägte und wirtschaftspolitisch einem modernisierenden Kapitalismus mit starkem Staatsinterventionismus verpflichtete Gesellschaftsreform anstrebt und schließlich scheitert; ein solches "Herrschaftsprojekt", wie man es in Lateinamerika nennt, stellt eine so markante Bruchstelle im politischen Prozeß Perus dar, daß hier Antwort auf eine Reihe von Fragen erwartet werden kann, die nur historisch-konkret und nicht strukturell systematisch beantwortet werden können. Gerade der radikale Wandel der gewerkschaftlichen Organisations- und Aktionsmöglichkeiten in dieser Periode macht zugleich die Stärken und die Schwächen der peruanischen Arbeiterbewegung deutlich. Ein Militärregime, das einerseits gewerkschaftliche Organisierung fördert, andererseits Gewerkschaften durch korporatistisch-autoritäre Modelle ausschalten will, bildet eine so klar identifizierbare Herausforderung, daß Erfolge wie Mißerfolge in ihrem Ablauf und ihren Ursachen verhältnismäßig genau verfolgt werden können.

Das Verständnis sowohl der Fähigkeit einer Gewerkschaftsbewegung, unmittelbare Mitgliederinteressen zu vertreten, als auch ihre Fähigkeit, politische Abläufe zu beeinflussen, Gegenmacht aufzubauen, demokratiefördernd zu wirken und längerfristige politische Gegenmodelle zur herrschenden politischen Struktur und Kultur zu formulieren und durchzusetzen, scheint mir nicht allein für die wissenschaftliche Diskussion, sondern auch vor allem für die internationale gewerkschaftliche Arbeit nützlich. Nur eine hohe Sensibilität für die historischen und auch kulturellen Bedingungen, unter denen lateinamerikanische Gewerkschaften auf staatliche Politik agieren und reagieren, kann meines Erachtens die verständliche, dennoch schädliche Tendenz überwinden helfen, daß in Europa die lateinamerikanischen Gewerkschaften oder auch ihr Verhältnis zu politischen Parteien immer zuerst durch die Brille des eigenen europäischen Gewerkschaftspanoramas und unter den (ganz anderen) Voraussetzungen der europäischen Industrialisierung und Arbeiterbewegung gesehen werden.

Wir werden sehen, wie in Peru 1968 bis 1978 die historischen Bedingungen der dortigen Gewerkschaftsbewegung zum Teil überwunden werden konnten - am Ende stand die Arbeiterbewegung wesentlich stärker da als zuvor, trotz ungünstigerer ökonomischer Rahmenbedingungen - und wie sie zum anderen Teil Schranken bildeten, die es verhinderten, daß von diesen Gewerkschaften dauerhafte Impulse für gesamtgesellschaftliche Gegenmodelle zu den herrschenden politischen Strukturen ausgehen konnten.

2. Materiallage

Von Ende Mai 1976 bis Mitte August 1978 hielt ich mich im Rahmen eines Forschungsaufenthaltes in Peru auf. Für eine Untersuchung der peruanischen Gewerkschaftsbewegung war dieser Zeitraum von zwei Faktoren bestimmt. Negativ wirkte sich der kurz nach meiner Ankunft für 14 Monate verhängte Ausnahmezustand mit seiner antigewerkschaftlichen Stoßrichtung aus, da Kontakte und Informationsbeschaffung nur unter erschwerten Bedingungen möglich waren. Positiv war, daß die Gewerkschaftsbewegung

1977/78 ihre größte Dynamik und Bedeutung erreichte, wodurch Stärken und Schwächen klarer zu erkennen waren.

Wesentliche Aussagen und Erkenntnisse der vorliegenden Arbeit sind durch teilnehmende Beobachtung gewonnen worden. Diese Methode war zu Beginn der Untersuchung nicht beabsichtigt, sie hat sich jedoch als ein brauchbarer Weg erwiesen, um die enormen Defizite an Material über den gewerkschaftlichen Bereich ansatzweise auszugleichen. Sicher birgt das "Sich Einleben" in eine Situation, wie es von E.C. Linderman, dem Schöpfer des Begriffs des "teilnehmenden Beobachtung" gefordert wurde, die Gefahr in sich, daß der Beobachter die Distanz zum Objekt verliert und in eine zu starke Identifizierung fällt (vgl. Koenig, 1973: 3 ff). Doch die Gegenüberstellung der subjektiven Erfahrungen mit anderen Materialien sowie eine räumliche und zeitliche Distanz im Moment der Niederschrift können hier als Korrektur dienen.

Die Kontaktaufnahme zu den peruanischen Gewerkschaften war mit Hindernissen verbunden. Zum einen befanden sich die peruanischen Gewerkschaften ab Mitte 1976 unter dem Ausnahmezustand in harter Bedrängnis, was eine kontinuierliche Kommunikation mit ihnen erschwerte. Zum anderen standen sie einem wissenschaftlichen Forschungsprojekt, das sie zum Untersuchungsgegenstand machte, mit einer berechtigten Distanz gegenüber, zumal es von einem Ausländer durchgeführt wurde, dessen Erkenntnisinteresse für sie nur schwer einzuschätzen war. Eine Überbrückung war erst dann möglich, als auf anderen Gebieten den Gewerkschaften konkrete Unterstützung geleistet werden konnte. Erst dann war man bereit, tiefere Einblicke in die gewerkschaftliche Realität zu gewähren. Diese umfaßten die Teilnahme an öffentlichen und geschlossenen Gewerkschaftsversammlungen, Delegiertentreffen, Kongressen, Vorstandssitzungen von Betriebsgewerkschaften und Föderationen, Diskussionen von Kampfkomitees, Besuche in Gewerkschaftslokalen etc. Solche, eher spontanen Kontakte waren sicher nicht ein repräsentativer Querschnitt durch die Gewerkschaftsbewegung, sondern bezogen sich vor allem auf Gewerkschaften des Bergbaus, der Industriefischerei, der Stahl-, Textil-, metallverarbeitenden- und Schuhindustrie, des Bildungsbereiches sowie des Agrarsektors. Eine besonders wichtige Erfahrung war die Teilnahme an zwei Delegiertenversammlungen der Bergarbeiter, die die Möglichkeit einer Kontaktaufnahme zu entfernt gelegenen Gewerkschaften bot und (als Kontrastprogramm) am nationalen Delegiertenkongreß des Kleinbauern- und Landarbeiterverbandes Confederación Campesina del Perú.

Um eine allzusehr auf die Hauptstadt Lima begrenzte Sichtweise der gewerkschaftlichen Aktivität zu vermeiden, habe ich mehrere (in Lima mit den jeweiligen Gewerkschaftsführern abgestimmte) Reisen nach Arequipa, der zweitgrößten Stadt Perus, nach Cusco, dem südlichen Andenzentrum, in die Provinz Piura im Norden sowie in die Bergbauzentren des Hochlandes unternommen. Dabei konnte ich vor allem Kontakte zu Gewerkschaften knüpfen und Interviews durchführen, jedoch auch Informationen von anderen Institutionen und Personen einholen. Die Bedeutung dieser parallelen Informationsbeschaffung mag ein Beispiel veranschaulichen:

In Cusco entwickelte sich im Juli 1977 eine Protestbewegung, die von Streiks begleitet war. In der nationalen Presse fanden diese heftigen sozialen Konflikte kaum eine Erwähnung, denn einige unabhängige Zeitschriften durften infolge des Ausnahmezustandes nicht erscheinen; andere waren vom Regime zu einer Art Selbstzensur gezwungen worden, und die Tageszeitungen standen unter Kontrolle des Militärregimes. Ein genaueres Bild vermittelten mir Gespräche, eine Woche später in Cusco, mit Gewerk-

schaftern, die an den Streiks und Demonstrationen teilgenommen hatten. Weitere Mosaiksteine für ein umfassenderes Gesamtbild bildeten Interviews mit Anwälten, die über Festnahmen und Entlassungen informiert waren, mit Angestellten des öffentlichen Dienstes, die Zugang zu nichtöffentlichen Informationen hatten, und auch spontane Diskussionen mit Menschen, die die Ereignisse miterlebt hatten.
Zum schriftlichen Material, das ausgewertet wurde, sind einige klärende Hinweise nötig.

I. Offizielles statistisches Material
Die allgemein bekannte Schwierigkeit, umfassendes und konsistentes statistisches Material aus lateinamerikanischen Ländern zu erhalten, ist im Falle Perus besonders ausgeprägt. In seiner vergleichenden Untersuchung zu Kolumbien, Venezuela und Peru stellt Andreas Boeckh fest, daß die Zuverlässungkeit von statistischem Material aus Peru nur als katastrophal zu bezeichnen ist. Die Divergenzen zwischen Statistiken zum gleichen Themenbereich seien so groß, daß die Auswahl derjenigen Statistiken mit dem höchsten Realitätsbezug zum Lotteriespiel werde (Boeckh 1978: 211). Für eine Untersuchung der Gewerkschaften und ihres Umfeldes in Peru stellten sich zusätzlich folgende Probleme:

- Statistiken zu Arbeitsproblemen erfahren oft eine politische "Überarbeitung". Daten über Streiks wurden je nach politischem Bedarf entweder aufgebläht oder nach unten verfälscht. Mitgliederzahlen der Gewerkschaftsorganisationen manipuliert, die statistische Erfassung von Streikursachen zurechtgebogen. Dieses "Frisieren" von Statistiken ließ sich in einem autoritären Regime leichter bewerkstelligen als etwa bei einer Regierung mit parlamentarischen oder richterlichen Kontrollinstanzen.
- Das peruanische Arbeitsministerium als zentrale Quelle für Statistiken

aus dem Arbeits- und Gewerkschaftsbereich zählte trotz seiner Modernisierung unter dem Militärregime zu den am wenigsten effektiven und am schlechtesten organisierten Ministerien. Dies zeigt sich auch an den äußerst lückenhaften Statistiken.

- Während des Ausnahmezustandes (Juni 1976 bis August 1977), der von einem weitgehenden Verbot gewerkschaftlicher Aktivitäten begleitet war, war das Arbeitsministerium angewiesen worden, möglichst wenig Informationen nach außen zu geben. Verschiedene wichtige Unterlagen, zum Teil ohne Jahresangabe und unvollständig, konnten so nur durch private Kanäle beschafft werden.

II. Gewerkschaftliche Publikationen und Interviews

Repression, Zersplitterung und mangelnde Finanzen sind Gründe dafür, daß die peruanischen Gewerkschaftsverbände nur über rudimentäre Archive und Dokumentationszentren verfügen. Materialien über Mitgliederentwicklung, sektorale und regionale Verankerung, Kongreßprotokolle etc. sind kaum vorhanden. Infolge der ausgeprägten Konkurrenz zwischen den gewerkschaftlichen Dachverbänden werden zudem Statistiken über Mitgliederentwicklung und Beitragsaufkommen oft nach oben manipuliert.

Trotz dieser Einschränkungen zählte die Flut von offiziellen und inoffiziellen Publikationen zu den wichtigsten Informationsquellen dieser Arbeit: von Flugblättern und Publikationen der Betriebsgewerkschaften, Verlautbarungen der innergewerkschaftlichen Opposition bis hin zu den unregelmäßig erscheinenden Druckerzeugnissen der Dachverbände und Föderationen, also Materialien, die unter die "graue Literatur" fallen.

Zur Ergänzung wurden Interviews mit Gewerkschaftsführern[6] aus Betriebsgewerkschaften, regionalen Verbänden, Föderationen und nationalen Organisationen geführt.

Der größte Teil der Interviews wurde mit Vertretern von Gewerkschaften aufgezeichnet, die zu den aktivsten und politisch wichtigsten in Peru zählen: Bergbau, Metallverarbeitung, Textil- und Bildungsbereich. Regional konzentrierten sich die Interviews auf Lima, wo nahezu alle nationalen Föderationen ihren Sitz haben, auf die Stahl- und Fischerstadt Chimbote, die Bergbauzentren des mittleren Hochlandes und Arequipa. Zusätzlich wurden Gespräche mit Vertretern von Organisationen aus den barriadas bzw. pueblos jóvenes, den Wohnvierteln der armen städtischen Bevölkerung, geführt, da zwischen diesen Stadtteilorganisationen und Gewerkschaften eine enge Verbindung besteht.

III. Tageszeitungen und Zeitschriften

Informationswert und -gehalt der in Peru erscheinenden Tageszeitungen hängen mit ihrer politischen Geschichte unter dem Militärregime zusammen. Vor ihrer jeweiligen Enteignung (Expreso 1970, La Cronica 1971, El Comercio, La Prensa und Correo 1974) waren die Tageszeitungen im Besitz oligarchischer Familienclans (La Prensa, El Comercio) oder bedeutender Finanzgruppen (La Cronica, Expreso) gewesen und hatten als deren Sprachrohr eine klare antigewerkschaftliche Politik verfolgt (Gilbert, 1979: 370 ff). Nach ihrer Enteignung deckten die Tageszeitungen unter der Leitung von staatlich ernannten kommissarischen Direktoren - teilweise bekannten Intellektuellen und mit einem größeren Mitspracherecht für Redaktion und Belegschaft - ein relativ breites politisches Spektrum ab. Einige der Zeitungen - Expreso und Correo - vertraten eine ausgesprochen gewerkschaftsorientierte und partiell regimekritische Linie, La Prensa, eine ähnliche, doch weniger ausgeprägte Linie. Andere - La Cronica, El Comercio - unterstützten die technokratisch-konservative Fraktion der Militärs, während sich Ultima Hora zum Sprachrohr der korporatistisch-autoritären Tendenzen in Regierung und Staatsapparat entwickelte. Der Korrespondent der New York Times, Mervin Howe, bemerkte dazu, daß niemals in der jüngeren Geschichte des Landes die peruanische Presse so frei gewirkt habe (Gilbert, 1979: 388).

Mit der Verhärtung des Regimes wurde dieses politische Spektrum rasch reduziert: Zwischen Mitte 1975 und März 1978 wurden progressive Direktoren von der Militärregierung abgelöst und durch konservativere ersetzt, Teile der Redaktion entlassen. Nach zahlreichen weiteren Korrekturen übernahmen die Zeitungen seit Mitte 1976 die Funktion eines Sprachrohrs des Regimes.

Aufgrund ihrer Unabhängigkeit vom Staatsapparat bildeten die oft nur kurzlebigen und des öfteren von Zwangsschließungen und Finanznöten geplagten peruanischen Wochenzeitschriften eine wichtige Informationsquelle. Nahezu alle Wochenzeitschriften sind Ausdruck politischer Tendenzen und gesellschaftlicher Strömungen, wobei manche jedoch im Lauf ihrer Geschichte oft allmähliche oder abrupte Kurswendungen vollzogen haben.[7]

Immer wieder wurden kritische und unbequeme Zeitschriften verboten (so waren vom Juli 1976 bis zum Januar 1977 alle Zeitschriften in Peru verboten), kritische Journalisten inhaftiert oder außer Landes verwiesen. Die große Mehrheit dieser Maßnahmen richtete sich gegen progressive, gewerkschaftsorientierte Presseorgane. Vom Juli 1976 bis September 1977 waren illegale Untergrund-Publikationen oder Notausgaben verbreitet wie etwa Represión en el Peru, die während des Zeitschriftenverbots zirkulierte, Fälle von Repression veröffentlichte und Dokumente der Gewerkschaften publizierte.

KAPITEL II

WIRTSCHAFT, STAAT, GESELLSCHAFT UND GEWERKSCHAFTEN IN PERU

1. Kolonialherrschaft und Entstehung der Enklaven

Als die Spanier im November 1532 an der Nordküste Perus anlandeten, stießen sie auf ein Staatsgefüge, das nahezu die gesamte Andenregion umfaßte und auf einer hochentwickelten, arbeitsteiligen Agrarwirtschaft basierte.[1]

Begünstigt durch interne Auseinandersetzungen, die das Inka-Imperium schwächten, konnten sich die Spanier militärisch durchsetzen und ein Kolonialsystem errichten, das rund 300 Jahre Bestand haben sollte und dessen Spuren noch heute zu finden sind.[2]

Wichtigster Wirtschaftszweig der frühen Kolonialzeit war der Silberbergbau. Durch neue Erfindungen, etwa das Amalgamierverfahren mit Quecksilber aus den Bergwerken von Huancavelica, das zu den 2.500 km entfernten Silberbergwerken von Potosi transportiert wurde - waren die Voraussetzungen für die Expansion des schon zur Inkazeit betriebenen Silberbergbaus geschaffen. Das Problem der Arbeitskräfte wurde durch Tribut- und Zwangsarbeitsverpflichtungen der indianischen Bevölkerung gelöst, während Teile der vorkolonialen agrarischen Produktionsstrukturen zur Ernährung der Zwangsarbeiter in den Bergwerken aufrechterhalten wurden.

Während in der Kolonialzeit der Schwerpunkt der materiellen Produktion im andinen Hochland verblieb - Potosi zählte um 1650 160.000 Einwohner und war damit die größte Siedlung der Kolonialzeit -, verlagerte sich das kommerzielle und politische Machtzentrum an die Küste, vor allem in das 1535 gegründete Lima, den Sitz des Vizekönigs. Der Reichtum an Edelmetallen, die nach Spanien flossen, wurde von den dortigen Oberklassen zum Kauf von Luxus- und Industriegütern verschwendet, wodurch Spanien die Rolle eines "Zwischenhändlers" zwischen den Kolonien und dem industriellen Europa zufiel.

Gegen das ökonomisch wie politisch im Niedergang begriffene Spanien, das nur noch mühsam sein Handelsmonopol gegen die aufstrebenden europäischen Mächte verteidigen konnte, entstand unter dem Banner der bürgerlichen Emanzipation und des Freihandels eine von der kreolischen Handelsbourgeoisie geführte Unabhängigkeitsbewegung in den Kolonien. In Peru allerdings stand der koloniale Machtblock dieser Unabhängigkeitsbewegung distanziert bis ablehnend gegenüber. Die von außen getragene Befreiung Perus durch die Armeen Simon Bolívars und Sucres bedeutete auch die politisch-ökonomische Verdrängung der kolonialen Oberklasse und ihre Ersetzung durch politisch-militärische Caudillos.

Die politische Unabhängigkeit seit 1825 - in anderen lateinamerikanischen Staaten mit einem ökonomischen Aufstieg verbunden - begann für Peru mit einer schweren Krise: Der schon zuvor krisengeschüttelte andine Bergbau verkümmerte vollends, die Bedeutung des Hafens Callao ging zurück, Kriegschäden und Bürgerkriegswirren belasteten die Wirtschaft (Halperin Donghi 1983: 183 ff).

Aus dieser ökonomischen Krise wurde Peru durch den um 1830 einsetzenden Exportboom von Guano, einem phosphathaltigen Vogeldünger, nach dem große Nachfrage in der europäischen Landwirtschaft bestand, befreit. Der Guanoboom gab den entscheidenden Anstoß "zur kapitalistischen Revolutionierung der internen Reproduktionsverhältnisse" (Fürst 1981: 87) und verstärkte die schwach gewordenen Beziehungen zur europäischen Wirtschaft. Teile der Gewinne aus den Guanoexporten wurden von den lokalen Unternehmen in die agroindustriellen Zucker- und Baumwollplantagen der Nordküste investiert. Die Guano-Royalties ließen die Staatseinnahmen ansteigen und machten 1866 75 Prozent des Staatshaushaltes aus; Teile wurden für den Ausbau des Staatsapparates (öffentliche Verwaltung und Militär) und die Erweiterung des Eisenbahnnetzes verwandt (Bonilla 1974: 138 ff.; Cotler 1978: 87 ff.).

Den Guano-Abbau und die Produktion in den Zucker- und Baumwollplantagen mußten, infolge des Mangels an einheimischen Arbeitskräften, vorwiegend zwangsimportierte Arbeitskräfte übernehmen: Trotz der Sklavenbefreiung von 1854 blieb hier außerdem die Mehrzahl der ca. 25.000 Negersklaven beschäftigt. 90.000 zwischen 1849 und 1875 importierte chinesische Kulis, eher Halbsklaven als Lohnarbeiter, wurden im Guanosektor, in den Plantagen und beim Eisenbahnbau unter härtesten Arbeitsbedingungen eingesetzt. Trotzdem war es zur Aufrechterhaltung des Guano-Abbaus notwendig, Teile der noch in traditionellen Abhängigkeiten verhafteten, bodenständigen indianischen Bevölkerung in den Arbeitsmarkt einzubeziehen (Yepes 1979: 34). Die traditionellen Arbeitsverhältnisse der andinen Hacienda und Dorfgemeinschaft begannen, sich gegen Ende des 19. Jahrhunderts infolge der von außen kommenden ökonomischen Veränderungen zu wandeln.

Mit der Erschöpfung der Guanovorkommen und der Niederlage im Salpeterkrieg (1879 - 1883) gegen Chile endete dieser Exportzyklus. In den neunziger Jahren entwickelten sich Ansätze einer Industrialisierung. Die Investitionen kamen aus den Devisenerlösen der agro-industriellen

Exportkomplexe, die, entgegen einer in der Literatur weitverbreiteten Meinung, unter einheimischer Kontrolle standen. In dieser Phase durchaus bestehende Chancen für eine autonome Entwicklung wurden jedoch durch die dominanten Exportinteressen vertan (Thorp/Bertram 1977: 36 u. 71).

Im Exportsektor vollzogen sich in den ersten Jahrzehnten dieses Jahrhunderts bedeutende Strukturveränderungen. Waren vor dem Ersten Weltkrieg die Exportsektoren regional gestreut, vom nationalen Kapitel kontrolliert und mit dem Rest der Wirtschaft ansatzweise verflochten (außer im Falle des Kautschuk), so begann sich jetzt die Exportwirtschaft (Zucker, Baumwolle, Erdöl) in der Küstenregion zu konzentrieren, während die Exportprodukte des Hochlandes und des Urwaldes (Silber, Kautschuk, Wolle, Kaffee, Kokain) ihre Bedeutung verloren. Ausnahme war die Kupferproduktion, wo eine steigende Nachfrage auf dem Weltmarkt einsetzte. Nachdem bislang in kleinerem Umfang verschiedene Mineralien gefördert worden waren, stieg nun der Kupferabbau zur bedeutendsten Bergbauaktivität auf. In diesen profitablen Sektor drängte seit ca. 1910 US-amerikanisches Kapital (Bonilla 1980: 71 ff.). Innerhalb weniger Jahre ließen US-amerikanische Investitionen im Bergbau und Erdölsektor hochproduktive Exportenklaven entstehen, deren Produkte den bislang führenden Devisenbringern Zucker und Baumwolle die vorderen Plätze streitig machten (Fürst 1981: 77). US-amerikanisches Kapital wurde auf Kosten des englischen seit 1920 zum dominierenden Auslandskapital.[3] Insbesondere die Aktivitäten der Cerro de Pasco Mining Company, die 1901 in New York mit dem Ziel gegründet wurde, die lokalen Bergwerke im zentralandinen Department Cerro de Pasco aufzukaufen, sollten die Entwicklung nicht nur des Bergbaus, sondern der gesamten Wirtschaft in Zentralperu beeinflussen.[4] Andere US-Bergbaukonzerne zogen nach: die Marcona Company im Süden und die American Smelting and Refining Company im Norden. Die von diesen Unternehmen errichteten Schmelzwerke verdrängten die kleineren lokalen Verarbeitungsstätten.

Anders verlief die Entwicklung des Erdölsektors: Zu Anfang hatten nationale (eingewanderte) Unternehmer den Ölsektor beherrscht. Da auf den Bohrstätten der Peruaner das Erdöl versiegte, konnten sich zuerst die Engländer und später die US-Amerikaner die führende Position sichern. Die wichtigsten Erdölenklaven befanden sich in der Wüstenregion der Nordküste und wurden seit 1916 hauptsächlich von der US-amerikanischen International Petroleum Company (IPC) kontrolliert, die englische Besitzer abgelöst hatte. Wenn Erdöl auch hauptsächlich exportiert wurde, so versorgte es doch auch den Binnenmarkt. Allein die in Peru erzielten Gewinne reichten aus, um die laufenden Kosten der Erdölförderung zu decken (Thorp/Bertram 1977: 103).

Der Aufbau der Enklavenwirtschaft[5] zog trotz der geringen Verflechtung mit der nationalen Ökonomie und des hohen Profittransfers Verbesserungen der Infrastruktur, eine Ausweitung des Handels, der Dienstleistungen, des Finanzsektors und der Verwaltung nach sich und begünstigte den Aufbau einer bescheidenen Zulieferindustrie. Gleichzeitig ließ das verstärkte Eindringen des Kapitalismus in einigen Regionen einen freien Arbeitsmarkt entstehen, während in anderen Regionen eine Tendenz zur "Refeudalisierung" der Arbeitsbeziehungen einsetzte.

2. Zerstörung traditioneller Arbeitsverhältnisse und erste Gewerkschaftsansätze

Die expandierende Enklavenwirtschaft brauchte Arbeitskräfte: die Indiobevölkerung im andinen Hochland, deren traditionelles soziales Gefüge seit Ende des 19. Jahrhunderts zunehmend aus dem Gleichgewicht gebracht wurde. Besonders dramatisch entwickelte sich dieser Prozeß im Umfeld der Exportenklaven. Die meist zeitlich befristeten Arbeitsmöglichkeiten im Bergbau, in Erdölcamps und Plantagen, die keine fachliche Qualifikation verlangten, boten den Indio-Kleinbauern die Möglichkeit, etwas Geld zu verdienen und troztdem ihre Beziehung zur Dorfgemeinschaft aufrechtzuerhalten. Arbeitskräfte für die Enklaven wurden bevorzugt über den enganche angeworben, bei dem von "Werbern" ein Vorausgeld gezahlt wurde (Bonilla 1974: 40 ff.), ähnlich dem Handgeld beim Anwerben von Landsknechten im ausgehenden Mittelalter. Andere Arbeitsformen, vor allem in den arbeitsintensiven Baumwollplantagen der Nordküste, stellten eine Kombination von vorkapitalistischen und Lohnarbeitsbeziehungen dar (Wachendorfer, U. 1984: 43).

Die Ausweitung der Enklavenwirtschaft zerstörte auch das Gefüge des traditionellen Kleinhandels, da dieser gegen die Konkurrenz der Betriebsläden chancenlos war. Die Cerro de Pasco Corporation konnte überdies die Löhne niedrig halten, indem sie auf ihren eigenen Ländereien - sie hatte sich zum größten Grundbesitzer des Landes entwickelt - Nahrungsmittel produzierte und sie billiger an ihre Arbeiter verkaufte.

Die Zahl der in den Exportenklaven beschäftigten Arbeitskräfte stieg bis 1927 auf etwa 120.000 Personen: 20.000 im Bergbau, davon allein 13.000

in der Cerro de Pasco Corporation, 10.000 im Erdölsektor und 90.000 in den Küstenplantagen (Martínez de la Torre 1949, Band III: 30 ff.).

In den Exportenklaven entstand ein Typus von Arbeitern, der sich wesentlich vom "klassischen" Industriearbeiter unterschied, geprägt von der nicht-kapitalistischen Dorfgemeinschaft einerseits und den Anforderungen kapitalistischer Lohnarbeit andererseits (Kruijt/Vellinga 1979: 63 ff). Entweder war er gleichzeitig Proletarier und Kleinbauer, oder er verdingte sich mehrere Jahre als Lohnarbeiter, um sich danach wieder in das ländliche Sozialgefüge einzugliedern. Die Auswirkungen der Enklavenwirtschaft, besonders im Bergbau, beschleunigten den Prozeß der cholificación, der kulturellen Anpassung der Indiobevölkerung an die Wertmuster der westlich-kapitalistischen Kultur der Küstenbewohner[6]. Eine stabile Arbeiterschaft entwickelte sich, gefördert durch gesetzgeberische Eingriffe des Staates, erst ab 1945 (vgl. für die Bergbauenklaven Kruijt/Vellinga 1979: 62).

Die Enklavenproduktion erforderte auch den Einsatz von höher qualifizierten und festangestellten Arbeitern. Diese kamen meist aus den städtischen Zentren oder aus dem Handwerkermilieu.

Instabile Arbeitsverhältnisse und Repression durch Staat und Unternehmen verhinderten in den Enklaven die Bildung von dauerhaften Gewerkschaften, obwohl Versuche dazu vor allem von den wenigen festangestellten Arbeitern gemacht wurden. Proteste gegen die brutalen Ausbeutungsmethoden artikulierten sich in spontanen, gewalttätigen - "vorpolitischen" - Aufständen, die meist blutig unterdrückt wurden.[7]

Das Kernproletariat in den exportorientierten Produktionsstätten der

Küste fand teilweise Verbündete in den durch die Enklavenproduktion verdrängten Schichten. So verbündete sich in den nördlichen Küstenregionen ab Ende der zwanziger Jahre das Enklavenproletariat mit verdrängten Kleinhändlern und lokalen Mittelklassen unter den antiimperialistischen und populistischen Forderungen der neugegründeten APRA, die bis heute die bestimmende politische Kraft dieser Region ist. In den Bergbauzentren übten die Bergarbeiter durch ihre enge Beziehung zur bäuerlichen Indiogesellschaft einen erheblichen Einfluß bei Organisierung und Politisierung der Kämpfe der indianischen Dorfgemeinschaften aus (Bonilla 1974: 4 ff.).

Der komplexe Übergang vom indianischen Comunero (Mitglied einer Dorfgemeinschaft) zum in die kapitalistische Produktionsweise integrierten "cholo" dauerte in den Exportenklaven bis zum Zweiten Weltkrieg.

Die Entwicklung der städtischen Zentren, insbesondere der Hauptstadt Lima, war an die Phasen der Exportwirtschaft gekoppelt. In den Anfängen der Republik blieb die Bedeutung Limas sowohl ökonomisch als auch von der Einwohnerzahl her begrenzt. Das alte kolonialstädtische Gefüge veränderte sich erst allmählich. Diese Änderungen erfaßten auch die städtischen Handwerker. Nach der Unabhängigkeit hatte sich die rigide koloniale Zunftordnung aufgelöst; was blieb, waren Vereinigungen der Handwerker, die sich auf "mutualistische" Funktionen beschränkten. Seit Mitte des 19. Jahrhunderts flossen infolge der Guanogewinne verstärkt Importe von Manufakturwaren nach Lima. Die dadurch von der Proletarisierung bedrohten Handwerker, in deren Gremien inzwischen auch Facharbeiter repräsentiert waren, reagierten mit gewaltsamen, aber ohnmächtigen Protesten (Barcelli 1971).

Im Gefolge des Aufstiegs der agroindustriellen Exportenklaven wuchs die Bedeutung der städtischen Zentren, insbesondere Limas: Vor allem seit den zwanziger Jahren wurden Verwaltung und Militär ausgebaut, Banken, Handel und Versicherungen etablierten sich in zunehmender Zahl, die besitzenden Klassen ließen sich samt Dienstpersonal in der Hauptstadt nieder. Die Einwohnerzahl von Lima-Callao verdoppelte sich von 240.000 im Jahre 1900 auf 480.000 im Jahre 1920, und bereits 1930 war die Millionengrenze überschritten. Trotzdem hielt sich die Verstädterung Perus in Grenzen und blieb bis 1940 die niedrigste Lateinamerikas (Schteingart/Torres 1972: 271). Lima nahm weniger die Funktion eines produktiven Zentrums wahr, sondern spielte die Rolle eines privilegierten Vermittlers zwischen nationalem Export- und Importsektor und Weltmarkt (Yepes 1979: 35). Das städtische Wachstum zog eine einfache Konsumgüterindustrie nach, die zu 90 Prozent Lebensmittel, Textilien und Leder herstellte (Caravedo 1976: 45). Die Zahl der Industriearbeiter, die sich vor allem aus der Handwerkerschaft rekrutierte, stieg und lag Ende der zwanziger Jahre nach verschiedenen Schätzungen zwischen 18.000 und 58.000[8], darunter ca. 5.000 Textilarbeiter. Allerdings blieb die Zahl der Industriearbeiter im Vergleich zu den Handwerkern bis etwa 1930 gering (Pareja 1978: 99).

Diese städtischen Arbeiter fanden günstigere Bedingungen für gewerkschaftliche Organisierung als die Arbeiter in den Exportenklaven und reagierten seit Beginn dieses Jahrhunderts mit militant geführten Streiks gegen die harten Arbeitsbedingungen und die Verteuerung der Grundnahrungsmittel. Am aktivsten waren Textilarbeiter, Hafenarbeiter und Bäcker. In deren Reihen entstanden erste nur kurzlebige Regionalorganisationen und Berufsverbände.[9] Ideologisch orientierten sich die Arbeiter und ihre Organisationen am Anarchosyndikalismus, der bei den

Anfängen nahezu aller lateinamerikanischen Gewerkschaftsbewegungen Pate gestanden hatte, zu diesem Zeitpunkt in anderen Ländern jedoch bereits an Bedeutung eingebüßt hatte.[10]

Als zentrale Forderung der sich seit 1911 intensivierenden Streiks und Konflikte kristallisierte sich die Einführung nach dem Achtstundentag heraus. Unter Führung der Anarchossyndikalisten mündete diese Bewegung in einen allgemeinen Streik vom 13. bis 15. Januar 1919, der von Studenten und Teilen der Bevölkerung Limas unterstützt wurde und die Regierung zwang, am 15. Januar die gesetzliche Einführung des Achtstundentages zu verfügen.[11]

Aus diesen Kämpfen heraus konstituierten sich zwei der traditionsreichsten peruanischen Gewerkschaftsorganisationen, die **Federación de Trabajadores en Tejidos del Peru** (Textilarbeiter) und die **Federación Gráfica del Peru** (Druckereiarbeiter). Auf die wenige Monate später, im Mai 1919, ausbrechenden Proteste von Gewerkschaften und städtischer Massenbewegung reagierte die Regierung mit harter Unterdrückung. Nach dieser Niederlage verloren die Anarchosyndikalisten an Gewicht in der Gewerkschaftsbewegung.

Ab 1910 expandierte die Enklavenwirtschaft. Die bewirkte nicht nur Veränderungen in der Wirtschafts- und Sozialdtruktur, sondern auch im Block an der Macht[12] des oligarchischen Staates. Zu den verschiedenen Klassenfraktionen, die diesen Block an der Macht bildeten, zählten die Agrarexporteure als hegemoniale Fraktion, die zusammen mit der "vorkapitalistischen" Fraktion der andinen Großgrundbesitzer das Fundament der Allianz bildeten, sowie die Finanziers und in nachgeordneter Stellung einige wenige Industrielle. Die Achse aus Agrarexporteuren und andinen

Großgrundbesitzern hielt am Konzept eines liberalen Staates fest, der so wenig wie möglich in die Wirtschaft eingriff, sich auf Aufrechterhaltung von "Gesetz und Ordnung" und Verteilung von Gefälligkeiten beschränkte (Angell 1984: 40) und keinerlei Unteresse an einer nationalen Integration und Entwicklung zeigte.

Die elfjährige Regierungszeit von Leguía dessen Diktatur die "Aristokratische Republik" (1895 - 1919) (die eine formaldemokratische Ausdrucksform des oligarchischen Herrschaftsmodells war) abgelöst hatte, reflektierte die Krise und Schwäche des oligarchischen Machtblocks.

Leguía, der sich in seiner ersten Regierungszeit (1908 - 1912) einen Ruf als fortschrittliche Persönlichkeit erworben hatte, putschte sich 1919, gestützt auf eine Allianz von Mittelklassen, städtischer Unterschicht, Studenten und einigen Industriellen, an die Macht und löste die bei der städtischen Bevölkerung verhaßte Regierung Prado ab. Nach wenigen Jahren wurde das Regime Leguía zusehends autoritärer und repressiver und überwarf sich mit der Exportbourgeoisie, aber auch mit seinen ehemaligen Unterstützern. Die bestehende Chance einer Integration von Mittelklassen und Unterschichten in den Staat wurde nicht genutzt. Die Diktatur Leguías war vor allem durch eine schrankenlose Öffnung gegenüber dem Auslandskapital und ein verstärktes Eindringen des Kapitalismus geprägt, ohne daß dadurch die politische Basis des oligarchischen Herrschaftsmodells angetastet worden wäre (Cotler 1980: 18 f). Die Volksbewegung, die zunehmend ihren politischen und organisatorischen Ausdruck in der APRA, der Kommunistischen Partei und den Gewerkschaften fand, war gezwungen, sich einen eigenen Weg zu suchen.

Mit den heftigen Streiks, der Erkämpfung des Achtstundentages und der

Bildung der ersten dauerhaften Branchengewerkschaften, hatte die Gewerkschaftsbewegung die politische Bühne betreten. Um das Erbe der durch die Repressionswelle von 1919 geschwächten und durch gesellschaftliche Veränderungen einflußlos gewordenen Anarchosyndikalisten, kämpften die jeweiligen Parteigänger von José Carlos Mariátegui und Haya de la Torre. Sowohl Mariátegui, Gründer der Sozialistischen Partei, aus der 1928 nach dem Tode Mariáteguis die Kommunistische Partei wurde, als auch Haya de la Torre, Stammvater der apristischen Bewegung (APRA 1924, Partido Aprista Peruano 1930),[13] zählen zu den bedeutendsten lateinamerikanischen Intellektuellen. Ihre Schriften beeinflussen auch heute noch Volksbewegungen und Intellektuelle.[14]

Vor allem den Sozialisten gelang es Ende der zwanziger Jahre, ihre Ideen in Arbeiterkreisen zu verbreiten und zu popularisieren. Unter ihrem Einfluß konstituierte sich am 17. Mai 1929 als nationaler Dachverband die **Confederación General de Trabajadores del Peru** (CGTP), die (je nach Quelle) zwischen 18.000 und 50.000 Arbeiter umfaßte.[15] Der Versuch der Gründung eines apristisch dominierten Dachverbandes dagegen schlug fehl. Die CGTP fiel 1932 der Repression zum Opfer, nachdem sie zwei Jahre lang eine wichtige Rolle bei der Organisierung und Zentralisierung der Gewerkschaften gespielt hatte. Im Bewußtsein vieler Arbeiter blieb sie als erster nationaler Gewerkschaftsdachverband und als ein Werk des Amauta (Steuermanns) José Carlos Mariátegui lebendig.

3. Konsolidierung des Exportmodells und politische Ausgrenzung der Arbeiterbewegung

Die Weltwirtschaftskrise Ende der zwanziger Jahre markierte für mehrere lateinamerikanische Staaten einen Wendepunkt in ihrer Wirtschaftsgeschichte. Ein drastischer Rückgang der Rohstoffnachfrage und der Kapitalimporte aus den Industrieländern führte in Peru zu einer relativen Isolierung vom Weltmarkt, zu ökonomischen, sozialen und politischen Veränderungen: Die Exportsektoren paßten sich den neuen Bedingungen an, inländische Industrieproduktion ersetzte fehlende Importe, neue politische Akteure betraten die Bühne und der oligarchische Staat war gezwungen, seine Herrschaftstechniken zu modifizieren.

Im Vergleich zu anderen lateinamerikanischen Ländern (Argentinien/Chile/Brasilien) blieben jedoch die Veränderungen in Peru nach den dreißiger Jahren bescheiden. Die Dominanz des Exportsektors blieb bestehen, und die Palette der Bergbauprodukte erweiterte sich um Gold, Blei und Zink. Die neuen Mineralien wurden jedoch nicht von ausländischen, sondern von lokalen Unternehmern abgebaut. Innerhalb weniger Jahre ging der bislang hohe Anteil der führenden US-amerikanischen Bergbaukonzerne am mineralischen Exportvolumen beträchtlich zurück.
Die Zuckerbarone mußten in den dreißiger Jahren Exporteinbußen hinnehmen, konnten dann aber durch den rapiden Preisanstieg während des Zweiten Weltkrieges ihre ökonomische und politische Position wieder ausbauen. Die Kerngebiete des Zuckeranbaus verlagerten sich weiter nach Norden. Die Baumwollplantagen mit ihren relativ starken Beschäftigungs- und Einkommenseffekten nahmen nach 1933 an Bedeutung zu. In ihren besten Zeiten waren dort bis 100.000 Arbeitskräfte beschäftigt, wodurch die

Hälfte der Küstenbewohner direkt oder indirekt mit ihnen verbunden waren.

Die städtische Industrie dagegen wuchs nur in bescheidenerem Umfang. Wichtigster Zweig der verarbeitenden Industrie blieb der Textilsektor, zu dem nach dem Zweiten Weltkrieg einige neue Industrien hinzukamen. Ungeachtet dieser Veränderungen spielte der Agrarsektor bis in die fünfziger Jahre weiter eine zentrale Rolle, und ein erheblicher Teil der Bevölkerung lebte immer noch im indianischen Kulturkreis: 35 Prozent der Gesamtbevölkerung sprachen 1940 ausschließlich Quechua, Aymara oder andere autochthone Sprachen, ca. 17 Prozent waren zweisprachig (Maletta 1979: 21).

Alle Versuche, nach dem Sturz des Diktators Leguía 1930 die "Aristokratische Republik" wieder aufleben zu lassen, mußten an den neuentstandenen wirtschaftlichen Realitäten scheitern.
Zum Hauptgegner des oligarchischen Staates wurden Teile einer radikalisierten Mittelklasse, geführt von der APRA, jener "eigentümlichen Mischung marxistischer, radikaldemokratischer und nationalistischer Ideen" (Alba 1964: 18). Ziel der APRA war ein Staat, der eine demokratische und nationale Entwicklung von Wirtschaft, Gesellschaft und Politik fördern sollte (Cotler 1980: 21). Mit Parolen von einer nationalen und antioligarchischen Revolution (Quijano 1983: 175) gelang es der APRA, eine breite Reformallianz, bestehend aus Mittelklassen, Kleinunternehmern und Arbeitern zu schmieden. Allerdings reproduzierte die APRA in ihrem Innern die autoritären, hierarchischen und demokratiefeindlichen Strukturen der Gesellschaft: Haya de la Torre war die Führerpersönlichkeit, die unangefochten die Parteipolitik festlegte (Cotler 1981: 4 f.). Der Konflikt zwischen oligarchischem Staat und Volksbe-

wegung fand seinen spezifischen Ausdruck in der Gegnerschaft von Militär und APRA. Innerhalb der Streitkräfte existierte jedoch in der dreißiger und vierziger Jahren eine kleine Gruppe von Militärs, die mit der APRA sympathisierten (Rodriguez 1983: 241). Erst nach 1945, angesichts der Niederlage des europäischen Faschismus und der "Demokratisierungswelle" nach US-amerikanischem Muster, hielt es der oligarchische Machtblock für opportun, eine legale Betätigung der APRA zuzulassen.

Die Arbeiterbewegung und ihre Organisationen spielten in dieser Phase eine sekundäre Rolle. Die hohe Kampfkraft, welche sie im zweiten Jahrzehnt dieses Jahrhunderts bewiesen hatte, konnte nur vorübergehend die strukturellen Schwächen der Arbeiterbewegung überdecken. Zwar war es Ende der zwanziger Jahre unter Einfluß der Kommunisten gelungen, einen nationalen Dachverband zu gründen, doch blieben die einzelnen Gewerkschaftskämpfe isoliert und waren durch parteipolitische Einmischungsversuche belastet, die auf dem Rücken der Gewerkschaften ausgetragen wurden. Die Isoliertheit der Streiks und parteipolitische Interessen mögen die folgenden Beispiele belegen:

- In den Bergwerken der US-amerikanischen Cerro de Pasco Corporation entstanden 1929/1930 radikale Protest- und Streikbewegungen. Die Kommunistische Partei, deren intellektuelle Kader in den Bergwerken zu agitieren versuchten, erklärte daraufhin die Bergarbeiter zur "Avantgarde einer revolutionären Bewegung" und proklamierte gemäß den Weisungen der Kommunistischen Internationale (KOMINTERN) die völlig unrealistische Taktik des Kampfes "Klasse gegen Klasse". Im Zuge der brutalen Unterdrückung des Bergarbeiterstreiks, der auch auf Lima ausstrahlte, wurden die CGTP und andere Gewerkschaftsorganisationen für illegal erklärt und die KP in den Untergrund getrieben. Die Cerro de Pasco Corporation entließ etwa die Hälfte ihrer 12.000 Arbeiter.

- In den Erdölcamps der International Petroleum Corporation breitete sich Ende 1930 ein Streik aus, der aktiv von der Bevölkerung der nahegelegenen Stadt Talara mitgetragen wurde. Der Streik wurde von Heereseinheiten blutig niedergeschlagen, die von der Sozialistischen Partei (nicht KP) beeinflußte Gewerkschaftsorganisation der Erdölarbeiter wurde aufgelöst.

- Der Aufstand, den die regionale Basis der APRA in der Stadt Trujillo 1932 gegen das Regime des Diktators Sanchez Cerro durchführte, wurde von großen Teilen der Zuckerarbeiter aktiv unterstützt. Die blutige Niederschlagung zerstörte auch deren gewerkschaftliche Organisationen.

- Ein Streik im Transportwesen in Lima löste eine breite Solidarisierungswelle aus, die in einen dreitätigen regionalen Streik mündete, an dem diverse Parteien und Bewegungen (APRA, KP, Anarchosyndikalisten, Anhänger des Diktators Sanchez Cerro, Studentenorganisationen und auch Kleinunternehmer) beteiligt waren (Sulmont 1975: 145).

Die Gewerkschaftsbewegung hatte sich also noch nicht als nationale Kraft konstituieren können, und ihre einzelnen Sektoren blieben weitgehend voneinander isoliert. Auch die Gründung eines nationalen Dachverbandes war mit dem Verbot der CGTP vorerst gescheitert. Durch Unterdrückung der Organisationen und materielle Zugeständnisse versuchte der Staat, die organisierte Arbeiterbewegung zu neutralisieren (Boeckh 1979: 301). Allmählich begann sich die Arbeiterschaft in die bestehenden Parteistrukturen der bedeutendsten oppositionellen Kraft, der APRA, zu integrieren.[16]

Erst gegen Mitte der vierziger Jahre gelang den Gewerkschaften, unter veränderten globalen politischen Konstellationen, der Weg aus dem Abseits. Der Generalsekretär der lateinamerikanischen Gewerkschaftsorganisation Confederación de Trabajadores de America Latina (CTAL)[17], der Mexikaner Lombardo Toledano, nutzte die günstige Konjunktur aus und handelte mit dem peruanischen Präsidenten Prado die Zulassung eines Dachverbandes aus. In der am 1. Mai 1944 konstituierten Confederación de Trabajadores del Peru (CTP) teilten sich die KP, die den Generalsekretär stellte, und die APRA die Vorstandsposten. Hinter der KP standen die CTAL und auch die Regierung Prado, die dadurch die APRA schwächen wollte (Alexander 1965: 117) und hinter der APRA eine bedeutende Massenbewegung. Der ausgeprägte, teilweise emotional und historisch begründete Antagonismus zwischen APRA und KP, die im übrigen eine ähnliche tariforientierte Gewerkschaftspolitik verfolgten, überschattete die Anfangszeit der CTP. Begünstigt durch die zweideutige Haltung der KP während der wachsenden Streikbewegungen, gelang es der APRA, den politischen Gegner aus den Führungsgremien der CTP auszuschalten und sich als führende politische Kraft in den Gewerkschaften zu verankern.[18]

In den Jahren nach Gründung der CTP breitete sich in einem politisch liberalen Klima - 1945 hatten die im "Frente Democratico Nacional" zusammengeschlossenen progressiven Parteien und Persönlichkeiten José Luis Bustamante als Präsidenten durchsetzen können - die gewerkschaftliche Organisierung stark aus (vgl. Anhang). In verschiedenen Branchen entstanden Föderationen, so bei den Bergarbeitern des mittleren Andenhochlandes, den Erdölarbeitern, den Zuckerarbeitern und den Angestellten. Streiks und Demonstrationen, bisweilen von der APRA als politisches Mittel eingesetzt, nahmen zu. Ein Aufstand von Teilen der APRA im Jahre 1948, angesichts einer zunehmend repressiver reagierenden Regierung Bustamante, schlug fehl. Der Putsch des Generals Odriá, im Jahre 1948, gestützt von der Agrarexport-Bourgeoisie, beendeten diese kurze Phase relativer Demokratisierung.

4. Peru nach dem Zweiten Weltkrieg: Veränderte Rahmenbedingungen für die Gewerkschaftsbewegung

Als nach dem Zweiten Weltkrieg mehrere andere lateinamerikanische Staaten versuchten, durch protektionistische und staatsinterventionistische Maßnahmen die (bescheidenen) Erfolge der Industrialisierung zu bewahren, setzte Peru auf exportgeführtes Wachstum, wirtschaftlichen Liberalismus, Auslandsinvestitionen und Anbindung an die US-Ökonomie (Thorp/Bertram 1977: 145; Hunt 1975: 303). Unter dem Banner einer orthodoxen Wirtschaftspolitik wurde von 1948 - 1968 die Integration in den Weltmarkt verstärkt. Gleichzeitig ging durch den Industrialisierungsschub der fünfziger und sechziger Jahre die gesamtwirtschaftliche Dominanz des Exportsektors zurück. Als hegemonialer Pol kristallisierte sich in den sechziger Jahren der städtisch-industrielle Sektor heraus.[19]

Die Veränderungen im Exportsektor reichten weit: Das Erdöl, einst führendes Exportprodukt, deckte kaum noch den lokalen Markt ab. Von 1948 bis 1970 wurden keine neuen Erdölfelder entdeckt, als Hoffnung blieb die Urwaldregion. Die traditionellen Exportprodukte Zucker und Baumwolle verloren an Bedeutung. Ihr Anteil an den Exporterlösen sank von über 50 Prozent (bis 1950) auf unter 20 Prozent (seit 1965). Die Zuckerindustrie paßte sich durch Technisierung, Reduzierung der Belegschaft und den Aufbau von nachgelagerten Industrien (Papier, Chemie, Viehfutter) den veränderten Bedingungen an.

Zum neuen Stern am Exportfirmament wurde seit Ende der fünfziger Jahre der Fischereisektor, der Peru den ersten Rang auf dem Weltmarkt für Fischmehl sicherte, und Mitte der sechziger Jahre 25 - 30 Prozent der gesamten Exporterlöse stellte. Die Gewinne der fischverarbeitenden Industrie waren hoch und die Verflechtung mit anderen Branchen stärker ausgeprägt als bei anderen Exportprodukten.

Die schnell anwachsende Fischindustrie blieb weitgehend in lokaler Hand; eingewanderte und lokale Unternehmer kontrollierten 1968 etwa 60 Prozent der Produktion, die rein ausländischen Unternehmen nur 21 Prozent. Der Fischmehl- und Ölboom war freilich nur von kurzer Dauer. Raubbau an den natürlichen Ressourcen, verbunden mit Veränderungen der Meeresströmungen, bewirkten ab 1970 den Abstieg dieses Exportsektors.

Im Bergbau konnte das Auslandskapital seit den fünfziger Jahren seine dominierende Position zurückerobern, obwohl einheimische Unternehmer vorerst noch einen wichtigen Anteil hielten. Insgesamt steigerte der Bergbau kontinuierlich seinen Anteil am Gesamtexport und lag seit 1974 bei über 50 Prozent der Exporterlöse.

Die agrarischen Produkte, Erdöl und auch Fischmehl waren also an ihre natürliche Wachstumsgrenzen gestoßen. Seit Mitte der sechziger Jahre war außer Fisch kein neues Exportprodukt dazugekommen. Perus Zukunft als Exporteur von Rohstoffen hing zunehmend von der im großen Umfang betriebenen Ausbeutung der Kupfervorkommen bei gleichzeitigigem Rückgang der Förderung anderer Mineralien ab. Allerdings zeigten die US-Firmen, die den Kupferbergbau kontrollierten und auch in anderen Ländern ihre Interessen hatte, kein Bedürfnis, neue Lager zu erschließen. Diese Haltung führte zu Konflikten sowohl mit der Regierung Belaúnde als auch mit dem

Militär.

Städtische und agrarische Binnenwirtschaft entwickelten sich nach den Zweiten Weltkrieg getrennt. Die agrarische Produktion für den lokalen Markt stagnierte, immer mehr Lebensmittel mußten importiert werden. Der bis dahin hauptsächlich auf Textilien- und Nahrungsmittelverarbeitung beschränkte Industriesektor und mit ihm die städtische Wirtschaft, durchliefen ein beschleunigtes Wachstum, das seine größte Dynamik in der sechziger Jahren erreichte und beträchtlich über dem lateinamerikanischen Durchschnitt lag.[20] Ein Viertel der Industrieproduktion hing unmittelbar mit der Verarbeitung von Rohstoffen zusammen.

Der Industrialisierungsschub ließ den Anteil der verarbeitenden Industrie am Bruttoinlandsprodukt von 16,9 Prozent (1959) auf 24,7 Prozent (1977) ansteigen, während im gleichen Zeitraum der Anteil des Agrarsektors von 23,8 Prozent auf 12,9 Prozent fiel (Vargas 1980: 2). Zentral für den Industrialisierungsprozeß war das Auslandskapital, das sich vor allem in den dynamischen, wachstumsstarken Branchen, die mit der Herstellung von Kapitalgütern und dauerhaften Konsumgütern verbunden waren, konzentrierte; dies drückte sich in einer Zunahme von Montage- (Automobilherstellung) und Linea-blanca-Betrieben (Kühlschränke, Waschmaschinen und Herde) aus (vgl. Anaya 1975: 77). Doch auch in einige traditionelle Industriebranchen drang das Auslandskapital ein und zwang die lokalen Unternehmer zur Schließung oder Modernisierung ihrer Fabriken. Eine dominierende Rolle spielte das Auslandskapital in der Schuhkonfektion-, Papier- und Gummifabrikation, im Chemie- und Transportsektor sowie in der Herstellung elektrischer Maschinen. Zwar war das Auslandskapital nur an 241 Industriebetrieben (und nur an 60 Prozent der Betriebe mehrheitlich) beteiligt (Anaya 1975: 41), doch unter den 200 größten Industrieunternehmen des Landes, die 62 Prozent der Aktiva besaßen und 65 Prozent des gesamten Industrieumsatzes realisierten, befanden sich über die Hälfte unter ausländischer Kapitalkontrolle (Fitzgerald 1961: 160). Doch auch bei Minderheitsbeteiligungen übte das Auslandskapital infolge seines technologischen Potentials eine de facto-Kontrolle aus. 1969 wurden 46 Prozent der Industrieproduktion vom Auslandskapital kontrolliert, 43,6 Prozent vom nationalen Kapital und 10,4 Prozent vom Staat, der seinen Anteil bis 1976, zum Teil auf Kosten des Auslandskapitals, auf 25 Prozent steigerte, sich in seiner Übernahmepolitik aber auf den Bereich der Basisindustrie beschränkte.

Charakteristisch für den modernen Industriesektor waren: Konsumgüterproduktion für eine Minderheit der Bevölkerung, fehlende Integration mit der übrigen Wirtschaft, hohe Importabhängigkeit (Beaulne 1975), geringer Grad an industrieller Verflechtung, räumliche Konzentration auf Lima-Callao sowie die geringe Absorption von Arbeitskräften.[21]

Im Zusammenhang mit der Industrialisierung und Modernisierung der Exportenklaven wurden das Baugewerbe sowie der Finanz- und Dienstleistungssektor erheblich ausgeweitet und auch der Staatsapparat expandierte: Innerhalb weniger Jahre verdoppelte sich die Zahl der vom Staat direkt Beschäftigten.

Diese ökonomischen Veränderungen bewirkten einen Wandel der Sozial- und Klassenstruktur, der sich auch in politischen Reaktionen ausdrückte. Die seit den dreißiger Jahren schwelende Krise des oligarchischen Staates vertiefte sich. Die im "Block an der Macht" unterrepräsentierten Industriellen, die sich stark mit dem Auslandskapital identifizierten, sowie die "neuen" Mittelklassen drängten auf stärkere politische Beteiligung. Protestbewegungen in den Provinzen, wo sich, wie im Falle von Arequipa, eine breite Volksbewegung unter Führung der lokalen Bourgeoisie 1950 gegen die staatliche Wirtschaftspolitik bildete (Colque 1976: 47 ff.), regionale Bauernaufstände im Süden und im Zentrum des Landes und Guerillabewegungen Mitte der sechziger Jahre (Petras 1970: 87 ff.) deuteten das Ende des oligarchischen Herrschaftsmodells an, zumal sich die Streitkräfte allmählich professionalisierten und ihre Rolle als Hüter der oligarchischen Ordnung zu hinterfragen begannen.

Der "oligarchische Machtblock" versuchte mit verschiedenen Mitteln, die Krise zu entschärfen: Harte Repression, gemischt mit paternalistischen Zugeständnissen im Sozialbereich, Integration der einst so verhaßten APRA durch kleinere Konzessionen. Reformversuche (Militärjunta von 1962, Anfangszeit der Regierung Belaúnde) konnten noch mit Mühe angewehrt werden, doch langfristig waren Veränderungen nicht mehr aufzuhalten.

Wie wirkten sich nun die ökonomischen Umwälzungen auf die Klassen- und Sozialstruktur aus?
Die Stagnation der Landwirtschaft, verbunden mit zunehmender ländlicher Verarmung und dem Verfall der bäuerlichen Wirtschaft sowie einer starken Bevölkerungszunahme lösten mit Beginn der fünfziger Jahre einen bis heute dauernden Migrationsstrom aus, wobei kein direkter Zusammenhang zwischen industriellem und städtischem Wachstum bestand (Spessart 1980: 67). Nur ein kleiner Teil der ländlichen Zuwanderer wurde von der Industrie absorbiert oder konnte in die untere Mittelklasse aufsteigen, der weitaus größte Teil war jedoch zur offenen oder verdeckten Arbeitslosigkeit verurteilt.[22] Dieser "marginale Pol" (Quijano 1972) wurde von einigen populistischen Diktatoren als politische Manövriermasse zur Stabilisierung der oligarchischen Herrschaft eingesetzt. Sichtbarer

Ausdruck des rapiden Verstädterungsprozesses, der die Einwohnerzahl von Lima von etwa 1 Mio. (1951) auf 2,6 Mio. (1967) hochschnellen ließ, sind die Stadtviertel der Unterschicht und die Elendsquartiere, die ringförmig um das alte Stadtzentrum liegen und in denen Ende der sechziger Jahre mindestens 50 Prozent der Bevölkerung von Lima-Callao lebten (Küchemann 1980: 97).

Im Zuge der ökonomischen Veränderungen hatte sich auch das Gewicht der Mittelklassen verstärkt, deren verschiedene Teile unterschiedliche ökonomische und politische Interessen vertraten. Die neue städtische Mittelklasse war in der staatlichen und privaten Bürokratie verankert. Zunehmend stellte sie sich gegen die oligarchische Herrschaft und verlangte Reformen. Ihre politische Heimat fand sie nicht bei der APRA, die sich seit 1956 mit der Oligarchie arrangiert hatte, sondern unter anderem bei den Parteien Acción Popular und Partido Demócrata Cristiano. Auch die städtische und halbstädtische Kleinbourgeoisie im Handel und Dienstleistungsgewerbe nahm zu, während die ländliche Kleinbourgeoisie an Bedeutung verlor.

Die Arbeiterklasse gewann insgesamt an Gewicht, mit Verschiebungen und Differenzierungen. Die Zahl der Enklavenarbeiter - der semiurbanen Arbeiter (Quijano 1970: 60) - blieb im Bergbau konstant, ging im Zuckersektor und der Erdölförderung zurück und nahm in der Fischerei stark zu. In den Bergwerken waren nun die meisten Arbeiter dauerhaft beschäftigt (Bourricaud 1965: 15 f), in den rationalisierten und technisierten Zuckerbetrieben hielt man sich einen Stamm von festangestellten Arbeitern und griff ansonsten auf Saisonarbeiter zurück. Im Fischfang und in der Fischverarbeitung waren seit 1965 saisonale Fangzeiten eingeführt worden, so daß auch hier Gelegenheitsarbeit vorherrschte. Insgesamt verlagerte sich das Schwergewicht der Arbeiterklasse seit den fünfziger

Jahren in den städtisch-industriellen Bereich.

In den neuen industriellen Zentren, wo mit moderner Arbeitsorganisation, kapitalintensiver und moderner Technologie produziert wurde, formierte sich eine Arbeiterschaft, die sich vom traditionellen Proletariat unterschied. Meist aus dem städtischen Milieu kommend, höher qualifiziert, weniger anfällig für paternalistische Beziehungsmuster - sei es gegen Staat oder Unternehmer -, begann sie sich in Gewerkschaften zu organisieren und erkämpfte sich höhere Löhne und politischen Einfluß. In der Kleinindustrie und im Handwerk, in das Teile der ländlichen Zuwanderer strömten, dominierten weiterhin Wertmuster der ländlich-agrarischen Kultur. In den traditionellen Industriezweigen blieb das von der APRA geprägte Bewußtsein vorherrschend. Diese ausgeprägte Differenzierung der Arbeiterklasse infolge unterschiedlicher Löhne, Arbeitsbedingungen, Bildungsstufen, politischer Sozialisation und Lebenserfahrung stellte ein schweres Hindernis für die Herausbildung eines kollektiven Bewußtseins dar.

Der Industrialisierungsprozeß akzentuierte auch die räumliche Konzentration der Arbeiterklasse und ihrer Organisationen in der Hauptstadt Lima. 1961 waren 197.000 Lohnabhängige, das heißt 11 Prozent der 1,85 Mio. Einwohner Limas, gewerkschaftlich organisiert, in Arequipa, mit 150.000 Einwohnern zweitgrößte Stadt des Landes, gab es 11.000 Gewerkschafter, das heißt 7,4 Prozent aller Einwohner (Payne 1965: 30).

5. Auf dem Weg zum apristischen Gewerkschaftsmodell

Mit dem Putsch von General Odría im Jahre 1948 war für die Gewerkschaftsbewegung die kurze Zeit relativer Aktions- und Organisationsfreiheit, die sie unter der Regierung Bustamante (1945 bis 1948) genossen hatte, zu Ende gegangen. Durch eine Kombination von Terror und paternalistischen Sozialreformen versuchte die Regierung Odría (1948 bis 1956), die organisierte Arbeiterbewegung zu neutralisieren. Die CTP wurde, ebenso wie die APRA, illegalisiert, ihre Führer verfolgt, während gleichzeitig Reformen im Sozialbereich der Arbeiter für die Diktatur gewinnen sollten. Der Versuch, mit übergelaufenen Gewerkschaftern eine Parallelorganisation zur CTP zu bilden, scheiterte jedoch, und die Protestbewegungen von 1950 in Arequipa und 1955 in verschiedenen Regionen wurden von gewerkschaftlichen Streiks begleitet. Vor allem der radikale Gewerkschaftsflügel der APRA wurde geschwächt und zurückgedrängt (Moya 1980: 281). Dies veranlaßte einige apristische Führer, in diskrete Verhandlungen mit Odría zu treten. Zu einem offenen Bündnis der APRA mit der Oligarchie kam es jedoch erst unter Odrías Nachfolger Prado. APRA und CTP wurden wieder zugelassen.

Als Gegenleistung für einige Sozialreformen schaffte es die APRA, die Anbindung der städtischen Arbeiterschaft an den oligarchischen Staat zu garantieren (Boeckh 1979: 306). Diese Wende der Gewerkschaftsbewegung, die durch die SChwächung des radikalen Flügels möglich geworden war, drückte sich auch in der Übernahme des US-amerikanischen Gewerkschaftsmodells aus. Die freie Marktwirtschaft wurde akzeptiert, und gewerkschaftliche Betätigung beschränkte sich auf Tarifpolitik.[23] Die CTP wurde in Lateinamerika zum engsten Verbündeten des US-amerikanischen Dachverbandes AFL-CIO, der auch weitgehend ihre Aktivitäten finanzierte

(Sharp 1972: 468).

Während die APRA mit der Gewerkschaftsbewegung ein Drohpotential besaß, das rigoros zur Stärkung ihrer Positionen eingesetzt wurde, konnten umgekehrt die Gewerkschaften über die politische Ebene tarifliche Privilegien erreichen. Dieses Wechselspiel förderte die Herausbildung einer Arbeiterelite, die sich bezüglich der Löhne und Arbeitsbedingungen von nicht-apristischen Gewerkschaften abhob. Ausdruck dafür war die privilegierte Position der Textilarbeiter, eine der bedeutendsten Föderationen des Landes. Zwar pflegte die CTP immer wieder der Regierung mit einem Generalstreik zu drohen, doch arrangierte sie es dann so, daß die Regierung genug Zeit hatte, einen Zusammenstoß zu vermeiden (Payne 1965: 168).

Bis Mitte der sechziger Jahre funktionierte das apristische Gewerkschaftsmodell - wenn auch nicht immer reibungslos. Der kommunistische Rivale blieb aus der Führung der CTP ausgeschlossen. Entscheidender Vorteil der APRA war, daß sie eine gut organisierte Massenpartei blieb, die über zahlreiche ausgebildete Gewerkschaftsfunktionäre verfügte und von ihrer Vergangenheit als revolutionäre, antimilitaristische Organisation zehren konnte. Demgegenüber blieb die Kommunistische Partei eine Kaderpartei ohne Massenbasis mit begrenztem Einfluß. Durch eine wechselhafte, wenig kohärente Politik in den dreißiger und vierziger Jahren hatten sie sich viele Sympathien verscherzt.

Das apristische Gewerkschaftsmodell ließ sich allerding nicht problemlos durchsetzen. Beim zweiten nationalen Kongreß der CTP 1956 votierten ca. 40 Prozent der Delegierten gegen die apristische Vorstandsliste, darunter die Delegierten aus dem Süden des Landes, wo die Kommunistische

Partei ihren Einfluß hatte halten können.[24]

An ihre Grenze stieß die apristische Gewerkschaftsstrategie durch das Wachstum der Arbeiterklasse infolge der Industrialisierung: die "neue" Industriearbeiterschaft konnte weder in die ökonomischen Privilegien einbezogen werden, noch war sie bereit, politisch den Gewerkschaftskurs der APRA mitzutragen. Vor allem in diesen neuen, nicht von der apristischen Tradition geprägten Arbeiter- und Angestelltensektoren stieß die KP auf Resonanz. Sie sicherte sich entscheidenden Einfluß auf die Gewerkschaften in Cusco, Arequipa und Puno (Colque 1976) sowie auf die Bauerbeitergewerkschaft.

Im Kampf um Einfluß auf die Gewerkschaften wurden alle Mittel eingesetzt: Parallelorganisationen wurden aufgebaut und der Staatsapparat von der APRA in die Auseinandersetzungen hineingezogen. Exemplarisch für die Härte der Auseinandersetzungen war der Streik der Bankangestellten von 1964. Er endete mit einer Niederlage der Streikbewegung und der Verdrängung der neuen "klassenorientierten" Führung durch die APRA (Castro 1972: 67 ff.).

Der schwindende Einfluß der CTP zeigte sich 1962 beim Aufruf zum unbefristeten Generalstreik, als die Militärs durch einen Putsch die bevorstehende Machtübernahme von APRA im Verein mit der Partei des Ex-Diktators Odría verhinderten: Nur wenige der rund 240.000 Mitglieder traten in Streik. Zwei Jahre davor, am 13. Mai 1960, war ein Streikaufruf der CTP noch nahzu vollständig befolgt worden.

Unter der Regierung Belaúnde (1963 bis 1968) ging der Einfluß der APRA auf die Gewerkschaften noch weiter zurück, obwohl es der heterogenen CTP-internen Opposition trotz verschiedener Anläufe bislang noch nicht gelungen war, die APRA aus der CTP-Spitze zu verdrängen. Als Folge dieser gescheiterten Versuche optierte diese Opposition seit 1965 für den Aufbau eines parallelen Dachverbandes, der dann unter dem Namen CGTP 1968 aus der Taufe gehoben wurde (vgl. Kap. VI, 2.).

6. Zusammenfassung: Prägende Einflüsse für die peruanischen Gewerkschaften bis 1968

Betrachtet man die Entwicklung der peruanischen Gewerkschaftsbewegung, so zeigen sich einige Konstanten, die entscheidend die Struktur der Gewerkschaftsbewegung geprägt hatten. Von 1919 bis 1968 sahen sich die Gewerkschaften 21 Jahre harter Verfolgung und zwölf Jahre "gemäßigter" Unterdrückung ausgesetzt. Nur 14 Jahre lang besaßen sie einen relativen Freiraum.

Die Jahre der Illegalität haben die innergewerkschaftliche Entwicklung und Diskussion enorm behindert: Gewerkschaftliche Versammlungen und Gewerkschaftskongresse fanden nur selten statt, langfristige Bildungsprogramme konnten nicht entwickelt werden.[25]

Ebensowenig konnte sich ein vom Staat wenigstens ansatzweise unabhängiges Tarifverhandlungssystem herausbilden. Lohnleitlinien und Tarifverträge wurden von der jeweiligen Regierung diktiert. Gewerkschaften, die über eine gute Organisation, starke Verhandlungsmacht und gute politische Beziehungen zur APRA verfügten, erkämpften ihre tariflichen Erfolge nicht gegen die Unternehmer, sondern gegen den Staat. Gewerkschaftskämpfe trugen somit oft einen ausgeprägt politischen Charakter.

Die im lateinamerikanischen Kontext relativ moderne Arbeitsgesetzgebung und Sozialversicherung, die sich jedoch nur auf eine Elite von Arbeitern und Angestellten bezog, wurde meist nicht von demokratisch legitimierten Regierungen, sondern von diktatorialen Regimes erlassen. Das Ziel war klar: Die konfliktfähigen Teile der Arbeiter und Angestellten sollten an den Gewerkschaften vorbei direkt an Regierung bzw. Diktator gebunden und der apristische Einfluß neutralisiert werden.

Als sich die APRA zu einer staatstragenden Partei gewandelt hatte, zielte die Arbeits- und Sozialgesetzgebung primär darauf ab, ein Ausbrechen der Arbeiterschaft des hochkapitalisierten Sektors zu verhindern.

Die Gewerkschaften blieben klar parteipolitischen Interessen untergeordnet. Alle drei gewerkschaftlichen Dachverbände waren auf Initiative von Parteien gegründet worden. Dominierende Partei war seit den dreißiger Jahren die APRA, die bis Mitte der sechziger Jahre der organisierten Arbeiterbewegung ihren Stempel aufdrückte. Die KP behielt ihren Einfluß auf minoritäre, aber wichtige Teile der Gewerkschaftsbewegung, andere Parteien spielten nur kurzfristig eine Rolle.

Bis Mitte der sechziger Jahre hatte sich die Gewerkschaftsbewegung demnach nicht als eigenständige, politische Kraft mit einer eigenen Perspektive etablieren können, sieht man von der kurzen anarchosyndikalistischen Gründungszeit ab. Stattdessen hatte sie sich in den zwanziger Jahren den politischen Zielvorgaben zweier systemkritischer Parteien untergeordnet, von denen sich die APRA als dominierende antioligarchische Kraft durchsetzen konnte. Durch die enge Anbindung an die APRA hatte die Gewerkschaftsbewegung zwar auf politische Eingeständigkeit verzichtet und sich letztlich einer Mittelklassenstrategie angepaßt, war jedoch zu einem beachtlichen Bestandteil einer antioligarchischen Massenbewegung geworden. Die Politikfähigkeit der Gewerkschaften leitete sich aus ihrer bedeutenden, wenn auch nicht hegemonialen Rolle innerhalb der durch die APRA repräsentierten nationalen antioligarchischen Allianz ab.

Nachdem die APRA in den fünfziger Jahren ihren Frieden mit dem oligarchischen System geschlossen und die "abhängig verbündete" Gewerkschaftsbewegung in diesen Pakt eingebracht hatte, schien die Möglichkeit zu bestehen, daß die Arbeiterbewegung - bzw. ihre am besten organisierten Sektoren - zu einem politischen Stützpfeiler des oligarchischen Staates werden könnte. Ende der fünfziger Jahre, Anfang der sechziger Jahre schien dieses Modell ansatzweise zu funktionieren: Die apristische Arbeiterschaft wurde durch Privilegien an den oligarchischen Staat gebunden, andere Sektoren mit Repression niedergehalten. Doch war der Zerfall des oligarchischen Systems bereits zu weit fortgeschritten, als daß diese Strategie hätte erfolgreich weiterentwickelt werden können. Die im Rahmen des Industrialisierungsprozesses in den fünfziger und sechziger Jahren neu formierten Arbeitersektoren entzogen sich diesem Modell, und auch in der traditionell-apristischen Arbeiterschaft wurde diese politische Funktion zunehmend hinterfragt. Gegen Ende der sechziger Jahre hatte sich der Großteil der Arbeiterbewegung der Anbindung an den oligarchischen Staat entzogen und wiederum an die Seite der reformorientierten und gesellschaftsverändernden Kräfte gestellt.

KAPITEL III

ÖKONOMISCHE UND GESELLSCHAFTLICHE REFORMEN - DIE MILITÄRS AN DER MACHT

1. Die Militärs und ihr Projekt

Der Staatsstreich am 3. Oktober 1968, der die zivile Regierung Belaúnde stürzte, setzte eine Tradition fort, nach der seit Beginn des Jahrhunderts kein ziviler Präsident seine Amtszeit regulär beenden konnte. Militärs stellten 39 der insgesamt 66 Präsidenten seit Beginn der Unabhängigkeit. Das Militär hatte bis zu Beginn der sechziger Jahre stets die gleiche Funktion wahrgenommen: den Territorialstaat nach außen zu sichern und als "Wachhunde der Oligarchie" (so Cotler 1971: 26) die Interessen des "Blocks an der Macht" nach innen zu garantieren. Doch schon der Putsch von 1962, der zum ersten Mal vom Militär als Institution durchgeführt worden war, deutete an, daß entscheidende Veränderungen abgelaufen waren. Hatten in den Jahrzehnten zuvor Militärs geputscht, um die reformerische APRA von der politischen Macht abzuhalten, so sollte die Machtübernahme von 1962 eine Regierungsallianz von konservativer APRA und Oligarchie verhindern. Nachdem die Militärs die Weichen für einen Wahlsieg Belaúndes gestellt hatten, zogen sie sich in die Kasernen zurück.

Die Regierung Belaúnde war 1963 auf der Basis eines Reformprogramms, das sich an den entwicklungspolitischen Leitlinien der Allianz für den Fortschritt orientierte, gewählt worden. Aber die schüchternen Reformansätze hatten sich bald festgefahren oder waren von dem Bündnis APRA/Oligarchie verhindert worden. Lokale Bauernaufstände und Guerillagruppen signalisierten die wachsende Unzufriedenheit der Landbevölkerung und Intellektuellen. Auch in die Gewerkschaften war in den sechziger Jahren Bewegung gekommen. Die Regierung Belaúnde hatte sich ihrer reformerischen Mitstreiter entledigt und einen konservativen Kurs eingeschlagen. Die für 1969 vorgesehenen Wahlen ließen einen Erfolg der APRA und ein Zusammengehen mit dem konservativen Flügel der von Belaúnde geführten AP erwarten, was eine Fortführung des gesellschaftlichen Status quo bedeutet hätte.

In den ersten Verlautbarungen der neuen Machthaber (DESCO 1974, Bd. 1: 83/84) tauchten zwei Punkte auf, die sich von den traditionellen Putscherklärungen lateinamerikanischer Militärjuntas unterschieden:

- Der Putsch wurde nicht mit dem "Schutz der Verfassung" und "Bedrohung durch den Kommunismus" begründet, sondern mit der Notwendigkeit von wirtschaftlichen, sozialen und kulturellen Strukturreformen; mit der Beseitigung von sozialen und ökonomischen Ungerechtigkeiten sowie mit einer Reorganisierung des Staatsapparates.

- Die Beziehungen zwischen den Teilstreitkräften sowie zwischen Streitkräften und neuer Regierung wurden detailliert geregelt. Die neuen Machthaber beabsichtigten also, länger im Amt zu bleiben (vgl. El Peruano vom 4. Oktober 1968).

Der erste Schlag der Militärs richtete sich gegen die International Petroleum Company, die bereits nach wenigen Tagen entschädigungslos enteignet wurde, wobei dies gleichzeitig den Putsch legitimieren sollte.

Die darauf folgenden Welle von Reformen und Aktionen sollte ein industriell entwickeltes Peru mit moderner Wirtschafts- und Sozialstruktur und einem erweiterten inneren Markt schaffen. Durch soziale Reformen sollte ein nationaler Konsens vermittelt und der Klassenkonflikt entschärft werden. Die Militärs intervenierten in großem Umfang in Ökonomie und Gesellschaft und waren bereit, "entwicklungshemmende" Fraktionen des kriselnden oligarchischen Machtblocks zu opfern und begrenzte Konflikte mit dem Auslandskapital im Exportsektor in Kauf zu nehmen.

Die Aktionen des peruanischen Militärregimes schienen sowohl die Grundthesen der US-amerikanischen Militärsoziologie, als auch der sowjetischen Militärforschung zu bestätigen: Während für die US-Militärsoziologen Militärs in der Dritten Welt Avantgarde von Modernisierungsprozessen und Träger von sozialem Wandel sind, repräsentieren sie für die sowjetische Interpretation einen als progressiv verstandenen Nationalismus.[1] Doch zeigen gerade die lateinamerikanischen Erfahrungen mit Militärherrschaft, daß diese Modelle zu kurz greifen bzw. in dieser verallgemeinernden Form falsch sind. Militärische Herrschaft in der Dritten Welt läßt sich nur durch eine empirische Bestimmung von innermilitärischen Faktoren, wie sozialer Herkunft des Offizierkorps, interner Organisation und militärischer Doktrin sowie von ideologischen Außeneinflüssen analysieren, wobei diese Faktoren in Beziehung zu dem ökonomischen, politischen und soziokulturellen Kontext zu setzen sind.

Für das peruanische Heer gilt, daß die Offiziere in der Regel aus der unteren Mittelklasse kommen, wobei die Provinzen stark repräsentiert sind (Hofmann 1976: 30; Villanueva 1969: 250). Die Offiziere der Luftwaffe und Marine stammten größtenteils aus der oberen (weißen) Mittelklasse. Die unterschiedliche soziale Herkunft des Offizierkorps in den Teilstreitkräften drückte sich auch in abweichenden politischen Wertvorstellungen aus. Global ließ sich feststellen, daß insbesondere die Marine, aber auch die Luftwaffe, konservativere Positionen als das Heer vertraten. So verfügte die Marine traditionell über die engsten Kontakte zum oligarchischen Machtblock.

Die Möglichkeiten eines beruflichen Aufstiegs waren insbesondere im Heer stark ausgeprägt. Peru besaß pro Soldat die meisten Generäle der Welt mit der niedrigsten Pensionsgrenze und der vergleichsweise höchsten Pension (Fürst u.a. 1978: 143). Zu den US-amerikanischen Streitkräften bestand eine enge Beziehung: 1950 bis 1966 waren 3.700 peruanische Militärs in den USA ausgebildet worden (Villanueva 1967: 269).

Die Herausbildung eines reformistischen Bewußtseins bei Teilen des Militärs war durch das Zusammenwirken mehrerer Faktoren bedingt: die soziale Herkunft der Offiziere des Heeres, ihre Erfahrungen in der Guerillabekämpfung 1965, als sie mit der sozialen Realität Perus konfrontiert wurden und die Militärdoktrinen, die in der in den fünfziger Jahren neugegründeten Militärakademie CAEM gelehrt wurden.

Im Denken vieler peruanischer Militärs verband sich die dominante Doktrin der "inneren Sicherheit" mit einer zunehmend antioligarchischen Haltung, da die Oligarchie als entscheidendes Hemmnis für die Entwicklung eines industrialisierten, wirtschaftlich und daher auch militärisch starken Perus gesehen wurde. Diese gedankliche Logik war entscheidend für den Putsch der Militärs im Jahre 1962, der das Ziel hatte, den Wahlsieg der APRA zu annullieren, die mit ihr verbündeten Gruppen der Oligarchie zu schwächen und Voraussetzungen für einen Wahlsieg der reformorientierten Acción Popular und ihres Kandidaten Belaúnde zu schaffen. Angesichts des Scheiterns der Reformstrategie der Regierung Belaúnde, einer sich radikalisierenden Bauernbewegung (1963) und einer Guerillabewegung in den Anden (1965) kristallisierten sich zwei Tendenzen im Militär heraus: Eine Fraktion plädierte für eine Ausweitung des repressiven Potentials des Staates durch verstärkte internationale militärische Zusammenarbeit, wobei Sozialreformen nur eine untergeordnete Bedeutung zugewiesen wurde. Die andere betonte die Notwendigkeit von konfliktregulierenden Reformen statt Repression. Beide Flügel näherten sich politischen Kräften an: Der erste setzte auf die nach rechts gerichtete Regierungsallianz, während der zweite den reformorientierten Kräften der Mittelklasse zuneigte. Die ökonomische Krise von 1967, ein Schmuggelskandal, in den Marineoffiziere verwickelt waren, und vor allem der Skandal um den Erdölkonzern IPC stärkten die Reformer im Militär. Angeführt von General Velasco organisierte diese Fraktion, in ihrer Mehrheit Obristen aus dem Heer, die 1965 an der Guerillabekämpfung beteiligt waren, den Putsch von 1968. Erst nachträglich wurde er durch die militärische Führungsspitze sanktioniert (Philip 1978: 77 ff.). Die Fraktionierung im Militär blieb weiter bestehen, wenn sich auch General Velasco 1969 definitiv als Führungs- und Integrationsfigur durchsetzen konnte. Erst nach dessen schwerer Krankheit, im Jahre 1973, ging ihm die Fähigkeit verloren, die innermilitärische Balance aufrechtzuerhalten.

Vor dem Hintergrund wachsender ökonomischer Probleme, politischer und sozialer Konflikte, der Ereignisse im Nachbarlnad Chile (Sturz der Regierung Allende am 11. September 1973) sowie Kräfteverschiebungen in der Bourgeoisie spitzten sich die Konflikte zwischen Reformern, Technokraten und einer neuentstandenen korporativ-reaktionären Gruppe zu. Die Absetzung von General Velasco, der zunehmend von der korporativen Gruppe beeinflußt wurde, erfolgte im August 1975 durch eine koordinierte Aktion von Reformern und Technokraten. Der korporativ-reaktionäre Flügel wurde ausgeschaltet. Die Dynamik der ökonomischen Probleme, verschärft durch den Verfall der Rohstoffpreise, und eine sich anbahnende Allianz zwischen Technokraten und Fraktionen der Bourgeoisie schwächte die Reformfraktion: Ihre letzten Vertreter in Regierung und Heer wurden im Juli 1976 aus einflußreichen Posten verdrängt.

Zur Legitimierung ihres Projekts entwickelten die Militärs, insbesondere der bis 1973 unbestrittene Führer der "Revolución Peruana", General Velasco Alvarado, eine spezifische Rhetorik, mit der sowohl der Bevölkerung als auch dem Ausland die Ziele dieser Revolution verdeutlicht werden sollten. Sicherlich erfüllte diese Rhetorik propagandistische Funktionen. Andererseits spiegelte sie auch das Selbstverständnis der Militärs mit ihrer "historischen Mission" wieder, gab aber doch Anlaß zu Mißverständnissen über den Charakter der Militärregierung. Teile der internationalen Presse, verschiedene Regierungen und einflußreiche Institutionen schlossen nicht zuletzt aus der Selbstdarstellung der Velasco-Regierung, es handle sich um ein radikales Regime. Arbeiter, Bauern und Bewohner von Elendsvierteln richteten ihre Aktionen an dieser Rhetorik aus und schufen damit für die Militärs nicht vorhergesehene Konfliktfelder.

In ihrem Programm definierten die Militärs ihre Regierung als "revolutionäre Militärregierung", wobei "revolutionär" ausdrücklich nicht im marxistischen Sinne, sondern als "authentisch peruanisch" (Velasco 1970: 82 u. 75) verstanden wurde. Andere Schlüsselbegriffe in den Reden Velascos waren "nationalistisch" und "antiimperialistisch" (Velasco 1970: 36, 74, 83). Der angestrebte Entwicklungsprozeß wurde als "weder kapitalistisch noch kommunistisch" (Velasco 1970: 277) charakterisiert. Der immer wieder von der konservativen Presse, der einheimischen Oberschicht und Vertretern ausländischer Kapitalinteressen erhobene Kommunismusvorwurf wurde vehement zurückgewiesen: "Wir werden keine kommunistische Gesellschaft etablieren", so Präsident Velasco (1970: 67), der außerdem erklärte: "Es ist kein Kommunismus, gegen die Unterentwicklung zu kämpfen, es ist kein Kommunismus, die Bauern aus ihrem säkulären Elend zu erlösen... es ist weder Kommunismus noch Extremismus, tatsächlich gegen die Ungerechtigkeit, den Hunger und gegen die Ausbeutung zu kämpfen" (Velasco 1970: 185).

Der Hauptgegner war für die Militärs die Oligarchie, vor allem Großgrundbesitzer, Finanz- und Exportbourgeoisie: " Diese Oligarchie, ihre internen Verbündeten und äußeren Herren sind und werden auch immer unsere unversöhnlichen Gegner sein", so Velasco (1970: 105). In späteren Jahren wurde der Begriff Oligarchie sukzessiv auf alle diejenigen Kräfte ausgeweitet, die dem "Revolutionären Prozeß" ablehnend gegenüberstanden.

Während so auf der einen Seite Konfliktlinien gezogen wurden, beschwor man auf der anderen Seite eine nahezu mythische Einheit des peruanischen Volkes, in der alle Klassen- und Interessendifferenzen verschwanden. Diese Einheit bezog sich auch auf das Volk und die Militärs (Velasco 1970: 112).

Hauptgegner war die Oligarchie, wohingegen, durchaus in der Logik des Modells, die Industriellen umworben wurden. "Wenn wir von der Oligarchie sprechen, beziehen wir uns absolut nicht auf die Industriellen und Unternehmer, die dazu beitragen, Reichtum in diesem Land zu schaffen", so Velasco (1970: 29). Die Militärregierung bot "ihre Unterstützung und ihren Ansporn den Privatinvestitionen, einschließlich der ausländischen, die sich den Gesetzen des Landes unterwerfen" (Velasco 1970: 99).

In diesem Zusammenhang wurde immer wieder "ökonomischer Pluralismus" beschworen, der sowohl der Industriebourgeoisie als auch dem Auslandskapital die Investitionsängste nehmen sollte. Gleichzeitig wurden die bürgerlichen Parteien attackiert und es wurde ihnen explizit vorgeworfen, daß sie bei der Durchsetzung der notwendigen Reformen versagt hätten. Die Militärs gaben sich dem Glauben hin, durch ihre Reformen die politischen Parteien überflüssig gemacht zu haben. "Diese politischen Organisationen, die letztlich den Interessen der dominanten Gruppen des Landes dienten, verkümmern und sterben ab, weil sie in der Tat keinen Existenzgrund mehr haben" (Velasco 1970: 209). Zusammen mit den Parteien wird auch die "formale Demokratie" abgelehnt. "Die formale Demokratie, die sich an der Macht mit diktatorischen Regimes ablöste, hat niemals mehr bedeutet als ein Spiel der politischen Interessen derjenigen, denen das Volk und seine großen Probleme immer zweitrangig waren" (Velasco 1970: 113 f.).

Über die politische Absicherung des Reformprozesses, die Organisierung der Gesellschaft nach korporativen Kriterien wird in den ersten Jahren wenig gesagt, sicher ein Hinweis darauf, daß in diesem Bereich ein klares Konzept der Militärs anfangs nicht existierte. Velasco nahm dazu am ersten Jahrestag der Revolution Stellung: "Jedoch sind wir uns der absoluten Notwendigkeit klar bewußt, daß das peruanische Volk in wahrer Form am Prozeß seiner Revolution teilnimmt... Jetzt ist das Gebot, die Mechanismen und die Institutionen zu schaffen, die es möglich machen, die Teilnahme des Volkes auf einer permanenten und konstruktiven Basis zu erreichen" (Velasco 1970: 275). Schon diese Sätze zeigen, daß die politische Organisation der Bevölkerung von oben geplant und kontrolliert werden sollte.

Velasco paßte sich neuen Situationen und Veränderungen in der Strategie flexibel an. Außerdem sprach die "Peruanische Revolution" nicht mit einer Stimme: Führende Militärs und ihre Berater hatten abweichende Interpretationen und Vorstellungen und äußerten sie auch. Doch bis zu seiner Absetzung blieb Velasco - el Chino (Chinese), wie er von der Bevölkerung genannt wurde -, die Identifikationsfigur der "Peruanischen Revolution" (Löwenthal 1976: 36), und seine Reden waren allgemein als Regierungserklärung akzeptiert.

Die Konzeption der Militärs war vor allem im Plan Inca zusammengefaßt (El Peruano vom 30. Juli 1974), der, so ließ man verlauten, von Anfang an die Handlungsmaxime der Regierung gewesen sei. Aber tatsächlich war der Plan Inca nicht das ursprüngliche Programm der Militärs, sondern entstand - unter Mitwirkung ziviler Berater - nach der Machtübernahme (Philip 1978: 142) und sollte frühere Aktivitäten in ein Gesamtkonzept stellen.

In den vier zentralen Bereichen, die im Plan Inca abgehandelt waren - Wirtschaft, Infrastruktur, Soziales und Staatstätigkeit - sollten Reformen durchgeführt werden. Die im Plan Inca nicht ausdrücklich thematisierte Entwicklungskonzeption war im Entwicklungsplan von 1971 - 1975 (INP 1971) festgelegt worden. Eine eigenständige Beschäftigungspolitik wurde nicht formuliert. Arbeitslosigkeit und Unterbeschäftigung sollten durch die Reformpolitik reduziert werden (Herrera 1980: 9).

Mit einer wahren Flut von Gesetzesdekreten (insgesamt über 3.000), die alles übertraf, was vorherige Regierungen erlassn hatten, untermauerten die Militärs ihr Reformprojekt. Darin reflektierte sich auch die Vorstellung, mit einer effizienten Gesetzgebung als Hauptinstrument soziale und ökonomische Realitäten verändern zu können (Santisteban 1980: 252).

Da im peruanischen Militärregime Exekutive und Legislative im Ministerrat zusammenfielen, gestaltete sich der Gesetzgebungsprozeß relativ einfach. Um ihre Vorstellungen möglichst reibungslos durchzusetzen, modernisierten die Militärs außerdem den Regierungs- und Verwaltungsapparat. Von den jetzt 22 Ministern - zuvor waren es 12 gewesen - waren allein neun mit sozio-ökonomischen Problemen befaßt. Die Ministersessel wurden bis 1976 ausschließlich mit Militärs besetzt, ebenso wie ein Großteil der Direktorenposten der Staatsbetriebe. Eine wichtige Funktion fiel dem Beratergremium des Präsidenten, dem COAP (Comité de Oficíales para el Asesoramiento Presidencial), zu, das sich aus jüngeren Offizieren zusammensetzte. Hier entstanden viele der Reformgesetze (Löwenthal 1975: 37 ff.).

Bei der Ausformulierung, technischen Gestaltung und ideologischen Absicherung der Reformen stützten sich die Militärs auf einen zivilen Beraterstab, zu dem sowohl hochqualifizierte Technokraten als auch Intellektuelle gehörten. Diese Gruppe von zivilen Beratern hatte ihre politische Heimat zuvor in diversen reformistischen Parteien gehabt. Innerhalb des Staatsapparates assoziierten sie sich mit den verschiedenen politischen Tendenzen der Militärs. Ein Teil diese Berater geriet alsbald in zunehmenden Gegensatz zu der konservativen Fraktion der Militärführung (Pease 1977: 242 f.).
Eine Gruppe von zivilen Beratern versuchte, den Reformprozeß theoretisch zu untermauern. Intellektuelles Zentrum dieser Gruppe war die Zeit-

schrift Participación.[2] Allerdings blieb die Gruppe der zivilen Berater vom eigentlichen Machtzentrum ausgeschlossen. Dort blieben die Militärs unter sich (Löwenthal 1976: 35).

Wie war es möglich, daß die Militärregierung unter Velasco ohne größere Repression und Widerstand - zumindest auf den Zeitraum 1968 bis 1973 bezogen - ihr Reformprogramm durchsetzen konnte, nachdem vorhergehende Regierungen wie Belaúnde bei weit zaghafteren Reformversuchen gescheitert waren? Die meisten Interpreten des peruanischen Prozesses stimmen darin überein, daß die Militärs über einen hohen Autonomiespielraum gegenüber den verschiedenen konfliktfähigen Klassen verfügten.[3] Andere Interpretationen, die darauf hinauslaufen, daß die Militärs als simple Agenten der Industriebourgeoisie gehandelt hätten, unterschätzen die Autonomie des Militärs auch gegenüber dieser Fraktion und überschätzen die Bedeutung der Industriellen als eigenständigen Machtfaktor.[4]

Der hohe Autonomiespielraum zur Zeit des Putsches entsprach einem Patt im Kampf um die Führung des Machtblocks, einem "hegemonialen Patt", wie es Ferner (1978: 55 f.) nennt, zwischen neuformierten Industrieinteressen und angeschlagener, jedoch noch mächtiger Oligarchie. Der Militärputsch durchbrach dieses Patt und leitete eine neue Entwicklung ein (Ferner 1978: 55 f.; Slater 1978: 56 f.). Das Industrialisierungsprogramm entsprach in Teilen den Interessen von Gruppen, die mit der städtisch-industriellen Wirtschaft verknüpft waren, sowie denen der neuen Mittelklasse, die mit diesen Gruppen assoziiert waren.[5] Diese Allianz war jedoch nicht in der Lage gewesen, sich gegen die hegemonialen Fraktionen der Oligarchie durchzusetzen.

Diese Autonomie reduzierte sich seit 1974/75 und engte den Handlungsspielraum der Reformer in Regierung und Militärapparat zunehmend ein. Die Reformpolitik stieß an ihre Grenzen: Ein neuer, von oligarchischen Fraktionen gereinigter Machtblock unter Führung der Industriebourgeoisie hatte sich etabliert und in Allianz mit den technokratisch-konservativen Militärs die Reformer ausschalten können.

2. Sektorale Reformen und politisches Konzept

Sektorale Reformen

In wenigen Jahren hatte das Militärregime unter General Velasco Alvarado Reformen durchgesetzt, mit denen die Grundlagen für ein neues Akkumulationsmodell geschaffen wurde. Der Staat übernahm dabei die Rolle, die strategischen Punkte des nationalen Akkumulationsfonds zu kontrollieren, die Ressourcenverteilung im Hinblick auf eine nationale und integrierte Entwicklung zu planen und durch Sozialreformen Klassenkonflikte zu entschärfen. Ziel dieser Strategie war die Schaffung einer Industriegesellschaft, eine autonome wirtschaftliche Entwicklung und eine Verringerung der Außenabhängigkeit.

Die Ziele der "Peruanischen Revolution" sollten durch ein politisches Organisationsmodell "von oben nach unten" durchgesetzt und abgesichert werden. Trotz des widersprüchlichen Verlaufs einzelner Reformen, der bedingt war durch notwendige pragmatische Anpassung an gesellschaftliche Veränderungen und Forderungen sozialer Akteure, paßten sich die sektoralen Reformen in dieses globale Konzept ein.

Zu den bedeutendsten und ehrgeizigsten Vorhaben gehörte die Agrarreform, die zu den radikalsten zählt, die je in Lateinamerika in Angriff genommen wurde. Ihre Ziele lassen sich folgendermaßen zusammenfassen:

- Zerschlagung der wirtschaftlichen Basis der agrarischen Exportbougeoisie und der Großgrundbesitzer durch radikale Enteignung der Ländereien.
- Reorganisation der Produktion: Die exportorientierten Großbetriebe der Küste wurden unter anderen Eigentumsformen beibehalten und sollten durch größere Produktivität ihre Position auf dem Weltmarkt ausbauen. Der "traditionelle Sektor" sollte durch Förderung von Mittel- und Kleinbetrieben modernisiert und dynamisiert werden und durch Erhöhung von Produktivität und Produktion die Versorgung des Binnenmarktes garantieren.
- Erweiterung des Binnenmarktes durch die Umverteilungseffekte der Agrarpolitik und dadurch ein zusätzlicher Schub für die Industrialisierung.
- Schaffung von Arbeitsplätzen auf dem Land und dadurch Rückgang der Binnenwanderung.
- Verringerung der Reproduktionskosten der städtischen Arbeitskraft durch rigide Preiskontrollen. Durch Zahlung der Agrarschuld der neuen Besitzer (Kooperativen, SAIS etc.) sollte der Kapitaltransfer vom Agrarsektor zugunsten der städtisch-industriellen Zentren forciert werden.
- "Präventive Konfliktregelung" durch "nationale Integration" (Einbeziehung in den Binnenmarkt, politische Partizipation) der Agrarbevölkerung (vgl. Wachendorfer, U. 1984: 137; zur Agrarreform siehe auch Gremliza 1979; Valderama 1976).

Bezeichnend für die Agrarreform war, daß - ganz im Gegensatz zu den einstigen Plänen der Regierung Belaúnde - auch die Exportenklaven an der Küste einbezogen wurden; sie standen sogar am Anfang der Enteignungen.[6] Mit diesem schnellen Vorgehen verbanden die Militärs die Absicht, eine Dekapitalisierung der Betriebe zu verhindern, die peruanische Exportbourgeoisie entscheidend zu schwächen, potentiellen Widerstand der Besitzer auszuschalten und den gut organisierten, von der APRA kontrollierten und daher den Militärs ablehnend gegenüberstehenden Gewerkschaften den Boden zu entziehen. Doch das gelang nicht: Bereits kurze Zeit nach der Umwandlung der Küstenplantagen in Kooperativen kam es zu Konflikten zwischen staatlichem Management und der Belegschaft der Kooperativen, die sich aus den ehemals festangestellten Arbeitern zusammensetzten. Nach Streiks und Protesten (1970/71) wurde die Verwaltung derart modifiziert, daß die apristischen Gewerkschafter indirekt Zugang erhielten.

Für enteignete Ländereien im Andenhochland, die für den Binnenmarkt produzierten, wurden verschiedene Organisations- und Beteiligungsmodelle entwickelt, die in sich jedoch schon den Keim neuer sozialer Konflikte trugen (Wachendorfer 1984: 139 ff.). Trotz aller Beteuerungen über eine Selbstverwaltung der Produzenten sicherte sich der Staat jedoch über Finanz- und Kreditkontrolle den entscheidenden Einfluß auf die Agrarproduktion und Agrarpolitik.

Die Landverteilung war Mitte 1974 abgeschlossen. Dennoch erreichte die Reform wesentliche Ziele nicht: Nur ein Viertel der Landbevölkerung profitierte von den Veränderungen. Die Umverteilungseffekte waren sehr bescheiden: insgesamt überstieg die Umverteilungsmasse nicht ein bis zwei Prozent des Volkseinkommens (Webb/Figueroa 1975: 132). Die Inlandsproduktion stagnierte, während die Agrarimporte stiegen; Dekapitalisierung des Agrarsektors zugunsten der Städte und staatliche Investitions- und Kreditpolitik verschärften die strukturelle Heterogenität und beschleunigten die soziale Verelendung auf dem Lande (vgl. Wachendorfer, U.: 1984).

Die Integration des Rohstoffsektors in der nationalen Wirtschaft war ein weiteres vorrangiges Ziel des militärischen Reformprojekts. Dies konnte durch direkte staatliche Kontrolle oder durch eine Unterordnung des lokalen und ausländischen Kapitals unter die vorgegebene Entwicklungsstrategie erreicht werden. Das Monopol für Ausbeutung, Verarbeitung und Vermarktung des Erdöls wurde dem neugegründeten Staatsunternehmen PETRO-PERU übertragen, das Bohrkonzessionen an internationale Konzerne für die Urwaldregion vergab, wo man große Lager vermutete. Der erwartete Erdölboom blieb freilich aus, eine mit japanischen Krediten erbaute Erdölpipeline vom Amazonasbecken zur Küste konnte nie voll ausgelastet werden.

Daß eine konsequente Nationalisierung der vom Auslandskapital kontrollierten Exportenklaven nicht zwingend in den anfänglichen Überlegungen und Planungen der Militärs gestanden hatte, zeigt das Vorgehen gegen die US-Bergbaukonzerne. Die **Cerro de Pasco Corporation**, bis 1960 das führende Unternehmen im Bergbau und für die peruanishen Gewerkschaften und Intellektuellen der Inbegriff imperialistischer Ausbeutung, die **Southern Peru Copper Corporation** mit ihrem Bergbauzentrum in Toquepala (seit 1960) und die **Marcona Mining Company** (seit 1953) bildeten den Großbergbau, zusammen 75 Prozent der Exporterlöse im Bergbau (Fitzgerald 1981: 108). Die Gewinne im Großbergbau waren außerordentlich hoch: Den 284 Mio. US-Dollar Investitionen der drei Auslandskonzerne (1950 - 1970) standen 790 Mio. US-Dollar Gewinntransfer in die USA gegenüber.

Doch trotz der jahrelang exzessiven Gewinne der US-Konzerne, ihren geringen Investitionen, insbesondere in den Jahren vor 1968 sowie einem wachsenden Druck von Teilen der Öffentlichkeit und nicht zuletzt der Bergarbeitergewerkschaften für eine Nationalisierung, versuchten die Militärs jahrelang einen neuen Modus für die Fortführung und Ausweitung der Aktivitäten der US-Konzerne auszuhandeln. Nach drei Jahren fruchtloser Auseinandersetzungen boten die Konzernspitzen der Cerro de Pasco Corporation und Marcona Mining Company ihre Anlagen dem Staat zum Verkauf an (Guasti 1981: 114).

Erst nachdem fünf Jahre lang keine Einigung zustande gekommen war, die Cerro de Pasco Corporation mit ihrem dubiosen Geschäftspraktiken fortfuhr und der Druck der Bergarbeiter zunahm, nationalisierten die Militärs die Cerro de Pasco Corporation einschließlich 95 Prozent ihrer Raffinierungsanlagen und wandelten den gesamten Komplex in das Staatsunternehmen CENTROMIN um. Mit einer Entschädigungssumme von 67 Mio. US-Dollar - am Buchwert gemessen wenig, an den schon transferierten Gewinnen gemessen viel - konnte der Konzern letztlich zufrieden sein: Seine Bergwerke hatten in den letzten Jahren im Vergleich zu den Produktionsstätten in Chile und Südperu eine niedrige Produktivität gezeigt. Der zweite große Bergbaukonzern, die Southern Peru Copper Corporation, wählte eine andere Option: Man entschloß sich, die äußerst gewinnträchtigen Bergbauaktivitäten im Süden des Landes weiterzuführen, allerdings nicht zu den neuformulierten Abbaubedingungen. Im Vertrag von Cuajone von 1969 setzte die Southern Peru Copper Corporation, dezent unterstützt von internationalen Banken, verschiedene Vergünstigungen durch (Guasti 1981: 115; Portocarrero 1976: 23, 28), die von der Öffentlichkeit scharf kritisiert wurden (Oiga Dezember 1969): In die neue, hochprofitable Tagebaumine von Cuajone floß dann auch die an die Cerro de Pasco Corporation gezahlte Entschädigungssumme.

Gegen Ende der Regierungszeit von Velasco wurde gleichfalls nach jahrelangen Verhandlungen der Konzern Marcona Mining nationalisiert, der seiner Anlagen ebenfalls zum Kauf angeboten hatte, mit dem jedoch keine Einigung über der Kaufpreis erzielt werden konnte. Dank ihrer internationalen Verbindungen gelang es der Marcona Mining Company, schließlich einen Abnahmeboykott gegen das staatliche Nachfolgeunternehmen HIERRO PERU zu organisieren und so eine (über)hohe Entschädigungssumme von 61 Mio. US-Dollar durchzusetzen. Mit der Marcona Mining Company wurde ein Unternehmen verstaatlicht, dessen Konkurrenzfähigkeit im Weltmarkt nicht gewährleistet war (Hofmann 1978: 67). Das für die Neuprojekte, Koordinierung und Vermarktung im Bergbau zuständige Staatsunternehmen MINERO-PERU eröffnete in eigener Regie zum Teil mit externen Krediten nur das Bergbauprojekt Cerro Verde, erweiterte bestehende Verarbeitungszentren (SIDERPERU in Chimbote) oder baute neue auf (Kupferraffinerie bei Ilo, Zinkraffinerie in Cajamarquilla in Lima).

Doch auch Peru mußte die Erfahrung machen, daß trotz des staatlichen Zugriffs auf den Bergbausektor die Abhängigkeiten von modernen Technologien zur Kupferförderung und von den Schwankungen des Weltmarktes weiterbestehen blieben.

Der Verstaatlichung des Fischereisektors, der großenteils vom lokalen Kapital beherrscht wurde, lagen andere Motive zugrunde: Durch eine staatliche Sanierungspolitik sollte die fischverarbeitende Industrie als Devisenbringer gerettet werden. Bis 1972 war Peru führender Fischmehlexporteur der Welt gewesen. Durch den rapiden Rückgang der Anchovis, ausgelöst durch Überfischung und Veränderungen der Meeresströmungen, geriet die Fischindustrie in eine schwere Krise. Nachdem die Kommerzialisierung von Fischmehl und Fischöl bereits seit drei Jahren in staatlicher Hand waren, wurden Ende 1973 Industriefischfang und Fischverarbeitung verstaatlicht. Im Rahmen der Rationalisierung wurden 40 Fabriken geschlossen, ohne daß dadurch die Krise, die durch Mißmanagement und Korruption noch verschärft wurde, gelöst werden konnte. Der Speisefischfang, obgleich langfristig profitabler, blieb dagegen in privater Hand; nur die Inlandsvermarktung wurde vom Staat übernommen (Hofmann 1978: 84).

Die Nationalisierung der Exportenklaven hatte den direkten Einfluß (Ausnahme: die Tagebaumine Cuajone) des Auslandskapitals in Produktion und Kommerzialisierung beseitigt und dem peruanischen Staat die Kontrolle über die Produktion der größten Devisenbringer gesichert.

Diese Politik wurde durch den Aufbau einer staatlichen Fluglinie und Schiffahrtslinie abgerundet. Auch im Finanzsektor entfaltete der Staat eine Reihe von Aktivitäten mit dem Ziel, die Kreditpolitik auf ein Entwicklung der produktiven Sektoren hin zu orientieren. Dies geschah unter anderem durch staatliche Beteiligung oder Neugründungen von sektoralen oder regionalen Finanzinstitutionen.

Weitere Eingriffe erfolgten im Infrastruktur- und Energiebereich: Die defizitären Eisenbahnlinien der englischen Peruvian Corporation wurden verstaatlicht, ebenso wie das veraltete Telefonnetz, das sich im Besitz der ITT befand (die ihre Entschädigung in das profitablere Sheraton Hotel steckte). Der Energiesektor wurde von dem Staatsunternehmen ELECTRO PERU übernommen.

Im Zentrum des Reformprozesses stand die Umstrukturierung des Industriesektors, um ein selbsttragendes Wachstum einzuleiten. Die dafür als notwendig erachteten Bestimmungen wurden im Industriegesetz von 1970 (Ley de Industrias) festgelegt. Nationalisierungen und Verstaatlichungen beschränkten sich hier auf bestimmte, als strategisch erachtete Industrien: Stahl, Petrochemie, Düngemittel, zum Teil Papier und Zement. Die staatliche Kontrolle über den industriellen Produktionswert erhöhte sich dadurch von 9,9 Prozent (1969) auf 14,9 Prozent (Cabieses 1976: 50).

Der Staat befand sich nun in der Position eines monopolistischen Anbieters der in Peru erzeugten Inputs für die verarbeitende Industrie. Daß er diese Inputs äußerst billig zur Verfügung stellte (Stahl, Erdöl etc.), hatte wiederum Verluste der Staatsbetriebe zur Folge. Direkte staatliche Eingriffe in die verarbeitende Industrie wurden vermieden, nur für das Auslandskapital in diesem Sektor wurden Fristen für eine mehrheitliche peruanische Beteiligung festgelegt.

Mit großzügigen Steuererleichterungen, Investitionsanreizen und Begünstigungen versuchte die Regierung die Industriellen zu fördern. Diese reagierten auch zu Anfang positiv. Doch die wohlwollende Einstellung der Unternehmer änderte sich nach der Verkündigung des Industriegesetzes: Unsicherheit über die eigene Rolle, die neue Funktion des Staates und vor allem Ablehnung des Mitbestimmungs- und Beteiligungsmodells der Comunidad Industrial trieb die Mehrheit der Industriellen, vor allem aus Mittel- und Kleinindustrie, in die Opposition. Ein Teil der modernen, stärker mit dem Auslandskapital verbundenen Unternehmer trug diesen harten Oppositionskurs jedoch nicht mit und gründete 1973 einen eigenen Interessenverband, die Asociacion de Exportatores (ADEX) (Duran 1980 b:16)

Die sozio-ökonomischen Reformen insgesamt erweiterten die Rolle des Staates in der Wirtschaft beträchtlich: Etwa ein Viertel des Bruttoinlandproduktes wurde 1975 von Staatsbetrieben erstellt, und der Staat kontrollierte zudem 75 Prozent des Exports und 45 Prozent der Importe. Darüberhinaus waren 10 Prozent der Erwerbstätigen direkt beim Staat beschäftigt. Auf den moderneren Sektor der Wirtschaft (das heißt Betriebe mit über fünf Beschäftigten) bezogen, hatte der Staat noch größere Bedeutung: Hier war er für ein Drittel der Produktion und zwei Fünftel der Beschäftigten verantwortlich.

Eine zentrale Rolle erfüllten dabei die 48 Staatsbetriebe und 126 Unternehmen mit öffentlicher Beteiligung (CIEPA 1978: 9). Neben der Versorgung mit billigen Inputs für die verarbeitende Industrie, lieferten sie auch subventionierte Produkte an die Konsumenten. Die staatlichen Investitionen konzentrierten sich auf drei Projektbereiche:

1. Erschließung von neuen Rohstoffvorkommen (Erdölexploration und -pipeline, Kupfermine Cerro Verde etc.).
2. Erweiterung der agroindustriellen Produktion (Bewässerung, Kolonisation).
3. Verstärkter Aufbau von Grundstoff- und Zwischengüterindustriekomplexen (Kupfer- und Zuckerraffinerie, Ausbau von CENTROMIN und SIDERPERU etc.) (Fürst 1981: 385 f.).

All diese Projekte mußten finanziert werden; ebenso die horrenden Summen, die sich Militärs für Waffenkäufe genehmigten und die die peruanische Armee zu einer der bestgerüsteten Streitkräfte Lateinamerikas machten: allein für Waffenkäufe gaben die Militärs zwischen 1967 und 1976 655 Mio. US-Dollar aus; nur 35 Mio. US-Dollar weniger als Brasilien und 300 Mio. US-Dollar mehr als Argentinien bzw. Chile (Fitzgerald 1981: 285); und Geld kosteten schließlich auch Reformen, die auf eine Vermittlung von gesellschaftlichem Konsens abzielten wie Alphabetisierungskampagnen, Erziehungsreform, Pensionsgesetze, Infrastrukturprogramme in Elendsvierteln etc.

Die Möglichkeiten einer internen Finanzierung durch eine längst überfällige Steuerreform wurde nicht genutzt. Im Vertrauen auf die vermuteten riesigen Erdöllager im Amazonasgebiet und steigende Deviseneinnahmen aus dem Kupferexport griffen die Militärs vor allem seit 1973 immer stärker auf Auslandskredite zurück, um ihr Reformprogramm zu finanzieren. Zusätzlich subventionierte der Staat die Industriellen durch billige Kredite, die er selbst unter weniger günstigen Bedingungen vom Internationalen Finanzkapital leihen mußte (Fürst 1981: 403). Der Erdölboom blieb jedoch aus. Die Kupferpreise sanken ab 1975, und die fischverarbeitende Industrie geriet seit 1970 infolge Überfischung und Meeresstromveränderungen in eine Dauerkrise, so daß die Deviseneinnahmen erheblich niedriger lagen als in den viel zu optimistischen Planungen.

So stieg denn auch die Auslandsverschuldung von 744 Mio. (1968) über 1.109 Mio. (1972) auf 3.641 Mio. (1976) US-Dollar an (Banco Central de Reservas).

Hoher Schuldendienst und Zahlungsbilanzprobleme zwangen das Militärregime seit 1975 zunehmend, die wirtschaftspolitischen Auflagen der Internationalen Finanzinstitutionen zu akzeptieren, um seine Kreditwürdigkeit zu erhalten. Von 1976 an war in der Wirtschaftspolitik die Hand des Internationalen Währungsfonds (IWF) zu spüren. Alternativen zu der von den Internationalen Finanzinstitutionen diktierten Wirtschaftspolitik waren gegen die sich herausbildende Allianz von konservativ-technokratischen Militärs und neugruppierter Bourgeoisie nicht durchsetzbar: Die Reformer waren von den zivilen politischen Kräften und auch innerhalb der Militärs isoliert und unfähig, ein alternatives Konzept angesichts der Wirtschaftskrise zu entwickeln. Der Versuch, durch ein großangelegtes Reformprojekt traditionelle Abhängigkeiten abzubauen, hatte zu neuen Abhängigkeiten geführt.

Das politische Konzept

Als die Militärs sich 1968 an die Macht putschten, existierten lediglich globale Vorstellungen über die sozio-ökonomischen Reformen, die das Gesicht des Landes verändern sollten. Die Ideen über die politische Organisierung des Reformprozesses waren noch nicht ausgereift. Die politische Konzeption war eher durch negative Haltungen bestimmt: Politische Parteien und Parlamentarismus wurden abgelehnt. Die zivilen Berater lieferten später die theoretische Begründung nach mit der These des no partido, der "Nicht-Partei".

Ein politisches Konzept kristallisierte sich erst Schritt für Schritt heraus: in den tagespolitischen Auseinandersetzungen, den Verschiebungen der gesellschaftlichen Kräfteverhältnisse und den Veränderungen innerhalb der Militärhierarchie (Pease 1977: 241).

In der Anfangszeit setzten die Militärs eher darauf, bereits bestehende soziale Organisationen im Sinne des Reformprozesses zu instrumentalisieren. Diese Strategie scheiterte nicht zuletzt daran, daß das Regime keine Verbündeten wollte, sondern nur "Unterstützer" akzeptierte.[7]

Erst nachdem die Versuche, bestehende soziale Organisationen wie zum Beispiel der Gewerkschaften in abhängiger Form in das Reformprojekt einzugliedern, gescheitert waren, sich vereinzelt Opposition gegen das Militärregime zu regen begann und erste Sprünge und Risse in den Reformprojekten sichtbar wurden[8] begann das Militärregime aktiv zu werden: In kurzer Zeit wurden 1971/72 in den verschiedenen Wirtschaftssektoren korporativ strukturierte Organisationen aufgebaut.[9]
Diese, nach Wirtschaftsbereichen gebildeten Organisationen, sollten durch ein Geflecht von hierarchischen Beziehungen direkt und funktional an den Staat gebunden werden. Die korporative Organisierung gesellschaftlicher Interessen stand freilich nicht am Anfang der Militärherrschaft, wie zum Beispiel Malloy und Cotler annehmen (Malloy 1977; Cotler 1975), sondern war Reaktion auf den zunehmenden politischen und sozialen Druck. Gezwungen, ihr Handeln politisch abzusichern, entschieden sich die Militärs für korporative Organisationsformen, geprägt von hierarchisch-autoritären Elementen, die der Logik militärischen Denkens am ehesten entsprachen.

Das Korporatismus-Modell, das sich ab 1972 durchsetzte, entspricht nicht dem autoritär-repressiven Korporatismus-Begriff, der sich aus der Faschismus-Analyse abgeleitet und vereinzelt von peruanischen Sozialwissenschaftlern übernommen wurde, sondern eher dem von A. Stepans (1978) entwickelten Modell eines "integrativen Korporatismus" (integratory corporatism),der im Gegensatz zum "ausschließenden Korporatismus" (exclusionary corporatism) wie etwa im Falle Chiles nach 1973 steht.[10]

Die Schaffung der korporativen Organisationen erfolgte in allen Bereichen weder einheitlich noch linear und war sowohl von den internen Konflikten in der Militärführung geprägt als auch von der Reaktion der gesellschaftlichen Sektoren, die integriert oder kontrolliert werden sollten. Globales Ziel war die Einbettung der arbeitenden Bevölkerung in Stadt und Land in ein Netz von Institutionen mit einer begrenzten Beteiligung und einer vom Staat kontrollierten sozialen Mobilisierung. Über die praktische Durchführung und den Grad an Mobilisierung gab es Differenzen in der Militärführung. Die konservative Militärfraktion machte sich für autoritär-repressive korporative Formen stark, die Reformerfraktion betonte stärker den mobilisierenden Charakter der korporativen Institutionen.

Gegenüber Gruppen, die versuchten, autonom ihre Interessen durchzusetzen, wurde allerdings repressiv reagiert; zunehmend in dem Maße, wie innnerhalb der Militärs die konservative Tendenz stärker wurde. Nach Cotler (1975: 62) sollte die korporative Organisierung gesellschaftlicher Interessen einer Entpolitisierung der beherrschenden Klassen dienen. Zumindest in der Anfangszeit war eher eine "Mobilisierung" für die Reformprojekte und damit Politisierung das Ziel; dies zeigt sich bei der Analyse einzelner korporativer Institutionen.

Den Eckpfeiler im korporativen Gefüge bildete SINAMOS (Sistema Nacional de Apoyo a la Mobilización Social), in dessen kurzer Lebensgeschichte sich unter anderem auch die unterschiedlichen Interessen und Konzeptionen der Militärführung für eine geregelte und kanalisierte Beteiligung der Bevölkerung widerspiegelten.[11]

1971 durch Gesetzeserlaß gegründet, sollte SINAMOS in Doppelfunktion alle Initiativen "von unten" koordinieren und kanalisieren. Marginalisierte Teile der Bevölkerung sollten durch SINAMOS aufgefangen werden. Nach S. Spessart umfaßte SINAMOS "ein ganzes Bündel von Funktionen, die

Anklänge von Einheitspartei, Wohlfahrts- bzw. Propagandaministerium, Entwicklungsbehörde, Gemeindeverwaltung und politischer Polizei enthielten. In gewisser Weise sollte SINAMOS das Allzweck-Instrument sein, das alle politischen und ideologischen Leer-Stellen der 'Peruanischen Revolution' auszufüllen hatte" (Speaart 1980: 138). SINAMOS zählte ca. 4.500 Mitarbeiter und hatte 1971 - 1972 ein Budget von 92 Mio. Soles (Palmer/Middlebrook 1976: 434). In seinem Aufbau war SINAMOS an die militärische regionale Kommandostruktur angepaßt worden und blieb dem jeweiligen Militärkommandanten untergeordnet (Spessart 1980: 145 ff.).

SINAMOS war von Anfang an ein Zankapfel zwischen den Militärs. Der ambivalente Charakter von SINAMOS spiegelte sich auch in seiner politischen Praxis wieder. Bei wenig organisierten, politisch traditionell marginalisierten Bevölkerungsgruppen konnte SINAMOS teilweise Erfolge erzielen und mobilisierend wirken. Dies trifft auf die Bewohner der Elendsviertel (Collier 1975: 95 ff.) und die Bauernschaft zu (Wachendorfer, U. 1984). Waren jedoch bereits autonome Organisationen mit klat definierten Interessen vorhanden, wurde SINAMOS in der Regel zurückgewiesen, und seine Tätigkeit nahm häufig repressiven Charakter an (Spessart 1980: 141). Hier versuchte dann insbesondere die autoritär-korporatistische Militärfraktion mit Gewalt Gegenorganisationen aufzubauen wie zum Beispiel im Gewerkschaftssektor die CTRP und den MLR (vgl. Kap. 6). Nach 1974 wurde SINAMOS vom konservativen Militärflügel kontrolliert, eines Teils seiner Funktion beraubt, und das Budget wurde drastisch gekürzt.

Das Scheitern des Versuches, über SINAMOS die Bevölkerung im Sinne des Projekts der Militärs zu mobilisieren, drückte sich auch darin aus, daß gerade diese Bevölkerung bei Protesten seit 1974 bevorzugt Büros von

SINAMOS in Flammen aufgehen ließ. Andere Versuche von Teilen des Militärs oder ihrer zivilen Unterstützer wurden nur halbherzig vorangetrieben oder blieben in den Anfängen stecken.
Zu Beginn der zweiten Phase konstituierten sich die offiziellen Organisationen CNA (Landbevölkerung), CONACI (Industriebeschäftigte), CTRP (Regierungsgewerkschaft) und SERP (regierungsnaher Lehrerverband) zur Frente de Defensa de la Revolución Peruana, jedoch ohne konkrete Folgen.

Im folgenden sollen in geraffter Form die korporativen Organisationsversuche des Militärregimes in denjenigen Wirtschaftssektoren behandelt werden, in denen Gewerkschaften ihr traditionelles Betätigungsfeld haben: die Comunidad Industrial im Industriesektor, die Comunidades Laborales in Fischerei, Bergbau und Kommunikationssektor und der Sektor des Sozialeigentums.

Die industrielle Betriebsgemeinschaft, die Comunidad Industrial, zählte zu den umstrittensten Reformen und reflektierte gleichzeitig beispielhaft den Aufstieg und Zerfall des militärischen Reformismus. In der Comunidad Industrial (ab hier CI genannt) wurden auch Elemente der politischen Strategie, die auf die tendenzielle Aufhebung des Klassenkonflikts hinauslief, erkennbar; sicher ist es nicht falsch, in der CI primär eine politische Reform, trotz der ökonomischen Implikationen, zu sehen. Es handelt sich dabei um den Versuch, eine eigene politische Basis für die Revolución Peruana aufzubauen. Interpretationen, die darauf hinauslaufen, in der CI nur das Mittel zur Spaltung der Arbeiterbewegung und Reduzierung des Gewerkschaftseinflusses zu sehen (Quijano 1972: 14; Cotler 1975: 60), greifen zu kurz.

Die CI wurde zum ersten Mal als Bestandteil des Industriegesetzes vom

28. Juli 1970 publik gemacht. In der Fassung vom 1. September 1970 (DL 18384) wurden dann aufgrund der heftigen Proteste der Unternehmer einige Vorschriften entschäft (Witzel 1981: 67). Im Kern besagte das CI-Gesetz, daß in Industriebetrieben mit sechs oder mehr Beschäftigten oder mit einem Jahresumsatz von mehr als einer Million Soles (1975: 1,-- DM = 17 Soles) eine CI gegründet werden mußte, die die gesamte Belegschaft umfaßte. Insgesamt wurden von diesem Gesetz ca. ein Drittel der Industriebeschäftigten erfaßt, die annähernd 25 Prozent des Nationaleinkommens produzierten. Für die Comunidades Industriales galten folgende Bestimmungen (Durand 1977: 11; Witzel 1981: 53 ff.):

1. An die Belegschaftsmitglieder müssen jährlich 10 Prozent des steuerpflichtigen Gewinns des Unternehmens ausgeschüttet werden.
2. Die Belegschaft wird sukzessiv am Grundkapital der Firma bis zu 50 Prozent beteiligt. Das Unternehmen muß jährlich 15 Prozent des Nettogewinns vor Steuerabzug an die CI abführen. Diese Beträge werden dann solange steuerfrei in den Betrieb reinvestiert, bis eine 50 prozentige Beteiligung der CI am Grundkapital erreicht ist. Auch nach Erreichen der 50-Prozent-Grenze sollen die 15 Prozent des Nettogewinns an die CI abgeführt, jedoch für andere Investitionen verwendet werden. Sollte das Unternehmen keine Investitionspläne haben, so müssen die Kapitaleigner der CI Aktien in Höhe der 15 Prozent verkaufen.
3. Proportional zu ihrem Anteil am Grundkapital steht der CI das Recht auf Mitbestimmung in den Leitungsorganen der Unternehmen zu.[12]

Mit der CI sollten einige wichtige Ziele der Militärs erreicht werden. So sollte die CI dazu beitragen, den Klassenkampf zu überwinden und sozialen Frieden zu schaffen (so General Velasco laut Stepan 1977: 274).

Gleichzeitig sollte der konfliktfähige Teil der städtischen Arbeiterklasse durch Einkommenserhöhung und Mitbestimmung im Sinne des neuen Projekts eines "populistischen Korporatismus" politisiert werden.[13]

Daß die CI Funktionen der Betriebsgewerschaften berühren mußte, war vorhersehbar, da beide auf dem gleichen Terrain, wenn auch mit unterschiedlichen Zielsetzungen, tätig waren. Aktive Gewerkschaftsfunktionäre durften kein Amt in der CI bekleiden. Zwar erklärte Präsident Velasco: "Die Comunidad Industrial ist für uns nicht eine Ersetzung der Gewerkschaften" (Velasco, Mensaje a la Nacion, 28. Juli 1971), doch gab Arbeitsminister Sala Orosco verschiedentlich Kommentare ab, in denen eine "Neudefinierung und Neubestimmung" der Gewerkschaften gefördert wurde. In der Tat sollte die CI nach der Konzeption der Militärs die Gewerkschaften nicht abrupt ersetzen, sie jedoch mittelfristig überflüssig machen.

Wie reagierten nun die betroffenen gesellschaftlichen Gruppen?
Für die Industriellen, insbesondere die Besitzer von Klein- und Mittelbetrieben, war die CI schlicht ein Attentat auf das Privateigentum. Die CI war ein entscheidender Bruchpunkt im Verhältnis zwischen der Sociedad Nacional de Industrias, dem Industriellenverband, und der Militärregierung. Um gegen die CI vorzugehen, blieben den Industriellen zwei Möglichkeiten: Erhöhung der Investitionen, dadurch Reduzierung der Gewinne und folglich Verlangsamung der Arbeitnehmerbeteiligung. Die andere Möglichkeit war: Manipulationen, Sabotage, Gewinnkaschierungen, Aufsplitterung von Industrieunternehmen etc. Mit der Ausnahme weniger größerer hochproduktiver Unternehmen entschied man sich für die zweite Variante (vgl. Witzel 1981: 100 ff.).

Arbeiter und Angestellte ware von dieser Reform, die sie weder erwarter noch gefordert hatten, überrascht. In ihrer Anlaufzeit hatte die CI wenig konkrete Bedeutung für die einzelnen Industriebetriebe. Aufgrund der graduellen Entwicklung verblieb auf Jahre hinaus die reale und effektive Betriebsleitung in Händen der Unternehmer. Die Extraeinkünfte über die CI wurden als Teil des Lohnes verstanden.

Für die Belegschaften der meisten größeren kapitalintensiven Betriebe in dynamischen Branchen brachte die CI durchaus finanzielle Vorteile: Die Gewinnausschüttung war höher und dementsprechend stieg der Grad an betrieblicher Mitbestimmung (Durand 1977: 38). Damit war natürlich auch die Gefahr eines Betriebsegoismus verbunden. Für die Belegschaften vieler kleinerer Betriebe warf die CI dagegen kaum etwas ab. Durand (1977: 11) hat berechnet, daß nur ca. 90.000 Arbeitnehmer aus 896 Unternehmen (von ca. 3.300) über drei Jahre hintereinander (1970 - 1973) an der Gewinnausschüttung beteiligt waren. Allerdings war in 1.668 kleineren Betrieben mit sechs bis 20 Beschäftigten (Zahlen von 1973) die CI erste und einzige Organisationsform für über 27.000 Arbeitnehmer, da hier Gewerkschaften gesetzlich nicht zugelassen waren.[14]

Die Gewerkschaften bezogen gegenüber der CI keine einheitliche Position. Während die von der radikalen Linken beeinflußten Gewerkschaften der CI ablehnend gegenüberstanden, versuchten die CGTP-Gewerkschaften mit Erfolg, Einfluß auf die Comunidad Industrial zu nehmen. Insbesondere in den Betrieben mit einer relativ hohen Politisierung der Belegschaft, in der eine politische Gruppe dominierte (Pasara 1976: 211 ff.), entwickelte sich rasch eine intensive Zusammenarbeit zum beiderseitigen Vorteil zwischen CI und Gewerkschaft. Auch bei besonders akuten Konfliktfällen kam es oft zu einer Kooperation zwischen CI und Gewerkschaft (Witzel

1981: 118 f.). In manchen Betrieben gab es eine Art Rotationsprinzip: Nach Ablauf ihrer Amtsperiode ließen sich die Gewerkschaftsfunktionäre in die CI wählen bzw. umgekehrt. Wenn auch generalisierende Aussagen problematisch sind, so hatte die CI jedoch weder die Bedeutung der Gewerkschaften gemindert noch vermocht, die Zahl der Streiks im Industriesektor zu reduzieren.

Der nationale Dachverband der Comunidades Industriales, CONACI, der 34 Branchenföderationen umfaßte, nahm auf seinem ersten Kongreß 1972 Positionen ein, die mit denen der CGTP übereinstimmten und eine klare progewerkschaftliche Linie zeigten.[15] Konservative Offiziere setzten das inzwischen gesäuberte SINAMOS, das zuvor aktiv am Aufbau von CONACI mitgewirkt hatte, dazu ein, einen Parallelverband aufzubauen (vgl. Witzel 1981: 131 ff.).

Die Reform der Industriebetriebe hatte nicht die Ergebnisse gebracht, die die Militärs von ihr erwartet hatten. Die Unternehmer waren auf Konfrontationskurs umgeschwenkt und hatten ihre Investitionen reduziert, die Arbeitnehmer hatten die CI zum Teil in ihren Interessenverband umfunktioniert, Auswirkungen auf Beschäftigung blieben minimal (Lüpertz 1977: 305). Die Zahl der Arbeitskonflikte im Industriesektor war seit 1973 stark angestiegen (Santisteban 1980: 229). Für die Beschäftigten im "modernen" Industriesektor hatte die CI Einkommensverbesserungen gebracht. Insgesamt wurden ca. 1 Prozent des Nationaleinkommens auf 5 Prozent der Arbeitskräfte verteilt, die jedoch in obersten Viertel der Einkommensbezieher angesiedelt waren (Figueroa 1975: 138). Dadurch wurde die Struktur der Arbeiterschaft noch heterogener, da die CI-Begünstigten ihren Einkommensvorsprung gegenüber anderen Arbeitnehmern ausbauen konnten. Auch innerhalb der Gruppe der CI-Begünstigten wuchsen sowohl die

Einkommensdifferenzen von Unternehmen zu Unternehmen als auch innerhalb der Betriebe selbst.[16]

1977, nach Ausschaltung der letzten Reformer und Annäherung der Militärs an die Bourgeoisie, wurde dann ein neues Gesetz (DL 21789) zur CI erlassen, das in weiten Teilen den Wünschen der Industriellen entgegenkam. Für 80 Prozent der Kleinbetriebe bedeutete dieses Gesetz eine Chance, sich der CI zu entledigen, die CI blieb formell erhalten, wurde aber ihres ursprünglichen Inhalts beraubt. Was blieb, war eine Vermögensbildung in Arbeitnehmerhand. Die Industriebourgeoisie, die inzwischen den Streitkräften die Funktion zugeordnet hatte, Reformen abzubauen bzw. rückgängig zu machen, begrüßte diesen Schritt, wäre aber gern noch weiter gegangen. Die Protesterklärungen von CONACI und der CGTP gegen das neue CI-Gesetz - die nicht in den Tageszeitungen abgedruckt wurden - waren zwar sehr heftig (Witzel 1977), blieben jedoch ohne Folgen. Zum einen war das Augenmerk der organisierten Arbeiterbewegung zu diesem Zeitpunkt auf Verteidigung des Reallohns und des Kündigungsschutzgesetzes gerichtet, zum anderen zeigte sich auch, daß die CI nie als eine zentrale Forderung oder ein wesentlicher Bestandteil der Arbeiterbewegung empfunden worden war. Die fast vollständige Liquidierung der Mitbestimmung erfolgte in einer zweiten Revision des Gesetzes (DL 222229) im Juli 1980, die von der Regierung Belaúnde im Sinne der Unternehmerschaft vorgenommen wurde.

In anderen strategischen Wirtschaftssektoren wurden Betriebsgemeinschaften (Comunidades Laborales) eingeführt, die allerdings weniger weitgehend als im Industriesektor waren: Für den Bergbau die Comunidad Minera (DL 18880) mit einer Gewinnbeteiligung von 10 Prozent; für den Fischereisektor die Comunidad Pesquera (DL 18810) mit einer Gewinnbeteiligung von 20 Prozent und für das Post- und Fernmeldewesen die Comunidad de Telecomunicaciónes (DL 19020) mit einer Gewinnbeteiligung von 25 Prozent (Cabieses 1976: 79). Der unterschiedliche Gewinnanteil war auf der Basis der Wertschöpfung des jeweiligen Sektors festgelegt worden.

Für jede der drei Comunidades Laborales wurde ein interner Ausgleichsfonds geschaffen, in den ein Teil der den Arbeitnehmern zustehenden Gewinne hineinfloß, um dann auf die Unternehmen verteilt zu werden, die nur geringe Gewinne aufwiesen. Dadurch sollte eine zu starke Einkommenskonzentration in den profitabelsten Unternehmen der einzelnen Sektoren abgeschwächt werden.[17]

Im Falle des Bergbausektors gingen 80 Prozent und im Falle des Fischereisektors und Nachrichtenbereichs jeweils 50 Prozent an den Ausgleichsfonds. 1973 existierten im Bergbau 74 Comunidades Laborales mit 51.000 Arbeitnehmern, im Fischereisektor 253 mit 29.000 Arbeitnehmern und im Post- und Fernmeldewesen 52 mit 8.000 Arbeitnehmern. Das heißt, 90 Prozent des Comunidades Laborales und 70 Prozent der begünstigten Arbeitnehmer konzentrierten sich in der Industrie (Cabieses 1976: 88 ff). Die Zielvorstellungen bei den "Comunidades Laborales" im Bergbau, Fischfang und Post- und Fernmeldewesen waren im Prinzip dieselben wie bei der Comunidad Industrial. Auch ihre Entwicklung verlief weitgehend parallel.

Eine wichtige Rolle war im Rahmen der Umstrukturierung der Besitzverhältnisse dem Sektor des Sozialeigentums zugedacht, das als Unternehmen in Arbeiterhand (Empresas de Propiedad Social, EPS) ca 40 Prozent des peruanischen Wirtschaftspotentials umfassen sollte. Das am 2. Mai 1974 verkündete Gesetzdekret (DL 20598) erschien als ein Erfolg der Reformfraktion innerhalb des Militärs, blieb jedoch ohne Konsequenzen (zur Analyse des DL 20598 vgl. Lüpertz 1976: 309). Zwar entfielen auf die EPS 1976 5 - 6 Prozent des Bruttoinlandproduktes und 9 Prozent des Beschäftigungsvolumens, doch in diesem Wert ist auch ein Teil des reformierten Agrarsektors enthalten. Unter Ausklammerung des reformierten Agrarsektors verblieben drei EPS-Betriebe mit 2.480 Beschäftigten. Die Zahl der "im Aufbau" befindlichen EPS wurde später von 63 auf 23 reduziert. Die 445 in Vorbereitung befindlichen wurden gegen Ende der Militärherrschaft auf 60 zusammengestrichen (Lat. Am. Econ. Rev. vom 7. Januar 1977).

Warum waren die verschiedenen korporativen Ansätze zum Aufbau einer Massenbasis für das Militärregime innerhalb weniger Jahre gescheitert? Entweder hatten sich die Zielgruppen dem Projekt verweigert oder sie versuchten, eigene, oft nicht mit den Militärs übereinstimmende Positionen durchzusetzen, was dann zum Bruch führte, Dies gilt insbesondere für die Agrarorganisation CNA und Teile der CTRP (vgl. Kap. 6.5). Andere Institutionen verschwanden einfach von der Bildfläche, so SINAMOS und der Lehrerverband SERP. Wieder andere führten noch eine Zeitlang ein kümmerliches Dasein wie die CTRP oder die Comunidades Laborales.

Doch sind die organisationspolitischen Modellversuche der Militärs nicht nur eine Episode gewesen. Sie haben ihre Spuren in der peruanischen Gesellschaft hinterlassen. Trotz seiner ambivalenten Rolle hat SINAMOS in seinen Anfangsjahren marginalisierten Teilen der Bevölkerung erste Erfahrungen mit Organisationen vermittelt, auch wenn diese von oben gesteuert waren. Diese Organisationen haben sich von der Vormundschaft von SINAMOS befreit und sind eigene Wege gegangen. Für viele Arbeiter der Kleinbetriebe waren die Comunidades Laborales eine erste Organisationserfahrung gewesen. Hier hatten sie eine Chance, Betriebsführung,

Politik des Managements kennenzulernen und mit Buchhaltung, Investitionspolitik etc. vertraut zu werden. In der CNA konnten Teile der Bauernschaft ihre Interessen zum ersten Mal artikulieren. Gleichzeitig konnten die Mitglieder aller dieser Organisationen in der täglichen Auseinandersetzung mit den korporativen Strukturen ihre eigenen Vorstellungen und Interessen entdecken und entwickeln. Auch die Organisationen, die sich dem militärisch-korporativen Organisationskonzept verschlossen hatten, zogen daraus, wenn auch indirekt, Nutzen. Denn erst in der Auseinandersetzung mit dem korporativen Organisationsmodell der Militärs entwickelten sich Ansätze von autonomen Bewegungen.

3. Arbeits- und Gewerkschaftspolitik des Militärregimes

Die Konzeption einer Modernisierung und Industrialisierung der peruanischen Wirtschaft und Gesellschaft sollte auch ihre Entsprechung in der Arbeitsgesetzgebung und Arbeitspolitik finden. Der Staat war nicht nur als Arbeitgeber für einen beträchtlich angewachsenen öffentlichen Dienst verantwortlich, sondern infolge der Verstaatlichungen und Nationalisierungen auch für 120.000 Arbeitnehmer in 48 Staatsbetrieben (1975) in meist zentralen Wirtschaftssektoren direkt zuständig. Zusätzlich verfügte der Staat über Kapitalanteile in weiteren 94 Unternehmen und trat verstärkt als öffentlicher Bauherr auf. Insgesamt war dem Staat so direkt die Verantwortung für die Hälfte der abhängig Beschäftigten zugefallen.

Bis dahin hatte die Arbeitsgesetzgebung aus einer unkoordinierten und wenig kohärenten Sammlung von Vorschriften und Gesetzen bestanden. Ihr Inhalt war jeweils von der herrschenden politischen Konjunktur abhängig gewesen. In der Regel hatten diktatorische Regimes versucht, die Arbeiterklasse zu neutralisieren, indem sie bei gleichzeitiger gewerkschaftlicher Repression der Gewerkschaften paternalistische Sozialreformen erließen (vor allen 1930 bis 1945) (vgl. Boeckh 1978: 301). In den Zeiten der Convivencia, der Kooperation der APRA mit den oligarchischen Regimes von Prado und Odría hatte die APRA verschiedene Arbeits- und Sozialgesetze durchsetzen können, die ihre gewerkschaftliche Anhängerschaft begünstigten. Insgesamt waren aber Fortschritte in der Arbeits- und Sozialpolitik davon abhängig, wieweit sie zur Sicherung der Herrschaft des "Blockes an der Macht" notwendig waren.

Gegenüber diesem Handlungsmuster hatten die Militärs im Plan Inca die Absicht bekundet, "eine zersplitterte, anachronistische und unternehmerfreundliche Arbeitsgetzgebung zu überwinden" (zitiert aus Plan Inca 1974). Ausführendes Organ dieser Politik und zentrale Instanz zur Regelung der Arbeitsbeziehungen sollte ein umstrukturiertes Arbeitsministerium werden, "dem als zentraler Organismus die Formulierung und Führung der Politik des Sektors zusteht, in Übereinstimmung mit der allgemeinen Politik des Staates und der Entwicklungspläne" (DL 19040 zit. nach CIAT 1977). Gemäß dieser Devise wurden mit einer Fülle von Gesetzdekreten und Erlassen Arbeitsgesetzgebung und Tarifrecht modernisiert und rationalisiert. Die neue Arbeits- und Sozialgesetzgebung entsprach jedoch nicht den spezifischen Bedingungen des peruanischen Arbeitsmarktes in seiner Gesamtheit, sondern bezog sich auf den Entwicklungsstand der profitabelsten Wirtschaftssektoren (vgl. Boeckh 1978: 257). Im Grunde - von Ausnahmen abgesehen - zielte die Arbeits- und Sozialgesetzgebung auf die in modernen Wirtschaftszweigen Beschäftigten und auch durch andere Reformen Comunidad Laboral begünstigten Lohnabhängigen. So wurde die bislang in 50 Jahren stückweise entstandene

Sozialversicherung vereinheitlicht und modernisiert, galt jedoch weiterhin nur für eine Minderheit. Tarifverhandlungen und Beschwerderecht wurden neu gefaßt sowie ein Kündigungsschutzgesetz erlassen.

Während der traditionelle Sektor der Wirtschaft aus der Arbeitspolitik weitgehend ausgeklammert blieb, zentralisierte im modernen Sektor der Staat die Arbeitsbeziehungen in seinen Händen. Einige dieser Gesetze und Neuregelungen, die direkte Auswirkungen auf die Gewerkschaftsbewegung zeigten, sollen im folgenden etwas näher betrachtet werden.

Zur Reduzierung der Sozialkonflikte und als Flankenschutz für die Comunidad Industrial wurde 1970 ein Kündigungsschutzgesetz für den Privatsektor (Ley de Estabilidad Laboral, DL 18471) erlassen, das die bislang unbegrenzten Entlassungsmöglichkeiten der Unternehmer drastisch einschränkte. Das Gesetz bezog sich auch auf einen Teil der Staatsbetriebe. Für den öffentlichen Dienst und den anderen Teil der Staatsunternehmen galt das DL 11377, das weiniger Rechte und Vorteile für die Arbeitnehmer als die Ley de Estabilidad Laboral enthielt.

Das Kündigungsschutzgesetz wurde in der Folgezeit zu einem permanenten Streitobjekt zwischen Staat und Unternehmern. Für die ARbeiterbewegung war es überraschend gekommen, da es nie explizit von ihr eingeklagt worden war. Es sollte vorhersehbare Entlassungswellen durch die Industriellen in den CI-Betrieben verhindern und somit das Funktionieren der Betriebsgemeinschaft garantieren (Neves/Salcedo 1980: 79), Die Ley de Estabilidad Laboral war nur dort wirksam, wo ein rechtswirksamer Arbeitsvertrag vorlag. Arbeitslose und Unterbeschäftigte wurden davon nicht berührt. Auch selbständige Arbeiter, Hausangestellte, Bauarbeiter und der öffentliche Dienst blieben davon ausgeschlossen (Ciudad 1976: 45

ff.). Begünstigt wurden von dem Gesetz ca. 620.000 Arbeiter und Angestellte der Privatwirtschaft sowie ein Teil der ca. 120.000 Beschäftigten der Staatsbetriebe; das heißt, das Gesetz hatte im Rahmen der privilegierten 25 Prozent der Erwerbstätigen Gültigkeit. Für sie verbesserte sich die Situation erheblich, denn fristlose Entlassungen waren nun an Bedingungen geknüpft. Nach dem neuen Gesetz waren diese nur noch bei "schweren Vergehen" (falta grave) sowie zuvor genehmigten Personalreduzierungen und Betriebsschließungen erlaubt. Über die Rechtmäßigkeit einer Entlassung wegen "schweren Vergehens" entschied das Arbeitsministerium.

Fristlose Kündigungen waren nur noch während der dreimonatigen Probezeit zulässig. Für die Gewerkschaften bedeutete dieses Gesetz eine erhebliche Stärkung, da ihre Repräsentanten jetzt weniger dem Druck ausgesetzt waren, aufgrund ihrer Aktivitäten entlassen zu werden. Mit dem Anstieg von Arbeitskonflikten und Protesten wurde das Gesetz jedoch zunehmend durchlöchert. Für verschiedene staatliche Unternehmen wurden Ausnahmeregelungen verfügt. Die Unternehmer, von denen das Kündigungsschutzgesetz als staatliche Legalisierung von Agitation angesehen wurde, verlangten gleiche Rechte für ihre Betriebe.

1978 war es dann soweit: Die **Ley de Estabilidad Laboral** wurde durch ein anderes Gesetz mit gleichem Namen, jedoch andersartigem Inhalt, ersetzt. Die Probezeit wurde auf drei Jahre verlängert, die Entlassungsgründe weiter gefaßt. Zwar waren die Unternehmer damit nicht vollständig zufrieden, doch ließ die Stärke der organisierten Arbeiterbewegung zu diesem Zeitpunkt keine weitergehende Regelung zu.

Um eine ansatzweise kohärente Arbeitspolitik gewährleisten zu können, mußte ein funktionales Tarifverhandlungssystem die bisher wenig strukturierte Behandlung von Arbeitskonflikten ersetzen. Die bislang geltenden Normen wurden einer gründlichen Revision unterzogen, modernisiert und in ihren verschiedenen Etappen aufeinander abgestimmt. Im Dekret DS 006-71-TR von 1971 wurden folgende Verfahrensschritte festgelegt:

- In der "direkten Verhandlung" (trato directo) versuchen Unternehmer und Gewerkschaften, ohne Beteiligung des Staates eine Einigung zu erreichen, das Arbeitsministerium muß nur informiert werden.

- Wird diese Einigung nicht innerhalb von 20 Tagen erzielt (Verlängerung ist nach Absprache der Tarifparteien möglich), kommt es zur Schlichtung (conciliación). An dieser nimmt ein Vertreter des Arbeitsministeriums teil, der die Verhandlungen leitet, jedoch keine Entscheidungsbefugnisse hat.

- Scheitert die Schlichtung nach 20 Tagen, kommt es zur Zwangsschlichtung in Form einer ersten Entscheidung des Arbeitsministeriums. Innerhalb von drei Tagen kann gegen sie Revision eingelegt werden. Nach einer zweiten Entscheidung einer höheren Instanz ist als letztes Mittel ein Antrag auf Ungültigkeit (recurso de nulidad) möglich. Falls diesem von der höheren Instanz des Arbeitsministeriums stattgegeben wird, muß neu verhandelt werden.

Mit einem anderen Gesetz, dem DS 006-72-TR. wurde das Beschwerdeverfahren gegen arbeitsrechtliche Verstöße geregelt. Das Beschwerderecht (denuncia), das sowohl von Einzelpersonen als auch Gewerkschaften wahrgenommen werden kann, bezieht sich auf Verletzung oder Nichterfüllung von Arbeitsgesetzen und Tarifverträgen und "gewohnheitsrechtlichen Gebräuchen" sowie auf Entlassungen.

Entscheidend im Zusammenhang mit der Regelung des Tarifverhandlungssystems und des Beschwerderechts wäre auch eine detaillierte Definition und Begründung des Streikrechts gewesen. In diesem Sinne hatte sich das militärische Beratergremium des Präsidenten, der COAP, geäußert. Ziel sei die "Regulierung der Ausübung des Streikrechts in der Art, daß es weder die Interessen des Arbeitnehmers noch des Landes beeinträchtigt" (COAP 1974, zitiert nach Santisteban 1980: 211). Die Realisierung einer solchen Absicht hätte für die peruanische Arbeitsgesetzgebung einen qualitativen Sprung bedeutet; bisher hatten die jeweiligen Regierungen sich immer juristische Instrumente geschaffen, um Streiks und Arbeitskonflikten präventiv oder repressiv zu begegnen. Repression und Zwangsformen hatten dabei Vorrang vor der Bereitschaft, Arbeitskonflikte durch gesetzliche Regelungen zu institutionalisieren (Delgado 1977: 61).

Die Regierung Velasco modernisierte zwar Tarifverhandlungssystem und Beschwerderecht, entgegen der Ankündigung des COAP wurde jedoch keine wirksame Streikgesetzgebung erlassen. Die Tendenz ging eher dahin, durch die Modernisierung von Arbeitsgesetzgebung und Tarifrecht sowie durch Institutionen wie die Comunidad Laboral Streiks und Arbeitskonflikte weitgehend "überflüssig" zu machen. Zudem war in dem Tarifverhandlungsverfahren ein Passus enthalten, der Funktionären des Arbeitsministerium die Handhabe bot, Streiks für illegal zu erklären; eine Möglichkeit, die auch intensiv genutzt wurde (Santisteban 1980: 216).
Verunsichert durch die zunehmenden Streiks seit 1972 belegten die Militärs bestimmte Bereiche mit Streikverbot. Dies bezog sich laut Gesetz

auf

- Sektoren, wo ein "öffentliches ökonomisches oder soziales Interesse" herrschte,
- besondere Aufgaben des Arbeitnehmers,
- die Art der Tätigkeit.

Mit Hinweis auf ein bestehendes "öffentliches ökonomisches und soziales Interesse" wurden zum Beispiel bei einem Arbeitskonflikt der Agrarkomplex Tuman (1971) und das Tal von Huaura-Sayán militärisch besetzt. Dies geschah vor dem Hintergrund, daß in den Agrarbetrieben das Tarifverhandlungsrecht de facto aufgehoben worden war und arbeitsrechtliche Entscheidungen letztlich durch Staatsfunktionäre diktiert wurden (Santisteban 1980: 219; Eguren 1975: 99 ff.).

Auch im Fischereisektor wurden zeitweise Verordnungen erlassen, die das Streikrecht de facto aufhoben, desgleichen im Post und Fernmeldewesen, wo ebenfalls Streiks als Sabotageakte geahndet wurden.

Das Streikverbot für "besondere Aufgaben" der Arbeitnehmer bezog sich vornehmlich auf den öffentlichen Dienst. Allerdings gab es bei den verstaatlichten Unternehmen zahlreiche Ausnahmen, die im Decreto Ley 19847 vom 26. Dezember 1972 festgelegt wurden. In der Regel wurden Tariffähigkeit und Streikmöglichkeiten anerkannt, wenn es sich um Staatsbetriebe handelte, die zuvor in privater Hand waren, und wenn die Arbeiter über genug Verhandlungsmacht verfügten, ihre Rechte zu verteidigen.[18]

Einige andere Berufsgruppen waren ebenfalls vom Streikverbot betroffen: Krankenpflegeberufe, Privatpolizei und Handelsmarine. Viele der vom

Organisations- und Streikverbot betroffenen Belegschaften und Arbeitnehmer versuchten trotzdem, ihre Interessen mit Streiks durchzusetzen. Vor allem gegen Ende der Militärherrschaft brachen immer wieder Streiks im öffentlichen Dienst aus.

Santisteban (1980: 234 ff.) stellt fest, daß zwar ein modernes Tarifsystem entwickelt und die technischen Verfahrensschritte für die Durchführung eines Streiks festgelegt wurden, jedoch Streikgründe nirgendwo im Arbeitsrecht gesetzlich verankert seien. Gründe dafür wurden bereits genannt: Durch Sozialreformen und staatlich gelenkte Tarifpolitik hoffte man, Streiks überflüssig zu machen. Als dies scheiterte, griff der Staatsapparat zur Eindämmung der Streiks immer stärker auf Verbote, Begrenzungen, Verschärfung der technischen Verfahrensschritte etc. zurück.

Obwohl keine Klarheit darüber bestand, wann ein Streik gerechtfertigt war, blieb das Streikrecht als solches erhalten. Allgemein wurde davon ausgegangen, daß "jeder Streik legal ist, solange das zuständige Arbeitsministerium nicht das Gegenteil erklärt" (Santisteban 1980: 236); Legalität oder Illegalität hingegen somit nicht von verbindlichen Richtlinien, sondern von der letztendlichen Entscheidung des Arbeitsministeriums ab. Da jedoch die neuen arbeits- und tarifrechtlichen Verfahren formal so geregelt waren, daß Streiks überflüssig erschienen, wurden diese in der Regel vom Arbeitsministerium für illegal erklärt.[19]

Trotzdem wurden Tarifverhandlungen nach der Schlichtungsphase nahezu immer von Streiks begleitet, um dadurch Druck auf das Arbeitsministerium auszuüben.

Schlechter als das Angebot der Unternehmer in der "direkten Verhandlung" konnte auch die Entscheidung des Arbeitsministeriums nicht ausfallen. Das Risiko war dabei für die Gewerkschaften ein kalkuliertes, da vor einem Verbot des Streiks möglicherweise der Schiedsspruch des Arbeitsministeriums über das Tarifproblem vorlag, der, falls er akzeptabel war, den Streik automatisch beendete (Santisteban 1980: 249). Da den Gewerkschaften bewußt war, daß ihr Streik für illegal erklärt werden würde, versuchten sie, zum Schutz von Mitgliedern und Organisation die Illegalisierung durch das Arbeitsministerium so lange wie möglich hinauszuschieben in der Hoffnung, in diesem Zeitraum einigen ihrer Forderungen durchzusetzen.

Häufig liefen die Auseinandersetzungen zur Durchsetzung eines neuen Tarifvertrages nach folgendem Muster ab: Von gewerkschaftlicher Seite ist man zumeist bemüht, die formalen Bedingungen für eine Streikerklärung zu erfüllen, um dem Arbeitsministerium auf dieser Ebene keine Handhabe zu liefern. Die formalen Bedingungen (Zeitpunkt des Streikbeschlusses, Anwesenheitsliste mit Adressen, Quoren etc.) wurden 1975 erheblich verschärft. Gewerkschaftliche Proteste veranlaßten die Regierung jedoch, einen Teil der Auflagen zurückzunehmen. Trotzdem wurde der geplante Streik fast immer für unzulässig erklärt mit der Drohung, ihn zu illegalisieren. Nach Verstreichen der 72stündigen "Freidenspflicht" wird dann trotz der Androhung einer Illegalisierung durch das Arbeitsministerium mit dem Streik begonnen. Das Unternehmen reagiert mit dem Antrag an das Arbeitsministerium, den Streik für illegal zu erklären. Daraufhin entsendet das Ministerium einen Funktionär, der Schlichtungsvorschläge vorlegt. Unterdessen sind einige Tage verstrichen, während denen der Streik, da kein rechtskräftiges Verbot vorliegt, legal verbleibt. Scheitert der Schlichtungsversuch, wird der Streik für illegal erklärt, und die Streikenden werden unter Androhung von Entlassungen wegen unerlaubten Fehlens am Arbeitsplatz aufgefordert, innerhalb von drei Tagen den Ausstand zu beenden. Unter Ausnutzung der dreitägigen Frist legen die Streikenden dann gegen die erste Entscheidung des Arbeitsministerium Einspruch ein, wodurch die Entlassungsandrohung suspendiert und die Illegalisierungsentscheidung aufgehoben wird, bis die zweite Entscheidung des Arbeitsministeriums vorliegt. Wiederum hat die Gewerkschaft, die inzwischen versucht hat, die Öffentlichkeit zu mobilisieren, Solidarität zu erzeugen etc., einige Tage gewonnen. Wenn dann die letzte Instanz die Illegalität der Arbeitsniederlegung bekräftigt hat, können 20 Tage vergangen sein, in denen der Streik nicht illegal war. Nach dem endgültigen Verdikt des Arbeitsministeriums bleiben der Gewerkschaft drei Tage Zeit zu entscheiden, ob der Ausstand trotzdem weitergeführt oder beendet werden soll. Demgegenüber versuchen Unternehmer natürlich, Druck auf das Arbeitsministerium auszuüben, um den Streik so schnell wie möglich für illegal erklären zu lassen.

Das Tarifsystem der Militärs war nicht darauf ausgerichtet, die Autonomie der Tarifparteien zu verstärken, sondern die Entscheidungen in staatlicher Hand zu zentralisieren. In den Anfangsjahren des Militärregimes wurden die Tarifforderungen der Gewerkschaften stärker berücksichtigt, was sich auch in einem Rückgang der durch Streik ausgefallenen Arbeitsstunden ausdrückte (vgl. Kap. VII.1). Später wurde den Gewerkschaften die Tür des Arbeitsministeriums verschlossen.
Das peruanische Tarifsystem sowie die Allmacht des Arbeitsministeriums, verschärften die Politisierung der Tarifkonflikte: Direkte Gegenspieler der Gewerkschaften waren nicht die Unternehmer, sondern nahezu immer der Staatsapparat. Deshalb schlugen immer wieder Tarifprobleme in harte politische Konfrontationen zwischen Staatsmacht und Gewerkschaften um.

Die Haltung der Militärs gegenüber den Gewerkschaften war in den ersten vier Jahren von Widersprüchlichkeiten und Inkonsistenz geprägt. Ab Ende 1972 war sie klarer definiert. Eine dezidiert pro-gewerkschaftliche Politik hatten die Militärs zu keinem Zeitpunkt betrieben.[20] Von einer grundsätzlichen und durchgängigen Marginalisierung und Blockierung der Gewerkschaften als immanenten Bestandteil der Politik des Regimes zu sprechen, wie Santisteban (1980: 199 ff.), erscheint als ein im Nachhinein erfolgtes Ausbügeln der Widersprüche und Ungereimtheiten, die die Gewerkschaftspolitik der ersten Jahre charakterisierte. Zwar gab es auch für die ersten Regierungsjahre der Militärs zahlreiche Belege für eine antigewerkschaftliche Haltung. So das Dekret 19400, das gewerkschaftliche Organisierung im Agrarsektor vebot, die Comunidad Industrial, die einige Spitzen gegen die Gewerkschaftsbewegung enthielt, gewerkschaftliches Organisationsverbot für eine Reihe von Sektoren, Verweigerung der Anerkennung einige oppositioneller Gewerksschaften, Repression gegen Bergarbeiter und Lehrer etc. Dem steht jedoch die direkte Förderung der CGTP in den ersten Jahren, die dezente Geburtshilfe für die CNT und die Nichtbehinderung der passiv-oppositionellen CTP gegenüber. Auch die relative Öffnung des Arbeitsministeriums für die Forderungen der Gewerkschaften in den ersten Jahren deutete nicht auf eine durchgehend antigewerkschaftliche Politik hin. Das Argument, diese Zugeständnisse seien in erster Linie darauf gerichtet gewesen, die von der APRA, dem Erzfeind der Militärs, geführte CTP zu schwächen (Santisteban 1980: 199), reicht als Erklärung nicht aus, denn schon 1970/71 war die CGTP erheblich stärker als die CTP. Außerdem hätten die Militärs - wenn ihre Politik wirklich nur an einer Schwächung der CTP interessiert gewesen wäre - diesen ohnehin angeschlagenen Verband mit etwas Druck leicht ausschalten können. Selbst bei der harten Repression gegen die Bergarbeiter der Cerro de Pasco Corporation und die Lehrer in Jahre 1971, wurden nicht deren Organisationen zerschlagen.

Auch die Anerkennungswelle neugegründeter Gewerkschaften ist ein Faktor zur Einschätzung der Gewerkschaftspolitik, der herangezogen werden muß. Zwischen 1968 und 1975 verdopptelte sich die Zahl der Gewerkschaften. Dies zeigt, daß sich die Militärs in den ersten Jahren ihrer Regierungszeit durchaus mit den Gewerkschaften arrangieren wollten. Denn Dreh- und Angelpunkt des militärischen Reformprojekts war der modern-kapitalistische Sektor, und gerade hier waren die Gewerkschaften am stärksten verankert. Sicherlich entsprachen die Gewerkschaften als autonome Interessenvertretung nicht gesellschaftlichen Idealen des Militärs. Jedoch vor allem die in den ersten Jahren noch starke Reformgruppe in der Militärführung schien daran interessiert zu sein, einen modus vivendi mit den Gewerkschaften zu finden. So wurden ihnen bestimmte neue Rechte zugestanden, bestehende erweitert. Allerdings erwartete man als Gegenleistung auch Konzessionen: Die Gewerkschaften sollten sich dem Gang der Revolución Peruana unterodnen bzw. sich ihm einfügen.

Gegen oppositionelle Gewerkschaften, die sich dieser Politik verweigerten, wurde mit verschiedenen Mitteln vorgegangen. Entweder wurde die gesetzliche Anerkennung, Voraussetzung für Tariffähigkeit, verweigert; so gesehen im Falle der Lehrergewerkschaft SUTEP. Oder man nutzte innergewerkschaftliche Konflikte, um die regierungsfreundliche Gewerkschaftsfraktion zu begünstigen, wie in Falle der Bergarbeiterföderation Anfang 1973: Kompromißlose Opposition wurde mit Repression geahndet, die allerdings in den ersten Jahren des Regimes - gemessen an früheren Phasen der peruanischen Geschichte - nicht systematisch betrieben wurde.

Durch die Reformpolitik hoffte man, den Klassenkonflikt tendenziell zu überwinden und letztlich klassische Gewerkschaften überflüssig zu machen. Die unnötig gewordenen, klassengebundenen, tariforientierten Gewerkschaften sollten von den Mitgliedern selbst beerdigt werden. General Velasco drückte in einer Rede vor Zuckerarbeitern diese Vision aus, indem er die Gewerkschaften als "Instrumente der Aktion und der Verteidigung des klassenbewußten Kampfes zwischen Landarbeitern und Unternehmern" (Velasco 1970: 157) charakterisierte. Da aber nach der Agrarreform in den neuen Zuckerkooperativen kein Unternehmer mehr existierte, konnte es auch keinen Kampf gegen den Unternehmer mehr geben. Velasco fuhr fort: "Die Gewerkschaft muß eine neue Art von Existenz definieren und eine neue Rolle im Leben der agroindustriellen Kooperativen übernehmen. Dies bedeutet unter keinen Umständen, eine antigewerkschaftliche Position zu haben, wie interessierterweise diejenigen behaupten, die nicht die Wahrheit der Dinge begreifen oder so tun, als würden sie nicht begreifen" (Velasco 1970: 157). Die peruanischen Gewerkschaften indes verschlossen sich solchem Wunschdenken. In ihrer Mehrheit durchaus geneigt, das Reformprojekt zu akzeptieren, waren sie jedoch nicht dazu bereit, ihre Tarifinteressen zu opfern oder ihre Autonomie aufzugeben. Diese Lektion mußten die Militärs lernen. Die Konsequenz, die sie daraus zogen, führte in eine Konfrontation mit dem Großteil der Gewerkschaftsbewegung.

Mit der künstlichen Schaffung eines Gewerkschaftsverbandes, der Central de Trabajadores de la Revolución Peruana (CTRP) (vgl. Kap VI.5.), Ende 1972, wollten die Militärs eine direkte Anbindung der Arbeiter an den Staat, eine Schwächung der klassischen Gewerkschaften und eine Loslösung von den Parteien erreichen (Huber 1983: 70). Damit wurden sie jedoch direkt in die gewerkschaftliche Auseinandersetzung einbezogen. Soe waren nun nicht mehr Schiedsrichter, sondern Mitspieler. Daß die CTRP das Werk nur eines Teils der militärischen Führung - der konservativ-autoritären Misión - war, zählte dabei nicht. Die CTRP und ihr "bewaffneter Arm", der MLR, beriefen sich auf die "Revolución Peruana" und wurden von den anderen Gewerkschaften mit dieser identifiziert. Die Militärführung sah sich gezwungen, ihrem eigenen Geschöpf, das nicht so richtig gedeihen wollte, alle Arten von Unterstützung zukommen zu lassen, und entfernte sich dadurch noch weiter von den anderen Gewerkschaften. Erschwerend kam hinzu, daß es sich bei der Führungsgruppe der CTRP um recht zweifelhafte Persönlichkeiten handelte, die nach kurzer Zeit von Teilen der eigenen Basis nicht mehr akzeptiert wurden. Vor der Schaffung der CTRP hatte die Idee bestanden, die große Mehrheit der bestehenden Gewerkschaften in einem einheitlichen Verband zusammenzufassen. Jedoch setzte sich nun die Idee des Aufbaus eines Konkurrenzverbandes gegenüber diesem Projekt durch.

Als Grundtendenz der Gewerkschaftspolitik aller Fraktionen des Militärregimes läßt sich festhalten, daß eine autonome Gewerkschaftsbewegung mit eigenen klassengebundenen Perspektiven immer abgelehnt wurde. Jedoch wurde in der Anfangsphase versucht, die Gewerkschaftsbewegung in das militärische Reformprojekt einzubinden: Die CGTP wurde in verschiedener Form privilegiert, die Gründung neuer Gewerkschaften wohlwollend gefördert, bei der Entstehung der CNT hatten einige Militärs ihre Hand im Spiel. Erst als die Gewerkschaften nicht bereit waren, den Preis für diese "Vergünstigungen" - die Aufgabe ihrer autonomen Interessen - zu zahlen, optierten die Militärs für andere, autoritär-hierarchische Lösungen.

Arbeits- und Gewerkschaftspolitik der Militärs - die in den ersten Jahren sicher zu den arbeitnehmerfreundlichsten der peruanischen Geschichte gehörte - hatten weitreichende Auswirkungen auf die Gewerkschaftsbewegung. Die Zahl der gewerkschaftlich Organisierten nahm stark zu, bestehende Organisationen konnten sich konsolidieren, ideologisch-politische Umbrüche konnten sich in ihrem Innern vollziehen. Die Politik des Militärregimes wollte die Gewerkschaftsbewegung stärken, um ihr eigenes Projekt abzusichern. Dies mißlang: Die gestärkte Gewerkschaftsbewegung ging eigene Wege.

KAPITEL IV

PARTEIEN UND GEWERKSCHAFTEN

1. Formen parteipolitschen Einflusses auf die Gewerkschaftsbewegung

Das vielschichtige Verhältnis von Parteien und Gewerkschaften beeinflußte in entscheidender Weise die Fähigkeit der Gewerkschaften, sich als gesellschaftlich anerkannte Interessenvertretung der Lohnabhängigen zu etablieren. Auf der abstrakten Ebene sind die unterschiedlichen Funktionen von Parteien und Gewerkschaften problemlos abgrenzbar: Parteien bestehen aus einer Gemeinschaft von Staatsbürgern, die sich gesamtgesellschaftlichen Zielen, Grundsätzen und Programmen verpflichtet fühlen. Gewerkschaften sind dagegen der Zusammenschluß von Lohnabhängigen, die kollektiv versuchen, ihre Partikularinteressen so gegenüber Staat und Unternehmern zu vertreten. Ziel der Partei ist es, die Staatsmacht zu erobern, wohingegen gewerkschaftliche Politik nicht auf eine Übernahme des Staatsapparates gerichtet ist; jedoch ist es für die Gewerkschaften lebenswichtig, den Staatsapparat zu beeinflussen (vgl. Crusius/Wilke 1971: 39).

Wie im einleitenden Teil dieser Arbeit bereits angesprochen, konnte sich diese "Arbeitsteilung" in den westlichen Demokratien weitgehend verfestigen. In Lateinamerika hat die gesellschaftliche und ökonomische Realität diese Trennung immer wieder aufgehoben und oft dazu geführt, daß sich gewerkschaftliche Aktion und parteipolitische Praxis im selben politischen Raum bewegen. Die lateinamerikanischen Parteien, die als

Teil ihrer Programmatik und ihres Selbstverständnisses um Einflußnahme in der Gewerkschaftsbewegung bemüht sind, wurden in zwei Hauptgruppen unterteilt: die Volksparteien (Mehrklassenparteien) und die Arbeiterparteien (Ein-Klassenparteien). Wichtige Vertreter dieser Gruppen sind im Falle der Volksparteien die populistischen Parteien und im Falle der Arbeiterparteien die traditionellen kommunistischen Parteien. Beide Typen existierten in Peru schon frühzeitig, APRA als Volkspartei und KP als Arbeiterpartei führten seit den dreißiger Jahren einen erbitterten Kampf um die Kontrolle der Gewerkschaften. Historisch konnte sich die APRA als große nationale und mobilisierungsfähige Volkspartei gegenüber der Kommunistischen Partei, deren Politik von außen bestimmt wurde, durchsetzen. Die Gewerkschaften wurden in ihrer Mehrzahl apristisch beeinflußt.

Seit den fünfziger Jahren vollzog sich eine Umorientierung der apristischen Politik, die wenig später (1956) in einem politischen Pakt mit der Oligarchie endete. Gleichzeitig mit der allmählichen Aufgabe reformerischer Positionen öffneten sich die apristischen Arbeiterführer gegenüber der aus den USA kommenden Doktrin einer "unpolitischen Gewerkschaft", dem sindicalismo libre. Somit ergab sich in Peru seit Mitte der fünfziger Jahre die Situation, daß einerseits der sindicalismo libre die programmatische Basis der CTP bildete, gleichzeitig die CTP als politisches Druckmittel und Faustpfand von der APRA instrumentalisiert wurde, um ihre Positionen und Verhandlungsmacht innerhalb des Bündnisses mit der Oligarchie zu stärken: die "unpolitische" Gewerkschaft als Mittel der Parteipolitik.

In den sechziger Jahren tauchten neue Volksparteien auf; Christdemokraten und Acción Popular profitierten kurzfristig vom Rückgang des apristischen Einflusses in der Gewerkschaftsbewegung. Zur wichtigsten politischen Kraft in der Gewerkschaftsbewegung entwickelte sich jedoch die Kommunistische Partei.

Mit dem Militärputsch von 1968 veränderten sich die Rahmenbedingungen parteipolitischer Tätigkeit entscheidend. Die Auflösung des Parlaments und der gewählten Lokalbehörden, die Ausschaltung des parteipolitischen Einflusses auf die Exekutive sowie die tiefe Abneigung der Militärs gegen politische Parteien jeder Couleur, brachten die parteipolitischen Aktivitäten praktisch zum Erliegen. Immer wieder manifestierten die Militärs ihre Abneigung gegenüber Parteien, die in ihren Augen nur dazu dienten, die Massen zu manipulieren und zu verraten. Als Beleg wurde die Unfähigkeit der politischen Parteien angeführt, das oligarchische System zu verändern (Nieto 1983: 30). Die negative Einstellung der Militärs zu den Parteien wurde von ihren "zivilen Ideologen" theoretisch untermauert, die ein Antiprojekt der "sozialen Demokratie mit voller Partizipation" (Democracia Social con Participación plena) entwickelten, womit der Parlamentarismus radikal in Frage gestellt wurde.

Wie reagierten die Parteien? Letztlich blieben nur zwei Auswege: auf bessere Zeiten zu hoffen oder zu versuchen, indirekte Ausdrucksmöglichkeiten zu finden.

Die vormalige Regierungspartei Acción Popular, von der sich ein progressiver Flügel abgespalten hatte, wählte den ersten Weg und verfiel in Untätigkeit. Ihre Führer setzten sich in die USA ab und gaben von dort gelegentlich bombastische statements ab. Die oligarchischen Parteien, denen die Politik der Militärs faktisch den Boden unter den Füßen weggezogen hatte, verschwanden in der Versenkung. Die APRA, die kurz vor dem Militärputsch in eine Allianz mit der Belaúnde-Regierung getreten war, zog sich zurück, war jedoch bemüht, ihre Organisation und Mitgliedschaft zu halten und auszubauen. Ihre Gegnerschaft zum Militärregime blieb nach außen sehr vorsichtig; nur bei den blutigen Unruhen an 5. Februar 1975, im Zusammenhang mit einem Polizeistreik, trat die apristische Basis offen in Erscheinung und demonstrierte ihre feindselige Haltung gegenüber dem Militärregime. Als gelegentliches Sprachrohr fungierte ihr gewerkschaftlicher Dachverband CTP, der sich jedoch selbst in einer Krise befand.

Die christdemokratische Partei hatte sich gespalten: Ihr konservativer Flügel "überwinterte", der progressive Teil arbeitete eng mit dem Militärregime zusammen und stellte ein größere Anzahl Berater. Der kleine, 1971 gegründete, gewerkschaftliche Dachverband CNT vertrat das politische Konzept der Partei. Die Kommunistische Partei und die diversen Gruppen der Neuen Linken, die in den sechziger Jahren entstanden und zum Teil Abspaltungen von KP (Trotzkisten, Maoisten) und der APRA waren (vgl. Kap. IV.2), wurden am wenigsten von den Einschränkungen betroffen. Ohnehin wenig interessiert an bürgerlicher Demokratie, stürzten sie sich verstärkt auf die Gewerkschaftsbewegung und versuchten über sie, ihre parteipolitischen Ambitionen zu kanalisieren. In ihren Bemühungen, die Gewerkschaftsführungen zum Verkünder ihrer Parteipolitik umzufunktionieren, waren sie relativ erfolgreich. Um ihre Positionen in den Gewerkschaften auszubauen, führten die Parteien, wie die linke Zeitschrift MARKA bitter vermerkt, "einen skrupellosen Wettkampf um Gewerkschaften, Föderationen und Dachverbände" (MARKA Nr. 37 vom 6. Mai 1976).

Allerdings stieß diese Art von Unterwerfung der Gewerkschaften unter parteipolitischen Interessen zunehmend an ihre Grenzen und provozierte auch Gegenaktionen.

Die weitgehende Ausschaltung der Parteien durch das Militärregime bedeutete für die Gewerkschaftsbewegung nicht nur, daß sie verstärkt zu einem Arbeitsfeld der Parteien wurde, sondern auch, daß sich ihre gesamtgesellschaftliche Stellung und Bedeutung veränderte. Durch die erzwungene Passivität der Parteien war ein politisches Vakuum entstanden. Dieses wurde nun teilweise von den Gewerkschaften ausgefüllt.
Die zunehmende Bedeutung der Gewerkschaften drückte sich auf vielen Ebenen aus: Regierungsmitglieder verhandelten bei Konflikten direkt mit Gewerkschaftsführungen und besuchten Gewerkschaftskongresse, Unterstützungsveranstaltungen für das Militärregime wurden oft von den Gewerkschaften organisiert. In der Presse wurde gewerkschaftlichen Fragen zunehmend breiterer Raum eingeräumt. Auch die Parteien hatten dies erkannt und ihre Bemühungen um Einflußnahme verstärkt.

Dieser Einfluß äußerte sich auf verschiedenen Ebenen und in unterschiedlicher Form. Die Führungsmannschaften der gewerkschaftlichen Dachverbände und unabhängigen Föderationen lassen sich Anfang der siebziger Jahre deutlich verschiedenen Parteien zuordnen (mit Ausnahme des regierungsnahen Dachverbandes CTRP): Die CTP wurde weiterhin von der APRA geführt, die CGTP von der Kommunistischen Partei und die 1971 gegründete CNT von der Christdemokratischen Partei. Die Führung der Lehrergewerkschaft SUTEP wurde von der maoistischen Gruppe Patria Roja gestellt, die Führung des Bauern- und Landarbeiterverbandes Confederación Campesina del Peru (CCP) von Vanguardia Revolucionaria. Daraus könnte man ableiten, daß die einst führende Rolle der APRA in den Gewerkschaften zu Ende gegangen war zugunsten vor allem der Kommunisten und in geringerem Maße der Christdemokraten und der Organisationen der Neuen Linken.

Diese Interpretation mag sich zwar anbieten, ist aber so nicht richtig. Die Dominanz der APRA auf die Gewerkschaftsbewegung und der Einfluß anderer Parteien unterschieden sich in grundlegender Weise. Die Jahrzehnte apristischer Vorherrschaft waren durch eine enge Verzahnung von Partei und Gewerkschaft auf allen Ebenen geprägt. Der Charakter der APRA als große Volkspartei bedingte, daß Parteimitglieder in Führung und Basis der meisten Gewerkschaften vertreten waren und somit die apristische Ideologie in den Gewerkschaften verankerten. Für ihre Gewerkschaftsfunktionäre und Mitglieder unterhielt die APRA ein intensives Schulungs- und Bildungsprogramm, das seit den fünfziger Jahren mit US-amerikanischen Mitteln, die über den Gewerkschaftsverband AFL/CIO kanalisiert wurden, finanziert wurde. Überspitzt könnte man formulieren, daß seit Mitte der vierziger Jahre die CTP die Gewerkschaftsfraktion innerhalb der APRA bildete.
Diese Art von Kontrolle der CTP durch die Partei erklärte zum Teil deren Fähigkeit, den Verband als politisches Druckmittel zur Durchsetzung ihrer politischen Ziele einzuspannen. Im Gegenzug besorgte die APRA für ihre gewerkschaftliche Klientel verschiedene Privilegien. Dieses Modell war aufgrund verschiedener Faktoren seit den sechziger Jahren in die Krise geraten und wurde seit Beginn der Militärherrschaft absolet. Zwar beraubte diese Entwicklung die APRA eines wichtigen Druck- und Machtmittels, stellte jedoch ihren Fortbestand als Massenpartei und ihre Wahlattraktion nicht in Frage. Die konkrete Politik der APRA wurde zu Beginn der siebziger Jahre von der großen Mehrheit der Arbeiter abgelehnt. Wollte die APRA wieder Einfluß gewinnen, mußte sie ihre politische Praxis und Theorie umorientieren, eine durchaus reale Möglich-

keit, da populistische Parteien wie die APRA schon häufig eine erstaunliche Anpassungsfähigkeit an veränderte Bedingungen bewiesen haben, sowohl von sozialprogressiv nach konservativ als auch in die andere Richtung.

Für die Kommunistische Partei und die Gruppen der Neuen Linken stellte sich die Situation anders dar. Weder besaßen sie eine relevante Massenbasis, noch waren sie Anfang der siebziger Jahre besonders wählerwirksam. Ihr enges Politikverständnis und ihr festgefügtes ideologisches Korsett verschlossen ihnen den Zugang zu größeren Bevölkerungssektoren. Die Bedeutung dieser Parteien - in manchen Fällen sogar ihre Existenzberechtigung - leitete sich eher aus der jeweiligen Fähigkeit ab, wichtige Positionen in den Gewerkschaften zu besetzen. Allerdings gelang es keiner dieser Parteien - und das trifft auch für die Christdemokraten zu -, ihre Ideologie so in der Arbeiterbewegung zu verankern, wie dies einst der APRA gelungen war. Das Gewicht der KP war nicht zuletzt infolge jahrzehntelanger Arbeit in den Gewerkschaften wesentlich stärker als das der anderen Parteien und Gruppen, aber trotzdem nicht mit dem der APRA in ihren besten Zeiten vergleichbar.

Der Einfluß der Parteien auf die Gewerkschaften in den ersten Jahren des Militärregimes bestand weitgehend darin, Vorstandsposten zu besetzen und Gewerkschaftsführungen zu kontrollieren oder Einfluß auf eine parteipolitsch nicht festgelegte Gewerkschaftsführung durch verschiedene Hilfsdienste zu nehmen. Ernsthafte Versuche, etwa durch intensive Schulungs- und Bildungsaktivitäten die Basis im Sinne des jeweiligen Parteiprogramms zu aktivieren, wurden kaum unternommen. Dies erklärt auch, daß es zwar den Parteien gelang, über einen längeren Zeitraum die Kontrolle über die Führung eines Dachverbandes oder von Föderationen zu halten, es jedoch im Bereich der Betriebsgewerkschaften - wo gewerkschaftliche Demokratie noch am stärksten zum Tragen kam - zu ständigen Führungswechseln kam. Relativ oft schlossen sich auch die Betriebsgewerkschaften, nachdem eine neue Führung gewählt worden war, einem anderen Dachverband an bzw. stießen zum Sektor der unabhängigen Gewerkschaften.

Seit Mitte der sechziger Jahre trat das apristische Gewerkschaftsmodell, der sindicalismo libre zugunsten des sindicalismo clasista in den Hintergrund. Der sindicalismo clasista verstand die Gewerkschaften als autonome Klassenorganisation, mit dem Ziel einer sozialistischen Gesellschaftsordnung. Auf diesen sindicalismo clasista beriefen sich alle Organisationen der politischen Linken, zum Teil die Christdemokraten und auch die linksunabhängigen Kräfte in den Gewerkschaften. Dabei hatte jede politische Gruppe ihre eigene Auslegung, die sie jeweils für die einzige korrekte hielt. Die Gruppen der Neuen Linken warfen der KP vor, den sindicalismo clasista durch die Zusammenarbeit mit dem Militärregime zu verraten, die KP beschimpfte die anderen Linken als Abenteurer und Agenten, während linksunabhängige Positionen in den Gewerkschaften sich dagegen wehrten, daß parteipolitische Auseinandersetzungen auf dem Rücken der Gewerkschaftsbewegung ausgetragen wurden. Bezüglich der parteipolitischen Präferenzen in den Gewerkschaften reflektierte sich der Trend: Weg von der APRA, hin zu Positionen, die der KP nahestanden - um dann oft im Einflußbereich der Neuen Linken zu landen, wobei es zwischen KP und Neuer Linken zu einem regen Austausch kam. Tendenzen in die andere Richtung hin zur APRA gab es kaum. Der CTP schloß sich jahrelang keiner einzigen neuen Gewerkschaft an (vgl. Kap. VI.3). Die christdemokratisch geführte CNT konnte von dieser Entwicklung kaum profitieren. Der regierungstreuen CTRP gelang es zwar, mit Hilfe staatlicher Stellen aus anderen Verbänden, Organisationen herauszulösen und bei sich einzugliedern, doch war ihr kein langfristiger Erfolg beschieden.

Typisch für die hier aufgezeigten Tendenzen ist der Werdegang der 5.000 Mitglieder starken Gewerkschaft von SIDERPERU, dem einzigen Stahlwerk des Landes, das in der Stadt Chimbote liegt: Hier war die Gewerkschaft bis Ende der sechziger Jahre überwiegend von der APRA kontrolliert worden. Die apristische Führung wurde dann von einer prokommunistischen abgelöst, die wiederum von Gruppen der Neuen Linken ersetzt wurde. Wenig später mußten diese der Konkurrenz aus dem gleichen Lager weichen (Interview Manuel Cortez/Francisco Vasquez/SIDERPERU).

Der häufige Wechsel parteipolitischer Tendenzen in den Gewerkschaftsführungen auf Betriebsebene zeigte nicht nur, wie kurzlebig der Einfluß der Parteien auf die Gewerkschaften blieb, sondern läßt auch Rückschlüsse auf Haltung und Bewußtsein der gewerkschaftlichen Basis zu. Die ideologischen Differenzen der Parteien waren für das Wahlverhalten der Gewerkschaftsmitglieder wenig relevant. Diese orientierten sich vor allem daran, ob ein Kandidat dafür Gewähr bot, tarifliche und gewerkschaftliche Interessen zu vertreten und durchzusetzen. Dabei spielten natürlich die Erfahrungen mit den Parteien, deren Mitglieder sich im Spannungsfeld zwischen gewerkschaftlicher Verantwortung und parteipolitischer Disziplin in der Vergangenheit für letztere entschieden hatten, eine wichtige Rolle. Die APRA hatte - in der Sprache der klassenorientierten Gewerkschafter - die Arbeiterklasse um politischer Vorteile willen verraten. Die KP-Gewerkschafter mußten oft, um das Verhältnis zwischen ihrer Partei und dem Militärregime nicht zu trüben, bei Tarifforderungen zurückstehen. Die radikale Linke dagegen, durch keine politischen Verbindlichkeiten gebunden, konnte eine kompromißlose Tarifpolitik betreiben und diese auch mit radikalen politischen Positionen verbinden. Kompromisse wären hier auch gefährlich gewesen, da die Konkurrenz aus anderen Gruppen nur auf ein Zeichen der Schwäche wartete, um sich selbst als die wahren Vertreter von Arbeiterinteressen zu repräsentieren. Die erreichten Führungspositionen in Gewerkschaften wurden von verschiedenen Gruppen der radikalen Linken exzessiv ausgenutzt: Nicht willens, zwischen Partei und Gewerkschaft zu unterscheiden, benutzte man die Gewerkschaftsführungen dazu, Parteiprogramme zu verkunden. "Eroberte" Gewerkschaften wurden als politische Verhandlungsbasis eingesetzt. Angesichts dieser Erfahrungen entwickelten sich in vielen Gewerkschaften Ressentiments gegen politische Parteien überhaupt.[1] Verständlich, wenn eine Gewerkschaft in einem Jahr eine trotzkistisch orientierte Führung hatte, die Fabrikbesetzungen als Keim von Doppelmacht befürwortete, um dann im nächsten Jahre eine promaoistische Führung zu wählen, die für die Übernahme der Macht im Staate agitierte, die dann wiederum von einer KP-nahen Führung abgelöst wurde, die zur Zusammenarbeit mit dem Militärregime aufrief. Solche Erfahrungen waren prägend für viele Gewerkschaften, die Skepsis gegenüber den politischen Gruppierungen entwickelten: Besonders ausgeprägt war diese Tendenz bei Teilen der Bergarbeiter, deren nationale Führung sich seit 1973 nicht mehr mit einer politischen Partei identifizierte. Allerdings scheint es, daß enge Kontakte von anfänglich meist studentischen Mitgliedern der Parteien der Neuen Linken mit der gewerkschaftlichen Realität wesentlich zu einer "Entsektorierung" und "Entdogmatisierung" beigetragen hat.

Dieser kurze Abriß zeigt die komplizierte und widersprüchliche Struktur der Beziehungen zwischen Parteien und Gewerkschaften zur Zeit der Militärregierung. Das traditionelle Pareiengefüge war schon kurz vor Beginn der Militärherrschaft in eine tiefe Krise geraten. Ebenso war die Gewerkschaftsbewegung in einem Umbruch begriffen. Die Politik der Militärregierung hat unbewußt diese Tendenzen verschärft, alternative Entwicklungen gefördert und den Raum für neue Akteure auf der politisch-gewerkschaftlichen Ebene geschaffen. Gegen Ende der Militärherrschaft begann sich dann das politische und gewerkschaftliche Panorama zu klären.

2. Die gewerkschaftsrelevanten Parteien

Partido Aprista Peruano (PAP-APRA)

Die Geschichte der APRA ist untrennbar mit der Person Haya de la Torres, des Gründers und "caudillos" dieser Partei verbunden. Wie keine andere politische Partei hat die APRA die politische Geschichte Perus beeinflußt und geprägt.

Der 1924 von Haya la Torre im mexikanischen Exil gegründeten Allianza Popular Revolucionaria Americana (APRA) war die Rolle einer antiimperialistischen Einheitsfront in Lateinamerika mit kontinentalem Charakter zugedacht (Goldenberg 1983: 81). Doch die APRA kam nie über Peru hinaus, wo sie sich 1930 als Partido Aprista Peruano (PAP) konstituierte. Die APRA setzte sich vor allem in den nördlichen Küstendepartements fest, wo in dieser Periode durch das Eindringen des Auslandskapital und den Ausbau der Enklavenwirtschaft die Grundlagen des traditionellen Kleinbürgertums bedroht waren (vgl. North 1972; Moya 1980). Im politischen Konzept der APRA fiel den Mittelklassen die entscheidende und führende Rolle im Bündnis von Arbeitern, Bauern und Mittelklassen zu. Dieses Konzept unterschied sich wesentlich von der Strategie des Gründers der Sozialistischen Partei, José Carlos Mariátegui, der der ursprünglichen Idee der APRA einst positiv gegenübergestanden hatte. In ihren ersten Programmen proklamierte die APRA einen radikalen antioligarchischen und nationalistischen Kurs unter antiimperialistischen Losungen (Quijano

1982: 175). Die APRA kämpfe für einen Staat, der mit Nachdruck die nationalen Interessen vertrat, der Auslandsinvestitionen kanalisieren und kontrollieren und sich durch Wahlen legitimieren sollte (Cotler 1974).

Schon in den ersten Jahren ihrer Existenz kristallisierten sich verschiedene Merkmale heraus, die zum Teil auch noch heute, nach über 50 Jahren, trotz verschiedener politischer Schwenks, die Politik der APRA prägen: Die Mitglieder- und Wählerbasis der APRA liegt in Nordperu; dies zeigte sich schon bei der ersten Beteiligung der APRA an Wahlen, als ihr Kandidat Haya de la Torre gegen den späteren Diktator Sanchez Cerro 35 Prozent der Stimmen (über 100.000 Wähler) auf sich vereinigen konnte. Das sogenannte "apristische Drittel", eine konstante Wählerbasis von einem Drittel der Wählerschaft, blieb der APRA bis in die achtziger Jahre erhalten.[2]

Charakteristisch für die APRA wurde ihre Massenbasis, ihre hierarchische Organisationsstruktur, ihr Führerkult, der parteiinterne Demokratie verhinderte, sowie ihr Mythos, der durch Rituale, Kulturveranstaltungen, pädagogische Arbeit, Hilfsdienste, Aufbau einer apristischen "Gegenkultur" etc. verstärkt wurde (vgl. Cotler 1978: 235 f; Goldenberg 1983: 104).

Schon kurz nach der offiziellen Gründung wurde die APRA 1932 in den Untergrund getrieben, von wo aus sie verschiedene Aufstände und Verschwörungen initiierte. Abgesehen von einer kurzen Phase blieb die Partei bis 1944 illegal. In den Jahren des Untergrunds gelang es der APRA, Fuß in den Gewerkschaften zu fassen. Es gelang ihr, die Reste der anarchosyndikalistischen Bewegung in ihr Projekt zu integrieren (Moya

1980: 67 ff.). Die KP wurde im progressiven Lager zum Hauptgegner der APRA, wiewohl sich die mittelfristigen Ziele beider Parteien nicht wesentlich unterschieden.

1945 war die APRA wesentlicher Bestandteil des Bündnisses Frente Democratico Nacional, das den Präsidenten Bustamente an die Macht brachte (1945 - 1948). Nachdem jedoch die APRA innerhalb des Bündnisses zunehmend an den Rand gedrängt wurde, organisierten Teile der Apristen im Jahre 1948 erneut einen Aufstand, der blutig niedergeschlagen wurde. Die Partei wurde ein weiteres Mal verboten und unter der nachfolgenden Diktatur Odría verfolgt. Haya de la Torre ging für fünf Jahre in der kolumbianischen Botschaft in Lima ins Exil.

Die Aufstände der APRA-Basis auf der einen Seite, Geheimverhandlungen der apristischen Führung mit der US-Botschaft auf der anderen Seite waren Ausdruck dafür, daß sich in der APRA zwei Linien herauskristallisiert hatten: Die erste versuchte, mit gewaltsamen Aktionen den oligarchischen Staat zu zerstören, während die zweite auf Aushandlung eines modus vivendi setzte. Durch die blutige Unterdrückung der Aufstände und die Verfolgung unter dem Diktator Odría gegen die apristischen Gewerkschaften, wovon vor allem der militante Flügel betroffen war, setzte sich in der Partei die konservative Tendenz durch. Dadurch war der Weg frei für die Übernahme des US-amerikanische Gewerkschaftsmodells, die durch großzügige finanzielle Unterstützung der CTP mit US-Geldern honoriert wurde.
Auf der politischen Ebene mündeten die Veränderungen in der APRA in einen Pakt mit dem Repräsentanten der Finanzoligarchie, Odría. Dank der Unterstützung durch die APRA gelang es Odría 1956, die Wahlen gegen Belaúnde, den Repräsentanten des "neuen Reformismus", zu gewinnen. Die

Politik der convivencia, der parlamentarischen Unterstützung der APRA für die Regierung Odría, führte zur Abspaltung einer kleinen Gruppe, zum Austritt bedeutender Intellektueller sowie dem Verlust wichtiger Gewerkschaftsorganisationen. Die im Gefolge der Industrialisierung neuentstandenen Gewerkschaften entzogen sich ohnehin der apristischen Kontrolle.

Bei den Wahlen von 1962 setzte sich Haya de la Torre ganz knapp gegen Belaúnde von Acción Popular durch, verfehlte jedoch das im Wahlgesetz vorgeschriebene Drittel, das zu einer Direktwahl notwendig war. Um eine Wiederholung des Paktes der APRA mit der Oligarchie zu verhindern, putschten die Militärs und schrieben nach einem knappen Jahr Neuwahlen aus, die von ihrem Wunschkandidaten Belaúnde gewonnen wurden. Die APRA und die UNO, die Partei des Ex-Diktators Odría verfügten jedoch über eine Mehrheit im Kongreß, die sie dazu einsetzte, alle Reformversuche der Regierung Belaúnde zu boykottieren. Gegen Ende der Regierung Belaúnde, nachdem Christdemokraten und der fortschrittliche Flügel der Regierungspartei AP bereits auf Distanz gegangen war, kam es zu einer Annäherung von APRA und Regierung. Eine damals mögliche Allianz von AP und APRA wurde durch den Putsch vom 3. Oktober 1968 verhindert.

In der Zeit danach ging die APRA zunächst in eine taktische Defensive, da führende Militärs aus ihrer Ablehnung gegenüber der Partei keinen Hehl machten (vgl. Rede von Velasco am 30. September 1969). Allerdings mußte die APRA feststellen, daß die Militärs ein Wirtschafts- und Sozialmodell zu implementieren versuchten, das dem der APRA aus den dreißiger Jahren ähnelte. Auf einer öffentlichen Kundgebung vom 20. Februar 1971 wies Haya de la Torre auf diesen Umstand hin (Valderama 1980: 178). Doch die Militärs reagierten kühl auf diesen ersten Versuch eines Brückenschlages, zumal die APRA gegenüber den konkreten Reformen

Distanz zeigte. Im Falle der Agrarreform vertrat sie eine ähnliche Position wie die Sociedad Nacional Agraria, den Verband der Großgrundbesitzer, und im Falle der Unternehmensreform Comunidad Industrial ähnelte ihre Stellungnahme der der Sociedad Nacional de Industrias, des Industriellenverbandes (Goldenberg 1983: 391). Die Schaffung des Sozialeigentums (Empresas de Propiedad Social) wurde als Anschlag auf den Privatbesitz scharf abgelehnt.

Haya de la Torre rief zwar immer wieder, an die Adresse der Militärs gerichtet, zur Zusammenarbeit auf, aber die Resonanz war gering. 1974 wurde die APRA aktiver: Angesichts zunehmender interner Konflikte in der Militärführung setzte sie auf die technokratisch-konservative Fraktion. Bei den schweren Unruhen am 5. Februar 1975 in Lima war die Basis der APRA beteiligt, wenn auch der Parteiführung keine direkte Teilnahme nachgewiesen werden konnte.[3] Als General Velasco 1975 von seinen Offizierskollegen abgesetzt wurde, begrüßte die APRA-Führung diesen Schritt. Von da an waren die Voraussetzungen für eine Verständigung mit der nun tonangebenden technokratisch-konservativen Militärfraktion gegeben.

Betrachtet man die Politik der APRA während der sieben Jahre der Velasco-Regierung, so fällt vor allem das Fehlen einer klaren politischen Position zum Reformprogramm auf. Man war zwar gegen die Militärs, im Grunde auch gegen die Reformen, konnte es sich aber nicht leisten, gegen den Reformprozeß Front zu machen, ohne die eigene Vergangenheit zu leugnen. Deshalb igelte sich die APRA ein, versuchte die Partei zu konsolidieren und wartete ab; die einzige Konstante in der apristischen Politik war die periodisch wiederkehrende Forderung nach Wahlen.

Die Kommunistische Partei Perus (Partido Comunista Peruano; PCP)

Die Kommunistische Partei Perus (KP) führt ihren Ursprung auf den sozialistischen Theoretiker José Carlos Mariátegui zurück. Dieser hatte 1928 die Sozialistische Partei gegründet, die nach seinem Tod am 30. Mai 1930 in Kommunistische Partei umbenannt wurde. In ihren Anfangsjahren beeinflußten die Sozialisten/Kommunisten die sich formierende Arbeiterbewegung in Lima und versuchten, in den Bergbauzentren Fuß zu fassen. Ergebnis dieser Bemühungen war 1929 die Gründung der CGTP (Confederación General de Trabajadores del Peru), die jedoch nach wenigen Jahren durch staatliche Repression zerschlagen wurden. Seit den dreißiger Jahren erhielt die KP ihre politischen Richtlinien von der KOMINTERN. Die Politik bestimmte sich nicht, wie noch zu Zeiten Mariáteguis, aus der Einschätzung der Realität Perus, sondern folgte den Anweisungen, die vom Lateinamerikabüro der Dritten Internationale erarbeitet wurden (vgl. Mires 1970/Claudin 1977/78). Zu Beginn der dreißiger Jahre verfolgte die KP die von der KOMINTERN vorgegebene sogenannte Taktik "Klasse gegen Klasse", die jede Allianz mit Organisationen der Mittelklassen ausschloß und letztlich die direkte und isolierte Konfrontation einer schwachen, wenig organisierten Arbeiterschaft mit der Staatsmacht bedeutete. Ab 1936 machte sich die KP für die antifaschistische Einheitsfront stark, um dann 1939 die Kandidatur von Manuel Prado, dem Repräsentanten der Oligarchie, zu unterstützen. Seit 1942 verfolgte die KP im Rahmen der alliierten Bündnispolitik während des Zweiten Weltkrieges eine Politik des "Burgfriedens" mit der Oligarchie. Streiks wurden abgewiegelt und Zugeständnisse an die Regierung gemacht. Diese, der peruanischen Situation wenig angepaßte Politik, stieß bei den Arbeitern auf geringes Verständnis. Die KP verlor ihren Einfluß zugunsten der APRA, die in dieser Zeit eine radikalere und konsequentere antioligarchische Politik vertrat. Die KP war stets dann etwas stärker, wenn die APRA durch staatliche Repression zurückgedrängt wurde, 1939 bis 1945 und 1948 bis 1956 (Boeckh 1979: 302). Im Innern der KP provozierte diese politische Linie immer wieder Widerstand, der dann durch Ausschluß der Dissidenten gebrochen wurde.

Von 1948 bis 1956 war die KP (gleichzeitig mit der APRA) in der Illegalität. Als sich dann ab 1956 die APRA mit der Oligarchie verbündete, konnte die KP ihren Einfluß in dem Teil der Arbeiterbewegung vergrößern, der dieser Politik ablehnend gegenüberstand. So spielte sie die führende politische Rolle bei der Föderation der Bauarbeiter und in den Gewerkschaftsorganisationen von Arequipa, Puno und Cusco; dazu verstärkte sie ihren Einfluß bei Bankangestellten und Lehrern.

An den allgemeinen Wahlen nahm die KP meist in Allianz mit anderen Kräften teil: 1945 Frente Democrático Nacional, 1962 im Frente de Liberación Nacional. 1963 unterstützte die KP den Kandidaten der Acción Popular, Belaúnde. Bei den Urnengängen zeigte sich die geringe Wählerattraktivität der KP.

Der Bruch zwischen Moskau und Peking zu Beginn der sechziger Jahre strahlte auch auf Peru aus. Seit längerem schwelende Konflikte in der Kommunistischen Partei spitzten sich zu: der "alten Garde", die ihre Politik auf die städtische Arbeiterklasse orientierte und im Gefolge des XX. Kongresses der KPdSU (1956) die Strategie des friedlichen Übergangs zum Sozialismus vertrat, erwuchs im Frente Campesino (Bauernfront) innerhalb der Partei eine Opposition. Diese sah, auf das maoistische Gedankengut gestützt, in der Bauernschaft die wichtigste revolutionäre Kraft. 1964 kam es zum Bruch: Dies Dissidenten nahmen einen großen Teil der Parteijungend mit sich und konstituierten sich als Partido Comunista del Peru (PC del P) Bandera Roja,[4] in der traditionellen KP verblieben die Parteiführung und der Gewerkschaftsflügel. Bei den Teilwahlen von 1967 war die KP die treibende Kraft der Alianz Unidad de Izquierda, die jedoch mit 2,5 Prozent nur ein klägliches Wahlergebnis erzielte.

In der Arbeiterbewegung allerdings konnte die KP ihren Einfluß ausbauen. Auch durch die Spaltung von 1964 änderte sich daran wenig, da die prochinesische Fraktion ihr Augenmerk vorerst auf die Bauern richtete, während die KP weiterhin mit Erfolg in der Arbeiterschaft ihre Klientel sah. Ergebnis dieser Arbeit war die seit 1969 exklusive Kontrolle über den Vorstand der CGTP. Dadurch stellte die KP mit Beginn der siebziger Jahre die wichtigste politische Kraft in der peruanischen Arbeiterbewegung dar, im Agrarsektor war sie jedoch kaum von Bedeutung. Voraussetzung für den Bedeutungszuwachs in der Arbeiterbewegung war der Niedergang der APRA.
Der KP wurde es möglich, den freigewordenen Einflußraum teilweise zu besetzen; da sie über eine disziplinierte Mitgliederschaft, einen funktionierenden Apparat und eine günstige Finanzlage verfügte. Allerdings erreichte die peruanische KP niemals eine ähnliche politische Bedeutung wie etwa die Kommunistische Partei Chiles. Der Einfluß der KP beschränkte sich auf die Gewerkschaftsspitzen und war, abgesehen von einigen traditionellen KP-orientierten Gewerkschaftsorganisationen, nicht sehr tief verankert.

Gegenüber der Regierung Velasco nahm die KP anfangs eine ablehnende Haltung ein, um sich dann später weitgehend mit dieser zu identifizieren. Auf dem V. Nationalkongreß im März 1969 erklärte die KP ihre Unterstützung für die "würdevolle und energische Regierungsführung gegenüber der Yankeebedrohung und die verschiedenen Maßnahmen, die zugunsten des Volkes unternommen wurden" (aus PCP, V. Congreso Nacional 1969). Die KP reklamierte für sich, daß es nur ihrer Politik zu verdanken sei, daß die Arbeiterklasse und Landbevölkerung das Reformprojekt der Militärs unterstützten (VI. Congreso Nacional 1973).

Der Reformprozeß als solcher wurde als antiimperialistisch und antioligarchisch verstanden. Man versuchte, eine "natürliche" Verwandtschaft zwischen Militärregierung und Arbeiterklasse zu postulieren. "Einige der hervorragendsten Mitglieder der Militärregierung kommen aus Arbeiterfamilien, und viele von ihnen sind in ihrer Jugend Arbeiter gewesen" (PCP, "Informe Politico" 1973).

Die Unterstützung der KP ging auch weiter, als das Reformprojekt langsam zerfiel, und reichte bis weit in die sogenannte "zweite Phase" nach dem August 1975 hinein. Es war die einzige relevante organisierte Unterstützung, die das Militärregime von außen erhielt. Dennoch wehrten sich die Militärs systematisch gegen diese Unterstützung und weigerte sich, die KP als Alliierten zu sehen.
Diese Haltung der Militärs erklärte sich aus mehreren Faktoren: Zum eine aus dem traditionellen Antikommunismus der Militärapparates, aus der (begründeten) Befürchtung, international und intern als "Steigbügelhalter des Kommunismus" gebrandmarkt zu werden und aus der Strategie, das Reformprojekt allein zu verwirklichen (Pease Garcia 1977: 243 f.).

Die Neue Linke

Der Sammelbegriff Neue Linke umfaßt in Peru alle diejenigen Parteien und Gruppierungen, die auf der Basis marxistisch-leninistischer Programme maoistischer, guevaristischer und trotzkistischer Ausprägung für die revolutionäre Umgestaltung Perus agitierten. Mehrheitlich handelte es sich dabei um Parteien, die sich im Lauf der Jahre als radikaler Flügel von den "traditionellen" Parteien KP und APRA abgespalten hatten oder die aus der 1965 gegründeten Vanguardia Revolucionaria (VR) entstanden waren und durch ehemalige Mitglieder von AP und Christdemokratie sowie Unabhängige aus Gewerkschaften und Universitäten verstärkt wurden.

Gemeinsam war diesen Gruppen die Ablehnung des Militärregimes, wobei die Einschätzungen von "bürgerlichem Reformismus" bis hin zu "faschistischer Militärdiktatur" reichten. Gemäß ihrer Revolutionstheorie konzentrierten die Gruppen der Neuen Linken ihre Anstrengungen auf die Arbeiter und Bauern.

Die verschiedenen Gruppen setzten sich Anfang der siebziger Jahre großenteils aus Studenten zusammen und charakterisierten sich durch starke Mitgliederfluktuation, zudem waren diese Gruppen oft von der Polizei infiltriert (Angell 1982: 3). Spaltungen und Absplitterungen, die oft weniger politische denn persönliche Gründe hatten, waren häufig. Charakteristisch war eine formelhafte Sprache, die je nach Standort mit Zitaten von Mao, Lenin, Stalin oder Trotzki durchsetzt war. Untereinander waren diese Gruppen heillos zerstritten; daher waren gemeinsame Aktionen äußerst selten oder nur von kurzer Dauer.

Ein genaueres Eingehen auf einige dieser Gruppen wird vor allem dank zweier Faktoren gerechtfertigt: Zwar beschränkte sich ihr Einfluß meist auf einige Gewerkschaften und wirkte sich nur auf lokaler Ebene aus; dennoch fielen einige aus diesem Schema und waren durch ihren Einfluß auf wichtige Organisationen sogar in der Lage, nationale Politik zu beeinflussen: wenn gewerkschaftspolitische und tarifliche Interessen die Mitglieder mit den radikalsozialistischen Postitionen einer Gewerkschaftselite, die der Neuen Linken verbunden war, zusammentrafen. Ideologische Zersplitterung, organisatorische Schwäche und Dogmatismus bedingten jedoch, daß die Möglichkeiten begrenzt blieben (vgl. Durand 1980:20). Zum anderen entwickelte sich gegen Ende der Militärregierung innerhalb dieser Gruppen ein Lernprozeß, der einerseits zu einer Lockerung des Dogmatismus und andererseits zu Vereinheitlichungstendenzen führte, wodurch der Weg für einen Zusammenschluß geöffnet wurde. Die Erfahrungen mit der gewerkschaftlichen Realität und Praxis spielten dabei eine wichtige Rolle. Auch die Entwicklungen in China, Albanien und Vietnam trugen dazu bei, daß die Vorbilder infrage gestellt wurden und die Analyse der eigenen Realität stärker in den Vordergrund trat.
Bevor die wichtigsten Gruppen der Neuen Linken einzeln analysiert werden, soll ein Klassifizierungsschema eine bessere Übersicht ermöglichen. Um der Vollständigkeit willen sollen alle, auch unbedeutenden GRuppen erwähnt werden, wobei die bedeutenden hervorgehoben sind.

Stammpartei	Organisationen	Jahr der Gründung
	FLN - Frente de Libaracion Nacional	1963
	PCP-BR - Bandera Roja	1964
Kommunistische Partei	PCP-ML - Marxista Leninista	1966
(PCP) 1928	(löst sich 1976 auf - zurück zur KP)	
	PCP-PR - Patria Roja	1969
	PCP-SL - Sendero Luminoso	1970
	PCP-ER - Estrella Roja	1971
	PCP-M - Mayoria	1978

Außer der (unbedeutenden) FLN und der PC-Mayoria vertreten diese Gruppen einen dogmatischen radikalen Maoismus.

Stammpartei	Organisationen	Jahr der Gründung
	POM-R - Partido Obrero Marxista	
	Revoluciónario	1971
	VR-PM - Político Militar	1971
Vanguardia	LC - Liga Comunista	1972
Revolucionaria 1965	PSI - Partido Socialista Internacional	1973
	PCR - Partido Comunista Revolucionario	1974
	PCR-RT - Trinchera Roja	1977

VR (Stammpartei) und PCR vertraten einen modifizierten, weniger dogmatischen Maoismus, POMR, LC und PSI trotzkistische Positionen.

Stammpartei	Organisationen	Jahr der Gründung
APRA rebelde - MIR	MIR-CE - Cuarta Etapa	1967
(Movimiento de Izquierda Revolucionaria) 1962	MIR - EL Militante	1967
	CMOP - Circulo Marxista de Opposición Proletaria	1974

Der MIR-CE vertrat eine modifizierte maoistische Position, der MIR - EL Militante einen weniger schematischen Marxismus, eher nach guevaristischer Tradition.

Frente de Izquierda Revolucionaria 1962	FIR - OCR	1969
	PST - Partido Socialista de Trabajadores	1974

Hierbei handelt es sich um trotzkistische Tendenzen. Einige weitere nicht in diesem Schema integrierte Gruppen wie ELN (1962), POR-T (1956) und MAP blieben bedeutungslos.[5]

Auf der ideologisch-programmatischen Ebene lassen sich diese Gruppen folgendermaßen zuordnen: Eine radikale maoistische Linie wird von Patria Roja, Bandera Roja und Sendero Luminoso vertreten, eher gemäßigte maoistische Positionen repräsentieren VR, PCR, MIR-CE. Die bedeutenderen trotzkistischen Organisationen bilden POM-R und PST. All diese Organisationen verfügten über Einfluß in zumindest einem größeren Gewerkschafts- und/oder Bauernverband.

Außerhalb dieses Zusammenhangs bleibt der 1976 gegründete Partido Socialista Revolucionario, der sich nicht als marxistisch-leninistisch versteht und in dessen Reihen sich Vertreter des militärischen Reformprojektes befanden.

PC del P - Patria Roja

Bereits 1964 hatte sich eine maoistische Fraktion von der traditionellen Kommunistischen Partei abgespalten, um sich wenig später unter dem Namen PC del P Bandera Roja als eigenständige Partei zu konstituieren.

Von Beginn an war Bandera Roja von internen Konflikten geplagt, die sich nach Machtantritt der Militärs verschärften. Einer der zentralen Streitpunkte, die dann 1968 zu einer neuerlichen Spaltung führten, war die Einschätzung des Militärregimes. Für die Parteiführung von Bandera Roja handelte es sich um ein faschistisches Regime, das die Interessen der agroexportierenden Großgrundbesitzeroligarchie vertrat, während die innerparteiliche Opposition, die sich später unter dem Namen PC del P, Patria Roja konstituierte, in der Regierung Velasco ein reformistisches Regime, als Repräsentant der Finanz- und Industriebourgeoisie mit "nur" faschistoiden Zügen sah. Die aus Bandera Roja hervorgegangene Patria Roja entwickelte sich zu einer der bedeutendsten Gruppen der Neuen Linken. Die geschwächte Mutterpartei Bandera Roja mußte dagegen noch mehrere Abspaltungen hinnehmen. Aus ihr heraus entwickelten sich noch Estrella Roja und Sendero Luminoso, der später als terroristische Guerillaorganisation bekannt wurde.

Die politische Strategie von Patria Roja basierte auf der Einschätzung, Peru sei eine "semifeudale neokoloniale, im Übergang zum abhängigen Kapitalismus" befindliche Gesellschaftsformation (PC del P, PR 1972: 21). Ausgehend von dieser Analyse kommt die Organisation zu der Einschätzung, daß die revolutionäre Bewegung zu einer realen Bedrohung für die etablierten Mächte geworden sei (PC de P 1972: 54). Daher falle dem Militärregime als Vertretung der Großbourgeoisie und des Imperialismus die Aufgabe zu, den "Aufstieg der Revolution zu bremsen, die revolutionären Massenorganisationen zu schwächen und zu verwirren" (ebenda). Die faschistoide Tendenz der Militärs drücke sich in einer verallgemeinerten Repression und der Korporativisierung (im Sinne des faschistischen Korporativismusbegriffs) der Gesellschaft aus.

Ziel von Patria Roja war die Beseitigung der "Diktatur der Großbourgeoisie". Der bewaffnete Volkskrieg sollte in eine demokratische Volksrevolution münden, die auf den Weg zum Sozialismus führt. Aufgrund des "semifeudalen" Charakters der peruanischen Gesellschaft sollte der Bauernschaft die führende Rolle in dieser Volksrevolution zufallen; die Entwicklung des bewaffneten Kampfes sollte dabie vom Land in die Stadt verlaufen (vgl. PC del P in: Crítica Marxista Leninista Nr. 9, Februar 1975).

Zentrum des Einflusses von Patria Roja waren in erster Linie Teile der verarmten Mittelschichten und in zweiter Linie einzelne Bereiche der Arbeiterklasse. So gelang es Patria Roja, die Führung der mächtigen, 1972 gegründeten Lehrergewerkschaft SUTEP und des nationalen Studentenverbandes Federación de Estudiantes del Peru (FEP) zu übernehmen. Auch unter den Bergarbeitern der Cerro de Pasco Corporation und bei den Angestellten der Universität, die in der FENTUP organisiert waren, kontrollierte Patria Roja die wichtigsten gewerkschaftlichen Führungsgremien. Auf die CGTP bezogen, vertrat Patria Roja die Taktik eines "klassenorientierten Wiederaufbaus" (reconstrucción clasista), wobei der Kampf innerhalb und außerhalb der CGTP geführt werden müsse.

Vanguardia Revolucionaria (VR)

Zeitgleich mit der peruanischen Guerillabewegung von 1965 entstand in der Hauptstadt Lima Vanguardia Revolucionaria. An der Gründung waren ehemalige Mitglieder von APRA, AP und KP, aber auch Trotzkisten und Unabhängige beteiligt VR versuchte zunächst, sich als "nationale Linke" zu profilieren: So kritisierte man den Revisionismus der KP, den Dogmatismus der Maoisten, die Rigidität der Trotzkisten und die Focustheorie des MIR.

Von Anfang an existierte im Innern der VR ein starker trotzkistischer und ein militärischer Flügel. Die Existenz verschiedener Strömungen im Innern von VR förderten zwar die Diskussion und Qualität der Analysen, machten jedoch auch die Organisationen besonders anfällig für Abspaltungen. Die aus den Mittelklassen kommenden Kader von VR arbeiteten sowohl unter Kleinbauern, Berg- und Industriearbeitern: 1967/68 hatte sich VR führende Positionen in den Gewerkschaften des Bergbaus und der fischverarbeitenden Industrie gesichert, und es gelang der Organisation, bei der Gründung der CGTP im Jahre 1968 neben der dominierenden KP drei der 15 Vorstandsposten zu besetzen. Durch zwei größere Abspaltungen, die auch durch unterschiedliche Einschätzungen des Militärregimes beeinflußt worden waren, wurde der Aufstieg von VR gebremst. Die trotzkistische Fraktion konstituierte sich 1971 als POM-R, die militärische nannte sich in VR - Politico Militar um und machte durch einige Banküberfälle Anfang der siebziger Jahre von sich reden.

In der Mutterpartei VR setzten sich maoistische Positionen durch. Peru wurden als semikoloniales, abhängig-kapitalistisches Land mit bedeutenden präkapitalistischen und semifeudalen Sektoren begriffen. Den nach 1968 einsetzenden Reformprozeß charakterisierte VR folgendermaßen: Das Militärregime löste die bestehende Hegemoniekrise zugunsten der Industriellen, da diese selbst nicht dazu fähig gewesen waren. Die bürgerlich-reformistische Militärregierung führte Reformen durch, modernisierte das Land und schuf durch einen gestärkten Staatsapparat die Bedingungen für den Aufstieg einer starken Industriebourgeoisie. Die bei dieser Entwicklung auftretenden Spannungen mit dem internationalen Kapital waren zweitrangig. Innerhalb der Streitkräfte existierten Widersprüche. Um jedoch die Einheit der Streitkräfte zu bewahren, wurden einige geplante Reformen nicht durchgeführt. An der Einschätzung der radikalen maoistischen Gruppen, daß es sich bei der Militärregierung um ein faschistisches bzw. faschistoides Regime handele, übte VR scharf Kritik (Crítica Marxista Leninista Nr. 4, Juni 1972).

Seit Beginn der siebziger Jahre hatte VR seinen Einfluß vor allem auf dem Agrarsektor ausweiten können und 1973 Bandera Roja aus der Führung der CCP verdrängt. Auch in der Lehrergewerkschaft SUTEP, bei den Bergarbeitern und in einigen Industriebranchen verfügte VR über Einfluß.
Doch die inneren Auseinanderstzungen gingen weiter und manifestierten sich im Dezember 1974 in einem neuerlichen Bruch. Die lokalen Sektionen von Lima und Chimbote lösten sich unter heftiger Polemik von der VR und gründeten den Partido Comunista Revolucionario (der sich 1978 wieder spaltete).

Der PCR konnte sich auf Kosten der Stamm-VR Einfluß bei den Lehrerorganisationen von Lima, in SIDERPERU, bei Teilen der CCP und in einigen Industriebetrieben sichern. Die dadurch geschwächte VR geriet in eine schwere Krise, mußte 1976/77 weitere Abspaltungen hinnehmen, konnte sich jedoch weiterhin in der Neuen Linken eine wichtige Rolle bewahren.

Movimiento de Izquierda Revolucionaria (MIR)

Der MIR entstand als Abspaltung jüngerer apristischer Parteimitglieder, die sich gegen den Pakt der APRA mit der Oligarchie gestellt hatten. Zunächst unter dem Namen APRA rebelde entwickelte die Organisation unter dem Einfluß der kubanischen Revolution eine nationalistisch-marxistische Theorie und konstituierte sich 1962 als Movimiento de Izquierda Revolucionaria. Anhand der Focus-Theorie bereitete der MIR den bewaffneten Kampf vor, um dann 1965 an drei "Fronten" im Andenhochland loszuschlagen. Der Aufstand wurde rasch erstickt und der Apparat des MIR zerschlagen.

In einem Wiederaufbauprozeß, der durch Kontroversen und Abspaltungen geprägt war, gelang es zwei Fraktionen der MIR, regionale Bedeutung zu erlangen: Dem MIR Cuarta Etapa in der CCP und den Gewerkschaften der Brauereiindustrie und dem MIR - El Militante (auch El Norte genannt) in einigen Städten der Nordküste. In ihren programmatischen Positionen waren beide Fraktionen nicht weit von VR und PCR entfernt.

Trotzkistische Organisationen

Infolge der zahlreichen internationalen Spaltungen des Trotzkismus entstanden in Peru im Verlauf der letzten zwanzig Jahre zahlreiche Gruppen und Organisationen, von denen die meisten unbedeutend und kurzlebig waren. Doch einige trotzkistische Gruppen konnten zumindest zeitweise relevante Teile der Arbeiter und Bauernbewegung beeinflussen.

Nachdem im Jahre 1944 eine Gruppe von KP-Gewerkschaften wegen oppositioneller Positionen aus der KP ausgeschlossen worden waren, traten diese in Kontakt zu den trotzkistischen Vierten Internationale und gründeten zusammen mit Ex-Apristen und Unabhängigen den Partido Obrero Revolucionario (POR). Diese Gruppe konnte einigen Gewerkschaften an Einfluß gewinnen, spaltete sich jedoch 1957 in zwei Fraktionen.

Zu Beginn der sechziger Jahre konzentrierte die internationale trotzkistische Bewegung unter dem Einfluß der Revolution in Kuba ihr Augenmerk auf Lateinamerika. Eine Randrolle spielten trotzkistische Gruppen bei den Bauernbewegungen in den südandinen Tälern von La Convención und Lares. Dort hatte sich teils mit organisierter Hilfe der Gewerkschaften von Cusco eine starke Bauernbewegung entwickelt, die, nachdem ihre Forderungen immer wieder versandet waren, unter Führung des POR-Funktionärs Hugo Blanco in großem Stil die Hazienden besetzten, um sie kollektiv zu bewirtschaften. Für kurze Zeit entstand ein "Staat im Staat" mit eigenen Bauernmilizen und einer autonomen Machtstruktur. Zur Unterstützung dieses Experiments gründeten der POR und andere Gruppen 1961 den Frente de Izquierda Revolucionaria (FIR).[6] Das Experiment zerbrach sowohl an inneren politischen Streitigkeiten (KP gegen Trotzkisten), unterschiedlichen Interessen der Kleinbauern als auch an der regionalen

Isoliertheit und staatlicher Repression. Die Veränderungen der Bodenbesitzstruktur konnten allerdings nicht mehr rückgängig gemacht werden und mußten 1962 von dem Militärregime Perez Godoy legalisiert werden (Wachendorfer, U., 1984: 124).

Eine weitere, bedeutendere trotzkistische Gruppe, der Partido Obrero Marxista Revolucionario (POMR) entwickelte sich aus einer Abspaltung von Vanguardia Revolucionaria im Jahre 1970. Diese Gruppe verfügte über Einfluß in einigen Gewerkschaften des Bergbaus, der metallverarbeitenden Industrie sowie bei den Angestellten des Bankensektors und im Versicherungswesen. Das Militärregime wurde vom POM-R als bürgerlich-reformistisch charakterisiert, wobei die Mittelklassen die Repräsentation der Bourgeoisie übernommen hatten.

Der 1961 im Zusammenhang mit der Bauernbewegung von La Convención und Lares gegründete FIR hatte sich inzwischen ebenfalls gespalten. Eine Fraktion, der FIR-Combatiente, stellte jahrelang die Gewerkschaftsführung der Großfabrik Diamante.[7]

Die andere Fraktion des FIR, die sich 1974 in Partido Socialista de Trabajadores umbenannte, verfügte primär über Einfluß in den größten Metallfabriken des Landes, MORAVECO und in Motor Peru (VW). Die Bedeutung des PST leitete sich vor allem daraus her, daß nach Jahren des Gefängnisses und Exils der legendäre Bauernführer Hugo Blanco zu ihm stieß.

Die Gewerkschaftsstrategie aller trotzkistischen Gruppen war darauf orientiert, innerhalb der CGTP zu arbeiten, um zusammen mit anderen oppositionellen Fraktionen die KP-Führung der CGTP zu stürzen.

Partido Demócrata Cristiano (PDC)

Die christdemokratische Partei (Partido Demócrata Cristiano) wurde 1956 in Arequipa von einer Gruppe von Akademikern gegründet, die teilweise die Regierung Bustamente (1945 - 1948) unterstützt hatten. Obwohl das Wählerpotential der Christdemokraten immer gering blieb (1962: 2,88 Prozent), waren sie insofern bedeutend, als sie am schärfsten und deutlichsten den Reform- und Modernisierungswillen der neuen Mittelklassen auszudrücken verstanden. Als ideologisches Gerüst diente die Soziallehre der katholischen Kirche, aus der die PDC ihre Theorie des Dritten Weges ("weder Kapitalismus noch Kommunismus") ableitete. Während der Regierung Prado (1956 - 1962) stellte der PDC eine kleine, aber aktive Abgeordnetentruppe, in der vor allem der Parteiführer Hector Cornejo Chavez als Redner brillierte. 1963 schloß die PDC eine Allianz mit Acción Popular und stellte später mehrere Kabinettsmitglieder. Nachdem die Regierung Belaúnde allmählich nach rechts gewandert war, kündigte der PDC die Koalition an. Allerdings spaltete sich eine konservative Fraktion ab, um sich als Partido Popular Cristiano (PPC) zu konstituieren. Im Gegensatz zur PDC gelang es später dem PPC, zu einer Partei mit großer Wählerbasis zu werden, die allerdings mit der progressiven Ideologie des PDC nichts mehr gemein hatte. Als die Militärs die Macht übernahmen, fanden sich in ihrem Programm viele ideologische Anleihen von der PDC. Diese war bereit, ab 1969 die Militärs kritisch zu unterstützen, um sich dann ab 1972 mit dem Revolutionsprozeß zu identifizieren. Der Vorsitzende der Christdemokratischen Partei, Hector Chavez Cornejo, wurde von den Militärs zum Chefredakteur der enteigneten Tageszeitung "Comercio" ernannt, andere prominente Parteimitglieder waren als zivile Berater tätig.

Nach Beginn der "zweiten Phase" (August 1975) ging der PDC allmählich auf Distanz zu den Militärs, um sich dann dem Lager der gemäßigten linken Opposition anzuschließen.

Die Versuche des PDC, in der Arbeiterbewegung Fuß zu fassen, blieben eher bescheiden. Als "Akademikerpartei" fiel es ihm schwer, sich eine Arbeiterbasis zu schaffen. Zeitweise konnte er in den sechziger Jahren in einigen Gewerkschaften von Abstieg der APRA profitieren, vermochte jedoch ebensowenig wie Acción Popular dauerhaften Einfluß auszuüben.
Zwar gelang es dem PDC 1971, auf der Basis einer bereits bestehenden, christlichen Bildungsarbeit unter Arbeitern und mit dezenter Hilfe einiger Militärs einen eigenen Dachverband aufzubauen, doch blieb dessen Wirken eher bescheiden.

KAPITEL V

RAHMENBEDINGUNGEN UND ORGANISATIONSSTRUKTUREN DER GEWERKSCHAFTEN

1. Ursachen für die Fragmentierung und Segmentierung der peruanischen Gewerkschaften

Gewerkschaftliche Organisierung, Aktion und Politikfähigkeit werden entscheidend von den wirtschaftlichen, sozialen und legalen Rahmenbedingungen geprägt. Das Zentrum gewerkschaftlicher Organisation bildet historisch die Arbeiterklasse, dazu kommt ein Teil der lohnabhängigen Mittelklassen. Die peruanische Arbeiterklasse umfaßt nach der Definition von Quijano (1970) städtische Industriearbeiter und "sonstige" städtische Arbeiter, semi-urbane Berg-, Fischerei- und Küstenplantagenarbeiter sowie ländliche Lohnarbeiter. Die lohnabhängigen Mittelklassen setzten sich im wesentlichen aus den öffentlichen und privaten Angestellten zusammen. Diese an sich unscharfen Begrifflichkeiten finden ihre Ursache darin, daß sich aus der heterogenen Produktionsstruktur der peruanischen Wirtschaft eine Arbeiterklasse entwickelt hat, die ebenso wie die lohnabhängigen Mittelklassen von einer extremen sozialen und räumlichen Differenzierung und Segmentierung geprägt ist, so daß der Begriff Arbeiterklasse im Falle Perus (und in anderen lateinamerikanischen Ländern) nur mit Einschränkungen verwendet werden kann. Diese Arbeiterklasse hat in ihrer Gesamtheit sehr wenig mit der gemein, die sich in Europa und Nordamerika infolge der industriellen Revolution herausgebildet hatte und sich durch eine relative soziale und bewußtseinsmäßige Homogenität auszeichnete. In Lateinamerika reduziert sich ihre Gemeinsamkeit weitgehend auf die ähnliche Stellung von Individuen im Produktionsprozeß (Verhältnis zu den Produktionsmitteln, Lohnabhängigkeit) und auf administrative Kategorisierungen, wie sie im Arbeitsrecht und im Tarifwesen formuliert werden. Verschiedene lateinamerikanische Sozialwissenschaftler arbeiten daher mit dem Hilfsbegriff eine "Clase obrera en formacion" (einer entstehenden Arbeiterklasse), ohne sich jedoch an genauere Definitionen zu wagen.[1]

Autoren wie Tourraine (1961), Rodriguez (1969) und Gurrieri (1968) haben für Länder wie Argentinien, Chile und Brasilien die Kategorie einer "alten" und einer "neuen" Arbeiterklasse eingeführt, die jeweils spezifische Charakteristika aufweisen. Danach ist die "alte" Arbeiterklasse von ihrer europäischen Herkunft geprägt, klassenbewußt und hochqualifiziert, während die "neue" Arbeiterklasse von Zuwanderern aus dem Hinterland gebildet wird, ein Bewußtsein von Armut entwickelt hat und ungelernt ist.[2]

Obwohl verschiedene Autoren versuchen, dieses Konzept auf ganz Lateinamerika zu übertragen (vgl. Solari u.a.: 344), ist es für Peru wenig hilfreich, da es dort weder zu einer zahlenmäßig bedeutsamen europäischen Einwanderung zu Beginn des Jahrhunderts gekommen ist, noch der Prozeß der Herausbildung der Arbeiterklasse ähnlich wie in Argentinien, Brasilien und Chile verlief.

Nach den Volkszählungen von 1972 und 1981 gab es in Peru 919.000 bzw. 1.170.000 Arbeiter sowie 758.000 bzw. 1.056.000 Angestellte. Dabei sind die über 300.000 Hausangestellten und mithelfenden Familienangehörigen nicht mitgerechnet. Andere offizielle Statistiken weichen stark von diesen Angaben ab.[3]

Dies zeigt die Schwierigkeit, in einem Land wie Peru zu bestimmen, wer unter die Kategorie "Arbeiter" fällt. Wie stuft man den Landbewohner ein, der sich während der Erntezeit als Lohnarbeiter verdingt und ansonsten ein kleines Stück Boden bearbeitet? Wohin gehört der Bauarbeiter, der nur unregelmäßig Arbeit findet und sich deshalb abends als Kellner betätigt? Fallen mithelfende Familienangehörige und Hausangestellte in die Kategorie Arbeiter bzw. Angestellte?

Doch auch wenn man diese Problematik ausklammert, bleibt der Begriff des Arbeiters, falls er nicht näher bestimmt wird, ohne großen Aussagewert. Denn hierin sind in ein und derselben Kategorie Menschen vereint, die zu den Ärmsten der Armen zählen können oder im Extremfall unter den obersten fünf Prozent der Einkommenspyramide zu finden sind (Boeckh 1979: 241). Die extreme Differenzierung der Arbeiterklasse, ihre Segmentierung und Fragmentisierung ist Folge der strukturellen Heterogenität von Ökonomie und Gesellschaft.

Für Peru hat der britische Ökonom Fitzgerald als einziger eine auf das Jahr 1968 begrenzte quantitative Analyse der Wirtschaftssektoren erstellt (Fitzgerald 1976; 1978). Nach seinen Berechnungen umfaßte der hochkapitalisierte Sektor der Ökonomie den Exportbereich, der die Dynamik schafft, auf der die gesamte Wirtschaft basiert, sowie die verarbeitende Industrie, die auf die Bedürfnisse der höheren Dienstleistungen abgestellt wird (Fitzgerald 1979: 99). Charakteristisch sind große Produktionseinheiten, importierte Inputs, eine geringe Zahl von Arbeitskräften und fortgeschrittene Technologie. Der hochkapitalisierte Sektor in Peru ist meist eng mit dem Auslandskapital verbunden. Nahezu alle Investitionen konzentrieren sich hier; sowohl Export als auch Import laufen ausschließlich über diesen Bereich (Fitzgerald 1979: 130).

Den anderen Pol der Wirtschaft, den unterkapitalisierten Sektor, bilden die kleinbäuerliche Wirtschaft, Handwerksproduktion, Kleinhandel und persönliche Dienstleistungen. Hier treffen sich so unterschiedliche "Berufe" wie der Besitzer eines Obststandes, ein Handwerker, die für die Nachbarn wäschewaschende Frau, Hausangestellte und ein im kleinen Familienbetrieb mithelfender Jugendlicher.

Bei seiner Sektorenanalyse kommt Fitzgerald (1981) zu dem Ergebnis, daß der hochkapitalisierte Sektor 1968 etwa zwei Drittel zur nationalen Wertschöpfung beitrug, jedoch nur ein Drittel der Arbeitskräfte beschäftigte, der niedrigkapitalisierte Sektor dagegen war nur für ein Drittel der Wertschöpfung verantwortlich, band jedoch zwei Drittel der Arbeitskräfte. Dabei zeichnet sich folgende Tendenz ab: Der hochproduktive Sektor vermehrt seinen Anteil an der Produktion auf Kosten des unterkapitalisierten Sektors, ohne jedoch die in diesem Prozeß freigesetzten Arbeitskräfte zu absorbieren.

Beide Sektoren sind Ergebnis desselben historischen Prozesses. Sie sind verflochten und aufeinander angewiesen, so daß sich die Grenzen zwischen beiden Sektoren verwischen: Großbetriebe der Schuhindustrie kontraktieren Schuhwerkstätten, der Großhandel setzt auf Provisionsbasis arbeitende Straßenverkäufer ein, die agroindustriellen Komplexe greifen auf Saisonarbeiter zurück, Textilunternehmer verlagern Teile der Produktion in Heimarbeit etc., etc.

So heterogen wie die Produktionsstruktur sind die Einkommensverhältnisse und Arbeitsbeziehungen. Webb (1975) hat hierzu eine Untersuchung über die Einkommensverhältnisse bis 1961 erstellt, die weitgehend die von Fitzgerald vorgelegten Resultate bestätigt. Die Einkommen im hochkapitalisierten Sektor liegen wesentlich höher als im niedrigkapitalisierten; sie steigen auch rascher. Webb (1975) berechnete für den Zeitraum von 1950 bis 1966 folgende Einkommenstendenzen: Im (nach seiner Kategorisierung) "modernen städtischen Sektor" stiegen die Arbeiterlöhne jährlich pro Kopf um 4,9 Prozent, die Angestelltengehälter um 3,5 Prozent. Im "traditionellen" städtischen Sektor stiegen die Einkommen insgesamt um 2,1 Prozent, wobei hier die Arbeiter mit 3,3 Prozent an der Spitze lagen und die Hausangestellten mit 1,6 Prozent das Schlußlicht bildeten. Im Agrarsektor stiegen die Einkommen im gleichen Zeitraum insgesamt um 1,3 Prozent, führend waren hier die Arbeiter der Küstenplantagen, während kleinere und mittlere Bauern nur auf 0,8 Prozent kamen (Webb 1975: 45).

Unter der Militärregierung änderte sich diese Konstellation nur unwesentlich. Einkommensumverteilung realisierte sich primär innerhalb der obersten 25 Prozent der Einkommenspyramide, also im modernen Sektor (Figueroa 1975: 91). Die von Figueroa geschätzte Umverteilung durch Reformpolitik umfaßt etwas 6 Prozent des Nationaleinkommens und erstreckte sich von den 5 Prozent der Spitze der Einkommenspyramide auf die darunterliegenden 15 bis 20 Prozent. Zu den davon Begünstigten zählen vor allem die Arbeiter des hochkapitalisierten Sektors.

Die Einkommensproblematik ist eng verknüpft mit dem extrem hohen Anteil der "Unterbeschäftigten". Allerdings erweist sich die Meßmethode für Unterbeschäftigung, die ihre Kriterien aus den Volkswirtschaften der industrialisierten Länder ableitet, als problematisch (vgl. Verdera 1983; Maletta 1978). Demnach gilt als Kriterium für Unterbeschäftigung entweder eine Wochenarbeitszeit, die unfreiwillig weniger als 35 Stunden beträgt, oder ein geringeres Einkommen als der staatlich festgesetzte

Mindestlohn. Der erste Fall kommt in Peru praktisch nicht vor; es bleibt der zweite. Das heißt, daß in Peru etwa die Hälfte der Erwerbstätigen von weniger als dem staatlichen Mindestlohn leben müssen. Nun ist in Peru allgemein akzeptiert, daß der staatliche festgesetzte Mindestlohn vor allem in der zweiten Hälfte der siebziger Jahre keinesfalls die Grundbedürfnisse zu decken vermochte. Verdera (1984) hat in einer Studie über den Arbeitsmarkt in Peru gezeigt, daß - wenn man den staatlich festgesetzten Mindestlohn durch den lebensnotwendigen Mindestlohn, der auf einem Warenkorb basiert, ersetzt -, sich die Relationen drastisch verändern (Verdera 1983: 91). Demnach sind in Lima nur 17,2 Prozent der Erwerbstätigen adäquat beschäftigt, während 82,8 Prozent unter dem lebensnotwendigen Mindestlohn liegen (Verdera 1983: 102). Diese Berechnungen machen deutlich, welche Armut in Peru herrscht[4], zeigen aber auch die Untauglichkeit des hochkapitalisierten Sektors, Arbeitskräfte zu absorbieren. Vor allem aber machen sie klar, daß das Problem der Unterbeschäftigung in Peru primär mit den Realeinkommen verknüpft ist. Besonders hart werden dabei die Frauen betroffen. Nach einer internen Studie des Arbeitsministeriums über den Mindestlohn in Lima und anderen Städten, besteht die Gruppe, die weniger als den staatlichen Mindestlohn verdient, zur Hälfte aus Frauen, obwohl ihr Anteil an den Erwerbstätigen nur bei 25 Prozent liegt. Die fast ausschließlich weiblichen Hausangestellten liegen zu 90 Prozent unter dem gesetzlichen Mindestlohn.

Die Existenz zweier Wirtschaftspole bedeutet auch, daß es zwei voneinander getrennte Arbeitsmärkte gibt. Die in den größeren Betrieben des hochkapitalisierten Sektors beschäftigten Arbeiter und Angestellten sind in der Regel qualifizierter und mobiler. Das Durchschnittsalter ist vor allem in den dynamischen Branchen niedrig. Die Belegschaften der Unternehmen haben ein ausgeprägtes Bewußtsein für die Bedeutung ihres Betriebes und die Möglichkeiten zur Durchsetzung ihrer Interessen (vgl. Würtele 1978: 196). Die Verhandlungsmacht dieser Arbeiter und Angestellten beruht auch darauf, daß sie aufgrund ihrer relativ hohen Qualifikation nicht leicht austauschbar und ihre Arbeitsplätze deshalb relativ sicher sind.[5]

Allerdings bestimmten sich im hochkapitalisierten Sektor die Löhne nicht nur nach der Produktivität des jeweiligen Unternehmens, sondern auch nach anderen Faktoren. So ist der Grad gewerkschaftlicher Organisierung ein wichtiges Element für die Lohnbestimmung. Schon Payne (1965: 23) hat darauf hingewiesen, daß in Branchen mit stärkerer gewerkschaftlicher Organisierung die Löhne relativ rasch angestiegen sind. Möller (1977: 169) stellt ebenfalls fest, daß in hochproduktiven Branchen wie der fischverarbeitenden Industrie und der Elektroindustrie die Löhne vergleichsweise niedrig liegen, während sie in weniger produktiven Branchen mit gewerkschaftlicher Tradition wie der Textil-, Druck- und Brauereiindustrie höher waren. Auch innerhalb des gleichen Industriezweiges, bei ähnlicher Technologie und Produktivität, kann ein ausgeprägtes Lohngefälle auftreten. So wurden 1970 in den fünf Kfz-Montagebetrieben Perus stark unterschiedliche Tageslöhne bezahlt, wobei zum Beispiel die Arbeiter von Chrysler del Peru S.A. mehr als doppelt so viel wie ihre Kollegen von Nissan Motors erhielten (Perez 1972). Oft war es jedoch auch der Fall, daß zahlreiche Großbetriebe sich eine Stammbelegschaft hielten, zusätzlich jedoch auf unterbezahlte, nur befristet angestellte Hilfsarbeiter zurückgriffen (Sulmont 1974: 108).

Im niedrigkapitalisierten Sektor verfügt die große Masse der Arbeiter und Angestellten über keine oder nur geringe Qualifikationen und ist daher leicht austauschbar (vgl. Boeckh 1979: 230; Quijano 1974: 332). Hier arbeiten im städtischen Bereich vor allem die aus den Provinzen neu

Zugewanderten. Der Arbeitsmarkt des niedrigkapitalisierten Sektors ist zudem noch stärker von paternalistischen Strukturen und Klientelismus geprägt. Einstellungen erfolgen primär auf persönlicher Basis und über Empfehlungen, dadurch werden Bindung an Betrieb und Unternehmer sozusagen "privatisiert".

Der peruanischen Arbeiterklasse sind sowohl Arbeiter des hochkapitalisierten als auch des niedrigkapitalisierten Sektors zuzurechnen. Legt man die Berechnungen von Webb für 1961 zugrunde, so sind von der Gesamtheit der Arbeiter 26 Prozent im hochkapitalisierten städtischen Sektor und 22 Prozent im hochkapitalisierten ländlichen Sektor tätig; 52 Prozent verbleiben in niedrigkapitalisierten Sektoren: 32 Prozent im agrarischen und 20 Prozent im städtischen Bereich. Die Relationen zwischen niedrigkapitalisiertem und hochkapitalisiertem Sektor haben sich auch später nicht wesentlich verändert. Nur innerhalb des niedrigkapitalisierten Sektors fand eine Verschiebung durch die starke Abwanderung in die Städte statt: die Zahl der Erwerbstätigen im ländlichen niedrigkapitalisierten ging zugunsten des städtischen niedrigkapitalisierten Sektors zurück.

Die Arbeiterklasse in ihrer Gesamtheit bildet nicht den ärmsten Teil der peruanischen Gesellschaft; der Teil der Arbeiterklasse im modernen Sektor ähnelt bezüglich seines Einkommens und seiner materiellen Lebensbedingungen eher Teilen der Mittelklasse. Dagegen trifft sich der ärmere Teil der städtischen Arbeiterklasse in bezug auf Einkommen und Lebenssituation mit den unteren Schichten der "Selbstbeschäftigten", den Handwerkern, Kleinhändlern, Straßenverkäufern etc. (vgl. Möller 1977: 151) und der ärmere Teil der Landarbeiter mit den Kleinbauern. Die Gehälter der Angestellten sind im Durchschnitt doppelt so hoch wie die eines

Arbeiters, auch hier mit extremen Unterschieden. Von den Angestellten konzentrierten sich 1961 zwei Drittel im hochkapitalisierten Sektor, wobei die Hausangestellten in dieser Aufstellung nicht enthalten sind.

Sicher wäre es falsch, die bisherigen Aussagen dahingehend zu interpretieren, daß die Lohnverhältnisse zwei klar definierbare Arbeiterklassen hervorgebracht hätten. Segmentierung und Fragmentisierung der peruanischen Arbeitnehmerschaft werden durch ethnisch-soziokulturelle und regionale Faktoren verstärkt. Ein Großteil der städtischen Arbeiter sind Migranten der ersten Generation, die noch von ihrer ländlichen Herkunft gepräft werden und deren Anpassung an städtisch-industrielle Werte oft sehr konfliktreich verläuft. Quijano hat diesen spezifischen Prozeß der "Cholificacion" analysiert (Quijano 1980), Der weitgehend blockierte horizontale Aufstieg gerade dieser Gruppen prägt ihr Bewußtsein und ihre Aktionsformen. Der Feststellung von Bonilla, daß "ethnische Kluft und Ideologie nicht nur eine nicht zu unterschätzende Spaltung darstellen, sondern auch eine Ausdrucksweise des Klassenkonflikts bilden" (Bonilla 1981: 25), kann man sicher zustimmen.

Bestimmend für die Heterogenität der peruanischen Arbeiterklasse sind auch die extremen regionalen Disparitäten der peruanischen Wirtschaftsstruktur (vgl. Fürst 1979). Bis in die fünfziger Jahre waren die klassischen Arbeiterzentren in Peru die agroindustriellen Enklaven der Nordküste und die Bergbauenklaven im andinen Hochland gewesen. Daneben gab es eine kleine Industriearbeiterschaft und städtische Arbeiter in verschiedenen Bereichen (Dienstleistungen, Finanzen, Handel etc.) im Verwaltungszentrum Lima und in geringem Umfang in anderen Städten. Der Industrialisierungsprozeß führte zwischen 1950 und 1966 zu einer Verdoppelung der Zahl der in der Industrie Beschäftigten, die sich zu 75

Prozent (1971) in der Hauptstadt konzentrierten. Auch die anderen Wirtschaftszweige wie "moderne" Dienstleistungen, Bauwesen, Großhandel und Finanzsektor, die ebenfalls eine beachtliche Ausweitung erfuhren, hatten ihren Standort großenteils in Lima, wo insgesamt 70 Prozent aller Wirtschaftsaktivitäten ablaufen (vgl. Peru Económico Nr. 7, 1979). Nennenswerte Ballungen von Arbeitern und Angestellten gab es darüberhinaus nur noch in Arequipa, der zweitgrößten Stadt des Landes, den nördlichen Küstenstädten Chimbote, Trujillo und Chiclayo, in geringem Maße in den andinen Zentren Huancayo und Cusco sowie in den Zucker-, Baumwoll- und Reisplantagen der nördlichen Küstenregion und den Bergbauzentren des mittleren und südlichen Hochlandes. Die Polarisierung zwischen Lima und den Provinzen bzw. der Küstenregion und dem Hochland spiegelt sich auch in einem ausgeprägten Lohngefälle wider (vgl. Amat y Leon/Leon 1983: 24; Boeckh 1979: 219).

2. Gewerkschaftlicher Organisationsgrad und Organisationsstrukturen

In Peru sind etwa 40 Prozent der ökonomisch-aktiven Bevölkerung lohnabhängig: unabdingbare Voraussetzung für gewerkschaftliche Zusammenschlüsse, wobei jedoch die Fragmentierung und Segmentierung der peruanischen Arbeiterklasse und lohnabhängigen Mittelklasse entscheidend die gewerkschaftliche Organisationsfähigkeit begrenzen. Ein größerer Teil der Lohnabhängigen konzentriert sich im hochkapitalisierten Sektor, und dort ist auch das Zentrum gewerkschaftlicher Organisierung. Die Bildung von Gewerkschaften im unterkapitalisierten Sektor ist äußerst schwierig, da in kleinen Handwerksbetrieben, Läden, in kleinen Dienstleistungsbetrieben und bei Landarbeitern, die nur zur Erntezeit beschäftigt sind, die Voraussetzungen für eine Organisierung kaum gegeben sind. Der Staat hat zudem Gewerkschaften in Betrieben mit weniger als 20 Arbeitnehmern verboten und dadurch einen Teil der Lohnabhängigen von der gewerkschaftlichen Organisation ausgegrenzt.

Als weitere Restriktion kam hinzu, daß auf der Basis des Gesetzes 11377 von 1945 die gewerkschaftliche Organisierung im öffentlichen Dienst bis 1980 untersagt war. Wenn man bedenkt, daß 1968 ca. 260.000 Personen (über 15 Prozent der Lohn- und Gehaltsempfänger) beim Staat beschäftigt waren und diese Zahl in den folgenden Jahren steil anstieg, wird die Tragweite eines solchen Verbots für die gewerkschaftliche Organisierung deutlich. Ausnahmen existieren nur für Lehrer und die meisten Belegschaften der nach 1968 verstaatlichten Betriebe, wenn dort zuvor eine Gewerkschaft bestanden hatte. Viele der offiziell genehmigten "kulturellen" und "sportlichen" Vereinigungen des öffentlichen Dienstes nahmen allerdings de facto gewerkschaftliche Funktionen war.

Über den Grad an gewerkschaftlicher Organisierung zu Beginn der Militärherrschaft gibt es keine brauchbaren Daten.[6] Doch schon Payne (1965: 131) stellte fest, daß in Betrieben mit über 50 Beschäftigten fast immer eine Gewerkschaft existierte. Die Zahl der gewerkschaftliche Organisierten dürfte 1968 bei 400.000 - 450.000 gelegen haben (11 - 12 Prozent der Erwerbstätigen) und stieg bis 1972 infolge der Anerkennung neuer Gewerkschaften auf ca. 600.000 an.[7]
Aus den genaueren Daten der Volkszählung von 1981 lassen sich Rückschlüsse über gewerkschaftliche Organisation und Organisationsbedingungen ableiten. In einer Untersuchung kommen Isabel Yepez und Jorge Bernedo (1984) zu dem Ergebnis, daß 1981 in Peru nur für 58 Prozent aller Lohnabhängigen überhaupt die Chancen gegeben waren, sich gewerkschaftlich zu organisieren (einschließlich des öffentlichen Dienstes,

dessen gewerkschaftliche Organisierung jedoch erst mit der am 28. Juli 1980 in Kraft getretenen neuen Verfassung garantiert wurde). Von der gewerkschaftsfähigen Bevölkerung konzentrierten sich 70 Prozent in den Städten und 30 Prozent im Agrarsektor; in der Privatwirtschaft hatten etwas über 50 Prozent die Möglichkeit, sich gewerkschaftlich zusammenzuschließen.[8] Insgesamt waren im Jahre 1981 ca. 860.000 Arbeiter und Angestellte, das heißt ca. 39 Prozent aller Lohnabhängigen und 17,5 Prozent der Erwerbstätigen gewerkschaftlich organisiert (Yepez/Bernedo 1984: 54). Wo überhaupt Voraussetzungen für gewerkschaftliche Organisierung vorlagen, wurden sie von ca. zwei Drittel der Arbeiter und Angestellten genutzt. Am höchsten lag nach Ende der Militärherrschaft der Organisationsgrad im öffentlichen Dienst, wo ca. 80 Prozent, in ihrer Mehrheit Angestellte, organisiert waren. Dies war deshalb möglich, da die neue Zivilregierung eine de facto bestehende, gewerkschaftliche Organisierung im öffentlichen Dienst legalisierte. In der Privatwirtschaft lag die Quote knapp über 50 Prozent und im "sozialen" Sektor - der hauptsächlich die Zuckerkooperation umfaßte - bei 76 Prozent (Yepez/Bernedo 1984).

Nach welchen Prinzipien realisierte sich nun gewerkschaftliche Organisierung in Peru? Wie in nahezu allen lateinamerikanischen Ländern dominiert auch in Peru das Prinzip der Betriebs- oder Basisgewerkschaft, die der Eckpfeiler des peruanischen Gewerkschaftsgefüges ist. Allerdings ist die Gründung einer Basis- oder Betriebsgewerkschaft an verschiedene Voraussetzungen geknüpft und mit Beschränkungen verbunden:

- Gewerkschaften durften nur in Betrieben mit mehr als 20 Arbeitnehmern gegründet werden. In kleineren Betrieben (5 - 20 Beschäftigte) konnte die Belegschaft einen Sprecher wählen, der sie gegenüber Unternehmen und Arbeitsministerium vertrat.

- Mindestens 50 Prozent der Belegschaft mußten sich für die Gründung einer Gewerkschaft aussprechen und dies auch schriftlich bestätigen.

- Um tariffähig zu sein, mußte die Gewerkschaft beim Arbeitsministerium registriert werden. In der Praxis gab es jedoch auch Fälle, daß in Staatsunternehmen Tarifverträge mit nicht anerkannten Gewerkschaften ausgehandelt wurden.

- Diese Bestimmungen galten nur für die Privatwirtschaft sowie eine Reihe von Staatsbetrieben, insbesondere dann, wenn bereits vor der Verstaatlichung eine Gewerkschaft existiert hatte. Die gewerkschaftliche Organisierung der Lehrer wurde in einem Sondergesetz festgeschrieben (Ley Nr. 15215 von 1964).

Es gibt für die Arbeitnehmer die Möglichkeit, sich entweder in Arbeiter- bzw. Angestelltengewerkschaften zusammenzuschließen oder - wenn die Mehrheit beider Gruppen es wünscht - eine Einheitsgewerkschaft zu gründen. In der Regel überwiegen getrennte Organisationen. In allen Betrieben, wo Mitte der siebziger Jahre eine Arbeiter-, Angestellten- oder Einheitsgewerkschaft existierte, waren jeweils 80 - 95 Prozent der Belegschaftsmitglieder organisiert.[9]

Die Gewerkschaftsführungen setzen sich aus Sekretären zusammen, die für jeweils bestimmte Arbeitsfelder zuständig sind. Die zentrale Person ist der Generalsekretär (secretario general); ihm folgen an Bedeutung der stellvertretende Generalsekretär (subsecretario general; nur bei größeren Gewerkschaften), der Organisationssekretär (secretario de organización), der Verteidigungssekretär (secretario de defensa; zuständig für den Tarifbereich) und der Wirtschaftssekretär (secretario de economia; zuständig für Finanzen). Gewählt werden diese dirigentes (Funktionäre) in der Regel jährlich von der asamblea, der Betriebsversammlung, dem höchsten Entscheidungsorgan, das über Streiks, Tarifforderungen, Ausschluß von Mitgliedern, Anbindung an einen Dachverband oder eine Föderation und Bestätigung oder Abwahl der Führung entscheidet. Bei den Großgewerkschaften existiert ein Delegiertensystem, das alle Mitglieder repräsentiert. Die Gewerkschaftsvorstände werden in der Regel auf der Basis von konkurrierenden Listen gewählt. In einigen Gewerkschaften und Föderationen gibt es den Brauch, für jedes gewerkschaftliche Amt (zum Beispiel Organisationssekretär) einzeln abstimmen zu lassen. Während im ersten Fall die Führung relativ homogen ist und eine einheitliche gewerkschaftliche Linie vertritt, kann es im zweiten Fall zu politisch heterogenen Führungsgremien kommen.

Betriebs- und Basisgewerkschaften einer Branche (zum Beispiel Metall, Textil) können sich in einer nationalen Föderation zusammenschließen. Nach dem peruanischen Arbeitsrecht genügen bereits fünf Gewerkschaften, um eine nationale Föderation (eine modifizierte Form der Industriegewerkschaft) zu gründen. Zehn Föderationen können einen Dachverband bilden. Theoretisch wäre es möglich, mit zehn Föderationen, die je fünf Gewerkschaften à 20 Mitglieder, also insgesamt 1.000 Arbeitnehmer, umfaßten, einen Dachverband zu gründen. Dies heißt, die Arbeitsgesetzgebung fördert die gewerkschaftliche Zersplitterung. In den siebziger Jahren hatten zahlreiche Föderationen weniger Mitglieder als die großen Einzelgewerkschaften. Auch die Stärke der Föderationen war äußerst unterschiedlich. So hatten die nationalen Organisationen der Bauerbeiter und Lehrer rund 80.000 Mitglieder, andere Föderationen weniger als 1.000. Die Basis- bzw. Betriebsgewerkschaften können sich also sowohl auf Branchen- als auch regionaler Ebene in einem Verband zusammenschließen.

Während auf der Ebene der Betriebsgewerkschaften die Wahlen im allgemeinen regelmäßig durchgeführt wurden und relativ korrekt abliefen, kam es bei den Wahlen zur Föderation oft zu Problemen, die zumeist politischen Ursprung hatten. So wurden Wahltermine oft verschoben, häufig wurde der Wahlprozeß auf verschiedenste Art manipuliert: Delegierte von oppositionellen Gewerkschaften wurden vom Stimmrecht ausgeschlossen, inaktive Gewerkschaften für die Föderationswahlen reaktiviert etc. Die Konflikte wurden dadurch verschärft, daß auf der Ebene der Föderationen die parteipolitische Einmischung viel stärker zum Tragen kam, als bei den Betriebsgewerkschaften.

Die Struktur des peruanischen Arbeitsrechts, das ein kompliziertes Normengeflecht ist, wies den Arbeitsanwälten, den Rechtsberatern der Gewerkschaften (asesores legales) eine besondere Rolle zu, die oft weit über den arbeitsrechtlichen Rahmen hinausging. Da tarifliche Erfolge stark von dem Verhandlungsgeschick mit den Behörden, der realistischen Einschätzung der politischen Situation und dem taktischen Einsatz gewerkschaftlicher Kampfmittel abhingen, nahmen die Arbeitsanwälte oft eine zentrale Position bei der Ausformulierung der Gewerkschaftspolitik ein. Dachverbände und größere Föderationen hatten ihre festangestellten Arbeitsanwälte, die auch von ihren Mitgliedsgewerkschaften genutzt werden konnten. In der Regel gingen Gewerkschaften jedoch zu den Anwälten ihrer (politischen) Wahl. Die politische Bedeutung verschiedener Arbeitsanwälte mißt sich daran, daß einige von ihnen zu den Personen zählten, die vom Militärregime mehrmals ins Ausland deportiert oder inhaftiert wurden. Verschiedene Arbeitsanwälte machten später auch politische Karriere: Genaro Ledesma, Ricardo Diaz Chavez und Laura Caller wurden in den Kongreß gewählt, Alfonso Barrantes wurde Bürgermeister von

Lima. Als sich Ende 1978 ein Flügel von der CGTP abspaltete, spielte Ventura Zegarra, zuvor Rechtsberater der CGTP, eine wichtige Rolle.

Die Ende der sechziger Jahre 400.000 bis 450.000 gewerkschaftlich organisierten Arbeitnehmer verteilten sich 1968 auf 2.343 Gewerkschaften, von denen über die Hälfte (1.248) zwischen 1962 und 1968 entstanden waren. Die gewerkschaftliche Struktur orientierte sich weitgehend an den Bedingungen der hochkapitalisierten und niedrigkapitalisierten Sektoren. Etwa 36 Prozent der Gewerkschaften befanden sich im Industriesektor und 40 Prozent in weiteren städtischen Bereichen. 7 Prozent verteilten sich auf den Bergbausektor und nur 17 Prozent auf die Landwirtschaft (einschließlich Fischfang und Agrarexportbetriebe). Zwischen 1969 und 1975 stieg die Zahl der Gewerkschaftsorganisationen um 2.000 an. Durchschnittlich wurden in diesen sechs Jahren jählich 295 Gewerkschaften legalisiert. Die stärksten Zuwachsraten hatte der Industriesektor, dessen Anteil auf über 40 Prozent kletterte, und der Dienstleistungssektor, während im Agrarsektor der relative Anteil der Gewerkschaften auf 14 Prozent zurückging (Zahlen: Arbeitsministerium).
Nach der Absetzung von General Velasco Alvarado (August 1975) ging die Zahl der Anerkennung von Gewerkschaften drastisch zurück. In den vier Regierungsjahren von Morales Bermudez wurden insgesamt weniger Gewerkschaften (138) anerkannt als durchschnittlich in einem Jahr (295) der Velasco-Regierung. Doch trotz dieser Entwicklung hatte sich unter der Militärregierung die Zahl der Gewerkschaften gegenüber den Vorjahren verdoppelt. Die Motive für diese Arbeitspolitik wurden bereits in Kapitel III. 2. erläutert.

Das Vorhandensein einer Betriebsgewerkschaft bedeutete nicht automatisch den Abschluß von Tarifverträgen. Ein Teil der Lohnabhängigen war gewerkschaftlich organisiert, ohne dabei jedoch tarifvertraglich abgesichert zu sein. Es scheint, als habe sich diese Situation unter dem Militärregime allmählich "normalisiert". Denn traut man den Zahlen des Arbeitsministeriums, so waren zum Beispiel 1972 rund 127.000 Arbeiter und Angestellte von einem Tarifvertrag erfaßt, ein Jahr darauf ca. 345.000 Personen. Die Zahl der tariflich Abgesicherten hatte sich also nahezu verdreifacht, wohingegen die Zahl der anerkannten Gewerkschaften von 1972 auf 1973 nur um 10 Prozent gestiegen war. Eine naheliegende Erklärung ist, daß Gewerkschaften, die bislang keine Tarifverträge abgeschlossen hatten, dies nun in großer Zahl nachholten. Von wenigen Ausnahmen abgesehen wurden die Tarifverträge auf Unternehmensebene abgeschlossen. Tarifverträge auf Föderationsebene umfaßten zwar weniger als 1 Prozent (1978), betrafen jedoch die wichtigen Föderationen des Textil- und Baugewerbes, des Bankensektors und des Staatsunternehmens CENTROMIN.

Diese Zahlen lassen erkennen, daß sich innerhalb der gewerkschaftlich Organisierten ein Sektor etablieren konnte, dem eine strategische Stellung für die gewerkschaftliche Aktion zukam. Dieser Sektor deckte sich weitgehend mit den 10 Prozent der abhängig Beschäftigten (ca. 170.000 - 180.000 Personen), die in den 5 Prozent der Unternehmen arbeiteten, die 75 Prozent der nationalen Produktion erzeugen (Sulmont 1980: 4).

3. Städtische Arbeiterschaft und Angestellte: Sektorale und geographische Verteilung

Städtische Arbeiterklasse und lohnabhängige Mittelklassen bilden das Zentrum der peruanischen Gewerkschaftsbewegung. Hier konzentrieren sich

80 Prozent aller Gewerkschaften. Den für die Gewerkschaftsbewegung relevantesten Teil der städtischen Arbeiter und Angestellten stellt dabei die Industriearbeiterschaft. Im folgenden sollen Arbeitsbereiche, Wohn- und Lebenssituation der städtischen Arbeiter und Angestellten skizziert werden.

Nach einer Untersuchung von Amat y León/León über Lebensbedingungen und soziale Gruppen in Peru (1983) stand die städtische Arbeiterklasse insgesamt, ohne Berücksichtigung ihrer ausgeprägten inneren Differenzierung, an vorletzter Stelle innerhalb der städtischen Sozialhierarchie. Schlechter gestellt waren nur noch die "Handwerker", zu denen selbstbeschäftigte Arbeiter, Gelegenheitsarbeiter und Handwerker, die durch die Straßen ziehen und ihre Dienste anbieten, zählten. Etwas besser gestellt als die Arbeiter waren unter den "Selbständigen" (ohne "freie" akademische Berufe), wohlhabendere Kleinhändler, Besitzer von Kleinwerkstätten usw. (in anderen Untersuchungen werden "Handwerker" und "Selbständige" in der Kategorie " Selbstbeschäftigte" zusammengefaßt). Erheblich privilegierter als die Arbeiterschaft war die Gruppe der Angestellten (ohne leitende). Setzt man die städtische Arbeiterklasse in bezug zur ländlichen Wirtschaft, so zeigt sich, daß die städtischen Arbeiter in ihrer Gesamtheit bessere Einkommens- und Reproduktionsbedingungen hatten als alle Schichten und Gruppen der Agrarbevölkerung (Kleinbauern, Landarbeiter, Angestellte, Landwirte etc.) - mit Ausnahme einer kleinen ländlichen Oberschicht (Amat y León/León 1983: 61).

Die große Masse der städtischen Arbeiter und Angestellten konzentriert sich in der Hauptstadt Lima, wo 1972 3,1 Mio. Menschen wohnten; 1977 waren es bereits 4,3 Mio (ECO 1980; Ministerio de Vivienda). Die ökonomische und politische Dominanz der Hauptstadt ist so ausgeprägt, daß

andere Städte und Regionen nur als Anhängsel erscheinen: Rund 70 Prozent der Industrieproduktion, der Finanztransaktionen und des Handels haben hier ihren Standort. Löhne und Gehälter liegen erheblich höher als in den Provinzen. Nur in wenigen Städten ist eine nennenswerte Anzahl von Arbeitern und Angestellten zu finden. So vor allem in der Metropole des Südens, in Arequipa (305.000 Einwohner),in Trujillo (242.000 Einwohner), Chiclayo (190.000 Einwohner), Chimbote und in noch geringerem Maße in Cusco und Huancayo, den beiden Regionalzentren des andinen Hochlandes. Mit Ausnahme von Arequipa und Chimbote existiert kaum eine verarbeitende Industrie in diesen Städten; es sind in erster Linie Handels- und Dienstleistungszentren oder, wie Cusco, eine Touristenattraktion. Neben den wenigen Industriegewerkschaften spielen deshalb vor allem die Organisationen der Lehrer, Bankangestellten, Transportbeschäftigten und kommunalen Arbeiter und Angestellten eine Rolle. Verbindungen zu den Agrarorganisationen der umliegenden Region sind, von Ausnahmen (wie Cusco) abgesehen, nur schwach entwickelt.
Die regionale Verteilung der Gewerkschaften folgt dieser Struktur: 1968 hatten 60 Prozent aller Gewerkschaftsorganisationen ihren Standort in Lima-Callao, 1974 sogar zwei Drittel, 6 Prozent befanden sich im Departement Arequipa, 5 Prozent im Departement La Libertad mit dem städtischen Zentrum Trujillo, 4 Prozent in Piura und 3 Prozent in Ancash mit dem Industriezentrum Chimbote. Überdurchschnittliches Wachstum war nur noch im Departement Loreto mit der Hauptstadt Iquitos, wo sich die Zahl der Gewerkschaften verdreifachte (1974: 1,9 Prozent aller Gewerkschaften), zu verzeichnen und in Cusco, wo sie sich verdoppelte (1974: 1,4 Prozent aller Gewerkschaften) (Ministerio de Trabajo).

Industrie und Industriearbeiterschaft

Das historische Zentrum für die Herausbildung der modernen Gewerkschaftsbewegung in den entwickelten kapitalistischen Gesellschaften war die Industrie. Im Falle Perus beschränkte sich die Industrie bis nach dem Zweiten Weltkrieg auf einige "traditionelle" Branchen: die Textilindustrie sowie die Nahrungsmittel- und Getränkeindustrie, wo sich bis in die fünfziger Jahre die Hälfte der Industriearbeiterschaft konzentrierte. Als Folge der weltwirtschaftlichen Veränderungen expandierten diese Verbrauchsgütersektoren in den fünfziger Jahren. Gleichzeitig etablierten sich Industrien, die in direktem Zusammenhang mit der Rohstoffförderung standen (Bergbau, Fisch etc.).

Von entscheidender Bedeutung für der verstärkten Industrialisierungsprozeß war das Auslandskapital, das sich vor allem in wachsenden und dynamischen Branchen konzentrierte. Der Industriesektor charakterisierte sich seit Ende der sechziger Jahre durch eine "Koexistenz" der größeren Industriebetriebe der traditionellen Branchen mit den neuentstandenen, vom Auslandskapital dominierten Industriezweigen, sowie einer großen Zahl von Kleinstunternehmen und die oft auf unterschiedlichste Art mit dem hochkapitalisierten Sektor verwoben waren.

Die industrielle Beschäftigungsstruktur reflektiert die Heterogenität des Industriesektors. Zwar hatte sich die Anzahl der Industriebeschäftigten zwischen 1950 und 1966 verdoppelt, doch war ihr Anteil an der Gesamtzahl der Erwerbstätigen kaum gestiegen. 1971 waren ca. 650.000 Personen in der Industrie beschäftigt. Zwei Drittel verteilten sich auf den sogenannten handwerklichen Bereich, der nach Definition des Arbeitsministeriums selbständige Kleinproduzenten und Beschäftigte aus Betrieben mit weniger als fünf Arbeitnehmern umfaßt. In Betriebseinheiten mit fünf und mehr Arbeitnehmern - dem industriellen Sektor - hatten 1971 knapp 200.000 Personen ein Unterkommen gefunden. Diese Zahl erhöhte sich bis 1973 auf ca. 240.000 Personen (Instituto Nacional de Planificación 1974), wobei jedoch der relative Anteil unverändert blieb.

Da gewerkschaftliche Organisierung nur in Unternehmen mit 20 und mehr Arbeitnehmern erlaubt ist, reduzierte sich das gewerkschaftliche Potential auf 185.000 bis 195.000 abhängig Beschäftigte, auf weniger als ein Drittel aller im Industriesektor tätigen Personen. 80 Prozent davon, rund 150.000 waren Arbeiter, darunter über 25.000 Arbeiter, deren Tätigkeit in direktem Zusammenhang mit der Weiterverarbeitung der Exportprodukte stand und die de facto Teil der Entklavenwirtschaft bildeten.

Auf Lima entfällt der größte Teil des Industriesektors. 1971 waren hier 69 Prozent der industriellen Produktion, 72 Prozent der Betriebe und 74 Prozent der Beschäftigten zu finden (Slater 1979: 62). Erst mit großem Abstand folgte Arequipa (1971) mit 4 Prozent der Produktion, Betriebe und Beschäftigten (Slater 1979: 62). Die knapp 9.000 Industriearbeiter (1971) dieser Stadt arbeiteten hauptsächlich in der Nahrungsmittelproduktion und Lebensmittelherstellung (Censo Nacional der Manufactura, 1974). Während Trujillo und Chiclayo über keine nennenswerte Industrieansiedlung verfügten, sieht man von den nahegelegenen Zuckerraffinerien ab, war Chimbote ein Zentrum der fischverarbeitenden Industrie und der Stahlerzeugung. Einige kleinere Städte verfügen über eine ressourcengebundene Industrie, so Huancayo mit Textilindustrie, 2.000 Beschäftigten und Iquitos mit Holzindustrie (Censo Nacional de Industria 1974). In direktem Zusammenhang mit der Verarbeitung von Bergbauprodukten stehen das Schmelzwerk von La Oroya mit 5.000 Arbeitern und die Kupferraffinerie von Ilo.

Die im Industriesektor beschäftigten Arbeiter verteilten sich 1973 auf 1.300 Arbeiter- bzw. Einheitsgewerjschaften. 1975 existierten insgesamt 1.800 Industriebetriebe, wo ein gewerkschaftlicher Zusammenschluß möglich war. Man kann davon ausgehen, daß nur in kleineren Industriebetrieben keine Gewerkschaft existierte.

Organisationsbedingungen, Verhandlungsmacht und Tariffähigkeit der jeweiligen Gewerkschaft in der verarbeitenden Industrie bestimmten sich aus der Branchenzugehörigkeit und Stellung des jeweiligen Betriebes innerhalb dieser Branche. Über die größte Verhandlungsmacht verfügten die Gewerkschaften der hochkapitalisierten, "neuen" Branchen, die meist mit dem Auslandskapital assoziiert sind oder nach 1968 vom Staat übernommen wurden. Die hier beschäftigen Arbeiter waren jünger, mobiler, besser ausgebildet und empfänglicher für neue Eindrücke und Ideen.

Die Arbeiter der "traditionellen" Großindustrie des Textil-, Nahrungsmittel- und Getränkesektors mit ihren langen gewerkschaftlichen Erfahrungen konnten sich, insbesondere in der Textilindustrie eine Reihe von tariflichen Privilegien erkämpfen. Die gewerkschaftliche Position dieser Arbeiter wurde ab Ende der sechziger Jahre geschwächt, als die wachsende Konkurrenz "moderner" Betriebe zu Entlassungen führte.

Bei der großen Anzahl kleinerer und mittlerer Industriebetriebe, mit einer niedrigeren Produktivität und weniger qualifizierten, und zu einem großen Teil nicht fest angestellten Arbeitskräften, haben Gewerkschaften nur eine geringe Verhandlungsmacht.

Lohn- und Gehaltsunterschiede waren im Industriesektor in den siebziger Jahren äußerst hoch: so lag das Lohnniveau im unterkapitalisierten Sektor weit unter dem industriellen Durchschnittlohn. Eine extreme Differenzierung existierte auch innerhalb der verschiedenen Berufsgruppen: Angestellte in der Industrie verdienten 1972 durchschnittlich das Zweieinhalbfache eines Arbeiters (vgl. Möller 1977: 164). Noch krasser war der Unterschied zwischen dem durchschnittlichen Arbeitslohn eines Arbeiters und dem der verschiedenen Kategorien der Angestellten. In der Konsumgüterindustrie lag 1973 der Lohn eines einfachen Angestellten um 80 Prozent über dem eines Arbeiters. Ein Techniker verdiente das Dreifache eines Arbeiters, ein Akademiker gar das Vierfache (INP/OIP Nr. 37, zit. nach Cabieses 1976: 55). Wenn schon eine gemeinsame Artikulation von Interessen aufgrund sehr unterschiedlicher Löhne unter den Arbeitern im Industriesektor sich äußerst schwierig gestaltete, so ist eine Aktionseinheit aller abhängig Beschäftigten noch viel schwerer zu verwirklichen. Abgesehen davon, daß die Zahl der Angestellten im Industriesektor relativ niedrig lag, so war auch ihre Bereitschaft zur gewerkschaftlichen Organisierung erheblich geringer. Nur in 36 Prozent der Industriebetriebe, wo sich Arbeiter organisiert hatten, waren auch die Angestellten organisiert.

In einer empirischen Arbeit beschäftigt sich Roman (1980) mit den Anpassungsproblemen von Zuwanderern nach Lima an die städtisch-industrielle Kultur. Der Autor geht dabei vom Ansatz Alain Tourraines über die "neue Arbeiterklasse" aus (Tourraine 1967). Roman stellte unter anderem fest, daß ein Großteil der Zuwanderer im Tertiärsektor beschäftigt war, ehe er ein Unterkommen im Industriesektor fand. Bemerkenswert war das relativ lange Verweilen am selben Arbeitsplatz (60 Prozent über fünf Jahre) (Roman 1980: 222 ff). Dieser Befund deckt sich mit anderen Untersuchungen von Chaplin (1967: 147) und Briones (1972: 32), die in mittleren und großen Industriebetrieben eine relativ geringe Fluktuation feststellten.

Der Großteil der von Roman untersuchten Zuwanderer arbeitete in der Konsumgüterindustrie, wo die Qualifikationsanforderungen weniger hoch waren (über die Hälfte der Befragten besaß keine spezifische Qualifikation). 76 Prozent waren gewerkschaftlich organisiert. Insgesamt stellten die Zuwanderer 1981 über 50 Prozent der Gewerkschaftsmitglieder, wobei der Anteil bei den Arbeitergewerkschaften besonders hoch war (Yepez/Bernedo 1984: Statistik 60 A). Das Klassenbewußtsein war trotz des hohen gewerkschaftlichen Organisationsgrades und mehrheitlich aktiver Beteiligung an Gewerkschaftsarbeit nur gering ausgeprägt (Roman 1980: 320).

Die Ergebnisse der Untersuchung von Roman haben nur für den Teil der Industriearbeiterschaft Gültigkeit, der infolge mangelnder Qualifikation und fehlender "Industriekultur" vor allem in kleineren und mittleren Betrieben zu finden ist. Das Bewußtsein dieser Arbeiter ist noch stark von der ländlichen Herkunft und einer Weltanschauung, in der sich "moderne" und "traditionelle" Formen kombinieren, geprägt (Roman 1980: 357).

Jedoch sind die traditionellen Wertvorstellungen allmählich in Auflösung begriffen und werden durch städtisch-industrielle Wertvorstellungen ersetzt, die sich im Bewußtsein der Arbeiter der größeren, modernen Betrieb ausdrücken.

Bauwesen

Das beschleunigte städtisch-industrielle Wachstum nach dem Zweiten Weltkrieg, der damit verbundene Ausbau einer städtischen Infrastruktur, die Ausweitung des nationalen Verkehrsnetzes sowie die verstärkte Bautätigkeit der öffentlichen Hand erhöhten die Bedeutung des Baugewerbes in der nationalen Wirtschaft.

Zwischen 1950 und 1960 verdoppelte sich die Zahl der im Bausektor Beschäftigten. Knapp ein Drittel der hier arbeitenden 140.000 bis 150.000 Personen (1968) waren Selbständige. Das Baugewerbe, das die Gelegenheit bot, "schnelles Geld" zu machen, war großenteils vom nationalen Kapital, das in Beziehung zu oligarchischen Familien stand, kontrolliert. Allerdings wurden für die großen staatlichen Bauvorhaben unter dem Militärregime oft ausländische Spezialfirmen beauftragt (Fitzgerald 1979: 161).

Die konjunkturellen Schwankungen der Bauwirtschaft prägen die Arbeitsbeziehungen der peruanischen Bauarbeiter. Bauarbeiter wurden nur für einzelne Bauobjekte unter Vertrag genommen. Nach Fertigstellung erlosch der Arbeitsvertrag, und die Arbeiter waren gezwungen, sich eine neue Stelle zu suchen. In Boomzeiten der Bauwirtschaft war dies weniger problematisch, in Krisenperioden nahezu aussichtslos. Diese Arbeitsbeziehungen favorisierten einerseits eine starke Konkurrenzsituation der Arbeiter untereinander und erschwerten andererseits eine gewerkschaftliche Organisierung. Als Ausweg entwickelte sich eine spezifische, zweigleisige Form der Organisierung: Für die Dauer der Arbeit an einem Bauobjekt bildet sich ein comite de obra (Baukomitee), parallel dazu bestehen als permanente Organisationsform Gewerkschaften nach geographischen Kriterien.

Die Aktionen der Bauarbeiter waren infolge der spezifischen Arbeitsbedingungen und Anstellungsformen oft von großer Radikalität gekennzeichnet (Sulmont 1974: 72).

Unter den drei nationalen Organisationen der Bauarbeiter, die 1973 existierten, dominierte die 1958 gegründete, der CGTP angeschlossenen und von KP-Mitgliedern geführte Federación de Trabajadores en Construccion Civil. Sowohl die der CTP angeschlossene Bauförderation (gegründet 1942) als auch der CTRP-Verband führten eher ein Schattendasein.

Tertiärsektor

Im Tertiärsektor ballen sich unterschiedliche Aktivitäten, die auch in sich äußerst heterogen sind. Beschäftigungs- und Arbeitsverhältnisse sind hier ebenfalls äußerst vielschichtig: Der Anteil der Angestellten liegt mit ca. einem Drittel (1968) weitaus höher als in anderen Wirtschaftssektoren. Seit den fünfziger Jahren hat der Tertiärsektor ein spektakuläres Wachstum durchlaufen und absorbierte 1968 bereits über ein Drittel aller Erwerbstätigen. Dieses Wachstum fand allerdings großenteils im unterkapitalisierten Sektor statt, der zum Kristallisationspunkt der "marginalen Pols" (Quijano 1974) wurde. Gewerkschaftliche Organisationsbedingungen existierten nahezu ausschließlich im hochkapitalisierten Bereich, während im unterkapitalisierten Bereich verschiedene Organisationsformen entstanden sind, mit denen die Betroffenen versuchen, die divergenten und oft diffusen Interessen bestimmter marginalisierter Wirtschaftszweige zu vereinheitlichen und gegenüber dem

Staat zu vertreten. Eine besondere Rolle innerhalb des Tertiärsektors spielen die Vereinigungen der freiberuflichen Angehörigen der Mittelklasse (Ärzte, Anwälte etc.).

Der peruanische Bank- und Finanzsektor war für lateinamerikanische Verhältnisse hoch entwickelt und kann in seiner Gesamtheit dem hochkapitalisierten Sektor zugerechnet werden. Bis 1950 beschränkte sich dieser Sektor auf einige wenige Finanzgruppen, die vornehmlich im Versicherungs- und Kreditgeschäft tätig waren. In den sechziger Jahren bauten staatliche Banken ihre Aktivitäten aus. Zur gleichen Zeit verkauften einige lokale Privatbanken Mehrheitsanteile an Auslandsbanken, wodurch das Auslandskapital seine Kontrolle von 36 Prozent (1960) auf 62 Prozent (1968) des Aktivvermögens aller Banken steigern konnte. Durch die Übernahme verschiedener privater und internationaler Banken durch den Staat in den ersten Jahren der Militärherrschaft vermochte dieser, einen Großteil der Kredite zu steuern (vgl. Fitzgerald 1979: 160 ff.).

Im Finanz- und Versicherungssektor waren 1968 rund 30.000 Menschen beschäftigt, davon knapp 90 Prozent Angestellte. Die Mehrheit arbeitete in den 28 Banken mit ihren 600 Filialen. Moderne Arbeitsorganisation begünstigte den Prozeß der gewerkschaftlichen Organisierung im Bankensektor. Die Einheitsgewerkschaft der Bankangestellten, die Federación de Empleados Bancarios (FEB), wurde bereits 1944 gegründet, vertrat aber lange Jahre nur berufsständische Interessen. In den sechziger Jahren näherte sich die FEB der Arbeiterbewegung und wurde zu einer der bedeutendsten und bestorganisierten Gewerkschaften.

Zu den Basisdienstleistungen gehören diejenigen, die eine direkte infrastrukturelle Vorleistung für die materielle Produktion darstellen. Dazu zählen Post- und Fernmeldewesen, Energieversorgung und Transport. Im staatlichen Energiesektor, den Elektrizitäts- und Wasserwerken waren relativ wenige, zumeist qualifizierte Arbeitskräfte beschäftigt, die sich gewerkschaftliche hauptsächlich in der Federación Luz y Fuerza (gegründet 1963) organisierten. Im staatlichen Post- und Fernmeldewesen durften die verschiedenen Berufsgruppen (Briefträger, Telefonisten etc.) gemäß den gesetzlichen Bestimmungen für den öffentlichen Dienst lediglich "asociaciones" (Vereinigungen) bilden. Diese funktionierten aber de facto als Gewerkschaften und schlossen sich in der Federación Unica de Trabajadores Telepostales (FUTT) zusammen.[10]

Auch der <u>Transportsektor</u> weist infolge der dort herrschenden Eigentumsverhältnisse und Arbeitsbeziehungen besondere Merkmale auf. Eisenbahner und Hafenarbeiter als "klassische" Arbeitssektoren hatten sich jeweils in eigenständigen Föderationen zusammengeschlossen. Diffus stellt sich die Situation im städtischen Personenverkehr und Transportwesen dar. Zwar existierte als Sammelbecken seit den zwanziger Jahren die Federación de Choferes del Peru, aus der sich 1959 der apristisch beeinflußte Flügel herauslöste und die Federación de Coferes y Anexos konstituierte, doch waren in diesen Organisationen auch einander entgegengesetzte Interessen vertreten. In Lima ware sowohl die 15.000 bis 18.000 Besitzer der Kleinbusse als auch ihre 25.000 Angestellten im selben Verband organisiert. Eine andere Gruppe bildeten die 20.000 Taxifahrer. In dem teils privaten, teil kommunalen Autobusverkehr und im Güterfernverkehr waren 35.000 Personen abhängig beschäftigt. Trotz des hohen Anteils der Lohnabhängigen vertrat die Federación de Choferes primär die Interessen der Besitzer.[11] Dies wiederum führte dazu, daß sich 1975 der Verband der Lastwagen- und Fernbusfahrer von der Federación de Choferes trennte.

Der Bereich der Bildung, Wissenschaft, Kultur, Information etc. wird teilweise vom Staat kontrolliert. Auch hier überwiegen eher berufsständische Vereinigungen im Akademikerbereich, mit Ausnahme der Lehrerschaft, die sich aufgrund spezifischer Faktoren (vgl. Kap. VI.7.) frühzeitig mit der Gewerkschaftsbewegung assoziierte.

Die überwiegend weiblichen Hausangestellten bilden mit 5 Prozent der Erwerbstätigen einen quantitativ wichtigen Sektor, zählen jedoch von ihrer sozialen Stellung und ihrem Lohnniveau zu den am meisten benachteiligten Sektoren der arbeitenden Bevölkerung. Etwa 90 Prozent von ihnen verdienen weniger als den gesetzlichen Mindestlohn. Ohne jegliche Arbeitsplatzsicherung und Sozialleistungen, isoliert, teilweise unter völliger persönlicher Abhängigkeit lebend, haben sie kaum eine Chance, ihre Interessen kollektiv zu vertreten.[12]

Der Handel bietet besonders schlechte Voraussetzungen für gewerkschaftliche Organisation, da der überwiegende Teil der hier Beschäftigten im unterkapitalisierten Sektor tätig ist. Wenn auch die offiziellen Statistiken 1972 ca. 400.000 im Handel Beschäftigte angeben, so existiert doch eine hohe Dunkelziffer. Für Lima schätzt Möller (1977: 219), daß die reale Zahl um ca. 50 Prozent höher liegt als die offiziellen Statistiken, die für Lima 200.000 Beschäftigte angeben. 60 Prozent sind "selbständig" (in ihrer Mehrheit Kleinhändler und Straßenhändler), ca. 33 Prozent Angestellte, Arbeiter sind nur mit 7 Prozent vertreten.

In Lima arbeiten 30.000 bis 35.000 Personen im Großhandel, Export-Import-Firmen mitgerechnet. Weitere 50.000 bis 60.000 Menschen sind in größeren Betrieben des Einzelhandels (Kaufhäuser, Supermärkte) beschäftigt. In diesen beiden Bereichen konstituierten sich diverse Angestellten-Gewerkschaften. Deneben gab es im Handelssektor von Lima ca. 50.000 bis 60.000 selbständige Einzelhändler, die entweder Besitzer eines Familienbetriebes oder Marktstandes sind. Bei den beiden Organisationen der Markthändler FENTRACOM und FENATM handelte es sich zwar um keine klassischen Gewerkschaften, doch haben sie sich den Gewerkschaftsverbänden CTP und CGTP angeschlossen (Möller 1977: 231). Ca. 150.000 Personen, daß heißt die Hälfte der im Handel von Lima Beschäftigten, fristeten ihr Leben als Straßenhändler, waren jedoch oft über Kommissionsgeschäfte an Großunternehmen des Sektors gebunden.

4. Zur Lebens- und Wohnsituation der städtischen Arbeiterklasse und der lohnabhängigen Mittelklasse

Lebens- und Wohnsituation beeinflussen in entscheidender Weise Bewußtsein, Wertvorstellungen und soziale Verhaltensweisen der Menschen. So war zum Beispiel im Europa des sich entwickelnden Industriekapitalismus die Wohnsituation der städtischen Arbeiterschaft, die sich in räumlich abgegrenzten Wohnvierteln konzentrierte, ein wichtiges Element für die Konstituierung eines kollektiven Bewußtseins und einer proletarischen Gegenkultur. In Peru war der Prozeß der Industrialisierung und der Herausbildung der städtischen Arbeiterklasse völlig anders verlaufen. Die Arbeiter entwickelten sich nicht zur stärkeren sozialen Klasse wie in europäischen Ländern, sondern bildeten nur einen Teil der städtischen Unterschichten. Wie gestalten sich nun die Lebens- und Wohnverhältnisse der arbeitenden Bevölkerung in Lima? Oder, um Berthold Brechts Frage abzuwandeln: "In welchen Häusern des goldstrahlenden Lima wohnten die Bauleute?" (aus "Fragen eines lesenden Arbeiters", Brecht 1967: 656).

Der Großteil der Arbeiter lebt in den sogenannten Barriadas oder Pueblos Jóvenes (jungen Städten), wie sie von den Militärs beschönigend genannt wurden. Nachdem die innerstädtischen, verslumten Wohngebiete, in denen Ende der sechziger Jahre 30 Prozent der Bevölkerung Limas lebte, wegen drastischer Übervölkerung aus den Nähten zu platzen drohten (Spessart 1980: 82), der Strom der Zuwanderer aber weiterging, boten sich als Ausweg die Pueblos Jóvenes bzw. Barriadas an. Gruppen aus der städtischen Unterschicht schlossen sich zusammen und besetzten an den Stadträndern illegal Land. Sowohl Lima als auch die anderen Küstenstädte boten dafür relativ günstige Bedingungen, da diese Städte in der Ebene inmitten einer Staubwüste liegen. An den Besetzungen beteiligten sich bisweilen mehrere tausend Personen. Ob eine neue Siedlung Bestand hatte, hing von diversen Faktoren wie der politischen Konjunktur, der Bedeutung des Geländes für andere Interessengruppen und vor allem der Fähigkeit der Besetzer ab, dieses Gelände (oft in blutigen Kämpfen) zu verteidigen, Solidarität zu schaffen und die Öffentlichkeit zu mobilisieren (vgl. Spessart 1980: 85). In Lima-Callao wohnten 1972 27 Prozent aller Einwohner in Pueblos Jóvenes, in Arequipa waren es 30 Prozent, in Trujillo 64 Prozent und in Chimbote gar 90 Prozent (ONEC: Los Pueblos Jóvenes en el Peru). Die Bewohnerzahl der Barriadas stieg weiter, so daß 1980 schon ca. 40 Prozent aller Bewohner Limas in solchen Vierteln wohnten.

In den Pueblos Jóvenes lebten nicht nur Arbeiter und auch nicht alle Arbeiter lebten dort. Viele blieben weiterhin in der Tugurios, den verslumten Wohnbezirken, oder wohnten in urbanizaciones populares, staatlich geplanten Stadtvierteln, die als Versuch einer kontrollierten Ausweiterung der Stadt entstanden waren. In Tugurios und urbanizaciones populares konzentrierten sich ca. 25 - 30 Prozent der städtischen Volkssektoren (sectores populares urbanos). Dieser Begriff umfaßt nach Möller (1977) "als Kern die Arbeiterklasse und außerdem die Masse der Kleinproduzenten, Kleinhändler und Dienstleistenden. Er umfaßt all diejenigen, die weder über Kapital noch über eine gehobene Ausbildung verfügen und die daher nur geringe Möglichkeiten haben, ihre Lebensbedingungen zu verbessern" (Möller 1977: 171). Für die Arbeiter des hochkapitalisierten und unterkapitalisierten Sektors (Henry 1978: 58) waren jedoch die Pueblos Jóvenes bevorzugtes Wohngebiet geworden, die gegenüber anderen Wohnmöglichkeiten den Vorteil boten, daß mehr Platz vorhanden war und die Wuchermieten wegfielen. Andererseits war die Entfernung zum Stadtzentrum groß und die Infrastruktur kümmerlich. Durchschnittlich waren 50 Prozent der Bewohner der Pueblos Jóvenes Arbeiter verschiedenster Branchen, die nächstgrößere Gruppe bildeten die "Selbständigen" oder unabhängigen Arbeiter (Handwerker, Händler, ambulante Verkäufer) (Spessart 1980: 200). Angestellte spielten anteilmäßig eine geringere Rolle. Sie konzentrierten sich zu einem höheren Anteil in den "besseren" Wohnvierteln. Erstaunlicherweise wohnten auch vereinzelt Unternehmer, Techniker und Verwalter in den Pueblos Jóvenes (Spessart 1980: 205). Entsprechend dem Standort eines Pueblo Jóven variiert die soziale Zusammensetzung seiner Bewohner: Waren Fabriken in der Nähe, lag der Anteil der Industriearbeiter höher, gab es einen Großmarkt in der Umgegend, stieg der Anteil der Selbständigen. Typisch für die Pueblos Jóvenes ist, daß sich hier verschiedene Klassen, Schichten und Sektoren vermischen und daß sie den bevorzugten Wohnraum der städtischen Volkssektoren darstellen.

Die Interessen der Arbeiterklasse mischen sich in den Pueblos Jóvenes und auch in den anderen Wohnformen mit denen anderer verarmter Sektoren, Die Vielfalt der Interessen, die in der Produktion keine Gemeinsamkeit haben, finden in der Reproduktionssphäre zum Teil einen identischen Ausdruck (Henry 1978: 57). Bezeichnend ist, daß in den Pueblos Jóvenes mit hohem Arbeiteranteil auch die "Selbstbeschäftigten" stärker vertreten sind, obwohl sie zahlenmäßig weniger bedeutend als die Arbeiter bleiben. Zwischen beiden Gruppen besteht eine enge Beziehung, da das wirtschaftliche Überleben der "Selbstbeschäftigten" zum Teil an die Kaufkraft der Arbeiter gekoppelt ist.

Die Art der Gründung und Behauptung der Pueblos Jóvenes, der Kampf um Trinkwasser, Elektrizität, Kanalisation, medizinische Versorgung etc., das heißt die gemeinsamen Forderungen an den Staat verlangten von den Bewohnern eine starke Solidarität. Gemeinsame Interessen im Stadtteilkampf können zeitweise die sozialen Gegensätze überbrücken und die Bewohner zu gemeinsamer Aktion befähigen. Stefanie Spessart (1980: 221) unterscheidet hierbei verschiedene Phasen; Der organisatorische und kollektive Zusammenhalt ist in der Anfangsphase eines Pueblo Jóven am stärksten ausgeprägt, in der Konsolidierungsphase wird er schwächer, in der Ausbauphase zerfällt er. Diese Phasen sind mit Illegalität, vorläufiger Anerkennung, endgültiger Anerkennung und Übereignung verknüpft. Äußerer Druck schafft inneren Zusammenhalt. Fällt der Druck weg, treten wieder stärker individuelle ökonomische und soziale Interessen in den Vordergrund.

Während der ersten Jahre des Militärregimes mischten sich die hier skizzierten Tendenzen mit den verschiedenen staatlichen Programmen und Aktivitäten in den Pueblos Jóvenes, die von SINAMOS getragen wurden. Das Scheitern des militärischen Reformprojektes, verbunden mit der Verschärfung der Wirtschaftskrise, in deren Folge illegale Landbesetzungen seit 1976 zunahmen, begünstigte den Prozeß der Selbständigkeit der

Stadtteilorganisationen gegenüber dem Staat. Vereinzelt war es schon vor 1976 zu spontanen Solidarisierungen zwischen Gewerkschaftskämpfen und Aktionen der Bewohner der Pueblos Jóvenes gekommen.[13] Die einst von SINAMOS gegründeten und beeinflußten lokalen und regionalen Zusammenschlüsse suchten Kontakte zu anderen Volksorganisationen. Parteien der radikalen Linken entdeckten die Pueblos Jóvenes, Gewerkschaften sahen in ihnen eine mögliche Unterstützung ihrer Kämpfe. Und tatsächlich spielten die Stadtteilorganisationen 1977/78 bei Gewerkschaftskonflikten eine bedeutende Rolle.

Die Mehrheit der Gewerkschaftsmitglieder im urbanen Bereich lebte bevorzugt in Pueblos Jóvenes oder in Tugurios. Dies trug zu einer Sensibilisierung der Gewerkschaftsmitglieder gegenüber den Problemen von Arbeitslosen, Kleinhändlern, Verkäuferinnen, Handwerkern etc. bei, die oft zu den gleichen Großfamilien wie die Gewerkschafter gehörten. Die für den Pueblo Jóven typische Wohnkultur - Häuser aus leichtem Baumaterial, gemeinsame Wasserstellen etc. - begünstigte die Kommunikation, die sich auch im Wissen um die berufliche und familiäre Situation des Nachbarn ausdrückte. Eine Ausgrenzung der ihrem Einkommen nach relativ privilegierten Gewerkschafter wurde hierdurch blockiert. Stattdessen schaffte die Wohnsituation eine der Voraussetzungen dafür, daß in bestimmten Situationen Forderungen der Gewerkschaften und der Pueblo Jóven-Organisationen sich miteinander verknüpften.

5. Enklavenwirtschaft und "semi-urbane" Arbeiter

Die Enklavenwirtschaft in Peru hat seit ihrer Etablierung zu Beginn dieses Jahrhunderts eine Reihe bemerkenswerter Veränderungen und Anpassungsprozesse durchlaufen. Produktionsmethoden, Technologie und Arbeitsbeziehungen haben sich den veränderten Strukturen des Weltmarktes angepaßt. Die Rohstoffe wurden in zunehmendem Maße im Lande selbst verarbeitet, so daß Ende der sechziger Jahre 25 Prozent der Industrie mit der Verarbeitung von Zucker, Mineralien und Fisch verknüpft war. Durch Nationalisierungen hat der Staat teilweise die Kontrolle über Produktion und Inlandsvermarktung gewinnen können. Doch die Abhängigkeit vom Weltmarkt blieb bestehen. Weiterhin war man auf technologisches Know how aus dem Ausland angewiesen. Die Verflechtung der Enklaven mit der nationalen Ökonomie hatte sich zwar verstärkt, blieb jedoch weiterhin begrenzt (Fürst 1981: 140). Der Beschäftigungseffekt der Enklavenwirtschaft war weiterhin äußerst gering; Rationalisierung und Modernisierung reduzierten in einigen Bereichen die Zahl der Beschäftigten.

Infolge der Bedeutung der Exportsektors als Devisenbringer ist die Verhandlungsmacht der hier Beschäftigten relativ stark, was sich auch in den verhältnismäßig hohen Löhnen (mit Ausnahmen) ausdrückt. Jedoch ist diese Verhandlungsmacht weitgehend von den Schwankungen des Weltmarktes und der möglichen Erschöpfung der Ressourcen abhängig.

Im folgenden sollen die wichtigsten Enklavenökonomien (Bergbau, Erdöl, Zucker und Fischfang) vorgestellt werden, anschließend die spezifischen Lebens- und Wohnsituationen der Enklavenarbeiter oder - wie Quijano (1970: 56) sie nennt - der "semi-urbanen" Arbeiter.

Agroindustrielle Küstenplantagen

Die Küstenplantagen an der Nordküste Perus, in den Departements la Libertad, Lambayeque und Piura gelegen, bilden zusammen mit einigen landwirtschaftlichen Großbetrieben im andinen Hochland den hochkapitalisierten Teil der Landwirtschaft. Der Agrarökomon Caballero schätzt, daß 1974 nur ca. 10 Prozent der ländlichen Arbeitskraft, etwas 150.000 Personen, im modernen Unternehmenssektor (sector comercial moderno) (Caballero 1976) beschäftigt waren. Die comunidades campesinas, die ländlichen Saisonarbeiter und die Masse der Kleinbauern bildeten demgegenüber den Kern des unterkapitalisierten Sektors der Landwirschaft.[14] Nicht nur für sie, sondern auch für einen Großteil der Arbeitskräfte des hochkapitalisierten Sektors der Landwirtschaft sind die Voraussetzungen für eine gewerkschaftliche Organisation äußerst ungünstig. Zwar sind in der arbeitsintensiven Baumwollproduktion ca. 80.000 Arbeiter und beim Reisanbau 50.000 Arbeitskräfte beschäftigt, doch handelt es sich um Saisonarbeiter, die außerhalb der Erntezeit anderen Beschäftigungen nachgehen. Baumwollpflücker und Reisarbeiter waren "gemischten" Agrarorganisationen wie zum Beispiel der apristischen FENCAP oder der CCP angeschlossen. Verschärft wurde die Situation durch das Decreto Ley 19400 vom 12. Mai 1972, mit dem das Militärregime versuchte, die eigenständige Organisierung der Landarbeiter auszuschalten und stattdessen Verbände schuf, in denen die unterschiedlichen Kategorien der im Agrarsektor Beschäftigten zusammengefaßt wurden. Allein diese Verbände, die Ligas Agrarias, wurden dann vom Staat als Verhandlungspartner anerkannt.

Eine wichtige Ausnahme bildeten die Zuckerarbeiter. Sie konnten auf eine lange und oft kämpferische gewerkschaftliche Vergangenheit zurückblicken. Ihre Organisation, die Federación de Trabajadores Azucareros (FTA), war bereits 1945 gegründet und dann 1956 reorganisiert worden. Durch die technologischen Veränderungen der fünfziger Jahre, vor allem die Mechanisierung der Ernte, wurde zwar die Zahl der Beschäftigten reduziert, doch hatten die verbliebenen Arbeiter feste Arbeitsplätze und eine höhere Qualifikation. Eng mit der apristischen Partei verbunden, konnte sich die ca. 20.000 Mitglieder starke Föderation der Zuckerarbeiter eine Reihe tariflicher Privilegien sichern. Bei der Agrarreform von 1969 setzten die Zuckerarbeiter in verschiedenen Konflikten mit der staatlichen Verwaltung durch, daß ihre Gewerkschaftsorganisationen bestehen bleiben. 1972 mußten die Militärs zum wiederholten Male deren Forderungen nachgeben.

Bergbau

Die Bedeutung des Bergbaus in Peru beruht vor allem auf seiner Rolle als wichtigster Devisenbringer. 1965 bis 1975 wurden durchschnittlich 50 Prozent aller Devisen vom Bergbau erwirtscshaftet, wobei der Kupferabbau an erster Stelle stand. Bis 1973 hatte sich jedoch der Beitrag des Bergbaus auf Steuern, Löhne und Gehälter sowie transportbezogene Investitionen begrenzt. Gewinne flossen vor allem in die USA ab. Verflechtungen mit Branchen der nationalen Wirtschaft waren äußerst gering. Gegen Ende der sechziger Jahre kontrollierte das Auslandskapital noch 86 Prozent der Produktion. Einige Jahre später hatte sich der Staat auf Kosten des Auslandskapitals einen Anteil von 44 Prozent gesichert, das nationale Kapital war von 16 auf 19 Prozent geklettert und das Auslandskapital auf 37 Prozent zurückgefallen (Cacieses 1978: 64). Insgesamt waren im Bergbau Ende der sechziger Jahre nur 1,9 Prozent der Erwerbstätigen beschäftigt, zusammen mit nachgelagerten Aktivitäten waren es 3,2 Prozent (Saint Pol 1973: 75).

Innerhalb des Bergbausektors existiert eine klare Abgrenzung zwischen Großbergbau sowie mittlerem und kleinem Bergbau. Die drei großen US-

Konzerne, von denen zwei 1973 bzw. 1975 verstaatlicht wurden, banden ca. 30 Prozent der Arbeitskräfte (22.000) und tätigten 75 Prozent (1968) bzw. 68 Prozent (1974) der Exporte. Die 52 mittleren Bergwerke banden ca. 40 bis 50 Prozent der Arbeitskräfte des Minen-Sektors (30.000 - 40.000), während die 150 Unternehmen des kleinen Bergbaus 20 - 30 Prozent der Arbeitskräfte absorbierten. Die Produktivität lag im Großbergbau sechsmal höher als im mittleren und 24 mal höher als im kleinen Bergbau (vgl. Alerta 1977: 9; Ministerio de Energia y Minas 1973). Aber auch innerhalb des Großbergbaus sind die Produktivitätsunterschiede beträchtlich. Die großen Bergbauzentren sind mit Verarbeitungs- und Infrastruktur-Einrichtungen verbunden: So die Cerro de Pasco Corporation mit dem Schmelzwerk in La Oroya, der betriebseigenen Eisenbahn und einigen Industriebetrieben, Toquepala mit der Kupferraffinerie von Ilo.

Die unterschiedliche Produktivität und Bedeutung der Bergbauzentren spiegeln sich im Lohnniveau, den Arbeitsbedingungen und der Lebenssituation der Bergarbeiter wieder. Im hochproduktiven Toquepala verdiente 1972 ein Bergarbeiter durchschnittlich monatlich 17.600 Soles, im kleinen und mittleren Bergbau 9,200 Soles. Der durchschnittliche Lohn für den gesamten Bergbau lag bei 12.500 Soles (Alerta 1977: 26; Zahlen aus Ministerio de Energia y Minas).

Auch bezüglich der Sicherheit am Arbeitsplatz, medizinischer Versorgung, Schulmöglichkeiten für die Kinder, Sozialversicherung, Kündigungsschutz etc. existierten extreme Unterschiede. Im Großbergbau des Südens herrschten die besten Bedingungen. Besonders brutal waren dagegen die Ausbeutungsbedingungen in den kleinen, nahezu von der Außenwelt abgeschnittenen Bergwerken der Anden. Hier war der Patron, der Unternehmer, der uneingeschränkte Herrscher. Oft wurden monatelang keine Löhne ausbezahlt. Medizinische Versorgung gab es so gut wie nicht.[15] Hier ereignete sich auch ein großer Teil der zahlreichen Arbeitsunfälle, 3.400 allein im Jahre 1969 (Brundenius o.D.: 15).

Trotz der gravierenden Unterschiede zwischen großem. mittlerem und kleinem Bergbau wies die Bergarbeiterschaft einige gemeinsame Merkmale auf: Die Arbeit war gefährlich, Berufskrankheiten wie Staublunge und Tuberkulose weitverbreitet, das Durchschnittsalter lag sehr niedrig.

Gegen diese harten Lebens- und Ausbeutungsbedingungen kämpften die Bergarbeiter in ihren Gewerkschaften. Der gewerkschaftliche Organisationsgrad der Bergleute lag hoch; nahezu alle hatten sich in Gewerkschaften zusammengeschlossen. Ende der siebziger Jahre hatten 80 Prozent der Betriebsgewerkschaften der Federación Nacional de Trabajadores Mineros y Metalúrgicos der Peru (FNTMMP) angehört. Die zunehmende Beschäftigung von Gelegenheitsarbeitern (1977 ca. 10.000) war als Versuch von Staat und Unternehmern, diese Gewerkschaftsbewegung zu schwächen, zu werten.

Erdölförderung

Die Erdölförderung, die einst einen großen Teil des Exportdevisen brachte, reichte zu Beginn der Militärherrschaft kaum noch aus, den nationalen Bedarf zu decken. Bis Ende 1968 war die Erdölproduktion zu 80 Prozent in den Händen des US-amerikanischen Konzerns International Petroleum Company (IPC) konzentriert, dessen rüdes Geschäftsgebaren mit verantwortlich für den Sturz der Regierung Belaúnde gewesen war. Auf den Erdölfeldern im Norden des Landes, unweit der Stadt Talara, waren ca. 5.000 Arbeiter und Angestellte beschäftigt. Diese hatten sich aufgrund der einst strategischen Bedeutung des Erdöls ein relativ hohes Lohnniveau sichern können, das auch noch nach dem Abstieg als Exportprodukt erhalten blieb. Entscheidend dafür war die traditionell hohe gewerkschaftliche Organisierung der Erdölarbeiter, deren nationaler Verband sich jedoch zu Beginn der siebziger Jahre gespalten hatte. Mit der Politik des Militärregimes gewann der Erdölsektor erneut an Bedeutung. Beim Bau der Amazonas-Pipeline zur Küste wurden große Arbeiterkontingente eingesetzt, ebenso zur Erforschung neuer Lagerstätten um Urwald. Diese meist nur kurzfristig angeheuerten Arbeiter waren oft großen Strapazen und einem hohen Krankheits- und Unfallrisiko ausgesetzt.[16]

Anchovisfischfang

Eine wachsende internationale Nachfrage für Fischmehl als Viehfutter war der Auslöser für den Boom des Anchovisfischfangs und einer fischverarbeitenden Industrie in Peru. Der 1957 einsetzende "Fischboom" bildete die wichtigste Innovation des lateinamerikanischen Exportsektors der Nachkriegszeit (Furtado 1976: 256). Peru avancierte zum bedeutendsten Fischmehlproduzenten der Welt und stellte zeitweise 54 Prozent der Weltexportproduktion. Fischmehl brachte bis zu einem Drittel der Devisen und befand sich in der zweiten Hälfte der sechziger Jahre unter den zehn wichtigsten Exportprodukten der lateinamerikanischen Region. Stärker als andere Exportprodukte gab die Fischmehlproduktion Impulse für andere Wirtschaftssektoren, vor allem den Schiffsbau (Fitzgerald 1981: 109). In seinen besten Zeiten umfaßte der Fischereikomplex 170 Fabriken und ca. 1.750 Fangboote (Cabieses 1978: 35). In und auf ihnen waren rund 10.000 Arbeiter und 20.000 Ancovisfischer beschäftigt, nicht mitgerechnet die Träger, Stauer und andere Gelegenheitsarbeiter.

Der Fischboom brachte für 20 Hafenstädte und Fischerdörfer entlang der peruanischen Küste grundlegende Veränderungen, vor allem für Chimbote, Pisco, Tambo de Mora, Callao, Supe und Ilo. Angezogen von der Möglichkeit, eine gutbezahlte Arbeit zu bekommen, die keine Qualifikationen voraussetzte, strömten Kleinbauern und Landarbeiter aus der Sierra sowie Handwerker und Kleinhändler aus umliegenden Städten in diese Küstenorte. Chimbote wuchs von 4.000 Einwohnern in den vierziger Jahren auf naherzu 200.000 in den sechziger Jahren an.

Zwischen 1963 und 1965 geriet der Fischfang in eine erste Krise, ausgelöst durch die schrankenlose Überfischung der Gewässer. Durch Fangverbote von erst einem, dann vier Monaten sowie Quoten und Höchstgrenzen für die Unternehmen, konnte die Krise vorläufig beigelegt werden. Sie hatte allerdings zu einem Konzentrationsprozeß geführt, von dem das nationale Großkapital und das Auslandskapital, das seinen Anteil auf 25 Prozent hochschraubte, profitierten (Fitzgerald 1981: 78).

Die Industriefischer hatten ihre spezifischen Verhaltensformen, geprägt von ihrer unterschiedlichen sozialen und beruflichen Herkunft, den Arbeitsbedingungen auf den meist kleinen Fangbooten, überdurchschnittlich hoher Entlohnung verknüpft mit monatelangen Zwangspausen, dem Fehlen jeder gewerkschaftlichen Tradition sowie der Isolierung von anderen Berufszweigen (Interview Luis Arce/FPP 1977). Diese wurde verschäft durch gesetzliche Bestimmungen, nach denen die Fischer als "selbständige" Arbeiter eingestuft und nach Fangvolumen entlohnt wurden. Sie besaßen zudem eine eigene Sozialversicherung, und für sie galt ein spezieller Abfindungsmodus (Sulmont 1974: 39). Ihr individuellen Interesse war es in erster Linie, in möglichst kurzer Zeit Geld zu verdienen. Die gewerkschaftliche Organisierung in den Fischfabriken, wo nur mit wenig festangestelltem Personal und vielen Gelegenheitsarbeitern produziert wurde, blieb relativ schwach. Dagegen gelang es den Industriefischern, deren Gewerkschaften nach Häfen organisiert waren, mit der Federación de Pescadores einen Gewerkschaftsverband aufzubauen, der zumindest während der Boomzeiten über eine bedeutende Verhandlungsmacht verfügte.

Veränderungen der Meeresströmungen (El Nino) sowie eine erneute Überfischung zu Beginn der siebziger Jahre läuteten dann den Abstieg dieses Exportproduktes ein. Als 1973, auf dem Höhepunkt der Krise, der Fischfangsektor verstaatlicht wurde, existierten nur noch 108 Fabriken und 1.300 Fangboote; in den folgenden Jahren ging deren Zahl weiter zurück: Die Zahl der Fischer sank auf 10.000 (1975/76) und dann auf 5.000 (1977). Allerdings besserten sich für die verbleibenden Fischer die Arbeitsbedingungen. Sie waren nun in dem Staatsunternehmen PESCAPERU festangestellt und bezogen ein garantiertes Mindesteinkommen.

Innerhalb von 20 Jahren hatte die Industriefischerei eine eher handwerklich organisierte Phase, eine konkurrenzkapitalistische, eine Zeit oligopolistischer Prägung mit ausländischer Beteiligung und eine staatskapitalistische Phase durchlaufen (Fitzgerald 1981: 109). Nur selten hatte in Lateinamerika ein Exportgut in so kurzer Zeit einen so spektakulären Aufstieg erfahren, um dann weitgehend in der Versenkung zu verschwinden.

Lebens- und Wohnsituation der Enklavenarbeiter

Bestimmend für die Situation der Enklavenarbeiter ist ihre Isolierung von anderen Arbeitern und Sektoren der Gesellschaft infolge der geogra-

phischen Abgelegenheit der meisten Abbau- und Produktionsstätten. Der Ausbau der Verkehrsverbindungen und die Entwicklung der Kommunikationstechniken haben diese Isolierung jedoch relativiert. Weniger isoliert lebten die Arbeiter der Küstenplantagen, wo Beziehungen zu den nahegelegenen Städten bestanden und wo vor allem die Zuckerarbeiter über die APRA in die nationale Politik integriert wurden. Bei den Industriefischern war die Situation unterschiedlich: Hatten sie ihren Standort in Callao oder Chimbote, so gab es Kontakte nach außen. In Falle der Industriefischer in den kleinen Küstenorten war dies kaum möglich.
Ein gutes Beispiel für eine isolierte Enklavenwirtschaft bildet in Peru der Bergbau. Besonders ausgeprägt war die Trennung von der städtischen Welt bei den Bergarbeitern der Zentralanden, die bei der Cerro de Pasco Corporation und den kleinen und mittleren Minen angestellt waren. Beim Großbergbau des Südens wurde diese Isolierung durch die Nähe zu Arequipa gemildert, wo im gewerkschaftlichen Bereich enge Beziehungen bestanden.

Ähnlich charakteristisch für die überwiegende Zahl der Bergarbeiter, Erdölarbeiter, Plantagenarbeiter und Industriefischer ist ihre Wohnsituation: In der Regel leben sie in Wohnsiedlungen, Camps und Baracken, die oft vom Unternehmen gestellt werden. Meist liegen diese in kurzer Entfernung vom Arbeitsplatz. In manchem gleichen sie den Arbeitervierteln der Industrialisierungsepoche in Europa. Die Qualität der Wohnungen ist äußerst unterschiedlich. Während sie für die Arbeiter der Zuckerbetriebe, des Großbergbaus im Süden, des Erdölsektors an der Nordküste und zum Teile des Fischfangsektors erträglich ist, waren die Wohnverhältnisse der Arbeiter der Cerro de Pasco Corporation großenteils schlecht und im Falle des mittleren und kleineren Bergbaus oft katastrophal.

Das Abgeschnittensein von der übrigen Gesellschaft prägte das Gruppenverhalten der Arbeiter der jeweiligen Exportenklave. Gemeinsame Arbeit, Zusammenleben auf engem Raum, Wissen um die familiäre und private Situation der Kollegen, die oft gemeinsam verbrachte Freizeit förderten Solidarität und Indentifikation, aber oft auch Abschottung nach außen. Die gewerkschaftliche Entwicklung, die Arbeitskämpfe und Aktionsformen waren von diesen Faktoren geprägt. Streiks blieben nicht auf den Arbeitsplatz begrenzt, sondern erfaßten auch den Wohnbereich, und integrierte die Familien. Oft schlossen sich auch die mit der Enklave verbundenen Sektoren (Händler, Lehrer etc.) einem Arbeitskampf an: Der Streik wurde dann zum lokalen Generalstreik.

KAPITEL VI

GEWERKSCHAFTLICHE DACHVERBÄNDE UND UNABHÄNGIGE FÖDERATIONEN: IDEOLOGIE, POLITIK, AKTION

1. Einleitung

Die Ziele der Gewerkschaftspolitik reichen generell von konkreten Verbesserungen der Lebens- und Arbeitsbedingungen bis hin zu Veränderungen der Wirtschafts- und Sozialstruktur und des politischen Systems.

Form und Inhalt der gewerkschaftlichen Aktion sind dabei eng mit der jeweiligen Organisationsstruktur und dem entsprechenden Tarifsystem verknüpft. So definiert das Tarifsystem, ob Betriebs-, Industrie- oder Berufsgewerkschaften Träger von Tarifpolitik sein können. Im allgemeinen sind jedoch die gewerkschaftlichen Vertretungsorgane im Betrieb stärker auf die Lösung konkreter Probleme, auf die "Tagespolitik" festgelegt, wohingegen gewerkschaftliche Zusammenschlüsse auf nationaler Ebene einen wichtigen Teil ihre Kraft auf die Beeinflussung der staatlichen Wirtschafts- und Sozialpolitik konzentrieren.

In Peru liegt die Tarifpolitik großenteils in Händen der Betriebsgewerkschaften, wodurch sie zum direkten Ansprechpartner von Unternehmern und Arbeitsministerium werden. Hier, im Bereich der Betriebsgewerkschaft und der tariflichen Praxis überlagerten in der Regel gemeinsame Interessen an konkreten Verbesserungen die politischen Tendenzen in der Arbeiterschaft. Jedoch gewannen mit dem Grad gewerkschaftlicher Zentralisierung parteipolitische Fragen und Positionen an Bedeutung. Von daher manifestierte sich auch die parteipolitische Präsenz am stärksten in den Führungsspitzen nationaler Gewerkschaftsorganisationen. Dies galt sowohl für die Zeit bis 1968, als nur ein nationaler Dachverband bestand, als auch für die Jahre danach, als sich mehrere Richtungsgewerkschaften bildeten.

Die Auflösung der Einheitsgewerkschaft zugunsten mehrerer miteinander konkurrierender Dachverbände hatte ihre Ursache in mehreren, eng miteinander verknüpften Faktoren:

- Bis Mitte der fünfziger Jahre war die Arbeiterklasse verhältnismäßig klein und konnte durch die Vermittlungsrolle der APRA eine Reihe von Privilegien erkämpfen. Die im Zuge des Industrialisierungsprozesse expandierende und sich differenzierende Arbeiterklasse entzog sich der apristischen Integration.

- Die radikale Abkehr der APRA von ihrer reformerischen Tradition öffnete Raum für reformorientierte Parteien, die insbesondere in den neuentstandenen Sektoren der Arbeiterklasse ihren Ansprechpartner fanden.

- Veränderte politische Bedingungen (Regierung Belaúnde 1963-1968; Militärregime seit 1968) führten dazu, daß die APRA ihre vor allem seit Mitte der sechziger Jahre privilegierte Rolle eines Mittlers zwischen Staatsgewalt und Gewerkschaftsbewegung verlor.

- Die Militärregierung begünstigte direkt und indirekt die Schaffung von parallelen Dachverbänden (was von der Gesetzgebung erleichtert wurde).

Daß für einige von diesen, im Rahmen des "revolutionären Prozesses" entstandenen Organisationen de facto kein Aktionsraum existierte, zeigte sich bereits wenig später.

Die Aufsplitterung in vier gewerkschaftliche Dachverbände (von denen drei zwischen 1968 und 1972 entstanden) mit unterschiedlichen ideologischen Positionen sowie eine Reihe unabhängiger Föderationen zur Zeit des Militärregimes war Ausdruck von Klärungsprozessen, die innerhalb einer sich differenzierenden Arbeiterbewegung abliefen. Reformen und Arbeitspolitik des Militärregimes beschleunigten diesen Prozeß und erweiterten den Spielraum der Gewerkschaften.

Die einzelnen Dachverbände unterschieden sich nit nur bezüglich ihrer ideologischen Ausrichtung, sondern zu Anfang der siebziger Jahre auch hinsichtliche der Sektoren, die in ihnen organisiert waren. Die CGTP umfaßte vor allem das moderne Industrieproletariat und die Bauarbeiter, die CTP das traditionelle Industrieproletariat (Textilarbeiter, Drucker) und Privatangestellte, während CTRP und CNT ihre stärkste Verankerung in den weniger bedeutenden Bereichen wie dem Dienstleistungssektor, dem Kleinhandel und der Kleinindustrie besaßen. Wirtschaftliche Verankerung und Einflußsphäre der jeweiligen Dachverbände reflektierte sich natürlich auch in den Führungen. Seit Mitte der siebziger Jahre begann sich diese Aufteilung allmählich zu verändern, und im Innern der Verbände fanden Umgruppierungen statt.

Im folgenden Teil werden die gewerkschaftlichen Dachverbände und einige bedeutende unabhängige Föderationen und Zusammenschlüsse dargestellt werden. Im Zentrum der Einzelanalysen stehen die Entwicklungen bis Mitte 1976, die Politik gegenüber dem Militärregime und seinen Reformen[1] sowie die innergewerkschaftlichen Probleme. Dies beinhaltet natürlich auch die Frage nach der Politikfähigkeit der einzelnen Organisationen.

Zur gewerkschaftlichen Politikfähigkeit können folgende Faktoren beitragen: Mitgliederstärke, Verankerung in ökonomischen Schlüsselsektoren, die Fähigkeit, andere gesellschaftliche Gruppen für die eigenen Ziele zu mobilisieren, gute Organisation und hohes gewerkschaftliches Bewußtsein, verbunden mit Kampfbereitschaft. Allein für sich stehend sind diese Faktoren bedeutungslos, erst durch die Kombination entsteht Politikfähigkeit.

Nahezu alle diese Faktoren trafen auf die CGTP zu, deshalb soll dieser Dachverband hier besonders intensiv untersucht werden. In der CGTP selbst wurden innerhalb der angeschlossenen Föderationen heftige Konflikte um die politische Kontrolle des Verbandes ausgetragen. Exemplarisch für diese Konflikte soll hier die Entwicklung der Metallarbeiterföderation FETIMP analysiert werden, die zu den bedeutendsten Branchengewerkschaften Perus zählt.

Die CTP wird entsprechend ihrem Bedeutungsverlust und ihrer dadurch geminderten Politikfähigkeit weniger ausführlich behandelt. Auch bei der CTP wird eine der Föderationen, die der Textilarbeiter, aufgrund ihrer historischen Bedeutung und des hohen Grades an Auseinandersetzungen zwischen der "alten Garde" der APRA und oppositionellen Strömungen eingehend untersucht.

Die christdemokratisch orientierte CNT konnte nie eine wichtige Rolle in der Gewerkschaftsbewegung spielen. Sie wird deshalb kurz abgehandelt. Einen besonderen Fall bildete die CTRP: Obwohl ein Kunstprodukt des

Militärregimes, hatte sie doch die Gewerkschaftsbewegung verunsichert und heftige Reaktionen in den Gewerkschaften und in der Öffentlichkeit provoziert. Im Zusammenhang mit Entstehung, Entwicklung und Zerfall der CTRP traten Interessen und Einflüsse zutage, die im Kontext der Politik der Militärs gegenüber gewerkschaftlichen Organisationen insgesamt von Bedeutung waren. Das heißt, wenn die CTRP aus eigener Kraft nicht in der Lage war, eine wichtige gewerkschaftliche Rolle zu spielen, so hat sie durch ihre enge Verbindung zu einem Teil des Militärapparates ihre Politikfähigkeit in einem bestimmten Zeitraum erhöhen können.

Neben den Dachverbänden hatten sich einige unabhängige Föderationen - nationale Gewerkschaftsorganisationen, die keinem Dachverband angeschlossen sind - etabliert, die einen erheblichen Teil der gewerkschaftlich organisierten Mitglieder (30 - 40 Prozent) umfaßten. Insbesondere drei dieser Föderationen kam während der Militärherrschaft eine entscheidende Bedeutung zu: den beiden Bergarbeiterföderationen, die seit 1975 in der FNTMMP vereinigt sind, und der Lehrergewerkschaft SUTEP.

Die Bergarbeitergewerkschaften verfügten traditionell, aufgrund ihrer Verankerung in dem Teil des Exportsektors, der 1968 50 Prozent der Devisen brachte, ihres hohen gewerkschaftlichen Organisationsgrades und ihrer Militanz, über große Verhandlungsmacht. Dem SUTEP waren 80.000 - 100.000 Lehrer angeschlossen; im Gegensatz zu anderen Gewerkschaften verteilten sich die SUTEP-Mitglieder gleichmäßig über das ganze Land. Wegen seiner zahlenmäßigen Stärke und die Radikalität seiner Mitglieder war der SUTEP eine der politisch wichtigsten Gewerkschaften. Sowohl Bergarbeiterorganisationen als auch SUTEP traten relativ früh in offenen Konflikt zu dem Militärregime.

Zu den größeren unabhängigen Föderationen zählte die Organisation der

Beschäftigten der Elektrizitätswerke, die Federación de Trabajadores de Luz y Fuerza del Peru. Ihr waren 38 Gewerkschaften mit 8.000 bis 10.000 Mitgliedern angeschlossen. Andere unabhängige Föderationen gingen aus der CTRP hervor, so die Federación de Choferes del Peru (Kleinunternehmer und Beschäftigten des Transportgewerbes) und die Federación de Trabajadores Pesqueros (Beschäftigte der fischverarbeitenden Industrie). Die Federación Gráfica (Druckereibeschäftigte) hatte die CTP verlassen und sich einige Jahre später der CGTP angeschlossen. Die traditionsreiche Organisation der Zuckerarbeiter (Federación des Trabajadores Azucareros) trennte sich nach langen , internen Auseinandersetzungen nach Ende der Militärherrschaft von der apristischen CTP und blieb unabhängig.

Kontakte und Koordination der Dachverbände und unabhängigen Föderationen untereinander waren in den ersten Jahren des Militärregimes spärlich. Völlig isoliert war die CTP, während CGTP, CNT und CTRP ab und zu gemeinsam Demonstrationen zur Unterstützung des Militärregimes durchführten. Erst ab Mitte der siebziger Jahre fanden Versuche statt, die Aktivitäten stärker zu koordinieren. Bedeutendster Ansatz bildete dabei der Consejo de Unificación de las Organizaciones Sindicales (CUOS), Anfang 1976 gegründet mit dem Ziel, eine Einheitsgewerkschaft aufzubauen. An dem CUOS beteiligten sich unter anderem die CGTP, CNT Federación de Pescadores (Fischer), die 1976 abgespaltene CTRP-Regionalorganisation von Lima und die Federación Gráfica. Außer bei der Organisierung einiger großer Demonstrationen hatte der CUOS in der Praxis jedoch keine allzugroße Wirkung.

Von Seiten der Föderationen und Gewerkschaften, die in radikaler und militanter Opposition zum Militärregime standen, wurden seit 1973 mehrere Koordinations- und Einigungsversuche unternommen. Den wichtigsten Ansatz bildete dabei der Comité de Coordinación y Unificación Sindical Clasista (CCUSC). Wenn auch der CCUSC durch die der parteipolitischen Querelen der Neuen Linken relativ schnell in der Versenkung verschwand, so war er doch der Auftakt für verschiedene andere Versuche, die Gewerkschaftssektoren, die in Opposition zum Militärregime standen, zu vereinigen. Zudem war der CCUSC Ausdruck einer neuen, wenn auch noch innerlich zerrissenen, gewerkschaftlichen Tendenz, die sowohl die Gewerkschaftspolitik der CGTP als auch die der anderen Dachverbände radikal in Frage stellte.

2. CGTP: Neues Zentrum gewerkschaftlicher Macht

Vom Comité de Defensa y Unificación Sindical zur Neugründung der CGTP

Bis 1968 hatte es in Peru nur einen gewerkschaftlichen Dachverband, die Confederación de Trabajadores del Peru (CTP) gegeben. Jedoch hatten die sich verschärfenden Konflikte in der CTP deutlich gemacht, daß diese Einheit der organisierten Arbeiterbewegung nur noch auf der formalen Ebene existierte. Zwar war es der apristischen CTP-Führung gelungen, die Kontrolle über die nationalen Führungsgremien aufrechtzuerhalten, doch konnte dadurch der Bruch nur aufgeschoben werden. Der erste Schritt zu diesem Bruch war der Beschluß des Zentralkomitees der KP (Unidad) auf ihrer 21. Sitzung (1965), die Kräfte nicht mehr wie bisher auf die "Reorganisierung" der CTP zu konzentrieren, sondern stattdessen einen parallelen Dachverband aufzubauen. Diese Politik wurde später von der

Gruppen der Neuen Linken mitgetragen. Wenn diese parteipolitische Entscheidung auch wichtig für das Vorantreiben eines alternativen Gewerkschaftsprojektes war, so reflektierte sie letztlich nur Entwicklungen, die vorher im gewerkschaftlichen Bereich stattgefunden hatten.

Der erst Schritt zu Formierung eines neuen Dachverbandes war die Bildung des Comité de Defensa y Unificación Sindical (CDUS; Komitee zur gewerkschaftlichen Verteidigung und Einheit) am 28. September 1966, der aus Anlaß eines Arbeitskonfliktes in der Fabrik Confecciones Militares, den die CTP nicht unterstützte, geboren wurde.

Direkt an der Gründung des CDUS waren beteiligt:
- Federación de Trabajadores en Construcción Civil (Bauarbeiter).
- Sindicatos Nacionales de Profesores Primarios y Secundarios (Lehrer der Primar- und Sekundarstufe).
- Federación de Pescadores del Peru (Anchovisfischer).
- Federación de Choferes del Peru (Kleinbusbesitzer und -fahrer).
- Federación de Trabajadores de la Industria Metalurgica (FETIMP, Arbeiter der merallverarbeitenden Industrie).
- Federación de Trabajadores de Cusco (Regionalorganisation von Cusco).

Gemeinsamer Nenner des CDUS war, die Ablehnung der apristischen Gewerkschaftspolitik und die Propagierung des Sindicalismo Clasista.

Der CDUS spielte in einer Reihe von Arbeitskonflikten in Lima und den südlichen Regionen, beim Streik der Anchovisfischer im Oktober 1966 und beim Streik im Bausektor Februar/März 1967 eine aktive Rolle als Solidaritätsinstanz und konnte durch Propagandatätigkeit seinen Einfluß beträchtlich ausweiten. Verstärkten Zulauf erhielt de CDUS infolge der

Krise von 1967. Eine 40prozentige Abwertung, die Verteuerung der Grundnahrungsmittel um 52 Prozent innerhalb von zwei Monaten, die Schließung zahlreicher Fabriken und Kurzarbeit provozierten Proteste, die sich in zahlreichen Streiks und Demonstrationen Luft machten. Innerhalb der CTP wurde die Forderung nach einem Generalstreik laut. Um die Gefahren eines möglichen Militärputsches abzuwehren, einigte sich jedoch die Regierung Belaúnde mit der APRA und den bürgerlichen Parteien darauf, unter allen Unständen einen Generalstreik zu verhindern. Auf Druck der APRA akzeptierte die CTP-Führung eine von der Regierung offerierte zehnprozentige Lohnerhöhung und nahm vom Plan eines Generalstreiks Abstand. Die im CDUS vereinigten Gewerkschaftsorganisationen stellten sich gegen dieses Abkommen und konnten dadurch ihr Ansehen innerhalb der Arbeiterschaft auf Kosten der CTP-Führung steigern. In verschiedenen Gewekschaftsorganisationen wurden proapristische Führungen durch CDUS-nahe Gewerschafter ersetzt.

Zwei Jahre nach seiner Gründung organisierte der CDUS im Juni 1968 in Callao einen "nationalen Kongreß der Arbeitnehmer", an dem 240 Delegierte teilnahmen, die laut Kongreßbericht 19 Gewerkschaftsföderationen und 66 Basisgewerkschaften mit insgesamt 140.000 Arbeitnehmern repräsentierten. (CGTP, IV. Kongreß 1976: 15; Unidad Nr. 191, 21. Juni 1968). Die treibende Kraft waren die Delegierten des Bausektors, der metallverarbeitenden Industrie, des Stahlwerks von Chimbote, des Bankwesens, Fischfangs, Personentransportes sowie der Chemie und Bierindustrie (Sulmont 1977a: 212). Auf der politischen Ebene dominierte die Kommunistische Partei; die zweitstärkste politische Kraft - allerdings deutlich schwächer - bildete die 1965 gegründete Vanguardia Revolucionaria (Pumaruna 1970: 8). Die Kongreßdelegierten beschlossen, den CDUS in die Confederación General de Trabajadores del Peru (CGTP) umzuwandeln. Der

Name des neuen Verbandes sollte demonstrieren, daß zwischen der Neugründung und der 1929 von José Carlos Mariátegui gegründete CGTP eine direkte Beziehung bestand. In den auf dem Kongreß verabschiedeten Statuten wurden das "kapitalistische System" sowie der "US-Imperialismus" für Elend und soziale Ungerechtigkeit in Peru verantwortlich gemacht.

Nach seinem Selbstverständnis war der neugegründete Verband eine auf Klassenbasis (clasista) operierende Einheitsfront der arbeitenden Bevölkerung. Als letztes Ziel dieser Einheitsfront wurde die radikale Umgestaltung der sozioökonomischen Struktur angestrebt.

Im 15 Personen umfassenden Vorstand (Consejo Nacional) der CGTP stellten KP und Symphatisanten zwölf Vertreter. Die verbleibenden drei Mitglieder bekannten sich zu Vanguardia Revolucionaria.[3] In bezug auf die internationale Ausrichtung beschloß der Kongreß die Anbindung der CGTP an den Congreso Permanente de la Unidad Sindical de los Trabajadores de América Latina (CPUSTAL) und an den prokommunistischen Weltgewerkschaftsbund (vgl. Kap. I.1.). Die CGTP wurde offiziell am 19. Januar 1971 anerkannt, knapp ein Jahr, nachdem sie ihre Dokumente beim Arbeitsministerium eingereicht hatte (Resolución Divisional 18 DR).

Wachstum der CGTP

In den ersten Jahren ihres Bestehens durchlief die CGTP ein beeindruckendes Wachstum. Zahlreiche bereits bestehende Föderationen und neugegründete Organisationen schlossen sich ihr an. Darunter ein Großteil der Bergarbeiter, die sich 1970 unter den Auspizien der CGTP reorganisiert hatten, die Bankangestellten, die sich 1971 von der CTP abgespalten hatten, sowie Gewerkschaftsföderationen aus der Getränkeindustrie, dem Brauereisektor, der Leder- und Schuhindustrie, aus Laboratorien und Drogerien, Märkten und der Konfektionsindustrie. Bereits bestehende regionale Gewerkschaftsföderationen wurden konsolidiert, neue gegründet (Sulmont 1977a: 211 f). Am II. Nationalkongreß der CGTP vom 1. bis 5. Dezember 1971 nahmen bereits 44 nationale und regionale Föderationen sowie über 150 unabhängige, nicht föderierte Basisgewerkschaften teil (CGTP 1971: 3; DESCO, 1974 Bd. 1: XLVII).

Für das schnelle Wachstum der CGTP lassen sich mehrere, miteinander zusammenhängende Faktoren anführen. In den ersten Jahren der Militärherrschaft (1969/70) gelang es der CGTP, zum wichtigsten Bindeglied zwischen Arbeiterbewegung und Regierung zu werden. Voraussetzung war, daß die CGTP den Reformprozeß unterstützte und die Militärs ihrerseits ein gewerkschaftliches Gegengewicht zu der von ihnen abgelehnten CTP suchten. Dank dieser günstigen Ausgangsposition konnte die CGTP in einer Periode wirtschaftlichen Aufschwungs (1969-1972) eine Reihe von Lohnerhöhungen durchsetzen. Ihre guten Beziehungen zum Regime und die tariflichen Erfolge machten die CGTP für andere Gewerkschaften zu einem attraktiven Dachverband.[4] Sicherlich hatte die anfangs wohlwollende Haltung des Militärregimes gegenüber der neugegründeten CGTP deren Aufstieg und Konsolidierung beschleunigt. Allerdings wurde ihr das staatliche Wohlwollen seit Mitte 1972 entzogen, nachdem den Militärs klargeworden war, daß die CGTP-Führung zwar das Reformprojekt unterstützte, jedoch nicht in der Lage war, die Basis zu tariflicher Zurückhaltung zu bewegen und deren Streikaktivitäten zu reduzieren.

Gleichzeitig mit dem Aufstieg der CGTP setzte sich der Erisionsprozeß in der apristisch kontrollierten CTP fort. Es traten nicht nur verschiedene Föderationen der CTP zur CGTP über, auch zahlreiche Einzelgewerkschaften vollzogen denselben Schritt, so daß einige CTP-Föderationen nur noch auf dem Papier weiterexistierten.

Ein weiterer wichtiger Faktor für die rapide Entwicklung der CGTP war die starke Zunahme der gewerkschaftlichen Organisierung. Allein in den Jahren 1969 bis 1971 wurden rund 700 neue Gewerkschaftsorganisationen anerkannt[5], und zahlreiche neugebildete Gewerkschaften schlossen sich der CGTP an. Gegen Mitte des Jahres 1971 hatte sich die CGTP zum mit Abstand stärksten gewerkschaftlichen Dachverband entwickelt.

Am stärksten war der CGTP-Einfluß in der Industrie. In einigen der wichtigsten Branchenn gab es keine oder nur wenig Konkurrenz.

- In den metallverarbeitenden Industrien bildete die Federación de Trabajadores de la Industria Metalúrgica del Peru (FETIMP), die 1966 reorganisiert worden war, mit ihren 110 Gewerkschaften und 25.000 - 30.000 Mitgliedern (1973), eine der bedeutendsten Gewerkschaftsföderationen des Landes und einen der Stützpfeiler der CGTP.[6]

- In der Chemieindustrie existierten neben den beiden CGTP- Organisationen Federación de Trabajadores en Laboratorios, Droguerias y Afines del Peru (5.000 Mitglieder) und der Federación de Trabajadores de la Industria Plástica y Afines nur noch der kleine, 1970 gegründete, unabhängige Verband der Chemiefaserarbeiter.

- In der Getränkeindustrie gab es neben der CGTP-Organisation Federación de Trabajadores de Bebidas Gaseosas y Similares del Peru nur noch die unabhängige Föderation der Brauereiarbeiter.

- In der Konfektions-, Papier- und Holzindustrie bildeten CGTP-Föderationen die einzigen nationalen Organisationen.

- In der Nahrungsmittelindustrie war die Federación de Trabajadores de la Industria de Alimentos Mitglied der CGTP, während Zuckerarbeiter und Fischereiarbeiter in anderen Dachverbänden organisiert waren.

- In der Leder- und Schuhindustrie stützte sich die CGTP auf die konkurrenzlose Federación de Trabajadores de Cueros y Calzados y Afines. In dieser äußerst aktiven Föderation waren 7.000 bis 8.000 Arbeiter organisiert.

- In der Stahlerzeugung, die vom Staatsbetrieb SIDERPERU monopolisiert wurde, war die 5.000 Mitglieder starke Gewerkschaft von SIDERPERU direkt der CGTP angeschlossen.

- Nur in der Textilbranche und dem Druckgewerbe hatte die CGTP keine eigenen Föderationen.

In anderen Wirtschaftszweigen war der gewerkschaftliche Einfluß der CGTP sehr unterschiedlich: Teilweise dominierten die CGTP-Föderationen, teilweise standen sie unter dem Druck von Parallelorganisationen anderer Dachverbände und teilweise blieb die CGTP einflußlos.

- Im Bauwesen bildete die Federación de Trabajadores en Construccion Civil, in der in überwiegender Mehrheit ca. 100.000 Bauarbeiter organisiert waren, einen der wichtigsten Stützpfeiler des Dachverbandes.

- Im Bergbausektor war die CGTP durch die Federación Nacional de Trabajadores Mineros y Metalúrgicos del Peru (FNTMMP, auch Federación Minera genannt), die 1969 mit Unterstützung der CGTP reorganisiert worden war und vor allem die Gewerkschaften des Südens und der mittleren "Sierra" umfaßte, vertreten. Allerdings schied dieser Verband Anfang 1973 aus der CGTP aus. Bei den Bergarbeitergewerkschaften der Cerro de Pasco Corporation hatte die CGTP nach dem blutigen Streik vom November 1971 (vgl. Kap. VII.2.) jeden Einfluß verloren.

- Im Bereich des Fischfangs war die mächtige, Anfang der siebziger Jahre 20.000 Mitglieder zählende Federación de Pescadores, einst Gründungsmitglied der CGTP, bereits 1969 wieder ausgetreten.

- Im Finanz- und Versicherungswesen konnte sich die CGTP auf die 15.000 Mitglieder starke Federación de Empleados Bancarios (FEB), die Einheitsgewerkschaft der Bankangestellten stützen, die zu den bestorganisierten und schlagkräftigsten Gewerkschaftsorganisationen des Landes überhaupt zählte.

- Im Handel, wo die gewerkschaftliche Organisation äußerst niedrig ist, war die CGTP nur durch einige kleinere, unbedeutende Föderationen repräsentiert.

- Im Transportbereich hatte die CGTP nach dem Austritt der Federación de Choferes, in der die Kleinbusbesitzer und -fahrer organisiert waren, kaum noch Einfluß.

- Im staatlichen Sektor (Erziehungswesen/Dienstleistungen) war die CGTP durch ihren Einfluß auf die Lehrerschaft einst sehr stark repräsentiert gewesen; jedoch hatte sich der Großteil der Lehrer nach dem Lehrer-Streik von 1971, der von der CGTP nicht voll unterstützt worden war, von dieser abgewandt. (vgl. Kap. VII.2.).

- Im Agrarsektor blieb die CGTP, obwohl ihr einige Dutzend Gewerkschaften, hauptsächlich aus der Region Lima und Ica angeschlossen waren, unbedeutend.

Während die CGTP also im Industriesektor und der Bauwirtschaft klar dominierte, besaß sie im Exportsektor und im Tertiärsektor (mit Ausnahme des Bankwesens) relativ wenig Einfluß.

In den Provinzen war die CGTP solide verankert. Die bezirklichen Gewerkschaftsorganisationen der CGTP waren fast überall im Lande konkurrenzlos (in Lima selbst existierte keine bezirkliche Föderation). Die bedeutendste Regionalorganisation der CGTP war die **Federación Departamental de Trabajadores de Arequipa (FDTA)**, die 30.000 bis 40.000 Mitglieder zählte. Doch auch die **Federación Departamental de Trabajadores de la Libertad (FEDETRAL)** mit dem urbanen Zentrum Trujillo, die **Unión Sindical de Trabajadores de Lambayeque**, mit dem städtischen Zentrum Chiclayo, die **Federación Departamental de Trabajadores de Cusco** sowie die regionalen Organisationen von Puno, Tacna, Callao und Junin blieben konkurrenzlos. Von den bedeutenden Regionalorganisationen des Landes hatte sich nur die **Federación Sindical de Trabajadores de Ancash (FESIDETA)** mit dem Zentrum Chimbote nicht der CGTP angeschlossen.

Die sektorale Verteilung der Mitgliedsgewerkschaften der CGTP sah zu Beginn der siebziger Jahre folgendermaßen aus: Von den 780 Gewerkschaften, die dem Verband zum Zeitpunkt seines II. Kongresses (1971) angehörten, verteilten sich 660 Organisationen auf den nicht-agrarischen Bereich und 120 auf den Agrarsektor. Rund ein Drittel aller Organisationen entfiel auf die Industrie, 14 Prozent auf den Handels- und Bankenbereich, 7 Prozent auf Bergbau und Erdölförderung, 6 Prozent auf das Bauwesen, 4 Prozent auf Transport- und Kommunikationswesen und 19 Prozent auf "verschiedene Aktivitäten". Zentrum der CGTP war Lima, wo sich mit 304 die meisten Basisorganisationen konzentrierten. Rechnet man den Hafen Callao hinzu (43 CGTP-Organisationen), so befanden sich in der Metropole Lima knapp 50 Prozent aller CGTP-Gewerkschaften. Weitere Schwerpunkte bildeten die Region Arequipa mit 102 Organisationen sowie die andinen Departaments Huancavelica mit 76, Cusco mit 37 und Junin mit 35 (CGTP, 1971a: 83 ff.).

Die CGTP war zu Anfang der siebziger Jahre in erster Linie die Organisation der Industriegewerkschaften des hochkapitalisierten Sektors in der Hauptstadt. Einen weiteren Schwerpunkt bildeten Finanzsektor und das Baugewerbe. Infolge günstiger Bedingungen war in Industriebetrieben und Banken die gewerkschaftliche Organisierung besonders hoch, und die Arbeiter und Angestellten waren bereit, ihre Forderungen notfalls auch mit Kampfmaßnahmen durchzusetzen. Auch die Regierung - sprich Arbeitsministerium - war eher geneigt, hier Zugeständnisse zu machen, um Rückwirkungen auf die politische Ebene zu vermeiden.

Trotz einiger Austritte stieg die Zahl der CGT-Gewerkschaften. Nach eigenen Angaben nahmen am 3. Kongreß 1974 1.350 Basisgewerkschaften teil (CGTP, 1974: 3), eine Zahl, die auf dem 4. Kongreß von 1976 in etwa konstant blieb. Aufgrund der unterschiedlichen Größe der Betriebsgewerkschaften haben diese Zahlen jedoch nur eine begrenzte Aussagekraft.

Mitte der siebziger Jahre dürfte ein Drittel aller registrierten Gewerkschaftsorganisationen der CGTP angeschlossen gewesen sein. Da sich darunter die meisten der größeren Industriegewerkschaften befanden, belief sich die Mitgliederzahl des Dachverbandes auf ca. 250.000, also ca. 40 Prozent der gewerkschaftliche Orfanisierten.

Ebenfalls zu diesem Zeitpunkt begann die CGTP ihre Beschränkung auf den Industriesektor zu durchbrechen. In den letzten Jahren des Militärregimes und Anfang der achtziger Jahre schlossen sich die Bergarbeiterföderationen, die Lehrergewerkschaft SUTEP, die Druckerföderation, die Organisationen der kommunalen Arbeiter, Industriefischer, Versicherungsbeschäftigen, Zollbeschäftigten und Universitätsangestellten der CGTP an. Durch den Eintritt weiterer Gewerkschaften aus dem Dienstleistungssektor nahm das Gewicht der Angestelltenorganisationen erheblich zu. Durch diese Eintritte konnte die CGTP ihre Mitgliederzahl steigern. Gegen Ende der Militärherrschaft waren in der CGTP ca. 390.000 Lohnabhängige, das heißt 46 Prozent aller gewerkschaftliche Organisierten vertreten.

Organisationsstruktur und Willensbildungsprozeß

In der CGTP, wie auch in den anderen gewerkschaftlichen Dachverbänden, bildeten die Basisgewerkschaften das zentrale Element. Die große Mehrheit der Basisgewerkschaften war in Branchenföderationen (z.B. Metallarbeiter, Bauerbeiter) zusammengefaßt. Zudem existierten in den meisten Regionen des Landes regionale Föderationen der CGTP auf Provinz- und Departementsebene, denen die jeweiligen CGTP-Gewerkschaften angeschlossen sind. Deshalb gab es Doppelmitgliedschaften in sektoralen und regionalen Föderationen.[7] Während der Großteil der CGTP-Basisgewerkschaften indirekt, mittels einer der sektoralen oder regionalen Föderationen (im Jahre 1974 waren es 49 Föderationen) an den Dachverband gebunden war, blieben Basisgewerkschaften (1974 ca. 300), in deren Bereich es keine sektoralen oder regionalen Föderationen gibt, direkt an den Dachverband angeschlossen.[8]

Basisgewerkschaften und Föderationen verfügten laut der Satzung, die in den siebziger Jahren galt, über eine weitgehende Autonomie gegenüber der Führung des Dachverbandes. Zwar bestand für die der CGTP angeschlossenen Organisationen formell die Verpflichtung, Beschlüsse der Führungsgremien durchzuführen, doch sah die Praxis oft anders aus. Die starke Position der Basisgewerkschaften gegenüber den zentralen Instanzen und deren organisatorische Schwäche enthielten den Keim eines "gewerkschaftlichen Anarchismus", der nur dadurch kompensiert wurde, daß der Anschluß einer Gewerkschaft an einen Dachverband nach politischen Kriterien erfolgt, das heißt daß wenigstens eine minimale ideologische Kohärenz bestand.

Wichtigstes Beschlußorgan der CGTP war der alle zwei Jahre stattfindende Kongreß. Auf diesem werden die Rechenschaftsberichte des Vorstandes (Consejo Nacional) diskutiert, "Prinzipien und Taktik des Kampfes" festgelegt und der Vorstand gewählt. In der Zeit zwischen den Kongressen bildete die Nationale Delegiertenversammlung (Asamblea de Delegados) der CGTP, die laut Satzung alle zwei Monate zusammentreten mußte, das höchste Beschlußorgan. Arbeitsniederlegungen des Dachverbandes oder große Demonstrationen wurden in diesem Gremium beschlossen.

Die Delegierten für Kongresse und Delegiertenversammlungen wurden in der

Regel von den Gewerkschaften einer Branchen- oder Departementsföderation ernannt, zu denen der Generalsekretär der Föderation sowie in vielen Fällen noch zwei weitere Vorstandsmitglieder stießen.[9] Nicht föderierte Gewerkschaften konnten direkt Delegierte entsenden.

Für Kongresse und Delegiertenversammlungen galt ein Repräsentantenschlüssel, der vor allem kleinere Föderationen und nicht föderierte Betriebsgewerkschaften begünstigte. So erhielten Organisationen von 20 bis 100 Mitgliedern jeweils einen Delegierten, und von 101 bis 300 Mitgliedern zwei Delegierte, während zum Beispiel einer Föderation mit 40.000 Mitgliedern nur 14 Delegierte zugestanden wurden.

Auf dem 2. Kongreß der CGTP stellten alle Industrie- und Dienstleistungsföderationen zusammen weniger Delegierte als die nicht föderierten Betriebsgewerkschaften.[10]

Sicherlich ist es begrüßenswert, daß kleinere Organisationen nicht von den großen erstickt werden. Auf der anderen Seite boten sich die nicht föderierten Gewerkschaften als Manipulationsmasse an. Doch stellte sich dieses Problem nicht nur für die CGTP, sondern auch für die anderen Dachverbände.

Der auf dem Kongreß gewählte Vorstand (Consejo Nacional) bildet das wichtigste Repräsentationsorgan der CGTP und führt die Geschäfte des Dachverbandes. Laut Satzung muß der Vorstand alle 14 Tage zusammentreten, in dringenden Fällen kann er vom Exekutivsekretariat oder der Hälfte der Mitglieder des Vorstandes einberufen werden. In den Vorstand integriert sind zwei weitere Organe: Das Exekutivsekretariat - der politische Ausschuß -, das den Präsidenten, Generalsekretär, stellvertretenden Generalsekretär, je einen Verteidigungs- und Organisationssekretär und den Sekretär für Öffentlichkeitsarbeit umfaßt, sowie das Verwaltungssekretariat.

Das Gewerkschaftshaus der CGTP, in dem die verschiedenen Kommissionen und Ausschüsse tagen, lag im Zentrum Limas, an der Plaza Dos de Mayo, wo auch die Massenversammlungen des Dachverbandes stattfinden. Dort konnten die Mitglieder der CGTP juristische und technische Beratung erhalten.

Zur Schulung und Ausbildung von Gewerkschaftsführern und Arbeitern unterhielt der Dachverband eine Gewerkschaftsschule, die Escuela Sindical, in der hauptsächlich Kurse über gewerkschaftsorientierte Themen durchgeführt wurden (Interview Paredes (CGTP).

CGTP und Militärregierung

Die offizielle Politik und Haltung der CGTP, vertreten durch ihre Führungsorgane, zeigte seit 1970/71 weitgehende Übereinstimmung mit den Positionen der Kommunistischen Partei (Unidad), Die beim Gründungskongreß gewählten Vorstandsmitglieder, die Vanguardia Revolucionaria angehörten, waren abgedrängt worden. Seit Ende 1969 blieben alle nationalen Führungspositionen ausschließlich von Mitgliedern bzw. Sympathisanten der KP besetzt. Andere politische Strömungen mußten sich mit Leitungsfunktionen auf der Ebene von Föderationen oder Betriebsgewerkschaften begnügen. Obwohl die KP-Mannschaft in der CGTP-Führung nach außen hin homogen und geschlossen erschien, gab es interne Unterschiede. Eine gemäßigte Tendenz, die sich weitgehend mit dem Regime identifizierte, wurde von CGTP-Generalsekretär Gustavo Espinoza angeführt, während

Victor Cuadros, Vizepräsident der CGTP und Chef der Bergarbeiterföderation sowie Diaz Chavez, Asesor legal (juristischer Berater) der CGTP, kritisch-distanzierte Positionen gegenüber dem Militärregime einnahmen. Auch nach Ausschluß von Cuadros und Chavez aus der CGTP-Führung, infolge einer Auseinandersetzung über die Politik der Bergarbeiterföderation, behaupteten sich radikalere Positionen in der KP-Spitze, die sich jedoch erst 1977 offen manifestierten. Die beiden Generalsekretäre der CGTP während der siebziger Jahre kamen aus der Mittelklasse, die sich ja am stärksten mit dem Reformprojekt identifiziert hatte: Gustavo Espinoza (Generalsekretär 1969 - 1976) war Lehrer und Eduardo Castillo (1976 - 1980) Bankangestellter.

In den ersten Monaten nach der Machtübernahme der Militärs am 3. Oktober 1968, hatte die CGTP deutlich gemacht, daß sie die neue Regierung als eine der üblichen rechtsgerichteten Militärregimes Lateinamerikas einschätzte.

Mit den ersten Reformen veränderte die CGTP-Führung ihre Haltung: Aus der Ablehnung wurde eine kritische Unterstützung des Reformprozesses. Man befürwortete die Reformen, vertrat jedoch auch eigenständige Positionen und übte an der Arbeitspolitik harte Kritik.[11]

Der Sprachgebrauch drückte diese Distanz aus. Man sprach von der Militärregierung und noch nicht, wie später, von der "revolutionären Regierung der Streitkräfte". Zunächst bestand noch ein Mißtrauen gegenüber den definitiven Absichten der Militärregierung, denn die peruanische Arbeiterbewegung hatte bislang negative Erfahrungen mit Militärdiktaturen gemacht. Eine progressive Militärregierung bedeutete ein Novum, das erst verarbeitet und über einen längeren Zeitraum "begutachtet" werden mußte. Zum anderen waren die radikalen Kräfte, die 1969 noch im CGTP-Vorstand repräsentiert waren, gegen eine enge Kooperation mit dem Militärregime eingestellt.

Auf dem außerordentlichen CGTP-Kongreß vom 6. - 11. Dezember 1969 wurde die kritische Unterstützung der Militärregierung in eine nahezu vorbehaltlose Unterstützung umgewandelt, die von den beiden folgenden CGTP-Kongressen ratifiziert wurde. Immer stärker wurde der Reformprozeß als eine Chance für die Arbeiterbewegung empfunden. So erklärte die CGTP 1971:

> "Innerhalb dieser globalen Charakteristika zeichnet sich der am 3. Oktober initiierte Prozeß als eine Machtalternative ab, die die wichtigsten Kampfziele auf ihre Fahnen schreibt, für die bedeutende Kämpfer der Arbeiterklasse ihr Leben gegeben haben" (CGTP, 1971 b).

Ohne genaue Analyse des Reformprozesses, seiner Träger und seines historischen Kontextes, wurde die Militärregierung als antioligarchisch, antiimperialistisch und revolutionär charakterisiert und ihr ein fundamentaler Gegensatz zum US-Imperialismus bescheinigt (CGTP, 1976 a). In einem Interview charakterisierten die CGTP-Vertreter Regierung und Regierungspolitik folgendermaßen:

> "Es handelt sich um eine revolutionäre Regierung, weil sie ökonomische Veränderungen in der Struktur des Landes durchführt, die tatsächliche, grundsätzliche Umwälzungen in der peruanischen Gesellschaft bedeuten und die die Macht der traditionellen Oligarchie brechen.... Dieser revolutionäre Prozeß ist darauf gerichtet, die Abhängigkeit, die uns an den Imperialismus bindet, zu überwinden, mit der traditionellen

Oligarchie Schluß zu machen, die Lebensbedingungen unseres Volkes zu heben, die Probleme der Arbeitnehmer zu lösen und eine neue, gerechtere Gesellschaft zu schaffen" (CGTP, zit, nach Valdez u.a. 1974: 4).

Garant der **Revolución Peruana** bildete in den Augen des CGTP-Vorstandes die "unzerstörbare Einheit der Streitkräfte" (CGTP 1976a: 32), die als eine Art wert- und klassenneutraler Institution erschienen. Für die positive Haltung des CGTP-Vorstandes gegenüber der Militärregierung hat auch das gute Verhältnis zwischen Peru und der Sowjetunion zu diesem Zeitpunkt eine Rolle gespielt.

Ausgehend von der globalen Unterstützung des Militärregimes wurden alle großen Reformvorhaben euphorisch begrüßt und unterstützt. Bei einer Reihe von Projekten wurden lediglich Modifikationen vorgeschlagen. Auf dem II. Kongreß der CGTP im Jahre 1971 wurde die **Comunidad Laboral**, das Mitbestimmungs- und Beteiligungsmodell für Industrie, Bergbau, Fischfang und Post- und Fernmeldewesen, von einer Kommission analysiert. Die Ergebnisse der Kommissionsarbeit wurden dem Plenum vorgelegt und von diesem ratifiziert. Grundsätzlich kamen die Delegierten zu dem Resultat, die **Comunidad Laboral** sei zu unterstützen. Man betonte die Unterschiede von **Comunidad Laboral** als einem Mitbestimmungsgremiun und der Gewerkschaft als Verteidigungsorganisation der Lohnabhängigen im Kapitalismus und stellte sich gegen Versuche, "...die **Comunidades Laborales** den Gewerkschaften entgegenzustellen, indem man eine koordinierte Aktion von Comunidad und Gewerkschaft in jedem Unternehmen vorantreibt..." (CGTP 1971a: 38). Hier zeigt sich deutlich, daß die CGTP-Gewerkschafter der **Comunidad Laboral** eine andere Funktion zuweisen, als dies die Militärs im Sinne hatten. Denn nach deren Vorstellung sollte die **Comunidad**

Laboral den Arbeitsfrieden gewährleisten, den Klassenkonflikt neutralisierten bzw. ihn tendenziell aufheben, die Produktion steigern und damit auch tarifpolitisch ausgerichtete Gewerkschaften mittelfristig überflüssig machen. Dagegen verfolgte die CGTP - im Gegensatz zu anderen Gewerkschaftstendenzen, die die Mitbestimmung ablehnen - eine differenzierte Strategie: Benutzung der Comunidad Laboral zur Stärkung der eigenen Position und als Ergänzung der Betriebsgewerkschaften. Die Entwicklung der Comunidades Laborales, insbesondere der "Comunidad Industrial", zeigte, daß die Strategie der CGTP realistischer war als die Wunschvorstellungen der Militärs. Das Kündigungsschutzgesetz (Ley de Estabilidad Laboral; DL 18471), das Entlassungen im Zusammenhang mit der Einführung der Comunidad Industrial vorbeugen sollte, stieß ebenfalls auf Zustimmung der CGTP.

Zu den spektakulärsten Taten der Regierung Velasco Alvarado zählte die Nationalisierung einiger ausländischer Monopolunternehmen wie der International Petroleum Company und der Cerro de Pasco Corporation sowie die Verstaatlichung zahlreicher Betriebe der Grundgüter- bzw. Basisindustrie. Für die CGTP gehörte der Kampf für die Nationalisierung und Verstaatlichung, vor allem der ausländischen Großunternehmen, ohnehin zu den vorrangigen Aufgaben. Im Zentrum des II. Nationalkongresses hatte die Forderung nach Nationalisierung des Großbergbaus, des industriellen Fischereisektors und der Banken gestanden (CGTP 1971a). Besonders die US-amerikanische Bergbaugesellschaft Cerro de Pasco Corporation galt als Inbegriff imperialistischer Ausbeutung. Von einer Nationalisierung dieses Unternehmens erhoffte sich die CGTP, daß die bis dahin in die industrialisierten Staaten, vor allem die USA, abfließenden Gewinne für eine Entwicklung des Landes und zur Hebung des Lebensstandards der Arbeiter eingesetzt würden (CGTP 1971a: 45). Die Verstaatlichung der

Cerro de Pasco Corporation im Jahre 1973 wurde daher von der CGTP als wichtiger Erfolg der "patriotischen Kräfte" gefeiert (CGTP 1973b).
Der wachsende Einfluß des Staates in der Wirtschaft und die Schaffung staatlicher Großunternehmen wie PETROPERU, MINEROPERU, PESCAPERU, ELECTROPERU, SIDERPERU etc. bildeten für KP- und CGTP-Führung ein wichtiges Element für die positive Einschätzung der Militärregierung. Dabei wurden die Motive für die Enteignung und die Form der Entschädigungszahlungen kaum hinterfragt, ebenso wenig wie die regide Führung und Verwaltung der Staatsunternehmen. Die öffentlich-staatlichen Betriebe wurden als "soziale Unternehmen par excellence", die eine "tatsächlich soziale Funktion" erfüllen, gerühmt. Eine Tendenz der KP begriff diese Politik als antikapitalistisch und sah in den Staatsbetrieben, zusammen mit den neugeschaffenen Organismen auf dem Agrarsektor, "nicht-kapitalistische Unternehmen", die durch ihre eigene Dynamik zum Sozialismus führen könnten.[12]

Auch andere Reformprojekte wie Propiedad Social (Sozialeigentum), Pressegesetz, Erziehungsgesetz, Rentengesetz etc. erhielten den Beifall der CGTP-Führung.[13]

Einer der wenigen Problembereiche blieb die Arbeits- und Gewerkschaftspolitik. Hier stand die CGTP-Führung unter einem zunehmenden Druck der gewerkschaftlichen Basis und konnte es sich nicht leisten, deren Proteste ohne Legitimationsverlust zu ignorieren. Ihre Kritik richtete die CGTP dabei jedoch in der Regel nicht gegen die Regierung, sondern gegen "schlechte Funktionäre" des Arbeitsministeriums und manchmal auch einen Minister. Gleichzeitig aber versicherte sie der Regierung und dem "revolutionären Prozeß" insgesamt ihre Treue. Die Arbeitspolitik blieb immer ein Störfaktor in den Beziehungen zwischen CGTP-Führung und Militärregime (CGTP 1971a: 12).

Nach der Gründung der CTRP durch eine Fraktion der Militärs, Ende 1972, war die CGTP gezwungen, scharf zu reagieren. Die Militärs stellten mit der Gründung eines eigenen Dachverbandes klar, daß sie in der CGTP nicht mehr die der "Peruanischen Revolution" adäquate Gewerkschaftsorganisation sahen, worauf viele CGTP-Führer gehofft hatten. Die Schaffung eines Konkurrenzverbandes, dem alle staatliche Unterstützung zuteil wurde, bedeutete letztlich einen Angriff auf die eigene Existenzgrundlage. Denn es war offensichtlich, daß der von der CTRP proklamierte Sindicalismo Participacionista möglichst schnell die unabhängigen Gewerkschaften ersetzen sollte. Aus dieser Bedrohung erklären sich auch die ungewöhnlich scharfen Proteste der CGTP.

Laut CGTP war das Ziel des neuen Verbandes und seiner Hintermänner,

> "die Entwicklung des Tarifkampfes der Arbeiter zu behindern, die unabhängige Gewerkschaftsbewegung zu zerstören, die Arbeiterorganisationen zu manipulieren, die Klassenversöhnung und einen total künstlichen und den Interessen des Landes und der Revolution grundsätzlich entgegengesetzten Arbeitsfrieden durchzusetzen" (CGTP Boletín Información, Nr. 11 vom 6.1.1973).

Dennoch führte die CGTP in den folgenden Jahren zusammen mit der CTRP eine Reihe gemeinsamer Kundgebungen und Demonstrationen durch und schlug wiederholt die Bildung eines gemeinsamen Dachverbandes vor. Schärfer reagierte die CGTP gegenüber dem Movimiento Laboral Revolucionario (MLR), der sich insbesondere im Fischereisektor und in Teilen der CTRP breit gemacht hatte (vgl. Kap VI. 5.).

Weder der direkte Eingriff der Militärs in den Gewerkschaftssektor noch das sich abzeichnende Scheitern der einzelnen Reformen vermochte die Haltung der CGTP-Führung grundsätzlich zu ändern. Weiterhin wurden 1974 trotz eines enormen Anstiegs der Streiks und Tarifkonflikte "substantielle Fortschritte" entdeckt, "...die sich in geplanten und geltenden Gesetzesvorschriften manifestierten" (CGTP 1974). Gleichzeitig wurde aber auch durch die CGTP-Führung das Freund-Feind-Schema des Militärs übernommen. Die sich ausweitenden sozialen Protest- und Streikbewegungen in Lima und in den Provinzen, oft von der CGTP-Basis initiiert und mitgetragen, wurden in Übereinstimmung mit den Militärs als Machenschaften des Imperialismus, der APRA und der Ultralinken verurteilt (vgl. CGTP 1974: 97 und 102). Für das Fortbestehen der Unterstützung der Militärs durch die CGTP war sicher die Haltung der KP entscheidend, die sich weiterhin mit dem globalen Projekt der Militärs identifizierte und von daher eine zunehmende Verhärtung in einzelnen Bereichen wie zum Beispiel der Arbeits- und Gewerkschaftspolitik in Kauf nahm.

Auch nachdem General Velasco Alvarado im August 1975 in einem unblutigen Putsch durch Morales Bermudez ersetzt worden war, ließ sich die CGTP-Führung in ihrer Unterstützung für das Regime nicht beirren. Der Wechsel wurde folgendermaßen kommentiert: "Fundamental in unserem Lande ist es, den (revolutionären A.W.) Prozeß vom 3. Oktober (1968 A.W.) zu erhalten, zu entwickeln und zu vertiefen... Jeder Wechsel von Personen an der Macht ist gerechtfertigt, wenn es darum geht voranzuschreiten" (CGTP 1975). Die Ersetzung von General Velasco wurde als "institutioneller Akt" interpretiert und mußte von daher, so die Begründung der CGTP-Führung, von der Arbeiterklasse und ihren Organisationen unterstützt werden. Indem man die Entmachtung General Velascos als "historische

Geste" bezeichnete, erweckte man den Eindruck, daß dieser freiwillig zurückgetreten sei, eine Interpretation, die an der Realität vorbeiging.[14]

An den zahlreichen Aussagen und Erklärungen des CGTP-Vorstandes zu den einzelnen Reformen und zum Militärregime fällt auf, daß keinerlei ernsthafte Versuche unternommen wurden, den Charakter des Militärregimes und seine Beziehung zu den sozialen Klassen zu analysieren, die Chancen und Grenzen der Reformprozesses zu bestimmen, Nutznießer und Geschädigte der Reformen herauszuarbeiten und eigenständige Perspektiven zu entwickeln. Sicher wurden derartige Diskussionen im Innern der KP unter Einbeziehung der CGTP-Spitze geführt, doch drang davon so gut wie nichts an die Öffentlichkeit, wenn man von den Abspaltungen der Bergarbeiter (1973) und einer Fraktion des Vorstandes (1977) absieht. In den Verlaubarungen der CGTP erscheint das Militärregime als eine Art klassenneutrale Instanz, die ein quasi "autonomes" Projekt durchführte. Trotz der offenkundigen Diskrepanzen in der Militärführung wurde nie darauf Bezug genommen, sondern immer die "unzerstörbare Einheit der Streitkräfte" beschworen (IV. Congreso Nacional 1976: 32). Als sich nach 1973 das Regime allmählich verhärtete, der Arbeiterbewegung zunehmend repressiv gegenüberstand und korporativ-hierarchische Organisationen schuf, ließ sich der CGTP-Vorstand in seiner positiven Haltung nicht beirren. Fast schien es, als wolle man durch Beschwörung des fortschrittlichen Charakters des Militärregimes dieses darauf verpflichten, auf dem rechten Pfad zu bleiben bzw. dorthin zurückzukehren. Daß bei dieser Politik der CGTP-Vorstand seit 1973/74 in die Gefahr geriet, sich von Teilen der eigenen Basis zu isolieren, wird in der Folge aufgezeigt. Eine Analyse die Entwicklung von 1977/78 wird dies noch deutlicher demonstrieren.

Innergewerkschaftliche Opposition

Die von der CGTP-Führung verfolgte Unterstützung des Velasco-Regierung ließ sich nicht immer reibungslos vermitteln und durchsetzen. Zwar erhob sich beim weitaus größten Teil der CGTP-Basis kein politischer Widerspruch gegen eine Unterstützung der "Peruanischen Revolution", jedoch war man in der Regel nicht bereit, die von der CGTP-Führung aus Loyalität gegenüber den Militärs geforderte Zurückhaltung in der Lohnpolitik mitzutragen und als ungerecht empfundene Entscheidungen des Arbeitsministeriums zu akzeptieren. In den Jahren 1971/72, auf dem Höhepunkt der guten Beziehungen zwischen CGTP-Führung und der Militärregierung, streikten die regionalen Föderationen von Arequipa und Cusco, die Industriegewerkschaften der Metallarbeiter, die Beschäftigten in Laboratorien und Drogerien, die Arbeiter der Bekleidungsindustrie und die Bankangestellten (Chavez 1973). Trotzdem hielten sich die Streikaktivitäten in Grenzen (mit Ausnahme des Bergbaus und des Bildungssektors), dank einer offeneren Arbeitspolitik, direkten Verhandlungen der CGTP-Führung mit dem Arbeitsministerium und tariflichen Zugeständnissen, die infolge der günstigen Konjunktur möglich waren.

Einige der Arbeitskonflikte paßten jedoch nicht in dieses Muster. Die Streiks der Lehrer (1971) und der Bergarbeiter der Cerro de Pasco Corporation (1971) nahmen einen Verlauf, der dazu führte, daß diese zu erbitterten Gegnern des gesamten Reformprozesses und scharfen Kritikern des CGTP-Kurses wurden (vgl. Kap. VII.2.). Der CGTP-Führung wurde vorgeworfen, Mitgliederinteressen der reibungslosen Kooperation mit dem Regime geopfert zu haben.

Nachdem die CGTP damit jeglichen Einfluß auf die Bergarbeiter der Cerro de Pasco verloren hatte, spitzte sich auch ein Konflikt zwischen dem CGTP-Vorstand und der Federación Nacional de Trabajadores Mineros y Metalurgicos del Peru (FNTMMP) zu. In dieser, 1969 auf Initiative der CGTP reorganisierten Föderation, der vor allem die Arbeiter des Großbergbaus des Südens und des mittleren Bergbaus angehörten, hatte die KP bedeutenden Einfluß: Der Generalsekretär Victor Cuadros und der Organisationssekretär Manuel Orrego Chuqui waren Parteimitglieder, der Rechtsberater der Bergbauföderation, Ricardo Diaz Chavez, sogar Mitglied des Zentralkomitees der KP. Doch stellten die Bergarbeitergewerkschaften ihre Tarifforderungen über eine Kooperation mit dem Militärregime. In den Jahren 1970/71 und 72 kam es in nahezu allen Bergbauregionen immer wieder zu heftigen, oft wochenlangen Streiks. Die Militärs intervenierten bei der CGTP-Führung, Druck auf die Bergarbeiter auszuüben (vgl. Interview Victor Cuadros/FNTMMP, 1978). Doch dies tat zunächst die KP: Diaz Chavez, der als graue Eminenz der FNTMMP galt, verlor seinen Posten im Zentralkomitee der KP und wurde aus der Partei ausgestoßen. Die KP-Mitglieder Victor Cuadros und Manuel Orrego Chuqui wurden mit Disziplinarstrafen belegt. Mit diesen Parteisanktionen, die von schwerwiegenden Vorwürfen begleitet wurden, sollte die Position der führenden Köpfe der Bergarbeiterföderation untergraben werden. Die so bestraften Führer der Federación Minera reagierten mit scharfen Attacken auf die CGTP und ihre Gewerkschaftspolitik. Die CGTP-Führung wiederum versuchte, den Konflikt auf die "persönliche Problematik" von Cuadros, Orrego Chuqui und Diaz Chavez sowie parteiinterne Angelegenheiten zu reduzieren, oder die Bergarbeiter-Führer in eine Linie mit CIA, Imperialismus und Oligarchie zu stellen.[15]

Das letzte Wort in dieser Angelegenheit hatten allerdings die Bergarbeitergewerkschaften. Am 18./19. Februar 1973 fand die 8. Nationale Versammlung der FNTMMP statt, an der auch Gewerkschaften der Cerro de Pasco Corporación teilnahmen. Beide in der Versammlung vertretenen Positionen sprachen sich für den Austritt aus der CGTP aus (vgl. "Denuncia y lucha" April 1973: 4 f.).

Seitens der CGTP-Führung wurde die Versammlung scharf kritisiert. Außerdem wurde von Seiten der CGTP der Vorwurf erhoben, daß nur 22 von insgesamt 72 Gewerkschaften anwesend gewesen seien und Manipulationen verschiedenster Art stattgefunden hätten. Doch diese Angriffe konnten nicht darüber hinwegtäuschen, daß alle wichtigen Bergbaugewerkschaften aus der CGTP ausgetreten waren. Wenn zu einem späteren Zeitpunkt auch einige Gewerkschaften - darunter kurzzeitig als einzig bedeutende die von Marcona - in die CGTP zurückkehrten, so änderte dies nichts an der Tatsache, daß der Dachverband nach dem Streik in den Bergwerken der Cerro de Pasco Corporation (1971) und dem Ausscheiden der FNTMMP im Februar 1973 seinen Einfluß auf das Bergbauproletariat fast vollständig verloren hatte (vgl. auch Kap. II, 6. und VII, 2.).

Einen anderen Charakter hatten der Austritt der Federación de Pescadores (Industriefischer im August 1969 und der Federación de Choferes (Kleinbusbesitzer und -fahrer). Beide Föderationen hatten zu den Gründungsmitgliedern der CGTP gehört. Beide Gewerkschaftssektoren, die sich später der CTRP anschlossen, wiesen besondere Merkmale auf, die sie für extreme politische Schwankungen besonders anfällig machten. Die Industriefischer waren relativ hoch bezahlte, weitgehend unqualifizierte Saisonarbeiter ohne gewerkschaftliche Tradition, während die Kleinbusbesitzer und -fahrer spezifische Kleinunternehmerinteressen vertraten. Beide Organisationen hatte im Verlauf ihrer Existenz mehrmals Richtungswechsel vollzogen.

Ansonsten verließen die CGTP nur noch einige Kleinbauern- und Landarbeiterorganisationen, die zur Confederación campesina del Peru überwechselten.[16]

Daß eine politisch motivierte Opposition innerhalb der CGTP nach den Austritten von Lehrern, Fischern, Bergarbeitern und Busbesitzern begrenzt blieb, hatte verschiedene Gründe. So ergab sich für die Arbeiterklasse in den ersten Jahren des Militärregimes eine reale Verbesserung der Lebensbedingungen. Durch ihre anfänglich guten Beziehungen zum Militärregime gelang es dabei der CGTP-Führung, besonders günstige Tarifabkommen zu vermitteln. Die große Mehrheit der Arbeiter stand in den ersten Jahren dem Reformprozeß durchaus positiv gegenüber. Oppositionelle Gruppen hatten keine Alternativen anzubieten. Nur dort, wo Gewerkschaften negative Erfahrungen mit dem Militärregime gemacht hatten, öffneten sich den Gruppen der Neuen Linken Einflußmöglichkeiten. (vgl. Kap. VII, 2.).

Doch das Absinken der Reallöhne seit 1873/74, die verhärtete Arbeitspolitik des Regimes und der Aufbau von regierungsnahen Organisationen im Gewerkschaftsbereich bildeten den Nährboden für oppositionelle Positionen. Diese Opposition äußerte sich sowohl in der tariflichen Praxis als auch im politischen Bereich. 1973 entfielen 48 Prozent, 1974 74 Prozent und 1975 66 Prozent aller durch Streiks ausgefallenen Arbeitsstunden auf CGTP-Gwerkschaften (Zahlen: Ministerio de Trabajo, 1976). Dies implizierte zwar noch keine bewußte Absage an die Politik der CGTP-Führung, durchkreuzte jedoch deren Bemühungen um ein enges Verhältnis zu den Militärs (an dem diese ohnehin nicht mehr interessiert waren). Problematischer für die CGTP-Führung wurde jedoch der Teil der internen Opposition, der dem Militärregime feindselig gegenüberstand, deshalb die Vorstandslinie ablehnte und eine radikalere Gewerkschaftspolitik forderte. Die Opposition war allmählich durch Erfahrungen in Tarifkämpfen entstanden. In ihren Streiks waren die Betroffenen oft mit der Staatsgewalt zusammengestoßen und mit ihrer Forderung nach Unterstützung bei der CGTP-Führung auf eine ambivalente Haltung gestoßen, da diese keine Verschlechterung ihres Verhältnisses zu den Militärs riskieren wollte. Ihr ideologisches Gerüst erhielten die oppositionellen Gliederungen von der **Neuen Linken**.[17] Die politische Strategie dieser Gruppen, deren ideologischer Einfluß größer als ihre organisatorischen Kapazitäten war, zielte bis auf wenige Ausnahmen darauf ab, die interne Opposition in der CGTP zu stärken, statt sie aus dem Dachverband herauszubrechen. Gemeinsam war den untereinander heillos zerstrittenen Gruppen der **Neuen Linken** die Gegnerschaft zum Militärregime und zur CGTP-Führung, die je nach der eigenen Position als revisionistisch, reformistisch, arbeiterverräterisch etc. bezeichnet wurde. Zwar berief sich die KP und auch die **Neue Linke** auf den Sindicalismo Clasista, hatten aber jeweils ihre eigene Interpretation dieses Kampfbegriffes (vgl. Kap. IV, 2.).

Die zunehmende Bedeutung dieser internen Opposition manifestierte sich auch auf den CGTP-Kongressen. Beim 1. Kongreß im Jahr 1971 stellte die Opposition ganze acht von insgesamt 400 Delegierten. Beim 3. Kongreß der CGTP, im Jahr 1974 umfaßte der Block der oppositionellen Kräfte (die Bergarbeiterföderation war bereits ausgeschieden) 20 bis 30 Delegierte[18] und stieg beim 4. Kongreß auf 40 bis 80 von 500 Delegierten an[19]. Die oppositionellen Delegierten des 4. Kongresses konzentrierten sich in einer der Kommissionen und setzten dort den Beschluß eines nationalen Streiks durch, der jedoch vom Plenum nach heftiger Debatte mit 466 zu 40 Stimmen klar abgelehnt wurde.[20] Doch auch innerhalb des Mehrheitsblocks, kontrolliert von der Kommunistischen Partei, manifestierten sich bei dieser Gelegenheit taktische Differenzen, die 18 Monate später zur offenen Krise führen sollten: Eine minoritäre Vorstandsfraktion um den stellvertretenden Generalsekretär der CGTP und Führer des Metallarbeiterverbandes FETIMP, José Chavez, propagierte eine militantere und stärker auf gewerkschaftliche Autonomie ausgerichtete Politik als die Mehrheit.

Nimmt man die Delegiertenverteilung der Kongresse als Anhaltspunkt für das Ausmaß der Opposition in der CGTP, so würde diese seit 1974 etwa 10 Prozent der Mitglieder umfassen. Tatsächlich lag sie etwas höher (15 bis 20 Prozent), wobei ihre Bedeutung vor allem darin bestand, daß sie sich in den großen Industriegewerkschaften konzentrierte, wo gewerkschaftliches Bewußtsein ausgeprägter war und wo die Gruppen der Neuen Linken stärker vertreten waren. Zu den Zentren oppositioneller Strömungen zählte der Verband der Metallarbeiter FETIMP, auf den noch näher eingegangen wird.

In der bedeutenden Federación de Empleados Bancarios stand die KP-Führung unter Druck einer vor allem trotzkistisch beeinflußten Opposition. In der sehr aktiven Federación de Trabajadores en Calzados, Cueros y Afines (Schuhindustrie), bestehend aus 28 Gewerkschaften mit 7.000 bis 8.000 Mitgliedern, wurden die Gewerkschaften der Großbetriebe "Diamante" und teilweise "Bata" von der Neuen Linken beeinflußt. Im Vorstand der Föderation hielt die Opposition bis zu 40 Prozent der Posten (Interview Chiara, 1977). Auch in der mitgliederstarken Federación de Trabajadores de Construcción Civil, der Bauarbeiterorganisation, entwickelte sich eine signifikante Oppositionsströmung.[21] In der Gewerkschaft des Stahlwerkes SIDERPERU hatten sich seit 1973 militant linke Positionen durchgesetzt. Bedeutende oppositionelle Kräfte existierten auch in den wichtigsten Regionalverbänden der CGTP. Insbesondere die Federación de Trabajadores del Departamento de Arequipa (FTDA), mit 30.000 bis 40.000 Mitgliedern die wichtigste Regionalorganisation der CGTP, stand unter dem dauernden Druck radikaler Gewerkschaften, die sich vor allem im Industriepark von Arequipa konzentrierten.[22] Auch in den Regionalorganisationen von La Libertad und Custo konnten oppositionelle Gewerkschaften eine gewisse Bedeutung erreichen.[23], während die Regionalorganisation von Lambayeque seit 1970 von Gruppen der Neuen Linken geführt wurden.

Sektierertum, Zersplitterung und organisatorische Schwächen der Opposition bewirkten jedoch, daß die Kontrolle der KP über die CGTP-Politik niemals ernsthaft gefährdet war, wenn es auch den militanten Gewerkschaften in bestimmten Konjunkturen gelang, die CGTP unter Druck zu setzen und sie in Legitimationsschwierigkeiten zu bringen. Der regionale Streik, den die CGTP am 29. Dezember 1975 in Lima organisierte (vgl. Kap. VII, 2.), mag als Beispiel dafür gelten. Doch eine entscheidende Veränderung der Kräfteverhältnisse innerhalb der CGTP sollten erst Auseinandersetzungen und Spaltungsprozesse in der KP selbst bewirken.

Bei Gewerkschaften oder Föderationen, wo die politische Dominanz der KP in Frage gestellt wurde, verteidigte diese mit "Klauen und Zähnen", auch mit Manipulationen, ihre Führungsposition. Dabei handelt es sich jedoch nicht um eine spezifisches Verhalten der KP, sondern um allgemein gebräuchliche Praktiken, die in mehr oder weniger ausgeprägter Form von allen politischen Organisationen eingesetzt wurden, um Machtpositionen in den Gewerkschaften zu halten.

Innergewerkschaftliche Konflikte: Der Fall FETIMP

Zu den bedeutendsten Gewerkschaftsorganisationen Perus zählte der Metallarbeiterverband Federación de Trabajadores de la Industria Metalúrgica del Peru (FETIMP), der seit Gründung der CGTP deren Mitglied war.

Nicht nur die ökonomische Bedeutung der metallverarbeitenden Industrie, sondern auch Militanz, Klassenbewußtsein und hoher Organisationsgrad der Arbeiterschaft in diesem Industriezweig haben zur gewerkschaftlichen Bedeutung der FETIMP beigetragen. An Hand der Metallarbeiterföderation lassen sich exemplarisch die internen Konflikt aufziegen, die zuerst von APRA und KP und später von der KP und der Neuen Linken forciert wurden.

Vor dem Zweiten Weltkrieg beschränkte sich die metallmechanische Industrie auf einige wenige Kleinbetriebe. Ein erster Versuch, die dort Beschäftigten überbetrieblich zu organisieren, blieb in den Anfängen stecken (Bonfiglio 1976: 10 ff.). In den sechziger Jahren wuchs die metallverarbeitende Industrie. Hinzu kamen Zulieferbetriebe für den expandierenden Fischereisektor (Fangboote und Ausrüstung) und KFZ-Montagefirmen. Das seit den sechziger Jahren verstärkt in die Industrie einfließende Auslandskapitel konzentrierte sich zu einem guten Teil im metallverarbeitenden Bereich. Zahlreiche transnationale Unternehmen eröffneten Filialen in Lima (National, Moraveco, Histradat, Pirelli sowie bis 1969 insgesamt 13 KFZ-Montagewerke). In den kapitelintensiv operierenden ausländischen Fabriken entstand eine mobile, meist jüngere, relativ hochqualifizierte Arbeiterschaft. 1974 war von den 33.000 Lohnabhängigen in der metallverarbeitenden Industrie ein Drittel in Unternehmen mit über 200 Beschäftigten und die Hälfte in Fabriken mit über

100 Beschäftigten tätig (2. Censo Nacional de Manufactura 1974: 1424 f.). In diesen größeren Betrieben waren die Bedingungen für eine gewerkschaftliche Organisierung besonders günstig.

Im Jahre 1955, als in der metallverarbeitenden Industrie die erste expansive Phase begann, trafen sich diverse Gewerkschaftsführer, um die Gründung einer Föderation zu diskutieren. Der Zeitpunkt war günstig, denn kurz zuvor war die CTP wieder zugelassen worden, und die gewerkschaftlichen Rechte wurden ansatzweise respektiert. Am 8. Februar 1957 wurde auf einer geheimen Versammlung von Gewerkschaftsführern nahezu aller politischen Tendenzen die FETIMP aus der Taufe gehoben und eine Führung gewählt, in der verschiedene politische Richtungen - mit leichtem Übergewicht der APRA - repräsentiert waren. Bei ihrer Gründung umfaßte die FETIMP 14 von insgesamt 20 Gewerkschaften des Sektors. Sie schloß sich der CTP an und erreichte nach langen Kämpfen im Jahre 1963 ihre offizielle Anerkennung (Bonfiglio 1976: 18 ff.). Die Allianz der verschiedenen politischen Tendenzen hielt, vor dem Hintergrund eines starken Wachstums der Branche und einer schnellen Zunahme der gewerkschaftlichen Organisierung, bis zum Jahre 1962. Bei den Vorstandswahlen in diesem Jahr setzte sich eine linke Führung mit der knappen Mehrheit von einer Stimme gegen die Apristen durch (Bonfiglio 1982: 24). Etwa gleichzeitig führte die FETIMP mehrere Proteststreiks sowie drei unbefristete Streiks durch, wobei letztere jeweils über eine Woche dauerten.[25] Höhepunkt der Arbeitskonflikte war der Kampf der FETIMP um einen Einheitstarifvertrag (pliego único) für alle Arbeiter der metallverarbeitenden Industrie. Dieser Einheitstarifvertrag war schon Mitte 1963 gefordert, jedoch vom Unternehmensverband abgelehnt und vom Arbeitsministerium auf die lange Bank geschoben worden. Auf einer außerordentlichen Delegiertenversammlung der FETIMP, am 12. Januar 1964, auf der über den Fortgang der Tarifverhandlungen diskutiert werden sollte und auch ein unbefristeter Streik beschlossen wurde, kam es zu einer hitzigen Diskussion zwischen den apristischen Delegierten und der Führung der Föderation. Sechs der apristischen Delegierten verließen die Versammlung und gründeten wenig später mit Gewerkschaftern von Acción Popular den Parallelverband Federación de Trabajadores de la Industria Metalúrgica, Mecánica y de Material Electrico de Lima (FETIMEM), dem sich zehn der 50 Gewerkschaften des Sektors anschlossen.

Die 40 Gewerkschaften der FETIMP traten am 10. März 1964 in einen insgesamt vierzig Tage andauernden Streik, der zwischendurch von einer Verhandlungsrunde unterbrochen wurde. Nach deren Scheitern wurde der Streik am 18. Mai fortgesetzt, verbunden mit der Besetzung von 22 Fabriken. Zum ersten Mal in der peruanischen Gewerkschaftsgeschichte waren Fabrikbesetzungen in derart massiver Form als Mittel des Arbeitskampfes eingesetzt worden. Die gewaltsame Räumung einiger der besetzten Fabriken, Verhaftung und Entlassung von Gewerkschaftsführern sowie die Verhängung des Ausnahmezustandes (die allerdings nicht wegen des Arbeitskampfes erfolgte), führten zum Ausbruch des Streiks. Nach dem Scheitern des Kampfes für den Einheitstarifvertrag blieben nur noch 30 Gewerkschaften in der FETIMP. Als dann auch noch die Gewerkschaftsspitze für längere Zeit inhaftiert wurde, schien die FETIMP am Ende zu sein: Ganze fünf Gewerkschaften blieben in der Föderation und parallel zum Niedergang der FETIMP wuchs die apristische FETIMEM, der 1970 35 Gewerkschaften angeschlossen waren. Doch die FETIMP erholte sich. Zu ihr stießen nach und nach verschiedene Gewerkschaften. 1966 beteiligte sie sich am Comité de Unificación Sindical (CDUS) (vgl. Kap. VI, 2. a) und zählte zu den Gründungsföderationen der CGTP.
Anfang der siebziger Jahre erlebte die FETIMP einen rasanten Aufschwung.

1973 zählte sie bereits 80 Gewerkschaften. Parallel verlor die apristische FETIMEM an Bedeutung. Auch der Versuch der regierungsnahen CTRP, einen eigenen Metallarbeiterverband aufzubauen, konnte das Weiterwachsen der FETIMP nicht bremsen. 1975 waren es 110 Gewerkschaften mit 25.000 bis 30.000 Mitgliedern.[26] Doch nicht nur zahlenmäßige Stärke und Verankerung in einer führenden Industriebranche trugen zur Bedeutung der FETIMP bei, sondern vor allem das hohe gewerkschaftliche Bewußtsein, die gute Organisation und Konfliktfähigkeit insbesondere der Gewerkschaften der Großbetriebe.[27] All dies machte die Metallarbeitergewerkschaften zu einem bevorzugten Arbeitsfeld einer Vielzahl von politischen Parteien, insbesondere der KP und der Neuen Linken. Während sich die KP die Führung der Föderation sicherte, bemühten sich die zahlreichen Gruppen der radikalen Linken, im Kampf untereinander und gegen die KP, ihr Einflußfeld auszubauen. Es gelang ihnen die Führungen der meisten großen Betriebsgewerkschaften zu übernehmen oder zu beeinflussen, die dann oft zum Sprachrohr der jeweiligen Partei instrumentalisiert wurden. Diese immerwährenden parteipolitischen Auseinandersetzungen auf dem Rücken der Arbeitnehmer beeinflußten in negativer Form die Entwicklung und innere Konsolidierung der FETIMP.

Seit 1972/73 herrschte eine Pattsituation zwischen dem KP-dominierten Sektor und den militant-oppositionellen Gewerkschaften. Die KP konnte die Führung jedoch halten, zum Teil auch deshalb, weil die Gruppen der Neuen Linken sich nicht auf eine gemeinsame Liste bei den Gewerkschaftswahlen einigen konnten und ihre Stimmen aufsplitterten (so geschehen im Februar 1974).

Die KP-Gewerkschafter der FETIMP waren innerhalb ihrer Partei auf dem radikaleren Flügel zu finden: Sei es aufgrund der allgemeinen Militanz der Metallarbeiterbasis, sei es aufgrund des Konkurrenzdruckes linksoppositioneller Positionen. Interessant war in diesem Zusammenhang, daß sich die FETIMP im Gegensatz zur CGTP-Spitze mit Loyalitätsbeteuerungen gegenüber dem Militärregime deutlich zurückhielt. Diese Konstellation trug sicherlich auch dazu bei, daß die FETIMP zu den aktivsten Gewerkschaftssektoren zählte und durch mehrere Branchenstreiks die offizielle Politik der CGTP unterlief. Allein zwischen 1972 und 1976 führte die FETIMP insgesamt sechs 48-stündige Protest- und Warnstreiks durch und beteiligte sich an diversen Protestaktionen.[28] Am 5. September 1974 rief die FETIMP ihren ersten unbefristeten Streik unter dem Militärregime aus, am 27. Mai 1976 den zweiten. Zu den wichtigsten Streikursachen zählten Solidaritätsaktionen für entlassene Kollegen: Zunehmend versuchten Unternehmer und Staatsapparat, durch Entlassungen führender Gewerkschafter die FETIMP und ihre Mitgliedergewerkschaften zu schwächen.

Als sich 1978 ein Teil der KP abspaltete (die sogenannte PC-Mayoria), waren auch diverse Vorstandsmitglieder der FRTIMP dabei. In Allianz mit den Gruppen der Neuen Linken gewannen die KP-Dissidenten die Wahlen in der Föderation von 1978 gegen die Kandidaten der KP, die als Konsequenz ihrer Niederlage einen Parallelverband gründeten. De facto existierten seit 1979 zwei FETIMP's: Ein von der Neuen Linken kontrollierter Verband, dem ca. 50 Gewerkschaften primär aus Großbetrieben angehörten, und eine von der KP geführte Organisation, die ca. 30, hauptsächlich kleinere Gewerkschaften umfaßte (vgl. Bonfiglio 1983: 51 ff).

3. CTP: Das Ende eines Gewerkschaftsmodells

Der Marsch ins Abseits

Zu Beginn der sechziger Jahre geriet die CTP in eine Krise. Der ohnehin begrenzte Einfluß der APRA auf die Gewerkschaften der modernen Industriebranchen war im Schwinden begriffen. Selbst in den traditionellen apristischen Hochburgen (Textilindustrie, Druckwesen etc.) begann es zu gären. Trotzdem gelang es der apristischen CTP-Führung, weiterhin die organisatorische Kontrolle über den einzigen nationalen Dachverband zu halten und sich die Position des exklusiven Vermittlers zwischen organisierter Arbeiterbewegung und Staatsapparat zu bewahren. Im Jahre 1968 markierten dann zwei politische Ereignisse Verfall und Abstieg der CTP: Die Gründung der CGTP im August 1968 und der Militärputsch vom 3. Oktober 1968.

Mit der CGTP gab es für zahlreiche Gewerkschaften, die dem gewerkschaftspolitischen Kurs der CTP ablehnend gegenüberstanden, eine Alternative, die zudem durch die neue Militärregierung eine wohlwollende Behandlung erfuhr. Ziel des Militärs war es, auf nicht-konfrontativem Weg einen der wichtigsten politischen Stützpfeiler ihres Erzfeindes APRA zu schwächen. Der Aktionsraum der CTP wurde zwar weiterhin grundsätzlich respektiert, sie verlor allerdings ihre privilegierte Stellung als Mittler zwischen Gewerkschaftsbewegung und Staat. Die Art, wie die Militärs die Schwächung der CTP betrieben, wird an folgendem Beispiel verdeutlicht. Bei Tarifverhandlungen mit der CTP-Organisation der Bergarbeiter in der mittleren Sierra (Federación Minera del Centro) war der Abschluß des neuen Tarifvertrages von zwei oppositionellen Mitgliedsgewerkschaften in La Oroya und Cobriza nicht akzeptiert worden. Beide

Gewerkschaften führten auf eigene Faust von den Bergbaugebieten nach Lima eine Marcha de sacrificio (Opfermarsch) durch, um damit für einen höheren Tarifabschluß zu demonstrieren, der ihnen in Lima vom Arbeitsministerium zugestanden wurde. Dies trug zu einer Minderung des Ansehens der CTP-Führung unter den Bergarbeitern bei, da diese nun überzeugt waren, daß ihre von der CTP beratenen Verbandsfunktionäre, nicht alle Möglichkeiten bei den Tarifverhandlungen ausgeschöpft hatten (Sulmont/Haak 1971).

Die Gründung der CGTP und die Arbeitspolitik der Militärs wurden von der apristischen CTP-Führung in einen direkten Zusammenhang gebracht und ausschließlich für Krise und Abstieg der CTP verantwortlich gemacht. So galt die CGTP (und später auch die CNT) der CTP als Schöpfung des Militärs mit dem Ziel, die CTP zu schwächen und die Arbeiterbewegung zu manipulieren nach dem Motto "Teilen, um zu herrschen".[29]

In solchen Interpretationen zeigte sich die Unfähigkeit der CTP-Führung, die Ursachen für ihren Bedeutungsverlust in ihrer eigenen Politik zu suchen, zumal die CGTP als Folge eines gewerkschaftsinternen Konflikts entstanden war und nicht auf Anordnung der Militärs. Die anfängliche Begünstigung der CGTP verursachte nicht den Abstieg der CTP, sondern beschleunigte höchstens eine bereits laufende Entwicklung. Wegen ihrer symbiotischen Verbindung mit der konservativen apristischen Politik, wegen ihrer Kollaboration mit dem Staat, mithin wegen einer gewerkschaftspolitischen Strategie, die auf die Akzeptierung der gesellschaftlichen Verhältnisse hinauslief, war das Ansehen der CTP-Führung bei vielen Gewerkschaften ohnehin auf einen Tiefpunkt gesunken.

Beispielhaft zeigt dies die Erklärung von Bergarbeitergewerkschaften anläßlich eines Aufrufes zu einem Bergarbeiterkongreß, der von der CGTP gesponsert wurde:

"Der Arbeiterverrat der CTP-Führer hat seinen Höhepunkt erreicht, als sie die Kämpfe der Berg- und Hüttenarbeiter von La Oroya verraten haben und passiv zuließen, daß Unternehmen und Regierung eine brutale und antigewerkschaftliche Offensive entfesselten, so wie es im Dezember 1962 geschah. Nacheinander wurden zahlreiche Tarifforderungen des Bergarbeiterproletariats geopfert. Die wichtigsten Führer wurden verraten, verfolgt, aus den Bergwerken geworfen und von den Organisationen getrennt. Die Verantwortlichen für diese Tat sind keine anderen als jene, die so viele Jahre hindurch die allgemeinen Interessen der peruanischen Arbeiterklasse verraten haben, um ihren Herren, den Ausbeutern im In- und Ausland, zu dienen und die die Prinzipien der klassenorientierten Gewerkschaftsbewegung verleugnet haben." (CGTP: Vocero Nr. 42 vom 29. Oktober 1969)

In den Jahren nach 1968 verlor die CTP die meisten ihrer bedeutenden Gewerkschaften. Die neben der Organisation der Zuckerarbeiter wichtigste Agrarorganisation der CTP, die Federación Nacional de Campesinos (FENCAP), zerbrach 1970 an Differenzen über die Agrarreform. Im Mai 1969 verließen die Bergarbeiter der Cerro de Pasco Corporation die CTP, und im gleichen Jahr formierte sich die FNTMMP, der vor allem die Arbeiter der Bergbauzentren des Südens und des mittleren und kleinen Bergbaus beitraten. Zwar blieben einige Regionalorganisationen der Bergarbeiter formal der CTP angeschlossen, doch verfügten sie über keine nennenswerte Basis.[30] Im Jahre 1970 verlor die CTP eine ihrer bis dahin wichtigsten Stützen: Die nationale Organisation der Bankangestellten (FEB) mit 15.000 Mitgliedern trat zur CGTP über. Nach der staatlichen Repression beim Bankangestelltenstreik im Jahre 1964 war es zwar den Apristen gelungen, die Führung des geschwächten und desorganisierten Verbandes zu übernehmen, doch in den Gewerkschaftswahlen vom August 1970 setzte sich eine KP-geführte Liste durch. Auch die kleine Federación de Laboratorios, Droguerias y Afines verließ die CTP und schloß sich der CGTP an.

Staatliche Stellen hatten Ende 1972 hilfreich die Hand im Spiel, als die Gewerkschaften der kommunalen Bediensteten und Erdölarbeiter von der CTP zur neugegründeten CTRP überliefen (vgl. Kap VI, 5.). Im Mai 1973 scherte die Federación Gráfica (Druckereiarbeiter), eine der traditionsreichsten Gewerkschaftsorganisationen (die schon 1918 bei der Gründung der Federación Obrera Local de Lima teilgenommen hatte) aus der CTP aus. Mit der Federación Gráfica, der 35 Gewerkschaften mit 15.000 bis 20.000 Mitgliedern angeschlossen waren, verlor die CTP eine weitere Stütze in der Industriearbeiterschaft.[31] Zwei Jahre später trat eine der bedeutendsten Regionalorganisationen des Landes, die Federación Departamental de Trabajadores de Ancash (FESIDETA), der vor allem die Gewerkschaften der Hafenstadt Chimbote angehörten, aus der CTP aus (Arana 1976). Gegen Ende der Militärherrschaft ging der CTP eine weitere historische Bastion, die Federación de Trabajadores Azucereros (Zuckerarbeiter) verloren. Auch hier war die traditionell apristische Führung durch eine Allianz linker Kräfte abgelöst worden. Alle drei Organisationen verstärkten die Gruppe der unabhängigen Föderationen. FESIDETA und Federación Gráfica schlossen sich dann später der CGTP an.

Von allen Gewerkschaften, die 1970 bis 1974 ihren Dachverband wechselten, kamen 53 Prozent von der CTP. Von allen Gewerkschaftsorganisationen, die einem neuen Dachverband beitraten, schloß sich keine einzige der CTP an.[32] Auch den 24 angeschlossenen Regionalorganisationen der CTP war ein Großteil der Basis abhanden gekommen; insbesondere in den südlichen Regionen Perus war der apristische Einfluß auf die Gewerkschaften minimal.

Nachdem die CTP 1971 noch 26 nationale Föderationen - darunten 14 Arbeiterverbände - umfaßt hatte (CTP Boletin Mai 1971), blieb ihr Einfluß in der zweiten hälfte der siebziger Jahre nur auf wenige Sektoren beschränkt. Von den bedeutenden Arbeiterföderationen kontrollierte sie nur noch die Föderation der Textilarbeiter und (bis 1982) der Zuckerarbeiter. In den Verbänden, die jahrzehntelang fest in der Hand der APRA gewesen waren, vollzog sich der Ablösungsprozeß langsamer als in den Arbeitersektoren, die erst nach dem Zweiten Weltkrieg entstanden waren. Was der CTP Mitte der siebziger Jahre noch an gewerkschaftlicher Bedeutung, außer Textil- und Zuckerarbeitern blieb, verdankte der Verband vor allem Mittelklassen-Organisationen, wie dem Verband der Kleinbusbesitzer und -fahrer (allerdings existierte ein bedeutender Konkurrenzverband), dem Journalistenverband (hier gab es eine kleinere Prallelorganisation) sowie der starken Organisation der Angestellten der Privatwirtschaft. Trotzdem bezeichnete sich die CTP 1977/78 immer noch als stärkster Dachverband und bezifferte ihre Mitgliedschaft auf 450.000 Personen.[33] Tatsächlich gehörten zur CTP Mitte der siebziger Jahre maximal 20 Prozent der gewerkschaftlich Organisierten, also 100.000 bis 200.000 Personen.
1977/78 hatte die CTP ihren Tiefstand erreicht. In den folgenden Jahren konnte sie etwas an Bedeutung gewinnen, vor allem deshalb, weil die APRA nach dem Tode Haya de la Torres, im Jahre 1979 eine neue, radikalere Gewerkschaftsphilosophie propagierte. 1980 hatte die CTP knapp 120.000 Mitglieder und umfaßte damit 14 Prozent aller gewerkschaftlich Organisierten. Der Substanzverlust der CTP zeigte sich nicht nur in den hohen

Mitgliederverlusten, auch in den Arbeitskonflikten spielten CTP-Gewerkschaften kaum noch eine Rolle. Der Anteil von CTP-Gewerkschaften an Streiks war äußerst gering. 1973 entfielen auf die CTP 7,6 Prozent, 1974 gar nur 0,8 Prozent und 1975 1,8 Prozent aller durch Streiks ausgefallenen Arbeitsstunden (Zahlen: Ministerio de Trabajo 1976). Der Konkurrenzverband CGTP, dessen Führung dem Militärregime gegenüber loyal war, zeichnete durchschnittlich für 60 Prozent der durch Streiks ausgefallenen Arbeitsstunden verantwortlich. Für das Jahr 1974 übertraf sogar die regierungstreue CTRP die CTP in punkto Streikbereitschaft um ein Vielfaches an Arbeitskämpfen.

Verschiedene Kampfmaßnahmen, die von der CTP geplant und durchgeführt wurden, blieben ohne Resonanz im Gewerkschaftsbereich und in der Öffentlichkeit. Für den 21. Mai 1973 hatte die CTP zu einem nationalen Streik gegen das neue Pensions- und Rentengesetz der Regierung aufgerufen. Die Neuregelung von Pensionen und Renten favorisierte die Arbeiter, deren Rentenalter von 65 Jahren auf 60 (bei Frauen auf 55) Jahre vorverlegt wurde, benachteiligte aber die Angestellten, die bisher unabhängig vom Alter, nach einer bestimmten Anzahl von Dienstjahren pensioniert worden waren. Dagegen protestierten insbesondere die Organisationen, die einen hohen Anteil von Angestellten zu ihren Mitgliedern zählten (Bankangestellte, Lehrer, Beschäftigte bei Elektrizitäts- und Wasserwerken, Eisenbahner). Der CTP-Verband Central de Empleados Particulares (Angestellte der Privatwirtschaft) und die CTP-Führung versuchten, diese Unzufriedenheit für den von ihnen proklamierten Streik zu nützen. Doch die Konkurrenzverbände zogen nicht mit und riefen zu einem Boykott des CTP-Streiks auf.

Nach Angaben der CGTP beteiligten sich in Lima 23 von insgesamt 1.000

Gewerkschaften, wobei der Ausstand teilweise sogar auf Initiative der Unternehmer zustande gekommen sei (CGTP Flugblatt vom 21. Mai 1973). Doch auch andere Quellen dokumentieren den Fehlschlag dieses Streiks, dem sich nicht einmal die anderen, gegen das Pensionsgesetz protestierenden Gewerkschaftsorganisationen anschlossen. Nur von CTP-Generalsekretär Julio Cruzado wurde die Aktion als überragender Erfolg bezeichnet.[34]

Im Oktober 1975 plante die CTP erneut einen nationalen Ausstand, diesmal aus Solidarität mit der Belegschaft der Filiale der US-Multis Goodyear. Die Unternehmensleitung hatte 500 Kündigungsschreiben verschickt, nachdem die Gewerkschaft wegen der Entlassung eines Comunidad Industrial-Vertreters in Streik getreten war. Der nationale Streik wurde jedoch abgeblasen, da das Problem über das Arbeitsministerium geregelt werden konnte (DESCO, 1977: Bd. IV 3905). Wenige Monate später nahm die CTP einen erneuten Anlauf zur Durchführung eines nationalen Streiks im Zusammenhang mit den Notstandsmaßnahmen von Wirtschafts- und Finanzminister Barua. Der geplante Ausstand richtete sich dabei speziell gegen das Gewerkschaftsdekret 21394, das eine Höchstgrenze für Lohnerhöhungen festsetzte, sowie gegen eine Verschärfung des Streikrechts durch Rückgriff auf Gesetze aus dem Jahre 1913. Die Initiative für den Streik ging, wie schon beim Streik gegen das Pensions- und Rentengesetz, von der Central de Empleados Particulares (Privatindustrie) aus. Der Streiktermin wurde auf den 2. und 3. Februar 1976 festgelegt, wobei der erste Streiktag mit einem anderen Streiktermin zusammenfiel: Die Föderation der Textilarbeiter hatte aufgrund spezifischer Tarifprobleme einen Warnstreik für den 2. Februar festgelegt. Wiederum blieb der Streik ohne größere Resonanz, lediglich einige der Textilgewerkschaften und Teile der Privatangestellten legten die Arbeit nieder. Beide Streikversuche zeigten die Bedeutungslosigkeit der CTP in der Gewerkschaftsbewegung, insbesondere in den Arbeiterorganisationen. Weder gelang es der CTP, andere Gewerkschaftssektoren zu einer Teilnahme zu bewegen, noch eine massive Beteiligung der eigenen ohnehin reduzierten Basis durchzusetzen.

Organisationsstruktur, Willensbildungsprozeß und Finanzierung

Höchstes beschlußfassendes Gremium der CTP war gemäß den Statuten, die in den siebziger Jahren galten, der im Abstand von drei Jahren stattfindende Nationalkongreß (Congreso Nacional), der vom nationalen Exekutivkomitee einberufen werden muß. Der nationalen Delegiertenversammlung (Asamblea Nacional de Delegados) fiel die Aufgabe zu, Enthaltung und Durchführung der Kongreßresolutionen zu überwachen.

Auf den Kongressen wurde der nationale Vorstand (Consejo Directorio Nacional, CDN) gewählt, der alle drei Monate zusammentreten muß und dem Repräsentation und Festlegung der Richtlinien der CTP abliegen. Neben den klassischen Funktionen (Organisationssekretäre, Verteidigungssekretäre, Finanzsekretäre etc.) umfaßte der CDN auch vier Regionalsekretäre (Norden, Süden, Zentrum, Osten) sowie jeweils vier regionale Organisations- und Verteidigungssekretäre und Koordinatoren (Statuten, Art. 17). Mit dieser Konstruktion sollte eine stärkere Dezentralisierung gewährleistet werden. Die nationalen Amtsträger wurden nach geleisteter Arbeit entlohnt, nur Generalsekretär, Verteidigungs- und Organisationssekretär der CTP waren fest angestellt (Statuten, Art. 19).

Die CTP unterhielt seit Beginn der fünfziger Jahre enge Verbindungen zu dem US-amerikanischen Gewerkschaftsverband AFL/CIO und dessen außenpolitischem Instrument AIFLD (vgl. Morris 1967: 85 ff.). In Peru arbeitete das AIFLD über das Centro de Estudios Laborales del Peru (CELP), das 1962 durch ein gemeinsames Abkommen zwischen der Allianz für den Fortschritt, CTP und der peruanischen Regierung geschaffen worden war und von der Agency for International Development (AID), einer offiziellen amerikanischen Finanzierungsinstitution für Entwicklungsprojekte, finanziell getragen wurde. Durch dieses Institut wurden in zehn Jahren etwa 10.000 bis 20.000 Arbeiter, insbesondere aus dem Textil-, Zucker- und Banksektor geschleust (Sulmont 1977: 199; Blake 1976). Nachdem das Institut von dem Militärregime geschlossen worden war, übernahm dessen Funktion das CTP-nahe Instituto Nacional des Estudios Laborales, Sociales y Economicos (INELSE). Die Zahl der Teilnehmer an gewerkschaftlichen Bildungsaktivitäten wurde von 1970 bis 1973 von der CTP mit 3.196 Personen angegeben (CTP 1973a: 23 ff.). Die Finanzierung aus den USA lief trotz der Ausweisung des AIFLD weiter.

Die Wochenzeitschrift Marka (Nr. 51) veröffentlichte am 12. Dezember 1977 ein Dokument über den Peru-Haushalt des AIFLD für die Jahre 1977/78. Angesichts des Problems, daß AIFLD nicht mehr direkt in Peru tätig sein konnte, mußten die Geldmittel über andere Kanäle fließen. Der Haushalt für den Zeitraum vom 1. April 1977 bis März 1978 verteilte sich folgendermaßen: Programme "von Gewerkschaft zu Gewerkschaft" beliefen sich demnach auf 105.650 US-Dollar, Arbeits- und Studienaustausch auf 65.000 US-Dollar sowie internationale Stipendien in dem AFL/CIO-Institut Fort Royal auf 182.650 US-Dollar. Der CTP sollte nach diesem Haushalt 57.220 US-Dollar direkt zufließen. für Löhne (16.999 US-Dollar), Ausbildungsprogramme (11.000 US-Dollar) und Sonstiges (801 US-Dollar). Angesichts der chronischen Finanznot und der winzigen Etats der peruanischen Gewerkschaften war dies eine beachtliche Summe. Auch CGTP und CNT flossen Finanzmittel von außen zu, ob allerdings in dieser Höhe und mit derselben Zielvorgabe, ist fraglich.

CTP und Militärregierung

Die offizielle Haltung der CTP zum Militärregime wurde in hohem Maße von den Schwankungen apristischer Politik bestimmt. Ebenso wie die CGTP-Führung lehnte auch die CTP-Spitze den Militärputsch vom 3. Oktober 1968 zunächst ab und forderte bereits wenige Tage später die Abhaltung von Wahlen (La Prensa vom 6. Oktober 1968). Während die CGTP zuerst zögernd, dann kritisch und nach Ablauf eines Jahres euphorisch das Militärregime unterstützte, blieb die CTP bei ihrer distanzierten Haltung. Ständige Forderung der CTP war die sofortige Rückkehr zur konstitutionellen Ordnung, eine Forderung, die vor allem den politischen Interessen der APRA entsprach, der ja durch den Putsch eine mögliche Regierungsbeteiligung verwehrt worden war. Allerdings fand man von Zeit zu Zeit lobende Worte für das Militärregime und manchmal gar für die gesamte "Revolución Peruana" sowie für eine Reihe von Reformen. Bei solchen Gelegenheiten stellte sich die CTP als positives gewerkschaftliches Beispiel dar (CTP 1975: 5). Das Industriegesetz wurde mit Einschränkungen begrüßt. Die Agrarreform wurde unterstützt, obwohl es über ihre Einschätzung zur Spaltung der CTP-Agrarorganisation FENCAP gekommen war und obwohl die Zuckerarbeiterföderation die Verstaatlichung der agroindustriellen Komplexe abgelehnt hatte (CTP 1973a: 52). Gleichermaßen wie die CGTP partizipierte die CTP an der von Präsident Velasco ins Leben gerufenen wirtschaftlichen Aktionsfront gegen Unterentwicklung (Frente Económico de Acción contra el Subdesarrollo), die jedoch wegen der Nichtbeteiligung der Unternehmer a priori zum Scheitern verurteilt war. Im Falle des

Mitbestimmungsgesetzes, der Comunidad Industrial, erklärte sich die CTP flugs zum geistigen Urheber. Man betonte, das Ziel der Versöhnung von Kapital und Arbeit, wie es mit der CI beabsichtigt sei, entspräche der traditionellen Politik der CTP, denn diese "setze sich immer für harmonische Arbeiter- und Unternehmer-Beziehungen ein, fern dem destruktiven schädlichen Haß, der die Handlungen der CGTP leitet" (CTP 1973: 49). Der von Militärregime und dem US-Konzern "Southern Peru" geschlossene Vertrag von Cuajone, der letzterem eine Reihe von Privilegien einräumte und daher auf den einhelligen Protest der politischen Linken gestoßen war, wurde von der CTP für gut befunden (La Prensa vom 20.12.1969). Demgegenüber stieß das Projekt zur Schaffung von Sozialeigentum (Propiedad Social), das bei den Unternehmern Verunsicherung hervorgerufen und bei anderen Gewerkschaften volle Unterstützung gefunden hatte, auf entschiedene Ablehnung der CTP (CTP 1976: 49).

Wenn auch die CTP-Führung bei verschiedenen Gelegenheiten lobende Worte für den Reformprozeß und einzelne Reformen fand, so war doch eine negative Grundhaltung bestimmend, die aus der Angst vor einem Abgleiten des Reformprozesses in das Fahrwasser des internationalen Kommunismus herrührte. Teile der militärischen Führung wurden verdächtigt, Peru in ein zweites Kuba verwandeln zu wollen. (CTP 1973a: 53). Die wichtigsten Ministerien waren nach Ansicht der CTP von Kommunisten durchsetzt, die angeblich die Politik bestimmten (Interview Monteverde/CTP 1978). Der Versuch der Militärs, die Außenbeziehungen zu diversifizieren und auch die Staaten des Ostblocks einzubeziehen, erschreckte die CTP-Führung zutiefst und provozierte Proteste (CTP 1976: 10).

Auch in anderen Bereichen sah die CTP die "antinationale Aufwiegelung" am Werk, gegen die es mit allen Mitteln zu kämpfen galt, so zum Beispiel im Kirchenbereich und zwar "gegen infiltrierte und verwirrte Priester, die in diesem historischen Zeitpunkt Marx und Jesus verbrüdern wollen" (CTP 1976: 11).

Schärfste Kritik übte die CTP an ihren beiden Konkurrenzverbänden CGTP und CNT, deren Existenz für sie schlichtweg Ergebnis der "spalterischen Politik" der Militärregierung war (CTP 1973a: 51). Besonders die CGTP war Ziel ständiger Attacken, vor allem wohl deshalb, weil viele CTP-Gewerkschaften zur dynamischeren und aktiveren CGTP überliefen. Direkt nach der offiziellen Anerkennung der CGTP durch das Militärregime forderte die CTP-Führung unter Berufung auf formale Kriterien die Ungültigkeitserklärung dieses Verfahrens (DESCO 1974, Bd. 1: 1022; sowie Interview Monteverde/CTP 1978). Streiks und Arbeitskämpfe wurden in der Regel den "Kommunisten" in die Schuhe geschoben: "Es sind die Kommunisten, die andere gewerkschaftliche Dachverbände unterwandert haben und die den Streik um des Streikes willen ermutigen" (CTP 1976: 10).

Stellung und Aussagen der CTP-Führung zur Politik der Militärregierung und der anderen Dachverbände lassen vermuten, daß die CTP, nachdem sie auf der gewerkschaftlichen Ebene keine dynamische Kraft mehr darstellte, sich als Opfer einer Verschwörung von Teilen des Militärregimes sah, und zwar desjenigen Teils, der vom "internationalen Kmmunismus" beeinflußt wurde.

Der Kampf um die Federación Textil

Die historisch bedeutendste Arbeiterorganisation der CTP war die Federación de Trabajadores en Tejidos (FTTP), auch Federación Textil genannt, der Verband der Textilarbeiter. Auch wenn sie ihre einst führende Position in der Gewerkschaftsbewegung durch den Substanzverlust der Textilindustrie seit den sechziger Jahren verloren hatte, so galt und gilt die Federación Textil als zentrales machtpolitisches Werkzeug der APRA. Doch auch diese Bastion kam im Zuge des sinkenden Einflusses der APRA auf die Gewerkschaftsbewegung ins Wanken. Ähnlich wie in der Metallarbeiterföderation FETIMP wurden in der Federación Textil innergewerkschaftliche Auseinandersetzungen mit aller Härte geführt. Im folgenden sollen die Gründe dieser Konfrontation und deren Auswirkungen aufgezeigt werden.

Gegen Ende des 19. Jahrhunderts entstand in Peru eine nicht unbedeutende Textilindustrie. Sie war damals die einzige nennenswerte Industrie des Landes. Dominierend in der Textilindustrie war englisches Kapital. Nationales Kapital, von oligarchischen Familien und deren Banken stammend, blieb zweitrangig, da die Einheimischen der Agrarproduktion und dem Agrarexport den Vorzug gaben (Yepes 1972).
Die Textilindustrie, die um 1918 etwa 3.000 Männer und Frauen beschäftigte, produzierte mit einfacher Technologie. Gegen die extrem harten Arbeitsbedingungen kam es schon früh zu spontanen Streiks und Aktionen der Arbeiter, die großenteils vom Anarchosyndikalismus beeinflußt wurden. Zentrum der Textilstreiks war der Limaer Vorort Vitarte, wo sich ein Arbeitskampf im April des Jahres 1911 zu einem allgemeinen, unbefristeten Streik in Lima ausweitete, der zum ersten erfolgreichen Streik in der Geschichte des Landes wurde und Anlaß für verschiedene lokale Gewerkschaftszusammenschlüsse bildete (Sulmont 1977b: 9). Im Zusammenhang mit einem weiteren Streik in Vitarte im Jahre 1915 entwickelte sich die Unión de Trabajadores 9 de Enero, die fast alle Textilgewerkschaften Limas umfaßte. Aus den Kämpfen um den Achtstundentag im Jahr 1919 formierte sich dann die Federación de Trabajadores en Tejidos del Peru, die

zahn Jahre später ihren ersten einheitlichen Tarifvertrag forderte (Barcelli 1971: 132). Kurzfristig spielte die FTTP eine Rolle in der CGTP von Mariátegui, um dann anschließend zu einer der wichtigsten Bastionen der apristischen Gewerkschaftsbewegung zu werden. Innerhalb der CTP kristallisierte sich die FTTP in der Expansionsphase der Textilindustrie als aktivster Gewerkschaftssektor heraus. Es gelang ihr, eine Reihe außergewöhnlicher Vergünstigungen zu erkämpfen, durch die die Textilarbeiter zu den bestbezahlten Lohnabhängigen des Landes wurden.[35] Trotz der antigewerkschaftlichen Politik des Präsidenten Odría (1948 bis 1956), durch welche die FTTP bis 1955 in den Untergrund getrieben wurde, und trotz der Schwächung der Textilindustrie durch die Industriepolitik des Regimes, konnte die FTTP ihren "Besitzstand" wahren und umfaßte unter der Regierung Prado (1956 bis 1962) rund 80 Gewerkschaften mit 20.000 Arbeitern, 80 Prozent aller Gewerkschaften im Textilbereich. Die neue Gewerkschaftslinie der APRA, Folge des Paktes mit der Oligarchie, setzte sich in der FTTP nicht ohne Widerstand durch, denn noch war die Tradition der Anarchosyndikalisten und des kämpferischen Aprismus im Textilsektor lebendig geblieben. Doch später erhielt auch die gezähmte Federación Textil weitere Zugeständnisse.

Mit Beginn der fünfziger Jahre veränderte sich die Textilindustrie schnell. In einem Prozeß zwischen Expansion und Krise entstanden neue Unternehmen, die vor allem systhetische Fasern herstellten, während gleichzeitig traditionelle Unternehmen, die der Konkurrenz nicht gewachsen waren, bankrott gingen oder ihre Produktion reduzieren mußten. Regierung und Unternehmer reagierten auf diese Krise mit der Herauslösung der Kunstfaserproduktion aus den Lohn- und Arbeitsregelungen für Textilarbeiter, einer de-facto-Befreiung der Textilindustrie von Importzöllen und der Bildung eine Comisión Tripartita im Jahre 1956, einer

Dreierkommission, in der Staat, Unternehmer und Gewerkschaften repräsentiert waren, die sich mit dem Problem des Textilsektors auseinandersetzen sollte. Während in den sechziger Jahren die peruanische Industrie insgesamt einen Aufschwung erlebte, ging die Krise der Textilindustrie weiter. Die Produktion stagnierte, und die Situation der traditionellen Unternehmen verschlechterte sich. Während diese Krise letztlich Folge einer verfehlten Investitionspolitik und mangelnder Wettbewerbsfähigkeit war, wurde bei den Internehmern die Ursachen ausschließlich in zu hohen Löhnen gesehen.[36]

Die Probleme der Textilindustrie zeigten sich auch auf der gewerkschaftlichen Ebene. Die FTTP war nicht in der Lage, sich den neuen Bedingungen anzupassen, sondern ordnete sich der Planung der Textilindustriellen unter. Ihre Kampfkraft ging zwischen 1960 und 1968 zurück. Die apristische Führung der Föderation versuchte nach wie vor, über den apristisch-oligarchischen Parlamentsblock Forderungen durchzusetzen und baute ihre guten Beziehungen zur Unternehmerseite aus, während sich jedoch gleichzeitig die wirtschaftliche Situation der Textilarbeiter verschlechterte.

Auch unter dem Militärregime setzte die FTTP-Führung die Kooperation mit den Textilindustriellen fort. 1971 und 1975, im letzteren Fall während des Ausnahmezustandes, wurden Abkommen über Arbeitsbedingungen geschlossen, die den Unternehmern Rationalisierung ermöglichten, ohne daß die Gewerkschaftsbasis zuvor konsultiert worden war (Sulmont 1977b: 58). Unter dem Militärregime expandierte die Textilproduktion infolge der Protektion des inneren Marktes, die Investitionen nahmen zu, es entstanden neue kleine und mittlere, allerdings technologisch schlecht bestückte Betriebe, so daß die Textilindustrie insgesamt uneffektiv blieb (Marka Nr. 12 vom 30.10.1975). Die Textilföderation geriet in eine Dauerkrise, und zwar gleich in verschiedener Hinsicht. Waren 1961 noch 81 Prozent aller Textilarbeiter (21.000 Personen) der FTTP angeschlossen, so sank dieser Anteil bis 1973 auf 63,3 Prozent (15.000 Arbeiter). Etwa 22 Prozent aller Textilarbeiter waren in der Zwischenzeit zu CGTP übergetreten.[37] Anfang der siebziger Jahre gehörten offiziell noch 130 Gewerkschaften zur FTTP, von denen jedoch nach Angaben der FTTP-Führung nur noch 108 organisatorisch lebendig waren.[38] An dem FTTP-Kongreß im September 1970 nahmen lediglich 30 Gewerkschaften teil (Sulmont 1977b: 57).

Seit Ende der sechziger Jahre begannen sich vorzugsweise in größeren Textilgewerkschaften anti-apristische, teilweise von der KP und später von der Neuen Linken beeinflußten Führungen durchzusetzen. Ende 1973 holte die Opposition dann gemeinsam zum entscheidenden Schlag gegen die apristische Führung aus. Im November 1973 wurde auf Initiative von KP-nahen Gewerkschaften ein Textilkongreß abgehalten, an dem sich etwa 70 Gewerkschaften beteiligten (Interview Allende/San Miguel 1977). De facto konstituierte sich auf diesem Treffen eine parallele Textilföderation mit eigener Führung und eigenem Gewerkschaftslokal. Die Federación Textil 2 de Mayo" (so benannt nach dem Ort des Gewerkschaftslokals) forderte trotz interner Widerstände eine Beteiligung an der geplanten Comisión Multisectoral sowie vom Arbeitsministerium die offizielle Anerkennung als einzig authentische Textilföderation. Mit dieser weitgehenden Forderung spekulierte man auf die Unterstützung anti-apristischer Militärs. Doch das Arbeitsministerium bestätigte die apristische Führung der FTTP und sprach der Führung der "2 de Mayo" jegliche Legitimation ab. Diese Entscheidung löste intensive Diskussionen in den Gewerkschaften der Federación 2 de Mayo aus. Die Delegierten forderten in ihrer Mehrheit einen Streik zur Durchsetzung der Anerkennung der Föderation, ohne daß es jedoch zu konkreten Schritten kam, Unterdessen hatte sich innerhalb der Federación 2 de Mayo eine Tendenz herauskristallisiert, die ein Rückkehr in die FTTP forderte: Dort sollte dann qua Mehrheit die Führung übernommen und der apristische Vorstand ausgestoßen werden. Auf einer Versammlung der Federación 2 de Mayo, am 24. November 1974 stimmte eine Mehrheit von ca. 40 Gewerkschaften für die Rückkehr in die FTTP und den Aufbau einer koordinierten Opposition. Zehn Gewerkschaften wurden als Koordinationsgremium des neuen Organismus bestimmt. Wenn auch innerhalb des CLUGT (Comité de Lucha y Unificación del Gremio Textil) Einigkeit darüber bestand, die FTTP dem Lager des Sindicalismo Clasista zuzuführen, den Einheitstarifvertrag zu verteidigen und die apristische Führung zu entfernen, so herrschte ansonsten Unklarheit und eine heillose ideologische Zersplitterung (Interview Gonzales/CINSA 1977 und Allende/San Miguel 1977).

Das Vorhaben scheiterte. Der apristischen Führung gelang es, den Versuch einer Übernahme der Föderation abzublocken.

Die Koordinationsversuche der anti-apristischen Opposition wurden 1974/75 von Streiks begleitet, die den Textilsektor zum streikintensivsten Bereich innerhalb der verarbeitenden Industrie machten. Charakteristisch für einen Großteil der Streiks war deren lange Dauer: oft erstreckten sich die Arbeitsniederlegungen über einen Zeitraum zwischen 45 und 90 Tagen und waren bisweilen von Fabrikbesetzungen begleitet. Die Streiks richteten sich gegen die mit der Rationalisierung der Textilindustrie verbundenen Fabrikschließungen, Entlassungen, Verschärfung der Akkordarbeit, indirekten Lohnsenkungen und Schikanen gegen Gewerkschaften. Hauptargument der Unternehmerseite für die forcierte und von den

Militärs geförderte Rationalisierung, war der ab 1980 zu erwartende Konkurrenzdruck der Textilindustrie anderer Länder des Andenpaktes, als Folge des Wegfalls der Schutzzölle. Der Versuch, die Rationalisierungspolitik durch eine multisektorale Kommission zu sanktionieren, scheiterte jedoch am Widerstand der Arbeiter.[39] Die Streiks verliefen indessen in allgemeinen unkoordiniert und isoliert, da sich die FTTP-Führung weigerte, den streikenden Betriebsgewerkschaften effektive Unterstützung zukommen zu lassen. Während so die Streiks der Textilgewerkschaften im allgemeinen erfolglos blieben, gelang es in einigen wenigen Fällen, durch den entschiedenen Widerstand der Arbeiter die Schließung ihrer Fabriken zu verhindern und deren Umwandlung in eine Kooperative durchzusetzen. Rechtliche Handhabe dazu bot das Gesetz DL Nr. 20023 von 1973, das die zeitlich begrenzte oder definitive Übergabe bankrotter Unternehmen an die Comunidad Laboral ermöglichte. Insgesamt sechs Textilunternehmen, davon zwei in Huancayo und eines in Cusco, wurden in Kooperativen umgewandelt.

Zu einem Zeitpunkt, als sich die föderationsinterne Opposition bereits in Auflösung befand, wurden mit sechsmonatiger Verspätung der nationale Kongreß der FTTP und Neuwahlen abgehalten. Durch Manipulationen wie das Nichtzulassen einer oppositionellen Wahlliste, konnte sich die apristische Führung erneut durchsetzen.

Zu Beginn des Jahres 1976 spitzte sich ein weiterer Konflikt zu. Als "Ausgleich" für die harten Wirtschaftsmaßnahmen vom Januar 1976 war von Regierungsseite eine außertarifliche Lohnerhöhung von 840 Soles (DL 21392) pro Monat zugestanden worden, die jedoch infolge der automatischen Lohnangleichung an die gestiegenen Lebenshaltungskosten nicht für die Textilarbeiter gelten sollte. Auf einer Delegiertenversammlung der FTTP setzte der oppositionelle Block mit Mehrheit einen Streikbeschluß mit fünf Forderungen durch. Der Forderungskatalog wurde anschließend von der apristischen Führung eigenmächtig reduziert und der Streiktermin auf den 2. Februar gelegt, just auf denselben Tag, an dem die CTP einen nationalen Streik durchführen wollte. Die Textildelegierten auf der CTP-Versammlung vom 30. Januar wandelten den Streikbeschluß ihrer Föderation in eine Unterstützungsmaßnahme für den geplanten CTP-Streik um (Sulmont 1977: 54). Doch nur ein Teil der Textilgewerkschaften beteiligte sich. Nachdem die Regierung nicht auf die Forderungen der FTTP reagiert hatte, wurde auf einer Delegiertenversammlung der FTTP am 11. März beschlossen, in den verschiedenen Gewerkschaften die Möglichkeit eines Branchenstreiks für die Durchsetzung der außertariflichen Lohnerhöhung von 840 Soles zu prüfen und 15 Tage später einen endgültigen Beschluß zu fassen. Auf der neuen Versammlung kam es zum Eklat, wobei sich die apristische Position, laut Angaben oppositioneller Delegierten, mit undemokratischen Mitteln durchsetzte (Interview Allende/San Miguel 1977). Kurz darauf handelte die FTTP-Führung mit den Textilunternehmen die Zahlung der außertariflichen Zulage von 840 Soles aus, die allerdings als Voraussetzung auf künftige Lohnangleichungen angerechnet werden sollte. (R.R. Nr. 062-76 TR) Wenige Monate später wurden neun der führenden oppositionellen Gewerkschafter, darunter die Repräsentanten des CLUGT, aus der Föderation ausgeschlossen.

Unterdessen war bereits eine dritte Initiative angelaufen, die Opposition in und außerhalb der FTTP zu koordinieren und zu zentralisieren. Die Föderation der Comunidades Industriales des Textilsektors, FECITEX, die 299 CI's umfaßte, hatte schon seit längerem in Verbindung mit den oppositionellen Betriebsgewerkschaften gestanden. Nach verschiedenen Treffen von Gewerkschaften und Comunidades Industriales lud die FECITEX zu einer gemeinsamen Versammlung von Gewerkschaften und CI's für den 12. März 1976 ein, aus welcher sich der Vorschlag einer gemeinsamen Allianz von Basisgewerkschaften und Comudidades Industriales auf der Grundlage eines gemeinsamen Programms entwickelte. Die Verhängung des Ausnahmezustandes im Juli 1976 und die damit verbundene Politik blockierten auch diesen neuen Versuch, den anti-apristischen Tendenzen in der FTTP einen organisatorischen Rückhalt zu geben.

Versucht man, die Entwicklung der FTTP seit 1968 zusammenzufassen, so lassen sich zwei Tendenzen erkennen: Ein Teil der Textilarbeitergewerkschaften verließ die Federación Textil und schloß sich direkt der CGTP an.[40] Ein anderer Teil versuchte, mittels koordinierter Aktionen die apristische Führung der Föderation zu beseitigen. Diese Versuche scheiterten, obwohl in bestimmten Phasen Mehrheiten bestanden, an der fehlenden inneren Kohärenz und der erfolgreichen Taktik der apristischen Führung.[41] Manipulationen, Ausschluß unbequemer Gewerkschafter und vielerlei Tricks gehören nicht nur in das Repertoire der APRA, sondern wurden auch von der KP und Gruppen der Neuen Linken angewandt. Allerdings scheinen diese Praktiken im Falle der Federación Textil eine besondere Qualität erreicht zu haben. Sulmont (1977 b) faßt das Manipulations- und Kontrollinstrumentarium der FTTP folgendermaßen zusammen:

- Manipulierung der Versammlungen, der Stimmabgabe und mehrheitlich gefaßter Beschlüsse durch unzulässige Eingriffe der Versammlungsleiter; willkürliche Auslegung der Satzungen und Regeln; Überrepräsentierung "eigener" Gewerkschaften und Ausbootung anderer Gewerkschaften; Teilnahme gewerkschaftsfremder Personen an Versammlungen und Ignorieren von Mehrheitsgeschlüssen.
- Keine Befragung der gewerkschaftlichen Basis vor Tarifabschlüssen und vor Abkommen mit der Regierung.

- Anwendung massiver Einschüchterungsmethoden unter Einsatz von Schlägertrupps (der apristischen "Bufalos"), Provozierung von Tumulten in Versammlungen bei drohenden Abstimmungsniederlagen, Diffamierungen, Rückgriff auf polizeiliche Unterstützung.

Doch erklären solche Praktiken allein nicht, warum es der APRA gelang, im Textilsektor als einzigem relevanten Industriesektor ihre Kontrolle über die Gewerkschaftsföderation aufrechtzuerhalten. Andere Faktoren kamen hinzu:

- Das Gewicht der APRA in den Textilgewerkschaften war seit jeher hoch; die Legitimationskrise der APRA manifestierte sich hier mit Verspätung.
- Die Privilegien, die die Textilarbeiter durch Vermittlung der apristischen Partei durchgesetzt hatten, förderten ein "ökonomistisches Bewußtsein" der Textilarbeiter.
- Die Föderation wurde in den fünfziger und sechziger Jahren von einer Gruppe gut ausgebildeter Gewerkschafter "gemanaged" und zwar erfolgreich. Daß die Führung Tarifpolitik ohne Rückkoppelung mit der Basis betrieb, förderte einen Hierarchisierungs- und Bürokratisierungsprozeß und wirkte sich gleichzeitig lähmend auf das interne Leben der Föderation aus.
- Die Opposition blieb desorganisiert, nicht zuletzt deshalb, weil die politische Linke erst relativ spät angefangen hatte, sich für die Textilindustrie zu interessieren.

Diese Faktoren, die durch die manipulatorischen Praktiken der FTTP-Führung ein spezifisches Gewicht erlangten, ermöglichten es der CTP wenigstens diesen einen bedeutenden Industriesektor zu halten.

4. CNT: Am Rande der Gewerkschaftsbewegung

Gründung und Stagnation

Die Confederación Nacional de Trabajadores entstand im Jahre 1971. Die Vorläufer dieses kleinen gewerkschaftlichen Dachverbandes finden sich im Movimiento Sindical Cristiano (MOSIC, christliche Gewerschaftsbewegung), einer Gruppierung, die nach christlich-sozilen Prinzipien Bildungsarbeit primär unter Arbeitern und Landbevölkerung betrieb und ihren Haupteinfluß in der Region Arequipa hatte. Der MOSIC selbst hatte sich 1955 aus der katholischen Arbeiterjugend heraus formiert und stand dem progressiven Klerus nahe. Schwerpunkt der Arbeit des MOSIC im urbanen Bereich bildeten Kleinunternehmen.

Seit Mitte der sechziger Jahre forcierte eine Gruppierung in der christdemokratischen Partei, die verschiedene Berührungspunkte mit dem MOSIC hatten, die Idee, den parteipolitisch unabhängigen MOSIC in eine dem Partido Demócrata Cristiano (PDC) verbundene Gewerkschaftsorganisation umwandeln. Dazuhin kam das Interesse des PDC, der Militärregierung eine soziale Basis zuzführen. Auch dem christdemokratischen lateinamerikanischen Gewerkschaftsverband CLAT war daran gelegen, in Peru über eine Mitgliedsorganisation zu verfügen. All diese Interessen traten in einem Treffen im Juni 1969 zutage, wo Mitglieder des PDC und sympathisierende Gewerkschafter mit führenden Militärs überein kamen, die Bildung eines neuen gewerkschaftlichen Dachverbandes zu unterstützen.[42] Der Vorstand des MOSIC erklärte sich zum Organisationsausschuß für die Konstituierung der CNT, deren Gründungskongreß am 10. April 1971 stattfand (CNT 1971; vgl. auch Plan de Trabjo de la CNT). Bei ihrer Gründung waren der CNT elf kleinere Föderationen angeschlossen, die ausschließlich unter der Regie des MOSIC entstanden waren. Die CNT-Föderationen kamen großenteils aus dem unterkapitalisierten Sektor der peruanischen Wirtschaft, der bislang von anderen Dachverbänden vernachlässigt worden war (zum Bespiel Kleinbauern der Region Lima/Canete, Marktverkäufer, Holzarbeiter, Ziegelbrenner, Flaschenabfüller und Schuhputzer).

Die CNT-Föderationen aus Industrie und Handel (metallverarbeitender, Nahrungsmittel-, Bekleidungs- und fischverarbeitender Industrie sowie aus Handelshäusern) blieben auf wenige, meist kleinere Gewerkschaften beschränkt und standen im Schatten weitaus bedeutenderer Parallelorganisationen. Die einzige bedeutende, große Industriegewerkschaft, die sich der CNT angeschlossen hatte, war die 1.400 Mitglieder umfassende Gewerkschaft der Schiffswerft PICSA in Chimbote. Die Delegierten faßten den Beschluß, sich auf lateinamerikanischer Ebene der konfessionellen "Confederación Latinoamericana der Trabajadores" (CLAT) und derer Mutterorganisation dem "Weltverband der Arbeitnehmer" (WVA), anzuschließen. Die CNT wurde schon kurz nach ihrer Gründung legalisiert (Resolución Divisional Nr. 196-08 vom 13. Juli 1971).
Zu der fehlenden Verankerung in den wirtschaftlich relevanten Branchen kam auch die sehr geringe Mitgliederzahl der CNT. Genaue Zahlen liegen nicht vor, doch kann man davon ausgehen, daß die CNT auch in ihren besten Zeiten nie mehr als 15.000 bis 20.000 Mitglieder hatte.[43] Die vom stellvertretenden Generalsekretär der CNT genannte Mitgliederzahl von 50.000 war jedenfalls viel zu hoch gegriffen (Interview mit Segundino Perez/CNT). Die politische Bedeutungslosigkeit der CNT drückte sich auch darin aus, daß ihr nach offiziellen Statistiken des Arbeitsministeriums und des Industrieministeriums nur zwei bzw. sieben Prozent aller Gewerkschaftsorganisationen angeschlossen waren.[44] Auch der Anteil der CNT-

Gewerkschaften an den Arbeitskonflikten blieb trotz Zunahme von Streikaktivitäten seit 1973 insignifikant: Für 1973 entfielen 0,3 Prozent aller durch Streik ausgefallenen Arbeitsstunden auf CNT-Gewerkschaften, 1974 waren es 0,1 Prozent und 1975 0,4 Prozent.

Durch die Gründung der regierungsoffiziellen CTRP Ende 1972 wurde der CNT ähnlich wie der CGTP das offiziellen Wohlwollen entzogen. An die neugegründete CTRP mußte die CNT gleich zwei Föderationen abgeben: die der fischverarbeitenden Industrie und die der Ziegelbrenner (Interview Perez/CNT). Eine der bedeutenderen Organisationen, die Federación Departamental de Campesinos de Lima mit 7.500 Mitgliedern, scherte 1972 aus (vgl. DESCO, 1974, Bd. 1: XLVII). Neuzugänge blieben relativ selten.[45] Es bleibt die Frage, warum es der CNT nicht gelang, sich einen wichtigeren Platz in der peruanischen Gewerkschaftsbewegung zu erkämpfen. Verschiedene Gewerkschafter machten dafür gewerkschaftliche Passivität, bürokratische Tendenzen in der Führung und persönliche Machtinteressen verantwortlich.[46] Entscheidend waren jedoch andere Faktoren: Die CNT war zu diesem Zeitpunkt überflüssig. Ihre kurz- und mittelfristigen Forderungen deckten sich weitgehend mit denen der CGTP. Beide Organisationen unterstützten die Militärs, bekämpften die APRA und standen der Neuen Linken ablehnend gegenüber.

In dieser Konstellation bot ein Anschluß an die CGTP für eine Gewerkschaft erheblich mehr Vorteile:

- Die CGTP war größer und bedeutender und konnte von daher mehr Solidarität und Unterstützung bieten.
- Die Identität von CNT und christdemokratischer Partei war erheblich ausgeprägter als im Falle der CGTP und KP. Die CGTP bot von daher größeren Spielraum.

- Die CGTP verfügte über einen großen Stamm erfahrener und fähiger Gewerkschafter.

In den von CGTP und CTP traditionell marginalisierten Sektoren des Tertiärsektors der Kleinindustrie konnte sich die CNT ebensowenig konsolidieren, da hier seit Ende 1972 die CTRP hineingestoßen war, die aufgrund staatlicher Ressourcen und Hilfe klare Vorteile hatte.

Den anderen Dachverbänden und Gewerkschaften stand die CNT-Führung ablehnend gegenüber: Eine Zusammenarbeit mit der spristisch kontrollierten CTP, die versöhnlerisch und reaktionär charakterisiert wurde und "die versucht, die Interessen der Arbeiter an die Unternehmer zu verkaufen" (Interview mit Perez/CNT), wurde abgelehnt. Die CTRP wurde als ein vertikal organisierter Verband scharf kritisiert. Eine Verständigung mit den linksoppositionellen Gewerkschaften fiel ebenfalls weg. So blieb eigentlich nur die CGTP als potentieller Bündnispartner, die wiederum als zu "klassenkämpferisch und aktivistisch" kritisiert wurde (Interview Perez/CNT). Verschärft wurde die marginale Rolle der CNT durch interne Querelen. Schon bei der Gründung des Dachverbandes gab es Konflikte bezüglich der Frage, ob sich die CNT stärker an der Kirche oder der christdemokratischen Partei (PDC) orientieren sollte, die dann zwei Jahre später, auf dem 1. ordentlichen Kongreß, zu offenen Auseinandersetzungen und einer Abspaltung führten (vgl. Interview mit Avilio Chumpitaz/Mina Luren).

Nachdem einerseits der Reformelan der Militärs allmählich zum Stillstand gekommen war und andererseits die stagnativen Tendenzen der CNT unübersehbar waren, gewann seit Mitte der siebziger Jahre eine Gruppierung an Einfluß, die verstärkte Koordination mit anderen Gewerkschaftssektoren, insbesondere der CGTP, suchte und eine größere Autonomie gegenüber dem Militärregime anstrebte. Dieser Sektor, unter Führung von Felix Reynaga, konnte dann durchsetzen, daß sich die CNT Anfang 1976 zusammen mit CGTP, CTRP-Lima und einigen unabhängigen Föderationen in den Consejo Unificador de las Organizaciones Sindicales (CUOS) integrierte. Die Zusammenarbeit, insbesondere mit der CGTP, intensivierte sich in den folgenden Monaten. Der CNT-Generalsekretär Felix Reynaga wurde auf Druck der CGTP zum Vorsitzenden des nationalen Koordinationskomitees CUOS bestimmt. Die Wahl von Reynaga zum Vorsitzenden des CUOS war jedoch weniger der Ausdruck der Wertschätzung der CNT durch die anderen Gewerkschaften (so Horsters 1977: 101), sondern das Interesse der CGTP-Führung, den Vertreter einer wenig bedeutenden Organisation an der Spitze des CUOS zu haben. Obwohl die CNT ihre gewerkschaftliche Isolierung überwinden konnte, blieb ihre Bedeutung weiterhin begrenzt.

Programmatische Positionen und Haltung gegenüber der Militärregierung

Die entscheidende Rolle der christdemokratischen Partei (PDC) drückte sich auch in der programmatischen Linie der CNT aus. Zahlreiche politische Positionen und Vorstellungen über die zukünftige Gestaltung der peruanischen Gesellschaft, die von dem PDC vertreten werden, finden sich in den Statuten und Manifesten der CNT wieder.

Auf ihrem Gründungskongreß erließ die CNT einen Aufruf an "die Armen und Ausgebeuteten von Peru, an die unterdrückten Völker von Lateinamerika und die Welt". In diesem Manifest definierte sich die CNT als einen "klassenorientierten Verband... dessen grundsätzliches Ziel es ist, zum Aufbau einer neuen peruanischen Gesellschaft als einer Gemeinschaft der freien Arbeitnehmer" beizutragen (CNT 1971). Die CNT wandte sich gegen "den Hauptfeind der Arbeiterklasse und der unterdrückten Völker von Lateinamerika und dem Rest der Welt: den nordamerikanischen und den russischen Imperialismus und deren nationale Lakaien und Verbindungsleute, die peruanische Bourgeoisie und Oligarchie" (CNT 1971)

Als verantwortlich für die Unterentwicklung Perus wurden die Abhängigkeit von der "Metropole" und das System des Kapitalismus gebrandmarkt. Die verschiedenen reformistischen Ansätze lateinamerikanischer Regierungen seien gescheitert und hätten eher noch die Abhängigkeit verschärft. Als Alternative rief die CNT zur Schaffung einer "sozialen Macht" auf, in die die ausgebeuteten Klassen integriert werden sollte, um dann "aktiv im revolutionären peruanischen Prozeß als Protagonisten ihrer eigenen Befreiung teilzunehmen" (CNT 1971). Die neue soziale Ordnung, die an Stelle des kapitalistischen Systems treten sollte, müßte durch die Vorherrschaft des Faktors Arbeit über den Faktor Kapital charakterisiert sein. Privater und individueller Besitz an Produktionsmitteln und Dienstleistungen sollten verschwinden und durch neue Werte wie "Brüderlichkeit, Solidarität, Selbstlosigkeit, Opferbereitschaft und Gerechtigkeitsdenken" (CNT 1971) ersetzt werden.

Ein weiteres wichtiges Dokument zur Klärung und Verdeutlichung der programmatischen Linie der CNT bildete ihr Strategiepapier (Estrategia de la CNT, o.D.). Im ökonomischen Teil wurden Forderungen aufgestellt, die weitgehend mit dem Programm der Militärregierung in deren Anfangsjahren übereinstimmten: Nationalisierung des Großbergbaus, Bildung von Genossenschaften im Agrarsektor, Schaffung eines "sozialen Sektors" der Wirtschaft, staatliche Kontrolle des Außenhandels und - im Falle von

Bedarfsgütern - des Binnenhandels.
So wie für die CLAT auf lateinamerikanischer Ebene gilt auch für die CNT auf Peru bezogen, daß sie zwar über eine akttraktive und Dritte Welt bezogene Programmatik verfügte, jedoch diese nicht in die Tat umsetzen konnte. Die Programmatik holte sich ihre Anleihen bei verschiedenen Theorien: In sie flossen Elemente der christlichen Soziallehre, der marxistischen Gesellschaftsanalyse und der Dependenzdiskussion ein.

Schon von Beginn an unterstützte die CNT, deren Gründung ja von Teilen der Militärhierarchie begünstigt worden war, die Reformpolitik der Militärregierung. Ein weiterer Bezug zur Militärregierung war dadurch geschaffen, daß die christdemokratische Partei als die dominierende politische Kraft der CNT einen starken ideologischen Einfluß auf die Militärregierung ausübte: Zahlreiche zivile Regierungsberater stammten aus den Reihen des PDC oder standen ihm nahe.

Die theoretische Identifizierung von PDC und CNT-Führung mit der Programmatik der Militärregierung war ausgeprägter als im Falle von Kommunistischer Partei und CGTP-Spitze. Während für diese die Velasco-Regierung eher einen Übergang zu einer sozialistischen Lösung darstellte, wies "der dritte Weg zwischen Kapitalismus und Kommunismus" der Militärregierung weitgehende Identität mit den gesellschaftspolitischen Zielvorstellungen des PDC und der CNT-Führung auf.

Alle wichtigen Reformen der Regierung Velasco wurden von der CNT vorbehaltlos unterstützt. In diesem Sinne nahm die CNT gemeinsam mit der CGTP und der CTRP an verschiedenen Solidaritätsveranstaltungen für die Militärregierung teil.

Diskrepanzen zwischen Militärregime und CNT-Führung zeigten sich nur in Einzelfragen der Arbeitspolitik. Kritik wurde zuweilen an einzelnen Ministern oder Funktionären geübt, ab und zu wurden bei Reformprojekten Zusatzforderungen gestellt - zum Beispiel nach einer Mitbestimmung der Beschäftigten in den Staatsbetrieben -, doch beeinträchtigte dies nicht die enge Anlehnung an die Regierung. Erst als die Militärs ab Mitte der siebziger Jahre ihre Reformpolitik einstellten, ging die CNT allmählich auf Distanz.

Organisationsstruktur und Willensbildungsprozeß

Die der CNT angehörenden Basisorganisationen waren in der Regel - wie auch bei anderen Dachverbänden - in provinzialen, departamentalen und nationalen Föderationen zusammengefaßt. Mitglied der CNT konnten laut Statuten "gewerkschaftliche Vereinigungen und jeder Typus von Organisation der Arbeitnehmer"[47], das heißt auch Vereinigungen von Nicht-Lohnabhängigen sein.

Oberstes Beschlußorgan des Dachverbandes war der Kongreß, der satzungsgemäß alle drei Jahre zusammentreten mußte und auf dem die grundsätzlichen Beschlüsse gefaßt wurden (Estatutos, Art. 20 und 21).

Zwischen den Kongressen bildete der "Nationalrat" (Consejo Nacional) das höchste Organ (Estatutos, Art. 23). Diesem Gremium gehören die Mitglieder des Exekutivkommitees und die Generalsekretäre der nationalen, provinzialen und departamentalen Föderationen an, in Ausnahmefällen deren Vertreter (Estatutos, Art. 24). Dieses Gremium mußte jedes Jahr zu einer ordentlichen Sitzung zusammentreten sowie bei Beschluß des Exekutivkommitees oder auf Antrag von zwei Dritteln der Mitgliederorganisationen (Estatutos, Art. 25). Das Exekutivkommitee wurde vom Kongreß gewählt und soll entsprechend den Leitlinien und Beschlüssen der Kongresses und Nationalen Rates handeln.

Für die Durchführung der Tagespolitik war das "Tagesbüro" (Buró Diario) verantwortlich. Im Rahmen einer Statutenänderung beim 4. Nationalen Rat wurde es später kollektiv vom Generalsekretär und vier beigefügten Generalsekretären, die zusätzliche Spezialfunktionen haben, gebildet (Interview Perez/CNT).

Die finanziellen Einkünfte der CNT stammten aus diversen Quellen. Die dem Verband angeschlossenen Organisationen müssen 20 Prozent ihrer Einkünfte abliefern. Direkt der CNT angeschlossene Basisgewerkschaften zahlten monatlich drei Soles pro Mitglied. Zusätzliche Einkünfte erhielt die CNT über internationale christdemokratische Organisationen wie von der Konrad-Adenauer-Stiftung mittels deren "Institut für Internationale Solidarität" (Sulmont 1977 a: 249).

5. CTRP: Die Hand der Militärs in der Gewerkschaftsbewegung

Die "Operation" CTRP

Die Politik der Militärregierung hatte in den ersten Jahren, gemessen an peruanischen Verhältnissen, aus einer weitgehenden Respektierung der gewerkschaftlichen Autonomie bestanden. Wo sie auf aktive gewerkschaftliche Opposition gestoßen war, so bei den Lehrern und Bergarbeitern, wurden zwar die Streiks mit Gewalt gebrochen, doch die Gewerkschaftsorganisationen als solche nicht zerschlagen. Gegenüber den kooperationswilligen Gewerkschaftssektoren hatte man eine wohlwollende bis fördernde Haltung gezeigt, ohne allerdings den Gewerkschaften eine aktive Rolle im Reformprojekt zuzweisen. Die kurz vor dem Putsch gegründete CGTP wurde als natürliche Alternative zu der oppositionellen, jedoch passiv verharrenden, CTP gesehen, und auch bei der Gründung der christdemokratischen CNT hatten die Militärs ihre positive Einstellung deutlich gemacht. Angesichts der Bedeutungslosigkeit der CNT und des Unvermögens der CGTP-Führung, die Mitgliedsgewerkschaften zu tariflicher Mäßigung zu zwingen, gingen einige führende Militärs quasi im Alleingang dazu über, einen "offiziellen" Gewerkschaftsbund aufzubauen. Zwar hatte einst im Rahmen der Gründung von SINAMOS im Jahre 1972 das langfristige Projekt für den Aufbau einer Einheitsgewerkschaft bestanden, doch entschieden sich jetzt diese Militärs für die Schaffung eines eigenen Dachverbandes, um langwierige und schwierige Verhandlungen mit anderen Gewerkschaftsdachverbänden zu vermeiden (Bejar 1976: 70). Von der Regierung wurde eine Kommission gebildet, die sich aus Vertretern der Ministerien des Innern, der Industrie, der Arbeit, der Fischerei sowie des Chefs von SINAMOS zusammensetzte und die Grundlagen für den neuen Dachverband festlegen sollte. An den Vorbereitungen, von denen sich SINAMOS jedoch bald zurückzog, nahmen nach Berichten von Hector Bejar, damals hoher SINAMOS-Funktionär, und Guillermo Thorndike, die diesem Zeitpunkt Chefredakteur von La Crónica, auch die Sicherheitsdienste und Politische Polizei teil.[48] Aus dieser "Operation" heraus konsolidierte sich auch die Mision, eine militärische Fraktion, die korporativistisch-reaktionäre Positionen vertrat und sich unter Einsatz hoher Finanzmittel und kontraktierter "Werber" daran machte, die Infrastruktur für die geplante Operation zu schaffen.[49]

Die Führung der mächtigen Föderation der Fischer (Federación de Pescadores), die 1969 den Austritt aus der CGTP vollzogen hatte, und seitdem eng mit dem Fischereiministerium kooperierte, war bereit, ihren Verband als zentrale Basis in das Gewerkschaftsprojekt einzubringen. Im Schnellverfahren wurden vor allem in Kleinbetrieben zahlreiche Gewerkschaften gegründet und Föderationen hochgezogen (Thorndike 1976: 132). Die eigentliche Gründungsprozedur der CTRP erfolgte mit derselben Schnelligkeit: Am 14. November 1972 erschien in allen Tageszeitungen die Grundsatzerklärung der Central der Trabajadores de la Revolución Peruana (CTRP), in der ein neuer Gewerkschaftstypus verkündet und die anderen gewerkschaftlichen Tendenzen abgelehnt wurden.[50] Nach einer zweiwöchigen Pressekampagne folgte eine nationale Delegiertenversammlung und am 14.-16. Dezember 1972 der konstituierende Kongreß. An diesem nahmen 14 Gewerkschaftsföderationen teil, mit Ausnahme der Federación Pescadores, jedoch weitgehend bedeutungslose. Von der Regierungsseite waren mehrere Minister und hohe Funktionäre zum Gründungskongreß der CTRP gekommen. Am 27. Dezember knapp zwei Wochen später, reichte dann die CTRP-Führung die Unterlagen für die offizielle Anerkennung ein, die bereits zwei Tage später erfolgte (Resolución Divisional No. 462-72 DR); Die CGTP hatte darauf 18 Monate warten müssen. Eine ähnlich schnelle "unbürokratische" Behandlung erfuhren auch die einzelnen Mitgliedsföderationen: sechs der 14 Gründungsföderationen wurden am 13. Dezember offiziell anerkannt, sechs weitere zwischen dem 21. und 27. Dezember; innerhalb von zwei Wochen waren so elf Föderationen gesetzlich anerkannt worden, die alle erst kurz zuvor das Licht der Welt erblickt hatten. Von allen Föderationen, die der CTRP bei ihrer Gründung angeschlossen waren, hatten nur drei zuvor bestanden: die Föderation der Fischer sowie der Ziegelbrenner und eines Teils der Beschäftigten der fischverarbeitenden Industrie. Die beiden letztgenannten Organisationen kamen von der CNT. Die Führungsspitze des neuen Dachverbandes setzte sich aus Gewerkschaftern mit einer teilweise zweifelhaften Laufbahn zusammen, so daß die rechtsgerichtete Zeitschrift "7 Dias" von einem "Dachverband der ausgestoßenen Gewerkschafter"[51] sprach.

Partizipative Ideologie und neues Organisationskonzept

Auf dem Gründungskongreß der CTRP wurden die Statuten und Reglements verabschiedet. In einer einleitenden "Prinzipienerklärung" wurde die dringende Notwendigkeit und "transzendentale Bedeutung" des neuen Verbandes für die arbeitende Bevölkerung begründet: Durch die Peruanische Revolution seien alte Strukturen und Privilegien abgebaut sowie neue Strukturen und soziale Kräfte entstanden. Für den gewerkschaftlichen Bereich würden diese Veränderungen bedeuten,

> "daß die Stunde gekommen ist, damit sich die alte Konzeption der peruanischen Gewerkschaftsbewegung radikal ändert...Deshalb ist es notwendig und so verstehen es auch die peruanischen Arbeitnehmer, daß unser authentisch revolutionärer Gewerkschaftstypus, anstatt auf den Irrwegen der Konfrontation der Arbeitnehmer mit der peruanischen Revolution, wie es die konterrevolutionären Kräfte wünschen, fortzufahren, im Gegensatz dazu darauf hinarbeitet, uns mit ihr zu identifizieren und für sie zu kämpfen" (CTRP 1972: 18).

Für diesen Gewerkschaftstypus, der für sich die Begriffe "partizipativ", "nationalistisch", "revolutionär" oder "patriotisch" reklamierte, bestand keine Notwendigkeit, eigene Vorstellungen und Perspektiven zu entwickeln: Sein Dogma waren Politik und programmatische Aussagen der regierenden Militärs (CRTP 1972: 18). Klar und aggressiv wurde formuliert: Eliminierung der hostorisch gewachsenen, klassischen Gewerkschaftsbewegung, die in den Augen der CTRP-Ideologen aufgrund einer veränderten Situation überflüssig bzw. "konterrevolutionär" geworden war. Führungsmitglieder von politischen Parteien durften keine leitenden Funktionen in der CTRP übernehmen (CTRP 1972: Art 72).

Die CTRP, verstand sich als ein Verband, der Gewerkschaften, "mutualistische" Organisationen, Vereinigungen und Gremien der Arbeitnehmer umfaßte (CTRP 1972: Art. 15). Die Mitgliedsorganisationen sollten sich sowohl nach Wirtschaftszweig, dabei möglichst der Struktur der peruanischen Ministerien folgend, als auch nach Regionen organisieren (CTRP 1972: Art. 19). Um ihre Andersartigkeit zu verdeutlichen, versuchte die CTRP sich eine von den "traditionellen" Gewerkschaftsverbänden unterschiedliche Organisations- und Repräsentationsstruktur zu geben: Ausführendes Exekutivorgan war das 16 Mitglieder umfassende "Secretariado Nacional de Participacion Sectorial", aus dessen Reihen auch rotativ der Generalsekretär gewählt wurde, mit Sitz in Lima (CTRP 1972: Art. 4, 45, 64 f.). Dessen Mitglieder wurden entweder auf dem Nationalkongreß, der laut Satzung alle drei Jahre zusammentreten mußte oder auf einem außerordentlichen Kongreß gewählt (CTRP 1972: Art. 32 ff., 42). Der Delegiertenschlüssel für die Nationalkongresse wies dabei ähnliche Strukturen wie der anderer Dachverbände auf: Kleinere Organisationen waren zugunsten von großen Verbänden stark überrepräsentiert (CTRP 1972: Art. 21). Auf regionaler Ebene schuf sich die CTRP vier Secretariados Regionales de Participación Sectorial, die dem Nationalen Sekretariat nachgebildet und mit ähnlichen Funktionen versehen waren. Ihren Sitz hatten diese vier Regionalsekretatiate in Piura, Huancayo, Arequipa und Iquitos (CTRP 1972: Art. 75).

Die Mitgliedsorganisationen waren verpflichtet gegenüber dem Dachverband ständige Delegierte zu benennen. Diese traten dann alle 90 Tage in der Asamblea Nacional de Participación, dem beschlußhöchsten Organ zwischen den Kongressen, zusammen (CTRP 1972: Art. 53).

Auf dem Kongreß von 1976, auf dem die alte Führung unter schweren Beschuldigungen abgewählt wurde, schaffte man auch diese Organisationsstruktur, die sich als unpraktikabel erwiesen hatte, ab (CTRP 1976: 5). Anstelle der Regionalorganisationen traten die "klassischen" Provinz-, Departaments- und Industrieföderationen. Willensbildungsprozeß und Führungsfunktionen verliefen jetzt über Nationalkongreß, Nationale Delegiertenversammlung und Nationales Exekutivsekretariat.

Wachstum in die falsche Richtung

Auf dem Gründungskongreß der CTRP waren mit Ausnahme der Fischerföderation und einiger weniger Industriegewerkschaften hauptsächlich Kleinstgewerkschaften aus dem Tertiärsektor und/oder der Provinz vertreten. Gerade für die Beschäftigten von Kleinunternehmen, wo es bisher keine gewerkschaftliche Organisierung gegeben hatte und diese auf Schwierigkeiten stieß, war die CTRP aufgrund ihrer engen Beziehungen zum Staatsapparat äußerst attraktiv. Für die Arbeiter dieser Kleinbetriebe bedeutete die Mitgliedschaft in der CTRP die Chance, eine schnelle offizielle Anerkennung ihrer Gewerkschaft zu erreichen oder Unterstützung von staatlicher Seite bei Tarifkonflikten zu erhalten.
In diesen Unternehmen versuchte die CTRP, durch Versprechen von Arbeitsfrieden und durch Einsatz ihrer guten Beziehungen zum Arbeitsministerium ihr Aktionsfeld zu erweitern. Doch oft benutzten diese Gewerkschaften

nur die CTRP, um ihre schnelle gesetzliche Anerkennung zu erreichen, um dann zu einem anderen Verband, meist der CGTP, überzuwechseln. Der andere - bedeutendere - Sektor, der sich von der CTRP Vorteile erhoffte, waren Handwerker und Kleinhändler, die "Selbstbeschäftigten", die sich nach den Untersuchungen von Alois Möller "in der Regel nicht organisieren, um ihre Einkaufs-, Verkaufs- und Produktionsmöglichkeiten gemeinsam zu verbessern, sondern hauptsächlich, um ihre Interessen gegenüber dem Staat besser zu vertreten" (Möller 1977: 243).
Die Organisationen dieser Selbstbeschäftigten, die sich als Vereinigungen (Asociaciones) oder Gewerkschaften (Sindicatos/Federaciones) bezeichneten, erhofften sich von ihrem Beitritt zur CTRP eine schnelle offizielle Anerkennung und eine Unterstützung des Dachverbandes bei Verhandlungen mit offiziellen Stellen. Häufig schmückten sich diese Organisationen mit dem Beinamen "revolutionär" oder "...der Peruanischen Revolution". In diesen Kontext war auch der Eintritt der Federación de Choferes zu stellen, die Ende 1973 mit ihren 74 Basisorganisationen zur CTRP gestoßen war. Dieser Verband, in dem kleine Transportunternehmer dominierten, hatte in der Vergangenheit gute Beziehungen zu den verschiedenen diktatorischen Regimes (Odría Prado) unterhalten (Bejar 1976: 76) und suchte auch jetzt wieder die Nähe zum politischen Machtzentrum. Die enge Verbindung von Militärregime und Transportunternehmern, die eifrig ihre "revolutionäre Militanz" beteuerten, brachte Vorteile für beide Seiten: Die Regierung konnte einen für das Funktionieren des Wirtschaftslebens zentralen Sektor bei der Stange halten, während die Federación de Choferes direkten Zugang zum politischen Entscheidungszentrum hatte und dadurch besser ihre Interessen durchsetzen konnte (vgl. Möller 1977: 345).

Während es so der CTRP, nicht zuletzt dank der großzügigen Finanzierung aus Staatsquellen[52] gelang, Erfolge bei marginalen Gewerkschaftssektoren und "Selbstbeschäftigten" zu erzielen, blieben ihr dauerhafte Erfolge bei den Industriearbeitern, Bergarbeitern oder dem modernen Dienstleistungssektor versagt. In den wenigen Fällen, wo es der CTRP doch gelang, in diesen Gewerkschaftssektoren Fuß zu fassen, geschah dies nicht selten mit manipulatorischen Methoden, staatlicher Unterstützung oder Gewalt.

Größere Arbeiterkontingente an sich zu binden gelang der CTRP nur bei der Mehrheit der Gewerkschaften der krisengeschüttelten fischverarbeitenden Industrie, die sich im April 1973 zur FETRAPEP zusammengeschlossen hatten, der Erdölarbeiter und der kommunalen Arbeiter. Dabei handelte es sich zumeist um verstaatlichte oder "öffentliche" Wirtschaftszweige, deren Beschäftigte in mehr oder weniger direkter Form an den Staatsapparat gekoppelt waren. Doch gerade diese Arbeitergewerkschaften, einschließlich der Industriefischer und der CTRP-Regionalorganisation von Lima, waren es, die seit 1975 mit dem Rückgang reformorientierter Positionen im Militär von der CTRP-Linie abrückten, Kontakte mit anderen Gewerkschaftssektoren suchten und sich teilweise ganz aus der CTRP herauslösten. Die politische Unfähigkeit der CTRP, in größerem Maße in bedeutenden Branchen der Wirtschaft Fuß zu fassen, sowie der große Zulauf aus dem unterkapitalisierten Wirtschaftssektor, begrenzten dann letztlich die Funktion der CTRP darauf, klientelische Beziehungen zu verallgemeinern und zu rationalisieren. Für die Militärs war diese Entwicklung mit dem Scheitern ihres Gewerkschaftsprojektes verbunden: Ihr Interesse war primär darauf gerichtet, den modernen konfliktfähigen Teil der Arbeiterbewegung zu neutralisieren. Doch die CGTP und die unabhängigen Föderationen hatten sich bereits organisatorisch und ideologisch konsolidiert. Die CTRP besaß von ihrer Programmatik und Entstehungsgeschichte her keinerlei Anziehungskraft für diese Gewerkschaften, zumal deutlich war, daß es sich nicht darum handelte, die Gewerkschaften aktiv in das Reformprojekt einzubeziehen, sondern die repräsentativen Organisationen der Arbeitnehmer auszuschalten.

Der starke Zustrom von Randsektoren der peruanischen Wirtschaft in der CTRP ließ kurzfristig deren Mitgliederzahlen anschwellen. Nach eigenen - maßlos übertriebenen - Angaben umfaßte die CTRP bei der Gründung 200.000 Mitglieder, drei Jahre später sollen es bereits 500.000 gewesen sein; andere sprachen von 800.000 Mitgliedern. Zahlen über nationale Mitgliederzahlen waren nicht erhältlich.[53] Etwas exaktere Daten über die Stärke der CTRP lagen aus Arequipa, dem zweitwichtigsten Industriezentrum und der zweitgrößten Stadt des Landes, vor. Nach Angaben einer vertraulichen, regierungsoffiziellen Studie umfaßte dort die CTRP 1974 13.911 Mitglieder (OZAMS, Provinz Arequipa 1974: 34), die nahezu alle aus Kleinbetrieben kamen. Ein höherer Beamter des Industrieministeriums Arequipa bezifferte die Zahl der CTRP-Mitglieder jedoch nur auf 4.000 bis 5.000.

Nach vorsichtigen Schätzungen dürften der CTRP in ihren besten Zeiten 70.000 bis 80.000 Personen angeschlossen gewesen sein. Die meisten der 47 (nach anderen Aussagen 54) Föderationen, von denen 27 aus den Provinzen waren, und der 1.500 Einzelgewerkschaften, vegetierten ohne organisches Leben vor sich hin. Für die reale Stärke der CTRP gilt weitgehend die Aussage von Mateo Tincopa, einem der Führer des kleinen CTRP-Metallarbeiterverbandes, der 1975 die offizielle Zahl von 1.500 Gewerkschaften in Zweifel zog und fortfuhr: "Gewerkschaften mit einer Militanz, aktiv mit Leben, gibt es nicht mehr als 400 oder 500, denn der Rest hat keine Bedeutung, es handelt sich um kopflose Gewerkschaften"

(Marka Nr. 10 vom 16. Oktober 1975). Als die Militärs das Projekt CTRP fallen ließen, fiel der Verband sofort in sich zusammen. Gegen Ende der Militärherrschaft waren ihm nach offiziellen Statistiken noch rund 8.500 Mitglieder, 1 Prozent der gewerkschaftlich Organisierten, angeschlossen (Instituto Nacional de Estatistica, Bd. 1, Dezember 1982).

Mit Gewalt und staatlicher Hilfe: Zur gewerkschaftlichen Praxis der CTRP

Der Anspruch der CTRP, einen ganz neuen Typus von Gewerkschaftsbewegung zu verkörpern und die alten "korrupten und vorrevolutionären" Gewerkschaftstendenzen abzulösen, reduzierte gemeinsame Aktionen mit anderen Gewerkschaftsorganisationen auf ein Minimum. Höchstens bei Solidaritätskundgebungen für Präsident Velasco oder bei Feierlichkeiten trafen dann CTRP, CGRP und CNT sowie andere Organisationen zusammen.[54]

Bei anderen Gelegenheiten verfaßte die CTRP auch gemeinsame Erklärungen mit der CGTP- und CNT-Führung, und zwar immer dann, wenn es gegen die "Feinde der Revolution", das heißt streikende Bergarbeiter oder Lehrer, ging.[55] Doch ansonsten bekämpfte die CTRP, auf verbaler oder physischer Ebene, die anderen Gewerkschaften. Streiks und Arbeitskämpfe wurden regelmäßig als "konterrevolutionär" attackiert. Einige Gewerkschaften wurden durch Manipulationen, mit Hilfe des Staatsapparates oder durch Einsatz der Schlägerkommandos des Movimiento Laboral Revolucionario (MLR), der sich selbst als "bewaffneter Arm der CTRP" (zit. aus Expreso vom 11. November 1974) bezeichnete, unter Kontrolle gebracht.
Diese Gruppierung rekrutierte sich vorwiegend aus Fischern und wurde von mehreren hohen Militärs protegiert. Auch General Velasco, der nach

seiner schweren Krankheit im Jahre 1973 autoritäre Neigungen zeigte, stand dem MLR nicht ablehnend gegenüber. Zwischen CTRP und MLR gab es ausgeprägte personelle Verflechtungen. Praktisch die gesamte CTRP-Führung hatte sich in den MLR integriert.[56] Besonders eklatant äußerte sich die Kooperation von CTRP, MLR und Staatsapparat im Falle der Bergarbeitergewerkschaft von Marcona. An diesem Beispiel entzündete sich eine breite öffentliche Diskussion über die Rolle und Funktion der CTRP und des MLR sowie die Arbeitspolitik des Militärregimes, und es zeigte den Gewerkschaften, zu welchen "Praktiken das partizipative Gewerkschaftsmodell" fähig war.

Die Gewerkschaft von Marcona war nach dem internen Konflikt in der Bergarbeiterföderation (vgl. Kap. VI, 2. b) zusammen mit einigen kleineren Gewerkschaften aus der FNTMMP ausgeschieden und unter Führung von Orrego Chuqui in die CGTP zurückgekehrt. Infolge der noch instabilen Situation in der Gewerkschaft sowie der angekündigten Verstaatlichung der Marcona Mining sah die CTRP hier die Chance, eine bedeutende Gewerkschaft ihrem Verband zuzuführen und sie von "Kommunisten" zu "säubern". Guillermo Thorndike beschreibt eindrucksvoll in seinem halbdokumentarischen Roman "No mi General" (1976) die Vorbereitungen zu dieser Operation, an der der MLR und das Innenministerium beteiligt waren und die von dem US-amerikanischen Konzern stillschweigend unterstützt wurde (Thorndike 1978: 147 ff). Am 28. Dezember 1974 brachen aus Callao zwanzig Wagen mit gekauften Schlägern in Richtung Marcona auf und sprengten dort eine gerade stattfindende Gewerkschaftsversammlung.
Unter Polizeischutz hielten dann etwa 300 Personen eine Versammlung ab, in der eine provisorische Gewerkschaftsführung bestimmt und der Eintritt in die CTRP beschlossen wurde (Thorndike 1976: 153; La Prensa vom 29, Dezember 1974). Diese Aktion war der Auftakt zu monatelangen Auseinan-

dersetzungen in der Gewerkschaft. Die Usurpatoren hielten mehrere Versammlungen mit nie mehr als 250 Personen ab, während bei verschiedenen Versammlungen und Aktionen der abgesetzten Führung jeweils zwischen 900 und 1.300 Arbeiter teilnahmen.[57] Die Kontroversen setzten sich auch auf der Ebene der "sozialisierten" Tageszeitungen fort. Während Expreso und Extra sowie Correo sich gegen die "neue", inzwischen vom Arbeitsministerium anerkannten Führung stellten und La Prensa diese vorsichtig ablehnte, unterstützte Ultima Hora, das zum Kampfblatt des MLR geworden war, vorbehaltlos (und mit Informationsverfälschung) die von CTRP und MLR installierte Führung. Der Konflikt ging weiter.

Verschiedene Appelle und Aufrufe, vor allem der Gewerkschaftsdelegierten aus den Sektionen an die Regierung, korrekte Wahlen zu garantieren, verhallten ungehört.[58] Auch ein Warnstreik am 12. April brachte keine Veränderung. Auf den Fall Marcona angesprochen, erklärte der Innenminister am 26. Mai: "Die Gewerkschaften müssen sich allein in Freiheit und ohne Einmischung zu helfen wissen. Die Regierung respektiert den ideologischen Pluralismus und akzeptiert deshalb keine Manipulationen im gewerkschaftlichen Bereich."[59] Versuche, Gewerkschaftswahlen durchzuführen, scheiterten. Zwei Versammlungen am 1. Juli endeten in gewalttätigen Auseinandersetzungen zwischen den verfeindeten Parteien.

Bereits im März 1975 hatte die staatlich anerkannte Führung der Gewerkschaft von Marcona den Beitritt zur CTRP vollzogen, was deren Führung mit folgenden Worten begrüßte: "Die Tatsache, daß die Arbeitnehmer der Bergarbeitergewerkschaft von Marcona und den Nebeninstallationen in einer Vollversammlung, frei von jedem Druck und ohne unsere Anwesenheit bei irgendeiner Gelegenheit, in besagter Stadt den Anschluß beschlossen haben, dient uns als Antrieb weiter zu arbeiten in der Art und Weise, wie wir es seit Dezember 1972 gemacht haben, als dieser nationale Dachverband entstanden ist".[60]

Die wirklichen Kräfteverhältnisse zeigten sich dann bei den regulären Gewerkschaftswahlen vom Juli 1976. Die Siegerliste, eine Allianz verschiedener linker Tendenzen, erhielt 1.022 Stimmen, die von der KP beeinflußte Liste 122, die apristische Liste 374, die von der maoistischen Gruppe "Patria Roja" dominierte Liste 80 und die CTRP-Liste ganze 70 Stimmen. Deutlicher konnte eine Ablehnung der CTRP durch die Belegschaft kaum ausgedrückt werden (Interview Cortez/Marcona 1978).

Manipulationen, Einsatz der MLR-Schlägertruppen, (die im August 1975 von der neuen Regierung Moralez Bermudez aufgelöst wurden), permanente Verletzungen der Gewerkschaftsdemokratie, Korruption und Bereicherung der Führer, hatten seit 1974/75 nicht nur die CTRP noch stärker von anderen Gewerkschaften isoliert, sondern auch eine wachsende interne Opposition in der CTRP provoziert. Zentren der oppositionellen Strömungen wurden die Federación de Pescadores und die CTRP-Gewerkschaften von Lima, gegen die politische Praxis der CTRP-Führung und ihre Querverbindungen zum MLR.

Die Federación de Pescadores wurde umgehend de facto von der CTRP-Führung aus dem Verband ausgeschlossen: Beschlüsse und Politik des letzten Kongresses vom Dezember 1975 hätten die Federación Pescadores "außerhalb der Statuten und des Reglements gestellt" (DESCO, 1978, Bd. 4027).

Eine besonders aktive Opposition kristallisierte sich unter den CTRP-Gewerkschaften von Lima heraus. Einige CTRP-Gewerkschaften von Lima fühlten sich in ihren Arbeitskonflikten von Dachverband allein gelassen. Die schnell anwachsende oppositionelle Tendenz äußerte sich zum ersten Mal öffentlich am 14. September 1975, als 100, meist kleinere Gewerkschaften (von daher erhielt diese Bewegung trotz Zulauf weiterer Gewerkschaften die Bezeichnung "100 bases") in einer Pressekonferenz scharfe Kritik an der CTRP-Führung übten und die Einberufung einer Nationalversammlung nach demokratischen Prinzipien forderten. Mit verschiedenen Methoden blockte die CTRP-Führung die Forderungen der aufsässigen Mitgliederorganisationen ab. Unterdessen hatten auch die Tageszeitungen Expreso und Correo sowie andere Organisationen der CTRP diese Vorwürfe aufgegriffen. Angesichts der Fortdauer der Angriffe trat dann im Februar 1976 der von Leonardo Caballero geführte CTRP-Vorstand zurück (Marka Nr. 29 vom 10. März 1976). Die Geschäfte des Verbandes wurden von den vier regionalen Sekretären weitergeführt. Nachdem auch diese Zielscheibe der Kritik geworden waren, beriefen sie für den 2.-7. Mai 1976 den 1. Nationalen Kongreß ein. Kennzeichnend für diesen Kongreß waren eine formale Selbbstkritik von CTRP-Führern, sowie der Rückgriff auf altbewährte Manipulationspraktiken, um unbequeme Delegierte auszuschalten und einen genehmen Vorstand durchzusetzen.[61] Doch letztlich blieb der Kongreß bedeutungslos: Die wenigen bedeutenden CTRP-Gewerkschaften gingen ihre eigenen Wege, und was übriggeblieben war, verdiente kaum den Namen eines Dachverbandes.

6. Die Bergarbeiterorganisationen: Autonomie und Verweigerung[62]

Schon in den dreißiger Jahren wurden die Bergarbeiter als das Rückgrat der peruanischen Arbeiterbewegung angesehen. Auch in den siebziger Jahren bildeten die rund 60.000 Bergarbeiter, infolge der strategischen

Bedeutung des Bergbaus, für die peruanische Wirtschaft und ihrer hohen gewerkschaftlichen Organisierung, eine der führenden Gewerkschaftssektoren des Landes.

Arbeits- und Lebensbedingungen in den Bergwerken, Herkunft und Tradition, hatten ein Proletariat entstehen lassen, das sich auch heute noch in wichtigen Bereichen von der städtischen Arbeiterschaft unterscheidet.

Im mittleren Hochland lebten und arbeiteten knapp zwei Drittel aller Bergarbeiter, deren organisatorischen Kern die ca. 15.000 Arbeiter von CENTROMIN (früher Cerro de Pasco Corporation) bildeten. Hier waren die Merkmale von Enklavenarbeitern noch am stärksten ausgeprägt: Ihre noch immer engen Beziehungen zum ländlichen Umfeld sowie die geographische und auch politisch-kulturelle Isolierung von den urbanen Zentren. Die Kommunikation der Bergarbeiter untereinander gestaltete sich sehr eng: Man arbeitete nicht nur miteinander, sondern man wohnte auch oft auf engem Raum zusammen und verbrachte gemeinsam die Freizeit.[63]

Diese Faktoren, zusammen mit den meist harten Lebens- und Arbeitsbedingungen in 3.000 bis 5.000 m Höhe, mit häufigen Arbeitsunfällen und niedriger Lebenserwartung, hatten die Bergarbeitergewerkschaften und ihre Kampfformen geprägt. Die Steiks der Bergarbeiter im zentralen Hochland waren von Militanz und von spontanen Gewaltausbrüchen gekennzeichnet, die in vielem an die Kämpfe der Anarchosyndikalisten erinnerten. Perioden von Radikalität und Mäßigung wechselten dabei in Form von Wellenbewegungen ab (vgl. Laite 1980).

Diese Merkmale machten die Bergarbeiter für radikale, politische Oppositionen empfänglich, was jedoch nicht notwendigerweise eine Identifizierung mit den politischen Gruppe, die diese Positionen vertrat, bedeutete. Typisch für die Kämpfe der Bergarbeiter war auch die wichtige Rolle der Frauen bei den Arbeitskonflikten.[64] Diese Merkmale trafen auf den Großbergbau des Südens nur teilweise zu.[65]

Die Entwicklung des Bergbaus stand in Peru bis in die fünfziger Jahre unter der Dominanz des US-Konzerns Cerro de Pasco Corporation, der sich in der mittleren Sierra einen Staat im Staate schuf. Charakteristisch für diesen Konzern waren seine anti-gewerkschaftliche Haltung und die harten Ausbeutungsmethoden (Becker 1982: 23; Kruijt 1982: 55).

Seit Ende der zwanziger Jahre kam es zu ersten Organisationsversuchen der Bergarbeiter, die von heftigen Streiks begleitet wurden. 1930 wurden die ersten Ansätze gewerkschaftlicher Organisierung von Staat und US-Konzern brutal unterdrückt. Erst mit der politischen Öffnung von 1945-47 unter der Regierung Bustamante wurden 37 Bergarbeitergewerkschaften legalisiert; parallel dazu konstituierte sich unter apristischem Einfluß die Regionalorganisation Federación de Trabajadores Mineros del Centro.

Nach dem Zweiten Weltkrieg stieg die Bedeutung des Bergbausektors. Im Süden des Landes setzten sich zwei weitere US-Bergbaugesellschaften fest, die mit moderner Technologie und relativ wenigen, jedoch hochqualifizierten Arbeitskräften, deren Löhne vergleichsweise hoch lagen, operierten (Becker 1982: 63). Die Gewerkschaften von Toquepala (1969: 2.800 Mitglieder) und Marcona (1969: 3.000 Mitglieder) bildeten hier das Rückgrat der verschiedenen Bergarbeiterorganisationen der Region.[66]

Auch die Cerro de Pasco Corporation war gezwungen, auf modernere Technologien umzusteigen und festangestellte Belegschaften zu beschäftigen, behielt aber ihre unflexible Haltung gegenüber Forderungen der Arbeitnehmer bei. Im Rahmen der "convivencia", dem Pakt zwischen APRA und Oligarchie, fanden auch die Bergarbeiter nach achtjähriger Unterdrückung (1948-56) günstigere Organisationsbedingungen: Die Federación de Trabajadores Mineros y Metalúrgicos del Centro wuchs auf 35 Gewerkschaften und 30.000 Mitgieder an (Sulmont 1980: 27, während sich im Norden ein weiterer Regionalverband mit 2.000 Mitgliedern bildete. Immer wieder kam es, vor allem in den Bergwerken der Cerro de Pasco Corporation, zu heftigen Arbeitskämpfen (1956, 1958).

Seit Ende der fünfziger Jahre kam es in den neuen Bergbauprojekten der Southern Peru Copper Corporation zu teils blutigen Konflikten (1957, 1966). Aus diesen Kämpfen heraus konstituierte sich die Federación Regional de Mineros y Metalúrgicos del Sur. Alle drei Regionalorganisationen der Bergarbeiter wurden in ihren Anfängen von der APRA beherrscht. Wie sehr das Ansehen dieser Partei unter den Bergarbeitern gelitten hatte, zeigte sich 1959 bei der Gründung eines nationalen Verbandes der Federación Nacional de Trabajadores Mineros, Metalúrgicos y Similares in La Oroya, wo sich eine linksorientierte Führung durchsetzen konnte. Die Unterdrückung der Bergarbeiter durch die Militärjunta von 1962 verdrängte jedoch die Linke aus den Bergwerken und machte der APRA den Weg frei, die Föderation zu übernehmen.

Die Reformpolitik der Militärregierung schuf 1968 sowohl für den Bergbau als auch für dessen Gewerkschaften neue Perspektiven: Mit der Ley de Mineria (DL 18880) wurden Investitionsanreize geschaffen, die Kommerzialisierung der Bergbauprodukte geregelt und die Comunidad Minera (vgl. Kap. III, 2.) als Mitbeteiligungsorgan geschaffen; letztere mit dem Ziel, die Unterstützung der Bergarbeiter zu gewinnen. Nach langwierigen

Verhandlungen wurden dann 1974/75 zwei der drei US-Bergbaukonzerne des Großbergbaus verstaatlicht. Den antiapristischen Gewerkschaftsströmungen bot die neue Konjunktur die Chance, ihre Position zu stärken und auszubauen. Eine Woche nach dem Putsch vom 3. Oktober 1968 besetzte eine Gruppe von meist jüngeren Bergarbeitern aus Protest gegen die apristische Führung des Gewerkschaftslokal in La Oroya.

Durch diese Aktion wurden mit Billigung der Militärs Veränderungen ausgelöst, die innerhalb kurzer Zeit die APRA aus den Bergarbeitergewerkschaften drängten. Unter den Auspizien der CGTP wurde für den 5. Dezember 1969 in La Oroya ein Bergarbeiterkongreß einberufen[67], auf welchem die 14 teilnehmenden Gewerkschaften, primär aus dem Süden des Landes, beschlossen, den seit 1966 inaktiven nationalen Verband wiederzubeleben (vgl. FNTMMP: 1976). Die neu gegründete **Federación Nacional de Trabajadores Mineros y Metalúrgicos de Peru** (FNTMMP) forderte die Nationalisierung des Bergbaus und trat der CGTP bei. Zum Generalsekretär wurde Victor Cuadros aus Toquepala, und zum Organisationssekretär Manuel Orrego Chuqui aus Marcona gewählt; maßgebliche Persönlichkeit in der FNTMMP war jedoch der Rechtsberater Diaz Chavez, ebenso wie Cuadros und Orrego Chuqui Mitglied der KP.

Anders verlieg die Entwicklung in den Bergwerken der Cerro de Pasco Corporation. Zu Beginn der siebziger Jahre schlossen sich die 15 Gewerkschaften des Konzerns in der **Federación de Trabajadores Mineros y Metalúrgicos** de la Cerro de Pasco Corporation zusammen. Relativ rasch gelang es Gruppen der radikalen Linken, insbesondere Patria Roja die KP-nahe Führung zu verdrängen. Die neue radikale Führung ging auf Distanz zu der KP-geführten FNTMMP, die vor allem das Sprachrohr der Bergarbeitergewerkschaften des Südens war. Die Cerro de Pasco-Gewerkschaften setzten dem Militärregime mit ihren kompromißlosen Tarifkämpfen in den Jahren 1969-1971 hart zu. Die Konfrontationen erreichten ihren Höhepunkt, als der Streik in Cobriza im November 1971 blutig niedergeschlagen wurde (vgl. Kap. VII, 2.). Die Aktivitäten der Föderation gingen danach zurück, die radikale Führung konnte sich jedoch behaupten. So wie die radikalere KP 1968 die wenig aktive APRA ausmanövriert hatte, wurden jetzt KP-Gewerkschaften, die an einem politisch entspannten Verhältnis zum Militärregime interessiert waren, von der radikalen Linken kaltgestellt (vgl. Morello 1978). Diese Entwicklung war weniger Ausdruck einer Identifizierung der Gewerkschaftsbasis mit der politischen Programmatik der Partei, die jeweis in den gewerkschaftlichen Führungsgremien dominierte, sondern eher Ergebnis der Fähigkeit von bestimmten politischen Organisationen, ihre Positionen mit den kompromißlosen Tarifforderungen der Bergarbeiter zu verknüpfen. Die Föderation der Cerro de Pasco lehnte alles ab, was vom Militärregime kam: die Comunidad Laboral wurde nur als antigewerkschaftliches Instrument gesehen, die Nationalisierung der Cerro de Pasco Corporation, die man selbst jahrelang gefordert hatte, wurde mit dem Hinweis auf die Entschädigungszahlungen als Betrug abgetan (Federación de Trabajadores de la Cerro de Pasco Corporation: 1973).

Unterdessen hatten sich auch in der FNTMMP, die 1972 bei ihrem 3. Kongreß bereits 40 Gewerkschaften zählte (FNTMMP 1976: 8), Veränderungen ergeben. Die zahllosen Streiks, Konflikte und Proteste in den Bergwerken seit 1969 provozierten Auseinandersetzungen zwischen dem CGTP-Vorstand, der von der Militärs gedrängt wurde, für Mäßigung an der Streikfront zu sorgen, und der FNTMMP-Spitze, die ihre Legitimität gegenüber der Basis wahren mußte. Der CGTP-Vorstand versuchte, den Konflikt auf der parteipolitischen Ebene zu lösen, scheiterte aber (vgl. Kap. VI, 2.). Die VII. Vollversammlung der Bergarbeiter beschloß den Austritt aus der

CGTP. Die CGTP versuchte nun, mit Hilfe des "bekehrten Rebellen" Orrego Chuqui und mit der dezenten Unterstützung des Arbeitsministeriums, eine Parallelföderation aufzubauen. Nach gegenseitigen Beschimpfungen, Verweisen und einem Streik (19. bis 21. Juni 1973) fanden am 22. September zwei parallele Kongresse der Bergarbeiter statt: Auf dem einen bestätigten die Delegierten von 27 Gewerkschaften Victor Cuadros als Generalsekretär, während auf dem anderen 12, zumeist kleinere Gewerkschaften den Wiedereintritt in die CGTP beschlossen. Als daraufhin die CGTP-Föderation (FTMMP) vom Arbeitsministerium als offizieller Verband der Bergarbeiter anerkannt wurde, reagierte die FNTMMP mit der Ankündigung eines dreitägigen Proteststreiks. Am Abend zuvor wurde die "graue Eminenz" der FNTMMP, der Anwalt Diaz Chavez, wegen "subversiver Tätigkeit" festgenommen und nach Panama deportiert. Nachdem ein Proteststreik am 4. November ergebnislos verlaufen war, traten 25 Bergarbeitergewerkschaften vom 4. bis 20. Dezember in Streik, unter anderem mit der Forderung nach Anerkennung ihres Verbandes. Die Militärs gaben teilweise nach, indem sie beide Föderationen anerkannten. Doch weder die CGTP-Föderation FTMMP noch die später im Rahmen der CTRP gegründete Föderation im Bergbau bedeuteten eine ernsthafte Konkurrenz für die FNTMMP. Dieser schlossen sich weitere Gewerkschaften an, darunter 1975 die Bergarbeiterföderation von CENTROMIN (früher Cerro de Pasco Corporation), wobei einzelne Gewerkschaften schon vorher Mitglied der FNTMMP geworden waren.

Während dieses Zeitraums wurde der Bergbau von Streiks, Protesten und Arbeitskonflikten erschüttert. Zwischen 1969 und 1971 waren die Bergarbeiter für die Mehrzahl aller durch Streiks ausgefallenen Arbeitsstunden verantwortlich: 1969 49 Prozent, 1970 74,8 Prozent und 1971 57,6 Prozent (Kruijt 1982: 70). Viele dieser Streiks waren von sogenannten "Opfermärschen" (marchas de sacrificio) begleitet, die seit 1969 zu einer wichtigen Kampfform geworden waren. Durch diese Aktionen und Streiks gelang den Bergarbeitern eine Reihe günstiger Tarifabschlüsse, die den durchschnittlichen Reallohn seit 1968 - bei großen Differenzen innerhalb des Bergbaus selbst - um über 60 Prozent bis 1974 steigerten. Damit lagen sie vergleichsweise höher als der Durchschnitt der Industriearbeiter in Lima,

Obwohl der Anteil der Bergarbeiterstreiks seit 1972 an der Gesamtzahl der Streiks zurückging, blieben die Arbeitskämpfe in den Minen ein Problem für die Militärs. Mit verschiedenen Mitteln versuchten sie die Bergarbeiterorganisationen zu schwächen. Mit Hilfe der CTRP gelang es, die Gewerkschaft von Marcona und Toquepala zeitweise zu desaktivieren (vgl. Kap. VI, 5.). Im August 1975 wurden Victor Cuadros und ein Rechtsberater der Föderation deportiert. Kurz nach ihrer Rückkehr im Rahmen der Amnestie des neuen Präsidenten Moralez Bermudez wurden beide in die Urwaldstrafkolonie Sepa gebracht. Gegen die weiterlaufenden Streiks (nationale Streiks am 19./20. Januar und 22./23. März 1976) reagierte das Militärregime mit einem Gesetzesdekret (DL 21462), durch das für den Bergbau der Notstand erklärt wurde. Damit wurden Streiks illegal, der Kündigungsschutz wurde aufgehoben.

Trotz aller Hindernisse konnte sich jedoch die FNTMMP stabilisieren: Victor Cuadros wurde auf dem IV. Kongreß 1976 - während er im Gefängnis saß - wiedergewählt. Gegen Ende der Militärherrschaft waren der FNTMMP ca. 100 Gewerkschaften angeschlossen, in denen 80 Prozent der im Bergbau und angrenzenden Bereichen Beschäftigten organisiert waren.[68]

Die Gewerkschaften des Bergbausektors hatten sich relativ früh dem Projekt der Militärs verweigert und waren eigene, recht unterschiedliche

Wege gegangen. Auch die KP, die versucht hatte, die Bergarbeiter an das Reformprojekt der Militärs zu binden, war gescheitert. Sicher wurde die Dauerkonfrontation, vor allem zwischen den Bergarbeitern der "Cerro de Pasco Corporation"/CENTROMIN und den Militärs, durch die radikalen politischen Positionen verschärft, die sich an der Spitze der Föderation von CENTROMIN durchgesetzt hatten und die sie auch von der übrigen Gewerkschaftsbewegung trennten. Ob sich die Militärs der Tatsache bewußt waren, daß es sich hierbei nicht um eine von Anfang an klare politische Opposition der Bergarbeiter, sondern eher um die Zweckverbindung einer politisch radikalisierten Gewerkschaftselite und einer kompromißlosen Tariforientiertheit des Basis handelte, mag bezweifelt werden. Ähnlich wie im Fall der Lehrergewerkschaft SUTEP lösten die Attacken auf die "ultralinken" Bergarbeiter Solidarisierungseffekte aus.

Ab 1975 war die große Mehrheit der Bergarbeiter formal in der FNTMMP vereinigt, wenn auch politische Probleme zwischen nationaler Führung und der Führung der Föderation von CENTROMIN bestehen blieben. Doch begann sich allmählich die Linie des nationalen Vorstands durchzusetzen, die nicht direkt an eine der Parteien der Linken gebunden war, sondern eher linksunabhängige Positionen mit tariflicher Radikalität verband. Diese Politik näherte die Bergarbeiterorganisationen wieder den anderen Sektoren der Gewerkschaftsbewegung an, schließlich traten sie sogar wieder in die CGTP gegen Ende des Militärregimes ein.

7. Die Lehrergewerkschaft SUTEP: Zwischen gewerkschaftlicher Radikalität und politischem Dogmatismus

Zu einem der bedeutendsten Gegner des Militärregimes kristallisierte sich zu Beginn der siebziger Jahre die organisierte Lehrerbewegung heraus. Anders als bei den Streiks der oppositionellen Bergarbeitergewerkschaften der Cerro de Pasco Corporation, die zwar einen der wichtigsten Devisenbringer lahmlegten und die Wirtschaft bedrohten, in ihren direkten politischen Auswirkungen jedoch meist regional begrenzt blieben, hatten die Streiks der Lehrer eine gesamtgesellschaftliche Sprengkraft. Denn von diesen Streiks war nicht nur eine Region oder Stadt, sondern das ganze Land betroffen, Schüler, Eltern und Schulverwaltungen. Zudem nahmen Aktivisten der Lehrergewerkschaften bei den regionalen Konflikten und Protesten oft eine führende Rolle ein (Angell 1982: 6.). Die erbitterte Gegnerschaft zwischen Militärs und Lehrerschaft scheint im ersten Moment paradox: Waren es doch die Militärs gewesen, die von einem angesehenen Wissenschaftlerteam ein integrales Erziehungsgesetz ausarbeiten ließen, dem in- und ausländische Erziehungswissenschaftler Modellcharakter zusprachen (Gebhardt-Koschützke 1982: 5 ff). Doch die geplanten Träger des "Modells" entzogen sich in der Praxis durch radikale Verweigerung und Opposition. Diese scheinbare Inkonsequenz löst sich auf, wenn man die soziale und politische Entwicklung der Lehrerschaft einbezieht und die konkrete Politik des Militärregimes gegenüber den Lehrergewerkschaften analysiert.

Bei Machtübernahme der Militärs im Jahre 1968 gab es in Peru rund 100.000 Lehrer, die sich zu 60 Prozent auf die Grundschulen (primaria), 34 Prozent auf die Sekundarschulen (secundaria) und zu 4 Prozent auf den Universitätsbereich verteilten. 57 Prozent der Lehrerschaft waren

Frauen, ca. drei Viertel der Lehrer arbeitete in städtischen Zentren. Der Großteil (75 Prozent) der Lehrer kam aus den unteren Mittelschichten, nur wenige aus der Arbeiterklasse (16 Prozent) und dem Kleinbauerntum (8 Prozent) (Actualidad Economica vom 6. Juli 1978). Der Lehrerberuf bildete infolge kurzer Studienzeit und geringer finanzieller Aufwendungen ein wichtiges Vehikel für sozialen Aufstieg. Doch Einkommensniveau und Sozialprestige hatten sich seit Mitte der sechziger Jahre verschlechtert, wobei der noch 1965 von der Regierung versprochene regelmäßige Gehaltszuschlag nicht eingehalten wurde (Angell 1982: 8). Ein Lehrergehalt lag unter dem eines Polizisten und Soldaten. Um ihr teilweise unter dem Existenzminimum liegendes Einkommen aufzubessern, (vgl. Actualidad Economica vom 6. Juli 1978) waren viele Lehrer gezwungen, sich einen Nebenjob zu suchen oder an einer zweiten Schule zu unterrichten. Zudem machte sich Anfang der siebziger Jahre Lehrerarbeitslosigkeit - nachdem in den sechziger Jahren die Zahl der Lehrer stark angestiegen war - bemerkbar, die dadurch gelöst wurde, daß ein Teil der Lehrer (etwa 4.000) nur mit Einjahresverträgen angestellt wurden. Die ökonomisch-soziale Lage verknüpfte sich mit zusätzlichen Faktoren, die Erklärungsmustert für die gewerkschaftliche Radikalität der Lehrer liefern: Die zu Beginn der siebziger Jahre meist sehr junge Lehrerschaft (40 Prozent waren zwischen 25 und 34 Jahren) hatte an Universitäten studiert, die von den Ideen der kubanischen Revolution, der Guerillabewegung von 1965 und des Maoismus beeinflußt wurden. Diese Lehrer ware in ihrer gewerkschaftlichen Sozialisierung nicht an die apristische oder kommunistische Tradition gebunden.

Zu Beginn der Militärherrschaft war die große Mehrheit der Lehrer in einem der Berufsverbände organisiert, die alle in der Federación Nacional de Educadores del Peru (FENEP) zusammengeschlossen waren. Die führung der FENEP wurde von der KP kontrolliert. Dieser vordergründigen Einheit waren Jahre harter Auseinandersetzungen und Spaltungen innerhalb der Lehrerschaft vorangegangen.

Erste Versuche zur Gründung von Lehrerverbänden gab es schon seit den zwanziger Jahren. Doch erst mit der zunehmenden Bedeutung des Bildungssektors, im Rahmen einer Ausweitung der Staatsfunktionen, war den Ansätzen zur Gründung nationaler Lehrerorganisationen längere Lebensdauer beschieden. Zur politisch dominierenden Kraft in den Lehrergewerkschaften wurde seit den dreißiger Jahren die APRA, deren Gewicht sich in den fünfziger Jahren noch verstärkte.

1959 vereinigten sich die diversen Lehrerorganisationen zu einem nationalen Verband: der Federación Nacional de Educadores del Peru (FENEP). Noch konnte die APRA ihre dominierende Stellung halten, aber andere Gruppen, wie Acción Popular, Christdemokraten und vor allem die KP, hatten ihren Einfluß ausweiten können. Die ambivalente Politik der apristischen Führung, die versuchte, einerseits radikale Forderungen der Lehrerschaft abzuwiegeln, um den politischen Pakt mit den oligarchischen Regierungen Prado und Odría nicht zu gefährden, andererseits sich weiterhin als genuine Vertretung der Lehrerschaft darzustellen, stieß an ihre Grenzen. Dies zeigte sich sowohl bei dem 33tägigen Lehrerstreik im September/Oktober 1960, als auch bei späteren Kampfmaßnahmen, in deren Verlauf sich die Kräfteverhältnisse zugunsten der radikaleren Tendenzen veränderten. Kernforderungen der jeweiligen Streiks waren Gehaltsaufbesserungen. 1964 kam es in der FENEP zum Bruch: Ein Teil blieb bei der APRA, ein anderer ging mit der KP und den reformistischen Parteien. Die APRA-geführte Fraktion versank alsbald in der Bedeutungslosigkeit, während die KP 1967 die Führung der vereinheitlichten FENEP übernahm. Die

FENEP partizipierte von Anfang an bei der Konstituierung des CDUS (vgl. Kap VI, 2. a) und zählte zu den Gründungsmitgliedern der CGTP. Ihr Vorstand unterstützte in Rahmen der KP-Politik das Militärregime.

Im August 1971 kam es zu einem langdauernden Lehrerstreik, den die FENEP-Führung nicht gewollt hatte, der ihr aber von der Basis aufgezwungen worden war. Der Streik wurde mit aller Härte niedergeschlagen, markierte jedoch auch das Ende der KP als führende politische Kraft in der Lehrerschaft (vgl. Kap. VII, 2.).

Nach der Niederschlagung des Streiks begannen sich die Lehrer auf lokaler und regionaler Ebene in den SUTE's, Einheitsgewerkschaften, in denen die verschiedenen Schulstufen aufgehoben und alle im Bildungssektor Beschäftigten integriert waren, zu reorganisieren. Vom 2. bis 6. Juli 1972 fand dann in Cusco ein Kongreß statt, auf dem ca. 600 Delegierte die unterschiedlichsten politischen Positionen repräsentierten (Pezo 1978: 162). Auf diesem Kongreß dominierten klar die Gruppen der Neuen Linken (Patria Roja, Vanguardia Revolucionaria, Bandera Roja und Sendero Luminoso), ohne daß apristische und kommunistische Tendenzen gänzlich verschwunden waren. Mit einer Stimme Mehrheit setzten sich eine von Patria Roja dominierte heterogene Allianz (u.a. APRA, Acción Popular und KP) gegen eine gemeinsame Liste anderer Organisationen der Neuen Linken durch. Patria Roja wurde zur politisch wichtigsten Gruppe im SUTEP. Das Parteiprogramm dieser maoistischen Gruppe wurder de facto zum Gewerkschaftprogramm des SUTEP. Dies provozierte Proteste der anderen linken Parteien. Doch trotz dieser Auseinandersetzungen unter den diversen Gruppen der Neuen Linken - andere Parteien verloren nahezu jeden Einfluß -, zeigte der SUTEP in den zahlreichen Streiks und Aktionen der folgenden Jahre eine überraschende Homogenität. Allerdings blieb immer, wie im

Falle der Bergarbeiter der Cerro de Pasco Corporation, eine Diskrepanz zwischen der politisch-radikalen Führungselite und der Masse der Mitglieder.
Eine kompromißlos tariforientierte Basis - verbittert über den sozialen Abstieg - sah ihre ökonomisch-sozialen Forderungen am besten in den Kampfprogrammen der Gruppen der radikalen Linken vertreten, ohne notwendigerweise deren Ideologie zu teilen. Die maoistischen Gruppen verstanden es am geschicktesten, die Verbitterung und Frustrationen der Lehrerschaft zu interpretieren. Die Lehrer konnten versichert sein, daß die fundamental regierungsfeindlichen, maoistischen Gruppen ihre Forderungen nicht politischen Kompromissen opfern würden, wie es in ihren Augen APRA und KP getan hatten. Die heftige Repression der Militärs gegen den SUTEP, Verfolgung und Inhaftierung ihrer Führer taten ein übriges, die Solodarisierung der Mitglieder mit der Führung zu verstärken. Die Regierung setzte alle erdenklichen Mittel ein, den SUTEP politisch zu schwächen. Zur Beratung des neuen Erziehungsgesetzes wurde der SUTEP nicht einmal eingeladen. Von Regierungsmitgliedern wurde der SUTEP regelmäßig als "konterrevolutionär", "subversiv" oder gar als "nicht existent" (so der Erziehungsminister 1973) bezeichnet. Streiks wurden mit aller Härte niedergeschlagen. Aus Anlaß eines nationalen Proteststreiks vom 24. Oktober 1973, in dessen Folge ein heftiger regionaler Solidaritätsstreik in Arequipa entbrannte, wurden 500 Führer des SUTEP verhaftet, und General Velasco sah sich zu der Bemerkung veranlaßt: "Hier ist die Alternative klar, die Revolution oder der SUTEP" (zit. aus DESCO, 1974 Bd. 2, 2399).

Gegen den SUTEP versuchten die Militärs 1974, einen Konkurrenzverband aufzubauen, den Sindicato de Educadores de la Revolucion Peruana (SERP), der trotz staatlicher Hilfe und Manipulationen erfolglos blieb.[69]

Dies belegten die Ergebnisse bei den Wahlen der staatlich geförderten Dienstleistungskooperative der Lehrer. Bei den Wahlen von 1974 in 13 Kooperativen erreichte der SUTEP 90 Prozent und der SERP 10 Prozent. Im darauffolgenden Jahr waren es 82,14 Prozent für den SUTEP bzw. 13,5 Prozent für den SERP. Selbst Präsident Velasco schien das Scheitern dieses Konzepts vorauszuahnen, denn wenige Monate nach Erschaffung des SERP bot die Regierung dem SUTEP zum ersten Mal direkte Verhandlungen an. Am 8. Juli und 2. September 1974 trafen sich der SUTEP-Vorstand mit General Velasco und einigen Regierungsmitgliedern. Die Regierung zeigte Entgegenkommen in verschiedenen Punkten. Als jedoch am 11. Oktober die Ergebnisse des Pädagogischen Kongresses der SUTEP auf einer Pressekonferenz vorgestellt wurden, brach die Regierung die Verhandlungen ab. Die äußerst dürftigen Ergebnisse des Kongresses gipfelten in dem Bekenntnis, die "Erziehungsreform zu denunzieren, demaskieren und zu bekämpfen" (SUTEP 1974). Mit dieser Provokation gegenüber der Regierung, die bereit zu sein schien, ihre verfehlte Strategie bezüglich der Lehrerbewegung einzugestehen und den SUTEP anzuerkennen, vergab der SUTEP die Chance, Einfluß auf die Erziehungspolitik zu nehmen und einen modus vivendi mit der Regierung zu finden. Das Scheitern das Dialogs war nicht zuletzt dadurch verursacht worden, daß es sowohl im Regierungslager (Innenminister und Erziehungsminister) als auch in den Reihen des SUTEP Bestrebungen gab, Übereinkünfte zu torpedieren (Angell 1982: 15).

Mitte der siebziger Jahre geriet der SUTEP in eine interne Krise. Sektierertum und dogmatische Positionen der Führungsgruppen sowie deren Unfähigkeit, zwischen Partei und Gewerkschaft zu differenzieren, forderten ihren Preis, der sich in einem Rückgang des Basisbeteiligung ausdrückte (Pezo u.a. 1978: 172). Nennenswerte Beiträge zur Erziehungsreform, Alternativen, Stellungnahmen zur Bildungspolitik durch den SUTEP blieben aus, Weitere Pädagogische Kongresse des SUTEP fanden nicht statt, nachdem schon der erste inhaltlich wenig Bedeutsames geleistet hatte. Die Opposition gegen den Führungsstil von Patria Roja wuchs. Insbesondere die Regionalorganisation von Lima, SUTELM, die von anderen Kräften der Neuen Linken kontrolliert wurde, stellte sich gegen die Politik der nationalen Führung (Interview Sanchez Vicente/Ina Socorro). Während SUTELM die Koordination mit anderen Gewerkschaftssektoren suchte, begann sich die SUTEP-Führung nach dem Scheitern des CCUSC, dem Koordinationsversuch der radikalen Gewerkschaften (vgl. Kap. VI, 8.), zu isolieren.

Jahrelang hatte der SUTEP sich in harter Opposition gegenüber dem Militärregime behaupten können und eindrucksvoll seine Bedeutung als die dominierende Lehrerorganisation demonstriert. Als das Militärregime sich Mitte 1976 dann definitiv gegenüber den Gewerkschaften verschloß und die Unterdrückung zunahm, traf dies einen, infolge innerer Probleme, geschwächten SUTEP.

8. CCUSC: Die radikalen Gewerkschaften formieren sich

Das sich abzeichnende Scheitern des reformistischen Modells, das sich in einer zunehmenden autoritären Arbeitspolitik, staatlichen Interventionen in gewerkschaftsinterne Angelegenheiten und sinkenden Reallöhnen (seit 1974) ausdrückte, hatte die Herausbildung einer regimekritischen und -feindlichen Gewerkschaftstendenz innerhalb und außerhalb der Dachverbände gefördert. Von den unabhängigen Föderationen umfaßte diese Tendenz vor allem die Lehrergewerkschaft SUTEP (vgl. Kap. VI, 7.), den Bergarbeiterverband FNTMMP (vgl. Kap. VI, 6.), die Bergarbeiterföderation der Cerro de Pasco Corporation, die nach der Niederschlagung des Streiks von 1971 mit dem Militärregime und der CGTP gebrochen hatte (vgl. Kap, VII, 2.), sowie den 1974 wiederbelebten Bauern- und Landarbeiterverband CCP. Innerhalb der Dachverbände hatte sich schwerpunktmäßig in der CGTP eine wachsende Opposition gegen die regimeunterstützende Haltung der Führung herausgebildet. Diese Opposition hatte ihren Schwerpunkt im Metallarbeiterverband FETIMP, bei der Föderation der Leder- und Schuhindustrie und in abgeschwächter Form bei den Organisationen der Bauarbeiter und Bankangestellten. Eine starke Stellung hatte die Opposition gegen den CGTP-Vorstand und das Militärregime in der Regionalorganisation von Arequipa. In einigen kleineren CGTP-Föderationen war die Führung von linksoppositionellen Tendenzen übernommen worden. Innerhalb der anderen Dachverbände CTP, CTRP und CNT war die Oppositionsbewegung weniger ausgeprägt, politisch diffuser und unterschiedlich strukturiert.

Die Radikalisierung relevanter Gewerkschaftsbereiche und die zunehmende politisch formulierte Ablehnung des Militärregimes stand in Beziehung zu verstärkter Präsenz der Gruppen der Neuen Linken. Deren Bedeutung stieg mit der Zuspitzung der Wiedersprüche des Reformmodells.

Diese primär von Intellektuellen und Studenten getragenen Gruppen der Neuen Linken stießen auf der Suche nach einer "proletarischen" Basis auf die radikalisierten oppositionellen Gewerkschafaten, die wiederum für eine neue politische und ideologische Orientierung empfänglich waren. Seit 1973/74 gelang es den Gruppen der radikalen Linken, in diesen Gewerkschaften Einfluß zu gewinnen, wobei sich diese auf die Präsenz einiger Kader und Sympathisanten in den Vorständen der jeweiligen Organisation beschränkte.

Bei verschiedenen Gelegenheiten hatten Teile der oppositionellen Gewerkschaften inner- und außerhalb der Dachverbände versucht, ihre Aktivitäten auf regionaler Ebene zu koordinieren. Auf nationaler Ebene trafen sich eine Reihe dieser Gewerkschaften zum ersten Mal 1973 in dem Bergbauzentrum La Oroya (vgl. Crítica Marxista, Januar 1974, und Prensa Sindical Clasista vom November 1973). Kurz darauf, im November 1973, versammelten sich diese Organisationen, verstärkt um den SUTEP und andere Gewerkschaften aus Lima, zum zweiten Plenario Nacional de Sindicatos Clasistas. Bezüglich der Strategie gegenüber der CGTP - einem der Hauptdiskussionspunkte dieser ganzen Treffen und Koordinationen - setzte sich die Position der politischen "Umorientierung" (reorientación) der CGTP gegenüber der SUTEP-Forderung nach "Wiederaufbau" (reconstrucción) der CGTP durch (Informativo Politico 1, 1974; vgl. auch DESCO 1974 Bd. 2, 2389).

Zu einem weiteren Treffen, auf dem nahezu alle oppositionellen Gewerkschaften und die gesamte Neue Linke vertreten waren, kam es am 9./10. November 1974 in der Pädagogischen Hochschule La Cantuta bei Lima. Neben dem Bergarbeiterverband FNTMMP, der Cerro de Pasco-Föderation, dem SUTEP, der CCP, der Organisation der Zollbeschäftigten und drei kleineren Verbänden, nahmen Basisgewerkschaften der Dachverbände und unabhängiger Gewerkschaften teil. Nach Angaben der Organisatoren repräsentierten die 357 Delegierten 152 Gewerkschaften, darunter 66 von der CGTP (I Asamblea Sindical, Documentos, November 1974).

Nach Angaben der Veranstalter repräsentierten die hier versammelten Gewerkschaften 750.000 organisierte Mitglieder, eine Zahl, die utopisch ist. Ohne Einbeziehung der Bauernorganisation CCP, dürften in dieser Versammlung die Delegierten von maximal 150.000 gewerkschaftlich Organisierten vertreten gewesen sein, wobei ungefähr die Hälfte aus den SUTEP entfiel.[70] Bemerkenswert an der sektoralen Zusammensetzung war, daß einige Bereiche wie Lehrer und Bergarbeiter nahezu vollständig repräsentiert, Metallarbeiter und Bankangestellte relativ stark vertreten, aber Gewerkschaften aus dem Baugewerbe, Fischereiwesen, Druckgewerbe, dem Energiebereich und Erdölsektor nur schwach oder gar nicht vertreten waren.

Vermittelt über direkten oder indirekten Einfluß auf Gewerkschaftsdelegierte waren alle wesentlichen Gruppen der Neuen Linken vertreten.

Gemeinsam war den hier versammelten Gewerkschaften und politischen Tendenzen die Ablehnung des Militärregimes, wobei jedoch dessen Charakterisierung höchst unterschiedlich ausfiel. Einigkeit herrschte ebenfalls in der Ablehnung der Politik der Dachverbände, wobei CTP, CTRP und CNT gleichermaßen negativ eingeschätzt wurden, während bei der Haltung gegenüber der CGTP die Positionen differierten. Eine kleinere Gruppe von Delegierten, vom POM-R beeinflußt, war für direkte und sofortige Anbindung aller Gewerkschaften an die CGTP. Eine zahlenmäßig bedeutendere Tendenz plädierte für eine Strategie der Umorientierung (reorientación) der CGTP, eine andere Fraktion votierte für den Wiederaufbau (reconstrucción) der CGTP und einige Delegierten wollten gleich einen fünften Dachverband gründen. Politisch-gewerkschaftliche Differenzen und machtpolitische Kontroversen bei der Festlegung des Delegiertenschlüssel, führten dann zum Auszug des Teils der Delegierten, die den Parteien VR und POM-R nahestanden (vgl. Clase Obrera vom November 1974).

Bezüglich der Haltung zur CGTP setzte sich eine Linie durch, die den "klassenorientierten Wiederaufbau der CGTP" forderte, "was bedeutet, die

Prinzipien, Ziele und Methoden wieder aufzunehmen, die ihr ihr Gründer, der Führer Jose Carlos Mariátegui, zugeordnet hat".[71]

Diese vage Formulierung, letztlich ein Kompromiß der versammelten Tendenzen, überließ es der Interpretation der einzelnen Organisationen, was sie sich darunter vorstellen wollten. Auf dem Treffen wurde noch eine Reihe von Beschlüssen zu nationalen und internationalen Themen verabschiedet sowie eine Art Kurzzeitprogramm, ein Katalog mit 26 ökonomischen und politischen Forderungen, aufgestellt. In den Führungsgremien, dem Comité coordinador de unificación sindical clasista (CCUSC) waren Bergarbeiter (nationaler Verband und Cerro de Pasco Föderation). SUTEP und Gewerkschaften aus der metallverarbeitenden Industrie vertreten. Aufgabe der CCUSC sollte es sein, die gewerkschaftlichen Kämpfe und Volkproteste zu koordinieren sowie diese auf regionaler und nationaler Ebene zu propagieren.
In der Anfangszeit konnte der CCUSC einige größere Demonstrationen und Aktionen organisieren, doch blieb die von dem Großteil der oppositionellen Gewerkschaften und Gruppen der Linken gezeigte Euphorie über die erfolgreiche "Zentralisierung" nur von kurzer Dauer. Innerhalb kurzer Zeit übernahme die Gruppe Patria Roja mittels ihres Einflusses auf den SUTEP die führende Rolle im CCUSC und setzte rigoros ihre politische Linie durch. Zwar betonte man weiterhin, daß der CCUSC sich nicht die Funktion eines fünften Dachverbandes anmaße, doch in der Praxis verfolgte man eine derartige Politik (vgl. Patria Roja Nr. 11:5).

Sektiererische Haltung der Führung, interne Konflikte und maßlose Überschätzung der eigenen Kräfte, ließen den CCUSC weit davon entfernt sein, die propagierte Alternative zur CGTP-Führung zu bilden, oder effektiv verschiedene Gewerkschaftskämpfe zu koordinieren und zu dynamisieren. Im

Gegenteil: Zahlreiche bedeutende CCUSC-Gewerkschaften suchten neue Koordinationsformen, führten ihre Streiks und Kämpfe ohne Rückkoppelung durch und stellten sich in der Praxis oft außerhalb des CCUSC. Eine neue Koordinierung, die hauptsächlich von der CCUSC-internen Opposition gebildet wurden, aber auch außenstehende Organisationen umfaßte, war das im November 1975 gegründete Comité pro Amnistia Politico-Laboral (COPAPOL), das sich primär für die Wiedereinstellung entlassener Gewerkschafter und Freiheit der politischen Gefangenen einsetzte.[72]

Ausdruck für die zunehmende Bedeutungslosigkeit des CCUSC waren verschiedene erfolglose Anläufe, einen Generalstreik zu organisieren. Als ein für den 22./23. März 1976 vom CCUSC propagierter Generalstreik auf dem weinige Tage zuvor stattfindenden 4. Kongreß der CGTP diskutiert wurde, unterstützten ganze vier Delegierte den Antrag auf Teilnahme, obwohl die auf diesem Kongreß repräsentierte Opposition erheblich stärker war. Am Streiktag selbst waren dann auch nur einige Gewerkschaften aus dem Bergbau und der metallverarbeitenden Industrie sowie ein Teil der Lehrer dem Aufruf gefolgt (vgl. "Marka" Nr. 32, 10. April 1976).

Trotz der akuten Krise des CCUSC nahmen an einem weiteren Treffen "klassenorientierter" Gewerkschaften vom 24. bis 26. April 1976 70 neue Gewerkschaften - insgesamt 225 - teil, Ausdruck dafür, daß die Opposition gegen das Militärregime und die Politik der Dachverbände weiter angewachsen war. An neuen, sektoralen oder regionalen Organisationen waren die FENTUP (Universitätsbeschäftigte), die FESIDETA (Regionalorganisation von Ancash) sowie die kleineren Verbände aus Chemiefaseraindustrie und dem privaten Gesundheitswesen dazugestoßen.

Doch war durch die bisherige Entwicklung des CCUSC der Konflikt zwischen den anwesenden Fraktionen bereits vorprogrammiert. Zu Beginn der Versammlung opponierte ein großer Block von Delegierten gegen einen Delegiertenschlüssel, der vom scheidenden nationalen Komitee und der SUTEP-Führung vorgelegt wurde, durch den die Organisationen der Lehrer und Studenten und die sogenannten (de facto kaum existenten) "CCUSC-Regionales" ein Übergewicht erhielten. Doch konnte sich sowohl in dieser Frage als auch bei allen anderen Themen die Linie der bisherigen nationalen Führung und des SUTEP-Vorstandes durchsetzen.

In dem Rechenschaftsbericht der CCUSC-Führung für die abgelaufene Periode wurden zwar "ernsthafte Schwierigkeiten" erwähnt, die jedoch nicht auch in der eigenen Politik gesehen wurden, sondern als Schwierigkeiten beschrieben wurden, "die von äußerem Druck und von der Arbeit der kapitulatorischen und sektiererischen Strömungen innerhalb des CCUSC kommen" (Bericht der CCUSC-Führung. II. Asamblea Sindical Nacional Clasista). Die bisherige Linie des CCUSC wurde ratifiziert, die volle Unterstützung für China und Albanien erklärt, sowie die faschistoide Politik der Militärregierung und die Auslieferung Perus an den Imperialismus und Sozialimperialismus kritisiert.

In einem gemeinsamen Kommunique erklärten 32 Gewerkschaftsorganisationen, darunter FESIDETA, SUTEP-Lima, Federación de Trabajadores de Fibras Quimicas, CCP, die Gewerkschaften von Moraveco, Inresa, Bayer, Pirelli usw., in deren Führungen verschiedene parteipolitische Tendenzen vertreten waren, "daß im Verlauf der II. klassenorientierten Gewerkschaftsversammlung... die elementarsten Regeln der Gewerkschaftsdemokratie mit Füßen getreten worden sind. Man verhinderte eine ideologische und politische Diskussion, welche zu einer Klärung in den klassenorientierten Reihen hätte beitragen können. Die Urheber dieser Ereignisse, die nicht die Sache der arbeitenden Bevölkerung stärken, sondern sie im Gegenteil schwächen, sind mehrheitlich zur Lehrer- und Studentenschaft gehörende Genossen gewesen." (Zit. nach "Marka Nr. 37 vom 6. Mai 1976).

Nach dem chaotischen und offensichtlich undemokratischen Verlauf dieser II. Versammlung war der CCUSC in seiner ursprünglichen Konzeption gescheitert. Außer den von Patria Roja kontrollierten Gewerkschaften identifizierte sich niemand mehr mit dem CCUSC. Verschiedene Aufrufe der CCUSC-Führung zu einem Generalstreik verhallten ungehört. Trotzdem wäre es falsch, den CCUSC lediglich als Episode, eine Fußnote der peruanischen Gewerkschaftsgeschichte abzutun. Denn die erste Versammlung des CCUSC im November 1974 markierte sozusagen einen Fixpunkt, der Aufschluß gab über Zusammensetzung, Orientierung und Stärke einer neuen Tendenz, die sich nicht mehr von den Dachverbänden repräsentiert fühlte. Wenige Jahre zuvor hatte dieser Sektor noch kaum existiert. Diese noch sehr diffuse, nach Perspektiven suchende Tendenz war kein kurzfristiges Aufflammen gewerkschaftlicher Radikalisierung, kein quasi "konjunkturelles" Problem, sondern zeigte langfristige Veränderungen innerhalb der Gewerkschaftbewegung an.
Diese Veränderungen im Gewerkschaftssektor waren Ergebnis einer Bewußtseinsveränderung und einer Radikalisierung der Gewerkschaftsbasis vor dem Hintergrund des gescheiterten Reformprozesses. Trotz der Unfähigkeit des CCUSC, die an ihn gerichteten Erwartungen zu erfüllen, verstärkte sich diese gewerkschaftliche Tendenz weiterhin. Auch wenn in Versammlungen und Broschüren des CCUSC der realitätsfremde Verbalradikalismus einiger politischer Gruppen dominierte, so zeigten sich doch dahinter die Ansätze einer autonomen Gewerkschaftstendenz auf dem Wege zu einer Fundamentalopposition, ohne allerdings ein alternatives Projekt anbieten zu können.

Mit dem Auftauchen des CCUSC wurde praktisch eine Umstrukturierung im gewerkschaftlichen Bereich abgeschlossen. Während bis 1973/74 die innergewerkschaftliche Auseinandersetzung primär zwischen apristisch und kommunistisch beeinflußten Strömungen verlaufen war, spielten nunmehr die Auseinandersetzungen zwischen prokommunistischer, regierungsunterstützender Gewerkschaftslinie und radikaler, regierungsfeindlicher, von der Neuen Linken beeinflußten Gewerkschaftslinie die entscheidende Rolle, ohne daß die apristische Linie vollständig verschwunden war.

KAPITEL VII

STREIKS UND ARBEITSKONFLIKTE 1968 - 1976

1. Allgemeine Tendenzen

Bei der Durchführung von Streiks in Peru haben die Basisgewerkschaften in der Regel volle Autonomie. In ihren Händen liegt es, wann, wo und unter welchen Bedingungen ein Streik stattfindet. Die übergeordnete Föderation oder der Dachverband, dem eine Basisgewerkschaft meist angeschlossen ist, haben kaum Einfluß. Die Vollversammlung als höchstes Beschlußorgan einer Gewerkschaft kann sich nach Empfehlungen und Vorschlägen richten, ist jedoch an Weisungen von oben nicht gebunden. So war es durchaus möglich, daß die Politik einer Basisgewerkschaft sich in klarem Gegensatz zur Linie des Dachverbandes bzw. zur Föderation stellte. Wollte eine Föderation oder ein Dachverband einen Streik durchführen, so waren sie darauf angewiesen, breiten Konsens unter den angeschlossenen Gewerkschaften zu schaffen. Die verschiedenen gescheiterten Streikversuche der CTP oder der CCUSC (vgl. Kap. VII, 3 u. VI, 8) zeigten, daß sich die Mitgliedsgewerkschaften nicht an die "von oben" kommenden Streikbeschlüsse gebunden fühlen und die geplante Machtdemonstration scheitern ließen. Auch bei zahlreichen Streiks von Föderationen zog nur ein Teil der Basisgewerkschaften mit. Die politische Bedeutung einer Föderation hing deshalb nicht zuletzt davon ab, inwieweit es ihr gelang, die Mitgliedsgewerkschaften auf den geplanten Streik zu verpflichten. Die Stärke des FEB (Föderation der Bankangestellten), der

SUTEP, der Bergarbeiter der Cerro des Pasco Corporation, der FETIMP und der Regionalorganisation FDTA in Arequipa beruhte eben auch darauf, daß die Streikbeschlüsse von einem Großteil der Basis in konkrete Aktion umgesetzt wwurden. Doch blieben diese Organisationen eher eine Ausnahme im peruanischen Gewerkschaftspanorama.

Natürlich war der schwache Zentralisierungsgrad auch mit der weltanschaulichen Fragmentierung der peruanischen Arbeiterbewegung verknüpft (vgl. von Beyme 1977: 60). Verstärkt wurde dies durch die geographische Isolierung zahlreicher Gewerkschaften im Landesinnern, die teilweise ausgeprägten regionalistischen Tendenzen, die sich auch im Gewerkschaftswesen bemerkbar machten, und die geringe Finanzkraft der Dachverbände.

Als die Militärs 1968 die Macht ergriffen, hatte Peru in den Jahren davor eine erhebliche Ausweitung der Streikaktivitäten erlebt. Von 1957 bis 1962 hatte es im Jahresdurchschnitt noch 209 Streiks gegeben, von 1962 bis 1968 bereits 398 (Stepan 1979: 25). Dies hing sowohl mit der Ausweitung der gewerkschaftlichen Organisierung als auch mit einem sich verstärkt manifestierenden gewerkschaftlichen Selbstbewußtsein zusammen, das besonders bei den neu entstandenen Sektoren der Industriearbeiterschaft ausgeprägt war.

Die Streiks in den ersten Jahren des Militärregimes wiesen teilweise Unterschiede zu denen vorangegangener Jahre auf. Im Zusammenhang mit der Agrarreform kam es zu zahlreichen Aktionen auf dem Lande. In den Städten und Exportenklaven zeigten sich in bezug auf Anzahl und Beteiligung der Streiks keine gravierenden Unterschiede gegenüber den letzten Jahren der Belaúnde-Regierung. Allerdings gingen die durch Streik ausgefallenen

Arbeitsstunden mit Ausnahme von 1971 beträchtlich zurück und lagen zwischen 1969 und 1971 ungefähr ein Drittel niedriger als zwischen 1965 und 1967. Auch die Anzahl der Streikenden im Verhältnis zur Gesamtzahl der nichtagrarischen Erwerbstätigen lag bis Ende 1972 erheblich niedriger (Huber 1983: 74). Ursächlich dafür waren sowohl die "Politik der offenen Tür" des Arbeitsministeriums als auch die vergleichsweise günstige ökonomische Lage, die dem Militärregime erlaubte, tarifliche Zugeständnisse zu machen. So stiegen zwischen 1969 und 1973 die Reallöhne um ein Drittel. Das zentrale Arbeitsproblem blieb für die Militärs in den Anfangsjahren die Streikwelle im Bergbau, dem wichtigsten Devisenbringer. 1969 bis 1971 entfielen jeweils über die Hälfte aller durch Streik ausgefallenen Arbeitsstunden auf den Bergbau. Erst danach sank der Anteil auf 20 Prozent, zum Teil allerdings bedingt durch die Ausweitung der Arbeitskonflikte in anderen Sektoren. Zu direkten Zusammenstößen zwischen Militärregierungen und Gewerkschaften kam es nur zwei Mal, allerdings mit folgenschwerer Bedeutung: Bei den Streiks der Bergarbeiter der Cerro der Pasco Corporation und der Lehrer, beide Ende 1971 (vgl. Kap. VII, 2.).[1]

Trotz relativer Erfolge an der Arbeitsfront wurde Ende 1972 die CTRP ins Leben gerufen, mit dem Ziel, die Arbeitnehmer direkt an die "Peruanische Revolution" zu binden und die "historisch überlebten" Gewerkschaftsformen abzulösen. Die Streiks wurden jedoch nicht weniger; im Gegenteil, Aktivitäten und Machenschaften von CTRP und dem mit ihr liierten MLP bildeten den Auslöser für zahlreiche Streiks von Gewerkschaften, die ihre Autonomie verteidigten.

1973 stieg die Zahl der Streiks und der beteiligten Arbeitnehmer steil an. An den Arbeitskonflikten dieses Jahres waren mehr Arbeitnehmer beteiligt als in den drei vorangegangenen Jahren zusammengenommen. Ein Zentrum der Streikbewegungen bildeten dabei die von regionalen Protesten begleiteten Arbeitsniederlegungen in Provinzstädten (vgl. Kap. VII, 2.). 29 Prozent aller durch Streik ausgefallenen Arbeitsstunden im Industriesektor entfielen 1973 auf die Provinzen; weitaus mehr als in den vorausgegangenen oder folgenden Jahren. Auch in den beiden nächsten Jahren hielten die intensiven Streikaktivitäten an. 1975 war das bislang streikreichste Jahr der peruanischen Geschichte (Bollinger 1980: 21). Nahezu ein Drittel aller Lohnabhängigen war an einem der 779 Streiks beteiligt. Branchen und Sektoren, in denen bislang so gut wie keine Arbeitsniederlegungen stattgefunden hatten, wurden jetzt mit einbezogen; so die Universitätsangestellten, Beschäftigten im Hotel- und Tourismussektor, städtischen Angestellten, ja sogar die Polizei (Santisteban 1980: 205). Der Großteil der Streiks entfiel dabei seit 1973 auf die Gewerkschaften der verarbeitenden Industrie. Relativ hoch war auch der Anteil des Baugewerbes.

Worin lagen die Ursachen für dieses steile Ansteigen der Streiks und Arbeitskonflikte? Wesentlich war die Entwicklung der Löhne und Gehälter. Diese hatten 1973 ihren höchsten Stand erreicht und begannen seit 1974 - und noch mehr in den Folgejahren - in den meisten Branchen zu sinken. 1976 waren die Reallöhne auf 74,4 Prozent und die Gehälter auf 65,2 Prozent (ECO 1978) des Niveaus von 1973 abgerutscht.

Es gab doch auch noch andere Ursachen. Die CTRP, die privilegierte Kanäle zur Regierung und direkten Zugang zum Arbeitsministerium hatte und ihn auch nutzte, um andere Gewerkschaften abzublocken, zwang diese dadurch, ihre Forderungen in aggressiverer Form vorzutragen. Ökonomische Motive verbanden sich bei diesen Streiks mit dem Versuch, politischen

Druck auszuüben. Mit den wachsenden wirtschaftlichen Schwierigkeiten und den verschärften Konflikten im Militärapparat erhöhte sich auch die Bedeutung einer erstarkten Unternehmerschaft: Das Arbeitsministerium begann, seine Politik stärker an deren Interessen zu orientieren. Verschärft traf dies für die Zeit der "Zweiten Pase" (nach August 1975) zu.

Ein weiterer Grund für das steile Ansteigen der Streiks lag in der starken Ausdehnung der gewerkschaftlichen Organisierung. Viele der neugegründeten Gewerkschaften in den Provinzen, im Dienstleistungsbereich und in Kleinbetrieben führten Arbeitsniederlegungen durch, nicht zuletzt, um sich Respekt gegenüber Unternehmern und Staat zu verschaffen und sich der Loyalität der eigenen Mitglieder zu versichern (Huber 1983: 73). Dies galt weniger für die 25 Prozent der neugegründeten Gewerkschaften, die sich der CTRP anschlossen. Aber auch länger bestehende Gewerkschaften, die bislang in Passivität verharrt hatten, griffen seit 1973 vermehrt auf Streiks zur Durchsetzung ihrer Tarifforderungen zurück.

Die Motive und Ursachen für die rapide Zunahme von Streiks und Arbeitskonflikten seit 1973 waren also vielfältig; doch auch die Muster der Streiks änderten sich. Die Regionalproteste von 1973, geboren aus gewerkschaftlichen Solidaritätsaktionen, markierten etwas qualitativ Neues. Sie richteten sich direkt gegen die Arbeitspolitik der Militärregimes und waren ein Hinweis darauf, was sich später unter anderen Bedingungen in Lima und auf nationaler Ebene wiederholen sollte. Die Zahl der politisch motivierten Streiks nahm zu; teils waren sie gegen die Aktivitäten von CTRP und MLR gerichtet. Auch das Arbeitsministerium beklagte die hohe Zahl der Streiks aus politischen Gründen seit 1973 (La Cronica vom 26. April 1977).

Im Industriesektor hatten 1973 bis 1975 die Hälfte bis zwei Drittel aller Streiks tarifliche Ursachen. Solidaritätsstreiks und Arbeitsniederlegungen aus anderen Gründen, worin auch politische Forderungen an das Regime enthalten waren, umfaßten ein Viertel bis ein Drittel aller Arbeitskonflikte. Jedoch waren an diesen 40 bis 50 Prozent aller streikenden Arbeiter und Angestellten beteiligt; ebenso entfielen auf diese Streiks ca. 40 Prozent aller ausgefallenen Arbeitsstunden (Huber 1983: 76). Immer mehr Streiks beschränkten sich nicht auf einfache Arbeitsniederlegungen, sondern waren von ergänzenden Protestaktionen begleitet. Bei den Bergarbeitern, die klar erkannt hatten, daß sich Forderungen besser in der Hauptstadt durchsetzen ließen, wurden die Marchas de Sacrificio (Opfermärsche) zu einem wichtigen Bestandteil der Arbeitsniederlegungen. Auch andere Provinzgewerkschaften griffen vereinzelt auf dieses Kampfmittel zurück, um dadurch größere Öffentlichkeit für ihr Arbeitsproblem zu schaffen. Kirchenbesetzungen als Zeichen des Protests nahmen ebenfalls zu; in einigen Fällen waren Streiks mit Fabrikbesetzungen verbunden. Gelegentlich kam es zur aktiven Unterstützung der Bewohner von Wohnviertelsn für streikende Arbeiter.

Der höchste Anteil an Streiks entfiel auf die Gewerkschaften der CGTP. 1973 waren es 47,8 Prozent, 1974 gar 73,8 Prozent und 1975 67,7 Prozent. Die unabhängigen Föderationen waren mit beachtlichen 39,1 Prozent (1973), 19,5 Prozent (1974) und 28,5 Prozent (1975) beteiligt. Zusammen zeichnen somit CGTP-Gewerkschaften und Unabhängige 1973 bis 1975 für über 85 Prozent der Streiks verantwortlich. Überraschenderweise erreichten die CTRP-Gewerkschaften 1973 und 1974 einen Anteil von 5,2 bzw. 5,8 Prozent. Die Rolle von CTP-Gewerkschaften bei Arbeitskonflikten war mit Ausnahme von 1973, als es zu Streiks vor allem im Textilsektor (7,6 Prozent) kam, unbedeutend.

Die Zunahme der Streiks blockierte die von der Regierung Morales Bermudez geplante Sanierungspolitik im Sinne der internationalen Geldgeber. Durch verschiedene Maßnahmen versuchte des Regime, die Streikwelle einzudämmen. Ende 1975 wurden die Streikbedingungen, unter Rückgriff auf das Streikgesetz von 1913, verschärft. Anfang 1976 wurden für Bergbau und Fischfang der Notstand erklärt, womit praktisch ein Streikverbot verbunden war. Seit Mitte 1976 wurden im Rahmen einer veränderten Politik Streiks gänzlich verboten.

2. Militärs und Streikende: Zur Analyse politikrelevanter Streiks

Im folgenden sollen sechs Streiks, zwischen Ende 1971 und Mitte 1976, analysiert werden. Es handelt sich nicht um typische Streiks, sondern im Gegenteil um herausragende Arbeitskonflikte, die mit politischen Implikationen verknüpft waren oder bestimmte Entwicklungstendenzen anzeigten bzw. vorwegnahmen. Bewußt wurden Streikbewegungen aus unterschiedlichen Branchen und Regionen ausgewählt. Folgende Überlegungen waren für die Auswahl ausschlaggebend:

- Der Bergarbeiterstreik von 1971 in der "Cerro de Pasco Corporation" markierte den endgültigen Bruch zwischen Militärregierung und einem der bedeutendsten Gewerkschaftssektoren des Landes.
- Der Lehrerstreik von 1971 war ebenfalls der Beginn einer Dauerkonfrontation der Lehrergewerkschaften mit den Militärs.
- Der Streik in Arequipa von 1973 demonstrierte in zugespitzter Form die regionalistische Komponente der Gewerkschaftskämpfe in den Provinzen.
- Die Protestwelle in Chimbote im November 1973 stand in direkter Beziehung zur Arbeits- und Gewerkschaftspolitik des Regimes.

- Der regionale Streik der CGTP Ende 1975 war die erste direkte Konfrontation zwischen einer CGTP, die ihre Unterstützung im Prinzip beibehielt, und einem Militärregime, das keinen allzu großen Wert mehr auf diese Unterstützung legte.
- Die Konflikte um Nylon/Vitarte im Juni 1976, wenige Wochen vor Verhängung des Ausnahmezustandes, deutete in kleinem Maßstab an, was sich rund ein Jahr später in großem Maßstab wiederholen sollte.

Alle diese Streiks waren Marksteine in der Beziehung zwischen Gewerkschaften und Militärs, zeigten exemplarisch die zunehmend repressiven Tendenzen und Inflexibilität im Militärapparat, andererseits aber auch die Zersplitterung, Schwächen und fehlenden Perspektiven der Gewerkschaften ebenso wie ihre Kampfkraft und Spontaneität.

Lehrerstreik, 1971: Vom Tarifkonflikt zur Konfrontation

Zu Beginn der Militärherrschaft waren die diversen Lehrerfachverbände in der FENEP zusammengeschlossen, deren Führung von der KP kontrolliert wurde. Bei den Wahlen in der wichtigsten Region der Sekundarschullehrer hatte sich 1969 in Konkurrenz zur bisher dominierenden KP ein von der Neuen Linken beeinflußtes Wahlbündnis durchsetzen können. Diese Kräfte bekamen Auftrieb, nachdem die Regierung die Absicht verlauten ließ, die seit 1966 unverändert gebliebenen Lehrergehälter um zwei weitere Jahre einzufrieren, ohne daß die FENEP-Führung darauf reagierte. Die passive Haltung der FENEP-Führung gab den linksoppositionellen Kräften, die sich im COMUL (Comité Magisterial de Unificación y Lucha) zusammengeschlossen hatten und unter den Lehrern für Gehaltserhöhungen und radikalere Gewerkschaftspositionen agitierten, Auftrieb. Währenddessen versuchte die FENEP-Führung, in Verhandlungen mit der Ministerialbürokratie Lösungen zu finden (Pezo u.a. 1978: 161). In dieser Situation beschloß eine Delegierten-Versammlung der FENEP vom 13. und 14. August 1971, ab 1. September in einen unbefristeten Streik als Mittel zur Durchsetzung für die Tarifforderungen zu treten. Eine von der Regierung kurz vor Streikbeginn angebotene Gehaltserhöhung wurde als ungenügend zurückgewiesen. Am Vorabend des Streikbeginns bekräftigte die Führungsspitze des FENEP, daß es sich um eine rein tarifliche und keine politische Arbeitsniederlegung handele. Nach wenigen Tagen hatte der Streik die gesamte Lehrerschaft erfaßt. Die verschiedensten sozialen und politische Organisationen nahmen Stellung: Die Anwaltskammer in Lima, die Priestervereinigung ONIS, Christdemokraten, CGTP und CTP erklärten sich solidarisch. Die massive Befolgung des Streikaufrufs und die Unterstützung durch zahlreiche Organisationen konnten jedoch nicht darüber hinwegtäuschen, daß die im Innern der Lehrerschaft vertretenen politischen Tendenzen unterschiedliche Ziele verfolgten. Die KP-orientierte Mehrheit der FENEP-Führung hatte dem Streik zugestimmt, um ihre Legitimität gegenüber des Basis aufrechtzuerhalten. Das Interesse des COMUL, der mehrere Vertreter im Streikrat hatte, war darauf gerichtet, größere gewerkschaftliche Autonomie gegen das Militärregime durchzusetzen und die KP-Dominanz zu brechen. Die APRA war trotz ihres Bedeutungsverlustes in verschiedenen Regionen noch präsent geblieben. Ihre Parteigänger vertraten die radikalsten Positionen und votierten für weitergehende Kampfformen. Ihr Interesse war daran orientiert, die Kontrolle über die Lehrerbewegung zurückzugewinnen. Eine vierte Tendenz, repräsentiert von dem Präsidenten des FENEP, dem Christdemokraten Pedro Armacanqui, verfolgte in erster Linie tarifpolitische Ziele.

Nachdem es nach mehreren Streiktagen zu einem Gespräch mit General Velasco gekommen war und die Regierung am 9. September eine weitere

Erhöhung zugestanden hatte, traten die Meinungsverschiedenheiten im Streikrat offen zutage. Man einigte sich auf eine Befragung des Basis innerhalb von drei Tagen. Währenddessen wurde der Streik weitergeführt. Mittlerweile war es bereits zu zahlreichen Zusammenstößen, vor allem in den Provinzstädten, zwischen Polizei und streikenden Lehrern gekommen. Am 12. September zeigte sich dann, daß eine Mehrheit der Lehrer für eine Fortführung des Streiks gestimmt hatte. Die KP-Vertreter im FENEP-Vorstand erklärten daraufhin, die Abstimmung sei manipuliert worden, und hoben den Streik auf. Ihrer Position wurde breite Publizität in der Presse eingeräumt. Gleichzeitig gab der CGTP-Vorstand eine Erklärung heraus, in der es hieß, daß sich die "Yankee Monopole", die APRA und Ultralinke des Streiks bemächtigen würden, um den "Revolutionären Prozeß" zu zerstören (vgl. El Comercio 13. September 1971). Der Erziehungsminister kündigte am selben Tag die Maßregelung aller Weiterstreikenden an. Die Grundschullehrer von Lima-Callao stellten den Streik ein, andere streikten weiter. Regierung und CGTP intensivierten ihre Angriffe auf die Lehrer, die sich weiterhin am Ausstand beteiligten.
Während die Mehrheit der Grundschullehrer in den Unterricht zurückkehrte, setzten vor allem die Sekundarschullehrer den Streik noch fort. Die Regierung verschärfte daraufhin die Unterdrückung: Der Präsident der FENEP und vier weitere Führer der Lehrer, die sich für eine Fortführung des Streiks ausgesprochen hatten, wurden am 15. September nach Spanien deportiert. Zahlreiche festgenommene Lehrer wurden in die Urwaldstrafkolonie El Sepa verlegt. Das Erziehungsministerium hob die offizielle Anerkennung der FENEP-Führung auf. Allein in Lima wurden annähernd 800 Lehrer entlassen (Interview Sanchez Vizente/SUTEP). Unter diesem Druck brach der Streik zusammen.

Warum hatten die Militärs mit solcher Härte auf einen im Grund ausschließlich tariforientierten Streik reagiert und damit das Band zwischen Regime und Lehrerschaft durchschnitten? Mehrere Faktoren kamen zusammen: Zum einen wurde der Streik vom Regime von Anfang an als politisch qualifiziert und seines tariflichen Charakters entkleidet. Sicher war auch beabsichtigt, die radikalen Tendenzen (und die natürlich immer noch präsente APRA) zu treffen, um die KP-Kontrolle zu stabilisieren. Lehrer waren für die Militärs zudem "Erziehungssoldaten" und "Apostel", für die sich ein Streik nicht schickte, sondern im Gegensatz zu ihrem Bildungsauftrag stand (vgl. Koschützke-Gebhardt 1982: 273).

Das Militärregime, das sich zu Beginn des Streiks noch konziliant gezeigt hatte, danach jedoch immer brutaler reagierte, hatte einen Pyrrhussieg errungen: Die Lehrerschaft, der eine wichtige Rolle in der Erziehungsreform zugedacht war, stellte sich nahezu geschlossen außerhalb des Reformprojekts, verbündete sich mit regimefeindlichen Linksgruppen und wurde von da an zur ständigen Quelle neuer Konflikte und Auseinandersetzungen.

<u>Cobriza,</u> <u>November</u> <u>1971:</u> Die Bergarbeiter brechen mit der "Peruanischen Revolution"

In den Jahren 1969 bis 1971 waren die zentralen Anden Schauplatz einer Streikwelle, wie sie bislang der peruanische Bergbau nicht gekannt hatte. Streik folgte auf Streik, wobei nicht nur die lange Dauer, sondern auch die hohe Zahl teilnehmender Arbeiter und aktive Teilnahme der Bergarbeiterfrauen charakteristisch waren. Die Arbeitskämpfe in der Cerro de Pasco Corporation - allein 1970 kam es zu 71 meist langdauernden Streiks - gingen einher mit dem zunehmenden Einfluß von

Gruppen der radikalen Linken. Ursache für diese Streiks waren die jahrelang blockierten Lohnforderungen der Bergarbeiter und deren verstärkte Notwendigkeit, ihr Lohnniveau zu heben. Durch die technologische und arbeitsorganisatorische Entwicklung war der Großteil der inzwischen festangestellten und qualifizierten Arbeiter von der direkten Beziehung zur Landwirtschaft abgeschnittten und mußte seine Reproduktion jetzt ausschließlich über den Lohn und den Markt regeln (de Wind 1979: 165).

Veränderte politische Rahmenbedingungen , antiimperialistische Rhetorik des Militärregimes, jahrelang abgeblockte Tarifforderungen und wiedererstarkte Organisationen, verknüpften sich mit anderen Faktoren, was zu einer explosiven Mischung führte: Die Wohnsituation der meisten Arbeiter begünstigte eine schnelle Mobilisierung der Basis und spontane, gewalttätige Aktionen. Dazu traten ein instinktiver Radikalismus mit "vorpolitischen" Zügen (vgl. Kruijt/Vellinga 1979: 132). KP und CGTP verloren Zug um Zug an Einfluß und Kontrolle und wurden aus ihrer Mittlerposition zwischen Bergarbeitern und Militärregime verdrängt. Die gewerkschaftliche Basis ersetzte die KP-nahen Führer durch radikalere Repräsentanten, die teils aus dem Umfeld von Patria Roja und Vanguardia Revolucionaria kamen.

Am 21. Mai 1971 legte die Föderation der Bergarbeiter der "Cerro de Pasco Corporation" den jährlichen Tarifkatalog vor, der sich in bemerkenswerter Weise von den vorhergehenden unterschied. In den 141 Punkten waren nicht nur Lohnprobleme angesprochen, sondern auch soziale, kulturelle und politische. Im Zusammenhang mit den Tarifforderungen wurde auch nach Verstaatlichung der Cerro de Pasco Corporation, der Reinigung des durch Bergbauabfälle verschmutzten Flusses Mantaro und offizieller Anerkennung der Föderation gerufen. Der Tarifkatalog wurde vom Management abgelehnt, das die Regierung wissen ließ, daß kein Geld für Lohnerhöhungen zur Verfügung stände. Stattdessen schlug man eine Verschiebung der Tarifrunde auf das Jahr 1972 vor. Gleichzeitig setzte eine Pressekampagne ein, die sich mit den hohen Verlusten des Unternehmens und den "maßlosen" Forderungen der Arbeiter beschäftigte. Die Beziehungen zwischen Militärregime und Gewerkschaften verschlechterten sich, als letztere das neue Bergbaugesetz ablehnten und sogar einen Streik dagegen androhten (La Prensa 18. Juni 1971). Auch die Comunidad Minera, das Betriebsgemeinschaftsgesetz, wurde verworfen, da - so die Bergarbeiter - man kein Interesse habe, Partner der "Yankees" zu sein. Während in Lima sich die Lohnverhandlungen zwischen Management und Gewerkschaftsdelegierten unter Aufsicht des Arbeitsministeriums zähflüssig dahinschleppten, stieg die Spannung in den Bergwerken. Erbittert durch die monatelangen erfolglosen Verhandlungen wurde in allen Bergwerken der Cerro de Pasco Corporation" ein allgemeiner Streik und ein großer "antiimperialistischer Marsch" vorbereitet. Am 27. Oktober begann der Streik in allen Bergwerken. Ein Lohnvorschlag der Regierung wurde am 3. November sowohl von Gewerkschaften als auch vom Management abgelehnt. Um die zugespitzte Situation zu lösen, reisten der Bergbau- und der Arbeitsminister nach La Oroya, wo es zu einem fünfeinhalbstündigen Gespräch mit 4.000 Bergarbeitern kam.[2]

Der Streik nahm eine dramatische Wendung, als es in Cobriza, einem der Bergwerke, am 6. November aus relativ geringfügigem Anlaß zu einer bedrohlichen Situation kam. Entgegen den Vereinbarungen, während des Streiks den Maschinenpark an seinem angestammten Ort zu lassen, hatte die Betriebsleitung Maschinen und Fahrzeuge in die Wohngebiete der Techniker und Angestellten bringen lassen. Zwischen protestierenden Arbeitern und Polizei kam es zu Auseinandersetzungen, in deren Verlauf der Betriebsleiter und mehrere Arbeiter verletzt wurden. Die Arbeiter zogen sich mit zwei leitenden Angestellten als Geiseln in das Gewerkschaftshaus zurück. Wie später Bergarbeiterfrauen erklärten, sollten die Geiseln dazu dienen, eine gute Behandlung der verletzten Arbeiter im Krankenhaus zu garantieren (DESCO 1974, Bd. 1). Dies war Ausdruck dafür, wie tief das Mißtrauen der Arbeiter gegen die Cerro de Pasco Corporation war.

Truppenverlegungen in die Bergbauzentren, Verhandlungen, Verhärtung des Ausnahmezustandes über das mittlere Hochland, militärische Besetzung des Sitzes der Föderation in La Oroya und Festnahmen, bestimmten das Bild der nächsten Tage. Am 10. November stürmte dann eine Militäreinheit in Cobriza das Gewerkschaftslokal, wobei nach offiziellen Angaben fünf Arbeiter, darunter der Generalsekretär der Gewerkschaft, getötet und 18 verletzt wurden. Die Bevölkerung floh in das umliegende Bergland (Kruijt/Vellinga 1979: 172). Auch in den anderen Bergwerken kam es zu Razzien und Festnahmen und, wie im Fall von Cerro de Pasco, zu harten Auseinandersetzungen zwischen Streikenden und Ordnungskräften. Die Verhandlungskommission der Bergarbeiter in Lima wurde zu einem "Gespräch" mit dem Innenminister gebeten und dann inhaftiert. Zahlreiche festgenommene Gewerkschafter wurden in die Urwaldstrafkolonie El Sepa gebracht, wo sie bis Ende 1972 blieben; andere in die Gefängnisse der Hauptstadt verlegt; 300 Gewerkschafter wurden entlassen. Der Streik ging noch einige Tage weiter, brach jedoch dann angesichts der Unterdrückungsmaßnahmen zusammen.

Mit der Niederschlagung des Streiks gelang es den Militärs, "Ruhe und Ordnung" für über ein Jahr in den Bergwerken der "Cerro des Pasco Corporation" zu schaffen. Bei den Bergarbeitern, die den Streik zum "großen antiimperialistischen Generalstreik" (vgl. Documentos 1971) erklärt hatten, verlor das Militärregime jedoch jede Sympathie und wurde nun zu einer repressiven Militärdiktatur. Die CGTP-Führung, die noch während des Streiks versucht hatte, die Politik des Militärregimes zu vermitteln, war unter den Bergarbeitern des Centro ebenfalls abgeschrieben.[3] In der Folgezeit konsolidierten die radikalsten Gruppen der Neuen Linken ihre Führung in den Bergarbeitergewerkschaften der Cerro de Pasco Corporation".

Arequipa, Herbst 1973: Gewerkschaftskämpfe in der Tradition der Regionalbewegung

Die Zentralisierung von Wirtschaft und Politik in Lima mußte zwangsläufig zu Protesten in den Regionen führen, die historisch eine bedeutende Rolle in der Geschichte Perus gespielt hatten. Dies traf insbesondere auf die alte Handelsmetropole des Südens, Arequipa, die zweitgrößte Stadt des Landes, und die ehemalige Inkaresidenz Cusco zu.

Bereits 1950 war es in Arequipa zu einem Aufstand gegen die Zentralregierung gekommen. Gegen den Vertreter der Oligarchie, den Diktator Odría, der seine Stellung durch Wahlen absichern wollte, stellte die lokale Bourgeoisie von Arequipa, die an Industrialisierung und Modernisierung interessiert war, einen Gegenkandidaten auf. Als dessen Kandidatur jedoch abgeblockt wurde, löste ein Studentenprotest in Arequipa eine Rebellion aus, die zur Bildung einer provisorischen Regierungsjunta führte. Diese übernahm die Kontrolle der Stadt. Das Heer zerschlug diesen Aufstand blutig.

Hatten diese und andere Regionalproteste noch unter klarer Führung der lokalen Bourgeoisie und Mittelschicht gestanden, so verschoben sich die Gewichte in den sechziger Jahren. Vor allem die Gewerkschaften begannen nunmehr eine zentrale Rolle in den regionalen Protesten zu spielen (Colque 1976: 95 ff).

Als führende politische Kraft in den Gewerkschaften kristallisierte sich die KP heraus, die auch die Führung der mit Abstand bedeutendsten Regionalorganisation der CGTP, der Federación de Trabajadores de Arequipa (FDTA) übernahm. Dieser waren nicht nur die urbanen Arbeiter, sondern auch einige Bergarbeitergewerkschaften des Departements sowie die SUTE (Lehrerorganisation) angeschlossen. Die FDTA zählte 30 - 40.000 Mitglieder und umfaßte nahezu alle der rund 150 Gewerkschaften (1968) der Region. Außerhalb blieben nur einige Gewerkschaften des Tertiärsektors, die der CTRP angehörten, Eisenbahner (CNT) und einige Unabhängige.

Schon seit Anfang der siebziger Jahre stand die KP-Führung der FDTA unter dem Druck der Gruppen der Neuen Linken. Diese Druck auf die Führung der FDTA durch eine radikale Opposition, vermischt mit der regionalpolitischen Komponente, gab den Regionalprotesten in Arequipa eine besondere Dynamik.

Bereits im April 1972 hatte die FDTA vor allem aus Solidarität mit 400 entlassenen Arbeitern des nahegelegenen Bergwerkes von Cuajone einen viertätigen Proteststreik durchgeführt. Der Streikaufruf war von allen angeschlosssenen Organisationen sowie anderen Institutionen befolgt worden (DESCO 1974 Bd. 2, 1627). In dem Forderungskatalog war auch die Rückkehr der 1971 deportierten Lehrer enthalten.

Ein Jahr später führte die FDTA wiederum einen regionalen Proteststreik durch. Diesmal in Solidarität mit dem Frente Unico de Defensa de los Intereses de Moquegua, einem Zusammenschluß verschiedenster Organisationen und Gruppierungen dieses an Arequipa angrenzenden Departements. Der Solidaritätsstreik in Arequipa setzte am 7. Mai 1973 ein und erfaßte alle Bereiche. Am 11. Mai verhängte die Regierung den Ausnahmezustand. Nachdem jedoch in nahezu allen Punkten von den Behörden Zugeständnisse gemacht worden waren, wurde der Streik am 15. Mai beendet.

Auch die Proteste im November 1973 standen in Zusammenhang mit einer Solidaritätsaktion. Am 24. Oktober 1973 hatte der SUTEP einen nationalen Proteststreik durchgeführt, der allerdings nur zu etwa 50 Prozent befolgt wurde (DESCO 1974 Bd. 2, 2349). Das Militärregime reagierte mit der Verhaftung zahlreicher Lehrer, insbesondere deren gewerkschaftlicher Vertreter.
Als die Regierung am 31. Oktober 1973 das Gesetzesdekret 20201 erließ, das die fristlose Entlassung von Lehrern erlaubte, wovon in der Folge in Arequipa 17 Lehrer betroffen waren, beschloß der SUTE von Arequipa, ab 5. November in einen unbefristeten Streik zu treten. Die anderen Gewerkschaften wurden zur Solidarität aufgerufen. Zahlreiche Mitgliedsgewerkschaften der FDTA forderten die Einberufung einer Delegiertenversammlung, die von der KP-orientierten FDTA-Führung, die dem SUTA distanziert gegenüberstand, abgelehnt wurde. Darauf konstituierten sich zahlreiche Einzelgewerkschaften der FDTA zusammen mit der Eisenbahnergewerkschaft (CNT-Mitglied), und der Telefongewerkschaft (unabhängig) zum Comite de Defensa y del Fuero Sindical. Dieser Zusammenschluß versuchte in Verhandlungen mit den Behörden eine Rücknahme des DL 20201 und die Freilassung und Wiedereinstellung der inhaftierten Lehrer zu erreichten. Die Verhandlungen scheiterten (Prensa Sindical Clasista Nr. 2, 1973). Am 16. November traten die meisten Gewerkschaften Arequipas in Streik.

Dem Streik schlossen sich am 20. Vovember weitere Gewerkschaften an. Am selben Tag beschloß dann auch die Führung der FDTA, sich dem Streik anzuschließen. Noch an diesem Tage wurden bei Straßenschlachten zwei Demonstranten getötet. Das Militärregime reagierte mit der Verhängung des Ausnahmezustandes und Aufhebung der bürgerlichen Rechte. Nachdem die Streikfront weiterhin bestehen blieb, lenkte die Militärverwaltung am 24. November ein. Zwischen Streikenden und Behörden wurde eine Vereinbarung getroffen, nach welcher letztere sich verpflichteten, die Inhaftierten freizulassen, die Arbeitsverträge der Lehrer zu respektieren und die Wiedereinstellungsanträge der entlassenen Lehrer zu akzeptieren.

Die verschiedenen regionalen Streiks in Arequipa hatten gezeigt, daß durch das Zusammenwirken von Regionalforderungen, Gewerkschaftskämpfen und massiver Beteiligung der Bevölkerung, ein bedeutendes Konfliktpotential entstehen konnte. Sie waren der zugespitzte Ausdruck regionaler Proteste, die vor allem im südlichen Hochland (Arequipa, Cusco, Puno, Moquegua) ihr Zentrum hatten. Die FDTA als dominierende Gewerkschaftskraft des Südens hatte zwar ihre internen politischen Probleme, wurde jedoch durch die gemeinsame Aversion gegen die Bürokratie in Lima zusammengehalten.[4] Immer dann, wenn es den Gewerkschaften gelang, sich mit anderen "antizentralistischen" Sektoren der Provinz (Mittelklasse, Kaufleuten, lokalen Industriellen, Organisationen der "Barriada"-Bewohner etc.) zu verbünden und gemeinsame Forderungen zu formulieren, entwickelten sie eine Stärke, durch die sie dem Militärregime politische Zugeständnisse abzuringen vermochten.

Chimbote 1973: Gegen staatliche Einmischung in Gewerkschaftsangelegenheiten

Die etwa 400 km nördlich von Lima liegende Hafenstadt Chimbote nimmt eine Sonderstellung unter den peruanischen Städten ein. Zu Anfang der vierziger Jahre noch eine Kleinstadt mit etwas über 4.000 Einwohnern, erfuhr die Stadt durch den Fischboom seit den fünfziger Jahren einen spektakulären Aufstieg. Zeitweise konzentrierten sich hier 35 Fischmehlfabriken und über 600 Fangboote. In Chimbote wurden ca. 70 Prozent des Fischmehls, das als Viehfutter in alle Welt exportiert wurde, produziert. Die Möglichkeit schnellen Reichtums lockte peruanisierte Einwanderer, Glücksritter, Sprößlinge aus oligarchischen Familien und Kapital aus USA und Frankreich an. Aber auch Bootsbesitzer, Bootsausrüster und Händler machten ihren Schnitt. Die Hoffnung, wenigstens etwas an dem Fischboom teilhaben zu können, trieb Zehntausende aus den Dörfern des nahegelegenen Hochlands nach Chimbote. Seit 1958 produzierte auch das einzige Stahlwerk des Landes, SOGESA (später SIDERPERU), in dieser Stadt.
Die Krisen der Fischindustrie ab 1967, Folge von Überfischung und Veränderungen der Meeresströmung ließen das Wirtschaftswunder, den "Boom Chimbote" zusammenbrechen. Die Stadt nahm immer stärker den Charakter eines Riesenslums an. Zu Beginn der siebziger Jahre war die Situation für die große Mehrheit der rund 170.000 Einwohner, die zu 90 Prozent in Elendsvierteln lebten, dramatisch geworden.

Drei Brennpunkte gewerkschaftlicher Aktivität hatten sich hier in den sechziger Jahren herausgebildet: Die Arbeiter und Angestellten des Stahlwerkes SOGESA (seit 1969 SIDERPERU), die Anchovisfischer, sowie die Federación Sindical Departament al de Ancash (FESIDETA), die regionale

Matrix der Gewerkschaften von Chimbote und Umgebung. In diesen drei Organisationen spielten sich heftige politische Konflikte ab, an denen APRA, KP, Neue Linke und Regierungstendenzen beteiligt waren.

Die Protestbewegung, die im Mai 1973 ganz Chimbote ergriff, wurde durch einen internen Konflikt der Fischergewerkschaften ausgelöst. Die Führung der Fischergewerkschaft, seit 1968 ohne Wiederwahl im Amt, war eng mit dem Fischereiministeruium, der CTRP und dem MLR liiert. Doch auch in anderen Gewerkschaftssektoren waren SINAMOS, MLR und CTRP nicht untätig gewesen und hatten dabei negative Reaktionen diverser Gewerkschaftsorganisationen provoziert. Diese Situation verbunden mit den sozialen Problemen der Stadt hatte eine gespannte Stimmung in Chimbote geschaffen (Gil 1974: 28).

Auslöser für einen gewalttätigen Konflikt war die Besetzung des Gewerkschaftslokals der Fischer durch eine Gruppe von oppositionellen Fischern, die die Abhaltung von Gewerkschaftswahlen forderten. Bei den nun folgenden Konflikten nahm die Polizei Stellung für die kritisierte Gewerkschaftsführung, verhaftete die Wortführer der Opposition und überführte sie nach Lima. Die Bevölkerung reagierte mit tagelangen Demonstrationen und Protesten. Eine Delegiertenversammlung der FESIDETA vom 11. Mai legte für den 24. Mai einen Warnstreik fest, mit dem gegen die Einmischung von Regierungsinstitutionen in Gewerkschaftsangelegenheiten protestiert werden sollte (FESIDETA Circular, 14. Mai 1973. Die Motive der politischen Strömungen in der FESIDETA waren dabei unterschiedlich. Die APRA wollte mit diesem Streik zeigen, daß sie noch Einfluß auf die Arbeiterbewegung besaß, die KP wollte gegen die von den Militärs bevorzugte Konkurrenz der CTRP protestieren und die Neue Linke wollte die CGTP zu einer autonomeren Gangart gegenüber den Militärs zwingen. Gegenüber dem geplanten Streik wandte die Regierung verschiedene Einschüchterungsmethoden an, die das ohnehin gespannte Klima noch mehr anheizten. Trotzdem wurde der Streikaufruf mit Ausnahme der Werft PICSA befolgt. Das harte Vorgehen der Polizei am Streiktag löste schwere Straßenschlachten in weiten Teilen Chimbotes aus, in deren Verlauf eine Person getötet und Cristobal Espinoza, Vorstandsmitglied der CGTP und Ex-Generalsekretär der Gewerkschaft von SIDERPERU, so schwer von der Polizei angeschossen wurde, daß er später seinen Verletzungen erlag. Am selben Abend beschlossen die Arbeiter und Angestellten von SIDERPERU auf einer eiligst einberufenen Versammlung, in einen unbefristeten Streik zu treten. Der Forderungskatalog umfaßte die Freilassung der gefangenen Gewerkschafter, Absetzung der Polizeiverantwortlichen, Garantien für demokratische Wahlen in der Fischergewerkschaft und Abzug der Guardia Republicana (Sonderpolizei) aus den Installationen von SIDERPERU. Am darauffolgenden Tag verhängte die Regierung den Ausnahmezustand. Als gleichzeitig aus ungeklärter Ursache ein Walzwerk überschwemmt wurde, verschärften die Militärs ihr Vorgehen: Der Streik in SIDERPERU wurde durch ein Decreto Supremo am 29. Mai illegalisiert. Begründet wurde dieser Schritt mit der Sabotage in einem strategischen Unternehmen, das für die nationale Verteidigung wichtig sei (Santisteban 1980: 226). Durch den Decreto Ley 20043 wurde für SIDERPERU der Zustand der Reorganisierung erklärt, wodurch der Kündigungsschutz aufgehoben wurde. Der Streik in SIDERPERU, lief zwar noch einige Zeit weiter, doch nachdem ein geplanter Solidaritätsstreik der FESIDETA kläglich gescheitert war, versandete auch er.[5] Einige Wochen später nützte das Management von SIDERPERU den Regierungserlaß und entließ fristlos 48 Arbeiter und Angestellte, die großenteils gewerkschaftliche Funktionsträger waren. Unter ihnen befanden sich die Generalsekretäre der FESIDETA und der SIDERPERU-Gewerkschaft (La Prensa 23. Juni 1973).

Die Protestbewegung in Chimbote hatte mit einer Niederlage der Beteiligten geendet. Die Gewerkschaft von SIDERPERU war schwer angeschlagen, die FESIDETA versank in Passivität, der Versuch einer Demokratisierung der Fischergewerkschaft war vorerst gescheitert. SINAMOS, CTRP und MLR beherrschten das Feld, die autonome Gewerkschaftsbewegung in Chimbote schien am Ende zu sein. Mitverantwortlich für das Scheitern der Protestbewegung war auch die ideologische Zerrissenheit der Gewerkschaftsbewegung. Doch wenn sich die Politik des Militärregimes auch hatte durchsetzen können, so war doch dabei das Ansehen der Militärs bei der Bevölkerung drastisch gesunken. Und die strukturellen Probleme Chimbotes spitzten sich noch zu: Die Krise im Fischfangsektor verschärfte sich weiter, der Zustrom an Zuwanderern hielt jedoch an; Ender der siebziger Jahre war die Einwohnerzahl Chimbotes auf 360.000 geklettert, die Unterbeschäftigung lag bei 80 Prozent. Chimbote blieb ein soziales Pulverfaß. Der nächste Ausbruch war bereits programmiert.

<u>Regionalstreik der CGTP Ende 1975:</u> Eine Konfrontation mit dem Militärregime

Die mit einer kurzen Liberalisierungsperiode eingeleitete "Zweite Phase" (seit August 1975) verwandelte sich relativ rasch in eine Verhärtung gegenüber den Forderungen der Gewerkschaftsbewegung. Die zunehmenden und sich verschärfenden Arbeitskonflikte, von denen in erster Linie CGTP-Gewerkschaften betroffen waren, trieben die CGTP-Führung ungewollt in die erste größere Auseinandersetzung mit dem nunmehr von Morales Bermudez geführten Militärregime. Anlaß dafür war ein Arbeitskonflikt in der Schuhfabrik Plásticos el Pacífico, einem Betrieb, in dem zu 50 Prozent Frauen arbeiteten und dessen Besitzer schon mehrmals durch seine rauhen Methoden ins Gerede gekommen war (vgl. DESCO 1975 Información

Mensual Nr. 39).

Der neue Arbeitskonflikt hatte seinen Ursprung in den Tarifverhandlungen von 1975. Nachdem die direkte Verhandlung (trato directo) gescheitert war, reichten die Gewerkschaftsvertreter dem Arbeitsministerium den Streikbeschluß ein. Dessen Funktionäre erkannten den Beschluß nicht an, mit der Begründung, daß die vor kurzem verschärften Streikauflagen nicht erfüllt seien. Die Gewerkschaft ließ daraufhin den Beschluß dem Arbeitsministerium auf notariellem Weg zustellen (Interview Silva Sarneque/Arbeitsanwalt von Plásticos el Pacífico, 1977).

Nachdem am 24. Oktober die Beschäftigten von Plásticos el Pacífico in Streik getreten waren, setzte das Unternehmen innerhalb einer Woche die Illegalisierung des Streiks durch. Die Tarifforderungen, Ursache des Streiks, lagen dagegen seit August unbearbeitet im Arbeitsministerium. Als der Streik bereits drei Wochen andauerte, trat die Föderation der Schuhbeschäftigten (FETCAAP) aus Solidarität mit der Gewerkschaft Plásticos el Pacífico und dreier anderer streikender Gewerkschaften der Branche in einen unbefristeten Ausstand. Gedeckt durch die arbeitsrechtliche Illegalisierung des Streiks, entließ darauf der Besitzer von Plásticos el Pacífico alle 170 Beschäftigten. Angesichts dieser Situation forderte die FETCAAP die CGTP zur Durchführung eines nationalen Streiks aus. Am 18. Dezember beschloß eine Delegiertenversammlung der CGTP, am 29. Dezember einen eintägigen Proteststreik durchzuführen. Die CGTP-Führung versuchte bis zum letzten Moment, die Regierung zum Einlenken zu bewegen. Am 21. Dezember schrieb sie in diesem Sinne einen öffentlichen Brief an den Präsidenten.

Nachdem eine weitere Vollversammlung der CGTP den Streikbeschluß am 26. Dezember ratifiziert hatte, trat zwei Tage vor Streikbeginn plötzlich die CTRP auf den Plan. Stolz verkündete sie, es sei ihr gelungen, beim Arbeitsministerium die Einstellung von 150 der Entlassenen durchzusetzen. Allerdings stellte sich bei genauerem Hinsehen heraus, daß nur 70 der 150 zu den tatsächlich Entlassenen zählten. Die Streikvorbereitungen der CGTP gingen weiter, wobei außer der CGTP nur die Federación Grafica ihre Bereitschaft erklärt hatte, mitzustreiken. Die ansonsten sehr lautstarke Neue Linke war merkwürdig ruhig geblieben und mußte erst die Tatsache verdauen, daß die CGTP und ihre "revisionostische" Führung tatsächlich eine Machtprobe wagten. Allerdings bemühte sich die CGTP-Führung, dem Streik die Spitze zu nehmen: Aus dem nationalen wurde ein regionaler (auf Groß-Lima bezogener) Streik; die Angriffe richteten sich nur gegen Arbeitsministerium und die Unternehmer. Der Streikaufruf wurde in Lima weitgehend befolgt: Nach Marka (Nr. 20 vom 29. Dezember 1973) waren 20 Föderationen und 270 Gewerkschaften in Streik getreten; nach Angaben der CGTP waren es 500 Fabriken und 150.000 Arbeitnehmer (CGTP 1976: 17).

Der Streik verlief absolut friedfertig. Allerdings löste der eintägige Ausstand nicht das Problem. Erst nach langwierigen Verhandlungen zwischen CGTP und Arbeitsministerium wurden am 10. Februar 159 der Entlassenen wieder eingestellt; elf Arbeiter, darunter einige Gewerkschaftsführer, blieben außen vor. Nach diesem Ergebnis wurde Kritik an der CGTP laut, und in einer späteren Veröffentlichung gestand die CGTP-Führung selbstkritisch zu, die Tragweite dieses Abkommens mit dem Arbeitsministerium nicht richtig eingeschätzt zu haben.

Gegen ihren Willen war die CGTP als Gesamtorganisation zum ersten Mal in eine direkte Konfrontation mit dem Militärregime getrieben worden. Obwohl die CGTP alles daran setzte, diese Konfrontation möglichst auf einem low profile zu halten, bedeutete es doch einen weiteren Riß in der Beziehung. Vor allem hatten die Militärs sehr deutlich gemacht, daß für sie eine harmonische Beziehung zur CGTP inzwischen zweitrangig geworden war.

Nylon Vitarte, Juni 1976: Ein Fabrikstreik mobilisiert ein Stadtviertel

Im Mai/Juni 1976 weitete sich ein betriebsinterner Konflikt in der Kunstfaserfabrik Manufactura Nylon, in dem Limaer Arbeiterbezirk Vitarte gelegen, zu einer lokalen Protestbewegung aus. Wenn dieser örtlich begrenzte Konflikt auch nicht das Ausmaß der Proteste in Chimbote und Arequipa erreichte, so zeigte er doch exemplarisch, in welchem Ausmaß sich die Stimmung in weiten Teilen der städtischen Arbeiterschaft und der Bevölkerung gegen die Militärs gewendet hatte.
Die Auseinandersetzungen in der Fabrik Nylon waren auch durch die besondere örtliche Lage des Unternehmens geprägt: an der Carretera Central, der einzigen Ausfallstraße Limas in das Landesinnere und zudem einer wichtigen Industrieader, und zum anderen, am Rande des vor allem von Arbeitern bewohnten Stadtteils Vitarte, der auf eine lange gewerkschaftliche Tradition zurückblicken konnte.

Manufactura Nylon lieferte etwa 60 Prozent der nationalen Kunstfaserproduktion, womit der Bedarf von 220 Textilunternehmen abgedeckt wurde. Durch den Bau von drei neuen Werken planten die Besitzer der Unternehmens, die Brüder Madluf, den nationalen Markt unter Kontrolle zu bringen und im Rahmen des Andenpaktes den Export anzukurbeln. Aus diesem Grund hatte die Unternehmensleitung bereits im Februar 1976 beim Arbeitsministerium um die Erlaubnis zur Produktionseinstellung des alten Betriebes nachgesucht und, zwecks Rationalisierung, die Entlassung von 250 Arbeitern beantragt, da, so die Begründung des Unternehmens, "deren Anwesenheit zuviel und negativ ist, da sie ein Element der Unordnung und Disziplinlosigkeit und einen negativen Einfluß für die Rationalisierung der Produktion darstellen" (zit. nach Palabra del Pueblo Nr. 16 vom 15. bis 22. Juni 1976). Für die drei neuen Werke sollte eine Arbeiterorganisation gelten, die praktisch die Nichtanerkennung bisher erworbener Rechte der Comunidad Industrial implizierte.

Schon seit längerem war es bei Nylon zu Reibereien zwischen Gewerkschaft und Unternehmensleitung gekommen. Der schwelende Unmut der Arbeiter entlud sich in einem Proteststreik am 22./23. März 1976, auf den das Unternehmen mit der Entlassung von fünf Arbeitern und der Einbehaltung des Wochenlohns reagierte. Eine am 13. April stattfindende Gewerkschaftsvollversammlung beschloß daraufhin, ab 22. April in einen unbefristeten Streik zu treten (Palabra del Pueblo Nr. 16 vom 15. bis 22. Juni 1976). Mit dem Streik sollte die Wiedereinstellung der Entlassenen, Lösung des Tarifpaketes, Respektierung bereits bestehender Tarifverträge sowie die Erledigung von 20 Beschwerden, durchgesetzt werden.
Wegen eines Formfehlers war der Streik inzwischen unter Rückgriff auf das erst vor kurzem reaktivierte Streikgesetz von 1913 illegalisiert worden. Nach fünfwöchigem Aufstand wurde die Entscheidung des Arbeitsministeriums definitiv bestätigt. Die Streikenden wurden bei Androhung von Entlassung aufgefordert, innerhalb von drei Tagen an den Arbeitsplatz zurückzukehren (vgl. Vitarte in: Ano Despues 1977: 2). Tatsächlich entließ das Unternehmen 200 Beschäftige, darunter die Führungen von Gewerkschaft und Comunidad Industrial. Am 3. Juni ließen die Gebrüder Madluf Anzeigen publizieren, in denen verkündet wurde, daß das Unternehmen Garantien für die Arbeitsfortsetzung am folgenden Tag erhalten habe.

Als Antwort darauf beschloß in der Nacht eine Gewerkschaftsvollversammlung die Fortführung des Streiks. Bereits wenige Stunden später, am frühen Morgen des 4. Juni, griffen etwa 100 Mitglieder einer Spezialeinheit der Polizei die ca. 70 Streikposten am Eingang der Fabrik an. Die Nachricht verbreitete sich in Windeseile in Vitarte und mobilisierte Tausende von Bewohnern. Gegen 10 Uhr erhielten die in die Defensive gedrängten Ordnungskräfte Verstärkung: 750 Polizisten und Mitglieder von Spezialeinheiten, verstärkt durch fünf Panzerwagen und zwei Hubschrauber, griffen in die Kämpfe gegen die Demonstranten ein, deren Zahl inzwischen auf 8.000 bis 10.000 angewachsen war.[6] Angesichts zahlreicher Verletzter und der Gefahr eines Blutbades ordnete die Gewerkschaftsführung den Rückzug an. Die Polizei nutzte die Gelegenheit, massive Hausdurchsuchungen durchzuführen, um die Bevölkerung einzuschüchtern und "Rädelsführer" festzunehmen (Interview Sono/Nylon Vitarte, 1976). Unterdessen waren auch Arbeiter benachbarter Fabriken und Bewohner angrenzender Wohnviertel aktiv geworden und hatten an mehreren Stellen die Carretera Central blockiert.

Nachdem die Ordnungskräfte die Rebellion der Arbeiter und Bewohner von Vitarte niedergeschlagen hatten, glich der Stadtteil einer Festung. 50 Arbeiter blieben in Haft, der Rechtsberater der Gewerkschaft, Diaz Chavez, wurde - zum wiederholten Male - ins Ausland deportiert.

Die Kämpfe in Vitarte riefen diverse Reaktionen hervor: Am 10. und 11. Juni brachten 23 Gewerkschaften an der Carretera Central mit einem 48stündigen Streik ihre Solidarität mit dem "Volk von Vitarte" zum Ausdruck. Kardinal Landazuri, Primas der peruanischen Kirche, besuchte am 4. Juni Vitarte und sprach mit Betroffenen. Die CGTP-Führung sah, ungeachtet der Tatsache, daß Nylon eine Mitgliedsgewerkschaft war, auch hier die apristische Verschwörung am Werke. Die spontanen Volksproteste wurden als das Werk von Verschwörern und Subversiven und als ein Komplott gebrandmarkt (Marka Nr. 43, 17. Juli 1976), vor allem deshalb, da die Gewerkschaftsführung von Nylon durch Gruppen der Neuen Linken kontrolliert wurde. Auch die offiziösen Tageszeitungen entfesselten eine heftige aggressive Kampagne gegen dieses "politischen Streik". In einigen Bereichen konnten sich die Streikenden jedoch durchsetzen. Trotz der Illegalisierung des Streiks, sah sich das Unternehmen gegenüber der geschlossenen Streikfront veranlaßt, einer neuen Verhandlungsrunde zuzustimmen. Nachdem hier die Gewerkschaft erhebliche Verbesserungen erreicht hatte, wurde der Streik abgebrochen (Santisteban 1980: 250).

Die besondere Bedeutung des Nylon-Konflikts lag in der massiven Unterstützung der städtischen Bevölkerung für einen Fabrikstreik. Insbesondere im Großraum Lima war diese Vernetzung von Gewerkschaften und städtischen Einwohnern in derart ausgeprägter Form in den letzten Jahren noch nie aufgetreten. Von zentraler Bedeutung dafür war, daß der Großteil der Nylon-Arbeiter in Vitarte lebte und dort seine Familie, Verwandten und Freunde hatte. Dazu kam die Wirtschaftspolitik des Militärregimes, die nicht nur die Arbeiterlöhne drastisch senkte, sondern negative Auswirkungen für die arme Bevölkerung insgesamt hatte. Diese Faktoren trugen dazu bei, daß für bestimmte Momente soziale Unterschiede und differierende Bedürfnisse in Vitarte in den Hintergrund traten und gemeinsame Interessen - und auch der kollektive Leidensdruck - dominierten. Ähnliche Phänomene hatten sich schon bei den regionalen Protestbewegungen gezeigt, wobei hier vor allem die regionale Komponente die notwendige Einheit schuf.

Die Erfahrungen von Vitarte wiederholten sich vorerst nicht. Der wenige Wochen darauf verhängte Ausnahmezustand erstickte alle Protestversuche von Arbeitern und Bewohnern der Barriadas.

KAPITEL VIII

DIE SCHATTEN DES IWF ÜBER PERU
VOM MILITÄRREFORMISMUS ZUR TRADITIONELLEN MILITÄRDIKTATUR

1. Vom Staatsinterventionismus zum Neoliberalismus

Seit Mitte 1974 gerieten die Reformer in der Militärführung in die Defensive. Wenn sie auch scheinbar ihre Position nach der Absetzung von General Velasco Alvarado im August 1975 hatten halten können, so bestimmten doch wenige Monate später die konservativ-technokratischen, von Morales Bermudez repräsentierten Militärs das Gesetz des Handelns. Entscheidend für den Rückgang des Einflusses der Reformer in der Militärführung war die Verringerung der relativen Autonomie, die in den ersten Jahren der Militärherrschaft die Durchführung der Reformen begünstigt hatte. Ursachen für die Reduzierung des Autonomiespielraumes waren sowohl eine sich verschärfende Wirtschaftskrise als auch gesamtgesellschaftliche Kräfteverschiebungen. Eine wiedererstarkte, von "oligarchischen Resten" gereinigte Bourgeoisie begann, ihre Kontakte zu der konservativ-technokratischen Militärfraktion zu verstärken und an Einfluß zu gewinnen. Dieser Konstellation konnten die Reformer weder ein alternatives Konzept noch ein soziales Gegengewicht entgegensetzen.

Es gelang der Regierung Morales Bermudez, allmählich eine Wirtschafts- und Sozialpolitik zu strukturieren, die sowohl die Interessen von lokalen Kapitalfraktionen als auch des internationalen Finanzkapitals berücksichtigte. Zunehmend wurde die Last der Krise auf die unteren Einkommensgruppen abgewälzt. Doch den internationalen Kreditgebern und Gläubigern Perus war dies zu wenig. Die Chance, die Zügel enger anzulegen, ergab sich vermittelt über die Auslandsverschuldung Perus, die sich von 1971 bis 1976 verdreifacht hatte und auf über drei Milliarden US-Dollar angewachsen war: Allein für das Jahr 1976 mußten 712 Millionen US-Dollar, 39 Prozent des Exportwertes, zur Deckung des Schuldendienstes aufgewendet werden (Banco Central de Reservas 1978).

Auf der Suche nach einem dringend benötigten Kredit von 400 Millionen US-Dollar, um notwendige Importe zu finanzieren, hatten die peruanischen Emissäre sich an internationale - vor allem US-amerikanische - Privatbanken gewandt. Sie hofften, dadurch keinen Kredit beim IWF beantragen zu müssen, der an die Durchführung eines harten Stabilitätsprogramms gekoppelt worden wäre (Andean Report Juli 1976, Nr. 6: 76). Doch auch die Privatbanken, bei denen Peru bereits hoch verschuldet war, machten die Gewährung eines Kredites von einem weitgreifenden Stabilisierungsprogramm abhängig, das de facto die Unterstellung der peruanischen Wirtschaftspolitik unter die Aufsicht der Banken bedeutete, und forderten darüber hinaus politische Vorleistungen.

Die Umsetzung der von den internationalen Finanzinstitutionen geforderten Wirtschaftspolitik setzte jedoch "interne Klärung" voraus. Angesichts einer Gewerkschafts- und Volksbewegung, die trotz struktureller Schwächen an Bedeutung und Kampfkraft gewonnen hatte, war vorhersehbar, daß sich ein solches Sanierungsprogramm letztlich nur repressiv durchsetzen lassen würde. Dies konnte nur von den Militärs geleistet werden, allerdings nicht in ihrer bestehenden Form: Trotz ihrer geschwächten Stellung bildeten die Reformer einen potentiellen Störfaktor, der unter Umständen die geplante Wirtschafts- und Sozialpolitik und den Abbau bestehender Reformen sabotieren konnte. Der Militärapparat mußte von Reformern gesäubert werden, darüber waren sich konservativ-technokratische Militärs, lokale Bourgeoisie und internationales Finanzkapitel einig.

Anlaß und Vorwand für das Hinausdrängen der Reformer aus der Militär- und Staatsführung waren die Ereignisse, die sich im Zusammenhang mit dem Sanierungsprogramm von Juni/Juli 1976 entwickelten. Nachdem am 28. Juni - nach heftiger Diskussion in der militärischen Führungsspitze - die peruanische Währung um 44 Prozent abgewertet worden war (LAPR Nr. 26 vom 2. Juli 1976), folgte am 30. Juni ein Sanierungsprogramm, das von Premierminister Maldonado, dem Wortführer der Reformer, über Rundfunk und Fernsehen verkündet wurde.

Zentrale Punkte dieses Sanierungsprogramms waren:

- Verdoppelung des Benzinpreises.
- Verteuerung der Grundnahrungsmittel um 11 bis 57 Prozent.
- Erhöhung von Bus- und Eisenbahntarifen.
- Erhöhung von Löhnen und Gehältern zwischen 10 und 15 Prozent sowie des Mindestlohns (womit nicht annähernd der Kaufkraftverlust ausgeglichen werden konnte).
- Verlängerung aller Tarifverträge um sechs Monate und Einfrierung von automatischen Lohnangleichungen bis Jahresende.
- Kürzung im Staatshaushalt, Einstellungsstop im öffentlichen Dienst, Erhöhung der Exportsteuern.

Die von der Anhebung der Fahrpreise und der Verteuerung der Nahrungsmittel direkt betroffenen Bevölkerungsschichten in Lima trugen am nächsten Tag ihren Protest auf die Straße. Der Versuch der Bewohner der Barriadas, ins Zentrum zu marschieren, wurde von den Militärs gewaltsam gestoppt. Verschiedene blutige Zusammenstöße forderten - nach offizieller Version - fünf Todesopfer. Gleichzeitig stellten die von der Erhöhung des Benzinpreises betroffenen Kleinbusbesitzer den Verkehr ein, wodurch der gesamte öffentliche Nahverkehr zusammenbrach. Obwohl die Militärs die spontanen Proteste schon am Nachmittag unter Kontrolle gebracht hatten, wurde am Abend für das gesamte Land der Ausnahmezustand erklärt und über die Hauptstadt eine Ausgangssperre verhängt. Am folgenden Tag wurden alle zwölf unabhängigen Wochenzeitschriften verboten. Durch die bereits bestehende Kontrolle über Tageszeitungen, Rundfunk und Fernsehen hatte sich das Regime somit das Meinungsmonopol gesichert. Der Protest der Kleinbusbesitzer wurde nach mehreren Tagen durch die Androhung des Konzessionsentzugs gebrochen.

Während durch Militäreinsatz und Ausnahmezustand "Ruhe und Ordnung" aufrecht erhalten wurden, waren hinter den Kulissen die Konflikte im Militär offen ausgebrochen. Den Anlaß gab General Bobbio, Exponent des reaktionären Flügels im Militär, der sich mit seinen Truppen im Centro de Instrucción Militar del Peru (militärisches Ausbildungszentrum von Peru CIMP) verschanzte und die Absetzung von Premierminister Maldonado forderte (vgl. LAPR Report Nr. 28 vom 16. Juli 1976). Zwar konnte Bobbio zur Aufgabe gezwungen werden, doch wenige Tage später, am 16. Juli, wurde auf Druck der Marine und der Konservativen in Heer und Luftwaffe, Premierminister Maldonado, Symbolfigur der Reformer, seines Amtes enthoben. In kürzester Zeit wurden Regierung und Militärführung von den letzten Reformern gesäubert (darunter Generalstabschef Velarde, Außenminister de la Flor und Landwirtschaftsminister Gallegos). Der sang- und klanglose Abgang der Reformer zeigte noch einmal deutlich, wie schwach deren Position inzwischen geworden war.

Mit der gewaltsamen Durchsetzung des Spar- und Stabilisierungspakets vom 30. Juni und der zügigen Entfernung der Reformer hatte das Militärregime die Bedingungen für seine Kreditwürdigkeit erfüllt. Am 26. Juli wurde auch bekannt, daß ein Konsortium von US-amerikanischen Privatbanken Peru eine Anleihe von 210 Mio. US-Dollar gewähren würde. Weitere 190 Mio. US-Dollar sollten kanadische, europäische und japanische Banken aufbringen. Die Kreditvergabe wurde an Bedingungen geknüpft, die zu den härtesten gehörten, die je einem Schuldnerland aufgezwungen worden waren: Die Anleihe ging über vier bis fünf Jahre, die Zinsen lagen deutlich über den auf dem Weltmarkt üblichen Sätzen. Die Auszahlung der einzelnen Raten wurde davon abhängig gemacht, inwieweit die von den Banken geforderten Sanierungsauflagen befolgt werden würden (LACR Nr. 30 vom 30. Juli 1976). Der Forderungskatalog der Banken entsprach der Wirtschaftskonzeption des Internationalen Währungsfonds (IWF).[2] (Andean Report Nr. 8 vom August 1976). Obwohl der IWF bei diesen Verhandlungen nicht teilnahm, trugen die an den Kredit geknüpften Bedingungen doch seine Handschrift. Ein New Yorker Banker erklärte, es handle sich um ein Abkommen "à la IWF" (zit. aus Andean Report vom August 1976, Nr. 6: 144).

Die Art der Umsetzung der Zielvorgaben des IWF und der internationalen Banken war Anlaß für ständige Konflikte und Diskrepanzen zwischen Militärs und internationalen Finanzinstitutionen. Nicht, daß die Militärs sich gegen die geforderte Politik gestellt hätten. Jedoch gab es immer wieder Diskrepanzen zwischen den Militärs und den ausländischen Financiers über die zeitlichen Abläufe, die Gewichtung der einzelnen Maßnahmen, die Rigidität der Vorgaben, der Bereiche, in denen der Staathaushalt gekürzt werden sollte (etwa im Falle der Militärausgaben). Dabei scheuten sich die Militärs nicht, hin und wieder mit gezinkten Statistiken zu arbeiten und den Staatshaushalt zurechtzubiegen, was bei den

ausländischen Banken auf wenig Verständnis stieß.
Am ausgeprägtesten äußerten sich die Diskrepanzen über Art und Zeitraum der Implementierung der Stabilitätspolitik in der Anlaufphase. Wirtschaftsminister Barua, der einzige Zivilist im Kabinett, und die Vertreter der Zentralbank versuchten, der Stabilitätspolitik die schlimmsten Härten zu nehmen, indem sie die Anlaufzeiten der einzelnen Maßnahmen eigenmächtig streckten oder diese nur allmählich implementierten.[3]

Gegen diese "Peruanisierung der IWF-Politik" (Fürst u.a. 1980: 147) setzten die Banken eine direkte Kontrolle der Weisungsbefugnisse über die peruanische Wirtschaft durch den IWF durch. Bei einem weiteren Kredit über 200 Millionen US-Dollar sollten 50 Millionen US-Dollar beim IWF gezogen werden. Diese Ziehung war aber nur nach Akzeptierung der Stabilitätsauflagen des Währungsfonds möglich und sollte diesem in Zukunft erlauben, einen aktiven Part zu spielen.

Wirtschaftsminister Barua, der für seine Variante der Stabilisierungspolitik keine Unterstützung mehr im Kabinett fand und überdies das Vertrauen der US-Banker und IWF-Repräsentanten verloren hatte, mußte am 17. Mai 1977 seinen Abschied nehmen. Ihm folgte der Unternehmer Piazza, der sich jedoch nicht im militärischen Establishment halten konnte und nach siebenwöchiger Amtszeit ausschied. Sein Nachfolger war der in Ökonomie wenig bewanderte General Alcibiades Saenz, unter dem dann das IWF-Programm ohne größere Abstriche durchgezogen wurde.

Welche konkreten Auswirkungen hatte die Stabilitätspolitik auf die Bevölkerung, insbesondere auf die Arbeitnehmer? Durch den kombinierten Effekt der permanenten Abwertung, der Streichung von Subventionen und der Reduzierung der öffentlichen Ausgaben, begannen zunächst die Preise nach oben zu schnellen.

Bereits seit 1974 hatten die Reallöhne und Gehälter zu fallen begonnen. Nach offiziellen Angaben lag der Reallohn eines Arbeiters 1976 22,6 Prozent unter dem von 1973, die Gehälter lagen 33,4 Prozent darunter. Bis 1978 hatte sich diese Relation noch verschärft: Die Löhne lagen 31,4 Prozent und die Gehälter gar 45,7 Prozent unter denen von 1973 (Actualidad Economica Nr. 27, Mai 1980). Der staatlich festgelegte Minimallohn für Lima war von 1973 bis 1978 um 44 Prozent zurückgegangen; im gleichen Zeitraum war der Preisindex von 100 auf 516,22 gestiegen (Actualidad Economica Nr. 31, September 1980). Zwischen 1973 und 1978 war der Brotpreis um 629 Prozent, die Milch um 498 Prozent und Speiseöl um 872 Prozent gestiegen. Der nominale Mindestlohn war dagegen nur von 2400 Soles auf 5400 Soles monatlich, das heißt um 166 Prozent erhöht worden. Die Reduzierung der Löhne und Gehälter betraf nicht nur die Arbeitnehmer, sondern auch die Mehrzahl der Selbstbeschäftigten in den Barriadas, deren wirtschaftliche Basis eng mit den Arbeiterlöhnen verknüpft war. Der Anteil der Löhne am Bruttoinlandsprodukt fiel im gleichen Zeitraum, während die Gewinne zunahmen (Banco Central de Reservas). Noch dramatischer war die Situation der Unterbeschäftigten und Arbeitslosen, deren Zahl von 1973 bis 1977 von 41 Prozent auf 48,1 Prozent bzw. von 4 Prozent auf 5,8 Prozent gestiegen war (Ministerio de Trabajo).

Auch die Ernährungssituation der peruanischen Bevölkerung verschlechterte sich: In der ersten Hälfte des Jahres 1978 lag der durchschnittliche Kalorienverbrauch in Lima um 30 Prozent unter dem von der Welternährungsorganisation FAO festgelegten Minimum (Actualidad Economica Nr. 10, November 1978). Auch der Proteinverbrauch sank weit unter das Überlebensminimum. Die Wirtschaftsmisere bewirkte außerdem eine erhöhte Säuglingssterblichkeit, eine Zunahme der Erkrankungen (Arzneien und

Medikamente waren nicht mehr erschwinglich) und schlechtere Wohnbedingungen (der Staat leistete keinerlei Beiträge mehr zur Erhaltung und Verbesserung der Infrastruktur) in den Wohnvierteln der ärmeren Bevölkerung.

Die ganze Last der Wirtschaftskrise trugen somit diejenigen, die ohnehin nie von den Reformen profitiert hatten oder die, die in den ersten Jahren des Militärregimes ihre bescheidenen Einkommen ein wenig hatten steigern können. Für große Teile der städtischen Bevölkerung bedeutete die seit 1976 verschärft durchgesetzte Wirtschaftspolitik den Abstieg von Armut in soziale Verelendung.

2. Die andere Seite der Wirtschaftspolitik: Konzessionen für Unternehmer und traditionelle Parteien, Druck für die Opposition

Die an den Leitlinien der internationalen Finanzsituation ausgerichtete Wirtschaftspolitik, die sich im übrigen auch in einer Wende in der Außenpolitik und günstigeren Investitionsbedingungen für das Auslandskapital widerspiegelte,[4] konnte langfristig nicht allein von den Militärs verantwortet werden, sondern mußte intern auf eine breitere Basis gestellt werden. Da die Beziehungen zu den diversen Massenorganisationen, (auch zu denen, die die Militärs selbst geschaffen hatten), bewußt reduziert bzw. abgebrochen worden waren, konnte eine Unterstützung nur von Fraktionen der Bourgeoisie und den traditionellen Parteien kommen: Zarte Bande hatte man seit längerem geknüpft.

Die Absetzung General Velascos hatte die Tür zur Verständigung mit den zivilen Machtgruppen einen Spalt weit geöffnet. Jedoch blieb der schwierige Prozeß, die Ressentiments und das Mißtrauen, die sich bei lokaler Bourgeoisie und traditionellen Parteien gegen die Militärs während der Velasco-Zeit aufgestaut hatten, abzubauen. Die Militärs sahen sich so vor die doppelte Schwierigkeit gestellt, einerseits den Wünschen des internationalen Kapitals gerecht zu werden, andererseits einen modus vivendi mit den unterschiedlich orientierten lokalen Machtgruppen zu finden. Dies war äußerst schwierig. Während zum Beispiel die vom IWF geforderte und von den Militärs durchgeführte Wirtschaftspolitik vor allem der export- und weltmartkorientierten Bourgeoisie entgegenkam, wurden binnenmarktorientierte Unternehmer davon eher benachteiligt.[5] Auch die Interessen von Unternehmern und den ihnen nahestehenden Parteien waren nicht immer identisch, sondern oft unterschiedlich gewichtet.

Die Militärs wiederum waren zwar daran interessiert, sich zu arrangieren, aber nicht bereit, Zugeständnisse in Kernbereichen zu machen. Der Spielraum der Bourgeoisie sollte allmählich erweitert werden, ohne daß jedoch ein Hinterfragen der eigenen Politik zugelassen wurde (Pease 1979: 240). So gestaltete sich der Prozeß der Annäherung sowohl gegenüber den Unternehmern als auch den traditionellen Parteien äußerst schwierig und widersprüchlich. Die Auswirkungen der Wirtschaftskrise waren ein weiterer Faktor, der diesen Prozeß in verschiedener Weise beeinflußte.

Seit Juli 1976 hoben Regierungsmitglieder in nahezu jeder öffentlichen Rede die bedeutende Rolle der Privatunternehmer für die nationale Entwicklung hervor. Als die jährliche Unternehmertagung CADE 76 (Conferencia Anual de Empresarios) zur Abrechnung der Unternehmer mit dem Reformprozeß, der für alle Übel verantwortlich gemacht wurde, herhalten mußte, hörten sich die anwesenden hohen Militärs schweigend die

Vorwürfe und Forderungen an. Ex-Finanzminister Ulloa, ein Mann der Großindustrie, und andere Ex-Funktionäre der Regierung Belaúnde durften aus der Verbannung zurückkehren. Im neuen Regierungsplan Tupac Amaru, der den Plan Inca ablöste, distanzierten sich die Militärs von Teilen ihres Reformprojekts. Der Industriellenverband (Sociedad de Industria) stellte befriedigt fest, daß der neue Plan "einen substanziellen Wechsel der Haltung reflektiert" (DESCO Informatico Politico Nr. 53, Februar 1977).

Die Politik des Werbens um das Vertrauen des lokalen Kapitals wurde durch die Annäherung an die traditionellen Parteien ergänzt. Diese Beziehung gestaltete sich noch schwieriger. Während für die Unternehmer die Forderung nach Reformabbau und Reprivatisierung im Vordergrund stand, waren die traditionellen Parteien an einer schnellen Rückkehr zum Parlamentarismus interessiert. Das wiederum stellte sie in einen vorerst unüberbrückbaren Gegensatz zu den Militärs, die zwar konzessionsbereit waren, sich in dieser Phase jedoch nicht auf einen Rückzug in die Kasernen festlegen lassen wollten.
Ansonsten gab es auch bei den traditionellen Parteien unterschiedliche Vorstellungen über die politische Perspektive. Die APRA als Volkspartei ohne direkte Bindungen an Kapitalfraktionen verfügte über einen größeren Spielraum und war durchaus für die Beibehaltung eines starken Staates (Pease 1979: 245). Dagegen setzten sich Partido Popular Cristiano (PPC) und Acción Popular (AP) für eine weitgehende Reprivatisierung und schnelle Reparlamentarisierung ein.

Zu den ersten Zugeständnissen des Regimes gegenüber den traditionellen Parteien gehörte deren zunehmende Aufwertung in den offiziösen Tageszeitungen, von denen sie jahrelang kaum erwähnt worden waren. Fünf der stillgelegten Wochenzeitschriften, alle Stimmen von traditionellen Parteien oder Kapitalfraktionen, und auch das KP-Organ **Unidad** durften ab Januar 1977 wieder erscheinen, nachdem sich die Redaktionsleitungen auf ein Gentlemen Agreement (Pacto de Caballeros) verpflichten ließen: die "Subversion" durfte nicht begünstigt und nicht zum "Klassenkampf aufgerufen" werden. Die Parteien und die Öffentlichkeit wurden mit großem Presserummel zu einer Debatte über den neuen Regierungsplan **Tupac Amaru** eingeladen. Während die Acción Popular des Ex-Präsidenten Belaúnde aus alten Ressentiments den Plan **Tupac Amaru** in Bausch und Bogen ablehnte, sahen der rechtskonservative PPC und die APRA hierin substantielle Fortschritte. Insbesondere die APRA, für deren Führer Haya de la Torre der Plan "eine ehrenvolle Berichtigung früherer Irrtümer" (LAPR Nr. 8 vom 25. Februar 1977) enthielt, zeigte sich an einer Überwindung des traditionellen Gegensatzes zwischen APRA und Militärs interessiert. Doch trotz der offenkundigen Dialogbereitschaft blieben sowohl für die APRA als auch für die anderen Parteien die Frage eines verbindlichen Wahltermins als zentrales Hindernis bestehen. Dies zeigte sich besonders deutlich bei diversen Treffen von Präsident Morales Bermudez mit Parteiführern, wovon jedoch die Neue Linke ausgeschlossen waren.[6]

Die jahrelang in ihren Forderungen blockierte lokale Bourgeoisie und die beiseite geschobenen Parteien ließen sich nicht mit Gesten und kleinen Zugeständnissen abspeisen, sondern verlangten konkrete Taten, die den "Gesinnungswandel" des Regimes demonstrieren sollten: So sollten die Militärs einige der wichtigsten Strukturreformen demontieren. Die Militärregierung machte sich daran, diese Forderungen zu erfüllen. Schon im August war das Gesetz über **Estabilidad Laboral** (Arbeitsplatzsicherheit), seit Jahren Stein des Anstoßes für die Unternehmer, mit dem Notstandserlaß 011-76-TR de facto außer Kraft gesetzt worden. Der 1973 verstaatlichte Fischereikomplex wurde teilprivatisiert. Am 2. Februar 1977 erfolgte dann der lang erwartete Schlag gegen ein Reformprojekt, das seit 1970 die Beziehungen zwischen Militärregime und Unternehmerschaft belastet hatte: die Comunidad Industrial (CI). Die "Reform" der CI, die Präsident Morales Bermudez schon auf der Unternehmertagung CADE 76 angekündigt hatte, lief letztlich darauf hinaus, Macht und Entscheidungsbefugnisse der Unternehmer und privaten Aktienbesitzer im Bereich der mitbestimmten Unternehmen zu restaurieren: Das kollektive Miteigentum der Belegschaften am Gesellschaftskapital wurde abgebaut, die Mitbestimmung auf ein Minimum reduziert und jeglicher Gewerkschaftseinfluß auf die CI endgültig beseitigt (vgl. Witzel 1981: 215 ff).

Ergebnis der Demontage war eine Art Vermögensbildung in Arbeitnehmerhand. Die Veränderungen der CI, zu denen die Interessenvertretung der Betroffenen, CONACI, nicht einmal angehört worden war, wurden mit revolutionären Phrasen verklärt und als "Erfolg für die Arbeitnehmer" dargestellt. Ein anderes Reformprojekt, das einst Unternehmer und traditionelle Machteliten in Schreck versetzt hatte, in der Praxis jedoch irrelevant geblieben war, wurde endgültig zu Grabe getragen: Die Propiedad Social - der Sektor des Sozialeigentums -, einst als zentraler Wirtschaftssektor propagiert, wurde für die Zukunft auf den ländlichen Raum beschränkt (vgl. LAER vom 7. Januar 1977).

Auch im Agrarsektor drehten die Militärs die Uhr zurück und hoben de facto Teile ihrer eigenen Reformen auf. Am 25. Januar 1977 intervenierte die Militärregierung in elf Kooperativen der nördlichen Küstenregion Alto Piura, wo Reis und Baumwolle für den Export angebaut wurden. Selbstverwaltungs- und Mitbestimmungsorgane wurden aufgelöst, eine staatliche Interventionskommission eingesetzt. Anlaß für die Intervention bildete nach offizieller Lesart die tiefe Verschuldung der Unternehmen, nicht zuletzt Folge verfehlter Regierungspolitik bei der Agrarreform in dieser Zone.[7] Doch auch andere Agrarunternehmen steckten in Finanzschwierigkeiten. Der wahre Grund für die Intervention war die Absicht, eine in dieser Region besonders starke und aktive Bauernbewegung zu zerschlagen (vgl. Wachendorfer, U. 1978). Die eine Hälfte der Kooperativenmitglieder wurde entlassen, die andere als Gelegenheitsarbeiter weiter beschäftigt. Ähnlichen Charakter hatte zwei Monate später die Intervention in die Zuckerkooperativen - einst Kernstück der Agrarreform-, deren Zentralverwaltung CECOOSTEP die Regierung um finanzielle Hilfe ersucht hatte. Daraufhin wurde für die Zuckerindustrie kurzerhand der Notstand erklärt: Für acht Unternehmen wurde ein staatlicher Aufseher ernannt, sechs weitere Zuckerkooperativen direkt interveniert.[8] Auch hier waren politische Motive im Spiel: In den sechs direkt intervenierten Kooperativen waren die apristischen Gewerkschaftsführungen durch eine Allianz linksorientierter Kräfte abgelöst worden.

Gegenüber den transnationalen Unternehmen betrieb das Militärregime eine konziliante Politik. Die lange Auseinandersetzung mit der Marcona Mining Company wurde mit der Zahlung einer hohen Entschädigungssumme zur Zufriedenheit des Unternehmens beigelegt.[9] Im Erdölsektor wurden mit interessierten US-amerikanischen Firmen neue Verträge abgeschlossen, die diesen größeren Spielraum einräumten (DESCO 1979, Bd. 5: 4673).

Den Militärs war klar, daß ihre Wirtschafts- und Sozialpolitik auf den scharfen Protest breiter Bevölkerungsschichten treffen würde. Insbesondere die Gewerkschaften, die quantitativ und qualitativ gewachsen waren, hatten 1975 und Anfang 1976 unter Beweis gestellt, daß sie nicht widerstandslos bereit waren, noch mehr Kaufkraftverluste und Lohneinbußen hinzunehmen. Gegen die zu erwartenden Streiks, Proteste und Widerstände mobilisierten die Militärs ein ausgefeiltes und weitgespanntes Droh- und Einschüchterungspotential.

- Aus relativ geringfügigem Anlaß war am 1. Juli 1976 der Ausnahmezustand über das ganze Land verhängt worden, womit Streiks und Versammlungen verboten, die bürgerlichen Rechte außer Kraft gesetzt und willkürliche Festnahmen und Hausdurchsuchungen erlaubt wurden. Die Verhängung des Ausnahmezustandes verfolgte zwei Ziele: Zum einen diente er dazu, ein Klima von Verunsicherung und kollektiver Angst zu schaffen, zum anderen bildete er die Legitimation für die Unterdrückung von Protesten.

- Für das Departement Lima, in dem sich ca. ein Drittel der Gesamtbevölkerung konzentrieren und wo sich die wichtigsten politischen und gewerkschaftlichen Aktivitäten abspielen, wurden von Juli 1976 bis April 1977 eine nächtliche Ausgangssperre verhängt. Militär- und Polizeipatrouillen durchstreiften nachts die ausgestorbenen Straßen von Lima und Callao. Mit der Ausgangssperre wurden auch politische und gewerkschaftliche Aktivitäten, Versammlungen etc., die oft spät abends bzw. nachts stattfanden, unterbunden.[10]

- Mit dem Verbot aller Wochenzeitschriften bis Anfang 1977 (linker Zeitschriften bis Sommer 1977) hatten sich die Militärs das Meinungsmonopol gesichert. Über die staatlich gelenkten Massenmedien wurde eine massive Informationsverfälschung betrieben, vor allem bezogen auf Ereignisse, die mit Protesten gegen die Politik des Regimes verbunden waren.

Die Einschüchterungsmaßnahmen des Militärregimes (die u.a. mit der Existenz einer fiktiven Untergrundorganisation legitimiert wurden), hatten weitgehend Erfolg. Proteste erhoben sich nur sporadisch. Doch dort, wo es zu Protesten kam oder das Militärregime einen potentiellen Unruheherd vermutete, wurde mit einer bislang nicht üblichen Härte vorgegangen. Sicher war die in Peru seit Mitte 1976 einsetzende Repression nicht mit der in Chile nach dem 11. September 1973 oder mit der in Argentinien nach der Machtübernahme der Militärs im Jahre 1976 zu vergleichen, doch bedeutete sie für die peruanische Erfahrung der letzten acht Jahre eine neue Qualität.

Bewaffnete Zivilisten nahmen Verhaftungen von Gewerkschaftern und Politikern offen am hellen Tage vor (LAPR vom 1. April 1977). In Einzelfällen wurden Familienangehörige bedroht oder festgenommen. Hunderte von Studenten wurden bei zwei Razzien in Universitäten festgenommen (LAPR vom 4. März 1977), Führer von Wohnvierteln und Gewerkschaften wanderten ins Gefängnis.[11] Die Zahl der politischen Gefangenen lag nach offiziellen Angaben Ende 1976 bei ca. 180 Personen (Interview mit Innenminister Cisneros, ESI Peru, 21. Oktober 1976).
Wie deutlich die Militärs mit ihrer eigenen Vergangenheit brachen, zeigte sich auch daran, daß nicht nur oppositionelle Gewerkschafter, rebellierende Studenten, Mitglieder von linken Organisationen und Journalisten von der Repression betroffen waren, sondern auch oppositionelle Offiziere und Exponenten der "Ersten Phase". Verschiedene prominente Vertreter der Velasco-Ära und einige Offiziere suchten in ausländischen Botschaften Asyl (Pease 1979: 180 f). Am 7. Januar 1977, etwa gleichzeitig mit der Rückkehr ehemaliger hoher Funktionäre der Belaúnde-Regierung, wurden vier hohe Ex-Offiziere des Landes verwiesen: Ex-General Leonidas Rodriguez, einer der Coroneles, der 1968 zusammen mit Velasco

geputscht hatte, der lange Chef von SINAMOS und nach seiner Zwangspensionierung Ende 1975 politischer Berater der Confederación National Agraria (CNA) war; Ex-General Valdez Palacios, ehemaliger Chef der Propiedad Social-Kommission, bis vor kurzem Chefberater der Ministerpräsidenten Maldonado; Ex-Konteradmiral Jorge Dellepiane, einstiger Industrieminister und einer der Väter der Comunidad Industrial; sowie Kapitän zur See Manuel Benza. Alle vier Offiziere hatten im November 1976 den Partido Socialista Revolucionario (PSR) mitgegründet.

Von Ausnahmen abgesehen, wie im Falle der Universitäten und beim Fischerstreik, blieb die Unterdrückung selektiv und richtete sich in erster Linie gegen Funktionsträger wie Gewerkschaftsführer, Studentenvertreter, Repräsentanten von Elendsvierteln und Bauernorganisationen sowie bekannte Persönlichkeiten und Symbolfiguren, prominente Vertreter der ersten Phase, Arbeiteranwälte, Linksintellektuelle.

3. Die Gewerkschaften in der Defensive

Betroffen von den repressiven Maßnahmen des Militärregimes waren in erster Linie die Gewerkschaften. Mit der Verhängung des Ausnahmezustandes am 1. Juni 1976 wurde jegliche gewerkschaftliche Aktivität illegalisiert. Wenige Wochen später reichten die Militärs ein Gesetzesdekret nach, das den Unternehmen freistellte, jeden aktiven Gewerkschafter fristlos zu entlassen. Mit dem Decreto Ley 011-76-TR vom 12. August 1976 erfüllten die Militärs eine jahrelange Forderung der Unternehmen und setzten das Gesetz über Arbeitsplatzsicherheit von 1971 (Ley de Estabilidad Laboral) außer Kraft. Die neue Verordnung erlaubte Entlassungen nicht nur im Falle von Streiks, sondern auch bei "Rückgang der Produktion", "Sabotage" oder fehlendem Respekt gegenüber Vorgesetzten. Der arbeitsrechtliche Instanzenweg für Entlassungen wurde gekürzt: Eine Abteilung des Arbeitsministeriums genügte, um die Entlassung zu bestätigen. Die Unternehmer demonstrierten in öffentlichen Anzeigen ihre Zufriedenheit und nutzten die Gelegenheit weidlich aus, um aktive Gewerkschafter zu feuern. So wußte die Betriebsleitung von Motor Peru (Volkswagen) stolz zu vermelden: "Aufgrund der Lösung der Arbeitsverträge von diesen schlechten Elementen" (das heißt den aktiven Gewerkschaftern) "haben die bewußten und ehrenhaften Arbeitnehmer beträchtlich die Produktivität gesteigert und auf diese Weise den Sinn für Verantwortung des peruanischen Arbeitnehmers bewiesen.[12] Insgesamt wurden nach Angaben von CGTP und FEB (Bankangestellte) 1976 allein in Lima 32.000 Personen entlassen, darunter ein Großteil auf der Rechtsgrundlage des DL 011-76-TR.[13]

Die massive Anwendung dieses Dekrets, das wie ein Damokles-Schwert über der Gewerkschaftsbewegung schwebte, Ausnahmezustand, Ausgangssperre in Lima/Callao, wodurch die gewerkschaftlichen Koordinationsmöglichkeiten empfindlich eingeschränkt wurden, Festnahmen und Hausdurchsuchungen raubten den Gewerkschaften all ihre Kampfmittel und trieben sie in die Defensive. Dieses erzwungene Stillhalten, verbunden mit einer fehlenden Flexibilität, sich an die neuen Rahmenbedingungen auszupassen, ließen sie in Desorientierung, Hilflosigkeit und Passivität versinken. Proteste gegen den Ausnahmezustand äußerten sich zunächst nur zaghaft und unkoordiniert. Gegen das Dekret 011-76TR wurde zwar in vielen Verlautbarungen protestiert, jedoch ohne Erfolg.[14] Insbesondere die Gewerkschaftsverbände und Organisationen, die dem Regime bislang positiv gegenübergestanden hatten, taten sich schwer, die Tragweite der veränderten Rahmenbedingungen zu erfassen. Die Führung der CGTP, die dem Regime bis Mitte 1976 immer wieder ihre Unterstützung versichert hatte, war - wie ihre Stellungnahmen zeigen - nicht in der Lage, die Tragweite der in der Julikrise erfolgten Weichenstellung zu erkennen. Man ging vielmehr davon aus, daß damit ein kurzfristiges Problem gelöst werden sollte. Dies äußerte sich auch in der seltsamen Forderung, "die Notstandsmaßnahmen und die Aufhebung der Garantien nicht zu benutzen, um die Volksbewegung zu treffen oder gegen das Recht der Organisierung und des Kampfes der Gewerkschaftsbewegung vorzugehen".[15]

Doch schon bei der massiven Anwendung des Decreto Ley 011-76-TR mußte der CGTP-Führung klar werden, daß sie diesmal auch in die Schußlinie geraten war. Insbesondere das harte Vorgehen der Militärs gegen die streikenden Anchovisfischer ließ erkennen, daß die antigewerkschaftliche Repression eine neue Qualität erreicht hatte. Zwar war die Federación de Pescadores (FPP) nicht Mitglied der CGTP, doch nahmen beide Organisationen am Consejo Unitario de Organizaciones Sindicales (CUOS) teil. Wichtige Repräsentanten der Fischer-Föderation waren Mitglieder oder Sympathisanten der Kommunistischen Partei. Auch die Verfolgung, Inhaftierung und Abschiebung von Exponenten der "Ersten Phase" und die zeitweilige Festnahme und Deportation führender KP-Gewerkschafter[16] deuteten an, daß die CGTP nicht von Unterdrückungsmaßnahmen verschont bleiben würde. Der radikale Abbau der Reformen, insbesondere die Reprivatisierung des Fischereisektors und die Demontage der Comunidad Industrial im Februar 1977 zwang die CGTP zu Protesten.[17] Allerdings achtete man darauf, die Kritik nicht allzu hart zu formulieren.
Ein wichtiger Grund für die Zurückhaltung und Abwiegelungstaktik der CGTP lag darin, daß man in Teilen des Vorstandes von der These ausging, Arbeitskämpfe würden den Putsch einer offen faschistischen Tendenz innerhalb der Streitkräfte provozieren.

Die Kernpunkte ihrer Kritik faßte die CGTP-Führung in einem Dokument zusammen, das dem Präsidenten Morales Bermudez anläßlich einer Audienz im Mai 1977 übergeben wurde. Die einzelnen Kritikpunkte richteten sich gegen die Demontage der Reformen, die antigewerkschaftliche Offensive unter anderem durch das Dekret 011-76-TR, die wachsende Bedeutung der Unternehmer in der Regierungspolitik und gegen die politische Kampagne der reaktionären Kräfte.

Eine Übergabe der Macht an die traditionellen Parteien sowie Durchführung von Wahlen, wie sie von diesen gefordert wurden, lehnte die CGTP ab. Am Ende des Dokuments forderte die CGTP "einen substantiellen Wechsel in der aktuellen Orientierung der Regierung.[18]

Ähnlich verlief auch die Entwicklung in der CNT, wo zu Anfang eher hilflose Reaktionen erfolgten (CNT, Manifesto a la opinion publica, Mitte 1976). Sowohl CGTP und CNT hatten Schwierigkeiten zu verstehen, daß eine von ihnen jahrelang als "revolutionär" apostrophierte Militärregierung nun mit einem Mal nicht mehr "revolutionär" war, sondern repressiv reagierte und auch ihre Unterstützer nicht schonte. Für die apristisch dominierte CTP hatte sich seit Mitte 1976 nichts Wesentliches verändert. Ob nationalistisch-reformistisches Projekt, korporative Tendenzen oder konservativ-reaktionäre Militärdiktatur, für die CTP handelte es sich schlicht um acht Jahre Militärherrschaft. Wie immer endeten alle Erklärungen mit der monotonen Forderung nach Wahlen und Rückkehr zum parlamentarischen System als Allheilmittel gegen alle Probleme.[19] Doch beschränkte sich die CTP weiterhin auf verbale Attacken auf die Militärs. In dem Maße, wie sich jedoch eine Annäherung zwischen Militärs und APRA vollzog, reduzierte die CTP auch diese Angriffe auf die Mili-

tärregierung und sprach ihr sogar Lob aus.[20]
Die inzwischen bedeutungslose CTRP fuhr fort, die Militärregierung als revolutionär zu preisen, sah sich jedoch mit Rücksicht auf ihre wenigen noch verbliebenen Mitgliedsorganisationen gezwungen, ab und zu sanfte Kritik an Wirtschaftspolitik und Reformabbau zu üben.[21]

Während sich die Dachverbände also damit begnügten, die veränderte Situation zu kommentieren, ansonsten aber in Passivität verharrten, versuchten verschiedene Gewerkschaftssektoren, trotz Ausnahmezustand, ihre Tarifforderungen durchzusetzen. Interessanterweise handelte es sich mit Ausnahme der Bergarbeiter um Gewerkschaften, die bislang nicht zu den konfliktivsten gezählt hatten.

Gegen diese Gewerkschaften wendete das Regime eine Taktik an, die sich mit gezielter, präventiver Repression umschreiben läßt. Wenn irgendwo Gewerkschaftskonflikte drohten oder gar ausbrachen, wurden vorsorglich die wichtigsten Gewerkschaftsführer inhaftiert, ohne Anklage oft monatelang festgehalten, bis sich die Situation entspannt hatte. Typisch für diese Form der Lösung von Arbeitskonflikten war der Tarifstreik der CENTROMIN-Gewerkschaften, der gleichzeitig der erste gewerkschaftliche Versuch war, die Suspendierung gewerkschaftlicher Aktivitäten zu durchbrechen. Am 7. August hatte die Tarifkommission der Bergarbeiter von CENTROMIN erklärt, daß die Föderation wegen des Scheiterns der Tarifverhandlungen am 16. August in einen unbefristeten Streik treten werde.[22] Nachdem weitere Verhandlungen ebenfalls gescheitert waren, wurde für den 23. August zum Streik aufgerufen. Doch in einer Blitzaktion wurden kurz vor Streikbeginn 25 Gewerkschafter, darunter die wichtigsten Führer der Föderation, festgenommen. Ohne Haftbefehl und konkrete Anklage blieben sie so lange inhaftiert, bis sich die Situation in CENTROMIN einige Monate später "beruhigt" hatte. Mitte Dezember wurden die Inhaftierten dann auf freien Fuß gesetzt. Auf die Inhaftierung der Bergarbeiter von CENTROMIN angesprochen, erklärte Innenminister General Cisneros: "Ich nehme keine Gewerkschaftsführer von CENTROMIN fest. Ich nehme alle diejenigen fest, die die gesetzlichen Vorschriften verletzen. Diese Versammlungen, die ohne Autorisierung des gemeinsamen Militärkommandos stattgefunden haben, verletzen eine Vorschrift, und man muß ihre Urheber festnehmen. Streiks und Arbeitskonflikte sind verboten und wer Streiks und Arbeitskonflikte provoziert, den muß man festnehmen, weil er gegen die Vorschriften handelt." (General Cisneros, zit. nach ESI Peru, 22. August 1976).

Dennoch konnten die Militärs den Ausbruch einiger Streiks nicht verhindern. Ebenfalls nach dem Scheitern von Tarifverhandlungen trat die bislang wenig aktive Föderation der kommunalen Arbeiter (Federación Nacional de Obreros Municipales del Peru), Mitgliedsorganisation der CTRP, am 12. Oktober in einen unbefristeten Streik. Eilends erklärte der Innenminister, hierbei handle es sich nicht um einen Arbeitskonflikt, sondern um eine "Aktion von eminent politischem Charakter" (Offizielles Kommunique Nr. 86) und autorisierte die von den Militärs eingesetzten Stadtverwaltungen, streikende Arbeiter zu entlassen. Nachdem 420 städtische Arbeiter entlassen worden waren (von denen ein Teil später wieder eingestellt wurde), gleichzeitig elf Mitglieder des nationalen Vorstands im Gefängnis saßen, wurde der Streik abgebrochen.[23]

Keine tariflichen Ursachen hatte der Streik der Arbeiter in den nördlichen Zuckerkooperativen. Wegen wirtschaftlicher und finanzieller Schwierigkeiten waren die Kooperativen von der Regierung direkt interveniert worden, und als Folge der Intervention wurden eine Reihe von sozialen Rechten der Arbeiter abgebaut. Dies provozierte einen mehrtägigen Streik, der mit einem Teilerfolg der Arbeiter endete.

Mit einer großen Ausnahme, die im folgenden Kapitel behandelt wird, gelang es dem Regime, mittels wohldosierter Repression, wozu auch die Deportation von drei bekannten Arbeitsanwälten (Diaz Chavez, Camilo Calqui und José Oña) zählte, der organisierten Arbeiterbewegung die Initiative zu nehmen und größere Streikbewegungen für nahezu ein Jahr abzublocken. Die gescheiterten Streikversuche und kurzfristigen Streiks sowie die hilflose Reaktion von CGTP und CNT dokumentieren, daß die Gewerkschaft nach langen Jahren relativer politischer Handlungsfreiheit große Schwierigkeiten hatte, sich den veränderten Rahmenbedingungen anzupassen, die neue Kommunikations-, Koordinations- und Aktionsformen erforderten.

4. Kampf um den Arbeitsplatz: Der Verzweiflungsstreik der Fischer (Oktober bis Dezember 1976)[24]

Der Streik der Anchovisfischer im Oktober/November/Dezember 1976 für die Erhaltung ihrer Arbeitsplätze, die durch die Reprivatisierung des Fischfangs bedroht waren, zählte zu den bis dahin längsten und heftigsten Arbeitskämpfen in Peru. Genese und Verlauf dieses Streiks zeigen exemplarisch zentrale Aspekte des Zusammenbruchs des Reformprojekts. Es waren ja gerade die Fischer, die sich als einziger relevanter Arbeitssektor voll und ganz den Plänen des Militärs untergeordnet hatten. Sie bildeten den Eckpfeiler der regierungsoffiziellen CTRP, aus ihren Reihen kamen vornehmlich die Schlägertrupps des MLR. Und gerade dieser Sektor war es, der den Militärs den bislang härtesten Arbeitskonflikt aufzwang.

Die Reaktion der Militärs auf die Proteste der Fischer zeigten auch, daß die Militärs entschlossen waren, ihr Stabilitätsprogramm wenn nötig mit rücksichtsloser Gewalt durchzusetzen. Darüber hinaus spiegelte sich in dieserm Konflikt der rasante Abstieg eines Exportsektors, der in seinen Glanzzeiten bis zu 25 Prozent der Devisen erwirtschaftet hatte.

Am 21. Juli 1976, wenige Wochen nach Verhängung des Ausnahmezustandes, erließ die Regierung das Gesetz DL 21558, das die Reprivatisierung der Anchovis-Fischfangflotte regelte. Mit diesem Schritt sollte nach einer Verlautbarung des Ministerrates die Dauerkrise des Fischereisektors "in Übereinstimmung mit dem ökonomischen Pluralismus" gelöst werden.[25]

Die Krise des Fischfangkomplexes hatte auch nach der Verstaatlichung im Jahre 1973 trotz Umstrukturierungen und Personalreduzierungen angedauert: Allerdings hatte sich die Situation der Beschäftigten des neugeschaffenen Staatsunternehmens PESCAPERU trotz des forcierten Personalabbaus in entscheidenden Punkten verbessert. So waren die Fischer ganzjährig und nicht nur für die Fangzeiten eingestellt, Minimaleinkommen waren garantiert und Arbeitsbedingungen verbessert worden.

1975 gab PESCAPERU bekannt, daß die Verluste für das laufende Jahr auf zwei Milliarden Soles (44 Mio. US-Dollar) steigen würden. Eine wichtige Ursache dafür waren Entschädigungszahlungen an die Exbesitzer in Höhe von 5,9 Milliarden Soles (131 Mio. US-Dollar) allein für das Jahr 1976, ebenso Mißwirtschaft, Fehlplanungen und weitverbreitete Korruptions- und Bereicherungspraktiken.

Die desolate Lage PESCAPERUs führte Ende 1975 zur Bildung einer "multisektorialen Kommission" (Resolución Ministerial Nr. 0075-75 PM vom 6.

November 1976), die wieder einmal Sanierungspläne vorlegen sollte. Nach den Berechnungen PESCAPERUs waren knapp ein Drittel der Fangflotte und Fabriken, die Hälfte der Fischer, über 40 Prozent der Arbeiter, aber nur ca. 15 Prozent der Angestellten überzählig.[26] Angesichts von Unruhen und Protesten der Fischer, denen man vergeblich versucht hatte, diese prekäre Situation zu verschleiern und die ihrerseits ein Sanierungsprogramm vorgeschlagen hatten,[27] erklärte PESCAPERU öffentlich, es sei nicht beabsichtigt, Entlassungen vorzunehmen. Die Lösung der Probleme von PESCAPERU wurde auf einen Zeitpunkt verschoben, wenn die politische Konjunktur es erlauben würde, einschneidende Sanierungsmaßnahmen, verbunden mit einem drastischen Personalabbau, durchzusetzen.

Mit dem Ausnahmezustand, durch den gewerkschaftliche Streiks verboten wurden, verfügte das Militärregime über ein Instrument, das Schubladengesetz zur Reprivatisierung des Fischfangs durchzusetzen. Mit dem bereits erwähnten Decreto Ley 21558 vom 21. Juli 1976 wurde PESCAPERU autorisiert, die 533 Fangboote innerhalb von 90 Tagen abzustoßen mit dem Ziel, kleine Privatunternehmen von zwei bis drei Booten zu schaffen. Zuerst sollten nur Beschäftige, später dann auch Exbesitzer und Inhaber der vom Staat, anläßlich der Verstaatlichung von 1973 ausgegebenen Schuldverschreibungen, ein Vorkaufsrecht erhalten; 20 Prozent der Kaufsummen mußten sofort in bar oder in Form der staatlichen Schuldverschreibungen vorgelegt, der Rest in Jahresraten in einem Zeitraum von fünf Jahren abgezahlt werden. Die Fischer, selbst wenn sich mehrere zusammentaten, waren nicht einmal in der Lage, die Anzahlung von mindestens 300.000 Soles (ca. 4.600 US-Dollar) aufzubringen. Zudem hatten die Fischer schon früher miterlebt, daß die wenig kapitalkräftigen Kleinbetriebe in diesem Sektor auf die Dauer ökonomisch nicht lebensfähig waren (Malpica 1976 b: 16 ff.).

Sofort nach Bekanntwerden des Decreto Ley 21558 kündigte die Gewerkschaft der Industriefischer, die Federación de Pescadores, entschiedenen Widerstand an. Die einstige gewerkschaftliche Hilfstruppe des Regimes hatte nach harten internen Auseinandersetzungen Veränderungen in Richtung auf eine autonome Gewerkschaftsorganisation durchlaufen. Diese Veränderungen standen sowohl in engem Zusammenhang mit der tiefen Krise des Fischfangsektors als auch mit der nach der Verstaatlichung erfolgten Neuorganisation der Arbeit. Seit der Fischfangsektor in die Krise geraten war, gehörten die relativen Spitzenlöhne, die den Fischern während des Exportbooms ohne besondere Arbeitsqualifikation gezahlt worden waren, endgültig der Vergangenheit an. Während bis 1972 im Fischfangsektor immer neue Arbeitsplätze entstanden waren, schwebte nun die permanente Drohung von Massenentlassungen über den Fischern. Durch die Zusammenfassung der Fischer im Staatsunternehmen PESCAPERU, wo jetzt für alle ähnliche Arbeitsbedingungen galten, und durch die Umwandlung der Saisonarbeit in dauerhafte Beschäftigung, waren günstigere Voraussetzungen für kollektives Handeln und die Entwicklung eines gewerkschaftlichen Bewußtseins geschaffen worden.

Seinen Anfang hatte der Kampf um eine autonome Gewerkschaftsbewegung 1973 in Chimbote genommen (vgl. Kap. VII,2.). Daran anschließend hatten sich in den wichtigsten Basisgewerkschaften der FPP Tendenzen herauskristallisiert, die die alten, mit dem Fischereiministerium liierten und durch MLR-Verbindungen belasteten Führungen in Frage stellten und oft deren Rücktritt erzwangen. Die Veränderungen an der Basis manifestierten sich auf nationaler Ebene zum ersten Mal Anfang 1975, als in das Comité de Defensa (Verteidigungskomitee), das an der Diskussion über einen neuen Tarifvertrag teilnehmen sollte, mehrheitlich Gegner des MLR und der nationalen Führung hineingewählt wurden (vgl. Informe von Luis Arce, Subsecretario General der FPP). Diese Mehrheit setzte die Ernennung des marxistischen Ökonomen und Ex-Abgeordneten Carlos Malpica zum wirtschaftspolitischen Berater der Föderation durch.

Auf einem außerordentlichen Kongreß aller Fischer vom 29. November bis 5. Dezember 1975 sollten endgültig die internen Konflikte geklärt werden. Während bei den Anchovisfischern nur noch ein Delegierter dem MLR angehörte, war im Sektor der Hochseefischer für Speisefisch der MLR noch stark vertreten. Doch konnte sich die Anti-MLR-Koalition in praktisch allen Punkten durchsetzen: Die Kongreßmehrheit beschloß, die "Verteidigung der politischen Unabhängigkeit der Klasse des Fischereiproletariats gegenüber der Militärregierung" und verwandelte die vorher bestehende volle Identifizierung mit dem Regime in eine "kritische Unterstützung". Die neue Führung wurde auf dieser Linie gewählt. Begünstigt worden war diese Entwicklung durch die Absetzung von Fischereiminister Tantaleán im Zusammenhang mit dem Sturz von General Velasco im August 1975.

Auch unter den Industriefischern herrschte Klarheit darüber, daß die ökonomischen Schwierigkeiten von PESCAPERU durch ein Sanierungsprogramm gelöst werden mußten. Die Frage war jedoch, wie sich die Kosten der Sanierung verteilen würden. Mit der Bekanntgabe des Decreto Ley 21558 vom 21. Juli 1976 bewahrheitete sich die schlimmste Befürchtung der Anchovisfischer: Die Sanierung sollte ausschließlich auf ihrem Rücken ausgetragen werden. Verzweifelt suchte der Vorstand der FPP das Gespräch mit dem Präsidenten, dem Fischereiminister und anderen Ministern. Doch statt in den Dialog mit der FPP zu treten, startete das Regime direkt nach Verkündigung des Gesetzes eine breite Kampagne in Zeitungen,

Rundfunk und Fernsehen mit dem Ziel, den Widerstand der Fischer bereits im Vorfeld zu brechen und sie in der Öffentlichkeit zu isolieren. Die Tageszeitungen schilderten ausführlich die Vorteile der Reprivatisierung für die Fischer, die Wirtschaft und die Bevölkerung insgesamt. Als Einschüchterungsmaßnahme wurden sieben nationale Führer der FPP für kurze Zeit inhaftiert. Eine am 27. August vorgelegte ausführliche Dokumentation der Federación de Pescadores del Peru, die zu einzelnen Punkten des Decreto Ley 21558 Stellung nahm und den Erwerb der Flotte durch die Fischereibeschäftigten sowie die Bezahlung der Eingangsquote aus dem Sozialfonds vorschlug und gleichzeitig eine öffentliche Diskussion forderte, blieb ohne Reaktion (Arce 1977: 53).

Hier zeigte sich wiederum ganz deutlich, daß das Militärregime kein Interesse hatte, die von niemandem bestrittene, notwendige Sanierung von PESCAPERU mit den Betroffenen zu klären, sondern daß mit ihrer Konzeption eine politisches Zeichen für das lokale und internationale Kapital gesetzt werden sollte. Die Hauptsorge der Fischer galt dabei weniger der Reprivatisierung der Fangflotte als dem mit dem neuen Gesetz verbundenen de facto-Verlust eines Großteils der Arbeitsplätze und aller Sozialleistungen. Die Umwandlung der Fangflotte von PESCAPERU in Kleinstunternehmen bedeutete die Entlassung von sechs- bis siebentausend Fischern, Rückkehr zur Saisonarbeit für den Rest und damit Verlust der festen Entlohnung, Streichung verschiedener Sozialleistungen, Wegfall der Tarifverträge sowie juristische Auflösung der Gewerkschaftaen und der Föderation.[28]

Treffen der FPP-Vertreter mit Funktionären von PESCAPERU blieben ohne Ergebnis, zumal diese am 2. September erklärt hatten, nicht mehr mit der Führung der Föderation verhandeln zu wollen. Nachdem klar geworden war, daß das Regime zu keinerlei Zugeständnissen bereit war, und nachdem bereits zwischen dem 10. und 23. Oktober der gesamte nationale Vorstand der FPP sowie weitere Gewerkschafater festgenommen worden waren, entschieden sich die 14 Generalsekretäre der lokalen Gewerkschaften auf einem heimlichen Treffen in der Nähe von Lima für einen unbefristeten Streik, der mit dem Beginn der neuen Fangperiode, zum letzten Mal unter der Regie von PESCAPERU, einsetzen sollte.

Am 18. Oktober, dem Auftakt der neuen Fangsaison, traten die knapp 10.000 Anchovisfischer geschlossen in Streik. Bereits am ersten Streiktag gab das Fischereiministerium einen Erlaß heraus, in dem den Streikenden ein 48-stündiges Ultimatum zur Wiederaufnahme der Arbeit gestellt, andernfalls mit der sofortigen Entlassung gedroht wurde.[29] Als diese Drohung nichts fruchtete, folgte ein weiterer, in der peruanischen Geschichte einmaliger Erlaß: PESCAPERU wurde ermächtigt, mit sofortiger Wirkung alle 9.345 Fischer zu entlassen. Gleichzeitig wurde den Fischern bis zum 28. Oktober die Möglichkeit für eine Neueinschreibung für die Fangzeit gegeben. Mit der Neueinschreibung war jedoch die Akzeptierung der neuen Arbeitsbedingungen, das heißt Transferierung in Kleinunternehmen, Annullierung der alten Arbeitsverträge und Verzicht auf die damit verbundenen sozialen Rechte, verknüpft (Comunicado Official 005-76-PE). Auch diese Maßnahme konnte die Streikfront nicht brechen.

Seit Streikbeginn hatten sich die Fischer unter Führung eines **Comité interino**, das aus den 14 Generalsekretären der lokalen Gewerkschaften gebildet wurde, die den inhaftierten Vorstand vertraten, in **Comites de Zonas** (zonale Komitees) sowie in den einzelnen Hafenstädten in **Comites de Lucha de Puertos** (Hafenkampfkomitees) organisiert, an denen auch die Frauen aktiv teilhatten. Zum wichtigsten Kommunikationszentrum entwickelten sich die Gewerkschaftslokale, wo ständig Versammlungen und Besprechungen stattfanden. Als den Militärs die Wichtigkeit der Gewerkschaftslokale klar geworden war, holten sie zu einem weiteren Schlag aus: Am 26. Oktober wurden sämtliche Gewerkschaftslokale besetzt und zahlreiche Anwesende festgenommen. In Chimbote, wo 40 Prozent der Anchovisfischer lebten, hatte sich der Konflikt um die Kontrolle des Gewerkschaftslokals bereits vor dieser Aktion zugespitzt: Nachdem das Lokal zuerst von dem MLR besetzt worden war, wurde es von den Fischern wieder erobert, die es dann zusammen mit ihren Familien Tag und Nacht besetzt hielten. Auf die Sperrung von Wasser, Licht und Lebensmitteln und einem dichten Polizeikordon um das Lokal, reagierte die Bevölkerung von Chimbote mit Demonstrationen. Am 26. Oktober wurde, parallel zu anderen Hafenstädten, das besetzte Lokal von der Guardia Civil gestürmt. Um die Proteste zu ersticken, wurde Chimbote militärisch besetzt: Marineinfanterie, Polizei- und Panzerwagen beherrschten das Straßenbild. Schon vorher galt von 20.00 Uhr bis 5.00 Uhr eine Ausgangssperre (Labor 1977: 39 ff.). Nur in Callao und Chimbote, wo die Fischer sich in speziellen Wohnvierteln, der Ciudad de Pescadores, konzentrierten, blieb auch nach der Besetzung der Gewerkschaftslokale der enge Kommunikationszusammenhang erhalten.

Durch die polizeiliche Besetzung der Gewerkschaftslokale, verstärkte militärische Präsenz in den Hafenstädten, massive militärische und polizeiliche Einschüchterungsoperationen, Einsatz von Streikbrechern, Verhängung des Ausnahmezustandes in Chimbote und Huacho sowie weiteren Festnahmen von Gewerkschaftern, wurden die Fischergewerkschaften gezwungen, den Kampf im Untergrund fortzusetzen, was zu einem Abflauen des Streiks führte.

Anfang November kam es zu einem Gespräch zwischen dem Präsidenten von PESCAPERU und Repräsentanten der Fischer, zu dem auch der Präsident und der Generalsekretär der FPP aus dem Gefängnis geholt wurden. Als die Fischer grundsätzlich an ihren Forderungen festhielten, wurde der "Dialog" abgebrochen. Nach dem Scheitern entfesselten die Tageszeitungen eine heftige Kampagne gegen die (inhaftierte) Führung der Fischergewerkschaft. Ihr wurde vorgeworfen, sie sei "konterrevolutionär", "antipatriotisch", "vom Ausland bezahlt", übe "Subversion" und "Terror" aus. Diese Hetze gegen die Führung der FPP in der Presse sollte das Terrain für eine weitere Aktion der Militärs gegen die Fischergewerkschaft vorbereiten: Mit dem offiziellen Kommunique Nr. 008-76-35-100 des Arbeitsministeriums vom 12. November 1976 wurde dem gewählten Föderationsvorstand von insgesamt 30.000 Fischern, (das heißt aller drei Fischereisektoren) die Legalität aberkannt. Begründet wurde dieser Schritt mit "einer Haltung der offenen Auflehnung" gegen das Gesetz und Regierungserlasse. Der Streik mit "seinen terroristischen und gewalttätigen Aktionen gegen Personen und Privatbesitz" wurde der FPP-Führung, die schon vor Streikbeginn ins Gefängnis gesteckt worden war, angelastet (Comunicado Oficial Nr. 008-76-35-1000).

Der Fischerstreik bewegte die gesamte Gewerkschaftsbewegung. Schon im August hatten CGTP, CNT, CTRP-Lima und einige unabhängige Föderationen in einer gemeinsamen Erklärung ihre Ablehnung des Reprivatisierungsprojektes bekundet. Im Verlauf des Streiks wurden verschiedene Anläufe zu Solidaritätsstreiks unternommen. In Chimbote, wo seit 1973 ein enger Kommunikationszusammenhang zwischen den Fischern und anderen Arbeitersektoren bestand, wurde von der regionalen Gewerkschaftsföderation FESIDETA der 4. November als Termin für einen Solidaritätsstreik festgelegt. Interne Fraktionskämpfe in der Führung ließen den Streik jedoch

scheitern und brachten als einziges Ergebnis die monatelange Inhaftierung der Gewerkschaftsführung des Stahlwerkes von SIDERPERU.
SUTELM, die regionale Lehrergewerkschaft von Lima, rief für den 17. November zu einem Solidaritätsstreik auf, der jedoch nicht besonders erfolgreich verlief. Die unabhängigen, militanten Föderationen (Bergarbeiter, CCP, Bierbrauer, Versicherungsbeschäftigte, SUTE-Lima, FESIDETA) bildeten Ende November das Comité Nacional de Lucha, das am 15. Dezember einen Solidaritätsstreik durchführen wollte. Die im Consejo Unitario de Organizaciones Sindicales (CUOS) vereinigten Gewerkschaften proklamierten dann für den 24. November einen nationalen Proteststreik zur Unterstützung der Fischer, dem sich der CNL anschloß. Der CCUSC legte einen eigenen Termin, den 12. und 13. Dezember für einen Solidaritätsstreik fest. Doch es blieb bei den Absichtserklärungen. Die Fischer erhielten zwar Solidaritätserklärungen von nahezu allen bedeutenden Gewerkschaftsorganisationen - nur die apristische CTP[30] sowie einige CTRP-Gewerkschaften, darunter die Arbeiter der Fischmehlfabriken stellten sich offen gegen den Streik -, jedoch kam es kaum zu konkreten Aktionen.

Ende November machte sich Resignation unter den streikenden Fischern breit: Das Regime zeigte keinerlei Verhandlungsbereitschaft, der Repressionsapparat funktionierte reibungslos. Andere Gewerkschaftsorganisationen waren nicht über das Stadium verbaler Solidarität hinausgekommen und ein Solidaritätsstreik in weite Ferne gerückt. Der Verkauf eines Großteils der Fangboote war inzwischen ebenfalls abgewickelt worden. Der Streik begann allmählich abzubröckeln.
PESCAPERU lockte mit der bis zum 11. Dezember verlängerten Einschreibungsfrist. Angesichts dieser Situation beschlossen die 14 Generalsekretäre der lokalen Gewerkschaften, den Streik am 11. Dezember abzubrechen und den Gewerkschaftsmitgliedern die Einschreibung zu empfehlen. Nur die

Fischer von Chimbote führten den Streik eine Woche weiter, ehe auch sie resignierten. So ging einer der längsten und härtesten Arbeitskämpfe in Peru mit der vollständigen Niederlage der Gewerkschaft, ja de facto mit ihrer Zerschlagung, zu Ende. 6.000 Anchovisfischer verloren ihren Arbeitsplatz, 3.000 bis 4.000 fanden einen instabilen Arbeitsplatz in den neuformierten Kleinunternehmen. Von den Gewerkschaftsstrukturen war nur ein Rumpfgebilde übriggeblieben, in dem CTRP und MLR mit Hilfe des Staatsapparates in einzelnen Gewerkschafaten verlorene Positionen wiedergewinnen konnten. Anfang 1977 etablierte sich ein CTRP-orientierter Vorstand, der auch prompt am 28. März 1977 anerkannt wurde.

Der Fischerstreik war mit einer Kompromißlosigkeit und Härte zerschlagen worden, wie er nur wenige Entsprechungen in der peruanischen Gewerkschaftsgeschichte hatte. Dabei hatte es sich nicht um einen der traditionell oppositionellen Gewerkschaftssektoren wie Bergarbeiter oder Lehrer gehandelt, sondern genau um die Gewerkschaftsorganisation, die sich jahrelang dem Militärregime für dessen Pläne zur Verfügung gestellt hatte. Wichtiger als gewerkschaftliche Unterstützung war den Militärs ihr Wirtschaftsprogramm, auf das sie sich gegenüber den internationalen Finanzinstitutionen verpflichtet hatten, und die Annäherung an lokale Kapitalfraktionen. Die Reprivatisierung des Fischfangsektors bildete das erste große Projekt im Rahmen der vom internationalen Kapital geforderten und von der lokalen Bourgeoisie gewünschten Wiederherstellung "angemessener" wirtschaftlicher Bedingungen. Die Militärs stellten bei der Durchsetzung der Reprivatisierung des Fischfangsektors unter Beweis, daß sie in der Lage waren, den Erwartungen der internationalen Kreditgeber zu entsprechen und eine Gesundung der Wirtschaft im Sinne des IWF und der lokalen Bourgeoisie zu gewährleisten.

Die Gewerkschaftsbewegung hatte es nicht geschafft, verbale Solidarisierung in konkrete Aktionen zur Unterstützung der streikenden Fischer umzusetzen. Dieser Mangel läßt sich allerdings nicht nur mit der Unfähigkeit der diversen Organisationen, sich auf ein gemeinsames Vorgehen zu einigen oder mit der generellen Schwäche der Gewerkschaftsbewegung erklären. In der gewerkschaftlichen Basis - auch bei bewußteren und aktiveren Teilen - war die unheilvolle Rolle der Fischergewerkschaften als Speerspitze der Militärregierung gegen die klassenorientierte Gewerkschaftsbewegung, noch im allzu frischer Erinnerung. Die Haltung eines Gewerkschafters aus Arequipa,der meinte, warum jetzt aktive Solidarität mit denen geübt werden sollte, die immer die Verräter waren, repräsentiert sicherlich eine weit verbreitete Haltung in der Gewerkschaftsbasis. Das Scheitern des Fischerstreiks war also aufgrund einer Reihe von Faktoren vorprogrammiert. Der verzweifelte Kampf der Fischer bildete demnach auch keinen Schritt vorwärts im Kampf gegen die Militärdiktatur, wie es einige Organisationen der Neuen Linken propagierten, sondern eine Niederlage der Gewerkschaften, die mit der de-facto-Auslöschung eines Gewerkschaftssektors endete, der gerade eben seine Autonomie und Identität wiedererkämpft hatte.

KAPITEL IX

SOZIALE VERELENDUNG UND WIDERSTAND: GEWERKSCHAFTEN ALS ZENTRUM STÄDTISCHER MASSENBEWEGUNGEN

1. Soziale Protestbewegungen in Provinzstädten

Die Aktivierung der Gewerkschaftsbewegung nach einem Jahr erzwungener, relativer Passivität vollzog sich im Zusammenhang mit Protestbewegungen in verschiedenen Provinzstädten des Landes während der Monate Juni/Juli 1977. Diese mündeten dann in die wichtigste gewerkschaftliche Aktion seit den Kämpfen der Anarchosyndikalisten in den Jahren 1911 bis 1919: den nationalen Generalstreik vom 19. Juli 1977.

Konkreter Anlaß für die sozialen Proteste im Juni/Juli war ein weiteres, unter dem Druck des IWF zustandegekommenes "Stabilitätspaket", das dritte innerhalb von 18 Monaten. Wiederum traf es die ärmeren Volksklassen besonders hart. Durch erneute Erhöhung des Benzinpreises um 50 Prozent wurden die Fahrtkosten für den öffentlichen Transport drastisch hochgeschraubt, durch Steichung von staatlichen Subventionen für Grundnahrungsmittel diese bis zu 50 Prozent verteuert.[1] Eine staatlich verordnete Lohnerhöhung von 900 Soles kompensierte nicht annähernd die gesteigerten Lebenshaltungskosten. Es wäre verkürzt, allein dieses "Stabilitätspaket" vom 10. Juni und die drastische Senkung des Lebensstandards der Bevölkerung für die folgenden sozialen Proteste verantwortlich zu machen. Heftigkeit und Ausmaß der Proteste deuteten vielmehr darauf hin, daß hier eine jahrelang aufgestaute Wut, Erbitterung und Empörung der von der Wirtschaftskrise geplagten städtischen Massen über das Militärregime zum Ausdruck kamen; eine Militärführung, die trotz Wirtschaftskrise nicht bereit war, auf einige ihrer zahllosen Privilegien zu verzichten, die gegen streikende Lehrer, deren Einkommen ein Drittel dessen eines Fähnrichs betrug, mit harter Repression vorgegangen war, bei den zahllosen Korruptionsskandalen untergeordnete Chargen geopfert, aber ihresgleichen geschont hatte, die ständig die Militärausgaben steigerte, gleichzeitig aber Subventionen für Grundnahrungsmittel und Ausgaben für Gesundheit und Erziehung rigoros zusammenstrich, und die immer noch von Revolution sprach, aber mit harter Hand Interessen der privilegierten Klassen durchsetzte bzw. restaurierte.

Daß sich diese Protestbewegungen nicht nur auf das Stabilitätspaket vom 10. Juni bezogen, sondern dieses nur eines der auslösenden Momente war, zeigten zeitlicher Verlauf, lokale Besonderheiten und geographische Lage der Bewegungen. Ihren Anfang nahmen die Proteste in den südlichen Sierra-Städten Cusco, Puno, Sicuani und Juliaca, sprangen dann auf Arequipa, Ayacucho in der zentralen Sierra, Cajamarca in der nördlichen Sierra sowie Tacna und die Bergbauzentren des Südens über und erfaßten mit Verspätung die wichtigen Provinzstädte Huancayo und Trujillo. Insgesamt wurden 14 Städt von den Unruhen betroffen.[2] Selbst die regimeabhängigen Tageszeitungen sahen sich gezwungen, über die Unruhen zu berichten, wenn diese auch in der üblichen Form heruntergespielt und verfälscht wurden.

Wenn sich die Proteste auch aufgrund regionaler Bedingungen und Interessen verschieden artikulierten, so lassen sich doch eine Reihe gemeinsamer Charakteristika über Entstehung und Verlauf festhalten. Anfängliche Demonstrationen, zumeist von Studenten oder Sekundarschülern getragen, wurden von den Ordnungskräften brutal unterdrückt, was zu einer spontanen Solidarisierung weiterer Bevölkerungsgruppen führte. Märkte und Läden schlossen, Busse stellten ihren Verkehr ein, Studenten und Bewohner der Elendsviertel errichteten Straßensperren und Barrikaden. In größeren Städten mit gewerkschaftlicher Präsenz wurden die Proteste von lokalen und regionalen Generalstreiks begleitet. Die Reaktion der Militärkommandanturen bestand in der Regel in der Schließung von Schulen und Universitäten und teilweise in der Verhängung der Ausgangssperre.[3] Im Verlauf der oft mehrere Tage andauernden Auseinandersetzungen setzten die Militärs neben regulären Heeresverbänden und Guardia Civil auch verschiedene Male die wegen ihrer Härte berüchtigten Sinchis (Antiguerillakampftruppen) ein, um den Widerstand der teils mit Steinen und Wurfgeschossen kämpfenden Demonstranten zu brechen.

Das brutale Vorgehen der Militärs gegen die protestierende Bevölkerung veranlaßte die fünf katholischen Bischöfe der südlichen Sierra zu einer scharfen Erklärung gegen die Regierung und deren Politik. In einem gemeinsamen Hirtenbrief erklärten die Bischöfe, das Leiden der Bevölkerung sei die Ursache für eine "Anzahl von Volksprotesten in Puno, Juliaca, Ayaviri, Sicuani, Juli, vielen Provinzen der Region und anderer Teile unseres Landes. Diese Volksproteste, als Ausdruck gerechter Forderungen, sind heftig unterdrückt worden mit einer beklagenswerten Anzahl von Toten, Verletzten, Verhafteten und Verschwundenen, deren Aufenthaltsort wegen Fehlens von Information nicht bekannt ist."[4] Als tiefere Ursache wurde das herrschende ökonomische, soziale und politische System verantwortlich gemacht, das, so die Bischöfe, nicht den Interessen der Mehrheit entspräche.

In Städten mit bedeutender gewerkschaftlicher Organisierung wurden die Proteste von regionalen Streiks begleitet. Die Departamentshauptstädte

Cusco, Arequipa und Huancayo sind geeignete Beispiele, um Funktion und Bedeutung der Gewerkschaften in diesen Protestbewegungen zu analysieren.

In der alten Inkahauptstadt Cusco hatte besonders die im Rahmen der Benzinpreiserhöhung erfolgte Verdoppelung der Verkehrstarife die Erbitterung verstärkt. Die von der Polizei niedergeknüppelten Studentendemonstrationen am 14./15. Juni provozierten eine breite Solidarisierung und Mobilisierung der Bevölkerung. Von den Behörden wurde mit der Schließung von Schulen und Universitäten, sowie mit nächtlichen Polizeirazzien reagiert. Am folgenden Tag konzentrierten sich die immer heftiger werdenden Auseinandersetzungen zwischen Demonstranten und Ordnungsmacht auf den Zentralmarkt San Pedro und die Universität. Eines der bevorzugten Angriffsziele der Demonstranten bildeten - als Symbole der Staatsmacht - öffentliche Gebäude. Noch am Vormittag stellten die Busse den Verkehr ein, schlossen Handel sowie einige öffentliche Ämter ihre Türen. Gleichzeitig griffen die Unruhen auf die umliegenden Dörfer und Kleinstädte Pisca, Calca, Urubamba, Quillabamba und Yucay über. Am Abend wurden zur Verstärkung der in die Defensive gedrängten Ordnungskräfte ca. 300 Sinchis, Spezialeinheiten der Guardia Civil und der Kriminalpolizei nach Cusco eingeflogen. Im gewerkschaftlichen Bereich herrschte zwar Einigkeit über die Durchführung eines Proteststreikes, jedoch nicht über Zeitpunkt und Dauer: Die Führung der Federación Departamental de Trabajadores del Cusco (FDTC), des Regionalverbandes der CGTP, deklarierte einen 24stündigen Streik für den folgenden Tag. Dieser Streik sollte sich gegen das Programm des Weltwährungsfonds und die Politik des Wirtschaftsministers Piazza richten. Die der Neuen Linken nahestehenden Gewerkschaftsorganisationen, darunter Lehrer und Kleinbauern, forderten einen 48stündigen Streik mit Stoßrichtung gegen das Militärregime.

Der Streik am folgenden Tag wurde allgemein befolgt. Alle strategischen Punkte der Stadt waren von Polizei- und Heereseinheiten besetzt worden, und Kampfflugzeuge flogen von Zeit zu Zeit über die Stadt, um die Bevölkerung einzuschüchtern. Trotz dieser militärischen Machtdemonstrationen kam es weiterhin zu zahlreichen spontanen Demonstrationen und dem Bau von Barrikaden. Am 18. Juni ging der Streik in geringerer Beteiligung weiter, Demonstrationen blieben aus. Die berühmte Festwoche Inti Raymi, zu der Tausende von Touristen angereist waren, wurde abgesagt. Die Auseinandersetzungen hatten nach offiziellen Angaben drei Todesopfer sowie zahlreiche Verletzte gefordert. Die Fahrpreise für öffentliche Transportmittel wurden infolge der heftigen Proteste leicht gesenkt.[5]

In Arequipa wurde die Protestbewegung von Anfang an organisatorisch und politisch von der Gewerkschaftsbewegung geführt. Nachdem die Federación Departamental de Trabajadores de Arequipa (FDTA), der Regionalverband der CGTP, unter dem Druck der radikalen Basis einen 48 stündigen Streik für den 22./23. Juni beschlossen hatte, formierte sich ein Koordinationskomitee, dem neben der FDTA die Organisationen der Verkehrs- und Transportbetriebe, Eisenbahner usw. angehörten. In dem gemeinsamen Programm tauchten neben ökonomischen auch politische Forderungen wie Wiederherstellung der demokratischen Rechte, Freiheit für die politischen Gefangenen und Rückkehr der Deportierten auf.[6] Der Streikaufruf wurde an den beiden Tagen fast vollständig befolgt, ohne daß es zu Unruhen in der Stadt kam. Wegen der Festnahme von 15 örtlichen Gewerkschaftsführern und deren Verlegung nach Lima, setzte ein großer Teil der Gewerkschaften den Streik fort und brach ihn erst am 27. Juni ab, nachdem die Militärverwaltung sich bereit erklärt hatte, die festgenommenen Gewerkschaftsführer auf freien Fuß zu setzen.[7]

Huancayo, das Handelszentrum der mittleren Sierra, war in den Jahren zuvor im Gegensatz zu Städten wie Arequipa, Chimbote und Ayacucho noch nicht als "rebellische" Stadt in Erscheinung getreten. Doch diesmal wurde es von der Protestwelle erfaßt, zwar relativ spät, dafür mit umso größerer Heftigkeit. Für den 11. Juli hatte der lokale Gewerkschaftsverband der CGTP zu einem Proteststreik aufgerufen. Der Streik am Morgen des 11. Juli begann friedlich und wurde nur teilweise befolgt. Nachdem jedoch die Polizei eine Studentenversammlung auf dem Universitätsgelände sprengte und die Nachricht von den Auseinandersetzungen sich in der Stadt verbreitete, traten die Fahrer der Kleinbusse und die kommunalen Arbeiter sofort in Streik. Binnen kurzem wurden von aufgebrachten Bewohnern alle Ausfahrtsstraßen blockiert und der Verkehr lahmgelegt. Die relativ schwachen Polizei- und Armeekräfte - insgesamt ca. 250 Mann - waren trotz brutalen Einsatzes nicht mehr in der Lage, die Situation zu kontrollieren. Gegen Mittag nehmen die Proteste noch an Heftigkeit zu. Mehrere öffentliche Gebäude wurden gestürmt, der in den Kühlhallen des Fischereiministeriums lagernde Fisch unter der Bevölkerung verteilt. Abends wurde die Schließung der Schulen und Verhängung der Ausgangssperre von 17.00 bis 6.00 Uhr bekanntgegeben. Am Mittwoch wurden - nachdem schon am Vortag weitere Verstärkungen eingetroffen waren - Sinchis aus der Urwaldgrenzstadt Satipo und Guardia de Asalto (Sturmgarde) aus Lima eingeflogen, mit deren Hilfe die Proteste dann eingedämmt werden konnten. Nach offiziellen Angaben hatten die Auseinandersetzungen fünf Todesopfer gefordert, doch dürfte die wirkliche Zahl wesentlich höher liegen.[8]

Einen etwas anderen Charakter trugen die Streiks in den Bergbauzentren des Südens. Hier entzündeten sich die Konflikte an einem Präventivschlag des Militärs: Um eine Ausbreitung der Massenproteste auf die Bergbauzentren des Südens zu verhindern, wurde Victor Cuadros, der Führer der nationalen Bergarbeiterföderation, in Toquepala festgenommen. Damit wurde jedoch der Konflikt erst angeheizt. Arbeiter und Angestellte von Toquepala reagierten mit dem Beschluß eines unbefristeten Streiks, ab 25. Juni. Obwohl zuvor noch die gesamte Gewerkschaftsführung festgenommen wurde, fand der Streik statt, wurde aber dann am 29. Juni abgebrochen. Am 28. Juni hatten sich die 980 Arbeiter der Southern Copper Corporation der Region Ilo dem Streik angeschlossen, denen am folgenden Tag die 305 Arbeiter des staatlichen Schmelzwerkes nachfolgten. Nachdem jedoch die inhaftierten Gewerkschaftsführer von Toquepala und Ilo wieder freigelassen worden waren - mit Ausnahme von Victor Cuadros, der am 6. Juli nach Frankreich deportiert wurde, hoben die beiden Gewerkschaften am 2. Juli den Streik auf.[9]

Analysiert man Rolle und Bedeutung der Gewerkschaften in den sozialen Protesten im Juni/Juli 1977, so ergibt sich folgendes Bild: Bis auf wenige Ausnahmen lassen sich die Protestaktionen nicht auf gewerkschaftliche Initiative zurückführen. In Städten mit gewerkschaftlicher Präsenz wie Cusco, Puno, Sicuani und Huancayo bildeten lokale Streiks lediglich begleitende Aktionen zu den Protesten, nur in Arequipa und - hier allerdings aufgrund anderer Faktoren - in den südlichen Bergbauzentren hatte die Gewerkschaften die Initiative ergriffen. Oder um es anders zu fassen: Gewerkschaftliche Aktion erfolgte in der Regel als Reaktion auf Volksproteste. Eine der Ursachen für diese eher reaktive Haltung lag in der abwartenden Politik der nationalen CGTP-Führung begründet. Eine weitere Ursache war, daß die lokalen Gewerkschaftsführungen von der Wucht der Massenproteste überrascht wurden. Erst unter dem Druck " der Straße" und von Basisgewerkschaften kamen dann die lokalen Streiks zustande.

Die Militärregierung hatte auf die sozialen Proteste in erster Linie mit Unterdrückung reagiert. Als Geste wurden lediglich die Preise für einige Nahrungsmittel geringfügig gesenkt, bei anderen Preisstabilität zugesichert. Gleichzeitig wurden in aller Stille die Preise von anderen Nahrungsmitteln angehoben.[10] Wirtschaftsminister Piazza, für Teile der Bevölkerung einer der "Schuldigen" des Notstandspaketes, war bereits am 6. Juli nach nur siebenwöchiger Amtszeit zurückgetreten, was seitens der Kommunistischen Partei als Erfolg des Protestbewegung deklariert wurde, (Unidad Nr. 612 vom 14. Juli 1977). In Wirklichkeit war der Rücktritt Piazzas jedoch Ausdruck interner Regierungskonflikte.

2. Der Generalstreik vom 19. Juli 1977

Während die wichtigsten Provinzstädte nach und nach von der Protestwelle erfaßt wurden, war die Situation in dem Bevölkerungs- und Industriezentrum Lima/Callao relativ ruhig geblieben. Durch immer neue Nachrichten über die Auseinandersetzungen in den Provinzen - meist in Form von Gerüchten, da die offiziösen Tageszeitungen nur spärlich und entstellend berichteten und die erlaubten Zeitschriften sich aus Angst vor Zensur zurückhielten - wurde die Atmosphäre in der Hauptstadt gespannt. Doch traten hier anstelle spontaner Proteste langwierige und schwierige Verhandlungen der zersplitterten Gewerkschaftsorganisationen über die Durchführung eines koordinierten landesweiten Proteststreiks. Der konkrete Anstoß zur Bildung einer Aktionseinheit ging Ende Juni von den drei unabhängigen Föderationen der Drucker, Elektrizitätsarbeiter und Versicherungsbeschäftigten aus. Innerhalb kurzer Zeit schlossen sich weitere nationale Organisationen der Streikkoordination an, darunter CGTP, CNT, CTRP-Lima, Bergarbeiter, SUTEP und CCP. Entscheidend war vor

allem die Teilnahme der CGTP, die sich nur zögernd und unter dem Druck ihrer Basis, die sich in den lokalen Protesten aktiv beteiligt hatte, für den Streik entschied. Die zwanzig nationalen Organisationen formierten sich unter dem Namen Comando Unitario de Lucha (CUL, einheitliches Kampfkommando) und legten den 19. Juli als Datum für den nationalen Proteststreik fest. Doch von Anfang an zeigte sich, daß die im CUL erreichte Einheit sehr zerbrechlich und labil war.[11] Die hier auftretenden Meinungsverschiedenheiten, Streitereien und gegenseitigen Beschuldigungen waren kaum verwunderlich angesichts des hier versammelten politischen Spektrums, das von den Christdemokraten (mit Einfluß auf die CNT), ehemaligen Velasco-Anhängern (jetzt zusammengeschlossen in dem PSR und mit Einfluß auf die CTRP-Lima und einige Föderationen) über die Kommunistische Partei - Unidad (mit Kontrolle der CGTP-Führung) bis hin zu den diversen Organisationen der Neuen Linken (mit Einfluß auf FNTMMP, SUTEP sowie unabhängige Föderationen) reichte. Zwar war der CUL nicht auf Initiative der Parteien entstanden, doch machte es deren indirekte Präsenz nicht einfacher, Gemeinsamkeiten zu finden.
Innerhalb des CUL's kristallisierten sich zwei Haupttendenzen heraus: Eine Strömung wurde von der CGTP, - deren Führung zwischendurch im Alleingang den Dialog mit den Militärs gesucht hatte[12] - dominiert. Diese plädierte für eine passive, ohne Konfrontationen verlaufende Arbeitsniederlegung, die sich gegen das Programm der IWF und gegen die Unternehmerschaft richten sollte. Die andere Richtung, gebildet vor allem von CCP, Bergarbeitern, SUTEP und anderen unabhängigen Föderationen, forderte einen aktiven und militanten Streik mit Stoßrichtung gegen die "Militärdiktatur" und ihre "Hintermänner".

Bei der Wahl eines Exekutivkomitees für den CUL am 16. Juli konnte sich der Vorschlag der CGTP, die eine Beteiligung der CCP, Bergarbeiter und des SUTEP strikt ablehnte, bei Abwesenheit einer Reihe von Mitgliedsorganisationen, knapp durchsetzen. In dem Exekutivkomitee waren CGTP, CNT und die Federación Luz y Fuerza (Wasser- und Elektrizitätswerke) für die gemäßigtere Tendenz sowie CTRP-Lima und Federación de Seguros (Versicherungen) für die radikalere Position vertreten.

Trotz der Diskrepanzen und Gegensätze repräsentierte der CUL das bisher breiteste gewerkschaftliche Aktionsbündnis seit Jahrzehnten: über 20 nationale Gewerkschaftsorganisationen hatten sich hier auf ein gemeinsames Programm und eine konkrete Aktion geeinigt. Vom Streik distanziert hatte sich - neben CTP und CTRP - die Föderation des staatlichen Bergwerkes CENTROMIN, deren radikal-maoistische Führung es ablehnte, an einem "revisionistischen" Streik teilzunehmen.

Streikaufruf und Kampfprogramm, auf die sich über 20 Gewerkschaftsorganisationen geeinigte hatten, zählen zu den wichtigsten gewerkschaftlichen Dokumenten Perus und sollen daher im Wortlaut abgedruckt werden:

Nationaler Streik am 19. Juli

"Aufruf"
Wir, die unterzeichnenden Gewerkschaftsorganisationen, erklären unsere entschlossene Zurückweisung der von der Regierung durchgesetzten wirtschaftlichen Maßnahmen, deren Ziel es ist, die Wirtschaftskrise auf dem Rücken der Arbeitnehmer und des peruanischen Volkes abzuladen.

Wir stellen fest, daß diese wirtschaftlichen Maßnahmen ihren Ausdruck in einer atemberaubenden Erhöhung der Lebenshaltungskosten und dem Einfrieren der Löhne und Gehälter finden. Gleichzeitig entwickelt die Regierung eine heftige Offensive gegen die Rechte und Errungenschaften der Arbeiterklasse, um ihre arbeiterfeindlichen und volksfeindlichen Maßnahmen durchzusetzen. So kommt es, daß man fortfährt, die Tarifverhandlungen zu begrenzen. Man hat das Streikrecht suspendiert, wobei dessen Aufhebung dazu benutzt wurde, von seiten der Regierung und der Unternehmer, eine Welle von Provokationen und Entlassungen zu entfesseln, die darauf abzielen, ein Gesetz, das willkürliche Entlassungen erlaubt, zu diktieren. Gleichzeitig interveniert man in die Gewerkschaftsorganisationen und man verfolgt und inhaftiert die Gewerkschaftsführer mit dem Ziel, die Arbeitnehmer einzuschüchtern.

Wir erklären unsere Entschlossenheit, energisch die erreichten Rechte und Errungenschaften zu verteidigen. In diesem Sinne stellen wir folgendes Kampfprogramm auf:

1. Für allgemeine Lohn- und Gehaltserhöhungen entsprechend den Preissteigerungen und gegen den Notstandsplan von Piazza.

2. Für das Einfrieren der Preise für Grundnahrungsmittel.

3. Für die Gültigkeit der jährlichen Tarifverhandlungen ohne Begrenzungen und Beschneidungen.

4. Für volle Gültigkeit des Kündigungsschutzes (Aufhebung des Decreto Supremo 001-76).

5. Für die Wiedereinstellung aller Entlassenen. Freiheit bzw. Repatriierung für alle wegen gewerkschaftlicher oder sozialer Kämpfe Inhaftierten oder Deportierten.

6. Für die unbegrenzte Gültigkeit der demokratischen Rechte (Aufhebung des Ausnahmezustandes und der Ausgangssperre, uneingeschränktes Streikrecht, Versammlungs-, Presse-, Organisierungs-, Meinungs- und Demonstrationsfreiheit. Gegen die Einmischung in die repräsentativen Organisationen der Arbeitnehmer).

7. Lösung der schwierigen Situation der Industriefischer.

8. Gegen die Einmischung in den "Agrarunternehmen" und für die Streichung der Agrarschuld.

9. Gegen die Intervention in die Universitäten und für die Aufhebung des des Decreto Supremo 21878.[13]

Wir, die unterzeichnenden Gewerkschaftsorganisationen, rufen alle unabhängigen Organisationen und Basisgewerkschaften der CTP auf, die Kräfte zu vereinen, um das Kampfprogramm mittel des nationalen Streiks unserer Gewerkschaftsorganisationen am 19. Juli 1977 voranzutreiben."

Unterzeichnet wurde der Aufruf von:

- Federación Nacional de Trabajadores Mineros y Metalurgicos del Peru (FNTMMP, Berg- und Hüttenarbeiter)
- Federación de Trabajadores Cerveceros (Brauereiarbeiter)
- Confederación Campesina del Peru (CCP, Bauern- und Landarbeiterverband)
- Confederación General de Trabajadores del Peru (CGTP)
- Confederación Nacional de Trabajadores del Peru (CNT)
- Central de Trabajadores de la Revolución Peruana-Regional Lima (CTRP-Lima)

- Federación de Trabajadores de Luz y Fuerza del Peru (Beschäftigte der Elektrizitäts- und Wasserwerke)
- Federación Grafica del Peru (Drucker)
- Federación de Trabajadores Petroleros (Erdölarbeiter)
- Federación de Pescadores del Peru (Industriefirscher)
- Sindicato Unico de Trabajadores en la Educación del Peru (SUTEP, Lehrer)
- Federación Nacional de Trabajadores de la Universidad Peruana (FENTUP, Universitätsangestellte- und arbeiter)
- Federación de Comunidades Industriales Textiles (FECITEX, Mitbestimmungsgremien des Textilsektors)
- Federación de Trabajadores de Agencias de Aduanas (Zollbeschäftigte)
- Federación de Trabajadores de Chifas, Hoteles y Ramos Similares del Peru (Gaststätten- und Hotelbeschäftigte)
- Asociación de Empleados y Obreros de la CORPAC (Arbeiter und Angestellte der Flughäfen)
- Asociación de Trabajadores de la ESAL (Sanierungsarbeiter)
- Federación de Trabajadores de Vidrios (Arbeiter der Glasindustrie)
- Comité de Empresas Administradas por los Trabajadores (selbstverwaltete Betriebe)
- Federación de Trabajadores de la Industria Cinematrografica (Kinobeschäftigte)
- Federación Nacional de Trabajadores Metalurgicos de la Revolución Peruana (Metallarbeiter der CTRP)
- Federación de Comercio de Lima-Callao y Balnearios (im Handel Beschäftigte der Region Lima)
- Federación de Comunidades Industriales Graficas y Empresas Periodisticas (Mitbestimmungsgremien der Druckindustrie).[14]

Bezeichnend für den Forderungskatalog des CUL war der Versuch nicht nur Tarifforderungen und Gewerkschaftsprobleme anzusprechen, sondern Bedürfnisse weit größerer Bevölkerungsgruppen zu artikulieren. Neben den zentralen Forderungen, die auf materielle Verbesserung der Lebensbedingungen der ärmeren Klassen abzielen, finden sich eine Reihe politischer Forderungen, die generell auf eine Wiederherstellung der demokratischen Rechte gerichtet sind, ohne daß jedoch eine politische Alternative zum Militärregime vorgeschlagen wurde. Insgesamt war das Kampfprogramm des CUL so beschaffen, daß es ein breites Spektrum der Bevölkerung ansprechen konnte. Dies war Ausdruck dafür, daß sich in dieser politischen Konjunktur die Gewerkschaftsbewegung als Sprecher aller "unterdrückten Klassen" fühlte.

Seitens der Militärs herrschte zunächst Uneinigkeit, wie man dem geplanten Streik begegnen sollte. Ein Teil der am 15. Juli versammelten Kommandeure plädierte für die militärische Besetzung Limas am Streiktag, während andere für "gemäßigtere" Aktionen stimmten (vgl. LAR Nr. 32 vom 19.8.1977). Die Militärs einigten sich dann auf ein Bündel von Aktionen, mit denen eine Durchführung des Streiks verhindert werden sollte. Ein Gespräch des Arbeitsministers mit den Vertretern der vier Dachverbände am 15. Juli blieb erfolglos (La Prensa vom 16.7.1977). Die regierungsabhängigen Tageszeitungen und der Teil der Wochenzeitschriften, die erscheinen durften, wurden unter Androhung von Repressalien praktisch gezwungen, keine genaueren Informationen über den Streik zu bringen.[15] In den Tageszeitungen wurden zahlreiche Artikel publiziert, die den geplanten Streik als "subversiv" und "politisch" qualifizierten (vgl. La Prensa und El Comercio vom 18.7.1977).

Doch beließ es die Militärregierung nicht allein bei der Beeinflussung der Presse. Vorsorglich wurden bekannte Gewerkschaftsführer festgenommen, darunter die Generalsekretäre von CGTP, CNT und des SUTEP. Am Vorabend des Streiktages gab Innenminister General Cisneros über Rundfunk und Fernsehen bekannt, daß die Regierung mit aller Härte gegen den Streik vorgehen und "Ruhe und Ordnung" mit allen Mitteln "garantieren" würde.[16]

Dennoch wurde am 19. Juli der Streikaufruf in einem solchen Ausmaß befolgt, daß sich Militärs und selbst die Gewerkschaftsführungen überrascht zeigten.[17] Zentrum der Streikbewegung war die Hauptstadt Lima. Hier war die Bestreikung der Produktionszentren und Unternehmen praktisch vollständig, auch Klein- und Handwerksbetriebe hielten überwiegend ihre Tore geschlossen. Selbst die peruanischen Industriellen sprachen von einer Streikbeteiligung von 95 Prozent in der Industrie Lima's (Caretas, Nr. 523 vom 25. Juli 1977).

Der öffentliche Verkehr - wichtige Voraussetzung für den Erfolg des Streiks - war großenteils lahmgelegt. Allerdings hatten nur die Fahrer des Staatsunternehmens ENATRU-PERU ihre Bereitschaft zur Streikbeteiligung ausgedrückt: Die von CTP und CTRP kontrollierten Organisationen der privaten Busbesitzer und -fahrer hatten eine Streikbeteiligung abgelehnt. Viele der einzelnen Linien stellten den Verkehr aus Sympathie mit dem Streik ein, während andere, die versuchten, den Personentransport aufrecht zu erhalten, von den Barriada-Bewohnern durch Steinwürfe und Blockaden daran gehindert wurden.

Trotz der Vorkehrungen des Militärs und der unverhohlenen Drohungen des Innenministers kam es in weiten Teilen Limas zu bürgerkriegsähnlichen Situationen. Zentren der Konfrontation waren die Industrieballungen an der Avenida Argentina/Colonial, an der Carretera Central sowie die

Barriadas in Comas, Villa El Salvador, San Juan de Miraflores und anderen Randbezirken von Lima. Hier äußerte sich der Streik in einer äußerst militanten Form. Die kilometerlang von Barriadas umsäumten Ausfallstraßen von Lima waren schon in der Nacht und im Morgengrauen mit Felsbrocken, Steinen, Nägeln, Scherben etc. blockiert worden.[18] Die vorrückenden Polizei- und Armee-Einheiten, ausgerüstet mit Schützenpanzern, Wasserwerfern, Tränengas und diversen Schußwaffen, stießen auf den erbitterten Widerstand der Bewohner. Die Auseinandersetzungen wurden mit solcher Heftigkeit geführt, daß nach dem Bericht der sonst eher zurückhaltend informierenden Zeitschrift Caretas Straßenecken in "Schlachtfelder und Hauptstraßen in Kriegslandschaften" (Caretas Nr. 528 vom 25.7.1977) verwandelt wurden. Diese Proteste der städtischen Bevölkerung waren in der Regel spontan und nur in Ausnahmefällen organisatorisch vorbereitet.[19]

Während in den Randgebieten Limas die Auseinandersetzungen tobten, wirkte das alte Stadtzentrum wie ausgestorben. Läden und Restaurants blieben geschlossen, sei es aus Angst vor Beschädigung und Pründerung, sei es aus Solidarität mit den Streikenden. Nur in den Stadtvierteln der gehobenen Mittel- und Oberschicht war wenig vom Streik zu spüren, abgesehen von der Verstärkung der Polizei und dem eingeschränkten öffentlichen Verkehr.

Nach offiziellen Angaben hatten die Auseinandersetzungen in Lima sechs Todesopfer - die reale Zahl dürfte höher liegen - und eine unbekannte Zahl Verletzter gefordert. Hunderte von Personen waren festgenommen wordden, von denen die Mehrheit jedoch in den folgenden Tagen entlassen wurde.[20]

Auch einige der größeren Provinzstädte wurden von dem Streik gelähmt, so Trujillo, Huacho, Chimbote, Huancavelica und Cusco. Zu einer weitgehenden Befolgung des Streikaufrufes kam es in Piura, Chiclayo, in einigen Zuckerkooperativen in Lambayeque, Ica, Toquepala, Ayacucho, Huaraz, Puno und Pucallpa. Wenig oder gar nicht machte sich der Streik in Arequipa, im sogenannten "kleinen Süden" (Pisco, Palpa, Nasca), den Bergwerken von CENTROMIN und Cuajone und in den Zuckerkooperativen von La Libertad bemerkbar.[21] Nach Angaben des Industriellenverbandes wurde der Streik landesweit im Industriebereich zu 74 Prozent befolgt (Caretas Nr. 523 vom 25.7.1977). Der Agrarsektor wurde von den Streikaktivitäten kaum berührt. Nur in einigen Zuckerkooperativen und größeren landwirtschaftlichen Betrieben in Stadtnähe war der Streikaufruf befolgt worden. Die blutigen Konfrontationen zwischen städtischen "Volkssektoren" und Militärapparat beschränkten sich auf den Raum Lima.

3. Die politische Bedeutung des Generalstreiks

Auffälligstes Merkmal der Streiks war sein Verlauf in der Hauptstadt Lima. Hier hatte der Streik durch die aktive Teilnahme der Barriada-Bewohner den Charakter eines städtischen Massenprotestes angenommen. Die Gewerkschafaten hatten den Streik ausgerufen und organisiert, die "städtischen Volkssektoren" hatten ihn getragen.

Die Verschärfung der Wirtschaftskrise und Verweigerung der politischen Freiheiten hatten vorübergehend die sozialen Unterschiede und divergierenden Interessen der Bewohner der Barriadas in den Hintergrund gedrängt und gemeinsame Probleme in den Vordergrund geschoben (vgl. Kap V, 2.). Insbesondere die Stabilitätspakete des Militärregimes wirkten gleichermaßen auf alle unteren Einkommensgruppen wie Keulenschläge und ließen kurzfristig alle trennenden Faktoren verblassen.

In dieser Situation mußten die Gewerkschafaten nur noch den schwierigen Prozeß der Einigung vollziehen und organisatorische Voraussetzungen für den Streik treffen. Die Nachricht vom geplanten Streik verbreitete sich über die alternativen Informationskanäle und mobilisierte die Bewohner. Großenteils spontan und aggressiv trugen die Pobladores, die Bewohner der Barriadas, ihren Protest auf die Straße und transformierten eine gewerkschaftliche Aktion in einen militanten Sozialprotest.

Zentrales Merkmal des Streikes war sein eminent politischer Charakter. Wenn auch Teile der Gewerkschaften, vor allem die CGTP-Führung, den tariflichen Aspekt der Arbeitsniederlegung in den Vordergrund zu stellen versuchten, so erfuhr der Streik in seiner Entstehung, seinem Verlauf, seiner Rezeption und seinen Konsequenzen eine enorme Politisierung. Schon das gemeinsame Kampfprogramm ging über den tariflichen Bereich hinaus. Die entscheidende politische Aufwertung erfuhr der Streik durch das Verhalten des Regimes. Durch präventive Verhaftungen, Einschüchterung, Drohreden von Ministern in den Massenmedien, Pressekampagnen und Illegalisierung aller Streikenden, werteten die Militärs den Streik quasi zu einer Kraftprobe, zu einem Plebiszit auf. Der Streik war jetzt nicht mehr ein simpler gewerkschaftlicher Protest gegen die Wirtschafts- und Sozialpolitik der Regierung, sondern eine "Abstimmung mit den Füßen" für oder gegen die Militärherrschaft geworden. Denn die größtenteils jugendlichen Demonstranten aus den Barriadas und verslumten Stadtvierteln forderten ja nicht höhere Löhne für gewerkschaftlich organisierte Arbeiter und Angestellte, sondern in erster Linie Verbesserung ihrer Lebensbedingungen, Arbeit, Nahrung, bessere Wohnverhältnisse, medizinische Versorgung, Schulen etc.

Schuld an der wirtschaftlichen Misere waren für die Demonstranten die Militärs. Das Militärregime, vom Ausmaß des Protestes überrascht, sah sich isoliert und ohne politische und soziale Basis. Denn auch die traditionellen politischen Parteien (APRA,PPC, AP) waren zu diesem Zeitpunkt nicht bereit, das Regime zu stützen, da die Militärs sich immer wieder geweigert hatten, einen verbindlichen Fahrplan für eine Demokratisierung vorzulegen. Obwohl das Militär inzwischen eine Politik durchführte, die den langfristigen Interessen der Unternehmer entsprach, herrschte auch hier die Überzeugung vor, daß die Militärs politisch "verbraucht" seien und abgelöst werden müßten. Die Unterstützung der breiten Bevölkerung hatten die Militärs ohnehin verspielt, selbst die Kirche war in den Chor der Kritiker eingefallen. Von links bis rechts gab es keinen nennenswerten gesellschaftlichen Sektor, der den Militärs Unterstützung angedeihen ließ.

Von gewerkschaftlicher Seite stellte der Streik vom 19. Juli den Höhepunkt gewerkschaftlicher Aktionen seit der Machtübernahme der Militärs im Oktober 1968 dar. Zum ersten Mal war es der ideologisch und organisatorisch zersplitterten Gewerkschaftsbewegung gelungen, den Großteil ihrer Kräfte unter einem einheitlichen Programm zu vereinigen und eine gemeinsame Aktion durchzuführen, obwohl sich gezeigt hatte, daß die im CUL erreichte Einheit höchst labil war. Der Streik hatte zugleich in seiner Verlaufsform die Politikfähigkeit der Gewerkschaften beträchtlich erweitert und ihnen die Funktion des organisatorischen Kerns einer sozialen, urbanen Protestbewegung zugewiesen. Wenn diese Funktion - Gewerkschaften als organisatorischer Kern einer städtischen Massenbewegung - sich vorerst auch nur bei einigen Protesten in den Provinzstädten und am 19. Juli festmachen ließ, und keinen dauerhaften Funktionswandel implizierte, so hatte sich doch hier eine neue Ebene von Klassenauseinandersetzungen und ein gefährliches Konfliktpotential für das Regime gezeigt.

Für das innere Kräfteverhältnis der Gewerkschaften hatte der Streik zunächst keine direkte Auswirkung. Der Streikbeschluß an sich war ein Erfolg für den radikalen Sektor der Gewerkschaften gewesen, der seit über einem Jahr dafür agiert hatte, ebenso der Streikverlauf. Jedoch hatte der Streik auch gezeigt, daß gegen oder ohne CGTP keine erfolgreichen regionalen oder nationalen Streiks möglich waren. Gleichzeitig hatte der Streik die zu diesem Zeitpunkt völlige Bedeutungslosigkeit von CTRP und CTP bloßgelegt sowie die schwache Position der Führungen beider Verbände. Denn obwohl die Vorstände der beiden Verbände zum Streikboykott aufgerufen hatten, beteiligten sich viele ihrer Basisgewerkschaften dennoch an dem Streik.

4. Das Regime schlägt zurück: Massenentlassungen und gewerkschaftliche Krise

Die Regierung, vom Ausmaß der Streikaktionen überrascht, reagierte mit außergewöhnlicher Härte. Mit dem Decreto Supremo Nr. 10-77-TR vom 22. Juli 1977 wurden staatliche Unternehmen und Privatbetriebe ermächtigt, alle Gewerkschaftsführer und Belegschaftsmitglieder, die mit der Streikdurchführung zu tun hatten, fristlos zu entlassen, und zwar in einem Zeitraum von 14 Tagen.

Private und staatliche Unternehmen machten von dieser seit langem geforderten Maßnahme reichlich Gebrauch. 3.500 Arbeiter und Angestellte, in ihrer übergroßen Mehrheit Gewerkschaftsführer, wurden auf die Straße gesetzt. Allein in der metallmechanischen Industrie wurden über 600, im Bergbau 158, im Textilsektor 331, in der Schuh- und Bekleidungsindustrie 366 und im Bankenbereich 189 Gewerkschafter entlassen.[22]

Diese staatlich sanktionierte Massenentlassung demonstrierte eine neue Qualität der staatlichen Politik gegenüber der gesamten organisierten Arbeiterbewegung. Wenn auch die Militärs seit Mitte 1976 repressiv auf gewerkschaftliche Forderungen reagiert hatten, so waren doch davon fast ausschließlich oppositionelle Gewerkschaften betroffen gewesen. Bislang hatten die Militärs darauf geachtet, einen frontalen Zusammenstoß mit der CGTP oder der CNT zu vermeiden. So war auch das Treffen des Arbeitsministers mit den Führungen der Dachverbände wenige Tage vor Streikbeginn zu sehen. Doch machte das Verhalten der Militärs nach dem Streik klar, daß sie zu diesem Zeitpunkt bereit waren, jedes Band zwischen sich und der organisierten Arbeiterbewegung zu zerschneiden und sich ohne Abstriche den Standpunkt der Kapitalseite, die ähnliche Maßnahmen seit langes forderte, zu eigen zu machen. Die Massenentlassung beschränkte sich nicht auf einen einzelnen Gewerkschaftssektor, sondern umfaßte nahezu die gesamte organisatorische und ideologische Bandbreite der Gewerkschaftsbewegung. Wenn auch die CGTP und die unabhängigen Gewerkschaften den höchsten "Zoll" zu zahlen hatten, so wurden doch auch CNT und CTRP-Lima bis hin zu CTP-Basisgewerkschaften betroffen.

Man muß davon ausgehen, daß die Entlassung der 3.500 Gewerkschafter eine klare politische Zielrichtung hatte: Eine Gewerkschaftsbewegung, die gezeigt hatte, daß sie in einer bestimmten Konjunktur Kern und Motor einer breiten Oppositionsbewegung gegen das Regime werden konnte, sollte auf unblutige Weise geschwächt und bedeutungslos gemacht werden, indem ihre wichtigsten Repräsentanten aus dem Arbeitszusammenhang eliminiert wurden. Um dieses durchzusetzen, nahmen die Militärs auch eine grobe Verletzung der internationalen Gewerkschaftsrechte in Kauf. Das das Dekret 010 ausschließlich eine politische Funktion hatte und nicht etwa den Unternehmen Gelegenheit zu Rationalisierungsmaßnahmen geben sollte, zeigte sich daran, daß für jeden entlassenen Gewerkschafter eine neue Arbeitskraft eingestellt werden mußte.

Die harte Maßnahme gegen die Gewerkschaftsbewegung provozierte eine Protestwelle, der sich auch Kirche, verschiedene internationale Organisationen und zahlreiche Intellektuelle anschlossen.[23] Die Militärs ignorierten diese Proteste und ordneten lediglich die Wiedereinstellung von Arbeitern und Angestellten an, die entlassen worden waren, ohne am Streik beteiligt gewesen zu sein.

Für die Gewerkschaftsbewegung bedeutete diese Massenentlassung den schwersten Rückschlag seit Jahrzehnten. Mit einem Mal waren Generationen von Gewerkschaftsführern, mit jahrelangen Erfahrungen in Tarifverhandlungen und Arbeitskonflikten sowie geschult im Umgang mit Unternehmern, Betriebsleitungen und staatlichen Behörden, aus ihrem Arbeitszusammenhang entfernt worden. In zahlreichen staatlichen und privaten Unternehmen waren komplette Gewerkschaftsführungen auf die Straße gesetzt worden. Auch für die Parteien der Linken, deren Haupteinfluß sich im gewerkschaftlichen Bereich realisierte, bedeutete diese Maßnahme einen enormen Substanzverlust. Hunderte ihrer Aktivisten wurden aus ihrem Tätigkeitsfeld herausgerissen.

Obwohl die Gewerkschaften versuchten, die Wirkung des Dekrets 010 durch breite Solidarität aufzufangen, indem sie in der Mehrzahl der Fälle ihre entlassenen Kollegen weiterfinanzierten und in ihren Funktionen bestätigten, konnten Entfremdungsprozesse nicht verhindert werden. Da die Entlassenen nicht mehr im täglichen Kontakt und Erfahrungsaustausch, vermittelt über den Arbeitsplatz, standen, setzte mit fortschreitender Zeit ein unvermeidbarer Prozeß der Entfremdung zwischen Belegschaft und entlassenen Gewerkschaftsführern ein. Diese Entwicklung wurde von anderen Faktoren verstärkt. Der Verlust des Arbeitsplatzes und die geringe Chance, einen neuen zu finden, führte bei den entlassenen Gewerkschaftern entweder zu einer Radikalisierung, die sich in einer "ich habe nichts zu verlieren"-Haltung ausdrückte, oder zu Resignation und dumpfer Verzweiflung. Die erste Position drückte sich in einem Drängen auf radikale Aktionen aus, die von den Belegschaften oft nicht nachvollzogen werden konnte. Wenn auch die entlassenen Gewerkschafter zumeist in ihren Funktionen bestätigt worden waren, so führten doch konkrete Notwendigkeiten, wie zum Beispiel Tarifverhandlungen, dazu, daß neue Gewerkschaftsführungen gewählt werden mußten. Zwar standen diese am Anfang oft noch unter Einfluß der "alten" Führung, entwickelten jedoch im Verlauf der Zeit eine eigenständige Praxis. Während viele der Entlassenen nach einem gewissen Zeitraum resignierten und sich ihre vertraglichen Abfindungen auszahlen ließen, versuchten andere in ihrer Verzweiflung, durch neue Kampfformen eine Wiedereinstellung zu erzwingen.

Gegen diesen bislang schwersten Schlag gegen die Gewerkschaftsbewegung blieb eine einheitliche, direkte Reaktion aus. Der Schock über diesen nicht erwarteten Schlag, Angst vor weiteren Entlassungen, Hoffnung auf eine Zurücknahme des Dekrets bei Wohlverhalten und Hoffnung auf die Vermittlertätigkeit anderer Organisationen wie zum Beispiel der Kirche, verbreiteten Passivität und Lähmung.

Direkt im Anschluß an den Streik vom 19. Juli erfolgten lediglich zwei isolierte Streiks. Der eine Streik stand in direktem Zusammenhang mit dem Dekret 010, der andere wurde, obwohl er keine direkte Beziehung zum Generalstreik vom 19. Juli hatte, nachträglich noch mit diesem verknüpft. Im letzteren Fall handelt es sich um einen Arbeitskonflikt im staatlichen Bergwerk CENTROMIN, dessen Gewerkschaften den Streik vom 19. Juli nicht mitgemacht hatten.
Bereits am 14. Juli hatten die Vertreter der 16 CENTROMIN-Gewerkschaften der Regierung eine Frist bis zum 25. Juli zur Lösung der Tarifprobleme gesetzt. Die staatlichen Stellen zeigten jedoch wenig Verhandlungsbereitschaft, sondern verwiesen auf die geltende Ley de Emergencia (Notstandsgesetz) im Bergbau, mit welcher jede Arbeitsniederlegung verboten war, und drohten mit der Anwendung des Dekrets 010 und der Festnahme der Gewerkschaftsführer für den Fall eines Streiks.[24] Trotzdem traten nach offiziellen Angaben am 25. Juli ca. 70 Prozent der CENTROMIN-Beschäftigten sowie die Arbeiter einiger kleinerer Bergwerke der zentralen Sierra in Streik.[25] Da dieser Arbeitskampf jedoch isoliert blieb, konnte er leicht gebrochen werden. Die wichtigsten Bergwerke wurden militärisch besetzt, eine Ausgangssperre verhängt, Gewerkschaftsführer verfolgt und festgenommen und 80 von ihnen unter Anwendung des Dekrets 010, das sich eigentlich nur auf den Generalstreik vom 19. Juli bezog, fristlos entlassen. Unter diesen Bedingungen bröckelte der Streik seit dem 31. Juli ab, wurde jedoch in einigen Bergwerken bis zum 4. August fortgeführt (Expreso vom 5.8.1977).

Die einzige direkte Aktion gegen die staatlich verordneten Entlassungen führte die Gewerkschaft des Großbergwerks Toquepala durch. Aus Protest gegen die Entlassung von 10 Kollegen hatte die Belegschaft geschlossen am 3. August die Arbeit niedergelegt. Nach massiven Drohungen seitens der Behörden, einer Kampagne durch die Tageszeitungen und weiteren Entlassungen wurde jedoch der Streik am 10. August erfolglos abgebrochen.[26]

Nach dem Streik vom 19. Juli zerfiel der CUL in zwei Flügel. Der Block, der sich als Exekutivkomitee des CUL titulierte und der außer der CGTP und CNT die unabhängigen Föderationen Luz y Fuerza und Comercio umfaßte, hatte sich von den Unruhen und Straßenkämpfen am 19. Juli distanziert und dafür die "Ultralinke" und die apristische Partei verantwortlich gemacht.[27] Kampfmaßnahmen gegen das Dekret 010 wurden abgelehnt, man hoffte durch Wohlverhalten und direkte Verhandlungen mit der Regierung die Abschaffung des Dekrets 010 erreichen zu können (vgl. Brief vom 4. August an den Präsidenten). Es kam zwar zu verschiedenen Kontakten zwischen diesen Gewerkschaften und hohen Militärs, ohne daß jedoch greifbare Resultate über die Aufhebung des Dekrets 010 erzielt werden konnten.

Die radikalere Tendenz des CUL, von der CTRP-Lima und die Mehrheit der unabhängigen Föderationen gebildet, versuchte in einer Atmosphäre von Hektik, Konfusion und gegenseitigen Beschuldigungen einen erneuten Generalstreik vorzubereiten.

Einige wichtige Föderationen, enttäuscht über dieses Sektierertum, blieben den Sitzungen fern. Nach mehreren Anläufen und Verschiebungen einigte man sich schließlich auf den 20. September als Datum für einen unbefristeten Streik. Dieser erwies sich jedoch als Fehlschlag. Am 20. September waren ind Lima nur die Belegschaften der Fabriken Inresa und Moraveco, einige Gewerkschaften im Versicherungsbereich sowie einige andere Gewerkschaften in Streik getreten.[28] Dazu kamen noch acht Gewerkschaften des mittleren und kleineren Bergbaus. Nur die in der FENTUP zusammengeschlossenen Universitätsarbeiter und -angestellten führten einen einheitlichen, 48stündigen, landesweiten Streik durch, dessen Motive jedoch in erster Linie tariflicher Art waren.

Für den vollständigen Fehlschlag des ursprünglich von einem gewichtigen Teil der Gewerkschaftsbewegung geplanten Streiks lassen sich folgende Erklärungen anführen:

- Die politischen Bedingungen für die Durchführung eines erfolgreichen nationalen Streiks hatten sich verändert. Der seit 14 Monaten herrschende Ausnahmezustand war aufgehoben und die bürgerlichen Rechte formal restauriert worden. Von staatlicher Seite war eine allgemeine - wenn auch geringfügige - Lohnerhöhung verordnet worden. Verschiedene Erklärungen von Regierungsmitgliedern nährten bei vielen Gewerkschaftern die Hoffnung auf eine mögliche Wiedereinstellung der Entlassenen und wirkten so im Zusammenhang mit den anderen Faktoren demobilisierend. Durch die Bekanntgabe eine Plans für die Übergabe der Regierungsgewalt an zivile Sektoren war der Hauptforderung der bürgerlichen Parteien Rechnung getragen und der politische Spielraum der Militärregierung erweitert worden.
- Die Weigerung der CGTP, den Streik am 20. September mitzutragen, und die negative Haltung gegen "opportunistische und Anti-Arbeitersektoren" (CGTP Boletin Informativo Nr. 2) reduzierte a priori die Möglichkeit eines einheitlichen und massiven Streiks.

- Die viermalige Ankündigung und Verschiebung des Streikdatums wirkte äußerst demobilisierend auf streikbereite Arbeiter.

- Die Parteien der Neuen Linken überschätzten ihre eigenen Kräfte und

Möglichkeiten bei weitem. Sie hielten sich für stark genug, auch ohne die offizielle Beteiligung der CGTP und trotz Veränderungen der politischen Situation einen Streik durchführen zu können. Man ging davon aus, daß die im radikaleren Teil des CUL repräsentierten Organisationen sich nahezu geschlossen am Streik beteiligten und dann nach und nach auch die CGTP-Mitgliedsgewerkschaften erfaßt werden würden. Jedoch verweigerte auch die Gewerkschaftsbasis der Föderationen, in deren Führungen diese Parteien direkten oder indirekten Einfluß hatten, die Gefolgschaft.

- Das Dekret 010 zeigte beim Streikversuch vom 20. September seine ersten Wirkungen. Die entlassenen Gewerkschaftsführer, die nichts mehr zu verlieren hatten und den Ton im "radikaleren" Teil der CUL angaben, drängten auf Aktionen. Dabei überschätzten sie oft die Bereitschaft ihrer Kollegen, die sich zwar solidarisch fühlten, aber andererseits einen Arbeitsplatz zu verlieren hatten, an solchen Aktionen mitzuwirken.

Der Streikversuch vom 20. September läßt sich als ein mißglücktes Nachspiel zum erfolgreichen Generalstreik vom 19. Juli bezeichnen. Auch in den anfänglichen streikbereiten Gewerkschaftssektoren machte sich nach dem Scheitern des Streiks vom 20. September Resignation und Enttäuschung breit. Die Euphorie nach dem Streik vom 19. Juli war vergangen, das Vertrauen der Basis in ihre Führungen und in die politischen Parteien teilweise angeschlagen.

Doch zeigte sich, daß die Massenentlassungen der Gewerkschaftsführer nicht nur zur Krise eines Teils der Gewerkschaften, sondern der gesamten Gewerkschaftsbewegung führte. Auch in CGTP und CNT kam es nach dem

Streik zu schweren inneren Konflikten. Denn ebenso wie die Linie der radikalen Gewerkschaftsführer gescheitert war, konnte auch die Strategie der CGTP- und CNT-Führung keine Erfolge verbuchen. Trotz Wohlverhaltens waren keine Zugeständnisse seitens des Militärs gemacht worden. Die Krise, in die dann die CGTP nach dem Scheitern ihrer Strategie geriet, hatte ihren Ursprung in den Fraktionskämpfen der Kommunistischen Partei.[29] Bei der Diskussion um die Einschätzung des Streiks vom 19. Juli brachen die Auseinandersetzungen offen aus. Nach Angaben der Dissidenten, die ihre stärkste Basis im Regionalbezirk Lima und der Jugendorganisation besaßen, hatte die Comisión Politica den Streik nicht unterstützt. In der Tat war der Streik im Parteiorgan Unidad, das ansonsten der CGTP größten Raum widmete, so gut wie nicht erwähnt worden.

Ab Oktober/November 1977 trat die Krise der KP an das Licht der Öffentlichkeit und eskalierte zu gegenseitigen öffentlichen Beschuldigungen sowie der gewaltsamen Besetzung des Parteilokals der KP-Sektion Lima.[30] Diese Fraktionierung spielte sich auch auf der Führungsebene der CGTP sowie zahlreicher Föderationen und Basisgewerkschaften ab, wo die Kommunistische Partei Einfluß hatte. Wortführer der Dissidenten im gewerkschaftlichen Bereich waren José Chavez, in seiner Funktion als Subsecretario General, der zweite Mann in der CGTP, Claudio Santa Cruz, Organisationssekretär der CGTP und Ventura Zegarra, Berater der CGTP. Die Dissidentenfraktion der KP, die sich im folgenden Jahr als eigene Organisation unter dem Namen PC-Mayoría konstituierte, suchte auf der gewerkschaftlichen Ebene das Bündnis mit den militanten Gewerkschafaten, während sie auf der politischen Ebene mit Gruppen der Neuen Linken zusammenarbeiteten. Die Auswirkungen dieser KP-internen Konflikte führten zu einer schweren Belastung der gesamten CGTP, in einer Phase, als die Gewerkschaftsbewegung insgesamt angeschlagen war.

Auch in der CNT brachen nach dem 19. Juli die bereits seit längerem im Vorstand schwelenden Auseinandersetzungen offen aus und führten zu einem organisatorischen Bruch. Ursachen waren unterschiedliche Einschätzungen des Streiks und persönliche Konflikte im Vorstand. Der Streik endete mit einer de facto Spaltung der CNT. Der Generalsekretär, der mit einer Minderheit der CNT-Gewerkschaften verblieb, führte Ende 1977 seinen eigenen Kongreß durch.

KAPITEL X

MILITÄRS UND GEWERKSCHAFTEN IN DER ÜBERGANGSPHASE

1. Das Projekt der "Machtübergabe"

Der Streik vom 19. Juli 1977 hatte den Militärs in aller Deutlichkeit klargemacht, in welchem Ausmaß ihre Politik von der Bevölkerung abgelehnt wurde. Niemand hatte sich auf seiten der Militärs gestellt, auch nicht die traditionellen Parteien. Der Niedergang des militärischen Reformprojekts war besiegelt. Die Wirtschaftskrise hatte die politökonomische Strategie der Velasco-Ära zunichte gemacht, die gesellschaftspolitischen Organisationsvorstellungen hatten sich niemals durchsetzen können. Die Regierung von Morales Bermúdez hatte von vornherein darauf verzichtet, eine Alternative zu entwickeln, und sich entschieden, im Bündnis mit internationalem Finanzkapital und der lokalen Bourgeoisie eine traditionelle Stabilisierungspolitik zu verfolgen. Der Militärapparat war 1977 verschlissen und hatte abgewirtschaftet (Bernales 1980: 20).

Ohne soziale Basis, verhaßt bei der Bevölkerung[1] und wenig respektiert bei den dominierenden Klassen, mußten die Militärs schnell einen Weg finden, ihren politischen Spielraum zu erweitern. Gemäß der Logik der internen Entwicklung und unter Druck auch der Lateinamerika-Politik des US-Präsidenten Carter konnte dies nur in eine Richtung geschehen: Durch Übergabe der politischen Macht an eine zivile Regierung. Dies bedeutete keine plötzliche Bekehrung zur Demokratie, sondern war eine aus der unhaltbaren Situation geborene Notlösung (vgl. Bernales 1980: 19). Favorit der Militärs war die APRA, die in den letzten Jahren des Regimes darauf geachtet hatte, nicht in einen allzu rabiaten Antimilitarismus zu verfallen. In ihr sahen die Militärs eine gemäßigte konservative Kraft, die einerseits in der Lage war, die politische und gewerkschaftliche Linke zu bremsen, und die sich andererseits von der kompromißlos-antimilitaristischen Rechten, repräsentiert vor allem von Acción Popular und PPC, unterschied. Trotz dieser Präferenzen hatten es die Militärs bislang tunlichst vermieden, eine genauere Planung für die Transferencia del Poder (Machtübergabe) vorzulegen. Dies nicht zuletzt deshalb, weil es bei den Militärs Tendenzen gab, die sich gegen ein solches Projekt stellten, sei es, weil sie eine "chilenische" oder "brasilianische" Lösung bevorzugten, weil die Antiparteienhaltung der letzten Jahre noch zu lebendig war oder weil man auf eine zivilmilitärische Koalition setzte. Diese Positionen sahen sich allerdings durch die US-amerikanische Außenpolitik des Präsidenten Carter in die Defensive gedrängt, die zudem den Hebel der Auslandsverschuldung Perus ansetzte, um die hardliner zu schwächen. Die durch den Streik vom Juli 1977 zutage getretene Isolierung des Regimes machte es dringend notwendig, den Plan der Transferencia del Poder zu konkretisieren, um damit die Beziehungen zu den Parteien auf eine sichere Basis zu stellen. Zuvor mußte jedoch eine Gewerkschaftsbewegung ausgeschaltet werden, die es trotz Unterdrückung, Ausnahmezustand und gewerkschaftsfeindlichen Erlassen geschafft hatte, einen landesweiten Streik durchzuführen. Zwar war die Repression der Militärs insofern erfolgreich gewesen, als die Streiks 1976 im Vergleich zum Vorjahr um 43,5 Prozent und die durch Streik ausgefallenen Arbeitsstunden um 66,3 Prozent zurückgegangen waren und auch für Anfang 1977 diese Tendenz gehalten wurde, doch hatten die letzten Ereignisse gezeigt, daß die erprobten Repressionsformen nicht mehr wirkungsvoll

waren.
Die Zurückdrängung der Gewerkschaften sollte über das DS 010-77-TR erfolgen, wodurch es gelang, die Gewerkschaftsbewegung in eine erneute Krise zu stürzen, die allerdings weniger dauerhaft war, als die Militärstrategen gehofft hatten.

Die Unterstützung der traditionellen Parteien und der sie tragenden ökonomischen Kräfte sollte durch den wenige Tage nach dem Streik vom 19. Juli verkündeten verbindlichen Fahrplan für die "Machtübergabe" gewonnen werden. Am Nationalfeiertag, dem 28. Juli, neun Tage nach dem Streik und sieben Tage nach dem DS 010-77-TR, verkündete Präsident Morales Bermúdez die einzelnen Wahlschritte, die im Gesetzesdekret 21949 vom 4. Oktober 1977 genauer spezifiziert wurden. Einen Monat nach der Festtagsrede des Präsidenten wurde am 29. August 1977 der nunmehr 14 Monate dauernde Ausnahmezustand, der bislang längst in der peruanischen Geschichte, aufgehoben und damit eine der Forderungen der Gewerkschaftsbewegung erfüllt - wenn auch nicht, um ihr entgegenzukommen.
Nach der Wahlplanung der Militärs sollten am 4. Juni 1978 Wahlen zu einer Verfassunggebenden Versammlung stattfinden. Diese sollte 100 Mitglieder umfassen und auf der Basis von Parteilisten gewählt werden.
Aufgabe der Verfassunggebenden Versammlung sollte es sein, die Verfassung von 1933, die formal immer noch in Kraft war, zu reformieren und die "strukturellen Reformen" der Militärherrschaft zu integrieren, wobei dieser Aspekt jedoch eher deklamatorischen Charakter hatte. Die Tätigkeit der Verfassunggebenden Versammlung war auf ein Jahr begrenzt. 1980 sollten Präsidentschafts- und Parlamentswahlen stattfinden.

Warum sollte die "Machtübergabe" so langwierig verlaufen? Warum wurde die neue Verfassung nicht von einer Kommission erarbeitet und nach

Fertigstellung dem Parlament oder der Bevölkerung zur Abstimmung vorgelegt?

Die lange Anlaufzeit erlaubte dem Militärregime auszuloten, wo die Präferenzen der Bevölkerung lagen, welche Parteien sich durchsetzen würden und in welcher Form es sich selbst einen "ehrenvollen Abgang" garantieren konnte. Auf der Basis der Wahlergebnisse zur Verfassunggebenden Versammlung, die keine politischen Machtbefugnisse hatte, verschaffte sich das Regime, ohne selbst in die politische Arena zu steigen, zwei Jahre Zeit, seine Favoriten zu fördern, unliebsame Entwicklungen abzublocken und die Weichen für die nächste Regierung zu stellen (Bernales 1980: 31).

Mit der Ankündigung eines verbindlichen Wahlfahrplans übernahm das Regime erneut die Initiative und die Kontrolle über das politische Geschehen. Die Diskussion um den Wahlprozeß bestimmte das öffentliche Leben. Bei den traditionellen Parteien war jedoch dieser "Fahrplan" nicht unumstritten. Am stärksten wurde die Wahl eine Verfassunggebenden Versammlung von der APRA propagiert. Acción Popular, die Partei des Expräsidenten Belaúnde, war dagegen, beteiligte sich aber am Wahlkampf (ohne sich selbst zur Wahl zu stellen), ebenso wie der rechtskonservative PPC und kleinere konservative Parteien. Auch die Parteien der politischen Linken wurden von dieser Dynamik erfaßt. Die Hauptkontroverse lief hier über die Frage, ob man an den geplanten Wahlen teilnehmen sollte oder nicht. Relevante Organisation wie Patria Roja stellten sich gegen eine solche Teilnahme. Die meisten Gruppen waren jedoch dafür, wenn sie auch ihre Teilnahme als "taktischen Schritt" begründeten.

In allen Parteien entfaltete sich eine hektische Aktivität. Die traditionellen Parteien mußten die Strukturen und Organe wiederbeleben und die seit zehn Jahren nahezu inaktive Basis mobilisieren. Doch war es für sie weitgehend unproblematisch, die Voraussetzungen für eine Wahlteilnahme zu erfüllen. Zudem waren die traditionellen Parteien, anders als die politische Linke, in den letzten Jahren nicht verfolgt worden. Ihren Aktivitäten und Erklärungen wurden von der offiziösen Presse viel Raum eingeräumt (Pease 1979: 311).

Während die APRA weiterhin Verständigungsbereitschaft mit der Regierung Morales Bermudez zeigte und ihr historisches Projekt in die Diskussion brachte, setzten Acción Popular und PPC auf den Antimilitarismus der Bevölkerung und hofften, diesen für ihre konservativ-reaktionären Positionen zu mobilisieren.

Anders verlief dagegen die Entwicklung in der politischen Linken. Mit Ausnahme der KP handelte es sich um Parteien, die relativ jung waren, die die letzten Jahre in einem Zustand der Halblegalität verbracht hatten und denen systematisch der Zugang zu den Massenmedien versperrt worden war. Eine Wahlteilnahme war für die meisten Gruppen nur über einen Zusammenschluß möglich, da kaum eine von ihnen allein in der Lage war, die erforderlichen 40.000 Stimmen pro Wahlliste aufzubringen.
So wurden die von den meisten Gruppen im Prinzip abgelehnten "bürgerlichen Wahlen" zum wichtigsten Impuls für eine stärkere Vereinheitlichung der Linken. In die äußerst komplizierten Verhandlungen griffen auch diverse Gewerkschaftsorganisationen ein. Insgesamt erfüllten sechs Parteien und Koalitionen der gemäßigten und radikalen Linken die Voraussetzungen für eine Wahlbeteiligung: KP, Christdemokratische Partei, Acción Popular Socialista (eine kleinere Abspaltung der Belaúnde-Partei)

sowie der erst Ende 1976 gegründete Partido Revolucionario Socialista traten einzeln zur Wahl an; ebenso die regional verankerte, politisch schwer einschätzbare Frente Nacional de Trabajadores y Campesinos (FNTC). Der Großteil der Gruppen der radikalen Linken schloß sich in drei Allianzen zusammen, die sich dann auf zwei reduzierten. Die Unidad Democratica Popular (UDP) wurde primär von Gruppierungen gebildet, die aus VR und MIR (vgl. Kap. IV, 2.) entstanden waren. Der UDP schloß sich im Januar 1978 eine weitere Koalition an, der kleinere Gruppen und die Föderation der Bergarbeite (FNTMMP) angehörten.

Als zweite Tendenz der Neuen Linken konstituierte sich der Frente Obrero Campesino, Estudiantil y Popular (FOCEP), eine Allianz trotzkistischer und maoistischer Gruppen sowie unabhängiger Persönlichkeiten. Die CGTP hatte ursprünglich eine Teilnahme an den Wahlen geplant, doch dies kam wegen interner Konflikte nicht zustande.

Eine enge Verbindung zwischen Gewerkschaften und Parteien bestand im Hinblick auf die Wahlen nur bei den vier Organisationen der Linken und bei der APRA. Von insgesamt 100 Kandidaten waren bei der APRA zehn CTP-Gewerkschafter. Auch bei der KP standen führende Gewerkschafter der CGTP auf vorderen Plätzen der Wahlliste. Auf der Liste der PSR befanden sich ein Bauernführer aus der CNA sowie drei Gewerkschafter der CTRP-Lima unter den ersten zehn Kandidaten.

Am stärksten war die gewerkschaftliche Präsenz bei den Wahllisten von UDP und FOCEP, deren Wahlkampf sich nahezu ausschließlich auf gewerkschaftliche Themen reduzierte. Die Sendezeiten im Fernsehen und Radio, die im Rahmen des Wahlkampfes den einzelnen Parteien zugestanden wurden, füllten im Falle von FOCEP und UDP primär Gewerkschafter.

Mit dem Projekt der "Machtübergabe" rückten die Parteien nach zehnjähriger erzwungener Passivität in den Mittelpunkt des öffentlichen Interesses. Allmählich begannen die Parteien, wieder in den Bereichen aktiv zu werden, die während der Militärherrschaft ansatzweise von den Gewerkschaften übernommen worden waren. Die politische Bedeutung der ohnehin angeschlagenen Gewerkschaftsbewegung ging dadurch etwas zurück.

2. Der schwierige Weg zur gewerkschaftlichen Einheit

Die am 19. Juli 1977 erreichte Einheit der Gewerkschaftsbewegung zerfiel; der Streik am 20. September 1977 war nur ein mißglücktes Nachspiel. CGTP und CNT waren in interne Probleme verstrickt. Die Entlassung von tausenden Gewerkschaftern infolge des Julistreiks lastete wie ein Trauma auf der Gewerkschaftsbewegung. Doch das Militärregime handelte sich dadurch neue Konflikte ein. Noch Jahre später spielte die Forderung nach Wiedereinstellung der Entlassenen bei Streikauseinandersetzungen eine Rolle.

Mit der Verkündigung des Wahlfahrplans gelang es den Militärs, die gewerkschaftliche Problematik im Bewußtsein der Öffentlichkeit in den Hintergrund zu drängen, obwohl Streiks und Arbeitskonflikte unvermindert weitergingen. Typisch war jedoch die Zersplitterung der gewerkschaftlichen Aktionen und das Fehlen jeglicher Koordination. Dies bot den Militärs die Chance, die Streiks ohne große Anstrengung unter Kontrolle zu bringen. Von größerer politischer Bedeutung waren in der zweiten Hälfte des Jahres 1977 nur einige Regionalkonflikte. Regionenbezogene Protestbewegungen begannen allmählich, die Kampfform mit den größten Erfolgsaussichten zu werden.

Bei nahezu allen Streiks (so der Bankangestellten vom 18. Oktober, der Federación Gráfica vom Oktober, der FETIMP im November, der Berg- und Hüttenarbeiter von Toquepala und Ilo vom 9. bis 15. Dezember und der Schuh- und Lederarbeiter vom 14. bis 19. Dezember) stand die Forderung nach Wiedereinstellung der entlassenen Gewerkschafter an zentraler Stelle. Politische Bedeutung hatten lediglich die regionalen Streiks im Departement Cusco. Die im Comité de Coordinación de las Organizaciones Populares zusammengeschlossenen Gewerkschafts- und Basisorganisationen führten am 17. September einen Proteststreik durch, der zum wiederholten Male die Regierung auf die Probleme der Region aufmerksam machen sollte. Eine wichtige Forderung des Streiks war auch die Wiedereinstellung der in Cusco entlassenen Gewerkschafter. Aus Protest gegen die inflexible und arrogante Haltung der Regierungsmitglieder bei einer Sitzung mit dem Koordinationskomitee wurde am 21./22. November zum zweitenmal gestreikt.[2] Geschlossenheit und Disziplin der beiden Streiks zeigten erneut, daß die Region um Cusco zu den wichtigsten regionalen Protest- und Konfliktzentren zählte und daß hier die Beziehung zwischen Gewerkschaften, anderen städtischen Gruppierungen und den Organisationen der Landbevölkerung mit am weitesten entwickelt war.

Daß das Problem der nach dem 19. Juli entlassenen Gewerkschafter für die gesamte Gewerkschaftsbewegung weiterhin auf der Tagesordnung blieb, zeigte die Großdemonstration der CGTP und anderer Gewerkschaftsorganisationen am 24. November 1977 auf der Plaza dos de Mayo, wo alle Redner vor 30.000 Personen den Kampf um die Wiedereinstellung der Entlassenen zum vordringlichsten gewerkschaftlichen Ziel erklärten.

Wenn das Militär bei diversen Streiks nach dem 19. Juli 1977 auch nicht mit der gleichen Härte wie damals vorging, so behielt es die Konfrontationsstrategie gegen die Gewerkschaftsbewegung weiterhin bei. Ausdruck davon war die Anklage durch ein Militärgericht gegen 21 der bekanntesten Gewerkschaftsführer von CGTP, CNT, CTRP-Lima, Federación Grafica, Federación Luz y Fuerza, CCP und anderer Organisationen wegen "Sabotage und Beleidigung der Streitkräfte", begangen beim Streik vom 19. Juli 1977 (El Comercio vom 11. November 1977).[3] Nahezu gleichzeitig wurden sechs Gewerkschaftsführer des Unternehmens Eternit wegen angeblicher "Beleidigung der Nation, ihrer repräsentativen Symbole und der Militärregierung" von einem Militärgericht zu Strafen zwischen vier und sieben Monaten Gefängnis verurteilt. Dies war das erste Mal, daß Gewerkschaftsführer wegen ihrer Tätigkeit als Arbeitervertreter rechtskräftig verurteilt wurden, und der Prozeß zeigte deutlich die Verbindung zwischen dem Unternehmen (dessen Chef der Vorsitzende des Industriellenverbandes war), der Staatsbürokratie und Militärhierarchie und vertiefte den Graben zwischen Gewerkschaftsbewegung und Militärregime.[4]

3. Eine Stadt streikt mit: Der lange Kampf der Gewerkschaft von SIDERPERU[5]

Gegen Ende des Jahres 1977 rückte erneut Chimbote, das "größte Elendsviertel Perus", ins Zentrum des gewerkschaftlichen und politischen Interesses. In dieser Stadt mit ihrem hohen Anteil an Arbeiterbevölkerung hatten sich die sozialen Probleme durch die Wirtschaftskrise un den weitgehenden Zusammenbruch des Fischereikomplexes verschärft. Drei Viertel der Erwerbstätigen waren arbeitslos oder unterbeschäftigt (Ballon/Salcedo 198 : 67). Neue Massenentlassungen in Branchen, die dem Fischereisektor nachgelagert waren, standen bevor. Die soziale Situation der Stadt, deren Einwohnerzahl sich von 1972 bis 1978 auf 350.000 verdoppelt hatte, war katastrophal: Die Kindersterblichkeit zählte zu den höchsten der Welt, 70 Prozent der Kinder bis zu fünf Jahren in den ärmeren Stadtvierteln waren unterernährt; Tuberkulose und Anämie weit verbreitet, 75 Prozent der Wohnungen ohne Wasseranschluß (Ballon/Salcedo 1980: 67 f). Im Departament Ancash, dessen industrielles Zentrum Chimbote ist, kam auf 1.000 Einwohner knapp ein Krankenbett und auf 6.000 Einwohner ein Arzt (Chimbote, 52 dias de lucha 1978: 3).

Auslöser für die Protestwelle Ende 1977 war ein Streik der ca. 5.600 Arbeiter und Angestellte des Stahlwerkes SIDERPERU. Seit Monaten hatte die Gewerkschaftsführung versucht, ihre Forderungen mit den zuständigen Behörden auszuhandeln. Diese hatten entweder nicht reagiert oder das Problem an andere Stellen weitergeschoben.
Die Führung der Arbeiter- und Angestelltengewerkschaft beschloß daraufhin einen 48stündigen Warnstreik zur Vorbereitung eines unbefristeten Streiks. Dieser Vorschlag wurde auf einer gemeinsamen Vollversammlung der Arbeiter und Angestellten zugunsten eines sofortigen, unbefristeten Streiks verworfen. Schon vor dem offiziellen Streikbeginn am 6. Dezember 1977 entfesselte die Regierung über die von ihr kontrollierten Tageszeitungen eine Kampagne gegen die "politischen Agitatoren" und stellte klar, daß sie zu keinerlei Konzessionen bereit sei. Der Streik, an dem sich 80 Prozent der Arbeiter und Angestellten beteiligten (Caretas Nr. 534 vom 30. Januar 1978), wurde sofort für illegal erklärt. Die Ankündigung der Unternehmensleitung, alle Streikenden zu entlassen und die Einstellung von "Ersatzleuten" zeigte keine Wirkung: Der Streik im Werk ging weiter, hatte jedoch mit Ausnahme einer Solidaritätsdemonstration am 14. Dezember keine allzu große Resonanz in der Stadt. Dies änderte sich nach zehn Tagen, als die Frauen der Arbeitnehmer von SIDERPERU die Initiative ergriffen, Demonstrationen organisierten und in den Stadt-

vierteln um Unterstützung des Streiks warben. Zahlreiche Organisationen der Stadt und des Umlandes schlossen sich zum Comite Coordinador de Organizaciones Sindicales y Populares de Ancash (CCOPSA) zusammen und riefen für den 28. Dezember zu einer Asamblea Popular, einer Volksversammlung, auf dem zentralen Platz von Chimbote auf. Auf dieser, von über 10.000 Personen besuchten Versammlung wurde ein Forderungskatalog an die Regierung verabschiedet und für den 6. Januar ein regionaler Proteststreik aus Solidarität mit den Streikenden von SIDERPERU und zur Durchsetzung des Forderungskatalogs beschlossen. Dieser Katalog ging weit über den Rahmen eines gewerkschaftlichen Tarifpakets hinaus und enthielt Forderungen wie Arbeitsplatzsicherheit, Preisstop für Grundnahrungsmittel, infrastrukturelle Verbesserungen in Elendsvierteln, stabile Preise für Elektrizität und Wasser, Entlassung der politischen Gefangenen, Rückkehr der Deportierten sowie Lösung der Arbeitskonflikte in SIDERPERU und anderen Gewerkschaften.

Der regionale Streik vom 6. Januar 1978 verlief ähnlich wie der nationale Streik vom 19. Juli 1977. Schon vor Morgengrauen verbarrikadierten die Bewohner der Pueblos Jóvenes die Straßen. Im Verlauf des Tages kam es immer wieder zu Demonstrationen. Gegen Abend belagerte die Menge die Polizeistation und setzte die Freilassung der meisten im Laufe des Tages inhaftierten Personen durch. Auf einer zweiten Volksversammlung am Abend des 5. Januar wurde ein neuer, regionaler Streik für den 12. und 13. Januar beschlossen. Diesmal gingen die von außerhalb verstärkten Polizei- und Spezialeinheiten gegen Streikende und Demonstranten mit größerer Brutalität vor: Es kam zu regelrechten Straßenschlachten mit zahlreichen Verletzten und zwei Todesopfern. Aufgewühlt durch die Ereignisse beschloß eine dritte Volksversammlung am gleichen Abend, an einem geplanten nationalen Streik der CGTP für den 23./24. Januar teilzunehmen, um anschließend unbefristet weiterzustreiken. In den Konflikt schaltete sich auch der Bischof von Chimbote ein, der die Streikenden unterstützte und den Polizeieinsatz scharf kritisierte. Zuvor waren vom Bürgermeister und der Mehrheit des Consejo Provincial (Provinzialrat) der Chef von SIDERPERU, ein hoher Marineoffizier, zur persona non grata erklärt worden. Die Regierung, von der Dauer und der Entschlossenheit des Streiks überrascht, entsandte eine Kommission, die jedoch ohne konkrete Ergebnisse zurückreiste. Obwohl die CGTP ihren Streikbeschluß für den 23./24. Januar wieder aufhob, fand in Chimbote vom 23. bis 25. Januar der geplante Proteststreik statt. Unterdessen war über Chimbote der Ausnahmezustand verhängt und eine Ausgangssperre von 20.00 Uhr bis 6.00 Uhr erklärt worden. Einheiten der Marineinfanterie besetzten die zentralen Punkte der Stadt. Am letzten Streiktag kehrte die Gewerkschaftsführung von SIDERPERU mit einem Angebot der Behörden, das eine Reihe von Zugeständnissen enthielt, aus Lima zurück. Die Vorschläge wurden mit einigen Änderungen von der Gewerkschaftsbasis akzeptiert und anschließend in Lima abgesegnet. Nach 52 Tagen endete der längste Streik der Gewerkschaft von SIDERPERU mit einem Teilerfolg.

Obwohl wesentliche Forderungen der Streikenden nicht erfüllt worden waren, hatten die Ereignisse von Chimbote psychologische Auswirkungen auf die gesamte Gewerkschaftsbewegung. Nach Monaten bitterer Niederlagen, erfolglosen Forderungen und Repression bedeutete der Kampf in Chimbote einen Hoffnungsschimmer[6], weil es zum ersten Male seit längerer Zeit gelungen war, der Regierung Zugeständnisse abzuringen. Gleichzeitig hatte sich gezeigt, daß Streiks ihre größte Durchschlagskraft dann besaßen, wenn sie aktiv von der Bevölkerung mitgetragen wurden. In Chimbote hatte es nicht nur "Volksversammlungen" mit jeweils 10.000 Personen gegeben, sondern regionale Proteststreiks hatten die Vernetzung von Gewerkschaftsforderungen und allgemeinpolitischen Forderungen an das Regime demonstriert.

Eindrucksvoll war auch die tägliche Unterstützung in Form von Volksküchen (ollas comunes), Mitarbeit von Frauen, Aktivitäten der Stadtteilorganisationen (CIDAP 1979: 10) bis hin zu Solidaritätsaktionen der Landbevölkerung. Den Regierenden in Lima hatte sich das Konfliktpotential von regionalen Protestbewegungen offenbart, die infolge der weiterbestehenden Marginalisierung der Provinzen immer wieder Auftrieb erhielten.

4. Erneuter Anlauf zum Generalstreik

Gegen Ende des Jahres 1977 war der Gewerkschaftsbewegung schließlich deutlich geworden, daß das Militärregime zu keinerlei Konzessionen bezüglich der Wiedereinstellung der nach dem Streik vom 19. Juli entlassenen Gewerkschaftsführer bereit war. Auch in der Wirtschaftspolitik zeichneten sich keine Veränderungen ab, und die Reallöhne sanken weiter. Angesichts dieser Perspektive begann sich das nach dem Streik vom 19. Juli in zwei Tendenzen zerfallene CUL zu reorganisieren. Einen Anlaß dazu bildete der mit großer Mehrheit auf einer CGTP-Delegiertenversammlung am 21. Dezember gefaßte Beschluß, am 23./24. Januar einen erneuten nationalen Streik durchzuführen (Marka Nr. 54 vom 29. Dezember 1977). Zur Vorbereitung konstituierte sich der CUL in seiner alten Besetzung. Weiterhin abseits blieben nur die nationale CTRP, die CTP, die gespaltene CNT und der SUTEP, wobei dessen Regionalorganisation von Lima jedoch dem CUL angehörte.

Während die Streikvorbereitungen auf Hochtouren liefen, zitierte der Arbeitsminister den Generalsekretär der CGTP am 19. Januar, vier Tage vor Streikbeginn, in sein Büro. Dort überreichte er ihm einen kurzen handgeschriebenen Brief des Präsidenten Morales Bermudez mit der Anrede "Meine lieben Brüder von der CGTP" und dem Hinweis, daß er persönlich den Arbeitsminister angewiesen habe, sich um die Probleme der Gewerkschaften zu kümmern (vgl. Marka Nr. 59 vom 2. Februar 1977). Der Brief schloß mit einem dezenten Hinweis auf die schwierige Situation, in der sich Peru befinde, womit der zu diesem Zeitpunkt akute Grenzkonflikt mit Ecuador gemeint war. Der CGTP-Generalsekretär Eduardo Castillo berief daraufhin eine Sondersitzung des CGTP-Vorstandes ein, an der 15 der 35 Mitglieder teilnahmen. Mit einer Mehrheit von zehn Stimmen wurde ohne Absprache mit dem CUL die Suspendierung des Streiks beschlossen und als zentrale Begründung den Konflikt mit Ecuador angegeben (vgl. CGTP 1978 n). Die staatlichen Medien brachten am folgenden Tag, einem Freitag, in breiter Aufmachung die Nachricht, daß der Streik für den kommenden Montag abgeblasen worden sei. Im Nachhinein wurde die Suspendierung des Streiks durch Teile der CGTP-Führung zusätzlich mit dem Argument begründet, daß der Streik die Einschreibung der linken Parteien ins Wahlregister gefährdet hätte.[7] Teile der CGTP-Basis und die zehn unabhängigen Föderationen, die zusammen mit der CGTP den CUL bildeten, reagierten empört, mußten sich aber den Tatsachen beugen. In einem Kommunique wurden Eduardo Castillo und andere Vorstandsmitglieder der CGTP zu "Verrätern an der Arbeiterklasse" erklärt (Erklärung der zehn Föderationen vom 20. Januar 1978). Auch die oppositionelle Minderheitsfraktion der CGTP-Führung übte scharfe Kritik an der Suspendierung des Streiks. Das Gewerkschaftshaus der CGTP mußte mit Polizei geschützt werden. Die Suspendierung des Streiks hatte keinerlei Zugeständnisse seitens der Regierung für die Gewerkschaften gebracht. Der Brief des Präsidenten war nur ein taktischer Schachzug gewesen, um einen zu diesem Zeitpunkt unbequemen Streik zu verhindern - und die CGTP-Funktionäre waren prompt darauf reingefallen.

Für die nächste Delegiertenversammlung der CGTP am 10. Februar war deshalb mit harten Auseinandersetzungen zu rechnen. Für den 9. Februar hatten die oppositionellen Gewerkschaften innerhalb und außerhalb der CGTP zu einer Kundgebung aufgerufen, an der 20.000 Personen teilnahmen. Während des Delegiertenversammlung selbst kam es vor dem Gewerkschaftslokal zu handfesten Prügeleien: Die Polizei mußte eingreifen. In der Versammlung hatte die Vorstandsmehrheit zwar auch die Mehrheit der Stimmberechtigten auf ihrer Seite, mußte sich jedoch von der Opposition den Vorwurf der Manipulation gefallen lassen. Es hieß, zahlreiche Anwesende, die an der Abstimmung teilgenommen hatten, seien keine Gewerkschaftsdelegierten gewesen, sondern von der Vorstandsmehrheit dazu ernannt worden.[8] Einigkeit herrschte in der Versammlung nur bei der Fassung eines neuen Streikbeschlusses für den 27./28. Februar.

Die Streikvorbereitungen liefen wiederum an, waren jedoch von den Erfahrungen der vergangenen Wochen geprägt. In Teilen der Basis herrschte Skepsis. Ausdruck dafür war der Beginn des Hungerstreiks von entlassenen Gewerkschaftsführern, die bislang ihre Hoffnungen auf den suspendierten nationalen Streik gesetzt hatten.

Die Vorbelastungen des Streiks manifestierten sich in seinem Ablauf. 80 Prozent der Fabriken wurden am ersten Tag bestreikt, am zweiten ging die Zahl auf 60 bis 70 Prozent zurück (Equis X Nr. 102, März 1978; Andean Report Vol. 10 Nr. 3 1978). Ein Teil des Handels- und Transportwesens schloß sich dem Streik an, während Büros großenteils geöffnet blieben.

In einigen Elendsvierteln kam es zu Zusammenstößen zwischen Demonstranten und Ordnungskräften. Insgesamt hielten sich die 25.000 Militärs und Polizisten, die in Lima im Einsatz waren, vergleichsweise zurück (vgl. ausführlich Marka Nr. 63 vom 3. März 1978). Trotzdem waren in Lima zwischen 600 und 1.000 Demonstranten festgenommen worden.

In den Provinzen wurde der Streikaufruf nur teilweise befolgt. Nach Informationen des CUL (und diverser Zeitschriften) war der Streik in Cusco, Puno und Juliaca (im südlichen Hochland), in Chimbote und Huancavelica erfolgreich; während in Trujillo, Chiclayo und Pucallpa nur Teile der Arbeitnehmer die Arbeit niederlegten. Arequipa, CENTROMIN, die Zuckerkooperativen und andere Produktionszentren beteiligten sich überhaupt nicht. Nur in Cusco kam es zu militanten Auseinandersetzungen, in deren Folge über die Stadt der Ausnahmezustand verhängt wurde.

Der Streikverlauf zeigte, daß die Regierung diesmal eine direkte Konfrontation vermeiden wollte. Schon im Vorfeld des Streiks hatte man auf Drohgebärden verzichtet und die rüdesten Attacken auf den anstehenden Arbeitskampf dem im Dezember 1977 gegründeten Unternehmerverband Union de Empresarios del Peru (UEPP) (vgl. Erklärung vom 22. Februar 1978) sowie den Tageszeitungen (insbesondere La Prensa vom 28. Februar 1978) und rechten Zeitschriften, die mit Schlagzeilen wie "kommunistischer Streik ist Verrat am Vaterland" und "die Roten erklären dem Land der Krieg" Stimmung gegen den Streik machten, überlassen. Die Entscheidung für ein gemäßigtes Vorgehen war erst nach langer Auseinandersetzung in der militärischen Führung gefallen.

Premierminister General Molina und seine Gruppe befürchteten, daß eine allzu harte Unterdrückung des Streiks das Projekt der "Machtübergabe" und die anstehenden Wahlen zur Verfassunggebenen Versammlung gefährden könnte. Die Ablehnung der harten Strategie von Innenminister Cisneros durch die Kabinettsmehrheit markierte den Abstieg des Generals, der für die Mehrzahl der repressiven Aktionen in den 14 Monaten des Ausnahmezustandes verantwortlich gewesen war.

Obwohl der Streik vom 27./28. Februar als Arbeitsniederlegung der organisierten Arbeitnehmerschaft durchaus erfolgreich und diszipliniert verlief, war er politisch ein Fehlschlag. Die politische Konjunktur für einen Streik war weitaus weniger günstig als einen Monat zuvor. Empörung und Verbitterung über das letzte Notstandspaket, dessen Veröffentlichung bereits über zwei Monate zurücklag, waren inzwischen Resignation gewichen. Anders als beim Streik vom 19. Juli 1977 standen diesmal die ökonomischen Machtgruppen und die traditionellen Parteien nahezu geschlossen hinter dem Militärregime. Der Transportsektor und der Handel waren weniger am Streik beteiligt. Tageszeitungen und rechte Blätter hatten eine längere und systematischere Propaganda gegen den Streik gemacht. Die Suspendierung des für den 23./24. Januar 1978 geplanten Streiks und die sich daraus entwickelnden innergewerkschaftlichen Konflikte wirkten demobilisierend.

Der Streik vom 27./28. Februar blieb zunächst ohne Reaktion. Es schien, als ob das Regime darauf verzichten würde, seine politischen Vorteile auszunutzen. Der Gegenschlag folgte erst einen Monat später: Am 23. März wurde das Kündigungsschutzgesetz von 1970 durch ein neues ersetzt und so dem jahrelangen Druck der Unternehmer nach einer Reform dieses Gesetz nachgegeben. Zentrale Veränderungen waren die Verlängerung der Probezeit von drei Monaten auf drei Jahre, wie die Erweiterung des Katalogs der Entlassungsgründe von neun auf 16, darunter die im Zuge der Reform abgeschaffte Entlassungsmöglichkeit wegen fehlenden Respekts gegenüber dem Vorgesetzten. Ein neuer Entlassungsgrund war "Rückgang der Produktion". Doch diese Bestimmung war auch schon im Dekret 011-76-TR, das in Zusammenhang mit dem Ausnahmezustand erlassen worden war und dann aufgehoben wurde, enthalten gewesen (vgl. Marka Nr. 68 vom 6. April 1978, DESCO 1979 Bd. 7: 6077).

Die Unternehmer reagierten positiv auf das Gesetz trotz einiger weitergehender Forderungen und bezeichneten es als "Ermutigung, um in dem peruanischen Unternehmen das notwendige und elementare Prinzip von Ordnung und Disziplin zu restaurieren".

5. Hungerstreiks, Regionalproteste und interne Konflikte

Die Aufhebung des für den 23./24. Januar geplanten Streiks durch den CGTP-Vorstand hatte bei zahlreichen im Vorjahr entlassenen Gewerkschaftsführern Verbitterung und Enttäuschung verstärkt. Voller Verzweiflung und inspiriert von dem Beispiel Bolivien, wo Hunderte von Menschen mit der Forderung nach demokratischen Rechten in den Hungerstreik getreten waren, besetzte am 28. Januar 1978 eine Gruppe von sechs ehemaligen Gewerkschaftsführern, alle nach dem 19. Juli 1977 entlassen, eine Kirche in Lima und begann mit einem Hungerstreik. Sie forderten die Wiedereinstellung aller infolge des Streiks am 19. Juli 1977 entlassenen Gewerkschafter. Andere Gruppen in- und außerhalb Limas zogen nach, so daß die Zahl der Hungerstreikenden - darunter auch neun politische Gefangene - nach kurzer Zeit auf über 100 angestiegen war. Obwohl der Hungerstreik in der offiziösen Presse weitgehend totgeschwiegen wurde, stieß er doch zunehmend auf Solidarität in den Stadtvierteln und bei den

Gewerkschaften.
Um dieser Entwicklung entgegenzusteuern, ging das Militär zum Gegenangriff über: Mit Erlaubnis der Kirchenleitung - Teile des Klerus unterstützten offen den Hungerstreik - überführten Polizeikräfte am 10./11. Februar gewaltsam die Hungerstreikenden in eine Polizeischule und ein Polizeikrankenhaus. Von der Außenwelt weitgehend abgeschnitten und den Schikanen der Polizei ausgesetzt, führten die Gewerkschafter ihren Hungerstreik trotzdem weiter und beeinflußten in nicht unerheblicher Form die Vorbereitungen für den Generalstreik vom 27./28. Februar. Obwohl der Hungerstreik nicht den erwarteten Grad von Solidarisierung und Mobilisierung auslöste, reagierte die Regierung sichtlich nervös: Innenminister Cisneros und andere Regierungsvertreter versuchten, mit vagen Zusicherungen die Hungerstreikenden zur Aufgabe zu bewegen.

Als die erste Gruppe schon 52 Tage ohne Nahrung geblieben und in ein medizinisch kritisches Stadium getreten war, ohne daß ein Ende des Hungerstreiks abzusehen war, als der Druck der Gewerkschaften und anderer Organisationen stärker wurde und internationale Proteste zunahmen, lenkte das Militärregime ein: Der Karfreitag (20. Mai) wurde zum Anlaß genommen, die Wiedereinstellung von 78 Hungerstreikenden "aus christlichen und humanistischen Erwägungen" anzuordnen (Kommunique 01-OCI-78). Zu dieser Entscheidung, gegen die sich ein Teil des Kabinetts gesperrt hatte, war es auch durch den Druck von kirchlicher Seite gekommen (vgl. DESCO 1979 Bd. 7: 6081). Obwohl das erklärte Ziel der Hungerstreikenden, die Wiedereinstellung der 3.500 Entlassenen, nicht erreicht wurde - und auch politisch nicht durchsetztbar war -, deutete das Einlenken der Militärs auf einen Teilerfolg der Hungerstreikbewegung hin. Dieser Eindruck verstärkte sich auch dadurch, daß wenige Tage zuvor die Rückkehr der aus politischen Gründen Deportierten genehmigt worden war.

Doch der Erfolg war eine Illusion! Der Industriellenverband Sociedad de Industrias erklärte kategorisch, daß er nicht daran denke, der präsidentiellen Verfügung nachzukommen und die 78 Hungerstreikenden wieder einzustellen (DESCO 1979 Bd. 7: 6070). In den nächsten Tagen mäßigte sich der Ton der Unternehmer, da ihnen die Militärs mit der Neuformulierung des verhaßten Kündigungsschutzgesetzes eine seit langem eingeklagte Forderung erfüllt hatten.

Nicht nur die Industriellen zeigten dem Präsidenten die Grenzen seiner Macht, auch Innen- und Arbeitsministerium unterliefen die Entscheidung des Präsidenten, indem sie weder die angeordnete Straffreiheit (Hungerstreik ist in Peru ein Delikt), noch die Wiedereinstellung der 78 in die Wege leiteten. Die 78 Gewerkschafter wurden nach der "Amnestie" noch 14 Tage in Haft gehalten und dann nur vorläufig auf freien Fuß gesetzt. Als besondere Schikane verfügte das Arbeitsministerium, daß sich alle 78 am Tage nach ihrer Entlassung an ihrem Arbeitsplatz zu melden hatten. In der Praxis war die präsidentielle Verfügung kein großes Problem für die Unternehmer, da die Hungerstreikenden zu den Bedingungen des neuen Kündigungsschutzgesetzes mit dreijähriger Probezeit eingestellt werden konnten.

Der teilweise erfolgreiche Streik in Chimbote, der weitgehend befolgte, wenn auch politisch gescheiterte Generalstreik vom 27./28. Februar, der langdauernde Tarifstreik der Textilarbeiter seit dem 23. Februar und die Hungerstreiks deuteten an, daß das Jahr 1978 viele Arbeitskonflikte bringen würde. Der organisierten Arbeiterbewegung blieb angesichts des weiteren Rückgangs der Reallöhne, Entlassungen und Abbau der wenigen verbleibenden Rechte auch keine andere Wahl.

So wurde die "heiße Phase" des Wahlkampfes, in dessen Rahmen die gewerkschaftliche Problematik insbesondere von den Parteien der Linken aufgegriffen wurde, von zahlreichen Arbeitskonflikten begleitet, von denen einige immerhin regionale Bedeutung erreichten. Im Zentrum des Protestes standen wiederum Arequipa und die nahegelegenen Bergbauzentren. Am 27. März streikten die Gewerkschaften von Toquepala und Ilo und forderten die Weidereinstellung der Entlassenen vom Vorjahr. Dasselbe Ziel hatte ein am 5. April beginnender regionaler Generalstreik in Arequipa. Weitere Forderungen waren die Rücknahme des neuen Kündigungsschutzgesetzes und der Rücktritt des Innenministers. Neun Tage lang war die Stadt lahmgelegt. Nachdem von seiten der Regierung einige Zugeständnisse gemacht worden waren, wurde der Streik am 14. April beendet.

Am selbe Tag, an dem in Arequipa der Ausstand einsetzte, legten auch die 5.000 Arbeiter des Schmelzwerkes in La Oroya die Arbeit nieder, um ihre Forderung nach Wiedereinstellung der Entlassenen von CENTROMIN, Aufhebung des Notstandes im Bergbau und Abschaffung des neuen Kündigungsschutzgesetzes Nachdruck zu verleihen. Ein brutaler Angriff von Sinchis, der berüchtigten Antiguerillatruppe, auf eine Gewerkschaftsversammlung ließ den Streik nach zwei Tagen zusammenbrechen.

In Chimbote, wo weiterhin Ausgangssperre herrschsste, befanden sich seit Anfang April ca. 1.400 Arbeiter der Schiffswerft PICSA, von denen über 1.150 entlassen werden sollten, im Ausstand.[9] Die regionale Gewerkschaftsorganisation FESIDETA führte einen 24stündigen Solidaritätsstreik durch.

Während so die Provinzen Schauplatz von bedeutenden Streikbewegungen waren, lief der Konflikt in der CGTP-Führung weiter. Zum endgültigen

Eklat in der CGTP kam es auf einer Delegiertenversammlung am 7. April. Etwa ein Drittel der 300 Delegierten verließ unter Protest die Versammlung (vgl. Marka 69 vom 13. April 1978). Die Opposition, die hauptsächlich in den Gewerkschaften der Metallindustrie, der Schuhfabriken, Bekleidungsindustrie, Getränkeindustrie und in den Regionalföderationen von La Lebertad, Junin und Ica stark war, führte am 20. April eine eigene Versammlung durch.

6. Mai 1978: Erneute Massenproteste und Generalstreik

Wenige Wochen vor den Wahlen für die Verfassunggebene Versammlung provozierte die Wirtschaftspolitik des Regimes erneut einen schweren Konflikt. Am 21. April hatte der Arbeitsminister den Arbeitsfrieden gelobt und seine Zufriedenheit geäußert. Sicherlich war die Bemerkung über den Arbeitsfrieden im Lande etwas übertrieben.[10] Allerdings deutete vieles darauf hin, daß es in den wenigen Wochen vor den Wahlen nicht zu weiteren großen Streikbewegungen kommen würde. Doch daß neue Wirtschaftsmaßnahmen anstanden, war allgemein bekannt. Seit Ende April waren mehrere Wirtschaftsdelegationen zwischen Washington, Mexiko und Lima hin und her gependelt und hatten neue Kredite ausgehandelt, die an Sparauflagen gekoppelt waren. Der weniger brisante Teil der vereinbarten Sanierungsmaßnahmen wurde am 10. Mai bekanntgegeben (El Peruano, 10. Mai 1978). Mit drastischen Wirtschaftsmaßnahmen rechnete niemand vor dem Abschluß des Wahlvorgangs. Gleichzeitig jedoch tauchten zu Beginn des Monats Mai Putschgerüchte auf, die Ausdruck für Meinungsunterschiede in der militärischen Führung waren. Nach dem 12. Mai wurden drei Minister entlassen, darunter Wirtschaftsminister General Saenz Barsallo und Innenminister General Cisneros. Für die drei ausgeschiedenen Militärs rückten zwei Zivilisten nach, womit einer Forderung der Unternehmer und traditionellen Parteien stattgegeben wurde.

Am Muttertag, dem 14. Mai, erhielten die Peruaner von ihrer Regierung ein besonderes Muttertagsgeschenk. Über Radio und Fernsehen wurde ein neues Sparpaket verkündet, das achte seines Zeichens, das in seinen Auswirkungen alle früheren übertraf. Brot verteuerte sich um 47 Prozent, Milch um 42 Prozent, Speiseöl um 130 Prozent, Verkehrstarife um 50 Prozent (Kleinbus) bzw. 25 Prozent (kommunale Transporte) sowie Benzin um 67 Prozent. In seiner Gesamtheit bedeutete dieses Notstandspaket eine Verteuerung des familiären Warenkorbs um 41 Prozent innerhalb von vier Monaten, während durch die zwei Tage später verfügte Lohnerhöhung von 1.500 Soles der Nominallohn nur um 13 Prozent stieg (Actualidad Economica Nr. 4, Mai 1978). Die Entscheidung, das Notstandspaket zu diesem Zeitpunkt in Kraft zu setzen, stand in Zusammenhang mit einer vom Wahlrat aus technischen Gründen geforderten Verschiebung der Wahlen und dem Druck des IWF, möglichst rasch für wirtschaftliche Stabilität zu sorgen (vgl. Bernales 1980: 38 Anm. 1).

Diese drastische Beschneidung des Lebensstandards der unteren Einkommensschichten, die ohnehin seit Jahren die Hauptlast der Wirtschaftskrise trugen, provozierte eine Protestwelle, die in einigen Aspekten der vom Juni und Juli 1977 ähnelte, in anderen Bereichen jedoch eine eigene Dynamik entwickelte.

Anders als 1977 setzten die Proteste direkt am Tage nach der Verkündigung der Sparmaßnahmen in verschiedenen Landesteilen ein. Die Protestwelle brach gleichzeitig im ganzen Land los. Und nicht nur traditionell-rebellische Städte wie Cusco, Arequipa und Chimbote protestierten, sondern auch Orte, wo es bislang kaum zu Konflikten gekommen war. Die von Ausmaß und Intensität der Auseinandersetzungen überraschte Militärregierung konnte das Übergreifen auf diese "ruhigen" Orte nur als das Werk "ausländischer Agitatoren" begreifen.

Ebenfalls anders als bei den Protesten im Juni/Juli 1977 war diesmal die Landbevölkerung in verschiedenen Regionen (in der Umgebung von Lima, in der Region Cusco-Puno, in der zentralen Sierra und im Raum Trujillo/Chiclayo) aktiv beteiligt. Bei zahlreichen blutigen Zusammenstößen zwischen demonstrierender Bevölkerung und Ordnungskräften gab es Tote und Verletzte.

Die Bevölkerung Cuscos ging direkt am Morgen nach der Verkündigung des Notstandspaketes auf die Straßen. Spontan kam es zu Arbeitsniederlegungen. Für den folgenden Tag rief das Comité de las Organizaciones Populares, ein Zusammenschluß von Gewerkschaften, Stadtteilorganisationen und Selbsthilfegruppen, zu einem unbefristeten Streik auf, der auch durchgehalten wurde, nachdem die Stadt seit dem 18. Mai von Heereseinheiten besetzt wurde. Auch in Arequipa waren Produktion, Handel und Verkehr vom 16. Mai an lahmgelegt, nachdem die Frente de Defensa de los Intereses del Pueblo de Arequipa eine Vereinigung lokaler Gruppen und Verbände, einen regionalen Generalstreik ausgerufen hatte. In Huancayo wurde ein Streik ausgerufen, der die ganze Stadt erfaßte und bis zum 23. Mai dauerte. Ebenfalls zu Steiks, Protesten und Demonstrationen kam es in Ayacucho, Piura, Trujillo, Tacna. In Chiclayo, der drittgrößten Stadt des Landes, fand der erste Regionalstreik überhaupt statt. Vier der zehn Zuckerkooperativen beteiligten sich in dem Ausstand.

Zu blutigen Zwischenfällen kam es in einigen Kleinstädten und Marktflecken, wo aufgebrachte Bewohner und Bauern Supermärkte plünderten oder öffentliche Gebäude stürmten. In Ica, einer kleinen Stadt südlich von Lima, wurden drei Personen bei Zusammenstößen mit Ordnungskräften getötet, in dem verschlafenen Andenstädtchen Huanuco vier und in den kleinen Orten Chepen und Guadalupe, an der Nordküste sechs bzw. zwei Personen bei Demonstrationen tödlich verletzt. In der Andenstadt Huancavelica forderten blutige Straßenschlachten vier Todesopfer.

Angesichts der Unruhen verhängte das Militärregime in der Nacht vom 19. auf den 20. Mai den Ausnahmezustand über das ganze Land und hob die Bürgerrechte auf (DS 11-78-NN). Die ersten, die diese Verordnung zu spüren bekamen, waren führende Politiker der Linken und Gewerkschaftsvertreter, die noch am selben Tag bei Razzien verhaftet wurden. Alle Zeitschriften wurden kurzfristig verboten, die den Parteien zustehenden Wahlspots im Rundfunk und Fernsehen gestrichen (DL 22192). Am Abend des gleichen Tages bat Präsident Morales Bermúdez in einer von Rundfunk und Fernsehen übertragenen Rede um "Verzeihung" für die Auswirkungen der Wirtschaftsmaßnahmen und machte "professionelle Agitatoren" der extremen Linken und extremen Rechten für die Unruhen verantwortlich (vgl. Rede des Präsidenten Morales Bermúdez am 20. Mai 1978, in: La Prensa 21. Mai 1978). Der Unternehmerverband Unión de Empresarios del Peru (UEPP) versuchte ebenfalls abzuwiegeln und betonte, auch den Unternehmern hätten die Maßnahmen der Regierung Nachteile gebracht (Kommuniqie vom 26. Mai 1978). Die Tageszeitungen riefen die Bevölkerung zu "Ruhe", "Verständnis", "Opfergeist", "Besinnung" und "Umsicht" auf (vgl. DESCO Informe Semanal, 4. Maiwoche 1978).

Am 18. Mai wurde der Wahltag für die Verfassunggebende Versammlung vom 4. Juni auf den 18. Juni verlegt.

Die Gewerkschaftsdachverbände und nationalen Föderationen, deren Mitgliedsorganisationen den Protest in den Provinzen aktiv mitgetragen hatten, blieben nicht untätig. Die Federación de Empleados Bancarios hatte bereits am 16. Mai einen nationalen Proteststreik durchgeführt; der SUTEP befand sich ohnehin seit dem 6. Mai wegen tariflicher Forderungen im Streik. Die Gruppe der unabhängigen Föderationen, die sich weiterhin CUL nannten (FNTMMP, CCP, SUTELM Federación de Seguros u.a.) und die CGTP-Opposition hatten einen 72stündigen Proteststreik für den 24. bis 26. Mai angekündigt, dem, falls die Regierung nicht einlenken sollte, ein unbefristeter Generalstreik folgen sollte. Die CGTP-Führung einigte sich kurz danach mit der CNT (einer Fraktion), der CTRP-Lima, der Federación Grafica, der Federación Luz y Fuerza und der Federación Cervecera sowie dem Verband des Transportgewerbes Federación de Choferes und der Bauernorganisation Confederación Nacional Agraria auf die Bildung eines Comité Coordinador del Paro (Streikkoordinationskomitee). Als Steiktermin legte man den 22./23. Mai fest. Die im CUL vertretenen unabhängigen Föderationen schlossen sich dem Datum an, ebenso wie diverse Elendsviertel-Organisationen.

Die Zahl der Organisationen, die zum Streik aufriefen, war erheblich breiter als am 19. Juli 1977. Dazugestoßen waren die Federación de Choferes (empört über die Erhöhung des Benzinpreises), die Agrarorganisation CNA, die Bergarbeiter von CENTROMIN sowie die Gewerkschaft der Eisenbahner. Gegen den Streik hatte sich nur die CTRP ausgesprochen. Die CTP, die dem Streik zuerst ablehnend gegenübergestanden hatte, schwenkte im letzten Moment ein und erklärte ihre Teilnahme "aus nationaler Trauer" über die Toten der Vortage. Auch die Parteien und Allianzen der Linken bekundeten ihre Unterstützung.

Der Streikaufruf wurde in einem Ausmaß befolgt, das noch über die Teilnahme am 19. Juli 1977 hinausging. In Lima wurden 90 Prozent aller Betriebe bestreikt, fast der gesamte öffentliche Verkehr kam zum Erliegen. Klein- und Großhandel hielten ihre Türen geschlossen, auch die öffentliche Verwaltung war durch den Ausstand, insbesondere am ersten Tag, betroffen. Selbst der Flughafenbetrieb mußte eingestellt werden. Wiederum kam es in den Elendsvierteln, deren Bewohner die Nacht zuvor kilometerlang die Ausfallstraßen blockiert hatten, zu blutigen Auseinandersetzungen mit Heereseinheiten und vor allem mit der Marineinfanterie, während sich die Polizei auffallend zurückhielt (vgl. Marka Nr. 75 vom 16. Juni 1978). Die Bewohner verteidigten die Pueblos Jovenes zum Teil mit solcher Heftigkeit, daß die Militäreinheiten davon abließen, dort einzudringen, um ein Blutbad zu vermeiden.
Verschiedentlich wurden öffentliche Gebäude und Privatunternehmen von den Demonstranten angegriffen: Im Stadtviertel San Martin gingen drei Bankniederlassungen in Flammen auf, in einem Fall versuchte die Menge, ein Einkaufszentrum der Armee zu stürmen; auf die Firma GoodYear wurde ein Brandanschlag verübt.

Armeehubschrauber überflogen die Stadt und bewarfen die sich immer wieder neu formierenden Demonstranten mit Tränengasbomben oder ließen Flugblätter mit Aufrufen an die Bevölkerung niedergehen:
"Familienvater, riskiere nicht dein Leben, deine Familie braucht dich. Laß nicht zu, daß dich der Agitator zur Gewalttätigkeit treibt. Die Ordnungskräfte handeln drastisch. Verteidige deine Familie und dein Peru." Oder
"Arbeiter. Hüte dein Leben! Deine Arbeit bedeutet die Erhaltung deine Hausstandes. Die Ordnungskräfte machen ohne Rücksicht Gebrauch von ihren Waffen, um die Ordnung aufrechtzuerhalten. Sei kein Opfer des Agitators.

Dein Vaterland braucht dich! Geh zu deiner Arbeit."
Doch diese Aufrufe zeigten wenig Wirkung. Bereits am ersten Streiktag war über Lima-Callao eine Ausgangssperre ab 24.oo Uhr verhängt worden, die am nächsten Tag um zwei Stunden vorverlegt wurde. Offiziell wurden an beiden Streiktagen etwa 1.200 Personen in Lima verhaftet (General Richter in La Cronica vom 1. Juni 1978); nach anderen Angaben waren es 3.000 Verhaftete.

Auch in den Provinzen wurde der Streikaufruf nahezu in jeder Stadt befolgt. Arequipa, Cusco, Huancayo und Chiclayo waren ohnehin schon seit Beginn der Vorwoche durch lokale Steiks lahmgelegt. Besonders blutig war die Konfrontation in Huancavelica, wo es zu weiteren Todesopfern kam (Comercio vom 27. Mai 1978; vgl. das Kommunique der Bischöfe von Huancavelica vom 23. Mai 1978 worin die Ordnungskräfte der Repression beschuldigt werden), und in Morococha, einem der Bergwerke von CENTROMIN, wo sich die Arbeiter mit Dynamit verteidigten. Bis auf wenige Ausnahmen beteiligten sich auch die Zuckerkooperativen an der Nordküste am Ausstand. Wiederum waren die Bauernorganisationen in verschiedenen Teilen des Landes aktiv beteiligt. So wurde an verschiedenen Stellen der Verkehr an der Panamericana Norte, der Hauptverkehrsader an der Nordküste, zum Erliegen gebracht. Auch in einigen Provinzstädten wurde eine Ausgangssperre verhängt.[11] Während am 24. Mai sich die Lage allmählich normalisierte, ging der Streik in Arequipa noch einige Tage weiter, bis sich der Militärkommandeur der Region separat mit dem Koordinierungsausschuß der Streikenden einigte.

Der Streik hatte zwei direkte Nachwirkungen: Am 31. Mai wurde die Confederación Nacional Agraria (CNA), neben der CCP bedeutendste Organisation der Landbevölkerung, von den Militärs aufgelöst. Die CNA hatte sich die

Mißbilligung der Militärs zugezogen, weil sie sich verstärkt seit 1976 von dem Regime abgesetzt hatte und ins Lager der Opposition übergewechselt war. Die Unterzeichnung des Streikaufrufs hatte das Faß zum Überlaufen gebracht.

Am 25. Mai wurden 14 Gefangene deportiert, unter ihnen zehn Kandidaaten für die Verfassunggebende Versammlung von PSR, UDP und FOCEP. Drei der Deportierten, alle Kandidaten des PSR, waren ehemals hohe Militärs.
Die Deportation führender Politiker der Linken wurde offen mit dem Streik begründet. Plötzlich gab man das wirkliche Ausmaß zu, wobei Plünderungen, Gewalttätigkeiten, Anschläge auf Banken etc. in den Vordergrund gestellt wurden. Und dafür wurden die Politiker der Linken, darunter vor allem die Ex-Militärs, verantwortlich gemacht. Selbst der Absturz eines Hubschraubers am 24. Mai, bei dem mehrere Militärs ums Leben kamen, sowie der Verkehrsunfall eines Polizeilastwagens einige Tage zuvor, bei dem es auch Opfer gegeben hatte, wurde den "professionellen Agitatoren" angekreidet (vgl. Pease 1979: 307 ff).
Entstehung und Verlauf des Generalstreiks vom 22./23. Mai unterschieden sich in wesentlichen Punkten von dem Streik am 19. Juli 1977 und anderen Arbeitskämpfen. Als wichtigste Merkmale lassen sich anführen:

- Der Zeitpunkt für die Bekanntgabe des Notstandspakets konnte politisch kaum schlechter gewählt sein. Die Verkündigung ausgerechnet am Muttertag, einem wichtigen Feiertag, mußte die Erbitterung der Bevölkerung noch steigern. Durch die bevorstehenden Wahlen erhielt das Notstandspaket eine besondere politische Brisanz und gefährdete den "Wahlfahrplan".
- Protestiert wurde spontan und im ganzen Land gleichzeitig. Am Abend des 14. Mai wurden die Wirtschaftsmaßnahmen verkündet, und am Morgen des 15. kam es schon zu Demonstrationen, Blockaden, Streiks etc. Auch

bislang ruhige Ortschaften und Kleinstädte wurden von der Protestwelle ergriffen.

- Die Angriffe richteten sich vor allem gegen Symbole der Staatsmacht (Polizeistationen, Rathäuser etc.). Teilweise kam es zu Plünderungen von Supermärkten und Geschäften, vereinzelt kam es auch zu Terrorakten wie Sprengung von Brücken und Zerstörung von Eisenbahnlinien.
- Anders als früher waren auch Teile der Bauernschaft an den Protesten beteiligt.
- Der Streik vom 22./23. Mai war die größte Arbeitsniederlegung in der Geschichte Perus. An ihm waren ca. eine Million Arbeitnehmer beteiligt. Die am 22./23. Mai durch Streik ausgefallenen Arbeitsstunden entsprachen denen des gesamten Jahres 1975, dem bis dahin streikintensivsten Jahr Perus.
- Wie bereits am 19. Juli 1977 und in einer Reihe von regionalen Protestbewegungen hatten die Gewerkschaften bewiesen, daß sie trotz innerer Zersplitterung fähig waren, in bestimmten Konjunkturen die Rolle des organisatorischen Zentrums eines städtischen Massenprotestes zu übernehmen.
- Das Regime verzichtete nach dem Streik auf direkte Schläge gegen die Gewerkschaftsbewegung. Hinterher politisierte es den Streik, indem es für die Proteste die Parteien der politischen Linken (insbesondere PSR, FOCEP und UDP) verantwortlich machte.
- Durch den Streik und seine Folgen wurden die Wahlen zur Verfassunggebenden Versammlung belastet. Zahlreiche Kandidaten der Linken erlebten den Wahltag als Deportierte, Inhaftierte oder Verfolgte.
- Die politischen Implikationen der Proteste und des Generalstreiks vom 22./23. Mai waren weniger bedeutsam als im Falle des Streiks vom 19. Juli 1977.

7. Wahlen zur Verfassunggebenden Versammlung und Gewerkschaften

Mit den Wahlen zur Verfassunggebenden Versammlung vom 18. Juni 1978 war das erste Kapitel der Machtübergabe an die politischen Parteien abgeschlossen. Bei dieser ersten landesweiten Wahl seit 15 Jahren nahmen 12 Parteien oder Parteienbündnisse teil. Acción Popular, hatte sich zwar ins Wahlregister eintragen lassen, ihre Beteiligung dann aber zurückgezogen. Von den Parteien der Linken hatte nach harten internen Diskussionen als einzige bedeutende Organisation Patria Roja zum Wahlboykott aufgerufen. Die Wahlen fanden in einer tiefen Wirtschaftskrise statt, deren Folgen in erster Linie auf die ärmeren Bevölkerungsschichten abgewälzt wurden. Ihre Proteste waren brutal unterdrückt worden. Die Parteien und Organisationen, die sich in irgendeiner Form mit Protestbewegungen solidarisiert oder identifiziert hatten, ohne jemals führend beteiligt zu sein, waren während des Wahlprozesses benachteiligt. Führende Kandidaten waren zum Zeitpunkt der Wahl verfolgt, deportiert oder inhaftiert, ihre Rechte waren im Wahlkampf beschnitten worden (die den Parteien per Wahlgesetz zustehenden Werbesendungen in Rundfunk und Fernsehen waren im Falle der UDP und FOCEP eine Zeitlang suspendiert worden), sondern sie waren auch während des 14monatigen Ausnahmezustandes systematisch mundtot gemacht worden. Dies schränkte entscheidend die Möglichkeiten der Parteien der Linken ein, sich im ganzen Land bekannt zu machen, was nötig war, da es sich um junge, relativ kleine Organisationen handelte. Die staatlich gelenkten Massenmedien nahmen keine überparteiliche, "neutrale" Position ein, sondern versuchten, den Wahlkampf nach Kräften zu beeinflussen, insbesondere indem sie Werbung für die APRA, den Favoriten des Militärs, machten.[12]

Allerdings konzentrierten sich die Organisationen der Linken nicht mit ganzer Kraft auf den Wahlkampf. Zum einen sahen diese Gruppen eine Teilnahme an bürgerlichen Wahlen nur als einen taktischen Schritt, zum anderen absorbierten die sozialen Bewegungen und Konflikte der Vorwahlzeit die ohnehin sehr begrenzten organisatorischen Kräfte der Linken. Überdies band die lange und zähe Auseinandersetzung um Allianzen, Listenplätze, Programme etc. einen Teil der Energien. Allerdings schien auch eine Mehrheit der Bevölkerung den Wahlen zur Verfassungsgebenden Versammlung keine allzu große Bedeutung beizumessen, sondern richtete ihr Augenmerk eher auf die ökonomische Alltagsproblematik.[13]

Die Behinderung der Linken nahm in der kurzen Zeitspanne zwischen dem Streik vom 22./23. Mai und dem Wahltag am 18. Juni noch zu. Am Wahltag wurden beim Urnengang Ex-General Leonidas Rodriguez, Spitzenkandidat des PSR, der Gewerkschafter Hernán Cuentas, Nummer zwei auf der Liste des FOCEP, und die Gewerkschafter und KP-Kandidaten Julian Sierra und Luis de la Madrid festgenommen.

Von den knapp fünf Millionen Wahlberechtigten - Analphabeten waren ausgeschlossen - beteiligten sich 4,17 Millionen, 84 Prozent. Besonders gering war die Beteiligung in den entlegenen Gebieten des Andenhochlandes. Von den abgegebenen Stimmen waren 84 Prozent gültig.
Eine hohe Zahl bewußt ungültig gemachter Stimmzettel reflektierte die Position von einem harten Kern von AP-Anhängern, die sich für keine der anderen Parteien entscheiden konnten, die prinzipielle Boykotthaltung der Patria Roja-Sympathisanten und einem kompromißlosen Antimilitarismus (vgl. Bernales 1980: 49 ff). Abzüglich der nicht wahlberechtigten Analphabeten, der Nichtteilnehmenden sowie derjenigen, deren Stimmzettel aus politischen oder technischen Gründen ungültig waren, hatten rund 50

Prozent der Bevölkerung im Wahlalter ihre Stimmen für eine der 13 Listen abgegeben.

Die APRA wurde erwartungsgemäß stärkste Partei, lag jedoch mit 35,39 Prozent nur geringfügig über dem historischen "Apristischen Drittel". Auch die zehn Jahre Militärherrschaft schienen den Wählerstamm der APRA nicht allzu sehr angetastet zu haben. Wiederum war der Norden Perus das bedeutendste Stimmenreservoir der APRA. Der PPC schnitt mit 23,78 Prozent relativ schlecht ab. Trotz der aufwendigen und teuren Wahlkampagne - man sprach von 100 Millionen Soles - war es ihm nicht gelungen, Einbrüche in das Wählerreservoir von Acción Popular zu erzielen. Nur in Lima und in Arequipa konnte sich der PPC einen ersten Platz sichern. Für das relativ schlechte Abschneiden des PPC war mit ausschlaggebend, daß der Spitzenkandidat des PPC, Bedoya, Ex-Bürgermeister von Lima, von der Bevölkerung zu sehr mit den Interessen potenter wirtschaftlicher Machtgruppen identifiziert wurde.

Die große Überraschung der Wahlen bot die Linke. In den Wahlen vor 1968 noch mit mageren 3,5 Prozent der Stimmen abgeschlagen, erreichten ihre verschiedenen Organisationen zusammen fast 30 Prozent. Angesichts der organisatorischen Schwäche, der Zersplitterung, des mangelnden Bekanntheitsgrades ihrer Führer und der geringen Massenbasis, war dies ein erstaunliches Ergebnis.
Der größte Teil der Stimmen entfiel auf den FOCEP, ein Bündnis das nur mit großer Mühe die nötigen Stimmen zur Einschreibung hatte beibringen können. Hier war es vor allem der ehemalige Bauernführer Hugo Blanco, der große Attraktivität auf die Wählermassen, vor allem der armen Bevölkerung ausübte. Der PSR, als radikaler Exponent des "Velasquismo", schnitt mit 6,6 Prozent schlechter ab als erwartet. Die KP erreichte 6

Prozent, die UDP 4 Prozent. Christdemokraten und die im südlichen Hochland verankerte FNTC, die beide zur reformistischen Linken gerechnet werden, erreichten jeweils 2 Prozent bzw. 4 Prozent.

Zwischen Wahlentscheidung für die Linke und gewerkschaftlicher Präsenz bestand ein enger Zusammenhang. In den Bergbauzentren der mittleren Sierra konnten vor allem der FOCEP einen hohen Anteil der Stimmen auf sich vereinigen. In den südlichen Bergbauzentren war der FOCEP die stärkste Partei, ebenso in einer Reihe der Elendsviertel von Lima mit einem hohen Arbeiteranteil. KP und UDP erreichten relativ wenig Stimmen in Lima. Ihr bestes Ergebnis hatte die KP in einigen Hochlandregionen, während die UDP ihre höchsten Stimmenzahlen in den konfliktträchtigen Landregionen Moropon (Piura) und Huanta (Ayacucho) erzielte. Die PSR-Stimmen waren relativ stark gestreut, während die Christdemokratische Partei ihre Bastion in der nördlichen Grenzprovinz Tumbes und der FNTC in der südlichen Hochlandgrenzprovinz Puno hatte (vgl. Cuadernos Instituto Mariátegui 1980). Als Vorteil für die Linke hatte sich erwiesen, daß nach 15 Jahren ohne Wahlen 50 Prozent der Wähler zum ersten Male teilnahmen und keine festgefügte Präferenzen hatten. Die Entscheidung für eine der linken Organisationen war jedoch nicht Ergebnis jahrelanger Parteiarbeit, sondern Ausdruck des Protestes verarmter Bevölkerungssektoren gegen das Militärregime und seine zivilen Verbündeten. Als Tendenzresultat der Wahlen kristallisierte sich heraus, daß die APRA weiterhin ihre Bastion im Norden des Landes hatte, die Linke vor allem im zentralen und südlichen Hochland stark war, während der PPC in Lima und Arequipa gut vertreten war. Allerdings bezog sich das gute Ergebnis der PPC in Lima nur auf die Stadtviertel der Oberschicht und der Mittelklassen. In den Pueblos Jóvenes war die Situation deutlich anders. In den sechs Distrikten Limas, deren Fläche zu 75 Prozent von Pueblos

Jóvenes mit einer hohen Arbeiterpräsenz gebildet wurde, konnten die linken Parteien zusammen Ergebnisse erzielen, die zwischen 42,5 und 68 Prozent lagen. Der Anteil der APRA lag zwischen 19,8 Prozent und 27,3 Prozent und des PPC zwischen 8,6 Prozent und 20,7 Prozent (vgl. Cuadernos Instituto Mariátegui 1980: 23; Tovar 1982: 26). Die vier konservativen Parteien vereinigten hier insgesamt 28,39 Prozent der Stimmen auf sich, während die verschiedenen Tendenzen der Linken 36,22 Prozent erreichten.

Unter den 100 Abgeordneten für die Verfassunggebende Versammlung befanden sich etwa ein Dutzend Gewerkschaftsführer sowie zwei Rechtsberater der Bergarbeitergewerkschaften.

Betrachtet man die Ergebnisse der Persönlichkeitswahlen, so zeigt sich, daß gewerkschaftliche Funktion und Bekanntheits- bzw. Beliebtheitsgrad nicht übereinstimmen. Die höchste Stimmenzahl unter den Gewerkschaftern erzielte Victor Cuadros (UDP/FNTMMP) mit 40.000, gefolgt von Hernán Cuentas (FOCEP) mit 17.000 Stimmen. Zwischen 5.000 und 8.000 Stimmen entfielen auf Isidoro Gamarra (KP/CGTP), José Chavez (PC-Mayoria-UDP/CGTP) und Manuel Cortez (UDP/FESIDETA), die beiden letzten erhielten allerdings keine Parlamentssitze. Die Generalsekretäre der CGTP und CTP erhielten weit weniger als 5.000 Stimmen. Zu den attraktivsten Kandidaten zählten die Rechtsberater der Bergarbeitergewerkschaften Genaro Ledesma (FOCEP, asesor legal von CENTROMIN) mit 76.000 Stimmen und Ricardo Diaz Chavez (UDP - asesor legal der FNTMMP) mit 10.000 Stimmen (vgl. Marka Nr. 83 vom 10. August 1978).

8. Sommer 1978: Streikwelle zu Beginn der "Übergangsphase"

Mit der Protestwelle und dem Generalstreik vom 22./23. Mai hatte die Gewerkschaftsbewegung ihre größte Dynamik erreicht. Danach war sie für lange Zeit nicht mehr fähig, eine ähnliche einheitliche und koordinierte Aktion durchzuführen. Allerding entwickelten sich im Anschluß an die Maitage und in den Wochen vor und den Monaten nach den Wahlen zur Verfassunggebenden Versammlung drei Streiks von hoher politischer Bedeutung. Zwei dieser Streiks wurden von den erbitterten traditionellen Gegnern des Militärregimes geführt: Den im SUTEP organisierten Lehrern und den in der FNTMMP zusammengeschlossenen Bergarbeitern. Der dritte Streik wurde von einem Sektor getragen, mit dem die Militärs bislang kaum Probleme hatten und dem Arbeitsniederlegungen eigentlich verboten waren: den öffentlichen Angestellten, die sich angesichts von Massenentlassungen und sinkenden Reallöhnen gewerkschaftlichen Positionen annäherten. Jeder dieser drei Streiks hatte gesamtgesellschaftliche Auswirkungen. Alle drei Arbeitskämpfe fielen mit den ersten Sitzungen der Verfassunggebenden Versammlung zusammen, wo sie zum kontrovers diskutierten Thema wurden. Die drei Streiks entwickelten sich in einem Klima von Arbeitsprotesten und Konflikten, von denen unter anderem die Beschäftigten des Gesundheitswesens, Bankangestellte, Metallarbeiter, Universitätsangestellte und kommunale Arbeiter erfaßt wurden. Auch die regionalen Streiks gingen weiter und dehnten sich auf Städte aus, die bislang von diesem Phänomen noch nicht erfaßt worden waren. (zum Beispiel Pucallpa vom 12. bis 21. Oktober und Iquitos vom 4. Dezember 1978).

Die zahlreichen, oft langdauernden Arbeitsniederlegungen machten das Jahr 1978 zum streikintensivsten Jahr in der peruanischen Geschichte. Insgesamt fanden 364 Streiks statt, an denen 1.398 Millionen Arbeitnehmer, ca. 70 Prozent der abhängigen Beschäftigten, beteiligt waren. Die Gesamtheit dieser Arbeitskonflikte bedeutete für das Land 36,1 Millionen durch Streik ausgefallene Arbeitsstunden. Diese Zahl lag um 80 Prozent höher als 1975, dem bislang streikintensivsten Jahr. Auch wenn 55 Prozent der 1978 durch Streik ausgefallene Arbeitsstunden auf den Generalstreik vom 22./23. Mai entfallen waren, so blieb auch ohne diesen die Zahl der ausgefallenen Arbeitsstunden höher als in allen vorausgegangenen Jahren, mit Ausnahme von 1975. Von elf Jahren Militärherrschaft (ohne die letzten Monate von 1968 und die ersten Monate von 1980 einzubeziehen) entfielen über ein Viertel der durch Streik ausgefallenen Arbeitsstunden auf das Jahr 1978.

Ein Arbeitskonflikt erschüttert das Land: Der Lehrerstreik 1978[14]

Auf dem Kongreß des SUTEP Ende Januar 1978 in Puno, der an der Grenze zu Bolivien gelegenen Andenstadt, hatten sich die Delegierten für die Durchführung eines Streiks ausgesprochen, falls das Militärregime nicht auf einige der seit Jahren anhängenden Forderungen eingehen würde. So hatte sich die wirtschaftliche Situation der Lehrer weiterhin verschlechtert - die Gehälter ware von 1975 bis 1978 real um 38 Prozent gefallen[15] -, der SUTEP war immer noch nicht offiziell anerkannt und verschiedene das Schulsystem betreffende Forderungen waren vom Erziehungsminister auf die lange Bank geschoben worden. Nachdem mehrere Versuche des SUTEP-Vorstandes, in direkte Verhandlungen mit den zuständigen Behörden zu treten, gescheitert waren, faßte eine außerordentliche Delegiertenversammlung am 29./30. April den Beschluß, ab 7. Mai in einen unbefristeten Streik zu treten. Zentrale Streikforderungen waren eine Lohnerhöhung um 100 Prozent, Wiedereinstellung der entlassenen Lehrer, Rücknahme der nach den letzten Lehrerstreiks erfolgten Strafversetzungen

und offizielle Anerkennung des SUTEP.
Der SUTEP ging diesen Streik in geschwächter Position an. Sektierertum und Dogmatismus der Führung hatten zu einer Isolierung von den Mitgliedern geführt, die sich auch darin ausdrückte, daß die verschiedenen Proteststreiks und Kampfmaßnahmen der letzten Jahre nicht allzu erfolgreich verlaufen waren (Pezo u.a. 1977: 206). Ein Großteil der Gewerkschaftsbewegung stand dem SUTEP reserviert gegenüber.

Mit Hilfe einer aufwendigen Pressekampagne, der Illegalisierung des Streiks sowie Erklärungen von Regierungsmitgliedern, daß es sich hierbei um eine Aktion der "Ultralinken" handele, versuchten die Militärs, auf ein Scheitern des Streiks hinzuwirken und ihn seines tariflichen Ursprungs zu entkleiden. Als Arturo Sanchez, Generalsekretär des SUTE-Lima, in einem Wahlspot der UDP am 6. Mai im Fernsehen die Motive des Streiks darlegen wollte und dabei das Gehalt eines Lehrers mit dem eines Fähnrichs des Heeres verglich, wurde der Ton angedreht.
Am 7. Mai befolgten nach Informationen der Zeitschrift Amauta (11. Mai 1978) in Lima 75 Prozent und in den Provinzen 85 Prozent der Lehrer den Streikaufruf. In den folgenden Tagen konsolierte sich der Streik. Die diskriminierenden, entstellenden Attacken von Regierungsseite auf die Lehrerschaft schweißten diese zusammen und ließen die verbandsinternen Probleme in den Hintergrund treten. Nach einer Woche Streik reagierten die Militärs mit der zweiwöchigen Suspendierung des Schulunterrichts (Comunicado Oficial No. 9 ED-78 und No. 11 ED-78). Man verband damit die Hoffnung, daß in der unterrichtslosen Zeit der Kommunikationszusammenhang unter den Lehrern abreißen würde. Anfang Juni schlug die Regierung eine schärfere Gangart an: Man drohte mit der Entlassung der Lehrer und Einstellung von neuem Personal, Gehaltskürzungen und Strafversetzungen etc. Von den Militärs zitierte Phantasieorganisationen sprachen sich im

Namen der Elternschaft und der "ehrenhaften" Lehrer gegen den Streik und den SUTEP aus.

Am 10. Juni schien es für einen Moment, als könnte der Konflikt gütlich beigelegt werden. Vertreter des Erziehungsministeriums und eine SUTEP-Delegation tragen sich zu Verhandlungen. Als die SUTEP-Delegation das Erziehungsministerium verließ, wurden einige der Mitglieder verhaftet. Zwei Tage später erklärte der Erziehungsminister lakonisch, daß er keine Verhandlungsbefugnisse habe.

In der zweiten Junihälfte drang der Streik immer stärker ins Bewußtsein der Öffentlichkeit. Lehrer im ganzen Land organisierten Demonstrationen, besetzten Kirchen, marschierten von den Provinzen nach Lima und propagierten ihre Kampfziele. Das Lehrpersonal von 40 Privatschulen führte am 22./23. Juni einen Solidaritätsstreik durch. Gewerkschaften, Elternverbände, Stadtteilorganisationen bis hin zu Lehrerorganisationen in anderen Ländern[16] solidarisierten sich mit dem Streik. Elternvertreter, Kirche und Abgeordnete der neugewählten Verfassunggebenden Versammlung versuchten zu vermitteln. Am 4. Juli fand in Cusco ein Solidaritätsstreik mit dem SUTEP statt, der die gesamte Stadt bis hin zur öffentlichen Verwaltung lahmlegte und in gewalttätigen Auseinandersetzungen mit Ordnungskräften gipfelte (Equis Nr. 117 vom 13. Juli 1978).

Die Regierung mauerte sich noch mehr ein und schaltete auf stur: Der Erziehungsminister wurde am 30. Juni ermächtigt, innerhalb von 90 Tagen sowohl das Ministerium als auch die Lehrerschaft zu "reorganisieren", das hieß im Klartext zu militarisieren.

Seit dem 6. Juli trug die Lehrerschaft verstärkt ihren Protest auf die Straße: In Lima kam es täglich zu Zusammenstößen, so daß die Zeitschrift Equis vermeldete: "Die kurzen Versammlungen und die darauffolgende polizeiliche Unterdrückung haben sich in einen nahezu ständigen Wesenszug des täglichen Lebens in Lima verwandelt" (Equis Nr. 117 vom 13. Juli 1978). Am 19. Juli, dem Jahrestag des ersten Generalstreiks, fand eine Großdemonstration vor dem CGTP-Gebäude statt, zu der nahezu alle, ansonsten verfeindeten, Gewerschaftsorganisationen aufgerufen hatten.

Die Eröffnung der Verfassunggebenden Versammlung am 18. Juli wurde von schweren Strraßenschlachten vor den Toren des Parlaments zwischen Lehrern und Polizei begleitet. Unter dem Druck der Öffentlichkeit und angesichts der Gefahr weiterer regionaler Solidaritätsstreiks (am 21./22. Juli hatte ein solcher Streik die Stadt Tacna lahmgelegt) und eines nationalen Generalstreiks zeigten sich die Militärs Ende Juli verhandlungsbereit. Die gewiß nicht mit dem SUTEP sympathisierende Zeitschrift Equis hatte die Situation Mitte Juli treffend auf den Begriff gebracht: "Die Militärregierung muß einsehen, daß es unmöglich ist, 140.000 Lehrer, die auf das ganze Territorium verteilt sind und dort, wo sie sich befinden, eine gewissen Führungsrolle in ihrer Wohngegend ausüben, zu unterdrücken und zu vernichten. Den gegenwärtigen Zusammenstoß zwischen Lehrerschaft und Staat zu verlängern, kann nur darin enden, daß er zu einem viel größeren Sozialkonflikt führt, gleich oder noch schlimmer als am vergangenen 22. und 23. Mai. (Equis Nr. 117 vom 13. Juli 1978).

Ab 22. Juli versuchte eine von der Regierung beauftragte Vermittlungskommission aus Vertretern von Staat, Kirche, Gewerkschaften und Elternverbänden, einen Kompromiß zu finden. Nach Unterzeichnung einer Schlußakte hob der SUTEP nach 80 Tagen den Streik auf. Die wichtigsten Forderungen waren erfüllt worden, unter anderem die nach einer Gehaltserhöhung und nach der Regelung von Pensionsgeldern, Anerkennung des SUTEP, Aufhebung von Entlassungen und Strafversetzungen sowie Freilassung der inhaftierten Lehrer und Einstellung der Gerichtsverfahren.

Der Streik hatte mit einem tariflichen Erfolg für den SUTEP, der sich als repräsentative Organisation vor allem der 100.000 staatlichen Lehrer (dazu gab es die Lehrer der Privatschulen), sowohl gegenüber seinen Mitgliedern als auch gegenüber der Öffentlichkeit legitimiert hatte, geendet. Die Führung hatte im Gegensatz zu früheren Aktionen auf eine Politisierung des Streiks verzichtet und parteipolitische Zurückhaltung geübt. Erst im Anschluß an den Streik brach das Sektierertum wieder durch. Der Streik hatte auch die tendenzielle Isolierung des SUTEP von der Gewerkschafts- und Volksbewegung durchbrochen und eine breite Solidarisierung schaffen können.

Eindeutiger Verlierer war zu diesem Zeitpunkt die Regierung. Die repressive Handhabung des Streiks, die aggressive und verfälschende Pressekampagne gegen den SUTEP und die versuchte Isolierung der Lehrerschaft waren gescheitert. Konfrontiert mit der Möglichkeit eines erneuten Generalstreiks und bedrängt von Kirche, Elternverbänden und Verfassunggebenden Versammlung entschloß sie sich zu einem taktischen Einlenken. Allerdings erfüllte die Regierung kaum eine der Zusagen, "korrigierte" so im Nachhinein den Erfolg der SUTEP und legte die Basis für einen neuen, noch härteren Konflikt.

Der erste nationale Streik der Bergarbeiter.

Während die Aufmerksamkeit der Öffentlichkeit auf den Lehrerstreik konzentriert war, beschlossen die Delgierten von 26 Bergarbeitergewerkschaften am 8. Juli 1978, ab 4. August in einen unbefristeten Generalstreik zu treten. Während bei dem Lehrerstreik klar tarifliche Motive im Vordergrund standen, richtete sich die Hauptforderung der in der FNTMMP zusammengeschlossenen Gewerkschaften auf eine Wiedereinstellung von über 300 Gewerkschaftern, die im Gefolge der verschiedenen Antistreik-Dekrete entlassen worden waren. Weitere Forderungen waren eine 25 prozentige Lohnerhöhung sowie Respektierung der Arbeitsplatzsicherheit.

Die FNTMMP war in den letzten Jahren stärker geworden: Alle relevanten Gewerkschaften des Bergbaus hatten sich ihr inzwischen angeschlossen. Die Spannungen zwischen dem FNTMMP-Vorstand und der Mitgliedsföderation von CENTROMIN hatten merklich abgenommen, wozu auch Entwicklungen innerhalb der CENTROMIN-Gewerkschafaten beigetragen hatten. Noch beim Generalstreik vom 19. Juli 1977 hatte die Föderation von CENTROMIN eine Teilnahme abgelehnt, obwohl die FNTMMP zu den aufrufenden Organisationen gehört hatte. Der wenige Tage danach stattfindende Streik der CENTROMIN-Gewerkschaften war rasch vom Militärregime zerschlagen worden. Als Folge davon hatte die bislang dominierende politische Kraft Patria Roja an Einfluß verloren und sich gespalten. In einigen CENTROMIN-Gewerkschaften hatten sich weniger dogmatische Positionen durchsetzen können, die die Koordination mit dem FNTMMP-Vorstand suchten.

Als der Streik offiziell am 4. August 1978 begann, beteiligte sich anfangs nur ein Teil der Gewerkschaften. Andere zogen nach einigen Tagen nach, so daß schließlich 47 Bergarbeitergewerkschaften, darunter alle

des Großbergbaus, im Streik standen. Zum ersten Mal in der Geschichte der Bergarbeitergewerkschaften kam es zu einer koordinierten Arbeitsniederledung sowohl im Bergbau der mittleren Sierra als auch des Südens.
Um den Streik publik zu machen, Solidarität zu erzeugen und die Basis zu mobilisieren, beschloß die Gewerkschaft von La Oroya, einen Opfermarsch nach Lima zu organisieren. Damit sollte auch verhindert werden, daß das Militär die Arbeiter gewaltsam zur Arbeit zwingen konnte. Am 11. August brachen in La Oroya über 4.000 Arbeiter, teilweise begleitet von ihren Frauen, nach Lima auf. Unterwegs schlossen sich ihnen Arbeiterkontingente von anderen Bergwerken an, so daß nach vier Tagen 10.000 Bergarbeiter in Lima einmarschierten. Die Bevölkerung Limas bereitete ihnen auf ihrem Marsch zum Stadtzentrum einen triumphalen Empfang. Die Bergleute aus CENTROMIN schlugen ihr Lager im Botanischen Garten der Universität San Marcos auf, wo sie auch ihre Ollas Comunes (Gemeinschaftsküchen) einrichteten. Einen Monat lang demonstrierten die Bergarbeiter täglich im Zentrum Limas für ihre Forderungen. Unter anderem verlangten sie nach der Freilassung ihrer 15 Kollegen, die sich nach mehr als 100 Tagen Hungerstreik im Polizeikrankenhaus befanden. Während einer Demonstration vor dem Polizeikrankenhaus am 16. August wurden diese dann tatsächlich entlassen.
Versuche der Bergarbeiterorganisationen, mit anderen Gewerkschaften gemeinsame Aktionen zu koordinieren, blieben ohne Resultat. Die CGTP war erst, nachdem der Bergarbeiterstreik einen Monat gedauert hatte bereit, eine Solidaritätsveranstaltung mit den streikenden Bergarbeitern, Bankangestellten und Staatsbediensteten durchzuführen, bei der Victor Cuadros, Generalsekretär der FNTMMP, allerdings das Rederecht verweigert wurde und die anwesenden Bergarbeiter unter Protest die Kundgebung verließen. Auch andere Gewerkschaften übten nur verbale Solidarität. Der CTP hatte sich ohnehin in einer Erklärung am 29. August

1978 gegen den Streik ausgesprochen.

Für die Militärs brachte der Streik mit jedem Tag Dauer eine zusätzliche Gefährdung ihrer Stabilitätspolitik; jeder Streiktag bedeutete nach Regierungsangaben einen Devisenverlust von zwei Millionen US-Dollar. Um den Streik zu brechen, wurde am 21. August der Notstand über fünf Bergbauregionen verhängt. Als erstes kapitulierten am 3. September die Arbeiter des Großbergbaus von Toquepala, nachdem sie nahezu zwei Wochen durch Armee- und Polizeieinheiten von der Außenwelt abgeschnitten worden waren.

Den entscheidenden Schlag führten die Militärs dann gegen die Bergarbeiter, die von CENTROMIN nach Lima marschiert waren. Spezialeinheiten der Polizei und Armee überfielen im Morgengrauen das Lager der 10.000 Bergarbeiter im Botanischen Garten und trieben diese wie Vieh auf bereitgestellte Eisenbahnwaggons und Lastwagen, mit denen sie in die Bergwerke von CENTROMIN zurückverfrachtet wurden. Als daraufhin einige Gewerkschaftsführer zur Beendigung des Streiks aufriefen, beschloß der FNTMMP-Vorstand in realistischer Einschätzung der Situation, den Streik am 8. September abzubrechen.[17]

Der 32tägige Streik war mit einer klaren Niederlage für die Bergarbeiter zu Ende gegangen. In Verhandlungen mit Premierminister Molina konnten die Bergarbeiter nur erreichen, daß die während des Streiks Entlassenen wieder eingestellt wurden. Die Militärs zogen sich aus den Bergwerken zurück, und der Ausnahmezustand wurde aufgehoben. Die FNTMMP war bis zum nächsten Jahr durch die Folgen dieses gescheiterten Streiks gelähmt.

Der Öffentliche Dienst begehrt auf: Die Entstehung der CITE

Der dritte große Streik im Sommer 1978 war zwar nur von kurzer Dauer, hatte aber umso größere Auswirkungen. Geführt wurde er von den öffentlichen Angestellten und Arbeitern. Die Zahl der im öffentlichen Dienst Beschäftigten war gegen Ende der siebziger Jahre auf 570.000 Personen angewachsen. Davon entfielen auf die Zentralregierung 350.000 (1978), auf lokale Behörden 28.000 (1977), auf öffentliche Institutionen (wie Sozialversicherung etc.) 66.000 (1978) und auf Staatsbetriebe knapp 130.000 (1977). Im Bereich des Innen- und Verteidigungsministeriums waren 100.000 Personen beschäftigt, wo auf Grund der Tätigkeit gewerkschaftliche Organisierung ausgeschlossen war. Von den 570.000 "Staatsdienern" verblieben etwa 400.000, die von ihren Arbeitsbeziehungen her die Möglichkeit gehabt hätten, sich gewerkschaftlich zu organisieren, denen dies aber per Gesetz untersagt war (Burneo 1980: 18). Allerdings war dieses Gesetz immer wieder durchlöchert worden: Ein Großteil der Belegschaften der Staatsunternehmen hatten sich das Recht auf gewerkschaftliche Organisierung erkämpft, und für die Lehrer waren Ausnahmeregelungen erlassen worden. Bei Teilen derjenigen staatlichen Bediensteten, denen die gewerkschaftliche Organisierung weiterhin verboten blieb, war es vereinzelt zur Bildung von de-facto-Gewerkschaften gekommen; so bei den Beschäftigten des Post- und Fernmeldewesens, im Gesundheitswesen und bei den kommunalen Arbeitern.

Direkter Auslöser für Kampfmaßnahmen und Organisierungsversuche im öffentlichen Dienst waren zwei Gesetzesdekrete (DL 22264 und 22265), mit denen die Entlassung von 30.000 öffentlichen Angestellten in die Wege geleitet wurden. Diese Entlassungen bildeten einen Teil der IWF-Auflagen und sollten dazu beitragen, die Staatsausgaben zu reduzieren. Ein weiterer Grund für die Mobilisierung des öffentlichen Dienstes war die drastische Reduzierung der realen Löhne und Gehälter, die noch stärker war als in der Privatwirtschaft. Während die Reallöhne und Gehälter in der Privatwirtschaft 1978 gegenüber 1973 um 36 Prozent respektive 47 Prozent abgesunken waren, hatte der öffentliche Dienst im gleichen Zeitraum einen Verlust von 54 Prozent hinnehmen müssen. Nicht zuletzt, weil es keine gewerkschaftliche Interessenvertretung gab, die - analog zur Privatwirtschaft - den Verfall des Einkommens hätte verlangsamen können.

Mit einer Versmmlung von über 2.000 Angestellten am 21. August nahm die Organisierung der öffentlichen Angestellten ihren Anfang. Ein Kampfprogramm wurde aufgestellt, das in den folgenden Tagen in den verschiedenen Ministerien und Institutionen publik gemacht wurde. Am 24. August 1976 fand eine große Protestdemonstration des öffentlichen Dienstes gegen die geplanten und zum Teil bereits anlaufenden Entlassungen statt. Gleichzeitig bildete sich ein Koordinierungskommitee (Comité Intersectorial de Trabajadores Estatales, CITE), das einen Streik vorbereitete. Am 5. September führten die 6.000 Angestellten des Wirtschafts- und Finanzministeriums, die in der Bewegung eine führende Rolle einnahmen, einen dreistündigen Bummelstreik aus Solidarität mit den bereits Entlassenen durch (Correo vom 6. September 1978). Am folgenden Tag war nahezu der gesamte öffentliche Dienst durch die Arbeitsniederlegung von 200.000 Staatsbediensteten lahmgelegt, die zu Zehntausenden für ihre Forderungen auf den Straßen Limas demonstrierten. Angesichts dieser Proteste erklärte das Militärregime am 12. September, die "Reduzierung des überzähligen Personals" (Comunicado 014 PM) sei abgeschlossen. Insgesamt waren 4.576 Entlassungen vorgenommen und 9.145 nicht besetzte Planstellen gestrichen worden. 1.774 Personen hatten gekündigt (DESCO 1980 Bd. 7: 6654).

Vom 7. bis 10. Oktober veranstaltete der CITE seinen ersten Kongreß, auf welchem ein Forderungskatalog und Statuten verabschiedet wurden, wobei sich der CITE "innerhalb der Leitlinien der vereinten und klassenorientierten Gewerkschaftsbewegung im Umkreis der CGTP" (Statuten des CITE, zit. nach Marka Nr. 92 vom 12. Oktober 1978), stellte. Zu den zentralen Forderungen zählten das Recht auf gewerkschaftliche Organisierung im öffentlichen Dienst. Die 121 Delegierten, mehrheitlich dem Spektrum der politischen Linken verbunden, repräsentierten 43 staatliche Institutionen.

Am 8. November fand ein weiterer Proteststreik statt, der allerdings nicht die Durchschlagkraft der ersten Aktion erreichte. Unter dem Druck der Regierung und nach Versetzungen, Entlassungen und Festnahmen von CITE-Aktivisten zerfiel die Bewegung gegen Ende des Jahres, um sich 1979 neu zu formieren.

Mit den Aktionen von August bis November 1978 hatte zum ersten Mal ein zahlenmäßig relevanter, jedoch gewerkschaftlich inaktiver Arbeitnehmersektor die gewerkschaftliche Bühne betreten und seine kollektiven Interessen artikuliert. Für die Gewerkschaftsbewegung war dessen Integration von grundlegender Bedeutung, nicht zuletzt weil die Wirtschaftspolitik des Militärregimes dazu geführt hatte, daß die Zahl der im staatlichen Bereich Beschäftigten höher lag als in der Privatwirtshaft.

Das Tor für die legale Integration der Staatsbediensteten in die Gewerkschaftsbewegung wurde schließlich durch die Einbeziehung des Rechts auf gewerkschaftliche Organisierung in die neue Verfassung geöffnet.

9. Die Folgen

Nach dem Generalstreik vom 22./23. Mai 1978 löste sich die gewerkschaftliche Koordination in eine Reihe isolierter Streiks auf Branchen- oder Regionalebene auf. Einige von diesen Arbeitskämpfen beeinflußten zwar wesentlich die nationale Politik, doch Ende 1978 wurde deutlich, daß die Gewerkschaftsbewegung viel von der Dynamik der Jahre 1977/1978 verloren hatte. Ein gescheiterter Generalstreik vom 9. bis 11. Januar 1979 zeigte schonungslos die Schwächen der Gewerkschaftsbewegung, aber auch der linken Parteien. Nachdem der Streikaufruf nur von einem kleinen Teil der Arbeitnehmer befolgt worden war, wirde er am zweiten Tag abgebrochen. Anders als vorangegangene Generalstreiks war dieser gescheiterte Versuch nicht im Gefolge von Volksprotesten entstanden, sondern maßgeblich von den Parteien der Linken initiiert worden, die damit ihre politische Präsenz demonstrieren wollten. Überschätzung der eigenen Kräftae, interne Streitigkeiten, ein ungünstiger Zeitpunkt und ein geschicktes Taktieren der Regierung ließen den Streik zu einem Fiasko werden und drängten die Gewerkschaftsbewegung für einige Monate in die Defensive.
Zum zentralen Arbeitskampf der Jahre 1979 entwickelte sich im Sommer 1979 ein erneuter Streik der Lehrergewerkschaft SUTEP. Ursache dieses Streiks war die Tatsache, daß die Regierung nicht bereit war, die Abmachungen zu erfüllen, die sie im Vorjahr mit dem SUTEP getroffen hatte.

Während des 118 Tage dauernden Lehrerstreiks kam es zu zahllosen Demonstrationen vor Kirchen und Botschaften und zu Hungerstreiks, an denen sich auch prominente Politiker der Linken beteiligten, Verhaftungen, Massenentlassungen und blutigen Straßenschlachten. Mitte Juli befanden sich 200.000 Arbeitnehmer verschiedener Branchen im Ausstand, und am 19. Juli 1979 - dem selben Tag, an dem der erste große Generalstreik stattgefunden hatte - legte ein nationaler Streik das Land lahm. Doch angesichts der Härte und Kompromißlosigkeit des Militärregimes, das auf die Unterstützung der rechten Parteien zählen konnte, brach der SUTEP-Streik am 29. September zusammen. Die Gewerkschaftsbewegung insgesamt ging geschwächt aus dieser Auseinandersetzung hervor.

Unterdessen war auch die Arbeit der Verfassunggebenden Versammlung beendet. Gegen Ende der Sitzungsperiode war es immer öfter zu Konflikten zwischen der konservativen Mehrheit der Abgeordneten (APRA, PPC) und den Militärs über einzelne Paragraphen gekommen. Die neue Verfassung, die schließlich verabschiedet wurde, hatte einen liberalen Zuschnitt und legte die Vorherrschaft der Privatwirtschaft fest. Nach der Verabschiedung der Verfassung begannen sich die Parteien auf die Präsidentschafts- und Parlamentswahlen im Mai 1980 vorzubereiten. Parallel dazu vollzogen sich wichtige Veränderungen in einigen Parteien, wovon insbesondere die APRA betroffen war. Der rechte und linke Parteiflügel begannen sich offen zu befehden. Nach dem Ableben Haya de la Torres im August 1979 setzen sich dann endgültig die reformorientierten Kräfte unteer Armando Villanueva durch, der auch zum Präsidentschaftskandidaten nominiert wurde. Die internen Konflikte in der APRA erfaßten auch den der APRA nahestehenden Gewerkschaftsbereich. Die bislang geltende konservative Gewerkschaftslinie der Partei wurde durch eine Gewerkschaftsdoktrin ersetzt, die sich programmatisch auf die "Einheitsfront der ausgebeuteten Klassen" bezog. Allerdings weigerte sich die Mehrheit des CTP-Vorstandes, unter Führung von Julio Cruzado, diese Gewerkschaftslinie seiner Partei zu akzeptieren. Trotzdem hatte die APRA mit den radikaleren Gewerkschaftspositionen bei einigen Arbeiterorganisationen Erfolg. Auf der anderen Seite wurde das Image der APRA in der Öffentlichkeit durch die internen Querelen und den aggressiven Wahlkampf, bei dem auch

Schlägertrupps eingesetzt wurden, zunehmend negativer. Auch Bourgeoisie und Militär entzogen der APRA das Vertrauen.

Bei den Parteien der Linken gab es im Hinblick auf die Wahlen verschiedene Einigungsversuche. KP und PSR schlossen sich zusammen, die Gruppen der radikalen Linken verbündeten sich in der Alianza Revolucionaria de Izquierda (ARI). Interne Streitigkeiten ließen dieses Bündnis im Februar 1980 scheitern: Die Linke trat mit fünf bzw. sieben (wenn man APS und den PSP dazuzählt) Wahllisten an. Von der Schwächung der APRA und der Zersplitterung der Linken profitierte Acción Popular mit ihrem Kandidaten Belaúnde. Dieser führte einen Wahlkampf, der allen Bevölkerungsgruppen und auch den Gewerkschaften Versprechungen machte und den latenten Antimilitarismus der Bevölkerung geschickt ausnutzte. Belaúnde konnte 45,27 Prozent der Erststimmen auf sich vereinigen, der apristische Kandidat Villanueva erreichte nur 27,4 Prozent. Die Linke, die auf knapp 20 Prozent kam, blieb ebenso wie der rechtskonservative PPC klar abgeschlagen. Eine solide rechtsorientierte parlamentarische Mehrheit (die Allianz von AP mit dem PPC) stand so gegen die Opposition einer APRA, die sich allmählich ihrer reformerischen Tradition besann, und einer zersplitterten, jedoch politisch gewichtigen Linken.

Die Regierung Belaúnde betrieb eine neoliberale Wirtschaftspolitik. Sie mußte - nachdem Versuche einer konzentrierten Aktion gescheitert waren - gegen die Mehrheit der Gewerkschaften regieren. CGTP, CTRP-Lima, CNT (eine Fraktion), SUTEP, CITE, FNTMMP und die unabhängigen Föderationen schlossen sich zur Comisión Permanente de Coordinación de Centrales y Federaciones (Permanente Koordinationskomission der Dachverbände und Föderationen) zusammen und legten der Regierung einen gemeinsamen Forderungskatalog vor. Wichtige, bislang unabhängige Gewerkschaftsorganisationen wie SUTEP, FNTMMP und die Federación Gráfica schlossen sich der CGTP an. Eine positive Haltung gegenüber der Regierung Belaúnde nahm nur das wenig bedeutsame Gewerkschaftsbündnis Frente Sindical Democratico ein, dem die von internen Konflikten geplagte CTP, eine Fraktion der CNT und die Reste der CTRP angehörten. Die neoliberale Wirtschaftspolitik, eine weitere Verschlechterung der Reallöhne und eine antigewerkschaftliche Politik verstärkte die Opposition der großen Mehrheit der Gewerkschaften noch mehr, wiewohl die Gewerkschaftsbewegung nicht mehr die Bedeutung wie 1977/78 erreichte. Vor allem die Industriegewerkschaften waren durch die Folgen der Krise geschwächt. Als neues Phänomen entwickelte sich die Guerillabewegung Sendero Luminoso, die ihr Hauptaktionsgebiet in der Region von Ayacucho hatte, jedoch mit Terroranschlägen im ganzen Land aktiv war.

Das Konzept der Regierung Belaúnde, durch eine neoliberale Strategie die Wirtschaft zu sanieren, scheiterte.

Bei den Wahlen von 1985 setzte sich die APRA (46 Prozent) dann mit einem Reformprogramm durch, gefolgt von der Izquierda Unida (21 Prozent), während AP nahezu zu einer Splitterpartei degradiert wurde. Zumindest nach den ersten Erklärungen des neuen Präsidenten Alan García steht zu erwarten, daß die Gewerkschaftspolitik seiner Regierung liberaler sein wird als in den letzten Jahren des Militärregimes und während der Regierung Belaúnde.

KAPITEL XI

ZUSAMMENFASSUNG

ZEHN JAHRE GEWERKSCHAFTEN UND MILITÄRHERRSCHAFT. VON DER BEDINGTEN ZUSAMMENARBEIT ZUM UNÜBERBRÜCKBAREN KONFLIKT

Die Gewerkschaften vor der Machtübernahme der Militärs

Die Gewerkschaftsbewegung, der sich die Militärs nach ihrem Machtantritt gegenübersahen, war durch folgende Merkmale geprägt gewesen.

- Die Möglichkeit gewerkschaftlicher Organisierung war infolge der strukturellen Heterogenität der peruanischen Wirtschaft und Gesellschaft nur für einen minoritären Teil der erwerbstätigen Bevölkerung gegeben. Die Mehrheit der erwerbstätigen Bevölkerung stand nicht in Lohnarbeitsverhältnissen. Einem wichtigen Teil der abhängig Beschäftigten war das Recht auf gewerkschaftliche Organisierung verwehrt: in Unternehmen mit weniger als 20 Arbeitnehmern und für die Mehrheit der staatlichen Bediensteten. Die restriktive Handhabung der gesetzlichen Anerkennung von Gewerkschaften und eine wenig gewerkschaftsfreundliche Politik der früheren Regierungenhatten ein übriges dazu getan, die Entwicklung der Gewerkschaftsbewegung zu blockieren.

- Trotz dieser Begrenzungen hatte sich die Zahl der gewerkschaftlich Organisierten in Peru seit Mitte der fünfziger Jahre beträchtlich erhöht. Ursache dafür war eine vom Auslandskapitel dominierte Industrialisierung, in deren Folge neue Arbeitssektoren entstanden. Mit dieser importsubstituierenden Industrialisierung holte Peru Entwicklungen nach, die in Argentinien, Brasilien und Mexiko schon in den dreißiger Jahren gelaufen waren. Aber obwohl die gewerkschaftliche Organisierung zugenommen hatte, waren 1968 in Peru nur lediglich 450.000 Arbeitnehmer (11 Prozent der Erwerbstätigen) in Gewerkschaften zusammen geschlossen.

- Die Gewerkschaften waren primär in den hochkapitalisierten Sektoren der peruanischen Wirtschaft verankert. Industrie, Bergbau, Zucker, Banken sowie Bauwirtschaft bildeten die Zentren gewerkschaftlicher Organisation und Macht, um welche sich die anderen Gewerkschaften herum gruppierten. Innerhalb der Gruppe der gewerkschaftlich Organisierten gab es ausgeprägte Unterschiede bezüglich Lohnniveau, Arbeitsbedingungen und Qualifikationsanforderungen. In den großen kapitalintensiven Unternehmen, die meist vom Auslandskapital kontrolliert wurden, waren die Löhne vergleichsweise höher und die Arbeiter qualifizierter als in den kleineren und mittleren Betrieben. Diese Unterschiede führten auch zu einer Segmentierung und Fragmentierung des Bewußtseins der Arbeiter.

- Das Bewußtsein der Arbeiter in Klein- und Mittelbetrieben, die sich zu einem großen Teil aus Zuwanderern der ersten Generation zusammensetzten, war stark von ihrem ländliche Ursprung geprägt. Auch bei den Bergarbeitern des zentralen Hochlandes, die sich historisch aus der Indiobevölkerung im Umfeld der Bergbauenklaven rekrutierten, bestanden - trotz moderner Arbeitsbeziehungen - weiterhin enge Bindungen an die ländliche Tradition.

- Innerhalb der Gewerkschaften war zur Zeit des Militärputsches ein Umbruch im Gange, der mit den wirtschaftlichen und politischen Entwicklungen der letzten Jahre eng verknüpft war. Die jahrzehntelange Kontrolle der apristischen Partei über die organisierte Arbeiterbewegung war im Schwinden begriffen. Die APRA war bei dem Versuch, ihr antioligarchisches, nationalistisches Projekt durchzusetzen, gescheitert, hatte sich von ihren Reformansätzen losgesagt und sich mit dem oligarchischen Staat arrangiert. Die Einbindung der Gewerkschaftaen in das Politikmodell der Oligarchie ließ sich jedoch nicht reibungslos durchsetzen. Insbesondere die im Gefolge der Industrialisierung der fünfziger Jahre entstandenen Arbeitersektoren entzogen sich diesem Projekt. Hier konnten andere Parteien, insbesondere die Kommunistische Partei, die - wenn auch im Schatten der APRA - über eine langjährige Gewerkschaftspraxis verfügte, ihre Stellung ausbauen. Der Rückgang des apristischen Einflusses ging einher mit dem Scheitern eines von den US-Gewerkschaften inspirierten Gewerkschaftsverständnisses, das bestehende Gewerkschaftsverhältnisse, Sozialpartnerschaft und Beschränkung auf Tarifpolitik akzeptierte.

- Aus all diesen Gründen war die politische Bedeutung der Gewerkschaftsbewegung gegen Ende der sechziger Jahre gering. Zu den strukturellen Begrenzungen traten weitere Faktoren: interne Konflikte, geringe Autonomie gegenüber Parteien und Staaat, fehlende rechtliche Absicherung von Gewerkschaftsführern und staatliche Unterdrückung von Arbeitskonflikten, die enge Anbindung an die APRA, die seit den fünfziger Jahren nicht mehr in der Lage war, den Gewerkschaften eine politische Perspektive zu vermitteln.

Der Einfluß des Militärischen Reformprojektes auf dem gewerkschaftlichen Handlungsspielraum

Das Reformprojekt der Militärs berührte auf zahlreichen Ebenen das Aktionsfeld der Gewerkschaften. Ziel des Reformprojekts war es, die Grundlagen für eine selbsttragende Industrialisierung zu legen, den internen Markt zu erweitern, außenwirtschaftliche Abhängigkeiten zu reduzieren und Sozialkonflikte zu entschärfen. Zur Durchsetzung dieses Projekts mußten bestimmte gesellschaftliche Kräfte geschwächt und andere gefördert werden. Gegner der Militärs waren die Oligarchie und ihre Verbündeten, während die Industriellen und der moderne Teil der Arbeiterklasse begünstigt werden sollten. Im Zentrum der Reformpolitik standen die Agrarreform, die unter anderem der Oligarchie ihre ökonomische Basis entziehen sollte, und andere Strikturreformen im hochkapitalisierten Wirtschaftssektor (Industrie, Exportwirtschaft, moderne Dienstleistungen und Finanzsektor).
Diese Reformen in Verbindung mit einer neuen Sozial- und Arbeitsgesetzgebung, Betriebsgemeinschaftsmodellen (Comunidades Laborales) und der Ausschaltung der politischen Parteien schufen die Voraussetzungen für weitreichende Veränderungen in den Gewerkschaften Perus.

- Durch die Nationalisierungen und Verstaatlichungen, den Aufbau neuer Unternehmen und die Erweiterung des Staatsapparates wurden immer mehr Arbeitnehmer direkt vom Staat abhängig. Während vor 1968 eine deutliche Mehrheit der gewerkschaftlich Organisierten in der Privatwirtschaft tätig war, überwogen am Ende der Militärherrschaft die Gewerkschaftsmitglieder des Staatssektors.

- Dank der verschiedenen Formen von Betriebsgemeinschaften erhöhten sich die Einkommen der betroffenen Arbeiter und Angestellten, die ohnehin schon zu den vergleichsweise besser Bezahlten gehörten. Die eigentliche Bedeutung der Betriebsgemeinschaften lag jedoch darin, daß sich die Arbeitnehmer über die dort festgelegten Mitbestimmungsformen Managementkenntnisse aneignen konnten.

- Die zentralisierte Regelung der Arbeitsbeziehungen durch den Staat führte dazu, daß die Tarifproblematik aus dem Unternehmensbereich weitgehend ausgegliedert und auf die Ebene Staat - Gewerkschaft verlagert wurde. Der Staat wurde zum direkten Gegenspieler der Gewerkschaften, womit eine Politisierung der Tarifkonflikte vorgegeben war.

- Das Kündigungsschutzgesetz von 1970, dem die Funktion zukommen sollte, Massenentlassungen vorzubeugen, trug erheblich zur Konsolidierung der Gewerkschaften bei. Es schob der bisher gängigen Praxis, unbequeme Gewerkschafter von einem Tag auf den anderen zu entlassen, einen Riegel vor.

- Die verstärkte Legalisierung von Gewerkschaften, vor allem zwischen 1969 und 1974 (die in Lateinamerika nur mit Chile zwischen 1966 und 1973 vergleichbar ist), erhöhte nicht nur beträchtlich die Zahl der gewerkschaftlich Organisierten, sondern veränderte auch die Mitgliederstruktur der Gewerkschaften. Die bislang kaum organisierten Arbeitnehmer von Kleinbetrieben aus dem Dienstleistungssektor und dem Handel integrierten sich verstärkt in die Gewerkschaftsbewegung.

- Die Ausschaltung der politischen Parteien schuf die Voraussetzungen für eine politische Aufwertung der Gewerkschaften, die nun versträrkt in den Blickpunkt des öffentlichen Interesses rückten.

- Parteien, die sich aufgrund ihrer Ideologie der Arbeiterbewegung verbunden fühlten, versuchten nun, ihre Positionen auf dem Umweg über die Gewerkschaften in die nationale Politik einzubringen. Dies führte jedoch nicht zu einer parteipolitischen Durchdringung der Gewerkschaftsbasis. Die Parteien kontrollierten lediglich die Führungen von Dachverbänden und Föderationen. Gleichzeitig provozierte diese Art von Instrumentalisierung in Teilen der Gewerkschaften Ressentiments gegen politische Parteien.

Zur politischen Praxis der Militärs gegenüber den Gewerkschaften

Innerhalb der vom Reformprojekt der Militärs vorgegebenen Rahmenbedingungen, entwickelte sich die tägliche politische Praxis der Beziehungen zwischen Gewerkschaften und Militärs, in welche jedoch auch direkt und indirekt zahlreiche andere Akteure (Unternehmer, Parteien, Kirche, internationale Gewerkschaftsorganisationen usw.) intervenierten.

Als die Militärs 1968 die Macht übernahmen, existierte in ihren Reihen ein Grundkonsens über die Notwendigkeit ökonomischer Reformen. Über die anzustrebende Gesellschaftsordnung gab es eine Vielzahl meist vager Vorstellungen, nicht zuletzt infolge von Interessengegensätzen in der Militärführung. Einig war man sich vor allem darüber, was man nicht wollte: Politische Parteien wurden abgelehnt (da sie sich in den Augen der Militärs als unfähig erwiesen hatten, gesellschaftlich notwendige

Reformen durchzuführen). Diese Ablehnung bezog sich auch auf Parteiaktivitäten in den Gewerkschaften. Ebensowenig entsprach die Funktion der Gewerkschaften als autonome Interessenvertretung einer sozialen Klasse den nationalistischen Gesellschaftsidealen der Militärführung, wo kein Raum für Sozial- und Klassenkonflikte war. Ein repressives Vorgehen gegen die Gewerkschaftsbewegung hätte jedoch den frühzeitigen Bruch mit der Arbeiterschaft bedeutet und den Kampf gegen die Oligarchie erschwert sowie die "philosophischen" Grundlagen der Revolución Peruana in Frage gestellt. Die Strategie der Militärs lief daraus hinaus, den konfliktfähigen Teil der Arbeiterklasse durch entgegenkommende Reformen direkt an den Staat zu binden. Die Comunidades Industriales sollten dazu beitragen, langfristig die Klassenkonflikte zu überwinden, womit aus der Sicht der militärischen Planer die "traditionellen" Gewerkschaften überflüssig geworden wären. Den Gewerkschaften war nie eine tragenden Rolle im Reformprojekt der Regierung Velasco zugedacht worden, wie zum Beispiel in den nationalen Projekten von Perón in Argentinien oder Cárdenas in Mexiko.

Dennoch waren vor allem die Reformer in der Militärregierung in den ersten Jahren darum bemüht, einen Weg mit den Gewerkschaften zu finden und Konfrontationen zu vermeiden. Von daher wurden den Gewerkschaften vor allem tarifliche Zugeständnisse gemacht, ohne daß ihnen eine politische Rolle zugebilligt worden wäre. Die Vergünstigungen des Militärregimes für Gewerkschaften bezogen sich allerdings primär auf die Organisationen, die mit seinem Projekt konform gingen. In der gewerkschaftlichen Konstellation, die zur Zeit des Putsches von 1968 in Peru herrschte, konnte dies nur die CGTP sein, die erst wenige Monate zuvor als Konkurrenzverband zur apristisch geführten CTP gegründet worden war. Zwar stand das Militärregime der Kommunistischen Partei, die seit Ende 1969 vollständig den CGTP-Vorstand kontrollierte, distanziert gegenüber, aber die Unterstützung der CGTP war die einzige Möglichkeit, den sich abzeichnenden Niedergang der CTP zu beschleunigen.

So erfuhr die CGTP in den drei ersten Jahren eine bevorzugte Behandlung. Die kommunistische CGTP-Führung war bereit, sich dem Reformprojekt des Regimes unterzuordnen. Dabei waren weniger die Zugeständnisse des Militärs an die CGTP ausschlaggebend als Nützlichkeitserwägungen der KP.
Die antioligarchische Politik des Militärregimes, seine Industrialisierungsstrategie und die Nationalisierung ausländischer Konzerne entsprachen in vielen Punkten der Linie der KP. Daß sich das Militärregime auch noch aggressiv von der APRA, dem traditionellen Gegner der KP, abgrenzte, war ein Argument mehr. Darüber hinaus fanden die Reformen den Beifall der überwiegenden Mehrheit der Arbeitnehmer, ohne daß dies eine aktive Unterstützung bedeutet hätte. Dennoch waren viele nicht bereit, ihre Tarifforderungen der staatlichen Planung unterzuordnen.

Eine eigentlich politische Opposition gegen das Reformprojekt beschränkte sich zu diesem Zeitpunkt auf einige einflußlose maoistiscshe Gruppen, während andere Organisationen der Neuen Linken noch damit beschäftigt waren, das Novum einer reformerischen Militärregierung zu verarbeiten.

Im Falle der Lehrer- und Bergarbeitergewerkschaften endeten Tarifkonflikte 1971/72 mit einem politischen Bruch mit dem Militärregime. Unfähig, den tariflichen Charakter dieser Streiks zu erkennen, stilisierten die Militärs diese Streiks zu subversiven Aktivitäten hoch, um dann mit Härte zu reagieren.
Die in diesen Fällen von Fehleinschätzungen, Unkenntnis der gewerkschaftlichen Szene und politischer Instinktlosigkeit geprägte Haltung der Militärs führte zu einer erbitterten Gegnerschaft mit weitreichenden

politischen und ökonomischen Konsequenzen. Gleichzeitig öffnete die Unterdrückung der Streiks der Bergarbeitergewerkschaften der Cerro de Pasco Corporation und der Lehrergewerkschaft im Jahre 1971 die Tür für den Aufstieg von bislang wenig erfolgreichen maoistischen Gruppen, die die auf Ausgleich bedachten KP-Gewerkschafter aus den Gewerkschaftsführungen verdrängen konnten. Dies wiederum bestärkte die Militärs in ihrer Ansicht, daß Streiks der Lehrer und Bergarbeiter grundsätzlich politische Motive hätten und deshalb unterdrückt werden müßten. Mit Ausnahme der Bergarbeiter und Lehrer kam es jedoch bis 1973 nicht zu größeren Konfrontationen zwischen Militärregime und Gewerkschaften.

Obwohl die schweren Arbeitskonflikte - nicht zuletzt durch die ausgleichende Rolle der CGTP-Führung - auf Ausnahmen begrenzt blieben, zeigten sich die Militärs nicht zufrieden. Von der Einführung des Comunidad Industrial und des neuen Tarifverhandlungssystems hatten sie sich einen drastischen Rückgang der Streiks versprochen. Der CGTP-Führung, die sich in den Augen der Militärführung als unfähig erwiesen hatte, ihre Basis tariflich zu diszuplinieren, wurde das Vertrauen entzogen. Diese Entwicklung hatte sich bereits 1971 angedeutet, als sich einige führende Militärs gegenüber der Gründung eines christdemokratisch orientierten Dachverbandes Confederación Nacional de Trabajadores (CNT) positiv verhalten hatten. Doch zeigte sich schnell, daß der Wirkungskreis der CNT auf ökonomische Randgebiete beschränkt blieb. Angesichts dieser Situation forcierte eine reaktionär-korporatistische Fraktion innerhalb des Militärs seit Mitte 1972 den Aufbau eines gewerkschaftlichen Dachverbandes, der sich nach den Kriterien der "Peruanischen Revolution" ausrichten sollte. Ihr Ziel war in erster Linie, die anderen Gewerkschaften auszuschalten, wenn nötig durch Manipulationen und Gewalt.

Die Schaffung der CTRP provozierte neue Konflikte. Die Militärs waren nun nicht mehr Schiedsrichter im Bereich der Arbeitsbeziehungen, sondern Partei geworden. Doch der Versuch, mittels der CTRP die autonome Gewerkschaftsbewegung auszuschalten, scheiterte. Weder bei den wichtigen Industriegewerkschaften, die großenteils der CGTP angeschlossen waren, noch bei den Bergarbeiterorganisationen oder den Gewerkschaften des modernen Dienstleistungssektors konnte die CTRP sich durchsetzen. Nur aus der CTP und CNT konnte die CTRP einige kleinere Föderationen herauslösen und bei sich eingliedern. Mit Ausnahme der Industriefischer-Organisationen gelang es ihr nicht, bedeutende Gewerkschaften zu organisieren. Doch nicht nur, daß das Projekt CTRP nicht reüssierte, es trug auch entscheidend zur Verschlechterung der Beziehungen zwischen Militärregime und Gewerkschaftsbewegung bei, die mit Vehemenz die Autonomie ihrer Organisationen gegen die CTRP und ihre Hintermänner verteidigte.

Seit 1973/74 veränderten sich die Aktionsbedingungen der Gewerkschaften. Durch Rückgang der Deviseneinnahmen, hohe Auslandsverschuldung, ausbleibende Investitionen der Unternehmer und Scheitern einiger Kernreformen begann sich der Handlungsspielraum der Militärs zu reduzieren. Die Differenzen im Militärapparat brachen offen aus, zumal die Integrationsfähigkeit General Velascos nach seiner schweren Krankheit im Jahre 1973 zurückging. Sein Regierungsstil wurde autoritärer, und er begann, Sympathien für die reaktionär-korporative Militärfraktion zu zeigen.
Die Industriellen, die durch die Ausschaltung der oligarchischen Sektoren an Bedeutung gewonnen hatten, stellten verstärkt ihre Forderungen. Für die Arbeitnehmer brachten diese Entwicklungen eine Verhärtung der Arbeitspolitik und - ab 1974 - ein Absinken der Reallöhne. Dagegen wehrten sich die Gewerkschaften mit zunehmenden Streikaktivitäten. Die Zahl der durch Streiks ausgefallenen Arbeitsstunden lag zwischen 1973

und 1975 mehr als doppelt so hoch wie zwischen 1970 und 1972. Gleichzeitig entwickelten sich in den Provinzen Bewegungen, bei denen sich gewerkschaftliche Forderungen mit regionalem Unmut gegen die Zentralregierung verbanden. Die beiden bedeutendsten regionalen Proteste in Arequipa und Chimbote im Jahre 1973 entzündeten sich an der Arbeits- und Gewerkschaftspolitik des Regimes.

Die Absetzung General Velascos im August 1975 schien zunächst für die Gewerkschaften keine negativen Folgen zu haben, da sie gemeinsam von Reformern und Technokraten in der Militärführung durchgeführt wordern war. Doch bereits nach wenigen Monaten bestimmten die konservativ-technokratischen Militärs den Kurs der Wirtschaftspolitik, da die Reformer nicht in der Lage waren, alternative Konzeption gegen die sich verschärfende Wirtschaftskrise zu entwickeln.

Verstärkt seit Beginn 1976 setzten die Militärs eine Wirtschaftspolitik durch, die die Handschrift des IWF trug und sich teilweise mit den Interessen der gestärkten peruanischen Industriebourgeoisie deckte. Um das Sanierungsprogramm radikal durchsetzen zu können, mußten jedoch die Reformer im Militärapparat entmachtet und die Gewerkschaften neutralisiert werden. Von den Organisationen der beherrschten Klassen waren die Gewerkschaften in der gegebenen Situation die einzigen, die die reibungslose Durchführung der Stabilitätspolitik im Sinne der IWF gefährden konnten. Trotz struktureller Limitierung, organisatorischer Mängel und ideologischer Zersplitterung war es den Gewerkschaften in den sieben Jahren des Militärregimes gelungen, ihre Stellung zu stärken.
Daß die gestärkte Gewerkschaftsbewegung in der Krise nicht bereit war, kampflos immer neue Reallohnverluste hinzunehmen, bewies sie in einer Welle von heftigen und langandauernden Streiks in den letzten Monaten

des Jahres 1975 und in der ersten Hälfte des Jahres 1976.

Gewerkschaften im Widerstand gegen das Militärregime

Mitte des Jahres 1976 wurde im Militär die Reformfraktion mit einer Blitzaktion unblutig ausgeschaltet. Gleichzeitig wurde für 14 Monate der Ausnahmezustand verhängt und Streiks verboten. Über Lima wurde eine Ausgangssperre verhängt, was die gewerkschaftliche Koordination empfindlich störte. Vereinzelte Streikversuche wurden im Keim erstickt, die Streikführer verhaftet. Dabei nahme das Regime billigend in Kauf, daß die letzten Beziehungen zur organisierten Arbeiterbewegung bis hin zu den einst von den Militärs selbst geschaffenen Organisationen abgebrochen wurden. Sicher waren die Unterdrückungsmaßnahmen des Militärregimes in Peru nicht mit der Repression der Militärdiktaturen in Chile, Uruguay und Argentinien vergleichbar, doch bedeuteten sie für die peruanische Arbeiterbewegung eine neue Erfahrung in den Beziehungen zu den Militärs seit 1968.

Die Gewerkschaften standen den veränderten politischen Rahmenbedingungen weitgehend hilflos gegenüber. Der Schock über die Verwandlung der einst "revolutionären Militärs" lähmte insbesondere die Gewerkschaftstendenzen, die sich bislang dem Reformprojekt verbunden gefühlt hatten. Zudem fühlte sich die CGTP-Führung zur Mäßigung verpflichtet, da sie befürchtete, radikale Aktionen könnten den Putsch einer angenommenen faschistischen Fraktion im Militär provozieren.

Währenddessen setzte das Militär die Stabilitätspolitik des IWF durch und vertiefte seine Kontakte zum lokalen Kapital und den traditionellen

Parteien. Diese Beziehungen - sowohl zu den internationalen Finanzinstitutionen als auch zu den lokalen Machtgruppen und Parteien - waren nicht konfliktfei. Wenn die Militärs auch grundsätzlich ihre Rolle als "Sanierer" der Wirtschaft im Sinne des IWF und der internationalen Banken akzeptierten, so kam es doch in Detailfragen immer wieder zu Konfrontationen.

Die Hauptforderungen der Unternehmer, die sich in vielem mit denen des IWF deckten, zielten auf Reprivatisierung und Reformabbau. Die Militärs waren hier zu weittragenden Konzessionen bereit. Zum ersten Objekt für eine Reprivatisierung wurde der erst 1973 verstaatlichte, krisengeschüttelte Fischereisektor ausgewählt, wodurch jedoch einer der bis dahin längsten und härtesten Streiks ausgelöst wurde. Die knapp 10.000 Industriefischer, einst gewerkschaftliche Hilfstruppen der reaktionär-korporativen Militärfraktion, die sich 1975 eine unbelastete, vom Staat unabhängige Gewerkschaftsführung gegeben hatten, kämpften um ihre Existenz, aber auf verlorenem Posten.
Die Militärs standen unter dem Druck, IWF und Unternehmern zu beweisen, daß sie willens und fähig waren, ihr Stabilitätsprogramm durchzusetzen. Kernreformen, wie die Comunidad Industrial, wurden unter dem Beifall der Unternehmer demontiert. Die Verständigung mit den traditionellen Parteien erwies sich als besonders schwierig, da diese den Militärs ihre zehnjährige Marginalisierung nicht verzeihen konnten und unter Führung der vormaligen Regierungspartei Acción Popular den Rückzug des Militärs in die Kasernen und die Abhaltung von Wahlen forderten. Zwar erwähnten die Militärs in ihrem neuen Regierungsplan Tupac Amaru (Februar 1977) die Möglichkeit von Wahlen, doch waren sie nicht bereit, sich terminlich festzulegen. Zu groß war zu diesem Zeitpunkt noch der innermilitärische Widerstand gegen eine Rückgabe der politischen Macht an die Parteien.

Diese Konstellation wurde im Juni/Juli 1977 durch eine Protestwelle, die in den Generalstreik vom 19. Juli 1977 mündete, durchbrochen. Konkreter Anlaß für diese oft tagelangen, aufstandähnlichen Unruhen in Provinzstädten war ein Bündel von Wirtschaftsmaßnahmen, das erneut den Lebensstandard der ärmeren Bevölkerungsgruppen drastisch drückte. Höhe- und Endpunkt der Protestwelle war ein eintägiger Generalstreik, der nach langwierigen und zähen Verhandlungen von der großen Mehrheit der wichtigen Gewerkschaftsorganisationen beschlossen wurde. Der gemeinsame Forderungskatalog ging weit über gewerkschaftliche Anliegen hinaus und schloß auch Bedürfnisse anderer Bevölkerungsgruppen ein. Das Militärregime reagierte auf die Ankündigung des Streiks mit präventiven Festnahmen und einer heftigen Propagandakampagne, durch welche der Streik zu einer politischen Aktion und einer Abstimmung mit Füßen für oder gegen die Militärs hochstilisiert wurde. Diese Abstimmung fiel klar zu Ungunsten des Militärregimes aus, denn der Streikaufruf wurde landesweit befolgt und legte nahezu die gesamte Wirtschaft lahm. Die Gewerkschaften profilierten sich als politisches Zentrum der Opposition und übernahmen gleichzeitig für Momente die Rolle des organisatorischen Rückgrats einer städtischen Massenbewegung. Der landesweite Generalstreik machte den Militärs den Grad ihrer sozialen Isolierung deutlich.

Keine relevante gesellschaftliche Kraft hatte die Regierung unterstützt und auch keine der traditionellen Parteien, die weiterhin ihre Unterstützung von der Vorlage eines verbindlichen Wahlfahrplans abhängig machten. Angesichts dieser Situation entwickelten die Militärs eine Strategie, die einerseits die Verständigung mit den traditionellen Machtgruppen vorantreiben und andererseits eine Gewerkschaftsbewegung, die es unter schwierigsten Bedingungen geschafft hatte, einen erfolgreichen Generalstreik zu organisieren, zurückdrängen sollte. Drei Tage nach dem Streik ermächtigte die Regierung Unternehmer und Staatsbetriebe, alle in exponierter Position am Streik Beteiligten zu entlassen. 3.500 Arbeiter und Angestellte, in ihrer großen Mehrheit Gewerkschaftsfunktionäre, wurden fristlos entlassen. Neun Tage nach dem Streik, am 28. Juli 1977, dem Nationalfeiertag, legte Präsident Morales Bermudez dann einen detaillierten Wahlkampfplan vor: Im Juni 1978 sollten Wahlen zu einer Verfassunggebenden Versammlung und im Mai 1980 nationale Wahlen stattfinden. Kurz danach wurde der seit 14 Monaten andauernde Ausnahmezustand aufgehoben. Mit diesem Schritt erweiterte das Militärregime seinen Spielraum und sicherte sich die Unterstützung der traditionellen Parteien, insbesondere der APRA, die ihrerseits zum Favoriten der Militärs wurde. Die Entscheidung des Regimes für die Rückkehr zum parlamentarischen System war weder Resultat eines Drucks von unten, wie etwa in Brasilien und Uruguay, und auch nicht Folge eines demokratischen Gesinnungswandels der Militärs, sondern ein taktischer Zug, um die gesellschaftliche Isolierung zu überwinden.

Die Gewerkschaften hatten, ohne daß Wahlen ihre Forderungen gewesen wären, einen entscheidenden Beitrag zur Rückkehr zum parlamentarischen System geleistet, dafür jedoch einen hohen Preis gezahlt. Die Massenentlassungen von Gewerkschaftsführern trafen die organisierte Arbeiterbewegung wie ein Schock und lösten eine Krise aus. Die am 19. Juli 1977 erreichte Einheit zerfiel. Ein Teil der radikalen Gewerkschaften unternahm am 20. September 1977 einen weiteren Anlauf zu einem nationalen Streik, der kläglich stecken blieb. CGTP und CNT setzten auf Verhandlungen mit dem Militärregime, blieben jedoch ebenfalls erfolglos. In den Führungsgremien beider Dachverbände kam es zu Kontroversen, die sich lähmend auf die Organisationen auswirkten. Es war dem Militärregime auch gelungen, die Gewerkschaften zumindest vorläufig zu neutralisieren. Allerdings handelte sich das Regime damit einen Konfliktbereich ein, der noch auf Jahre hinaus Arbeitskämpfe und Politik des Landes prägen sollte. Die Forderung nach Wiedereinstellung der entlassenen Gewerkschafter wurde zum Bestandteil nahezu aller Arbeitskonflikte und provozierte in den ersten Monaten des Jahres 1978 eine Reihe von Hungerstreiks.

Gleichwohl verliefen Streiks und Arbeitskämpfe unkoordiniert und isoliert und konnten mit Ausnahme des 52tägigen Streiks der Stahlarbeiter von Chimbote, den die ganze Stadt unterstützte, relativ leicht kontrolliert werden. Ein weiterer Generalstreik, am 27./28. Februar 1978, in dessen Verlauf es zu heftigen gewerkschaftsinternen Konflikten gekommen war, wurde politisch ein Fehlschlag. Lokale Bourgeoisie und traditionelle Parteien stellten sich hinter das Militärregime, Handel und Transport trugen den Streik nur teilweise mit.
Im Gegensatz zum 19. Juli 1977 verzichtete das Militär darauf, den Streik zu einer Kraftprobe hochzustilisieren, sondern ließ ihn weitgehend leerlaufen.

Unterdessen war der Wahlkampf für die Verfassunggebende Versammlung in eine heiße Phase getreten. 13 Parteien und Parteibündnisse hatten die Bedingungen für eine Einschreibung ins Wahlregister erfüllt. Führende Gewerkschafter waren von den Parteien der Linken und der APRA als Kandidaten aufgestellt worden. Gewerkschaftliche Themen bildeten bei den Gruppierungen der Linken das zentrale Thema des Wahlkampfes.

Im Mai 1978, wenige Wochen vor den Wahlen zur Verfassunggebenden Versammlung, brachte eine neue Protestwelle das Konzept der Militärs ins Wanken und stellte die reibungslose Durchführung der Wahlen in Frage. Wieder war der konkrete Anlaß für die Proteste die Bekanntgabe eines

Bündels von Wirtschaftsmaßnahmen, die den ärmeren Teil der Bevölkerung besonders hart trafen.
Anders als bei den Protesten des Vorjahres war diesmal die Reaktion der Bevölkerung spontan und direkt, und im Gegensatz zu den Protesten des Vorjahres war diesmal auch die Landbevölkerung ansatzweise mit einbezogen. Die Proteste in den Provinzen und der Druck der Gewerkschaftsbasis, die in vielen Provinzstädten bereits im Streik stand, nötigten die Gewerkschaftsführungen, schnell eine Einigung über eine gemeinsame Aktion herbeizuführen. Für den 22./23. Mai 1978 wurde ein erneuter Generalstreik festgelegt. Die Zahl der Gewerkschaftsorganisationen, die den Streikaufruf unterstützten, war noch größer, als am 19. Juli 1977. Mit Ausnahme der nationalen CTRP - ihre regionale Organisation von Lima war allerdings längst im Lager der Opposition - beteiligten sich alle relevanten Organisationen. Selbst die apristische CTP entschloß sich im letzten Moment zur Teilnahme. Trotz präventiver Verhaftungen und der Appelle von Militärs und Unternehmerverbänden, legte der Streik an beiden Tagen die Wirtschaft vollständig lahm und übertraf in seinen nationalen Ausnahmen den ersten Generalstreik vom 19. Juli 1977. Wiederum kam es in den Randgebieten von Lima zu bürgerkriegsähnlichen Unruhen. Während bislang des Militärregime die Erfolge bei Streiks heruntergespielt hatte, wurde diesmal der Streik zum Werk "professioneller Agitatoren" erklärt. Man hob die Plünderungen und terroristischen Aktionen hervor und entfesselte gegen die angeblich dafür verantwortliche politische Linke eine heftige Pressekampagne. Mit dieser Argumentation rechtfertigte das Regime sowohl die Abschiebung führender Kandidaten der Linken für die Verfassunggebende Versammlung ins Ausland als auch die Inhaftierung und Verfolgung anderer.
Noch unter dem Eindruck der Auswirkungen dieser landesweiten Rebellion und begleitet von einem bereits fünf Wochen dauernden Lehrerstreik,

fanden die Wahlen zur Verfassunggebenden Versammlung statt. Die APRA als stärkste Partei erreichte nur wenig mehr als ihr traditionelles "apristisches Drittel" der Stimmen. Der rechtskonservative PPC blieb mit 24 Prozent hinter den Erwartungen zurück. Die eigentliche Überraschung lieferten die Parteien der politischen Linken, deren Wählerpotential vor 1968 minimal geblieben war. Die sozialistisch und kommunistisch ausgerichteten Parteien und Allianzen der Linken erreichten zusammen 30 Prozent, andere reformorientierte Parteien 6 Prozent. Innerhalb von 10 Jahren Militärherrschaft hatte sich die politische Landkarte Perus grundlegend verändert.

Beim Generalstreik vom 22./23. Mai hatte die peruanische Gewerkschaftsbewegung ihre größte Mobilisierungsfähigkeit erreicht. Danach zerfiel die erreichte Einheit, und es folgten einige isolierte sektorale Streiks, von denen einige allerdings große politische und ökonomische Auswirkungen hatten. Bereits Anfang Mai war die Lehrerschaft, geführt vom SUTEP, in einen Streik getreten, der von Woche zu Woche konfliktreicher verlief. Die wirtschaftlichen Gründe wurden vom Militärregime ignoriert, der Streik als Aktion der "Ultralinken" dargestellt und unterdrückt. Doch anders als in den vorangegangenen Arbeitskonflikten übten die SUTEP-Funktionäre parteipolitische Abstinenz und stellten die Tarifforderungen der verarmten Lehrerschaft in den Vordergrund. Mit dieser Taktik gelang es, die Lehrerschaft im ganzen Land zu mobilisieren und sich der Unterstützung der Elternverbände, der Kirchen und anderer Gewerkschaften zu versichern. Die Militärregierung lenkte nach 80 Tagen ein und akzeptierte einen Großteil der Forderungen.

Kaum war der Lehrerstreik zu Ende, da begann am 4. August ein nationaler Streik der Bergarbeiter, in dessen Zentrum die Forderungen nach Wiedereinstellung der entlassenen Gewerkschafter stand. Höhepunkt dieses ersten Streiks, der sowohl von den Gewerkschaften des zentralen Hochlandes wie denen des Südens getragen wurde, war der Marsch von 10.000 Arbeitern samt Frauen von den Bergwerken des zentralen Hochlandes nach Lima, wo sie einen Monat lang für ihre Forderungen demonstrierten. Durch Blockierung und Militarisierung der Bergwerke sowie auch die gewaltsame Vertreibung der streikenden Bergarbeiter aus Lima, zerschlug die Regierung diesen Streik, der aufgrund der hohen Devisenausfälle die Stabilitätspolitik des Militärregimes gefährdete.

Der dritte Streik im Sommer 1978 wurde von den Staatsbediensteten geführt, denen mehrfach qua Gesetz gewerkschaftliche Organisierung und Arbeitsniederlegung verboten worden waren. Anstehende Massenentlassungen, die vom IWF als Teil des Stabilisierungsprogramm gefordert wurde, und Verfall der Löhne und Gehälter, der noch ausgeprägter als in der Privatwirtschaft war, brachten die staatlichen Bediensteten dazu, sich über das Streikverbot hinwegzusetzen und führten zur Bildung der Gewerkschaftskoordination CITE (Comité Intersectorial de Trabajadores Estatales). Neben dem SUTEP und der FEB (Bankangestellte) hatte sich mit dem CITE eine weitere wichtige Organisation der lohnabhängigen Mittelklassen etablieren können, und alle drei wurden von der politischen Linken beeinflußt. Die Kämpfe der Staatsbediensteten trugen wesentlich dazu bei, daß von der Verfassunggebenden Versammlung das Recht auf gewerkschaftliche Organisierung im öffentlichen Dienst in der Verfassung verankert wurde.

Auch in anderen Wirtschaftsbereichen und in Regionen entwickelten sich harte Arbeitskämpfe. Insgesamt machten sie das Jahr 1978 zum weitaus streikintensivsten Jahr der peruanischen Geschichte. Doch konnte auch dies nicht darüber hinwegtäuschen, daß die im Mai 1978 erreichte gewerkschaftliche Einheit zerfallen war, daß ein Großteil der Streiks erfolglos blieb und die Auswirkungen der Wirtschaftskrise die gewerkschaftlichen Aktionsbedingungen schwächten. Zudem gerieten durch die Arbeit der Verfassunggebenden Versammlung und durch die näherrückenden Wahlen die Parteien, nach zehn Jahren politischer Zwangsabstinenz stärker ins Zentrum des öffentlichen Interesses. Zwar versuchte die Gewerkschaftsbewegung weiterhin, aus verschiedenen Anlässen landesweit Streiks zu organisieren, doch zeigte sich, daß sich das Mittel des Generalstreiks politisch abgenutzt hatte. Zwar kam es weiterhin zu langdauernden, teils konfliktiven Streiks - wie einem erneuten viermonatigen Streik der SUTEP im Jahr 1979 -, doch gelang es nur selten, dem Militärregime Zugeständnisse abzuringen. Eine gemeinsame politische Perspektive von Gewerkschaften und Parteien der Linken im Hinblick auf die nationalen Wahlen scheiterte am Sektierertum der Parteien und führte dazu, daß die Linke auf sieben verschiedenen Listen in die Wahlen von 1980 zog. In der APRA hatte nach dem Tode des Gründers Haya de la Torre im Jahre 1979 ein Erneuerungsprozeß stattgefunden, der die Partei stärker für reformorientierte Positionen öffnete. Doch eine neue, von der Partei beschlossene progressive Gewerkschaftsphilosophie stieß im Innern der CTP auf den Widerstand der alten apristischen Garde.

Die Gewerkschaftsbewegung, der sich nach 1980 die Regierung Belaúnde gegenüber sah, hatte viel von ihrer politischen Bedeutung und Dynamik der Jahre 1977/1978 verloren. Allerdings war die Gewerkschaftsbewegung bei weitem stärker, selbstbewußter und erfahrener als in der ersten Amtsperiode Belaúndes, die der Militärputsch von 1968 abrupt beendet hatte.

KAPITEL XII

Schlußfolgerungen

1. Vor allem die ersten Jahre des Militärregimes hatten - im Rahmen einer pragmatischen Gewerkschaftspolitik - ermöglicht, daß sich die Gewerkschaftsbewegung konsolidieren und ihren Organisationsgrad stark erhöhen konnte. Waren vor 1968 vor allem die größeren Unternehmen der Privatwirtschaft gewerkschaftlich organisiert, so wurden in den folgenden Jahren kleinere Betriebe und Arbeitnehmer des Staatssektors mit einbezogen. Akzeptiert man zunächst einmal die gesetzlichen Beschränkungen - nach denen Gewerkschaften nur in Betrieben mit mehr als 20 Beschäftigten gebildet werden durften -, dann läßt sich konstatieren, daß in diesem Rahmen die Gewerkschaften ihrer organisatorischen Möglichkeiten weitgehend ausgeschöpft hatten. In nahezu allen Betrieben mit über 20 Beschäftigten existierte Mitte der siebziger Jahre eine Gewerkschaft.

2. Obwohl Chancen bestanden hätten, die Gewerkschaften als Träger in das Reformprojekt einzubeziehen, vollzogen die Militärs diesen Schritt nicht. Anders als in den Reformprojekten der Regierung Cárdenas in Mexiko, von Perón in Argentinien und Getulio Vargas in Brasilien, die jeweils durch eine abhängige Kooptation (Abranches 1982) der Gewerkschaften abgesichert wurden, suchte die Regierung Velasco keine aktive Unterstützung. Stattdessen versuchten die Militärs unter Umgehung der Gewerkschaften, mittels eines inclusionary coporatism (Stepan 1978) die Arbeiter durch korporative Organisationsmodelle direkt an den Staat zu binden. Diese Strategie scheiterte nicht nur, sie führte auch zur

Wandlung der positiven Grundhaltung des größten Teils der Gewerkschaftsbewegung in eine zunehmende Distanzierung, und schließlich in Gegnerschaft zum Militärregime.

3. Ein neues Selbstbewußtsein schuf sich die organisierte Arbeiterbewegung nicht zuletzt dadurch, daß sie ihre organisatorische Autonomie gegenüber den korporatistischen Vorstellungen des konservativ-autoritären Militärflügels verteidigen konnte. Die wesentliche Stärke der Gewerkschaften lag seit Mitte der siebziger Jahre in ihrer Behauptung gegenüber einer feindlichen Umwelt, wobei sie eine bedeutende Widerstandsfähigkeit und auch Kapazität, Rückschläge zu verkraften, entwickelte. Dies findet seine Erklärung unter anderem in der dezentralen Organisationsstruktur und der starken Stellung der Betriebsgewerkschaften. Für sich genommen eher ein Hindernis für die Herausbildung einer einheitlichen politischen Strategie der Gewerkschaften, befähigten diese Faktoren sie andererseits, die harten, gegen ihre Führungen gerichteten Schläge zu verkraften.

4. Ihren Höhepunkt erreichte die peruanische Gewerkschaftsbewegung in den Jahren 1977/1978 mit den Kämpfen und Generalstreiks, die auch das Ende des Militärregimes mit herbeiführten. Dabei gelang es der Gewerkschaftsbewegung, die Rolle eines organisatorischen Rückgrats von städtischen Massenbewegungen zu übernehmen und ansatzweise auch gesamtgesellschaftliche Forderungen zu formulieren. Doch selbst wenn anschließend ihre Bedeutung wieder zurückging - nicht zuletzt durch die Aufwertung der Parteien -, so ist diese Gewerkschaftsbewegung auch in den achtziger Jahren noch bedeutend stärker und mit mehr Widerstandspotential ausgestattet, als sie es vor 1968 gewesen war. Sie ist heute ein nicht mehr zu umgehender Faktor in der nationalen Politik Perus und

steht für eine längerfristige Kräfteverschiebung zu Ungunsten der konservativen Machtgruppen. Dies mußte auch die Regierung Belaúnde (1980 bis 1985) erkennen, deren neoliberale Wirtschaftspolitik weiterhin auf den entschlossenen Widerstand der Gewerkschaftsbewegung stieß.

5. Regionale Protestbewegungen in Form von "Bürgerstreiks" bildeten seit Ende der siebziger Jahre ein wichtiges Element der politischen Auseinandersetzung in Peru. Träger dieser Protestbewegungen sind jeweils lose Bündnisse von Gruppen und Verbänden, die unterschiedliche gesellschaftliche Interessen repräsentieren. Ihre Ursache haben diese Protestbewegungen in der historischen Benachteiligung und Marginalisierung der Provinzen durch den Zentralstaat. In Städten mit gewerkschaftlicher Präsenz fiel dabei Gewerkschaften aufgrund ihrer organisatorischen Erfahrung und Stellung im Produktionsprozeß eine führende Rolle zu. Solche regionalen Bündnisse hatten vor allem in Provinzen und Städten mit eigenständiger Tradition und politischer Kultur (Arequipa, Cusco) oder hohem Arbeiteranteil (Chimbote, Bergbaustädte) Bedeutung. In ihren Forderungskatalogen gegenüber der Zentralregierung mischen sich gesellschaftliche und regionalpolitische Anliegen. Durch den kombinierten Druck von Gewerkschaften und anderen gesellschaftlichen Organisationen auf die Regierung, steigen die Chancen für die Durchsetzung eigener Forderungen, vor allem bei Arbeitskonflikten.

6. Die Gewerkschaften konnten unter dem Militärregime ihren Handlungsspielraum beträchtlich ausweiten und ihn - zumindest teilweise - auch unter der gewerkschaftsfeindlichen Regierung Belaúnde halten. Diese nachhaltige Stärkung verdanken sie nicht nur dem Parteienverbot der Militärs, durch das siw 1977/78 konkurrenzlos zum Zentrum der Opposition werden konnte. Ausschlaggebend war vielmehr auch, daß sie tiefgehende

ideologische Veränderungen durchmachten. Erst die Wandlung von rein tarifpolitisch orientierten, gesamtgesellschaftlich dem status quo verschriebenen Interessenorganisationen zu Gewerkschaften, die - wenn auch unter sich zerstritten - zu schätzungsweise 80 Prozent den Kampfbegriff eines sindicalismo clasista programmatisch festschrieben, ermöglichte ihnen, eine neue gesellschaftspolitische Rolle einzunehmen: Die einer Fundamentalopposition, die zumindest in Ansätzen politische Interessen akrtikulierte, welche in der Endphase des Militärregimes weit über ihr Mitgliederspektrum hinausreichten.

7. Ihre Rolle als Zentrum der politischen Opposition, verbunden mit ihrer neugewonnenen organisatorischen Stärke, machten zwei grundlegende Erfolge des Gewerkschaftsbewegung gegen die Militärs möglich. In der ersten Phase brachten sie das korporatistische Gesellschaftsmodell der korporativ-autoritären Militärfraktion zum Scheitern. In der Schlußphase verhalfen sie dem parlamentarischen System zum Durchbruch, paradoxerweise, ohne dies gewollt zu haben. Denn die Forderungen des Generalstreiks vom 19. Juli 1977 zielten auf die Verteidigung des Lebensstandards und die Wiederherstellung demokratischer Rechte, aber nicht auf Wahlen, denen die meisten Gewerkschaften aus ihren historischen Erfahrungen heraus skeptisch gegenüberstanden. Ein Effekt der Parlamentarisierung war dennoch in ihrem Sinne: Sie verhalfen den linken Parteien zum Durchbruch in der nationalen Politik. Mit heute rund 25 Prozent des Wählerpotentials spielen diese nicht zuletzt aufgrund der damaligen "Geburtshilfe" durch die Gewerkschaften ein nicht wegzudenkende Rolle.

8. Gleichzeitig machten sich auch die grundlegenden und fortdauernden Schwächen dieser Gewerkschaftsbewegung deutlich. Konzentriert auf ihren Aufbau, ihre Konsolidierung und die Verteidigung ihrer Autonomie gegenüber dem Staat, war sie nicht in der Lage, ein eigenes politisches Konzept entgegenzustellen, das über die Verteidigung ihrer Rechte hinaus offensiv eine gesamtgesellschaftliche Alternative geboten hätte.
Auch in der zweiten, entscheidenden Phase (1977/78) waren die Gewerkschaften nicht imstande, über ihre Ablehnung der Militärherrschaft und ihre Indifferenz gegenüber parlamentarischen Modellen hinaus Machtalternativen zu formulieren, die für eine Bevölkerungsmehrheit attraktiv gewesen wären. Eine ernsthafte Auseinandersetzung über positive Modelle von Sozialismus und Demokratie fand schon deshalb nicht statt, weil die gewerkschaftliche Zersplitterung und die Anbindung an sich untereinander bekämpfende politische Parteien der Linken, ein gemeinsames Vorgehen nur auf der Basis des kleinsten gemeinsamen Nenners erlaubten: Der Ablehnung des Militärregimes.

9. So, wie die Gewerkschaftsbewegung keine autonome-parteiunabhängige Alternative formulieren konnte, erlaubten die historischen Voraussetzungen auch nicht das Modell einer Allianz aus Partei und Gewerkschaftsbewegung als Machtalternative. Nach der konservativen Wende der APRA seit Beginn der fünfziger Jahre, existierte in Peru keine reformorientierte Volkspartei, mit der die Gewerkschaften gemeinsam ein politisches Projekt hätten entwickeln können. Die parteipolitischen Verbündeten der Gewerkschaften waren somit hauptsächlich eine in sich zersplitterte Linke und nur in geringem Maße eine autoritär-konservative APRA. Aber weder die APRA noch die Linke boten Ende der siebziger Jahre unter diesen Voraussetzungen die Möglichkeit einer gemeinsamen Machtalternative.

10. Der Einfluß von linken Parteien und APRA auf die Gewerkschaften in Peru begrenzte sich weitgehend auf ihre Präsenz in den Führungsgremien der Arbeitnehmerorganisationen. Keine andere Partei war nach dem Abstieg der APRA, die die Gewerkschaftsbewegung beherrscht hatte, in der Lage, einen ähnlich großen Einfluß zu gewinnen. Ursache dafür waren sowohl mangelnde organisatorische Fähigkeiten, geringe Mitgliederzahl und das Fehlen einer langfristig angelegten Gewerkschaftsarbeit bei den Parteien der Linken, als auch eine größere Distanz der Gewerkschaftsmitglieder zur Parteipolitik generell. Versuche, Streiks auf der Basis von Parteibeschlüssen zu initiieren, schlugen regelmäßig fehl. Parteipolitik in den Gewerkschaften war nur in den Fällen erfolgreich, wo es die Parteien verstanden, sich flexibel auf die Gewerkschaften einzulassen und ihre eigene Strategie den tariflichen Bedürfnissen und politischen Forderungen der Gewerkschaften anzupassen.

11. Die Grenzen dieser Gewerkschaftsbewegung zeigten sich auch in den verhehrenden Reallohnverlusten, in den Fabrikschließungen und Entlassungen seit Mitte der siebziger Jahre. Die Lohn- und Gehaltseinbrüche waren zwar im Bereich starker Gewerkschaften geringer als anderswo, je stärker jedoch der ökonomische Druck der Weltmarktveränderungen (vermittelt über Export und Schuldenkrise) und die politische Kraft der neuen neoliberalen Allianz aus Internationalem Währungsfond, Industrie- und Finanzbourgeoisie wurde, desto offensichtlicher war es, daß eine reine Verteidigungsstrategie dagegen nicht mehr ausreichte und daß es einer - eben nicht vorhandenen - Machtalternative um die Gewerkschaftsbewegung herum bedurft hätte, um die Reallöhne zu garantieren und eine erneute Einkommenskonzentration zu verhindern.

ECUADOR
COLOMBIA
BRASIL
BOLIVIA
CHILE
OCEANO PACIFICO
V
REGION ORIENTE
LORETO
Tumbes
TUMBES
I
PIURA
REGION NOR OCCIDENTAL
LAMBAYEQUE
Chiclayo
REGION NOR ORIENTAL
AMAZONAS
II.
CAJAMARCA
Cajamarca
Moyobamba
SAN MARTIN
REGION NOR CENTRO ORIENTAL
IV
Pucallpa
LA LIBERTAD
Trujillo
III
REGION NOR CENTRO OCCID.
Huaraz
ANCASH
HUANUCO
Huánuco
UCAYALI
PASCO
C. de Pasco
VI
LIMA
REGION CENTRO OCCID.
Lima
VII
REGION CENTRAL
JUNIN
Huancayo
X
REGION SUR ORIENTAL
MADRE DE DIOS
Pto. Maldonado
HUANCAVELICA
Ayacucho
REGION SUR MEDIO CENT.
IX
CUSCO
Cusco
Abancay
APURIMAC
Ica
ICA
VIII
REGION SUR MEDIO OCCID
AYACUCHO
XI
REGION SUR OCCIDENTAL
AREQUIPA
Arequipa
XII
REGION ALTIPLANICA
PUNO
Puno
Lago Titicaca
MOQUEGUA
Moquegua
TACNA
Tacna

AUSGEWÄHLTE SOZIALE INDIKATOREN

1981

	PERU	LIMA[x]	ARMUTSREGIONEN PERUS	
1) Analphabeten (%)	17,4	4,5	51,2	(Apurímac)
2) % der Bevölkerung von mehr als 15 Jahren ohne abgeschlossene Volksschule	40,5	17,2	74,4	(Apurímac)
3) Ärzte pro 1000 Einwohner	0,93	1,9	0,03	(Apurímac)
4) Krankenhausbetten pro 1000 Einwohner	1,7	2,9	0,24	(Cajamarca)
5) Lebenserwartung bei Geburt (Jahre)	56,9	67,3	43,9	(Huancavelica)
6) % der Wohnungen ohne Trinkwasseranschluß	62,1	35,2	91,1	(Apurímac)
7) % der Wohnungen ohne Kanalisation	71,1	42,3	96,7	(Apurímac)
8) % der Wohnungen ohne Stromversorgung	55,1	17,8	90,5	(Cajamarca)

---

[x] Departament Lima einschl. Prov. Callao

Quelle: Zentralbank

STÄDTEWACHSTUM NACH REGIONEN

1940 - 1972 (in Tausend)

	Bevölkerung			Wachstumsraten	
	1940	1961	1972	61/40	72/61
NORDEN					
Trujillo	37	103	242	5,0	8,1
Chiclayo	32	96	190	5,4	6,5
Piura	28	72	127	4,6	5,3
Sullana	21	28	60	1,4	7,2
Chimbote	4	60	159	13,4	9,3
ZENTRUM					
Ayacucho	17	25	43	2,1	5,9
Ica	21	49	74	4,1	3,8
Chincha Alta	12	21	44	2,5	7,2
Pisco	14	22	41	2,5	7,2
Tarma	7	15	28	3,6	5,6
Huacho	13	23	37	2,7	4,5
Huancayo	27	64	116	4,2	5,5
SÜDEN					
Arequipa	81	159	305	3,2	6,1
Cuzco	41	80	121	3,2	3,9
Tacna	11	27	56	4,4	6,7
Puno	14	25	41	2,8	4,8
Juliaca	6	20	38	5,9	6,0
OSTEN					
Pucalpa	2	26	58	12,1	7,4
Iquitos	32	58	111	2,8	6,1
GROSS-LIMA	602	1.693	3.158	5,0	5,9

Quelle: Contribución al Estudio de la Concentración en el Perú 1961-72, Boletín No. 14, Tafel 7, statist. Anhang, (S. 71-73)

VERRINGERUNG DES KALORIEN- UND PROTEINKONSUMS

Jahr	Kalorien	Protein (gr)	in	Einkommensgruppe	
1953	2.336	72	Lima-Rimac	Mind.lohn + darunter	(1)
1965	2.724	85,9	Lima-Rimac	"	(1)
7/75	2.063	36,7	Lima	"	(2)
12/76	1.662	32,8	Lima	"	(2)
12/77	1.749	49,1	Lima	über d. Mind.lohn	(3)
1/78	1.300	25	Lima	Mind.lohn/darunter	(4)
4/78	1.698	43,3	Lima	über d. Mind.lohn	(3)
5/78	1.584	31,9	Lima	"	(3)
	2,400	56,2	Minimum laut FAO		

Quellen: (1) Instituto Nacional de Nutrición

(2) Ministerio de Agricultura, ENCA

(3) Actualidad Económica No. 4/78

(4) Marka No. 59 2.2.78 (Carlos Malpica)

ERWERBSTÄTIGE NACH WIRTSCHAFTSSEKTOR (IN TAUSEND)

	1940	%	1961	%	1972	%	1981	%
Land- und Viehwirtschaft	1,546.2**	62.4	1,555.6	49.8	1,581.9	40.8	1,922.5	37.4
Bergbau	44.7	1.8	66.4	2.1	53.1	1.4	96.0	1.9
Verarbeitende Industrie	380.3	15.4	411.0	13.2	485.2	12.5	559.3	10.9
Bausektor	45.7	1.8	104.7	3.4	171.8	4.4	194.8	3.8
Handel	112.1	4.5	281.8	9.0	403.2	10.4	642.9	12.5
Elekt., Wasser, Gas	-	-	8.6	0.3	7.3	0.2	17.9	0.3
Transport und Lagerung	51.1	2.1	94.0	5.0	165.4	4.3	208.7	4.1
Dienstleistungen	254.1***	10.3	476.7	15.3	739.1	19.1	1,171.4	22.8
Verschiedenes	41.2	1.6	125.8	4.0	264.6	6.0	329.3	6.4
Insgesamt	2,475.3	100.0	3,124.6	100.0	3,871.6	100.0	5,143.0	100.0

Quelle: Censos Nacionales 1940 (Statistik 84:358); 1961 (Statistik 20:128) und 1972 sowie 1981.

* ab 6 Jahre

** 16% entfallen auf Viehwirtschaft

*** einschließlich staatliche Dienstleistungen (89.0), Hausangestellte (118.0), selbständige Akademiker (3.3) und persönliche Dienstleistungen.

Verdera 1983

ARBEITSKRÄFTE NACH BRANCHE UND BESCHÄFTIGUNGSKATEGORIE IN %

	Insgesamt	Angestellte	Arbeiter	Selbstbeschäftigte	mithelfende Familienmitgl./ Hausangestellte	Unternehmer	Verschiedene
wirtschaft	100.0	17.4	27.6	43.4	9.3	0.6	1.7
hfang	100.0	5.1	52.4	38.6	1.7	1.2	1.0
bau	100.0	18.0	78.7	2.4	0.2	0.3	0.4
rb. Industrie	100.0	14.6	45.9	35.6	2.4	0.6	0.9
t., Gas, Wasser	100.0	39.7	59.9				0.4
ektor	100.0	7.2	71.7	19.8	0.3	0.4	0.6
el, Gaststätten Hotelgewerbe	100.0	27.2	9.5	59.3	2.6	0.9	0.5
sport, Lagerung Kommunikation	100.0	18.9	48.6	30.8	0.4	0.5	0.8
nzen und icherungen	100.0	70.8	14.3	13.6	0.2	0.7	0.4
tl. u. private stleistungen	100.0	40.2	21.4	10.7	22.7	0.3	4.7

nriquez 1978

ERWERBSTÄTIGE NACH BESCHÄFTIGUNGSKATEGORIEN

	1961		1972		1981	
	tausend	%	tausend	%	tausend	%
Unternehmer	58.0	1.9	23.8	0.6	55.7	1.1
Selbst-beschäftigte	1,204.3	31.5	1,572.7	41.5	2,061.4	41.0
Angestellte	344.1	11.0	758.4	20.0	1,057.8	21.0
Arbeiter	983.7	31.5	919.0	24.3	1,168.4	23.2
Hausangestellte	175.2	5.6	148.0	3.9	200.0	4.0
Mithelfende Familienangehörige	285.3	9.1	191.3	5.1	310.0	6.2
Nicht spezifiziert	73.8	2.4	172.9	4.6	177.8	3.5
Insgesamt	3,124.6	100.0	3,786.1	100.0	5,031.1	100.0

Quelle: Volkszählungen

Verdera 1983

BETEILIGUNG DER "BESITZSEKTOREN" AN DER ENTSTEHUNG DES B.S.P. UND GEWICHTUNG

IHRER BETEILIGUNG INNERHALB DER EINZELNEN PRODUKTIONSSEKTOREN

VERGLEICH 1968 - 1975

	Auslands-kapital		Nationale Unternehmen		Staats-bereich		Kooperativen & Empresas de Propiedad Social	
	68	75	68	75	68	75	68	75
Landwirtschaft	25%	-	75%	50%	-	-	-	50%
Fischerei	25%	10%	75%	10%	-	80%	-	-
Bergbau	87%	33%	12%	17%	1%	50%	-	-
PRIMÄRSEKTOR	46%	11%	54%	38%	0,3%	18%	-	33%
Manufaktor/Ind.	37%	30%	55%	45%	8%	19%	-	6%
Grundstoffind.	64%	39%	22%	5%	14%	56%	-	-
Zwischengüter	35%	35%	65%	65%	-	-	-	-
Metallverarb.Ind.	34%	42%	47%	43%	19%	15%	-	-
Konsumgüterind.	26%	19%	74%	81%	-	-	-	-
Zuckerraffinerie	56%	-	44%	-	-	-	-	100%
Fischmehl	25%	-	75%	-	-	100%	-	-
SEKUNDÄRSEKTOR	31%	28%	58%	48%	11%	20%	-	4%
TERTIÄRSEKTOR	22%	20%	55%	48%	21%	27%	2%	5%
ANTEIL AM B.S.P.	31%	21%	55%	46%	13%	23%	1%	10%

Quelle: Brundenius/Chauca, Concentración de la Producción y Estructura de la Propiedad, INP/OIP, 1976, S. 94

ARBEITSLOSIGKEIT UND UNTERBESCHÄFTIGUNG 1969 - 1978 (prozentueller Anteil)

Jahre	1969	1970	1971	1972	1973	1974	1975	1976	1977	1978	1979
Arbeitslose	5,9	4,7	4,4	4,2	4,2	4,0	4,9	5,2	5,8	6,2	8,5
Unterbeschäftigte	46,1	46,0	44,4	44,2	41,3	41,8	42,4	44,3	48,1	52,0	49,1
Nicht adäquat Beschäftigte	52,0	50,7	48,8	48,4	45,5	45,8	47,3	49,5	53,9	58,2	57,6
Wachstum des Bruttosozial-produkts	3,9	5,4	5,0	1,7	4,3	7,5	4,5	2,0	0,0	-0,7	4,1

Quelle: Ministerio de Trabajo, Dirección General del Empleo.

GEHÄLTER- UND LÖHNE (REAL) 1968 - 1979

(Lima Metropolitana)

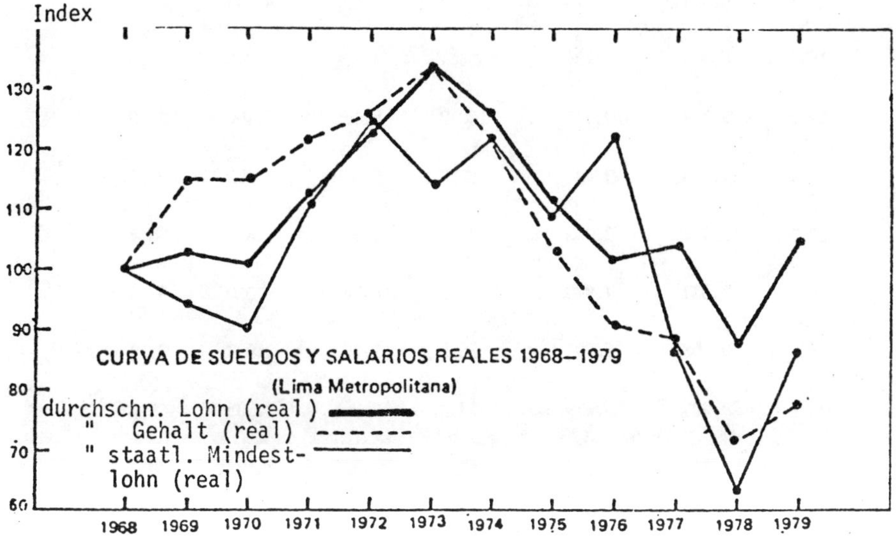

Quelle: Sulmont 1981

ENTWICKLUNG DER DURCHSCHNITTLICHEN GEHÄLTER UND LÖHNE (nominal und real) IN LIMA-METROPOLITANA 1970-1979 (in Soles pro Monat)

Jahre	nominal	Gehälter (real)	Index	Nominal	Löhne (real)	Index
1970	7.131	8.941	86,5	3.113	3.903	75,8
1971	8.074	9.478	91,7	3.695	4.337	84,2
1972	8.943	9.794	94,7	4.308	4.718	91,6
1973	10.338	10.338	100,0	5.150	5.150	100,0
1974	11.068	9.487	91,8	5.670	4.852	94,2
1975	13.977	9.062	87,6	7.184	4.658	90,4
1976	17.087	7.980	77,2	10.749	5.020	97,5
1977	20.458	6.883	66,6	11.850	3.987	77,4
1978	29.007	5.619	54,3	18.251	3.535	68,6
1979	46.711	5.428	52,5	31.316	3.639	70,7

Quelle: BCRP, Arbeitsministerium, INP-ONE

aus: Actualidad Económica, Nr. 27, Mai 1980

INDEX DER REALLÖHNE IN LIMA-METROPOLITANA NACH BRANCHEN

(Basis: Dezember 1973 = 100.00)

	Juni 1974	Okt. 1975	Sept. 1976	Dez. 1977	Sept. 1978	Dez. 1978
Gehälter	94,6	86,5	76,2	65,4	49,5	43,3
Industrie	94,4	89,6	82,0	65,8	49,9	43,6
Bausektor	91,6	98,2	85,8	56,0	42,9	37,5
Handel	90,0	86,0	68,8	60,9	46,4	40,6
Banken	91,6	97,1	84,1	84,1	68,6	60,0
Transport	90,9	85,9	63,6	58,0	44,7	39,1
private Dienstleistungen	93,4	88,4	78,3	69,8	51,9	45,4
Löhne	100,2	85,2	90,6	72,2	61,7	54,0
Industrie	106,5	83,1	90,4	72,2	61,7	54,0
Bausektor	102,5	109,8	93,2	83,6	71,4	62,5
Handel	94,1	87,6	90,4	73,8	64,1	56,1
Banken	99,4	93,5	80,4	94,2	86,6	75,7
Transport	96,4	116,0	111,5	95,9	79,6	69,6
private Dienstleistungen	97,3	90,9	83,4	69,2	57,1	49,9
gesetzlicher Mindestlohn	105,8	95,6	87,6	75,7	60,5	53,8
Regierungsentlohnung	84,0	75,1	61,9	59,7	48,6	42,5
Stufe I	84,0	71,6	53,3	42,3	30,0	26,2
Stufe II	84,0	72,2	54,5	43,5	31,3	27,4
Stufe III	84,0	73,2	56,1	45,3	33,1	28,9
Stufe IV	84,0	74,5	58,3	47,7	35,7	31,2
Stufe V	84,0	77,0	61,8	53,1	41,3	36,1
Stufe VI	84,0	82,3	68,4	63,2	52,4	45,8

Quelle: Informe Estadística Jan.-Sept. u. Jan.-Juni INE-DGIES-DC:Lima 1978 in: Actualidad Económica del Perú, Nr. 10, Nov. 78

INDEX DER REALLÖHNE IM PERUANISCHEN BERGBAU UND DER INDUSTRIE 1967 - 1979

(100 = Durchschnittslohn für Nicht-Eisen-Bergbau im Jahre 1967)

Jahr	Bergbau insges.	Southern	Cerro/ CENTROMIN	Mittlerer Bergbau	Andere Industrie[x]
1967	100	219	118	67	
1968	100	217	117	67	76
1969	105	216	128	72	83
1970	122	264	150	87	82
1971	133	280	154	100	82
1972	148	335	164	114	96
1973	157	402	187	109	108
1974	153	412	190	102	106
1975	164	353	189	123	102
1976	126	424	255	104	92
1977	126	335	239	109	81
1978		221	201	107	70
1979			207		

[x] durchschnittlicher, nicht landwirtschaftlicher Lohn in Lima

Quelle: Becker 1982

LIMA METROPOLITANA: Index der Gehälter und Löhne
(nominal und real)

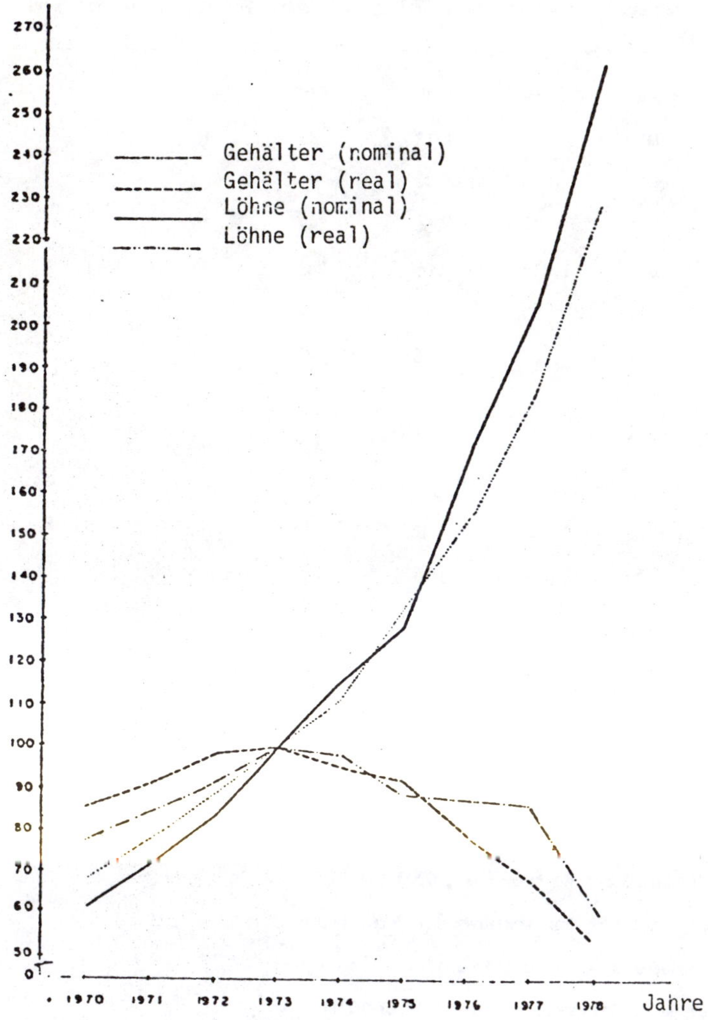

ZUGELASSENE GEWERKSCHAFTEN NACH WIRTSCHAFTSSEKTOREN UND KLASSIFIZIERUNG

	Insgesamt	Arbeiter	Angestellte	gemischt	Föderation	Dachverband[x]	Andere
Insgesamt	4.536	2.796	545	836	102	8	249
Landwirtschaft/ Fischfang	607	476	12	83	16		20
Bergbau	291	174	56	48	10		3
Verarb. Industrie	1.840	1.319	205	243	35	1	37
Bausektor	116	89	10	12	3		2
Elektrizität, Gas, Wasser	43	12	6	22	1		2
Handel/ Banken u. Versicherungen	772	313	137	219	18		85
Transport und Kommunikation	385	216	18	83	10	1	57
Dienstleistungen	456	194	101	126	6		29
nicht definiert	26	3			3	6	14

Quelle: Arbeitsministerium, Oficina Sectorial de Planificación, Stand 1979

x Anerkannte Dachverbände sind:

- La Confederación Unión Gremial de Obreros Panificadores Sol del Perú (20.10.1943)
- La Confederación Ferrocarrilera Obrera del Sur (24.04.1945)
- La Confederación de Trabajadores de Arequipa (20.09.1946)
- La Central Sindical de Empleados Particulares del Perú (11.09.1957)
- Confederación de Trabajadores del Perú (14.07.1964)
- Confederación General de Trabajadores del Perú (30.01.1971)
- Confederación Nacional de Trabajadores (18.05.1971)
- Central de Trabajadores de la Revolución Peruana (20.12.1972)

Zahl der jährlich zugelassenen Gewerkschaften

(Die in Klammern gesetzten Zahlen sind der jährliche Durchschnitt während einer Regierung)

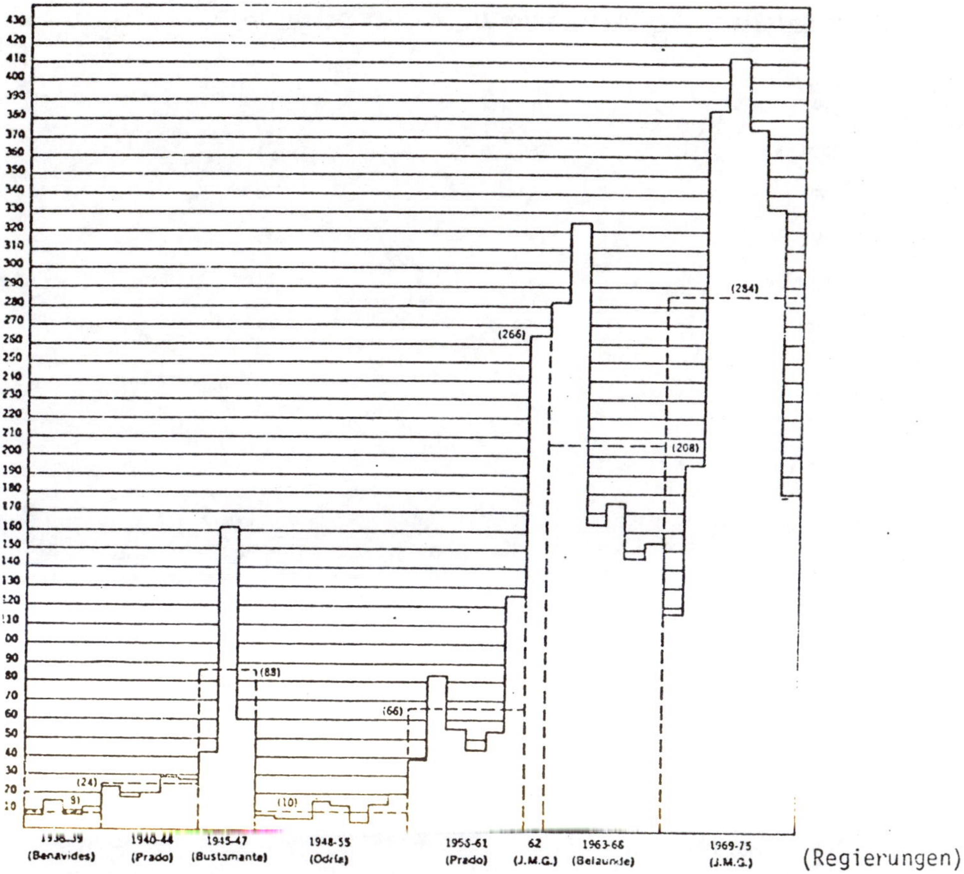

Sulmont 1978

Anzahl der Mitgliedsföderationen pro Dachverband

Dachverbände	Industriesektor (1)	National (2)
CTP	21	13
CGTP	26	23
CNT	5	2
CTRP	19	36
Unabhängige	29	13
CCUSC	x	13
Total %	100	100

x Bei CGTP und Unabhängigen mitgezählt

(1) Ministerio de Industria y Turismo/Centro de Investigaciones de la Universidad del Pacífico, Características socioeconómicas de la población ocupada en el sector industrial, 1975, Bd. 4

(2) SINAMOS 1976

Verteilung der Gewerkschaften nach Beschäftigungskategorien und Dachverbänden

Arbeitergewerkschaften	61 %
Angestelltengewerkschaften	12,6 %
gemischte Gewerkschaften	18,3 %
Andere	10,1 %

- CGTP	387.964	46 %
- Unabhängige	312.058	37 %
- CTP	118.076	14 %
- CNT	16.868	2 %
- CTRP	8.434	1 %

Quelle: Instituto Nacional de Estadística (INE), Censos Nacionales VII de Población, Tomo I, Diciembre 1982

Internationale Mitgliedschaft peruanischer Dachverbände

(Das Gründungsjahr ist in Klammern angegeben)

WGB Weltgewerkschaftsbund (1945)	IBFG Internationaler Bund Freier Gewerkschaften (1949)	WVA Weltverband der Arbeitnehmer (1968/1949)
CPUSTAL Congreso Permanente para la Unidad Sindical de los Trabajadores de América Latina (1964)	ORIT Organización Regional Interamericana de Trabajo (1951)	CLAT Confederación Latino Américana de Trabajadores (1971/1954)
CGTP Confederación General de Trabajadores (1968)	CTP Confederación de Trabajadores del Perú (1944)	CNT Confederación Nacional de Trabajadores (1971)

Von Streiks betroffene Arbeitnehmer und durch Streik ausgefallene Arbeitsstunden

(1965 - 1983)

Jahre	Anzahl der Streiks	Zahl der streikenden Arbeitnehmer insges. in 1000	% aller abhängig Beschäftigten	durch Streik ausgefallene Arbeitsstdn. (in Mio.)
965	397	135,6	7	6,4
966	294	121,2	6	11,7
967	414	142,2	7	8,4
968	364	107,8	5	3,4
969	372	91,5	5	3,9
970	345	111,0	6	5,8
971	377	161,4	9	10,9
972	409	130,6	7	6,3
973	788	416,3	21	15,7
074	570	362,7	18	13,4
975	779	617,1	29	20,3
976 (1)	440	258,1	17	6,8
977 (2)	234	406,5	21	6,5
978 (3)	364	1.398,4	70	36,1
979	637	841,1	58	13,4
980	739	481,5	33	17,9
981	871	856,9	39	20,0
982	809	548,8	25	22,5
983	843	785,0	39	20,0

1) Zwischen dem 1.6.1976 und dem 28.8.1877 herrschte Ausnahmezustand und Streikverbot.

2) Der Generalstreik vom 19. Juli 1972 erfaßte 272.000 Arbeitnehmer und entsprach 2,2 Mio. durch Streik ausgefallene Arbeitsstunden.

3) Der Generalstreik vom 22./23. Mai 1978 erfaßte ca. eine Million Arbeitnehmer und entsprach 20 Mio. durch Streik ausgefallene Arbeitsstunden.

Quelle: Arbeitsministerium

STREIKS NACH WIRTSCHAFTSSEKTOREN

(in Prozent)

SEKTOR	Prozent der durch Streik ausgefallene Arbeitsstunden											
	1968	1969	1970	1971	1972	1973	1974	1975	1976	1977	1978	1979
Landwirtschaft und Fischfang	4	24	3	6	3	x	x	1	7	2	1	18
Bergbau	10	49	69	60	16	22	13	17	12	19	16	16
Verarb. Industrie	70	17	21	29	70	34	31	26	40	37	11	20
Bausektor	3	3	2	3	5	28	42	38	2	1	–	6
Transport und Kommunikation	11	5	3	–	1	x	x	–	3	1	2	3
Handel	2	2	1	1	3	x	x	4	12	2	2	14
Dienstleistung	–	–	1	1	2	x	x	12	5	x	1	8
Verschiedene	–	–	–	–	–	16	14	2	19	38	67	15
Insgesamt	100	100	100	100	100	100	100	100	100	100	100	100

x fällt unter Verschiedene
Quelle: Arbeitsministerium, Oficina Nacional de Estadistica

INDEX VON STREIKINTENSITÄT IM BERGBAU UND IN ANDEREN SEKTOREN

	Zahl der Streikenden pro Streik		Durch Streik ausgefallene Arbeitsstunden pro Streik[x]		Durch Streik ausgefallene Arbeitsstunden pro Streikenden	
JAHR	Bergbau	Andere	Bergbau	Andere	Bergbau	Andere
1967	556,8	325,8	164,7	8,1	296	25
1968	448,9	286,8	134,5	1,6	300	6
1969	741,8	211,9	79,2	5,7	107	27
1970	851,6	196,4	65,5	5,2	77	27
1971	769,1	342,1	82,5	15,3	107	45
1972	504,8	303,2	29,0	14,3	58	47
1973	743,4	503,9	47,9	16,7	64	33
1974	721,9	630,3	49,4	21,7	68	34
1975	884,0	784,9	46,5	24,4	53	31
1976	1086,4	551,3	19,7	15,2	18	27
1977[xx]		1737,0		28,0		16
1978	916,9	4340,2	88,3	101,2	96	23
1979	633,6	1262,8	29,7	17,4	47	14

[x] in Tausend

[xx] Für alle Streiks einschließlich Bergbau

Quelle: Becker 1982

Streikstatistik für den Industriesektor 1970-1975

1. Anzahl der Streiks in der Industrie

Jahr	Anzahl der Streiks
1970	136
1971	184
1972	259
1973	423
1974	313
1975	428

2. Streikursachen: 1973-1975

Gründe	% aller Streiks			% der streikenden Arbeitnehmer			% der ausgefallenen Arbeitsstunden		
	1973	1974	1975	1973	1974	1975	1973	1974	1975
Löhne/Arbeitsbedingungen	53,2	54,5	66,3	37,9	33,2	43,5	50,2	50,0	45,8
Entlassungen	16,8	10,6	9,1	13,7	11,6	5,3	11,8	7,7	9,9
Gewerkschaftsangelegenheit	2,3	1,6	1,9	9,0	1,8	1,3	2,1	0,5	1,7
Solidaritätsgründe	14,2	6,1	9,1	29,9	33,4	34,0	28,4	32,7	20,7
Andere Gründe	13,2	27,2	13,6	9,4	20,0	15,9	7,5	9,1	21,7
Absolute Zahl	100% 423	100% 312	100% 427						

Quelle: Witzel 1981

ANZAHL DER STREIKS PRO JAHR

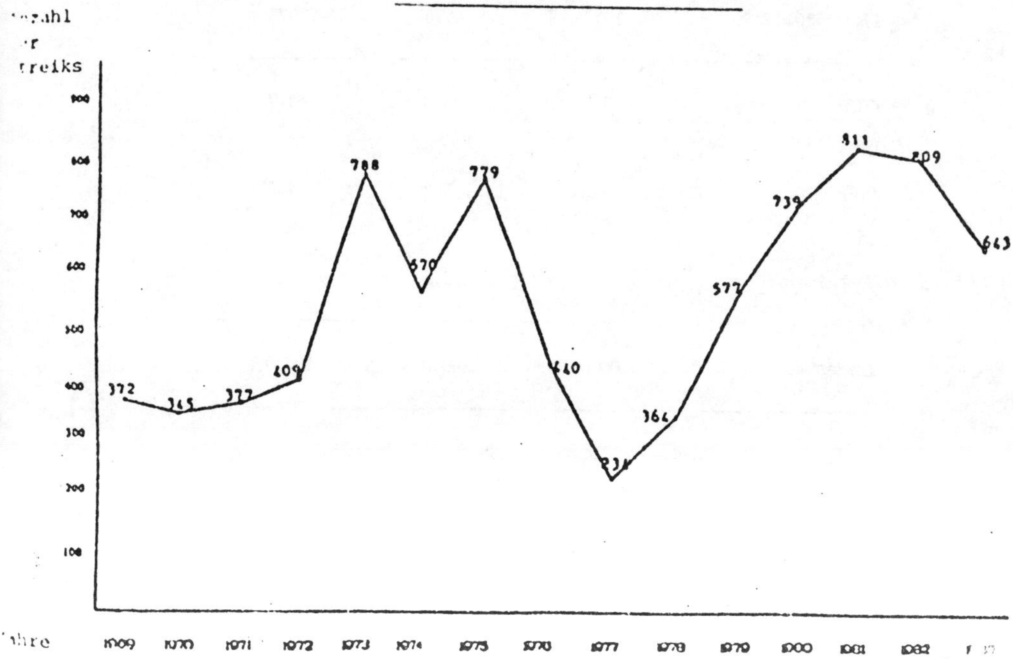

Quelle: Yepes/Bernedo 1984

STREIKS NACH DACHVERBÄNDEN 1973 - 1975

Durch Streik ausgefallene Arbeitsstunden nach Gewerkschaftsdachverbänden

(in Prozent)

DACHVERBÄNDE	1973	1974	1975
CGTP	47,8	73,8	67,7
CTP	7,6	0,8	1,8
CTRP	5,2	5,8	1,6
CNT	0,3	0,1	0,4
Unabhängige	39,1	19,5	28,5
Insgesamt	100,0	100.0	100,0

Quelle: Arbeitsministerium, Dirección General de Trabajo

PERU: Von Tarifverträgen erfaßte Arbeitnehmer
Anzanl der Arbeitnehmer in Mio.

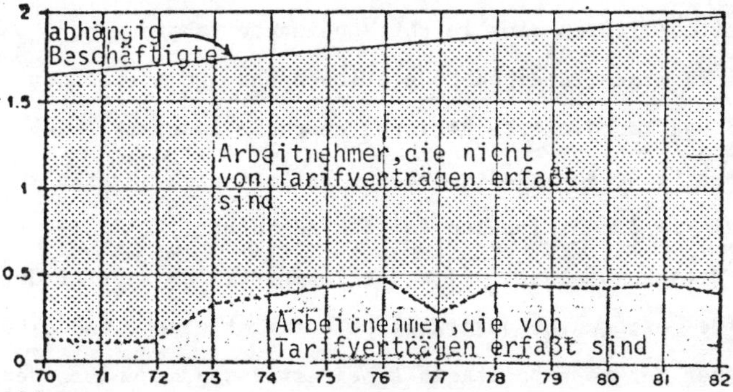

Quelle: Yépez, Isabel. "Alcance y límite de la Organización Sindical en el Perú". Mayo 1984.

ANMERKUNGEN

Kapitel I

1. Würtele 1982, Füchtner 1972, Bittner, 1982, Domitra 1975

2. Eine umfassende Studie über die agrarischen Organisationen ist 1984 erschienen (Ute Wachendorfer, 1984). Die städtischen und agrarischen Gewerkschaften lassen sich leicht voneinander abgrenzen, da sie in der Regel in eigenständigen Föderationen und Dachverbänden organisiert sind und koordinierte Aktionen eher die Ausnahme blieben.

3. Der Begriff Gerwekschaftsbewegung bezieht sich jeweils auf diejenige Tendenz, die in der nationalen Politik dominiert.

4. Vgl. Mitschein 1982: 11; der leninistische Begriff der Arbeiteraristokratie bezog sich ursprünglich auf historische und aktuelle Verhaltensformen der metropolitanen Arbeiterklassen gegenüber der außereuropäischen Peripherie.

5. So geschehen in der Dominikanischen Republik nach der Redemokratisierung von 1978, Costa Rica, Ecuador etc.

6. Die Bezeichnung Gewerkschaftsführer ist zwar nicht sehr präzise, trifft aber am ehesten den spanischen Ausdruck dirigente sindical, der für die verschiedenen Funktionsträger von Gewerkschaftsorganisationen, von lokaler bis nationaler Ebene, verwendet wird.

7. Die wichtigsten Wochenzeitschriften lassen sich wie folgt charakterisieren:

Caretas: Gegründet 1950, unterstützte den 1968 gestürzten Präsidenten Belaúnde und vertrat die Interessen der Industriebourgeoisie. Die Zeitschrift stand zu Anfang in scharfer, später in gemäßigter Opposition zum

Militärregime. Sie wurde verschiedene Male mit Erscheinungsverbot belegt. Vor allem auf der wirtschaftlichen Ebene bot sie gute Informationen.

Oiga: Gegründet 1948, hat eine wechselvolle Geschichte durchlaufen. Sie unterstützte anfangs aus einer antioligarchischen Position heraus die Reformpolitik Belaundes, wandelte sich aber nach deren erkennbarem Scheitern zum scharfen Kritiker. Oiga forderte in den ersten Jahren der Militärregierung (1968 bis 1970) eine Vertiefung der Reformen und unterstützte dden progressiven Flügel des Regimes. Zunehmend wandte sich die Zeitschrift dann konservativeren Positionen zu und attackierte heftig Gewerkschaften und Bauernorganisationen.

Marka: Gegründet 1975, vertrat eine unabhängig linke Position. Zahlreiche bekannte linke Intellektuelle sahen in **Marka** "ihre" Zeitschrift und schrieben für sie. **Marka** charakterisierte sich durch eine ausführliche und genaue Berichterstattung über die Vorgänge im gewerkschaftlichen Bereich, in linken Parteien und Sozialbewegungen, ohne jedoch in platten Tendenzjournalismus zu verfallen. **Marka** hatte am meisten unter der Repression des Militärregimes zu leiden und wurde des öfteren geschlossen.

Equis X: Gegründet 1974, war lange Jahre Ausdruck der sehr wechselvollen Geschichte ihres Gründers und Direktors, Ismael Frias, der zuerst Trotzkist, dann Mitarbeiter der Peruanischen Revolution, dann Sprachrohr des autoritär-korporativistischen Flügels, APRA-Sympathisant, selbsternannter Sozialdemokrat und schließlich Gewerkschaftsfeind war. Nach dem Ausscheiden von Frias konzentrierte sich **Equis X** auf eine Kampagne für die Menschenrechte und entwickelte sich zu einem mit Teilen der politischen Linken sympathisierenden Blatt.

Unidad: Gegründet 1932, Zentralorgan der moskauorientierten Kommunistischen Partei. Berichtete sehr viel über den Gewerkschaftssektor, allerdings unter ideologisch sehr verengten Gesichtspunkten.

El Amauta: Gegründet 1975, eine populär aufgemachtes, linksorientiertes Blatt, das sich vor allem an die Bewohner der **barridas** (Elendsviertel) und Gewerkschaftsmitglieder wandte.

Kapitel II

1. Zur umstrittenen Produktionsweise im Inkareich vgl. Espinoza (Hrsg.) 1978.

2. Zum historischen Erbe der Kolonialherrschaft vgl. für Lateinamerika Stein/Stein 1970, und für Peru Cotler 1978.

3. Direktinvestitionen in Peru 1900 - 1929 (in Mio. US-Dollar)

Jahr	USA	Großbritannien	
1900	3	27	
1905	15	51	
1910	30	54	
1914	38	58	
1919	111	50	
1924	145	52	nach Bonilla 1980

4. Zur Entwicklung der Cerro de Pasco Corporation, die nach ihrer Konsolidierungsphase seit den zwanziger Jahren de facto einen "Staat im Staate" bildete, vgl. die Studie von Krujit/Vellinga (1979: 43 ff.).

5. Über Entstehung, Bedeutung und Weltmarktverknüpfung der Enklavenwirtschaft vgl. Cardoso/Faletto 1976: 122 ff.; Cotler 1978: 145 ff.

6. In der Kolinialepoche und den Anfängen der Republik verstand man unter dem **cholo** einen Mestizen, der weder rassisch noch kulturell **indio**

war, jedoch auch nicht voll in die spanische Kolonialherrschaft integriert wurde. Später verlor die rassische Komponente zur Definierung des **cholos** ihre Bedeutung und wurde durch kulturelle Beziehungen ersetzt. Der **cholo** hat sich sozial und ökonomisch aus der Indio-Kultur herausgelöst und Wertvorstellungen der kreolisch- westlichen Welt übernommen, dabei jedoch traditionelle Wertmuster beibehalten. Im Rahmen der Ausbreitung kapitalistischer Arbeitsverhältnisse und der Differenzierung der Klassenstrukturen integrierte sich der **cholo** in die Arbeiterklasse und untere Mittelschicht (Quijano 1980).

7. Vgl. Klaren 1956: 53. Zur Frage des vorpolitischen Protestes vgl. Hobsbown 1971.

8. Caravedo (1977: 92) gibt 18.000 Industriearbeiter an; Martinez de la Torre (1949, Bd. 1: 75) schätzt 58.000 Industriearbeiter.

9. So die **Federación Obrera Regional Peruana** (1913) und die **Union de Trabajadores en Tejidos** (1915), der alle großen Textilgewerkschaften der Hauptstadt angehörten.

10. Nach Alexander (1956:112) waren es argentinische Anarchosyndikalisten, die die ersten peruanischen Arbeiterorganisationen beeinflußten.

11. Zu den Anfängen der peruanischen Arbeiterbewegung vgl. Kapsoli 1976; Pereda 1982; Barrientos 1946; Pareja 1978.

12. Die Kategorie **Block an die Macht**. (vgl. Poulantzas, 1973 auf der Basis von Gramsci) drückt die widersprüchliche und komplexe Einheit der herrschenden Klassen oder Klassenfraktionen in ihrer jeweiligen Beziehung zum Staatsapparat aus. Innerhalb dieser Einheit setzt sich in der politischen Auseinandersetzung diejenige Klasse oder Klassenfraktion durch, die in der Lage ist, ein allgemeines Interesse derart zu formulieren, daß dabei nicht nur ihr Eigeninteresse gewahrt wird, sondern auch das ihrer Bündnisgruppen samt Klientel berücksichtigt ist. Zur Definition des oligarchischen Staates (vgl. Cotler 1978, Pease 1977).

13. Die APRA war 1924 von Haya de la Torre als lateinamerikanische Bewegung in Mexiko gegründeet worden. Dieses Projekt scheiterte. Die peruanische Sektion der APRA konstituierte sich formal erst 1930; vgl. Goldenberg 1983.

14. Zur Diskussion zwischen Haya de la Torre und Mariategui vgl. Germana 1977; Arico (Hrsg.) 1978.

15. Zur Gründung der CGTP vgl. Martinez de la Torre 1949, Bd. I, Kap. 6 und Bd. 3: 6 ff. 1930 umfaßte die CGTP nach Martinez de la Torre 50.000 Mitglieder, nach Payne (1965: 36) - auf der Basis von Troncoso - 18.000 Mitglieder.

16. Caravedo (1976: 68) charakterisierte diese Entwicklung als eine quasi - Ersetzung der Arbeiterbewegung durch politische Parteien.

17. Die CTAL war 1938 in Mexiko gegründet worden. Sie umfaßte zu diesem Zeitpunkt die revolutionär-nationalistischen Gewerkschaften Mexikos, sowie kommunistische, sozialistische und sozialdemokratische Gewerkschaftaen. Gründung und Aktivitäten der CTAL stießen auf die entschiedene Ablehnung des US-amerikanischen Gewerkschaftsverbandes AFL. Während des Zweiten Weltkrieges ordnete sich die CTAL den Erfordernissen alliierter Politik unter und vertrat eine Position, die dem browderism in USA ähnelte: Streiks wurden abgewiedelt, die 5. Kolonne des Faschismus in Lateinamerika zum Hauptfeind erklärt. Vgl. Godio (1980: 205).

18. Wenn die APRA sich auch auf nationaler Ebene als politisch wichtigste Kraft in den Gewerkschaften durchsetzen konnte, so gab es doch verschiedene Regionen, wo die KP politischen Einfluß behielt, z.B. in Cusco. Vgl. Aranda/Escalante 1978.

19. Zwischen 1950 und 1975 sank der Anteil des Primärsektors am Bruttoinlandsprodukt von 28 Prozent auf 19 Prozent; der Anteil des Sekundärsektors stieg im gleichen Zeitraum von 24 Prozent auf 33 Prozent. (Fitzgerald 1981: 101).

20. Der Durchschnitt des industriellen Wachstums für Lateinamerika lag 1960 - 1965 bei 6,4 Prozent, während er in Peru 8,9 Prozent betrug. CEPAL August 1979.

21. Zur Struktur der Industrie vgl. auch Torres 1975; Anaya 1975; Fitzgerald 1981: 341 ff, sowie Kapitel 5.2.

22. Zur Integration der ländlichen Emigranten in die "urbane Welt" vgl. Weisslitz 1973: 111 ff.

23. Gute Verbindungen zwischen CTP und US-Gewerkschaften bestanden schon seit Ende des Zweiten Weltkrieges. Zusammen mit dem US-Verband AFL hatte die CTP bei der Gründung der CIT (Central Interamericana de Trabajadores), Vorläufer der ORIT, eine wichtige Rolle gespielt. Seit 1963 war das American Institute of Free Labour Development (AIFLD), das 1962 von US-Gewerkschaften, State Department und multinationalen Unternehmen gemeinsam gegründet wurdde, über das Centro de Estudios Laborales del Peru (CELP) in Peru tätig. Nach überhöhten Angaben des AIFLD wurden 1962 - 1970 20.000 Arbeiter ausgebildet. Vgl. Blake 1975.

24. Die von der KP beeinflußte Gewerkschaftsopposition war erheblich bedeutender, als von Payne angenommen wird. Payne 1965: 100 f.

25. Die 1919 gegründeten Föderationen der Drucker und Textilarbeiter hielten ihren ersten Kongreß 1955 bzw. 1958 ab. Payne 1965: 53.

Kapitel III

1. Zur Darstellung und Kritik der US-amerikanischen und sowjet-marxistischen Militärforschung vgl. Tibi (1973: 11 ff.).

2. Dazu zählten Hector Bejar, ehemaliger ELN Guerillero, Carlos Franco, Carlos Delgado und Francisco Guerra. Einige Berater kamen vom linken Flügel der AP und der Christdemokraten. Von Anfang an drängte diese

Gruppe auf eine Beteiligung der Bevölkerung. Vgl. Bejar 1976, Moncloa 1977, Thorndike 1976.

3. Fitzgerald 1976, Stepan 1978: 68 ff., Quijano 1973, Cotler 1980: 44, Loventhal 1975: 32.

4. Dore/Weeks 1976: 66. In ihren ersten Interpretationen haben auch Cotler 1972 und Quijano 1971 die These vertreten, die Militärs hätten den Wegbereiter der Industriebourgeoisie gespielt. Später modifizierten sie diese Position (Cotler 1980, Quijano 1975). Auf diverse Interpretaionen, die zum Teil bei Gruppen der radikalen Linken in Peru vorherrschen und die darauf hinauslaufen, es handele sich um eine "traditionelle Militärdiktatur" oder "Faschismus" oder "Werkzeuge des Imperialismus", braucht wegen der Dürftigkeit der Argumente nicht näher eingegangen zu werden.

5. Ferner 1981: 100. Vgl. auch Durand, der in seiner Darstellung der Sociedad de Industrias, deren durchaus positive Haltung gegenüber den Militärs für die ersten Jahre belegt. Durán 1980 b.

6. Allerdings wurde die agrarische Exportbourgeoisie durch die Enteignungen weniger hart getroffen als ihre "Vettern" im Hochland. Malpica (1975: 75 ff.) weist darauf hin, daß die große Mehrheit der Vorstandsmitglieder der **Sociedad Nacional Agraria**, der hauptsächlichen Interessenvertreter der agrarischen Exportbourgeoisie, Kapital in anderen Branchen hielt.

7. Dazu zählt die von General Velasco initiierte **Frente contra el Subdesarrollo**, die Staat, Unternehmer und Gewerkschaften vereinen sollte, sich jedoch als nicht existenzfähig erwies.

8. Streiks in Zuckerkooperativen und im Bergbau, Landbesetzungen in Pamplona/Lima etc.

9. Zur Begriffsgeschichte des Korporatismus vgl. von Beyme 1980: 22. Korporative Strukturen finden sich sowohl in Industrieländern als auch

in Entwicklungsländern. Der Begriff Korporatismus bezieht sich letztlich auf ein Netz von Politiken und institutionellen Regelungen zur Strukturierung von Interessenvertretungen. Nach Ansicht verschiedener Autoren ist der Korporatismus tief in der lateinamerikanischen "Tradition" und "Kultur" verwurzelt. Vgl. Wiarda 1981, Malloy 1977, Palmer/ Middlebrook 1976, Stepan 1978.

10. Stepan 1978: 76 ff, ähnlich auch O'Donell 1977: 47 ff.

11. Eine ausführliche Darstellung der Aufgaben von SINAMOS gibt Carlos Delgado, einer der Cheftheoretiker der Revolution Peruana in der Zeitschrift Participación. Delgado 1973: 18 ff. Sicherlich waren SINAMOS keine libertär-sozialistische Konzeptionen zu eigen, wie Scurrah (1978: 70) meinte.

12. Alberti 1976: 13 ff., Lüpertz 1976: 301 f. Allerdings wurden auch abweichende Sonderregelungen für "strategische Bereiche" getroffen, insbesondere in der Absicht, ausländische Investoren nicht zu verschrecken. Vgl. Lüpertz 1976: 301. Diese Sonderregelung galt auch für die Firma Bayer; vgl. Germana 1972: 31 ff.

13. Durand 1980: Diese Politisierungsfunktion kommt auch darin zum Ausdruck, daß das Industrieministerium zwischen 1971 und 1975 über 2000 Schulungen mit 170.000 Comuneros durchführte, wobei auch Ideologie und Programmatik der "Peruanischen Revolution" auf dem Stundenplan standen.

14. Insgesamt existierten 1973 3352 Comunidades Industriales, die zusammen 125.532 Arbeitnehmer umfaßten. Gleichzeitig gab es im Industriesektor 1568 Betriebsgewerkschaften. Vgl. Rodriguez 1976: 42; Sulmont 1977a.

15. So wurden die Gewerkschaften als Instrument der Arbeiterklasse definiert und di CI als ein weiteres Werkzeug des Kampfes für die Rechte der Arbeiter verstanden. Santisteban 1976.

16. Die 10prozentige Gewinnbeteiligung wurde nur Hälfte an alle Beschäf-

tigten gleichmäßig und zur Hälfte proportional zu ihrer jeweiligen Lohnhöhe verteilt. Obere Einkommensgruppen wurden dadurch noch mehr begünstigt. Lüpertz 1977: 306.

17. Entstehung und Entwicklung dieses Ausgleichsfonds wird von Sulmont 1982 am Beispiel des Bergbaus (Comunidad de Compensación Mineral) analysiert.

18. Dies galt z. B. für CENTROMIN und SIDERPERU. Im Falle der Gewerkschaft des staatlichen Bergwerks von Cerro Verde lehnte das Arbeitsministerium eine Anerkennung ab; Interview Silva/Cerro Verde 1978.

19. In den verschiedenen Interviews mit Arbeitsanwälten wurde deutlich, daß so gut wie nie ein Streik für legal erklärt wurde. Sicher wurde diese Haltung der Funktionäre des Arbeitsministeriums auch davon bestimmt, daß sie von den vorherigen Regierungen, die ein dezidiert antigewerkschaftliche Politik betrieben hatten, übernommen worden waren. Zwar wurde das Arbeitsministerium modernisiert, die Beamten blieben jedoch dieselben. Dazu kam, daß Großbetriebe traditionell ihre Vertrauensleute im Arbeitsministerium plaziert bzw. ehemalige Funktionäre des Arbeitsministeriums - die weiterhin ihre guten Beziehungen zu ihren alten Kollegen pflegten - bei sich angestellt hatten.

20. Die Position, daß die Militärs eine progewerkschaftliche Politik betrieben hätten, wird z.B. in von Horsters (1976) vertreten.

Kapitel IV

1. Anläßlich einer Diskussion mit Gewerkschaftern in Arequipa kam diese Position deutlich zum Ausdruck. Nach negativen Erfahrungen mit verschiedenen Parteien, zeigte sich bei einigen Anwesenden eine dezidierte Anti-Parteien-Haltung.

2. Bei den nationalen Wahlen vom April 1985 gelang es der APRA zum ersten Mal, wesentlich mehr als ein Drittel der Wählerstimmen für sich zu mobilisieren. Knapp 50 Prozent der Wählerschaft stimmte für den apristischen Kandidaten Alan Garcia.

3. Zur Rolle der APRA am 5. Mai 1975 vgl. Lynch 1983: 195 ff.

4. Die moskauorientierte KP soll weiterhin als KP bezeichnet werden. Oft wurde sie nach ihrer Zeitschrift Unidad als PC-Unidad bezeichnet. Die anderen kommunistischen Parteien - die Spaltungen gingen weiter - werden mit ihren "volkstümlichen" Bezeichnungen, die sich meist nach dem Namen ihrer Zeitschrift richten, benannt.

5. Zum großen Teil beruht diese Klassifizierung auf einer Analyse von Marka, 8. Januar 1976; einige Teile wurden erweitert und ergänzt.

6. Sicher ein paradoxer Fall, daß die peruanischen Trotzkisten, die ihre Aktivitäten auf die Arbeiterklasse ausrichteten, ihre größte Bedeutung - wenn auch nur durch die Person Hugo Blancos vermittelt - im Agrarsektor erreichten.

7. In diesem Fall scheint es sich um eine der wenigen Ausnahmen zu handeln, wo eine linke Splitterpartei tatsächlich jahrelang in einem Betrieb aktiv war und sich zum Teil auch in der Gewerkschaftsbasis verankern konnte.

Kapitel V

1. Vgl. Garcia 1969: Faletto 1966; di Tella 1964, siehe auch die Diskussion über soziale Klassen in Lateinamerika, in: Benitez (Hrsg.) 1975/1977.

2. Eine Zusammenfassung und Gegenüberstellung dieser Kategorien bietet Solari u.a. 1976: 344 ff.

3. Die verschiedenen Regierungsinstitute (DGE, ONEC, BCR etc.) geben z.B. für 1970/72 unterschiedliche Zahlen für die Erwerbstätigen an. Verdera (1983) hat in einer Gegenüberstellung die verschiedenen Erhebungen mit den jeweiligen Abweichungen aufgelistet. Da die Daten der Volkszählung (Censos Nacionales) am ausführlichsten sind, werde ich mich primär auf sie beziehen.

4. Im Landesdurchschnitt waren in der ersten Hälfte der siebziger Jahre 54 Prozent der Familien unterernährt; 86 Prozent der Wohnungen hatten keinen Zugang zum Trinkwasser und 93 Prozent keine Elektrizität, vgl. Amat y Leon/Leon 1983.

5. Nach Sulmont (1974: 105) existierte allerdings zu Beginn der sechziger Jahre ein Überangebot an qualifizierten Arbeitskräften.

6. Für den Raum Lima liegen für 1967 auf der Basis einer Umfrage genauere Daten für die Privatwirtschaft vor. Danach waren ca. 125.000 Arbeiter und Angestellte gewerkschaftlich organisiert (vgl. Lininger 1968).

7. Im Statistical Abstract of Latin Amerika (1968) wurde die Zahl der gewerkschaftlich Organisierten mit 19 Prozent der Erwerbstätigen angegeben; (vgl. Huber 1983).

8. Das Recht auf gewerkschaftliche Organisierung wurde im Artikel 27 der Verfassung von 1933, die theoretisch bis 1980 in Kraft war, festgelegt. 1959 ratifizierte das peruanische Parlament das Abkommen 87 der Internationalen Arbeiterorganisation (IAO) über Gewerkschaftsfreiheit. Die wichtigsten Ausführungsbestimmungen und Vorschriften zur gewerkschaftlichen Organisierung sind in dem Decreto Supremo 009 3. Mai 1961 enthalten.

9. Dies wurde von allen Interviewpartnern bestätigt. "Draußen" blieben meist nur einige leitende Angestellte, Vorarbeiter oder Personen, die aus welchen Gründen auch immer, aus der Gewerkschaft ausgestoßen worden waren.

10. Bereits seit Ende der fünfziger Jahre hatte deren Vorläuferorganisation, die Federación de Correos y Telecomunicaciones (FECOTEL), diverse Streikaktionen durchgeführt.

11. Über die Bedeutung des organisierten Transportwesens und die Interessenpolitik der Federación de Choferes vgl. Möller 1977: 214 ff.

12. Versuche, eigenständige Organisationen zu bilden, um einige Grundrechte einzuklagen, sind bisher noch nicht allzuweit gediehen.

13. Vgl. dazu die Entwicklungen in Rescate, dargestellt bei Henry 1978: 160 ff und Spessart 1980: 307 ff. sowie Vitarte Kap. 7.2.

14. In einer Studie vertritt H. Maletta die These, daß in den Volkszählungen die Zahl der landwirtschaftlichen Erwerbstätigen bei weitem überschätzt wird, da fälschlicherweise die auf dem Lande wohnende Bevölkerung mit "bäuerlicher" Wirtschaft gleichgesetzt wurde (Maletta 1979: 18). Zudem sei die Zahl der Lohnabhängigen um 20 bis 30 Prozent höher, als dies in der Volkszählung zum Ausdruck komme (Maletta 1979: 46).

15. Diese Bedingungen tauchten immer wieder in den Berichten der Delegierten aus kleinen Bergwerken anläßlich der 10. Vollversammlung 1978 der Bergarbeiter auf.

16. Einen besonders dramatischen Fall bildeten mehrere hundert Arbeiter des US-amerikanischen Erdölunternehmens Geophysical. Bei den Arbeiten im Urwaldgebiet zog sich ein Großteil der Arbeiter eine nahezu unheilbare Krankheit, genannt die "weiße Lepra", zu. Die Firma weigerte sich, die Kosten für Medikamente, Krankenhausaufenthalte etc. zu übernehmen, der Staat fühlte sich ebenfalls nicht verantwortlich. Proteste dieser Arbeiter, die unter anderem versuchten, einen Marsch von Cusco nach Lima durchzuführen, wurden niedergeschlagen. Vgl. Gespräche und Interviews mit Vertretern dieser Arbeiter in Cusco und Lima (1977).

Kapitel VI

1. Die Informationen dazu basieren auf den offiziellen Verlautbarungen der Dachverbände, die zur Verfügung gestellt wurden. Ergänzt wurde diese durch Interviews mit Vorstandsmitgliedern der Dachverbände, so im Fall der CGTP mit Eduardo Castillo, Generalsekretär, Gustavo Espinoza, ehemaliger Generalsekretär und Andres Paredes, Vorstandsmitglied des CGTP. Im Falle der CNT wurden der Stellvertretende Generalsekretär Segundino Perez sowie zwei weitere Vorstandsmitglieder interviewt. Bei der CTP wurde ein Interview mit dem Vorstandsmitglied Abelardo Monteverde geführt. Im Falle der CTRP gelang es nur, Kontakte zu ehemaligen Mitgliedern aufzunehmen.

2. Da es darüber kaum schriftliche Materialien gibt, wurden mit Vertretern der innergewerkschaftlichen Opposition Interviews geführt.

3. Pumaruna 1970: 8; Unidad, Nr. 191, 21. Juni 1968; Interview mit Angel Delgado, Arbeitsanwalt.

4. Nach Angaben der Wochenzeitschrift Equis X soll die CGTP vom Arbeitsminister General Salas Orosco auch finanzielle Zuwendungen erhalten haben, was jedoch nicht beweisbar ist. Vgl. Equis X, Nr. 92, 21. Dezember 1977.

5. Ministerio de Trabajo: Registro de Organizaciones Sindicales.

6. Marka, Nr. 2 vom 15. Mai 1975 gibt für die FETIMP 25.000 Mitglieder an, während La Prensa vom 8. November 1977 die Zahl der Mitglieder auf 30.000 festlegt.

7. Doppelmitgliedschaft ist durchaus nicht unüblich. So war die Gewerkschaft von SIDERPERU Mitglied der CGTP, der Regionalföderation FESIDETA (unabhängig) und der Bergarbeiterföderation FNTMMP (unabhängig). Die Bergarbeitergewerkschaft von Cerro Verde war Mitglied der CGTP Regionalorganisation FDTA und der FNTMMP.

8. So hatte die CGTP z.B. in der Textilindustrie, bei den kommunalen Arbeitern und im Gesundheitssektor keine eigenen Föderationen, so daß CGTP-Gewerkschafaten aus diesen Branchen direkt an den Dachverband angebunden sind.

9. Interview mit Chiara/Gewerkschaft Diamante 1977, der als Delegierter am 2., 3. und 4. CGTP-Kongreß teilnahm.

10. Organisationstabelle der CGTP vom 2. Kongreß, 1.-5. Dezember 1971.

11. So z.B. in dem Programm vom Juli 1969, in dem 20 alternative ökonomische und politische Positionen vertreten wurden; CGTP-Boletin Informativo Nr. 22, Juli 1969. Vgl. auch CGTP, Boletin Informativo, Nr. 30, September 1969.

12. Offener Brief von Ventura Zegarra Arana, Mitglied des Zentralkomitees der KP und Asesor der CGTP, nach der Spaltung der KP im Dezember 1977. Publiziert in Marka Nr. 56, 12. Januar 1978.

13. Zur Propiedad Social vgl. CGTP 1973 a; zum Pressegesetz vgl. CGTP; Luchamos por la aplicacion de la Ley de Periodista, 16. Dezember 1970; zum Rentengesetz: CGTP 1973 c.

14. CGTP 1975: Zur Absetzung von General Velasco vgl. Interview mit Velasco, in: Caretas, Nr. 512, vom 3. Februar 1977.

15. Flugblätter der CGTP: Segunda carta a los obreros mineros de Marcona, 26. Januar 1973; La CGTP a los Mineros de Marcon, 29. Januar 1973; vgl. auch CGTP 1974: 50.

16. Zu den Agrarorganisationen, die aus der CGTP ausschieden und sich der CCP anschlossen, zählten die Federación Departamental de Campesinos de Cajamarca, die Union Sindical de la Provindade Melgar und die Federación de Comunidades Campesinas de Huancavelica.

17. Insbesondere Vanguardia Revolucionaria, Trotzkisten, MIR, Patria Roja, Bandera Roja, Sociedad y Politica und PCR,

18. Federación de Calzados beim 3. Kongreß.

19. Interview mit Chiara 1977, der die Zahl der oppositionellen Delegierten auf 70 bis 80 schätzte. Alfredo Silva, Delegierter der FDTA beim 4. Kongreß, bezifferte die Zahl der oppositionellen Blocks auf 40 Delegierte. Schriftliche Unterlagen liegen nicht vor.

20. Interview mit Silva/Cerro Verde, vgl. Expreso vom 22. März 1976.

21. Beim 7. Kongreß der Bauarbeiterföderation vom 24. bis 27. Oktober 1973 stellten die oppositionellen Delegierten ein Drittel der Delegierten. Vgl. Prensa Sindical Clasista, Lima, November 1973.

22. Beim 4. Kongreß der CGTP bestand die Delegation der FDTA zur Hälfte aus Oppositionellen. Vgl. Interview A. Silva/1978.

23. Die linksoppositionellen Gewerkschaften schlossen sich immer wieder zu meist kurzfristigen Koordinationen zusammen. Typisches Beispiel dafür ist der Frente Unico Sindical de Trabajadores (FUSIT) aus Cusco, der kurzfristig Bedeutung erlange und dann rasch wieder zerfiel.

24. Bis 1970 blieb die Union Sindical de Lambayeque von der APRA kontrolliert. Die neue Führung stand der radikalen Linken nahe. Ab 1974 geriet der Verband in eine Krise. Vgl. La Palabra del Pueblo Nr. 17, 22. bis 29. Juni 1975.

25. Oktober 1962: achttägiger Ausstand; März 1963: achttägiger Ausstand; Juli 1963: zehntägiger Ausstand.

26. Marka Nr. 2 vom 15. Mai 1975 und La Prensa vom 8. November 1977.

27. Vor allem die Arbeiter in den Filialen der transnationalen Unternehmen eigneten sich ein Bewußtsein transnationaler kapitalistischer Ausbeutung an.

28. Warnstreiks wurden am 14./15. November 1972, im Juli 1973, am 4./5. März 1974, am 13./14. August 1975 und am 29./30. April 1976 durchgeführt

29. Interview mit Monteverde/CTP (1978). Vgl. auch die verschiedenen Publikationen der CTP.

30. Trotz des Verlustes aller wichtigen Bergarbeitergewerkschaften er-

klärte die CTP am 3. Juli 1970, daß sie außer in La Oroya Gewerkschaften in allen Bergwerken habe. Vgl. La Prensa vom 4. Juli 1970. Möglicherweise bezog sich die CTP-Führung dabei auf ihre nichtfunktionierenden Regionalorganisationen im Bergbau.

31. La Prensa vom 19. November 1977 bezifferte die Mitgliederstärke der Federación Grafica auf 25.000, während nach anderen Angaben dieser Verband nur 15.000 bis 20.000 Mitglieder umfaßte.

32. Ministerio de Industria y Turismo, Centro de Investigacion de la Universidad del Pacifico, Bd. 4, 1975: 30.

33. Vgl. Interview mit Monteverde/CTP 1978. Nach dessen Angaben waren zu diesem Zeitpunkt in der CTRP 460.000, in der CGTP 380.000, in der CNT 80.000 und in unabhängigen Gewerkschaften 450.000 Personen organisiert.

34. Den Mißerfolg des CTP-Streiks bestätigten auch alle Tageszeitungen (vom 22. Mai 1973), DESCO, Cronologia Politica 1974, Bd. 2: 2081, vgl. auch Sulmont, 1976: 44.

35. Z.B. automatische Lohnangleichung an gestiegene Lebenshaltungskosten seit Mai 1945; die prima textil, das heißt Umwandlung einer 10prozentigen Prämie für regelmäßige Anwesenheit als Teil des Lohnes. Die knapp 40.000 Beschäftigten der Konfektionsindustrie, die zumeist in Kleinbetrieben beschäftigt sind, wurden nicht zur Textilindustrie gerechnet.

36. Laut Sulmont, (1977b: 41) waren folgende Faktoren für die Krise der Textilindustrie verantwortlich: 1. Reduzierung des internen Marktes infolge Abwertung und Verteuerung, 2. Erhöhung der Produktionskosten, insbesondere durch Verteuerung der Importgüter als Folge der Abwertung. Dies verband sich mit der strukturellen Abhängigkeit der peruanischen Industrie vom Auslandskapital, die sich in der Transferierung von Gewinnen und hohen Kosten für Patente ausdrückte.

37. Cgl. Gomez Cornejo 1974: 122, die diese Zahlen auf der Basis von offiziellen Statistiken und Interviews mit FTTP-Führern errechnete.

38. Interview mit FTTP-Organisationssekretär Hilario Torres im Januar 1973, in: Gomez Cornejo 1974: 122.

39. Vgl. Marka Nr. 12 vom 30. Oktober 1975, Sulmont 1977b: 61 ff.

40. 1976 sollen sich bereits 56 Textilgewerkschaften in die CGTP integriert haben.

41. Nach verschiedenen Aussagen konnte sich die apristische FTTP-Führung oft nur auf 10 bis 15 Gewerkschaften stützen.

42. Laut Sulmont (1977a) nahmen folgende Regierungsmitglieder und hohe Militärs an der Sitzung teil: Die Generäle Fernandez Maldonado, Valdez Palacios, de la Flor, Gallegos, Rodriguez Figueroa Richter Prodo und Segura.

43. Avillio Chumpitaz, ehemaliger Generalsekretär der Gewerkschaft Mina Luren, einer der bedeutenderen CNT-Organisationen, schätzte die CNT im Raum Lima auf 80 Gewerkschaftsorganisationen mit 3.000 Mitgliederm. Auf nationaler Ebene liegt seine Schätzung unter 20.000 Mitgliedern.

44. Ministerio de Trabajo; Ministerio de Industria y Turismo/Universidad del Pacifico 1975, Bd. IV: 27.

45. 1973 stießen die unbedeutende Federación de Trabajadores de Ancash und die Beschäftigten der Sozialversicherung zur CNT.

46. Vgl. Interview Chumpitaz/Mina Luren 1977. Die hier vorgebrachten Argumente wurden auch von anderen Gewerkschaftern wiederholt, und zum Teil vom stellvertretenden Generalsekretär Segundino Perez akzeptiert.

47. Estatutos de la CNT, Art. 7 a. Diese Statuten wurden auf dem 2. Kongreß am 28. Januar 1973 angenommen.

48. Hector Bejar 1976: 71; Guillermo Thorndike 1976: 128, Thorndike weist darauf hin, daß die wichtigsten Aufgaben dem Innenministerium zufielen und von dort aus den Geheimdiensten übertragen wurden.

49. Laut Marka (Nr. 29 vom 11. März 1976) sollen sich die Kosten für die Gründung der CTRP auf 30. Millionen Soles belaufen habe.

50. Declaración de Principios de la CTRP, in: La Prensa vom 14. November 1972.

51. 7 Dias vom 24. November 1972; vgl. auch die hier erschienenden Biographien der CTRP-Gewerkschaftsführer.

52. Laut Marka (Nr. 29 vom 10. März 1973) wurde SINAMOS, der sich gegenüber der CTRP-Gründung ablehnen gezeigt hatte, verpflichtet, die CTRP zuerst monatlich mit 700.000 Soles, ab 1974 mit 1,5 Millionen Soles zu finanzieren.

53. Nach Fernando Herrera, Generalsekretär der "Regional Sur", umfaßte der Verband 500.000 Mitglieder, (La Prensa vom 30. Dezember 1975). In einer Erklärung der CTRP zum 2. Jahrestag wurde die Anzahl der Mitglieder mit 800.000 angegeben.

54. So bei dem Solidaritätsmarsch mit dem Präsidenten Velasco vom 16. März 1973, deren Kundgebungen vom 7. Juni 1973, anläßlich der Enteignung der "Cerro de Pasco Corporation" vom 1. Januar 1974, anläßlich des Fahneneides vom 7. Juni 1974, u.a.

55. Z.B. Erklärung von CGTP, CTRP und CNT vom 30. September 1973.

56. So Ultima Hora, vom 28. Januar 1974. Die CTRP-Führung bestritt zwar, daß der Verband als solcher in den MLR integriert sei, (Ultima Hora vom 1. Februar 1975), jedoch nicht ihre eigene Mitgliedschaft.

57. Expreso vom 8. Januar 1975 und 16. Januar 1975 sowie vom 8. Februar 1977. Vgl. auch andere Tageszeitungen sowie Gespräche mit Gewerkschaftern von Marcona, u.a. mit Huaman Cortez/Marcona 1978.

58. Am 2. März 1975 appellierten 27 Sektionsdelegierte an die Regierung. Ein ähnlich lautender Brief wurde von Orrego Chuqui am 7. Februar 1975 an den Präsidenten Velasco verfaßt.

59. Erklärung des Innenministeriums vom 26. Mai 1975.

60. Offener Brief der CTRP an die Gewerkschaft von Marcona vom 26. März 1975.

61. **Marka** Nr. 38 vom 15. Mai 1976 und **Palabra del Pueblo** Nr. 10 vom 11. Mai 1976.

62. Ein Großteil der Information basiert auf Interviews und Gesprächen mit Victor Cuadros, Generalsekretär der FNTMMP, Guillermo Diaz, Maimo Paz und Cristian Rivas, Vorstandsmitglieder der FNTMMP, Alfredo Silva, Generalsekretär der Gewerkschaft von Cerro Verde (später Organisationssekretär der FNTMMP) sowie einigen Anwälten des Verbandes. Während eines zehntägigen Aufenthalts in der mittleren Sierra wurden Interviews mit Rogelio Goycochea, Generalsekretär der Föderation von CENTROMIN und der Gewerkschaft von La Oroya sowie mit Vorstandsmitgliedern der Gewerkschaften von La Oroya und Cerro de Pasco geführt. Durch die Teilnahme am 10. Plenario 1978 (Vollversammlung), an der ca. 30 Gewerkschaften partizipierten, konnten Informationen über die Situation in den verschiedenen Bergwerken gesammelt werden. Zusätzlich wurden Flugblätter der FNTMMP, der Federación von Centromin und einiger Einzelgewerkschaften ausgewertet.

63. Ein Großteil der Bergarbeiter wohnte in den von Unternehmen gestellten Barackensiedlungen. Die Möglichkeiten einer individuellen Freizeitgestaltung waren sehr begrenzt. Oft war starker Alkoholismus unter den Arbeitern zu finden. Vgl. die Untersuchung von N. Thede (1982) über Leben und Arbeitsbedingungen in verschiedenen Bergwerken.

64. Besonders die Bergarbeiter in der zentralen Sierra weisen ähnliche Strukturen wie ihre bolivianischen Kollegen auf.

65. Becker (1982: 63 ff), analysiert die unterschiedlichen Arbeits- und Lebensbedingungen zwischen den Arbeitern der Southern Peru Copper Corporation und Marcona Mining Company sowie denen anderer Bergwerke.

66. Zwei Drittel der Bergarbeiter konzentrierten sich 1969 im zentralen Hochland, ca. 20 Prozent im Süden. Der Rest verteilte sich gleichmäßig auf den Sur Chico (kleiner Süden) und die Nordregion. In die Zahlen

(Stand 1969) wurden die knapp 6.000 Arbeiter der Hüttenwerke, die direkt an die Bergbauförderung gekoppelt sind, einbezogen. Es handelt sich im wesentlichen um die Raffinerien von La Oroya und Ilo.

67. "Llamamiento-convocatoria al Congreso Nacional de Trabajadores Mineros y Metalgurgicos del Peru, in: CGTP Nr. 42, Vocero vom 29. Oktober 1969.

68. Insgesamt existierten 1980/81 133 Gewerkschaften, die direkt oder indirekt mit dem Bergbau in Verbindung standen. Oft existierten in den Bergwerken nach beruflicher Aktivität geordnet mehrere Gewerkschaften (z.B. Eisenbahn, Transport, Angestellte, Arbeiter), vgl. Silva 1982.

69. Der SERP erblickte im März 1974 das Licht der Öffentlichkeit als ein direktes Produkt des Innenministeriums (Pezo u.a. 1978: 194). Selbst die Reste der Lehrer, die der KP verblieben und in der FENTEP organisiert waren, stellten sich - nach anfänglicher Sympathie - gegen den SERP. Trotz der Behauptungen des SERP, 55.000 Mitglieder zu haben, erreichte er bei den folgenden Wahlen zur Lehrerkooperative höchstens 13,5 Prozent.

70. Zu den ca. 80.000 Lehrern kamen ca. 30.000 Bergarbeiter, 10.000 Zollbeschäftige, ca. 7.000 bis 10.000 Metallarbeiter, ca. 4.000 Stahlarbeiter (SIDERPERU) u.a.

71. "Communicado de Prensa a la Clase Obrera y al Pueblo Peruano", CCSUC November 1974.

72. Vgl. "COPAPOL: Moción de Constitución del Comité pro Amnistia Politico-Laboral", November 1975.

Kapitel VII

1. Zu Beginn der Militärherrschaft kam es zu verschiedenen schweren Zusammenstößen, bei denen es zahlreiche Tote und Verletzte gab. In diese Zusammenstöße waren die Gewerkschaften jedoch nicht involviert. In Cajamarca gab es im Oktober 1968 bei einer Landbesetzung 27 Tote; in Huanta/Ayacucho wurden bei Protesten gegen die Absicht der Regierung, den kostenlosen Schulunterricht abzuschaffen, im Juni 1969 25 Personen getötet.

2. Der genaue Verlauf der Verhandlung wird eindrucksvoll bei Gutierrez 1981: 49 ff. beschrieben.

3. Im Nachhinein beteuerte die CGTP-Führung immer wieder ihre "solidarische Haltung" und machte APRA und "Ultralinke" für die Konfrontation verantwortlich, vgl. CGTP Nr. 89 vom 18. November 1971.

4. In einer Gesprächsrunde mit Gewerkschaftern verschiedener Betriebe aus Arequipa im Dezember 1976 wurde dieser Aspekt immer wieder betont.

5. Als der Streikbeschluß der FESIDETA am 4. Juni gefaßt wurde, waren ohnehin nur 24 von 32 Gewerkschaften anwesend gewesen. 12 hatten für den Streik gestimmt, zehn dagegen, zwei sich enthalten.

6. Nach Angaben der Präfektur beteiligten sich zwar "nur" 4.000 Demonstranten an den Auseinandersetzungen, alle anderen Quellen geben deren Zahl jedoch mit 8.000 bis 10.000 an.

Kapitel VIII

1. Rede von Ministerpräsident Maldonado am 30. Juni 1976 in Rundfunk und Fernsehen, vgl. Andean Report Juli 1976, Nr. 7: 127.

2. Der IWF ist ein Zusammenschluß der meisten Staaten mit finanzpolitischen Zielen. Die Politik des IWF wird weitgehend von den westlichen Industriestaaten bestimmt. Vgl. Nohlen 1984: 30411, Hofmann 1978: 143.

3. Vgl. die Kritik von Barua am Stabilitätsprogramm, in: Fürst u.a. 1977: 146.

4. So vertrat Peru im Rahmen des Andenpaktes zunehmend eine Politik, die weg von Protektionismus und hin zum Wirtschaftsliberalismus führte (vgl. Rede des Integrationsministers Admiral Duran vom 15. März 1977). Anstelle der bislang ansatzweise auf die Blockfreien orientierten Außenpolitik trat eine verstärkte Annäherung an lateinamerikanische Militärdiktaturen und an die USA. So kam es zu zahlreichen Treffen peruanischer Militärs mit ihren chilenischen, argentinischen und bolivianischen Kollegen (vgl. DESCO Informativo Politico Nr. 44, August 1976 und Nr. 46 Oktober 1976).

5. So veranlaßte der Rückgang des Konsums ca. 50 Unternehmen, die für den internen Markt produzierten, beim Industrieministerium eine Verkürzung der Arbeitszeit zu beantragen. Auch für die Bauindustrie wirkte sich die Wirtschaftspolitik eher negativ aus. Vgl. DESCO Informativo Politico Nr. 53 April 1977.

6. Bei diesen Gesprächen plädierte die APRA für sofortige Kommunalwahlen, auf die 1978 Wahlen für eine verfassunggebende Versammlung folgen sollte. 1980 sollten dann Präsidentschafts- und Parlamentswahlen stattfinden. Der PPC sprach sich für eine verfassunggebende Versammlung in der Zeit von 1978 bis 1980 aus, wobei die Militärs bis zu den Präsidentschaftswahlen von 1980 die Exekutive beibehalten sollten. Für Acción

Popular kamen nur Präsidentschaftswahlen für das Jahr 1978 und die Übergabe der politischen Macht am 28. Juli desselben Jahres infrage. Die anderen Parteien (KP, APS - Abspaltung von Acción Popular -, Christdemokraten) hatten keine konkreten Vorstellungen.

7. Die verfehlte Agrarpolitik der Regierung als Ursache für die Finanzkrise der Kooperativen im Alto Piura wurde in offiziellen Studien des Nationalen Planungsinstituts (INP) und einer multisektoralen Kommission festgehalten.

8. Vgl. Wachendorfer, U. 1978: 18 und LAPR vom 25. März 1977, Nr. 12.

9. Vgl. das Abkommen zwischen den Regierungen der USA und Perus über die Entschädigung der Marcona Mining Company, abgedruckt in DESCO Informativo Politico Nr. 46, Oktober 1976.

10. Premierminister Arbulú fand noch eine weitere Begründung: "Die Ausgangssperre begünstigt in positiver Form die peruanische Familie, weil sie dadurch sehr vereint ist." Interview mit dem Premierminister Arbulú vom 7. August 1976, abgedruckt in La Prensa vom 8. August 1976.

11. Vgl. Correo vom 4. November 1976 und vom 18. Dezember 1976, El Comercio vom 3. Dezember 1976 und LAPR vom 4. März 1977.

12. Öffentliche Erklärung von MOTORPERU (VW), abgedruckt im Expreso vom 5. März 1977. Vgl. auch La Prensa vom 6. März 1977 sowie die Erklärung der Sociedad de Industrias im Extra vom 15. März 1977.

13. CGTP und FEB in einer Erklärung mit dem Titel: Für die Abschaffung des DL 11-76-TR vom 22. Februar 1977.

14. Vgl. die Erklärung von CGTP und FEB vom 26. Februar 1977 sowie die Erklärung von 65 Gewerkschafts- und Arbeitsorganisationen gegen das Gesetzesdekret 011-76 vom 22. März 1977.

15. CGTP Nr. 15 vom 20. August 1976. Vgl. auch das fast identische Kommunique der Kommunistischen Partei zur Julikrise, abgedruckt in: DESCO Informativo Politico Nr. 46 Juli 1976.

16. So die Festnahme des Ex-Generalsekretärs der CGTP und des Generalsekretärs der Regionalföderation von Callao sowie die Abschiebung des bekannten KP-Gewerkschafters Julian Sierra am 27. Dezember 1977.

17. Zur C.I. vgl. CGTP, Nr. 19 vom 14. Februar 1977. Zur Kritik an der Politik der Militärs vgl. die Rede des CGTP-Generalsekretärs Eduardo Castillo am 1. Mai 1977, abgedruckt in: Die CGTP und die 1. Mai-Demonstration, 1977: 4.

18. Dokument, das dem Präsidenten Moralez Bermúdez anläßlich des Empfanges einer Delegation der CGTP übergeben wurde, abgedruckt in CGTP, Nr. 21 vom Mai 1977: 12.

19. Vgl. Erklärung des 8. Nationalkongresses der CTP unter der Überschrift: Critica de la Situacion Economica, Sindical y Politica de la Nacion y Plan de Acción de la CTP.

20. Vgl. die Erklärung des CTP-Vorstandes vom 18. März 1977 nach einem Gespräch mit dem Präsidenten Moralez Bermúdez.

21. Vgl. Erklärung des nationalen Exekutivsekretariats der CTRP zur Präsidentenbotschaft zum 28. Juli 1976.

22. Erklärung der Tarifkommision der Federación de Trabajadores de CENTROMIN, abgedruckt in: Expreso vom 7. Juli 1976.

23. Vgl. Erklärung der Föderation in: DESCO Informativo Politico Nr. 49 Oktober 1976; Expreso vom 7. November 1976.

24. Ein Teil der Informationen basiert auf Gesprächen mit Claudio [illegible], Generalsekretär der FPP, Jaime Fuggoni, Organisationssekretär der FPP, und verschiedenen Interviews mit Luis Arce, stellvertretender Generalsekretär der FPP. Während des Streiks wurden verschiedene Gespräche mit Delegierten der Fischergewerkschaften geführt.

25. Der Text des Decreto Ley 21558 wurde am 22. Juli 1976 in allen Tages zeitungen abgedruckt.

26. Berechnungen von PESCA-Peru:

	aktueller Stand	notwendig	überzählig
Anzahl der Fangboote	558	380	178
Anzahl der Fabriken	56	40	16
Fischer	10.484	5.308	5.176
Arbeiter	11.730	6.887	4.843
Angestellte	3.636	3.140	496

27. Erklärung der FPP vom 10. Januar 1976, abgedruckt im Expreso vom 11. Januar 1976.

28. Vgl. Labor 1977: 8ff. Das Gesetz über die Reprivatisierung war begleitet vom Decreto Ley Nr. 009-77-TR, das die Fischerei als Saisonbeschäftigung mit variabler Entlohnung einstufte.

29. Comunicado Oficial 004-76-Pe, Ministerio de Pesqueria vom 18. Oktober 1976, abgedruckt in allen Tageszeitungen vom 19. Oktober 1976.

30. Erklärung des Generalsekretärs der CTP; Julio Cruzado in La Prensa vom 13. November 1976.

Kapitel IX

1. Die Härte des Wirtschaftspaketes provozierte selbst die gemäßigte Zeitschrift Oiga zu der Titelüberschrift: "Herr Piazza, ein Land ist kein Unternehmen", womit an die unternehmerische Vergangenheit des Wirtschaftsministers erinnert wurde. Selbst die APRA, die sich der Politik der Militärs angenähert hatte, protestierte. Armando Villanueva einer der führenden Vertreter des Aprismus, stellte fest, daß es sich hier wohl eher um Unternehmerpolitik als um eine Politik für die Volksklassen

handle. Vgl. Los Caminos del Poder 1979: 223.

2. Folgende Städte wurden von den Unruhen erfaßt:

Cusco 15.-18. Juni (dazu Calca und Juli)

Sicuani 20./21. Juni

Puno 17.-23. Juni

Juliaca 22.-25. Juni

Arequipa 22./23. Juni

Ayacucho 21.-28. Juni

Cajamarca 24.-28. Juli

Toquepala 25.-28. Juni, Streik der Bergarbeiter

Ilo 28. Juni - 2. Juli, Streik der Hüttenarbeiter

Huancayo 11.-14. Juli

Trujillo 12.-14. Juli

3. Die Schulen wurden in dem Departament Cusco, in Puno, Huancayo, Arequipa und dem Departament Huanta geschlossen. In Cajamarca wurden die Semesterferien vorverlegt.

4. Hirtenbrief der Bischöfe von Cusco, Sicuani, Ayaviri und Puno vom 10. Juli 1977, in: DESCO Informativo Politico Nr. 58, Juli 1977.

5. Der Großteil der Informationen zu den Protesten in Cusco wurde anläßlich eines Aufenthaltes Ende Juli 1977 in dieser Stadt durch Gespräche mit Gewerkschaftern, Anwälten und staatlichen Funktionären gesammelt. Eine ausführtliche Darstellung der Ereignisse findet sich in der Zeitschrift La Represión en el Peru Nr. 5, Juni/Juli 1977, und in Izquierda Popular Nr. 3/4 vom 22. August 1977.

6. Aufgrund von Schüler- und Studentenprotesten im Zusammenhang mit lokalen Problemen war bereits am 21. Juni der gesamt Unterricht ausgefallen.

7. Die Informationen über die Vorgänge aus Arequipa setzen sich aus Berichten der Zeitschriften La Represion en el Peru Nr. 5 vom Juni/Juli

1977, Izquierda Popular Nr. 3 vom 22. August 1977 sowie Interviews mit Alfredo Silva, damaliger Generalsekretär der Bergarbeitergewerkschaft von Cerro Verde, zusammen.

8. Die Darstellung der blutigen Ereignisse in Huancayo basiert auf den Informationen von Bürgern dieser Stadt, unter ihnen staatliche Angestellte, Gewerkschafter und Angehörige der Universität. Eine ausführliche Zusammenfassung findet sich in der Zeitschrift La Represion en el Peru Nr. 5 vom Juni/Juli.

9. Die Darstellung der Streiks in Toquepala und Ilo beruht auf den Informationen, die von Vertretern dieser Gewerkschaften auf der VII nationalen Delegiertenversammlung der Bergarbeiterföderation 1978 gegeben wurden.

10. So wurden am 14. Juli die Preise für Brot und Teigwaren gesenkt, jedoch der Zuckerpreis erhöht. Vgl. LAPR Nr. 28 vom 22. Juli 1977.

11. Zur Entstehung und Entwicklung des CUL vgl. FETCOS 1977 und CCP 1977.

12. Auf einer Sitzung am 13. Juli hatte die CGTP-Führung einen "Offenen Brief an den Präsidenten" vorgelegt, in dem der Streikbeschluß nicht erwähnt wurde und der, obwohl er von der CUL-Mehrheit abgelehnt worden war, in einer Sondernummer der CGTP-Zeitung abgedruckt wurde. Vgl. CGTP Edición Extraordinaria, Martes, 19 de Julio, Paro Nacional Unitario. Zwei der als Mitunterzeichner aufgeführten Organisationen hatten angeblich diesem Dokument nicht zugestimmt, vgl. CCP 1977. In der gleichen Nummer der CGTP-Zeitung war auch der SUTEP von der CGTP-Führung und einigen CGTP-Föderationen des Verrats am Streik beschuldigt worden; vgl. FETCOS 1977.

13. Dieser Punkt bezieht sich auf ein Gesetz, durch welches faktisch die Autonomie der Universitäten aufgehoben wurde.

14. Der Streikaufruf wurde in zahlreichen Flugblättern verteilt und in

linken Partei- und Gewerkschaftszeitungen abgedruckt. Vgl. auch DESCO, Informativo Politico Nr. 58, 1977.

15. Vgl. Caretas, Nr. 523 vom 25. Juli 1977. In der Verlautbarung der staatlichen Agentur ESI Peru, die verschiedene Tageszeitungen nachdruckten, wurde die Vorzensur folgendermaßen umschrieben: "Der Innenminister, General Luis Cisneros Vizquerra hat sich heute mit den Direktoren der Tageszeitungen und Wochenzeitschriften getroffen und sie ersucht, davon Abstand zu nehmen, Informationen zu publizieren, die gegen die nationale Einheit verstoßen oder die Subversion begünstigen."

ESI Peru vom 18. August 1977.

16. Vgl. dazu die Rundfunk- und Fernsehansprache des Innenministers General Cisneros vom 18. Juli 1977, abgedruckt in El Comercio vom Juli 1977.

17. Vgl. LAPR Nr. 29 vom 29. Juli 1977 und Interviews mit verschiedenen Gewerkschaftsführern.

18. Interview mit Führern von Barriadas, vgl. auch Equis X vom 26. Juli 1977, Nr. 71.

19. Vgl. dazu Cuadernos Barriales 1977: 14, sowie Interviews mit Vertretern der Barriada-Organisationen.

20. Zum Streikverlauf in Lima vgl. auch Caretas Nr. 523 vom 25. Juli 1977 und Equis X Nr. 71 vom 26. Juli 1977, wo die offizielle United Press-Version übernommen wurde. Nach einem anderen Bericht in Equis X in derselben Nummer, war der Streik morgens nur zu 33 Prozent effektiv und wurde erst 100%ig durch die Unruhen auf den Straßen und die daraus resultierende Einstellung des öffentlichen Verkehrs. Dieser Interpretation muß jedoch insgesamt aufgrund eigener Beobachtungen widersprochen werden. Zahlreiche Arbeiter, die in Fabriknähe wohnten, waren morgens zu ihren Betrieben gegangen, aber nicht um zu arbeiten, sondern um gemeinsame Aktionen durchzuführen. Eine große Anzahl von Unternehmen hatte a

priori wegen Nichterscheinen der Belegschaft geschlossen. Teile der Beschreibung des Streiks in Lima gehen auf eigene Beobachtungen in den Industriezentren zurück. Vgl. zum Steikverlauf auch **New York Times** vom 28. Juli 1977 und **Le Monde** vom 27. Juli 1977.

21. Die Informationen über Streikbeteiligung in den Provinzen stzen sich aus verschiedenen Quellen zusammen. So wurde laut Caretas der Streikaufruf in Chimbote und Huancavelica vollständig und in Chiclayo, Puno und Huarez pertiell befolgt; Caretas Nr. 523 vom 25. Juli 1977. Nach Equis X war der Streik in Cusco und Arequipa erfolgreich. Der Erfolg des Streiks in Lima und anderen größeren Städten wird auch in LAR Nr. 28 vom 22. Juli 1977 und Nr. 29 vom 29. Juli 1977 bestätigt. Selbst die regierungsabhängigen Tageszeitungen, die am folgenden Tag mit Überschriften wie "Mehrheit wies gestern Chaos zurück" (Expreso), "Arbeitnehmer fallen nicht auf Spiel der Agitatoren herein" (Expreso), "Streik von gestern war im ganzen Land pertiell" (La Prensa), "Der Streik von gestern: ein politischer Reinfall" (Comercio) erschienen, konnten nicht ganz den Erfolg des Streiks verschweigen. Jede Zeitung führte andere Städte auf, in denen der Streik befolgt wurde.

22. Vgl. dazu die Liste in Actualidad Economica Nr. 3 vom April 1978 die auf der Basis von Daten des Arbeitsministeriums erstellt wurde.

23. Vgl. den Aufruf zur Abschaffung des Decrets 010 und anderer restriktiver Maßnahmen, der von zahlreichen Gewerkschaftsorganisationen, Anwälten Kirchenleuten und Wissenschaftlern unterzeichnet wurde; sowie die Erklärungen des Kardinals Landazuri, die nur in der lokalen Zeitung Correo (Huancayo) veröffentlicht wurden. DESCO, Informativo Politico Nr.58, Juli 1977.

24. Kommunique des Innenministers vom 24. Juli 1977, in allen Tageszeitungen.

25. Nach einer Meldung von ESI Peru vom 27. Juli waren ca. 65 Prozent

der Beschäftigten von CENTROMIN am Ausstand beteiligt. Nach Angaben der "2. Region de Trabajo, Empleo y Seguridad Social" waren es 70 Prozent (La Prensa vom 28. Juli 1977). Laut La Prensa wurde in den Bergwerken in Cerro de Pasco und Cobriza normal gearbeitet, was aber von Gewerkschaftsseite bestritten wurde. Vgl. den Brief der Gewerkschaftsführung von CENTROMIN an die Zeitschrift Represión en el Peru (Nr. 5, Juni/Juli 1977) vom 30. Juli 1977.

26. La Prensa vom 3. August 1977, Interview mit Victor Cuardros/FNTMMP 1973.

27. Comite Ejecutivo des CUL, Kommunique Nr. 8 vom 20. Juli 1977, in: "Unidad" Nr. 613 vom 22. Juli 1977.

28. Voz Clasista Nr. 14 vom September 1977 und Izquierda Popular Nr. 5, 1977: 17; FETCOs 1977.

29. Offener Brief von Ventura Zegarra, Mitglied des Zentralkomitees der KP und Rechtsberater der CGTP, abgedruckt in MARKA Nr. 56 vom 12. Januar 1978.

30. Vgl. Flugblatt des Comité Regional de Lima del PCP, den Brief des Generalsekretärs Jorge del Prado und den Brief von Ventura Zegarra, abgedruckt in Marka Nr. 56 vom 12. Januar 1978. Weitere Berichte über die Krise in der KP finden sich in der Zeitschrift Hoy Nr. 3 vom Januar 1978 und in Marka Nr. 55 vom 5. Januar 1978

Kapitel X

1. Vgl. die Umfragen in Lima Metropolitana Ende 1977, wo sich 70 Prozent der Befragten gegen das Militärregime aussprachen (Bernales u.a. 1977).

2. La Prensa vom 16. November 1977 und Expreso vom 18. November 1977. Eine ausführliche Darstellung der Ereignisse findet sich in der Zeit-

schrift Oiga Nr. 685 vom 25. November 1977.

3. Die Anklage steht im krassen Gegensatz zu einer klaren Verurteilung des Verhaltens des Militärregimes beim Streik vom 19. Juli durch die Internationale Arbeitsorganisation, vgl. ILO, Fall 884.

4. Interviews mit den Anwälten der Angeklagten und mehreren der betroffenen Gewerkschaftsführer 1978.

5. Ein Großteil der Informationen über den Streik von SIDERPERU beruht auf Interviews mit Francisco Vasquez, Generalsekretär der Arbeitergewerkschaft von SIDERPERU und zwei Sektionsdelegierten im Februar/März 1978. Die Tageszeitungen boten verfälschte und widersprüchliche Information. Sicher zu Recht stellte MAKRA (Nr. 57 vom 19. Januar 1978) fest: "Die Zeitungen mit nationaler Auflage haben die Informationen über den Streik von SIDERPERU versteckt, verfälscht und verdreht."

6. Bei der großen gewerkschaftlichen Demonstration im Februar 1977 in Lima war der Generalsekretär der Arbeitergewerkschaft von SIDERPERU der am meisten gefeierte Redner.

7. Sondernummer der CGTP-Zeitung Nr. 25 zum Streik vom 27./28. Februar 1978.

8. Vgl. die Aussagen verschiedener Delegierten in Marka Nr. 61 vom 16. Februar 1978.

9. Dieser Streik dauerte über vier Monate an.

10. Seit dem 23. März befanden sich in Trujillo 20 Arbeiter, seit dem 29. März in Arequipa 12 Arbeiter und seit dem 3. April in Toquepala und Ilo 39 Arbeiter im Hungerstreik.

11. Pisco 22.00 - 5.00 Uhr, Ica 22.00 - 5.00 Uhr, Huancavelica 22.00 - 6.00 Uhr.

12. Eine Untersuchung über die Berichterstattung zu den einzelnen Parteien in den auflagestärksten Tageszeitungen La Prensa und El Comercio erbrachte, daß sich ca. 273 der Informationen mit APRA und PPC beschäf-

tigten. Vgl. Bernales 1980: 37, Anm. 2.

13. In der Hauptstadt konnten bei einer Befragung Anfang 1978 71 Prozent der Interviewten nicht die Bedeutung und Funktion der Juniwahlen von 1978 angeben. Vgl. Bernales 1977: 32 ff.

14. Teile der Information basieren auf Interviews mit Arturo Sanchez und Ina Socorro, Generalsekretär bzw. stellvertretende Generalsekretärin der SUTE-Lima.

15. Vgl. Jornal, Ano 1, Nr. 3 vom Mai 1979 auf der Basis des Instituto Nacional de Estadísticas.

16. So hatte die Lehrergewerkschaft in Venezuela einen Solidaritätsstreik durchgeführt, die Lehrergewerkschaften aus Spanien und Kolumbien hatten eine Kampagne gestartet, mit der ein Tageslohn für die streikenden Kollegen in Peru gespendet werden sollte (DESCO, Resumen Semanal vom 2. Juli 1978).

17. Vgl. Balance de la Huelga Minera in: Marka Nr. 93 vom 19. Oktober 1978. ONE/INP Informe Estadístico; Actualidad Economica Nr. 31, September 1980.

LITERATURVERZEICHNIS

1. WICHTIGE GEWERKSCHAFTLICHE PUBLIKATIONEN

Dachverbände

Confederación General de Trabajadores del Perú (CGTP)
- Gründungskongreß, Dokumente und Statuten, August 1968
- Congreso Extraordinario, Dokumente, Lima, Dezember 1969
- Pronunciamiento de la CGTP sobre el Decreto 18471, Lima, 12. November 1970
- II. Congreso Nacional, Dokumente, Lima, Dezember 1971 a
- La CGTP y el Sesquincentenario Nacional, Lima, 1. August 1971 b
- La CGTP y la Propiedad Social, Lima, Oktober 1973 a
- La CGTP saluda la Nacionalización de la Cerro, Lima, 30. Dezember 1973b
- La CGTP y la Ley de Jubilación, Lima, 15. Mai 1973 c
- III. Congreso Nacional, Dokumente, Lima, März 1974
- La CGTP y la Situación Politica, Lima, 30. August 1975
- IV. Congreso Nacional, Dokumente, Lima, März 1976 a
- El Problema de los Trabajadores de Plastico "El Pacifico", 1976 b
- Mayo 22-23 1978, Testimonio de la CGTP, Lima, 1978 a
- Informe ante la Asamblea de Delegados de la CGTP, presentado por el Secretario General Eduardo Castillo, Lima, 1978 b
- V. Congreso Nacional, Dokumente, Lima, September 1978 c
- VI.Congreso Nacional, Dokumente, Lima, Januar 1981

Confederación de Trabajadores del Perú
- VI. Congreso Nacional, Memoria del período de 1967-1970, Lima 1970
- VII. Congreso Nacional, Informe 1970-1973, Lima, Juli 1973 a
- Estatutos, VII, Congreso Nacional, 1973 b
- VIII. Congreso Nacional, Informe 1973-1976, Lima, Juli 1976
- Bases afiliadas a la CTP al 31 de Mayo de 1978, Lima, 1978

Confederación Nacional de Trabajadores (CNT)
- Dokumente des Gründungskongresses, Lima, 10. April 1971 a
- Manifesto del Congreso Constituyente de la CNT, Lima, 10. April 1971
- Plan de Trabajo, 1972

Central de Trabajadores de la Revolución Peruana (CTRP)
- Estatutos y Reglamento, Lima, 1973
- Estatutos y Reglamento (Neufassung), Lima 1976
- Conclusiones de la Primera Convención Ordinaria de la CTRP - Departamental de Lima, 19.-21. November 1976

Einzelne Föderationen und Koordinationen

Confederación Campesina del Perú(CCP)
- IV. Congreso Nacional, Dokumente, Huaral, Mai 1974
- Balance del Paro Nacional Unitario de todo el Pueblo contra la Dictadura Militar del 19 de Julio 1977, Lima 1977
- Manifiesto: A todos los Explotados e Oprimidos del Pais, a todos los Pobres del Campo, Lima, September 1974

Comité Coordinador del Paro Nacional 1978
- Una victoriosa Jornada de Combate, Lima, 24. Mai 1978

Federación de Empleados Bancarios (CGTP)
- La Conspiración contra la Estabilidad Laboral, Lima, Mai 1977

Federación de Trabajadores de Companías de Seguros (FETCOS)
- Intervención de la FETCOS en las históricas Jornadas de junio/julio, Lima, November 1977

Federación de Trabajadores de la Industria Metalúrgica del Peru (FETIMP)
Acuerdos del II. Congreso Nacional Ordinario, LIma, 7. Oktober 1981

Federación Nacional de Trabajadores Mineros y Metalúrgicos (FNTMMPP)
- Statuten, La Oroya, 1969
- Informe del IV. Congreso, Lima 1976
- VII. Plenario Nacional Extraordinario, Informe Central, Lima 1978
- Documento de Trabajo, Juli 1978

Federación de Trabajadores Cerro de Pasco Corporation
- Gran Huelga Antiimperialista octubre-noviembre de 1971, Documentos, La Oroya, 1971
- Mineros de Cerro: Posición ante Nacionalización, La Oroya, 6. Juli 1973

Federación de Trabajadores Centromin Perú
- Conclusiones y Resoluciones del II. Congreso Ordinario, Cerro de Pasco, Juli 1975

Sindicato de Trabajadores Metalúrgicos La Oroya
- Moción sobre la Situación Nacional y las Tareas del Proletariado, III. Congreso Federación de Trab. Centromin, La Oroya, Dezember 1977
  Comiotéde Lucha de la Huelga General Indefinida, Juli 1977

Sindicato Unico de Trabajadores de la Educación Lima Metropolitana (SUTELM)
- Proyecto de Ley de Docente, Juni 1976
- Manifiesto al Magisterio Nacional, Clase Obrera y Pueblo en General,

Lima, 30. August 1977

Sindicato Unico de Trabajadores de la Educación del Perú (SUTEP)
- I. Congreso Pedagógico Nacional, Conclusiones/Resoluciones, Lima, Oktober 1974
- Proyecto de Ley de los Trabajadores en la Educación, Lima, 1974
- Manifiesto, Lima, September 1976

Regelmäßige Publikationen

CCP	- Voz Campesina, Lima
CGTP	- Publikation des Vorstandes, Lima
CGTP	- Boletin Informativo (Publikation des Vorstandes), Lima
CGTP	- Vocero (Publikation des Vorstandes), Lima
CTP	- Boletin (Publikation des Vorstandes), Lima
CTP	- CETEPE (Publikation des Vorstandes), Lima
FETIMP	- El Metalúrgico, Organo de la "Federación de Trabajadores de la Industria Metalúrgica"
FNTMMP	- El Minero, offizielle Zeitschrift der "Federación Nacional de Trabajadores Mineros y Metalúrgicos del Perú", Lima
SUTELM	- Maestro Sutista, Zeitschrift der SUTE-Lima
SUTELM	- Organo Informativo del Sindicato Unico de Trabajadores de la Educación de Lima Metropolitana

2. INTERVIEWS

César Allende (1977), Generalsekretär/Textilgewerkschaft San Miguel; Führungsmitglied des Comité de Lucha y Unificación del Gremio Textil (CLUGT)

Luis Arce (1977), stellvertretender Generalsekretär/Federación de Pescadores

Laura Caller (1977), Arbeitsanwältin

Eduardo Castillo (1977), Generalsekretär/CGTP

Roberto Chiara (1977), Generalsekretär/Schuhindustrie - Gewerkschaft Diamante

Avilio Chumpitaz (1977), ehemaliger Generalsekretär, Mina Luren

Adolfo Ciudad (1977), Arbeitsanwalt

Huaman Cortez (1978), Verteidigungssekretär/Bergarbeitergewerkschaft Marcona

Manuel Cortez (1976), Generalsekretär/Arbeitergewerkschaft SIDERPERU, Generalsekretär FESIDETA

Victor Cuadros (1978), Generalsekretär/Federación Nacional de Trabajadores Mineros y Metalúrgicos del Perú (FNTMMP)

Angel Delgado (1976), Arbeitsanwalt

A. Diaz (1978), Secretario General/Gewerkschaft Editorial Universo, Vorstandsmitglied der Federación Gráfica

Guillermo Diaz Sojo (1978), Vorstandsmitglied/FNTMMP

José Escudero Torres (1977), Generalsekretär/Federación de Trabajadores de la Industria de Materiales de Construcción (FENTIEMCOS)

Gustavo Espinoza (1977), ehemaliger Generalsekretär/CGTP

Juan Gonzales (1977), Generalsekretär/Textilgewerkschaft CINSA

Rogelio Goycochea (1978), Generalsekretär Metallarbeitergewerkschaft/La Oroya, Generalsekretär/Federación CENTROMIN

Paulino Naucapoma (1978), Generalsekretär/Gewerkschaft Eternit, Vorstandsmitglied FENTIEMCOS

Andrés Paredes (1977), Vorstandsmitglied CGTP

Maximo Paz (1978), Vorstandsmitglied FNTMMP

Segundino Perez (1978), beigefügter Generalsekretär/CNT

Pedro Requejo, Organisationssekretär/Confederación Campesina del Perú (CCP)

Cristian Rivas (1978), Vorstandsmitglied FNTMMP

Alfredo Silva (1978), Generalsekretär/Bergarbeitergewerkschaft Cerro Verde

Arturo Sánches (1978), Vorstandsmitglied SUTEP, Generalsekretär SUTE-Lima

Avelardo Monteverde (1978), Vorstandsmitglied CTP

Claudio Nizama (1977), ehemaliger Generalsekretär/Federación de Pescadores

Alfredo Silva Sarneque (1977), Arbeitsanwalt, Vorsitzender Asociación de Abogados Democráticos

Ina Socorro (1978), stellvertretende Generalsekretärin, SUTE-Lima

Jorge Sono (1976), Generalsekretär/Gewerkschaft Nylon-Vitarte

Francisco Vasquez (1978), Generalsekretär/Arbeitergewerkschaft SIDERPERU

3. STATISTIKEN UND PUBLIKATIONEN PERUANISCHER REGIERUNGSBEHÖRDEN

Banco Central de Reserva - Cuentas Nacionales del Perú 1960-1973, Lima, 1974

COAP -La Revolución Nacional Peruana 1968-1972, 1972

Instituto Nacional de Estadisticas - II Censos Nacionales Económicos 1973, Manufactura, Tomo III, Lima 1977

Instituto Nacional de Planificación - Plan Nacional de Desarrollo para 1971-1975, Vol. I, Plan Global, Lima, 1971

Instituto Nacional de Planificación - Plan Nacional de Desarrollo 1975-1978, Lima, 1975

Ley de Comunidad Industrial - Decreto Ley 18384, Lima, 1. September 1970

Ley de Empresas de Propiedad Social - Decreto Ley No. 20598, Lima, 1974

Ley General de Industrias - Decreto Ley 18350, Lima, 27. Juni 1970

Ley de Mineria - DL 18880, 1970

Ley de Pesqueria - DL Nr. 18810, Lima 1971

Ley de Reforma Agraria - Decreto Ley 17716, Lima, 24. Juni 1970
Ministerio de Energia y Minas - Anuario de la Mineria del Perú, 1973
Ministerio de Industria y Turismo - Evolución Industrial Manufactura Peruana, 1971-1972
Ministerio de Industria y Turismo/Centro de Investigación de la Universidad del Oacifico - Caracteristicas Socio-Económicas de la Población Ocupada en el Sector Industrial, Band 1-4, Lima, 1975
Ministerio de Trabajo - Registro de Organizaciones Sindicales, ab 1964
Ministerio de Trabajo y Comunidades - Información sobre Sindicatos del Area de Lima/Callao, Lima 1968
Ministerio de Trabajo, Dirección General de Empleo - Situación Ocupacional del Perú, Informe 1974, 1975
ONEC - Censo Nacional VII de Población y Ocupación 1972 (Resultados Preliminares), Lima, 1974
Oficina Nacional de Estadisticas y Censos (ONEC) - Resultados Definitivo del VII Censo Nacional de Población, Lima, 1975
Plan Inca - in: El Peruano vom 30. Juli 1974, Lima, 1974
Plan Túpac Amaru - in: La Prensa vom 6. Februar 1977, Sonderbeilage, Lima, 1977
SINAMOS - Sistema Nacional de Apoyo a la Movilización Social, Ley Organica, Lima, 1972
SINAMOS-OZAMS - Provinz Arequipa, 1974

4. PERIODIKA

Tageszeitungen

Correo, Lima
El Comercio, Lima
El Peruano, Lima
Expreso, Lima
La Nueva Crónica, Lima
La Prensa, Lima
Ultima Hora, Lima

Regelmäßig erscheinende Zeitschriften

Actualidad Económica (monatlich)
Amauta, Lima
Andean Report (monatlich), Lima
Caretas (14tägig), Lima
DESCO, Informativo Politico (monatlich), Lima
DESCO, Informe Semanal, Lima
Equis X, Lima
Lateinamerika-Nachrichten, Berlin
Latin American Economical Report (LAER), London
Latin American Political Report (LAPR), London

Marka, Lima
Oiga, Lima
Qué Hacer (monatlich), Lima

Unregelmäßig bzw. kurzfristig erscheinende Zeitschriften und Publikationen

Crítica Marxista Leninista, Lima
Cuadernos Laborales, Lima
Debate Socialista, Lima
Denuncia y Lucha, Lima
Informativo Politico, Lima
Izquierda Popular, Lima
Jornal, Lima
La Palabra del Pueblo, Lima
Momento, Lima
Participación, Lima
Represión en el Perú, Lima
Socialismo y Participación, Lima
Sociedad y Politica, Lima
Voz Clasista, Lima

5. MONOGRAPHIEN, ARTIKEL UND ARBEITSPAPIERE

Abendroth, Wolfgang, 1971: Sozialgeschichte der europäischen Arbeiterbewegung, Frankfurt a. M., 8. Aufl.

Abós, Alvaro, 1983: La Columna Vertebral: Sindicatos y Peronismo, Buenos Aires.

Abranches, Sérgio Henrique, 1982: The Politics of Social Welfare Development in Latin America. Arbeitspapier, 12. Kongreß der International Political Science Association (August 1982). Rio de Janeiro.

Adler, Max, 1973: Sozialismus und Gewerkschaften, Berlin.

Aguero, Manuel, 1980: FETIMP, 23 Años de Lucha, Lima

Alba, Victor, 1964: Historia del Movimiento Obrero en América Latina, México.

Alberti, Giorgio u.a., 1977: Estado y Clase: La Comunidad Industrial en el Perú. Lima.

Alberti, Giorgio, 1977: Estado, Clase Empresarial y Comunidad Industrial, in: Alberti u.a. (Hrsg.), 1977: S. 31-105.

Alberti, Giorgio, 1977: Los Empresarios y la Comunidad Industrial, in: Alberti u.a., 1977: S. 241-291.

Alerta 1977: Alerta en las Minas: Capital Imperialista en las Minas y Lucha de Clases, Lima.

Alexander, Robert, 1965: Organized Labour in Latin America, New York.

Alexander, Robert, 1973: Latin American Political Parties, New York.

Alisky, Marvin, 1975: Peruvian Political Perspectives, Arizona.

Amat y Leon, Carlos, 1978: La Economia de la Crisis Peruana, Lima.
Amat y Leon, Carlos, 1983: Niveles de Vida y Grupos Sociales en el Perú, Lima.
Amin, Samir, 1975: Die ungleiche Entwicklung, Hamburg.
Amnesty International 1978: Peru: Berichte und Dokumente zur Lage der Menschenrechte, Bonn.
Anaya, Franco, 1975: Imperialismo, Industrialización y Transferencia de Tecnología en el Perú, Lima.
Anderson, Perry, 1978: The Limits and Possibilities of Trade Union Action, in: Clarke, Tom/Clements, Laurie (Hrsg.), 1978, Trade Unions under Capitalism, Hassoks: S. 333-350.
Angell, Alan, 1982: Classroom Maoists: The Politics of Peruvian Schoolteachers under Military Government, in: Bulletin of Latin American Research Vol. No. 2 (Mai 1982): S. 1-21.
Anonym 1971: La Producción Minera. Principal Asiento de la Explotación Imperialista, in: Documentos, Año 1, Nr. 1 (November 1971): S. 27-73.
Anonym 1971: Balance General del Reformismo Burgues de la OMG, in: Critica Marxista Leninista Nr. 1 (August 1971).
Anonym 1974: SUTEP: Dialogo y Ruptura, in: Informativo Politico Nr. 8 (10. Oktober - 10. November 1974): S. 34-51.
Anonym 1974: Chimbote: Una Experiencia Revolucionaria de Masas, Chimbote.
Anonym 1977: Vitarte... un Año Después, Lima.
Anonym 1978: Chimbote: 52 Dias de Lucha, Lima.
Aramburu, Carlos, u.a., 1978: Dimensiones de la Estructura Ideológica en la Población de Lima Metropolitana, Universidad Católica, Lima.
Arana, Reynaldo, 1976: La Teoria del Sindicalismo Clasista y las Tareas del Movimiento Obrero Actual, Chimbote.
Aranda, Arturo/Escalante, Maria, 1978: Lucha de Clases en el Movimiento Sindical Cusqueño 1927-1965, Lima.
Arbeiterpolitik 1975: Volk und Streitkräfte, gemeinsam werden wir siegen. Sonderdruck, Hamburg.
Arce, Luis, 1977: Informe de la Gran Huelga Pesquera, internes Papier, Lima.
Arico, José, 1964: Examen de Connciencia, Pasado y Presente Vol. 1. Nr. 4, Januar-März 1964.
Arico, José, 1978: Mariátegui y los Origenes del Marxismo Latinoamericano, México.
Astiz, Carlos, 1969: Pressure Groups and Power Elites in Peruvian Politics, Ithaca/London.
Astiz, Carlos/Garcia, José, 1972: El Ejército Peruano en el Poder, in: Aportes, Nr. 26 (Oktober 1972): S. 7-31.
Ballon, Eduardo, 1980: El Movimiento Popular: De la Derrota de Enero a la Victoria de Julio, in: Qué Hacer Nr. 1 (Januar 1980): S. 62-76.
Ballon, Eduardo/Salcedo, José Maria, 1980: Reportaje a Chimbote, in: Qué Hacer Nr. 3 (März 1980): S. 64-90.

Bambirra, Vania, 1972: El Capitalismo Dependiente Latinoamericano, México, 2. Aufl.

Barba G., José, 1981: Historia del Movimiento Obrero Peruano, Lima.

Barcelli, Augustin, 1971: Historia del Sindicalismo Peruano, Bd. 1: 1886-1932, Lima.

Barrientos, Luis Felipe, 1946: Los Tres Sindicalismos, Lima.

Barron C., Marcial, 1977: El Origen de la Burguesia Industrial después de la Guerra del Pacifico hasta 1930. Movimientos Sociales e Ideologia, Lima.

Barron C., Marcial, 1980: El Comportamiento de las Centrales Sindicales frente a las Reformas del Gobierno 1968-1979, Lima.

Barwich, F. u.a., 1973: Arbeiterselbstverwaltung - Räte - Syndikalismus, Berlin.

Beaúlne, Marie, 1975: Industrialización por Substitución de Importaciones, Peru 1958-1969, Lima.

Becker, David, 1982: Modern Mine Labour and Politics in Peru since 1968, in: Boletin de Estudios Latinoamericanos y del Caribe No. 32 (Juni 1982): S. 61-86.

Behrmann, Günter C., 1972: Politische Soziologie, in: Handlexikon zur Politikwissenschaft, Bd. 2, Reinbeck.

Béjar Rivera, Hector, 1970: Peru 1965. Aufzeichnungen eines Guerilla-aufstandes, Frankfurt a.M.

Béjar, Hector/Jaworski, Helen, 1973: Partidos, Participación y Reformas en 5 Año de Revolución, in: Participación, Año II. Nr. 4 (Dezember 1973): S. 24-36.

Béjar, Hector, 1976: La Revolución en la Trampa, Lima.

Béjar, Hector, 1979: La Reforma de la Prensa, in: Cuadernos en Marcha, Año 1. Nr. 4 (November-Dezember 1979): S. 51-56.

Bengoa, José, 1974: Marginalidad y Dominación, Universidad Catolica, Lima.

Benitez, Raul (Hrsg.), 1975: Las Clases Sociales en America Latina. 2. Auflage, Mexico.

Benitez, Raul (Hrsg.), 1977: Clases Sociales y Crisis Politica en América Latina, Mexico.

Benza Pflücker, Manuel, 1976: Proceso Político Peruano: Algunos Rasgos de su Evolución Politica, in: Nueva Sociedad Nr. 27 (November-Dezember 1976): S. 51-62.

Bergmann, Joachim/Müller-Jentsch, Walter, 1977: Gewerkschaften in der Bundesrepublik, Bd. 2, Gewerkschaftliche Lohnpolitik im Bewußtsein der Funktionäre, Frankfurt a.M.

Bergmann, Joachim (Hrsg.), 1979: Beiträge zur Soziologie der Gewerkschaften. Frankfurt a.M.

Bernales, Enrique/Pease, Henry/Arias, Cesar, 1975: Historia Social del Peru Contemporáneo, Universidad Católica, Lima.

Bernales, Enrique, 1979 a: Peru: El Retorno a la Práctica Electoral in: Nueva Sociedad (Januar-Februar 1979): S. 97-114.

Bernales, Enrique u.a., 1977: Estudio de Conocimiento y Opinion Politica sobre la Asamblea Constituyente en la Población Electoral de Lima Metropolitana, Universidad Catolica, Lima.

Bernales, Enrique/Rubio Marcial, 1979: Balance de la Asamblea Constituyente, in: Cuadernos en Marcha, Año 1, 4 (November-Dezember 1979): S. 11-15.

Bernales, Enrique, 1980: Crisis Politica: Solución Electoral? Lima.

Beyme, Klaus von, 1977: Gewerkschaften und Arbeitsbeziehungen in kapitalistischen Ländern, München/Zürich.

Beyme, Klaus von, 1980: Die politischen Theorien der Gegenwart, 4. Aufl., München.

Beyme, Klaus von, 1983: Gewerkschaften in kapitalistischen Industriestaaten, in: Mielke (Hrsg.) 1983: S. 58-85.

Biesinger, Brigitte, 1981: Der Bergbausektor im peruanischen Reformprozeß 1968-1975, Heidelberg.

Bittner, Walter, 1982: Gewerkschaften in Argentinien: Vom Anarchismus zum Peronismus, Berlin.

Blake, Walter, 1975: El Sindicalismo Libre en el Perú, Lima.

Boeckh, Andreas, 1978: Staatliche Gewerkschaftspolitik und abhängige Entwicklung, in: Verfassung und Recht in Übersee, 11. Jg., 3. Heft (1978): S. 261-281.

Boeckh, Andreas, 1979: Interne Konsequenzen externer Abhängigkeit, Meisenheim am Glan.

Boggio, Maruja/Basombrio, Carlos, 1982: 19 de julio 1977 ... Un Día como Leones, Lima.

Bollinger, William, 1980: Peru Today - the Roots of Labour Militancy, in: NACLA, Vol. 19, Nr. 6 (November-Dezember 1980): S. 1-35.

Bolognesi, Alberto, 1955: Teoría y Práctica del Sindicalismo Moderno, 3. Aufl., Lima.

Bolognesi E., Alberto, 1945: Sindicalismo, Lima.

Bonfiglio, Giovani, 1976: Antecedentes Históricos del Movimiento Sindical Metalúrgico en el Perú, Universidad Católica, Lima.

Bonfiglio, Giovani, 1983: Historia de la Federación Metalúrgica FETIMP 1957-1981, in: La Federación Metalúrgica: Historia y Problemas hoy, Lima: S. 13-61.

Bonilla, Heraclio, 1974: El Minero de los Andes, Lima.

Bonilla, Heraclio, 1980: Un Siglo a la Deriva, Lima.

Bonilla, Heraclio, 1981: Comunidades de Indigenas, Estado y Nación en el Perú, XIV. Congreso Latinoamericano de Sociología, San Juan, Puerto Rico.

Boris, Dieter, 1982: Acerca de Algunos Problemas Teóricos y Metodológicos en el Analisis del Movimiento Obrero en América Latina (tesis), in: Homines, Vol. VI, Nr. 2 (Juli 1982).

Bourricaud, Francois/Simao, Azis, 1965: El Sindicalismo en Latinoamerica (Los Casos de Perú y Brasil), Barcelona.

Bourricaud, Francois, 1964: Poder y Sociedad en el Perú Contemporaneo,

Buenos Aires,
Bourricaud, Francois, 1966: Structure and Functions of the Peruvian Oligarchy, in: Studies in Comparative International Development, Vol. II, Nr. 2: S. 17-31.
Braverman, Harry, 1980: Die Arbeit im modernen Produktionsprozeß, Frankfurt/New York.
Brecht, Bertolt, 1967: Gesammelte Werke 9, Frankfurt a.M.
Briefs, Götz, 1952: Zwischen Kapitalismus und Syndikalismus, Frankfurt a.M.
Brundenius, Claes, o.D.: Anatomía del Imperialismo: El Caso de las Corporaciones Mineras Multinacionales, hektographiertes Arbeitspapier, Lima.
Brundenius, Claes/ Chauca, Pablo, 1976: Patron de Crecimiento de la Economía Peruana, INP-OIP, Lima.
Brundenius, Claes, 1977: Los "Cambios Estructurales" en la Economía Peruana y el Fracaso del Populismo Militar: 1968-1975, Lima.
Burneo, José/Ciudad, Adolfo/Pasara, Luis, 1976: Empleo y Estabilidad Laboral, Lima.
Burneo, José, 1980: Sindicalización de los Trabajadores Estatales, Lima.
Burneo, José, 1982a: El Pliego de Reclamos, Lima.
Burneo, José, 1982b: Estabilidad Laboral: Constitución Tripartita, Lima.
Busch, G.K., 1980: Political Currents in the International Trade Union Movement, Vol. I Europa & North America, London.
Caballero, José Maria, 1976a: Reforma y Restructuración Agraria en el Perú, Universidad Católica, Lima.
Caballero, José Maria, 1976b: Notas sobre Cuentas Nacionales en el Perú, Universidad Católica, Lima.
Cabieses, Hugo/Otero, Carlos, 1978: Economía Peruana: Un Ensayo de Interpretación, Lima.
Cabieses, Hugo, 1976: Comunidad Laboral y Capitalismo: Alcances y Límites, Lima.
Cabrera, César Humberto, 1978: Perú: La Crísis y la Política de Estabilización, Lima.
CAES (Centro de Altos Estudios Sindicales) 1983: El Trabajo en la Constitución Peruana, Lima.
Camacho, Daniel (Hrsg.), 1979: Debates sobre Teoría de la Dependencia y la Sociología Latinoamericana, Costa Rica.
Caputo, Orlando/Pizarro, Roberto, 1970: Imperialismo, Dependencia y Relaciones Económicas Internacionales, Santiago de Chile.
Caravedo, Baltazar, 1976: Burguesía e Industria en el Perú 1933-1945, Lima.
Caravedo, Baltazar, 1971: Nacimiento de la Industria Minera en el Perú, in: Documentos, Nr. 1 (November 1971): S. 43-54.
Caravedo, Baltazar, 1977: Clases, Lucha Política y Gobierno en el Perú 1919-1933, Lima.
Cardoso, Fernando/Faletto, Enzo, 1981: Abhängigkeit und Unterentwicklung

in Lateinamerika, edition suhrkamp, Frankfurt.
Carranza, Mario, 1979: Populismo y Militarismo en América Latina: Los Casos de Perú y Ecuador, hektographiertes Arbeitspapier, Buenos Aires.
Cassens, Bernard u.a., 1981: La Democratie Chrétienne en Amerique Latine, in: Le Monde Diplomatique, Februar 1981.
Castells, Manuel (Hrsg.), 1973: Imperialismo y Urbanización en América Latina, Barcelona.
Castells, Manuel, 1973: La Urbanización Dependiente en América Latina, in: Castells (Hrsg.), 1973: S. 3-54.
Castro C., Jaime, 1972: Perú: Implicancias Políticas del Conflicto Bancario de 1964, in: Aportes Nr. 24 (April 1972): S. 67-100.
Cavanagh, Jonathan, 1980: Reflections on Class Theory suggested by Analyses of the Peruvian Military Regime 1968-1979, Dissertation, Göttingen.
Cebrecos, Rufino, 1974: El Empleo y Desempleo en el Perú. Universidad Católica, Lima.
CEDAL (Hrsg.), 1983: La Federación Metalúrgica: Historia y Problemas Hoy, Lima.
CIED (Centro de Información, Estudios y Documentación) 1982: Dinámica de las Luchas Populares, Informe Perú 1979-1980, Lima.
CIEPA (Centro de Investigación Económica para la Acción) 1978: Empresas del Estado en el Perú, hektographiertes Arbeitspapier, Lima.
CIAT (Centro Interamericano de Administración del Trabajo), 1976: Ministerio de Trabajo del Perú: Descripción Orgánica y Funcional, hektographiertes Arbeitspapier, Lima.
CENTROMIN PERU 1974/75: Convenio Colectivo de Trabajo, Lima.
CEPAL 1979: América Latina en Cifras, Nr. 300, August 1979.
CEPAL 1979: Los Asentamientos Humanos en América Latina, Notas sobre la Economía y el Desarrollo de América Latina, Nr. 304, Oktober 1979.
Cevallos, Maria Antonietta, 1972: Sindicalismo Azucarero durante el Periodo 1956-1962, Lima.
Chalmers, Douglas, 1972: Parties and Society in Latin America, in: Studies in Comparative International Development Nr. 7 (1972): S. 102-128.
Chaplin, David, 1967: The Peruvian Labour Force, Princeton, N.Y.
Chaplin, David, 1969: Blue Collar Workers in Peru, in: Dufty, N.F. (Hrsg.), 1969, The Sociology of the Blue Collar Worker, Leiden.
Chaplin, David, (Hrsg.), 1976: Peruvian Nacionalism: A Corporativist Revolution, New Brunswick.
Chavez, José, 1973: Las Huelgas Obreras, Lima.
Chullen, Jorge, 1980: El APRA frente al Regimen Belaúnde: Oposición Conservadora y Superconvivencia, in: Valderama u.a. 1980: S. 1-98.
CIDAP 1979: El Movimiento de Pobladores en la Coyuntura, Lima.
Circulo Simon Bolívar 1972: El Capitalismo en la Pesquería Peruana, in: Crítica Marxista-Leninista, Nr. 4 (Juni 1972): S. 50-71.
Ciudad, Adolfo, 1976: Empleo, Contratos de Trabajo y Distintos Regimes

Laborales en Relación con el Derecho de Estabilidad Laboral, Diplomarbeit Universidad Católica, Lima.

Ciudad, Adolfo, 1977: Manual del Sindicalismo, Lima.

CLAT 1978: Neocolonialismo Sindical, Ofensiva Norteamericana, in: Cuadernos de la CLAT, Nr. 5, Caracas.

Claudin, Fernando, 1977(78: Die Krise der kommunistischen Weltbewegung. 2 Bde., Berlin/West.

Cockcroft, James/Frank, André Gunder/Johnson, Dale, 1972: Dependence and Underdevelopment, New York.

Collier, David, 1975: Squatters and Oligarchs: Authoritarian Rule and Policy Change in Peru, Baltimore.

Collier, David, 1975: Squatter Settlements and Policy Innovation in Peru, in: Lowenthal, A.F. (Hrsg.) 1975.

Collin Delavaud, Claude, 1975: Le Gouvernement Revolucionaire Militaire en 1975, in: Problème d'Amerique Latine (März 1975): S. 7-27.

Colque V., Victor, 1976: Dinamica del Movimiento Sindical en Arequipa 1900-1968, Universidad Católica, Lima.

Confederación Nacional de Comunidades Industriales 1973: Primer Congreso Nacional de Comunidades Laborales, Lima.

Córdova, Armando/Michelena, Hector Silva, 1969: Die wirtschaftliche Struktur Lateinamerikas, Frankfurt a.M.

Córdova, Armando, 1973: Strukturelle Heterogenität und wirtschaftliches Wachstum, Frankfurt a.M.

Cordova Efren, 1980: Relaciones Laborales en la Función Pública de América Latina, in: Revista Internacional de Trabajo, Vol. 99. Nr. 3 (Juli-September 1980: S. 311-325.

Cotler, Julio, 1968: The Mechanics of Internal Domination and Social Change in Peru, in: Studies in Comparative International Development, Vol. III, Nr. 12 (1967): S. 229-246.

Cotler, Julio, 1973: Concentración del Ingreso y Autoritarismo en el Peru, in: Sociedad y Politica 4 (September 1973): S. 6-12.

Cotler, Julio, o.D.: La Democracia en el Peru, Berliner Institut für vergleichende Sozialforschung, Arbeitsheft.

Cotler, Julio, 1974: Politische Krise und Militärpopulismus in Peru, in: Mansilla (Hrsg.), Probleme des Dritten Weges, Darmstadt und Neuwied.

Cotler, Julio, 1975: The New Mode of Political Domination in Peru, in: Lowenthal (Hrsg.), 1975: S. 44-79.

Cotler, Julio, 1978: Clases, Estado y Nacion en el Peru, Lima.

Cotler, Julio, 1980: Democracia e Integración Nacional, Lima.

Crusius, Reinhard/Wilke, Manfred, 1971: Elemente einer Theorie der Gewerkschaften im Spätkapitalismus, Berlin.

Cuadernos, Barriales, 1977: Los Barrios Popupares y el Paro Nacional, Lima.

Cuadernos Instituto Mariatequi 1980: Balance y Perspectivas Mayo 1980 Junio 1978, Lima.

D'Abate, Juan Carlos, 1980: El Antipoder Sindical, Buenos Aires.

Dansent, Dorothé, 1975: L'Experience Peruvienne de la Voie Capitaliste à la Voie de Developpement Non-capitaliste, in: Probléme d'Amerique Latine (März 1975): S. 62-86.

Davis, Joan/De Miranda, Shakuntala, 1967: The Working Class in Latin America: Some Theoretical Problems, in: Miliband (Hrsg.) 1967.

De Conceiçao Tavares, Maria, o.D.: El Proceso de Substitución de Importaciones como Modelo de Desarrollo Reciente en America Latina, hektographiertes Arbeitspapier, Lima.

De las Casas, Angel, 1976: Propiedad Social y Revolución Peruana, in: Kerbusch (Hrsg.) 1976.

Delgado, Angel, 1977: El Derecho de Huelga y la Experiencia Politica Peruana de 1968 a 1975. Diplomarbeit, Universidad Católica, Lima.

Delgado, Carlos, 1973: Testimonio de Lucha, 2. Aufl., Lima.

Delgado, Carlos, 1973: SINAMOS, Participación Popular y Revolución, in: Participación, Año II, Nr. 2 (Februar 1973): S. 6-26.

Delich, Francisco, 1977: Para el Análisis de los Fenómenos Sociopoliticos y Coyunturales Premisas y Perspectivas, in: Debate en Sociologia, Nr. 1 (Februar 1977): S. 157-170.

Del Prado, Jorge, 1973: Manual de Sindicalismo, Organización y Lucha Sindical, 4. Auflage. Lima.

Del Prado, Jorge, 1974: Los Comunistas y el Actual Proceso Recolucionario, in: El Comercio vom 12. August 1974.

De Wind, Josh, 1979: From Peasant to Miners: The Background to Strikes in the Mines of Peru, in: Cohen, Robin u.a. (Hrsg.), 1979: Peasants and Proletarians. The Struggle of Third World Workers, London.

Diez Canseco, Javier, 1979: Un Pueblo que se ha Echado a Andar, in: Cuadernos de Marcha, Nr. 1 (November-Dezember 1979): S. 77-89.

Domitra, Michael, 1975: Die Rolle der Gewerkschaften im mexikanischen Herrschaftssystem, Bonn.

Dore, Elizabeth/Weeks, John, 1976: The Intensification of the Assault against the Working Class in "Revolutionary Peru", in: Latin American Perspectives, Nr. 3 (1976): S. 55-83.

Dos Santos, Teotonio, 1975: Dependencia y Cambio Social, Santiago de Chile.

Dunkerley, James/Whitehousem Chris, 1980: Unity is Strength, London.

Durand, Francisco, 1979: La Comunidad Industrial, El Reparto de la Ganancia y los Problemas de la Conciliación de Clases, Universidad Católica, Lima.

Durand, Francisco, 1980a: Estado, Capital, Trabajo: El Drama de la Reforma de la Empresa, Peru 1970-1980. Seminario: La Clase Obrera, el Movimiento Obrero y el Estado en América Latina: Tendencias y Cambios Recientes, Mexico.

Durand, Francisco, 1980b: Burguesía Industrial, Gremios y Estado, hektographiertes Arbeitspapier, Lima.

Echeverria, Bolivar/Kurnitzky, Horst, 1969: Lateinamerika. Entwicklung der Unterentwicklung, Berlin.

ECO 1978: Segunda Fase: Politica Económica Ortodoxa y Agudización de la Crisis. Avances de Investigación, Nr. 4 u. 5, Lima.

ECO 1978b: La Reforma Agraria y Permanencia de los Enclaves en la Periferia, Lima.

ECO 1978c: Problematica de la Distribución del Ingreso en Latinoamerica, Lima.

ECO 1978d: La Exportación no Tradicional: Sus Limitaciones como Estrategia de Desarrollo, Nr. 6, Lima.

ECO 1980a: Subempleo y Desocupación, Avances de Investigación, Nr. 10. Lima.

ECO 1980b: Crisis Minera y Sobreexplotación de la Fuerza de Trabajo. Avances de Investigación (Ed. Especial) Nr. 11, Lima.

Eggebrecht, Arne u.a., 1981: Geschichte der Arbeit. Frankfurt a.M./Wien.

Eguren, Fernando, 1977: Política Agraria y Estructura Agraria, in: DESCO. Estado y Politica Agraria, Lima.

Einaudi, Luigi/Stepan, Alfred, 1971: Informe sobre los Militares Peruanos, internes Arbeitspapier, Washington.

Einaudi, Luigi, 1973: Revolution from within? Military Rule in Peru since 1968, in: Studies in Comparative International Development, Vol. VIII, Nr. 1 (1973): S. 71-87.

Elizaga, Juan, o.D.: Migraciones Internas y Proceso de Urbanización y Mobilidad Social, CELADE, hektographiertes Arbeitspapier, Lima.

Espinoza, Gustavo/Paredes, Andrés 1979: La Clase Obrera y el Proceso Peruano, in: Cuadernos de Marcha, Nr. 1 (November-Dezember 1979): S. 91-98.

Espinoza, Waldemar (Hrsg.), 1977: Los Modos de Producción en el Imperio de Los Incas, Lima.

Etty, Tom, 1978: Der Weltverband der Arbeitnehmer - ein kurzer historischer Überblick, in Olle (Hrsg.) 1978: S. 191-201.

Evers, Tilman/Wogau, Peter von, 1973: Dependencia: Lateinamerikanische Beiträge zur Theorie der Unterentwicklung, in: Das Argument 15 (1973): S. 404-454.

Evers, Tilman, 1977: Bürgerliche Herrschaft in der Dritten Welt, Köln-Frankfurt a.M.

Evers, Tilman u.a. 1979: Stadtteilbewegung und Staat. Kämpfe im Reproduktionsbereich in Lateinamerika, in: Lateinamerika, Analysen und Berichte 3 (1979): S. 118-170.

Evers, Tilman, 1981: Kritik, Selbstkritik, Gegenkritik, in: Hanisch/-Tetzlaff (Hrsg.).

Evers, Tilman, 1983: Identity: The Hidden Side of New Social Movements in Latin America, CEDLA, hektographiertes Arbeitspapier, Amsterdam.

Faletto, Enzo, 1966: Incorporación de los Sectores Obreros al Proceso de Desarrollo, in: Revista Mexicana de Sociologia, Vol. 28 (1966), Nr. 3, S. 693-741.

Faletto, Enzo, 1979: Movimiento Laboral y Comportamiento Politico, in: Kaztman/Reyna (Hrsg.) 1979: S. 263-303.

Feder, Ernest, 1971: Agrarstruktur und Unterentwicklung in Lateinamerika, Frankfurt a.M.

Feder, Ernest, 1973: Gewalt und Ausbeutung: Lateinamerikas Landwirtschaft, Hamburg.

Ferner, Anthony, 1978: A New Development Model for Peru? Anormalies and Readjustments, in: Bulletin of the Society for Latin American Studies, Nr. 28 (1978): S. 42-63.

Ferner, Anthony, 1981: Clase Dominante y Desarrollo Industrial, in: Estudios Andinos, Año IX, Nr. 17-18 (1981): S. 75-103.

Figueroa, Adolfo, 1973: El Impacto de las Reformes Actuales sobre la Distribución de Ingresos en el Peru, in: Apuntes, Año I, Nr. 1 (1973): S. 67-82.

Figueroa, Adolfo, 1975: La Redistribución del Ingreso y de la Propiedad en el Peru: 1968-1975, in: Webb/Figueroa (Hrsg.), 1975: S. 111-167.

Fitzgerald, E.V.K., 1976: The State and Economic Development: Peru since 1968, Cambridge.

Fitzgerald, E.V.K., 1981: La Economía Politica del Peru 1956-1978, Lima.

Flanders, Allan, 1968: Konflikt und Kooperation. Eine theoretische Studie über das System der "Industrial Relations", Frankfurt a. M.

Flores Galindo, Alberto; 1980: La Agonía de Mariátegui, Lima.

Franco, Carlos, 1975: La Tesis de No Partido, las Organizaciones Sociales de Base y la Organizacion Politica de la Revolución Peruana, in: Participación, Año IV, Nr. 7 (September 1975): S. 13-29.

Franco, Carlos, 1975: La Revolución Participatoria, Lima.

Franco, Carlos, 1979a: Cinco Problemas Centrales de la Experiencia Participatoria, in: Cuadernos de Marcha, Nr. 4 (November-Dezember 1979): S. 57-65.

Franco, Carlos, 1979b: Peru: Participación Popular, Lima.

Frank, Andre Gunder, 1969: Kapitalismus und Unterentwicklung in Lateinamerika, Frankfurt a.M.

Frank, Andre Gunder, 1970: Latin America: Underdevelopment or Revolution, New York/London.

Fröbel, Folker u.a., 1977: Die neue internationale Arbeitsteilung, Hamburg.

Fröhlich, Paul, 1972: Rolle der Gewerkschaften im Befreiungskampf des Proletariats, Berlin.

Fronius, Sigrid, 1977: Nicht besiegt und noch nicht Sieger, Berlin.

Füchtner, Hans, 1972: Die brasilianischen Arbeitergewerkschaften, ihre Organisation und ihre politische Funktion, Frankfurt a.M.

Fürst, Edgar/Gebhardt, Christina/Koschützke, Albrecht, 1978: Die Geschichte vom IWF und den Massen: Der Fall Peru 1977, in: Lateinamerika Jahrbuch 2, 1978, Berlin.

Fürst, Edgar, 1981: Staat, Kapital und Regionalproblem in Peru 1968-1978. Teil I: Untersuchung. Teil II: Anmerkungen und statistischer Anhang, Saarbrücken, Fort Lauderdale.

Furtado, Celso, 1976: La Economía Latinoamericana, 8. Aufl., Mexico.

Gamarra Pastor, Roberto, 1982: Ley General de Mineria (DL 109), Clase Obrera, Estado y Transnacionales, Universidad Catolica, Lima.

Garcia, Antonio, 1969: Estructura Social y Desarrollo Latinamericano, Santago.

Garcia, de Romaña, Alberto, 1975: Comportamiento Gremial y Politico de los Empresarios Industriales/ 1968-1973. Universidad Catolica, Lima.

Gebhardt-Koschützke, Cristel, 1982: Erziehung für die Arbeit durch die Arbeit. Peruanische Bildungspolitik von 1972-1980, Diplomarbeit, Köln.

Germaná, Cesar, 1972: Si es Bayer .... es Bueno?, in: Sociedad y Politica Nr. 2 (Oktober 1972): S. 31-33.

Germaná, Cesar, 1976: La Situación de la Industria Manufacturera y la Lucha de Clases, in: Sociedad y Politica 6 (März 1976): S. 16-23.

Germaná, Cesar, 1977: La Polémica Haya de la Torre - Mariátegui. Reforma o Revolución en el Peru, Cuadernos de Sociedad y Politica, Lima.

Germaná, Cesar, 1980a: Capas Medias y Poder, in: Sociedad y Politica 8 (Februar 1980): S. 29-37.

Germaná, Cesar, 1980b: Las Elecciones de Mayo y sus Implicancias Politicas, in: Sociedad y Politica, 9 (Juli 1980): S. 7-27.

Gil, Beatriz, 1974: El Aprismo y el Movimiento Sindical Chimbotano. Universidad Catolica, Lima.

Gilbert, Dennis, 1979: Society, Politics and the Press, in: Journal of Interamerican Studies, Vol. 21, No 3 (August 1979): S. 369-395.

Godio, Julio, 1980/1985: Historia del Movimiento Obrero Latinoamericano, Bd. 1 Anarquistas y Socialistas 1850-1918. Bd. 2 Nacionalismo y Comunismo 1918-1930, Caracas.

Godio, Julio, 1980/1982: El Movimiento Obrero Venezolana, Bd. 1 (1850-1944), Bd. 2 (1945-1980), Caracas.

Godio, Julio, 1982: Sindicalismo y Politica en America Latina, Caracas.

Goldberg, Bernd, 1983: 50 Jahre Partido Aprista Peruano (PAP) 1930-1980), Saarbrücken 1983.

Goldenberg, Boris, 1963: Lateinamerika und die Kubanische Revolution, Köln.

Gomez Cornejo, Maria, 1974: Historia del Movimiento Textil, Diplomarbeit, Universidad Catolica, Lima.

Gonzalez, Fernán, 1975: Pasado y Presente del Sindicalismo Colombiana, Bogota.

Gorz, André, 1967: Zur Strategie der Arbeiterbewegung im Neokapitalismus, Frankfurt a.M.

Greaves, Thomas, 1977: The Andean Rural Proletarians, in: Nash, June/Conradi, Juan/Spalding, Hobart Jr. 1977, Ideology and Social Change in Latin America, New York, S. 31-49.

Gremliza, Dorothee, 1979: Die Agrarreform in Peru von 1969, Meisenheim am Glan.

Guasti, Laura, 1981: Industrialización y Revolución en el Peru 1968-1976, in: Estudios Andinos A IX No. 17-18. (1981), S. 103-139.

Guerra, Francisco, 1979: Significado Historico de la Revolución Peruana, in: Cuadernos de Marcha No. 4 (Nov.-Dez. 1979, S. 39-49.

Gurrieri, Adolfo, 1969: Consideraciones sobre los Sindicatos Chilenos, Santiago de Chile.

Gutierrez, Miguel, 1981: Cobriza, Cobriza 1971, Lima.

Halperin Donghi, Tulio, 1983: Historia Contemporanea de America Latina, Madrid.

Hanisch, Rolf/Tetzlaff, Rainer (Hrsg.), 1981: Staat und Entwicklung, Frankfurt a.M./New York.

Hauck, Gerhard, 1975: Das Elend der bürgerlichen Entwicklungstheorie, in: Tibi, Brandes, 1975, S. 36-64.

Hein, Wolfgang, 1985: Staatsklasse. Umverteilung und Überwindung der Unterentwicklung (Kritik an H. Elsenhans), in: Peripherie Nr. 18/19 (April 1985): S. 172-185.

Henriquez A., Narda, 1980: Superpoblación, Condiciones de Vida y Salario en el Peru. Notas para su Estudio, Universidad Catolica, Lima.

Henry, Etienne, 1975: El Consumo Urbano y sus Expresiones en los Asentamientos Urbanos Populares, Universidad Catolica, Lima.

Henry, Etienne, 1977: Los Asentamientos Urbanos Populares: un Esquema Interpretativo, in: Debates en Sociologia Nr. 1 (Febr. 1977), S. 109-139.

Henry, Etienne, 1978: La Escena Urbana, Lima.

Herrera, Juan Luis, 1980: Apuntes para el Analisis y Evaluación de las Politicas de Empleo en las Decadas 60-70, Universidad Catolica, Lima.

Hobsbawn, Eric, 1971: Sozialrebellen, Neuwied und Berlin.

Hobsbawn, Eric, 1972: Peru: La Revolución Peculiar, Arbeitspapier DESCO Lima.

Hofmann, Michael, 1978: Perus Außenbeziehungen unter der Militärregierung, Frankfurt 1978.

Hofmann, Werner, 1976: Ideengeschichte der sozialen Bewegung, Berlin - New York, 6. Aufl.

Horsters, Siegfried, 1978: Die Entwicklung der Gewerkschaftsbewegung in der peruanischen Revolution unter der Militärregierung von 1968-1976, Diplomarbeit, Freie Universität Berlin.

Hrtica, Nicolas, 1973: El Nuevo Procedimiento Laboral, in: Derechos Sociales Nr. 1, 1973.

Huaira, Santos, 1974: Sobre la Construcción y la Reconstrucción del Partido Comunista del Peru, in: Crítica Marxista-Leninista Nr. 8 (Juni 1974), S. 2-13.

Huanay, Hector, 1974: Sindicalismo y Participacion, SINAMOS, Lima.

Huanta, Camilo, 1972: Acerca de la Tactica y nuestras Tareas, in: Critica Marxista-Leninista Nr. 5 (Nov. 1972).

Huber, Stephens, Evelyne, 1983: The Peruvian Military Government, Labour Mobilization, and the Political Strength of the Left, in: Latin American Research Review Vol. 18, Nr. 3 (1983), S. 57-93.

Hunt, Shane, 1975: Direct Foreign Investment in Peru: New Rules for an

Old Game, in: Lowenthal, (Hrsg.) 1975, S. 302-349.
Hunt, Shane, 1976: El Comportaniento del Crecimiento Económico en el Peru 1950-1965, hektographiertes Arbeitspapier, Lima.
Huntington, Samuel P. 1969: Political Order in Changing Societies, New Haven - London.
Hurtado-Beca, Cristina, 1981: Chile 1973-1981: Desarticulación y Reestructuración Autoritaria del Movimiento Sindical, CEDLA-Arbeitspapier, Amsterdam.
Hurtienne, Thomas, 1974: Zur Ideologiekritik der lateinamerikanischen Theorien der Unterentwicklung und Abhängigkeit, in: Probleme des Klassenkampfes IV. (1974) Nr. 14/15. S. 213-282.
IDEAS, 1982: La Lucha de los Trabajadores del Campo 1970-1975, Lima.
IDEAS, 1982: El Campesinado en la Historia, Lima.
Iguiñiz, Javier, 1977: Distintas Percepiones del Desarollo Economico Peruano 1950-1967, Lima.
Iguiñiz, Javier, 1978: Reflexiones y Polemicas sobre dos Alternativas a la Situación Economica Actual, Lima.
Iguiñiz, Javier, 1981: Desde la Crísis Economica Peruana, Lima.
Ingrosso, Marco, 1974: Modelos Socioeconómicos de la Interpretación de la Realidad Latinoamericana: de Mariátegui a Gunder Frank, Barcelona.
Iscaro, Rubens, 1973: Historia, del Movimiento Sindical, Bd. 2, Buenos Aires.
Jaguaribe, Helio u.a., 1975: La Dependencia Politica-Economica de America Latina, Mexico, 7. Aufl.
Jameson, Kenneth, 1976: Industrialización Regional en el Peru, Universidad Catolica Lima.
Jelin, Elizabeth, 1974: The Concept of Working Class Embourgeoisiement, in: Studies in Comparative International Development Vol. XI 1974, Nr. 1, S. 1-19.
Jelin, Elizabeth, 1975: Espontaneidad y Organización en el Movimiento Obrero, Universidad Catolica Lima.
Jelin, Elizabeth/Faletto, Enzo, 1979: Movimiento Laboral en América Latina: Orientaciones, Ideologias y Comportamiento Politico, in: Kaztmann/Regna 1979.
Jelin, Elizabeth/Torre, Juan Carlos, 1982: Los Nuevos Trabajadores en América Latina: Una Reflexión sobre la Tesis de la Aristocrácia Obrera, in: Desarollo Economico Vol. 22 Nr. 85 (April-Juni 1982), S. 3-25.
Kapsoli, Wilfredo, 1976: Las Luchas Obreras en el Peru, Lima.
Kassalow, Everett, 1967: Trade Unionism in the Development Process in the New Nations: A Comparative View, in: Barkin u.a. (Hrsg.) 1967, Internatio nal Labour, New York.
Kaztman, Ruben/Reyna, José Luis (Hrsg.), 1979: Fuerza de Trabajo y Movimientos Laborales en America Latino, Mexico.
Kendall, Walter, 1977: Gewerkschaften in Europa, Hamburg.
Kerbusch, Ernst-J., 1976: Peru: Gewerkschaften zwischen Tradition und Reform, Bonn.

Kerbusch, Ernst-J., 1976: Die zweite Phase der peruanischen Revolution, in: Aus Politik und Zeitgeschichte, B 48/76 (27.11.1976), S. 18-31.
Kerbusch, Ernst (Hrsg.), 1976: Cambios estructurales en el Peru, Lima.
Klaren, Peter, 1976: Formación de las Haciendas Azucareras y Origenes del Apra, Lima.
König, René, 1973: Die Beobachtung, in: Handbuch der empirischen Sozialforschung, Bd. 4, Stuttgart, 3. Aufl., S. 1-65.
Korsch, Karl, 1972: Marxismus und die Gewerkschaftsfrage, Berlin.
Koschützke, Albrecht, 1980: Destabilisierende Stabilisierung: Die Politik des Internationalen Währungsfonds in Peru, in: Ellwein, T. (Hrsg.), 1980: Politikfeldanalyse, Opladen, S. 418-435.
Krämer, Raimund, 1981: Der peruanische Reformprozeß und die Politik der Militärs in der zweiten Hälfte der siebziger Jahre, in: Asien, Afrika, Lateinamerika, Heft 5 (1981), Bd. 9, S. 893-903.
Kruijt, Dirk, 1982: Mining and Miners in Central Peru 1968-1980, in: Boletin de Estudios Latinoamericanos y del Caribe Nr. 32 (Juni 1982), S. 49-60.
Kruijt, Dirk/Vellinga, Menno, 1977: The Political Economy of Mining Enclaves in Peru, in: Boletin de Estudios Latinoamericanos y del Caribe Nr. 23 (Dez. 1977), S. 97-117.
Kruijt, Dirk/Vellinga, Menno, 1979: Labour Relations and Multinational Corporations, Assen.
Küchemann, Johann Christof/Schöber, Peter, 1980: Soziale Kreativität und soziale Entwicklung in der Dritten Welt, Frankfurt/New York.
Labor, 1977: Nuevo Atropello contra la Estabilidad Laboral, Lima.
Labor, 1976: La Historia de los Paros Nacionales en el Peru, Lima.
Labor, 1977: Balance, Enseñanza y Conclusiones Politicas de la Gran Huelga General Indefinida del Proletariado Anchovetero de PESCA-Peru en Octobre-Diciembre 1976, Lima.
La Comunidad Industrial, 1973: Opinión y Crítica de los Trabajadores-Acuerdos del Primer Congreso de Comunidades Industriales de la Rama Automotriz y Anexos 8-10, Febr. 1973, Lima.
Lagardelle, Hubert (Hrsg.), 1975: Huelga General y Socialismo, Buenos Aires.
Laite, Julian, 1980: Miners and National Politics in Peru 1900-1974, in: Journal of Latin American Studies Vol. 12 (Nov. 1989), S. 317-339.
Lajo, Manuel, 1977: Desarrollo Economico Peruano: Del Plan Inca al Plan Tupac Amaru, hektographiertes Arbeitspapier, Lima.
Landsberger, Henry, 1965: Labour Movements, Social Movements and Social Mobility, in: Dubin, (Hrsg.): Handbook of Work, Organization and Society, Chicago 1965.
Langton, Kenneth, 1983: The Influence of Military Service on the Social Consciousness and Behaviour of Mine Workers. The Case of Peru. XI International Congress of the Latin American Studies Association Mexico Sept. 1983.
Lateinamerika: Nachrichten 1977: Peru - Sondernummer, Berlin.

Lauer, Mirko (Hrsg.), 1978: El Reformismo Burgues (1968-1976), Lima.
Lechner, Norbert (Hrsg.), 1982: Que Significa Hacer Politica, Lima.
Lechner, Norbert, 1977: La Crísis del Estado en America Latina, Caracas.
Ledwohn, Josef, 1970: Lenin über die Gewerkschaften im Imperialismus, in: Lenin und die Arbeiterbewegung heute, Frankfurt, S. 235-249.
Leh, Hans Dieter/Reuter, Walter, 1972: Die Entwicklung der peruanischen Gewerkschaftsbewegung in den letzten 20 Jahren, in: Lateinamerika, Heft 9 (1972), S. 67-83.
Leminsky, Otto (Hrsg.), 1975: Gewerkschaften und Entwicklungspolitik, Köln.
Le Monde Diplomatique 1975: La "Revolution" Perouvienne, Paris, Februar 1975.
Le Monde Diplomatique 1980: Sindicats et le Développment du Tiers Monde, Paris, Oktober 1980.
Le Monde Diplomatique 1982: Classes Ouvriéres du Tiers-Monde, Paris, Dez. 1982.
Lenin, W.I./Stalin, J.W., 1955: Über die Gewerkschaften 1917-1952, Berlin-Ost.
Lestienne, Bernard, 1983: L'Evolution du Mouvement Sindical en Colombia au Perou et au Venezuela depuis 1968, CETRAL, Paris.
Ließ, Otto R., 1982: Weltgewerkschaftsbund, in: Mielke (Hrsg.), 1982, S. 10-21.
Lindenberg, Klaus, 1969: Nasserismus in Lateinamerika. Der Fall Peru, in: Vierteljahresberichte. Probleme der Entwicklungsländer (1969) Heft 3, S. 289-34.
Lindenberg, Klaus, 1971: Zur politischen Funktion der Militärs, in: Lindenberg (Hrsg.), 1971 Politik in Lateinamerika, Hannover.
Lindenberg, Klaus (Hrsg.), 1982: Lateinamerika. Herrschaft, Gewalt und internationale Abhängigkeit, Bonn.
Lininger, Andrew, 1968: Información sobre Sindicatos del Area de Lima-Callao, Ministerio de Trabaja, Lima.
Lipset, Seymour M. (Hrsg.), 1960: Labour and Trade Unions, New York.
Lizarzaburu, Pedro, 1976: La Caida del Régimen Belaúndista, Universidad Catolica, Lima.
Lösche, Peter, 1982: Vereinigte Staaten von Amerika, in: Mielke (Hrsg.), 1982, S. 1157-1192.
Lowenthal, Abraham F., 1975: The Peruvian Experiment, Princetown.
Lowenthal, Abraham F., 1975: Peru's Ambiguos Revolution, in: Lowenthal (Hrsg.), S. 1975, 3-44.
Lüpertz, Volker, 1976: Comunidad Industrial und Propiedad Social: Versuche neuer Eigentumsformen im peruanischen Industriesektor, in: Vierteljahresberichte Nr. 66 (Dez. 1976), S. 299-321.
Lynch, Nicolas, 1980: El Apra y la Dictatura Militar, in: Valderama u.a. 1980, S. 165-227.
Madueño P., Ruth, 1981: Capitalismo en el Peru 1963-1975, Universidad Autonoma Metropolitana Azcapotzalco, hektographiertes Papier, Mexico.

Maletta, Hector, 1978: El Subempleo en el Peru, in: Apuntes, Año IV Nr. 8 (1978), S. 3-49.
Maletta, Hector, 1979: Peru, Pais Campesino?, in: Cuadernos de Investigación (Sept. 1979), S. 3-51.
Mallet, Serge, 1972: Die neue Arbeiterklasse, Neuwied u. Berlin.
Malloy, James (Hrsg.), 1977: Authoritarianism and Corporatism in Latin America, Pittsburgh.
Malloy, James, 1977: Authoritarianism and Corporatism in Latin America: The Modal Pattern, in: Malloy (Hrsg.), 1977, S. 3-19.
Malpica, Carlos, 1975: Los Dueños del Peru, Lima, 8. Aufl.
Malpica, Carlos, 1975: Decada de Esperanzas y Fracasos 1961-1971, Lima.
Malpica, Carlos, 1976: Anchoveta y Tiburones, Lima.
Malpica, Carlos, 1976: La Desnacionalización de la Flota de PESCA-Peru: una Medida Antihistorica, Lima.
Malpica, Carlos, 1977: El Mito de la Ayuda Exterior, Lima, 3. Aufl.
Mandel, Ernest, 1972: Systemkonforme Gewerkschaften, Berlin (West).
Mansilla, H.C.F. (Hrsg.), 1974: Probleme des Dritten Weges, Darmstadt und Neuwied.
Mariátegui, Jose Carlos, 1970: El Proletariado y su Organización, Mexico.
Mariátegui, Jose Carlos, 1973: 7 Ensayos de Interpretación de la Realidad Latinoamericana, Lima, 26. Aufl.
Mariátegui, Jose Carlos, 1974: Ideologia y Politica, Lima, 5. Aufl.
Martinez de la Torre, Ricardo, 1949: Apuntes para una Interpretación Marxista de la Historia Social del Peru, Bd. 1-4, Lima.
Marx, Karl/Engels, Friedrich, 1971: Über die Gewerkschaften, Berlin Ost.
Marx, Karl/Engels, Friedrich, 1976: El Sindicalismo; Bd. 1) Teoria, Organización, Actividad, Bd. 2) Contenido y Significado de las Reindivicaciones, Bercelona.
Mattina, Anna, 1979: El Imperialismo y la "Revolución de los Militares", in: America Latina Nr. 2, 22, (1979), S. 62-73.
Mayer, Evelies, 1973: Theorien zum Funktionswandel der Gewerkschaften, Frankfurt/M.
Mejia, José, 1972: El Comportamiento del Obrero Peruano, in: Aportes Nr. 24 (April 1972), S. 101-116.
Mercado, Rogger, 1977: La "Revolución" Fracasada, Lima.
Meschkat, Klaus/Negt, Oskar (Hrsg.), 1973: Gesellschaftsstrukturen, Frankfurt/M.
Meyer, Albrecht, 1982: Expansión del Capitalismo, Estrategias de Reproducción y Estratificación Social en el Campesinado: Dos Casos del Valle de Mantaro, Arbeitspapier Universität Bielefeld.
Mielke, Siegfried (Hrsg.), 1983: Internationales Gewerkschaftshandbuch, Opladen.
Miliband, Ralph/Saville, John (Hrsg.), 1967: The Socialist Register 1967: A Survey of Movements and Ideals, London.
Millen, Bruce H., 1980: The Political Role of Labour in Developing

Countries. Westport-Connecticut, 2. Aufl.
Minian, Isaac, 1979: Rivaldad Intercapitalista e Industrialización en el Subdesarollo, in: CIDE, (März 1979 2. Semester, S. 81-102.
Mires, Fernando, 1980: Las Retaguardias sin Vanguardias, Berliner Institut für vergleichende Sozialforschung, Arbeitsheft.
Mitschein, Thomas, 1981: Die Dritte Welt als Gegenstand gewerkschaftlicher Theorien und Praxis, Frankfurt/M. und New York.
Möller, Alois, 1977: Städtische Marginalität und Militärregierung in Peru, Göttingen.
Moncloa, Francisco, 1977: Peru: Que Paso? (1968-1976), Lima.
Monteforte, Mario, 1973: La Solución Militär a la Peruana 1968-1970, Mexico.
Monthly News Service, 1975. Suplemento Latinoamericano, Peru 1975, Buenos Aires.
Montoya, Rodrigo, 1978: Ejes Regionales de Producción No-capitalista y Desarollo del Capitalismo Dependiente, in: Analisis Nr. 4 (April 1978), S. 52-69.
Montoya Rodrigo, 1981: Das Agrarproblem in Peru. Ein Kapitel schließt und ein neues beginnt. Berliner Institut für vergleichende Sozialforschung, Arbeitsheft.
Morello, Jean Noel, 1978: Los Mineros de la Cerro de Pasco 1944-1977. Diplomarbeit Universidad Católica Lima.
Morris, George, 1967: La CIA y el Movimiento Obrero, Mexico.
Moya, Alberto, 1980: Sindicalismo Aprista y Clasista en el Peru 1920-1956, Trujillo.
Murga, Antonio/Boils, Guillerno (Hrsg.), 1975: America Latina: Dependencia y Subdesarrollo, Costa Rica, 2. Aufl.
Neves, Javier/Salcedo, Jose Maria, 1980: Estabilidad Laboral, in: Que Hacer Nr. 5, DESCO, Lima, S. 79-87.
Nieto, Jorge, 1983: Izquierda y Democracia en el Peru 1975-1980, Lima.
Nohlen, Dieter, 1973: Chile. Das Sozialistische Experiment, Hamburg.
Nohlen, Dieter/Nuscheler, Franz (Hrsg.), 1982: Handbuch der Dritten Welt, Bd. 1: Unterentwicklung und Entwicklungstheorien - Strategien - Indikatoren, Hamburg.
Nohlen, Dieter/Nuscheler, Franz (Hrsg.), 1982: Handbuch der Dritten Welt, Bd. 2: Südamerika, Hamburg.
Nohlen, Dieter, 1982: Regimewechsel in Lateinamerika? Überlegungen zur Demokratisierung autoritärer Regimes, in: Lindenberg (Hrsg.), 1982, S. 63-87.
Nohlen, Dieter (Hrsg.), 1984: Lexikon Dritte Welt, Reinbeck bei Hamburg.
Nohlen, Dieter/Waldmann, Peter (Hrsg.), 1987: Dritte Welt, München-Zürich.
Nohlen, Dieter/Solari, Aldo (Hrsg.), 1988: Reforma política y consolidación democratica. Europa, América Latina, Caracas.
North, Liisa, 1972: Orígenes y Crecimiento del Partido Aprista y el Cambio Socio-económico en el Peru, Universidad Catolica, Lima.

Nucleo Laboral, 1977: Informe Sindical, Universidad Catolica, Lima.
Nun, Jose, 1970: Superpoblación Relativa, Ejército Industrial de Reserva y Masa Marginal, hektographiertes Arbeitspapier, Lima.
O'Donnell, Guillermo, 1977: Corporatism and the Question of the State, in: Malloy (Hrsg.), 1977, S. 47-87.
Oficina Internacional de Trabajo, 1977: Fuerza de Trabajo. 1950-2000 Estimaciones y Projecciones, Genf.
Olle, Werner (Hrsg.), 1978: Einführung in die internationale Gewerkschaftspolitik, Bd. 1) Ansatzpunkte gewerkschaftlicher Internationalisierung, Bd. 2) Nationale Besonderheiten gewerkschaftlicher Politik, Berlin (West).
Organización de Estados Americanos, 1963: America en Cifras 1961, Washington.
Ortega, Julio (Hrsg.), 1974: Realidad Nacional, Bd. I und II, Lima.
Oszlak, Oscar, 1981: The Historical Formation of the State in Latin America, in: Latin American Research Review Volume 16, Nr. 2, (1981), S. 3-32.
Palmer, David, 1973: "Revolution from Above: Military Government and Popular Partizipation in Peru, 1968-1972, Cornell University.
Palmer, David/Middlebrook, Kevon, 1976: Corporatist Partizipation under Military Rule in Peru, in: Chaplin (Hrsg.), 1976: S. 428-458.
Palmer, David, 1977: The Politics of Authoritarianism in Spanish America, in: Malloy (Hrsg.), 1977: S. 377-411.
Palmer, David, 1980: Peru: Authoritarian Tradition, New York.
Paredes, Andres, 1979: La Clase Obrera y el Proceso Peruano, in: Cuadernos de Marcha Año 1, Nr. 4 (Nov.-Dez.) 1979: S. 91-104.
Pareja Pflücker, Piedad, 1978: Anarquismo y Sindicalismo en el Peru (1904-1929), Lima.
Pareja Pflücker, Piedad, 1980: Terrorismo y Sindicalismo en Ayacucho, Lima.
Parker, Richard, 1980: Imperialismo y Organización Obrera en America Latina, in: Cuadernos Politicos Nr. 26 (Okt.-Nov. 1980), S. 37-51.
Parodi, Jorge/Bonfiglio, Giovanni, 1983: La Federación Metalúrgica: Historia y Problemas Hoy, Lima.
Partido Comunista del Peru, Patria Roja, 1972: VII Conferencia Nacional, Lima.
Partido Comunista Peruano, 1973: Documentos del VI Congreso del P.C.P., Lima.
Pasara, Luis/Santistevan, Jorge, 1973: Industrial Communities and Trade Unions in Peru: a Preliminary Analisis, in: International Labour Review, Vol. 108 (Juli 1973) Nr. 1, S. 127-140.
Pasara, Luis u.a., 1974: Dinámica de la Comunidad Industrial, Lima.
Parasa, Luis, 1977: Comunidad Industrial y Sindicato, in: Alberti G. u.a. 1977, Lima, S. 189-241.
Payne, James, 1965: Labour and Politics in Peru, New Haven and London.
Pease Garcia, Henry, 1977: El Ocaso del Poder Oligarquico, Lima.

Pease Garcia, Henry, 1979a: Los Caminos del Poder, Lima.
Pease Garcia, Henry, 1979b: Transferencia Democratica? in: Cuardernos de Marcha, Ano 1, Nr. 4 (Nov.-Dez. 1979), S. 25-33.
Pease Garcia, Henry, 1982: Nuevos Espacios y Tiempos Politicas en la Experiencia Peruana Actual, in: Lechner (Hrsg.), 1982, S. 151-179.
Pecaut, Daniel/Touraine, Alain, 1966: Conciencia Obrera y Desarollo Economico en America Latina, in: Revista Latinoamericana de Sociologia (1966) Nr. 2, S. 150-178.
Pegusheva, Lidia, 1982: Tendencias del Movimiento Sindical de America Latina en los Años 70, in: América Latina Nr. 6, 54 (1982), S. 42-50.
Pendle, Geroge, 1983: A History of Latin America, Hamondsworth, 12. Aufl.
Pennano, Guido/Schuldt, Jürgen, 1977: Premisas y Antecedentes para la Evaluación del Projecto del Plan Tupac Amaru, in: Apuntes, Año 3, Nr. 6 (1977), S. 51-69.
Pereda T., R., 1982: Historia de las Luchas Sociales del Movimiento Obrero en el Peru Republicano 1858-1917, Lima.
Perez, Miguel, 1972: Percepción Politica de los Dirigentes de la Industria Automobil del Peru. Diplomarbeit Universidad Catolica, Lima.
Perú Economica, 1979: Edición Especial, Perfil de Peru, Lima.
Petras, James/Zeitlin, Maurice (Hrsg.), 1970: America Latina: Reforma o Revolución, Buenos Aires.
Petras, James, 1970: Revolución y Movimientos Guerilleros en America Latina: Venezuela, Guatemala, Colombia y Peru, in: Petras/Zeitlin (Hrsg.), 1970: S. 73-110.
Peukert, Detlev Julio, 1985: Zur Geschichte der Gewerkschaften in Lateinamerika, in: Gewerkschaftliche Monatshefte Nr. 7 (1985): S. 434-448.
Pezo, Cesar u.a., 1978: El Magisterio y sus Luchas 1885-1978, Lima.
Philip, Georges, 1978: The Rise and Fall of the Peruvian Military Radicals 1968-1976, London.
Pizarro, Crisostomo, 1978: El Rol de los Sindicatos en Chile. Estudios CIEPLAN 22, März 1978, Santiago de Chile.
Plaza, Orlando, Francke, Marfi: Nación, Lucha de Clase y Socialismo, in: Que Hacer Nr. 6 (Juli 1980): S. 36-48.
Plejanov, Jorge, 1968: Sindicalismo y Marxismo, Mexico.
Problemes d' Amerique Latine, 1975: Perou, Paris.
Portocarrero, Felipe, 1976: El Gobierno Militar y el Capital Imperialista, Cuadernos de Sociedad y Politica, Lima.
Portocarrero, Felipe, 1976: La Politica Laboral del Gobierno y los Trabajadores, in: Sociedad y Politica 6 (März 1976): S. 29-32.
Portocarrero, Felipe, 1977: El Pensamiento Político de Haya de la Torre, in: Análisis, Nr. 1 (Jan.-März 1977), S. 37-49.
Portocarrero, Gonzalo, 1978: Empresarios, Sociedad Nacional de Industrias y Proceso Politico 1950-1968, Lima.
Poulantzas, Nicos, 1975: Politische Macht und gesellschaftliche Klassen,

Frankfurt/M., 2. Aufl.
Pumaruna, Americo, 1970: Peru: Mito de la Revolución Militar, Cuadernos de Rebellion Nr. 15, Lima.
Quijano, Anibal, 1970: Tendencias en el Desarrollo y la Estructura de Clases del Peru, in: Petras/Zeitlin (Hrsg.), 1970, S. 35-71.
Quijano, Anibal, 1971: Nationalism and Capitalism in Peru: A Study in Neoimperialism, Monthly Review 23, Nr. 3, New York.
Quijano, Anibal, 1972: Imperialismo y Capitalismo de Estado, in: Sociedad y Politica 1 (1972), S. 4-36.
Quijano, Anibal, 1973a: Las Nuevas Perspectivas de la Clase Obrera, in: Sociedad y Politica 3 (1973), S. 36-51.
Quijano, Anibal, 1973b: La Coyunctura Politica y las Tareas de la Clase Obrera, in: Sociedad y Politca 4 (Sept. 1973), S. 12-22.
Quijano, Anibal, 1973c: La Formación de un Universo Marginal en las Ciudades de America Latina, in: Castells (Hrsg.), 1973, S. 141-166.
Quijano, Anibal, 1974: Marginaler Pol der Wirtschaft und marginale Arbeitskraft, in: Senghaas (Hrsg.): Peripherer Kapitalismus, Frankfurt 1974, S. 289-341.
Quijano, Anibal, 1975a: De la "Conciliación" al Enfrentamiento, in: Latin American Perspectives, Vol. II Nr. 1, S. 123-136.
Quijano, Anibal, 1975b: "Segunda Fase" de la Revolución Peruana y le Lucha de Clases, in: Sociedad y Politica 5 (1975), S. 4-19.
Quijano, Anibal, 1976: Frente Popular Antiimperialista o Frente de Trabajadores?, in: Sociedad y Politica 6 (März 1976), S. 3-10.
Quijano, Anibal, 1977a: Las Nuevas Condiciones de la Lucha de Clases en el Peru, in: Sociedad y Politica 7 (Mai 1977), S. 2-16.
Quijano, Anibal, 1977b: Dependencia, Urbanización y Cambio Social en Latinoamérica, Lima.
Quijano, Anibal, 1980: Dominación y Cultura, Lima.
Quijano, Anibal, 1983: Revolución Democratico-burguesa y Revolución Antioligarquico - nacionalista: El Proceso del Estado en el Peru, in: Homines, Vol. VII Nr. 1 u.2, (Dez. 1983), S. 167-185.
Quintero, Juan, 1979: El Sindicato General de Trabajadores, CELA Panama.
Reid Martz, Mary Jeane, 1980: Studying Latin American Political Parties: Dimensions Past und Present, in: Journal of Latin American Studies, Vol. 12, Part I (Mai 1980), S. 139-167.
Rendon Vasquez, Jorge, 1975: Compilación de Normas del Derecho del Trabajo Colectivo, Lima, 3. Aufl.
Reyna, Jose Luis/Katzman, Ruben, 1979: Fuerza de Trabajo y Movimientos Laborales en America Latina; una Introducción al Tema, in: Kaztman/Reyna (Hrsg.), 1979, S. 1-29.
Rocca Torres, Luis, 1975: Crítica de la Ideología del Gobierno de las Fuerzas Armadas, Universidad "Ricardo Palma", Lima.
Rocca Torres, Luis, 1976: Viejas Ataduras von Nuevos Nudos, Lima, 3. Aufl.
Rochabrun, Guillermo, 1978: La Visión del Peru de Julio Cotler, in:

Analisis No. 4 (Januar-April 1978), S. 69-85.
Rodriguez, Alfredo, 1979: El SUTEP Luchando tambien está Educando, in: Cuadernos de Marcha, Año I, Nr. 4 (November-Dezember 1979), S. 99-104.
Rodriguez, Martha, 1980: Interpretación de la Historia Politico Sindical del Proletariado Siderurgio (1957-1972), Universidad Catolica, Lima.
Rodriguez, René, 1976: Comunidad Industrial, Revolución y Reforma en la Empresa del Peru, in: Kerbusch, E. (Hrsg.), 1976.
Roel, Virgilio, 1971: Esquema de la Evolución Económica, Lima.
Roel, Virgilio, 1976: La Actual Crisis Económica, Lima.
Roel, Virgilio, 1978: La Crisis General del Capitalismo y de la Economia Peruana, Lima.
Rojas, Jiminez, Rafael u.a., 1979: Sindicalismo y Socialismo Democratico, San Jose C.R.
Rojas, José/Lopez Julio 1983: Los Trabajadores y la Crisis Automotriz, Lima.
Roldán, Iris-Martha, 1978: Sindicatos y Protesta Social en la Argentina (1969-1974), Amsterdam.
Roman, Manuel, 1981: De Campesino a Obrero, Lima.
Roncagliolo, Rafael, 1979: La Crísis en y desde la Izquierda, in: Cuadernos de Marcha, Año 1, Nr. 4 Mexico, November-Dezember 1979, S. 5-9.
Roncagliolo, Rafael, 1980: Para las Elecciones de Mayo: Politica y Estadisticas, in: Que Hacer, Nr. 4 (April 1980), S. 28-47.
Roxborough, Ian, 1981: The Analisis of Labour Movements in Latin America: Typologies and Theories, in: Bulletin of Latin American Research, Vol. 1, Nr. 1 (Oktober 1981), S. 81-97.
Rubio, José Luis, 1971: Las Internacionales Obreras en America Latina, Madrid.
Rubio, José Luis, 1977: Dependencia y Liberación en el Sindicalismo Latinoamericano, Madrid.
Rühle, Hans/Veen, Hans Joachim, 1983: Gewerkschaften in den Demokratien Westeuropas, Paderborn 1983.
Saint Pol, Patrick, 1973: Mineria, Empleo y Tecnologia, Universidad Catolica, (Diplomarbeit), Lima.
Sala Orosco, Pedro, 1974: La Política de la Revolución en el Sector Trabajo, Lima.
Saldivar, Américo (Hrsg.), 1981: Capital Transnacional, Estado y Clases Sociales en America Latina, Mexico.
Salinas W., Patricia, 1983: Problemática Regional y Política Central en el Peru, Lima.
Sanchez, Fernando, 1975: Las Corporaciones del Cobre, un Ensayo Exploratorio, in: Apuntes, Año 2, Nr. 4 (1975), S. 3-33.
Sanchez, Fernando, 1979: El Estilo de Desarrollo y la Crisis del Experimento Reformista de las Fuerza Armadas, in: Cuadernos de Marcha, Año 1. Nr. 4 (November-Dezember 1979), S. 17-23.
Sandoval, Isaak, 1976: Las Crisis Politicas Latinoamericanas y el Militarismo, Mexico.

Sanchez, Abelardo/Calderon, Julio, 1980: El Labirinto de la Ciudad, Lima.

Santistevan, Jorge, 1977: El Estado y los Comuneros Industriales, in: Alberti u.a. 1977, S. 105-189.

Santistevan, Jorge/Delgado, Angel, 1980: La Huelga en el Peru, Lima.

Santos, Abelardo: La Centralización de las Luchas Sindicales y las Tareas de la Izquierda Marxista, in: Critica Marxista Leninista Nr. 7 (Januar 1974), S. 4-35.

Santos, Abelardo, 1974: La Estatización de la Cerro de Pasco, in: Debate Socialista, Nr. 2 (Februar-März 1974), S. 7-13.

Schmidt, Eberhard, 1972: Ordnungsfaktor oder Gegenmacht. Die politische Rolle der Gewerkschaften, Frankfurt a.M.

Schteingart, M./Torres, H., 1973: Estructura Interna y Centralidad en Metropolis Latinoamericanas, Estudio de Casos, in: Castells (Hrsg.) 1973, S. 253-285.

Schubert, Klaus, 1978: Peru's Eintritt in die "Dritte Phase", hektographiertes Arbeitspapier, Lima.

Scurrah, Martin: Gobierno Militar, Participación Laboral y Transición al Socialismo, in: Socialismo y Participación, Nr. 2 (Januar 1978), S. 67-77.

Secretaria de Apoyo Popular, 1978: Jornadas Populares Paro 22.-23. Mayo 1978, Lima.

Senghaas, Dieter (Hrsg.), 1972: Imperialismus und strukturelle Gewalt, Analysen über abhängige Reproduktion, Frankfurt a.M.

Senghaas, Dieter, 1974: Peripherer Kapitalismus, Analysen über Abhängigkeit und Unterentwicklung, Frankfurt a.M.

Senghaas, Dieter, 1978: Weltwirtschaftsordnung und Entwicklungspolitik, Plädoyer für Dissoziation, Frankfurt a.M., 2. Aufl.

Sharp, Daniel (Hrsg.), 1972: Estados Unidos y La Revolución Peruana, Buenos Aires.

Silva, Alfredo, 1982: Empresas y Sindicatos en la Mineria Peruana, Lima.

Singer, Paul, 1973: Migraciones Internas en America Latina: Consideraciones Teoricos Sobre sus Estudios, in: Castells (Hrsg.) 1973, S. 27-54.

Sirumbal, Luis Miguel, 1983: La Crisis de la Industria Automotriz (1971-1982), Lima.

Slater, David, 1979: The State and Territorial Centralizacion, Peru, 1968-1978, in: Boletin de Estudios Latinoamericanos y del Caribe, No. 27, (Dezember 1979), S. 43-69.

Solari, Aldo u.a., 1976: Teoria, Acción Social y Desarrollo en America Latina, Mexico.

Solari, Andres, 1979: Peru: La Promesa de los Militares y su Herencia, in: Le Monde Diplomatique (en Espagnol), (August 1979), Mexico.

Sonntag, Heinz Rudolf, 1974: Lateinamerika. Faschismus oder Revolution, Berlin.

Sotelo, Ignacio, 1973: Soziologie Lateinamerikas, Stuttgart.

Sotelo, Ignacio, u.a., 1975: Die bewaffneten Technokraten, Hannover.
Spalding, Hobart jr., 1977: Organized Labour in Latin America, New York.
Spalding, Hobart jr., 1984: Sindicalismo Libre: de qué ?, in: Nueva Sociedad, Nr. 70 (Januar-Februar 1984), S. 48-58.
Spalding, Karen, 1977: Estructura de Clases en la Sierra Peruana 1750-1920, in: Analisis No. 1 (Januar-März 1977), S. 25-37.
Spessart, Stefanie, 1980: Garant oder Gegner? Militärregierung und städtische Marginalität in Lima, Peru, 1968-1975: Vier Fallstudien, Saarbrücken.
Stavenhagen, Rodolfo/Laclau, Ernesto/Marini, Ruy Mauro, 1973: Tres Ensayos sobre America Latina, Barcelona.
Stein, Stanley/Stein, Barbara, 1970: The Colonial Heritage of Latin America, New York.
Stepan, Alfred, 1978: The State and Society Peru in Comparative Perspective, Princetown.
Suarez, Octavio, 1976: La Politica de la JMG, 1968-1976, IIES, hektographiertes Arbeitspapier, Lima.
Sulmont, Denis/Haak, Roelfien, 1971: El Movimiento Obrero Minero Peruano, Universidad Católica, Lima.
Sulmont, Denis, 1972: Dinamica Actual del Movimiento Obrero Peruano, Universidad Católica, Lima.
Sulmont, Denis 1974: El Desarrollo de la Clase Obrera en el Peru, Universidad Católica, Lima.
Sulmont, Denis, 1975: El Movimiento Obrero en el Peruy 1900-1956, Lima.
Sulmont, Denis, 1976: El Movimiento Sindical en un Contexto de Reformas: Peru 1968-1976, in: Nueva Sociedad Nr. 26 (September-Oktober 1976), S. 39-63.
Sulmont, Denis, 1977a: Historia del Movimiento Obrero Peruano (1890-1977), Lima.
Sulmont, Denis, 1977b: La Federación Textil y el Movimiento Obrero Peruano, Universidad Católica, Lima.
Sulmont, Denis, 1977c: La Industrialización Temprana en el Peru y el Azar de la Historia, in: Analisis, No. 1 (Januar - März 1977), S. 77-83.
Sulmont, Denis, 1979: El Movimiento Sindical frente a la Crisis Economica Economica, Peru, 1976-1979, in: Nueva Sociedad Nr. 43 (Juli/August 1979), S. 27-37.
Sulmont, Denis, 1980: Situación y Perspectiva del Movimiento Sindical, in: Cuadernos Laborales, Nr. 1 (Januar - März 1980), Lima, S. 3-8.
Sulmont, Denis, 1981a: Historia del Movimiento Obrero Minero Metalurgico, Lima.
Sulmont, Denis, 1981b: La Evolución Reciente del Movimiento Sindical, Universidad Católica, Lima.
Sulmont, Denis, 1982a: El Movimiento Obrero Peruano (1890-1980), (Resena Historica), Lima, 3. Auflage.
Sulmont, Denis/Quintanilla, Alberto, 1982b: La Comunidad de Compensación Minera, Universidad Católica, Lima.

Sulmont, Denis, 1983: A Pesar de Todo --- Flujo y Reflujo de los Movimientos Populares Peruanos, in: Nueva Sociedad Nr. 64 (Januar - Februar 1983), S. 65-72.
Taft, Philip, 1975: Gewerkschaftliche Außenpolitik, Köln.
Tannenbaum, Arnold, 1965: Unions, in: March J. (Hrsg.), 1965, Handbook of Organizations, Chicago.
Di Tella, Torquato, 1964: El Sistema Politico Argentino y la Clase Obrera, Buenos Aires.
Thede, Nancy, 1982: Informe Preliminar sobre las Bases Minera de Milpo, Atacocha, Machean, San Expedito y Cobriza, Universidad Católica, Lima.
Thorndike, Guillermo, 1976: No, mi General, Lima.
Thorp, Rosemary/Bertram, Geoffrey, 1978: Peru 1890-1977. Growth and Policy in an Open Economy, London and Basingstoke.
Tibi, Bassam, 1973: Militär und Sozialismus in der Dritten Welt, Frankfurt a.M.
Tibi, Bassam/Brandes, Volkhard (Hrsg.), 1975: Handbuch 2. Unterentwicklung, Frankfurt a.M.
Tokman, Victor/Souza, Paulo Renato (Hrsg.), 1976: El Empleo en America Latina, Mexico.
Torres, Jorge, 1975: Estructura Económica de la Industria en el Peru, Lima.
Tourraine, Alain, 1961: Industrialization et Conscience Ouvrière à Saò Paulo, in: Sociologie du Travail, Nr. 4, 1961.
Tourraine, Alain/Pécaut Daniel, 1965: America del Sur, un Proletariado Nuevo, Bercelona.
Tourraine, Alain, 1977: La Marginalité Urbaine, in: Boletin de Estudios, Latinoamericanos y del Caribe, No. 22 (Juni 1977), S. 3.33.
Tourraine, Alain, 1978: Las Sociedades Dependientes, Mexico.
Tovar, Teresa, 1982a: Velasquismo y Movimiento Popular, Lima.
Tovar, Teresa, 1982b: Movimiento Popular y Paros Nacionales, Lima.
Tremmel Hans Gerhard, 1956: Die Geschichte der Gewerkschaftstheorie. Dissertation, Köln.
Tudyka, Kurt, P. (Hrsg.), 1974: Multinationale Konzerne und Gewerkschaftsstrategie, Hamburg.
Tudyka, Kurt, P. 1982: Internationaler Bund Freier Gewerkschaften, in: Mielke (Hrsg.), 1982, S. 3-10.
Uhlig, Christian, 1967: Entwicklungsländer und Gewerkschaften. Gewerkschaften als aktive Gruppen im Entwicklungsprozeß, Hamburg.
Uschner, Manfred (Hrsg.), 1973: Der antiimperialistische Kampf in Lateinamerika, Berlin (Ost).
Valderama, Mariano, 1976: Siete Años de Reforma Agraria (1969-1976), Lima.
Valderama, Mariano u.a., 1980a: El APRA: un Camino des Esperanzas y Frustraciones, Lima.
Valderama, Mariano, 1980b: La Evolución Ideologica del APRA 1924-1962, in: Valderama u.a. 1980, S. 107-162.

Valdés Palacio, Arturo, 1979: La Disciplina, Fuerza y Debilidad del Ejército, in: Cuadernos de Marcha (November - Dezember 1979), Nr. 4, S. 33-38.
Valdez, Luis Aparicio u.a., 1975: Ideologia y Posición Politica de las Confederaciones de los Trabajadores, Universidad del Pacifico, Lima.
Vanguardia Revolucionaria 1968: II Congreso, Lima.
Vanguardia Revolucionaria 1968: Evaluación de la Gran Huelga Nacional Minera, Lima, 10. Oktober 1978.
Vargas, Luis, 1980: EL Empleo en el Sector Industrial, Primer Seminario sobre el Problema del Empleoen el Peru 14.-18. April 1980, Arbeitspapier Universidad Católica, Lima.
Vega-Centeno, Maximo, 1979: Planificación, Precios y Presupuestos Familiares, Lima 1961-1977, Universidad Católica, Lima.
Velasco, Enrique, 1976: Introducción al Derecho de Trabajo, Barcelona.
Velasco Alvarado, Juan, 1970: La Voz de la Revolución, Lima.
Velasco Alvarado, Juan u.a., 1973: Peru: Documentos Fundamentales del Proceso Revolucionario, Buenos Aires.
Velasco Alvarado, Juan, 1974: 6 Anos de Revolución, Lima.
Verdera, Francisco, 1983: El Empleo en el Peru: un Nuevo Enfoque, Lima.
Verschiedene, 1973: Conversatorio sobre la Redistribución del Ingreso en el Peru, in: Apuntes, Año 1, Nr. 1 (1973), S. 81-92.
Villanueva, Victor, 1969: Nueva Mentalidad Militar en el Peru?, Lima.
Villanueva, Victor, 1972: El CAEM y la Revolución de la Fuerza Armada, Lima.
Villanueva, Victor, 1975: El APRA en Busca del Poder, Lima.
Villanueva, Victor, 1977a: Asi Cayó Leguia, Lima.
Villanueva, Victor, 1977b: The Petty-Bourgeois Ideology of the Peruvian Aprista Party, in: Latin American Perspectives, Vol. IV Nr. 3 (1977), S. 57-75.
Voz Rebelde, 1982: Movimientos de Pobladores y Lucha de Clases. Balance y Perspectivas, Lima.
Wachendorfer Achim, 1979: El Sindicalismo en America Latina: Condiciones y Perspectivas, in: Rojas Jimenez u.a. (Hrsg.), 1979, S. 47-59.
Wachendorfer, Achim, 1982: Peru, in: Mielke (Hrsg.), 1982, S. 893-898.
Wachendorfer, Ute, 1978: Zur Entwicklung der Agrarorganisationen in Peru, Arbeitspapier, Lima.
Wachendorfer, Ute, 1984: Bauernbewegung in Peru, Heidelberg.
Waldmann, Peter, 1982: Gewerkschaften in Lateinamerika, in: Mielke (Hrsg.), 1982, S. 119-148.
Webb, Richard/Figueroa, Adolfo, 1975: Distribución del Ingreso en el Peru, Lima.
Webb, Richard, 1975: Políticas Gubernamentales y Distribución del Ingreso en el Peru, in: Webb/Figueroa (Hrsg.), 1975, S. 25-109.
Weeks, John, 1975: Crisis y Accumulación en la Economia Peruana (1967-1973), Lima.
Wehler, Hans-Ulrich, 1975: Modernisierungstheorie und Geschichte,

Göttingen.
Weisslitz, Jaqueline, 1973: Migración Rural y Integración Urbana en el Peru, in: Castells (Hrsg.), 1973, S. 111-135.
Wendorff, Cartos, 1980: El Sector Informal Urbano en el Peru: Interpretación y Perspectivas, Primer Seminario sobre el Problema del Empleo en el Peru, (April 1980), Universidad Católica, Lima.
Wiarda, Howard, 1981: Corporatism and National Development in Latin America, Colorado.
Wicht, Juan J., 1980: Magnitud y Conceptualización del Problema del Empleo en el Peru, Primer Seminario sobre el Problema del Empleo en el Peru, (April 1980), Universidad Católica, Lima.
Wicht, Juan Julio, 1983: El Empleo en el Peru, Lima.
Wiener Institut für Entwicklungsfragen (Hrsg.), 1975: Der "Plan Inca", Wien.
Wilms Wright, Carl, 1978: Der Internationale Bund Freier Gewerkschaften - Grundzüge seines Selbstverständnisses, in: Olle (Hrsg.), 1978, Bd. 1, S. 185-191.
Wilson, Patricia, 1972: From Mode of Production to Spatial Formation: The Regional Consequence of Dependent Industrialisation in Peru, Ph. D. Dissertation, Ithaca.
Witzel, Renate, 1977: Die wichtigsten Veränderungen der Comudidad Indurstrial nach dem neuen CI-Gesetz 21789 vom 2. Februar 1977, hektographiertes Arbeitspapier, Lima.
Witzel, Renate, 1981: Die peruanische Unternehmensreform im Industriesektor, Heidelberg.
Wöhlcke, Manfred u.a., 1977: Die neuere entwicklungspolitische Diskussion, Frankfurt a.M.
World Bank, 1971: Peru: Major Development Policy. Issue and Recommendations, Bd. 2: Statistical Appendix, Washington.
Würtele, Werner, 1978: Gewerkschaften im abhängigen Kapitalismus Lateinamerikas, in: Olle (Hrsg.), 1978, S. 190-227.
Würtele, Werner, 1982: Auf dem Weg zu einer "Authentischen" Gewerkschaftsbewegung in Brasilien, Heidelberg.
Yepes, Ernesto, 1972: Peru 1820-1920: Un Siglo de Desarrollo Capitalista, Lima.
Yepes, Ernesto, 1979: Burguesia y Gamonalismo en Peru, in: Analisis No. 7, (1979), Lima, S. 31-65.
Yepes, Isabel/Sulmont, Denis, 1983: Trabajo en Cifras, Universidad Católica, Lima.
Yepes, Isabel/Bernedo, Jorge, 1984: La Sindicalización en el Peru, Lima.
Zapata, Francisco: Las Organizaciónes Sindicales, in: Reyna/Haztman 1979, S. 194-233.
Zoll, Rainer, 1976: Der Doppelcharakter der Gewerkschaften, Frankfurt a.M.
Zubriski, Yuri, 1979: Por el Camino de la Lucha y Esperanza, in: America Latina No. 22, (1979), S. 53-61.

Zeitlin, Maurice/Petras, James, 1970: The Working Class Vote in Chile: Christian Democracy versus Marxism, in: British Journal of Sociology XX 1 (1970), S. 16-29.